Werner Filmer/Heribert Schwan
Hans-Dietrich Genscher

Werner Filmer
Heribert Schwan

Hans-Dietrich Genscher

ECON Verlag
Düsseldorf · Wien · New York

CIP-Titelaufnahme der Deutschen Bibliothek

Hans-Dietrich Genscher / Werner Filmer; Heribert Schwan. -
Düsseldorf; Wien; New York; ECON Verl., 1988
ISBN 3-430-12732-7
NE: Filmer, Werner [Mitverf.]; Schwan, Heribert [Mitverf.]

Copyright © 1988 by ECON Verlag GmbH, Düsseldorf, Wien und New York
Alle Rechte der Verbreitung, auch durch Film, Funk und Fernsehen,
fotomechanische Wiedergabe, Tonträger jeder Art, auszugsweisen Nachdruck
oder Einspeicherung und Rückgewinnung in Datenverarbeitungsanlagen aller Art,
sind vorbehalten.
Verwendet wurde das Textverarbeitungsprogramm WordPerfect
Lektorat: Dr. Monika Siedentopf
Gesetzt aus der Garamond der Fa. Linotype
Satz: ICS Communikations-Service GmbH, Bergisch Gladbach
Papier: Papierfabrik Schleipen GmbH, Bad Dürkheim
Druck und Bindearbeiten: Ebner Ulm
Printed in Germany
ISBN 3-430-12732-7

Inhalt

5

Zeitzeugen:

9

10

Zeitzeugen:

Vorwort

Seit knapp zwanzig Jahren dient er der Bundesrepublik Deutschland als einflußreicher Minister, die halbe Lebensdauer unseres geteilten Landes. Seit 1969 kann in Bonn ohne ihn niemand regieren. Genscher gilt als der politisch mächtigste Mann der Republik. In den Sympathiewerten folgt er auf den populären Bundespräsidenten Richard von Weizsäcker. Das war nicht immer so. Nach der Wende 1982, die er zu diesem Zeitpunkt nicht wollte und an deren Zustandekommen er zunächst unbeteiligt war, stieß er bei Umfragen auf totale Ablehnung. Einige Sozialdemokraten hatten ihn zum Verräter gestempelt. Und diese Version wurde übernommen: der Buhmann Genscher öffentlich hingerichtet.

Wie Helmut Schmidt das sozialliberale Regierungsbündnis aufgrund von Verdächtigungen, Fehleinschätzungen und seiner individuellen und parteipolitischen Befindlichkeit beendete, wird in diesem Buch auch dargestellt. Das Ende der Ära Schmidt/Genscher muß neu bewertet werden.

Neben der Rolle Genschers in den Bonner Regierungsbündnissen beschreiben mehrere Autoren den Lebensweg des Provinzsachsen von der Pennälerzeit in Halle an der Saale bis zur Flucht über Berlin nach Bremen. Dazwischen liegt der Krieg, in den er als Luftwaffenhelfer hineingezogen wurde. Genscher nahm als Pionier der 12. deutschen Armee (Wenck), dem letzten Aufgebot des Heeres, am Kampf um Berlin teil. Er erlebte, wie Deutschland zusammenbrach, wie der Nationalsozialismus besiegt und zerschlagen wurde. Genscher kam in amerikanische und britische Gefangenschaft.

Während seines Jurastudiums und als junger Anwalt erkrankte er mehrfach an gefährlicher Lungentuberkulose. Dreieinhalb Jahre verbrachte er in Krankenhäusern und Sanatorien. Er hatte Glück. Der kämpferische Altliberale Thomas Dehler brachte ihn in die hauptamtliche Parteiarbeit. Ihm verdankt er, in den Anfängen seiner Parteikarriere nicht wegen Krankheit entlassen worden zu sein.

Willy Weyer besorgte ihm ein Bundestagsmandat, und weil der mächtige nordrhein-westfälische FDP-Vorsitzende kein Interesse an Bundespolitik hatte, fiel Genscher 1969 das Amt des Innenministers zu. Wie Genscher was wurde und warum, wird ausführlich beschrieben. Ebenso sein Verhältnis zu den Kanzlern Brandt, Schmidt und Kohl.

Wer immer Genscher betrachtet, nimmt auch den Problemkorb seiner Partei wahr. Randvoll. Immer stand er im Sperrfeuer der Meinungen und Verdächtigungen, wollte, wo andere verbohrt und ideologisch festgenagelt waren, Offenheit garantieren. Selten gelang es. Auch er gehört nicht zu jenen Politikern, die nur einen Weg verfolgen, auf dem sie geradeaus ansteigen. Bis sie ihr Ziel finden.

Seit Jahren sind wir Genscher auf der Spur, beobachteten ihn, erlebten seine Entwicklungen, seine Höhen und Tiefen. Wir sprachen mit Schicksalsgefährten, auch mit denen in der DDR. Wir fragten Gegner und Freunde, sprachen mit solchen, die er für Vertraute hält. Wir redeten auch mit jenen, die er verletzt hat. Menschen auf den Grund zu gehen ist unser Bestreben. Wir wollten wissen, warum es Genscher so drängt, sich täglich beweisen zu müssen, woher sein Aktionismus, sein Mißtrauen rühren, warum er so harmoniesüchtig ist. Wir haben recherchiert, wie er mit seinen Mitarbeitern umgeht, welchen Arbeitsstil er pflegt, wer Einfluß auf ihn nehmen darf. Uns interessierte auch der Familienvater, der Partner, Freund und Kamerad.

Wer Genscher wirklich verstehen will, muß das Verhältnis zu seiner Mutter ergründen, die mit 35 Jahren Witwe wurde. Einblicke in Genschers Vorstellungen zu vermitteln, in seine politischen Motive und Interessen, seine Zerrissenheit, seine Stärken und Schwächen, wird ebenfalls versucht. Enthüllt wird das Bild eines Politikers, der weder ein kalter Macher noch ein Technokrat der Macht ist.

Wie weich der Zauderer ist, der sich mit Entscheidungen schwertut, wie dünnhäutig und verletzbar, wie aufbrausend er sein kann, haben wir herauszufinden versucht.

Zu Theaterleuten sucht er Kontakt. Wäre er am liebsten Schauspieler geworden? Ist er sogar einer?

Wir haben uns bemüht, Zugang zu dem verschlossenen Hallenser zu bekommen, probierten hundert Schlüssel, um das Tor zu seinem Leben zu öffnen. Einige paßten.

Allen, die mitgeholfen haben, das Puzzle dieses Lebensbildes zusammenzusetzen, danken wir.

Werner Filmer/Heribert Schwan   Köln, im August 1988

I. Kapitel

Kindheit

Filmer/Schwan

Der Provinzsachse

Wann immer Hans-Dietrich Genscher über seine Heimat spricht, gerät er ins Schwärmen. Er lobt seine Landsleute, die Hallenser, preist — mit einem Auge blinzelnd — die Charakterzüge dieses Menschenschlages aus der ehemals preußischen Provinz Sachsen. Genscher malt Wiesen, Wälder und Felder seiner Heimat in leuchtenden Farben, weiß Günstiges über jene Industrieregion zu erzählen, die wenig Anziehendes hat.

Der Provinzsachse besitzt einige Meter Literatur über Halle, die Hallenser und die Sachsen. Das Juxlied »Sing, mei Sachse, sing« soll angeblich zu seinen Leib- und Magensongs gehört haben. Genscher verneint, winkt ab, schüttelt den Kopf. Dieser gesamtdeutsche Hit aus dem Jahre 1980, der dem gemütlichen, braven, reise- und sangesfreudigen Sachsen ein Denkmal setzt, sagt etwas aus über den Menschenschlag drüben:

»Der Sachse liebt das Reisen sehr —
Nu nee, nich das in Gnochen! —
Drum fährt er gerne hin und her
In sin drei Urlaubswochen.
Bis nunder nach Bulgarchen
Dut er die Welt beschnarchen!
Und sin die Koffer noch so schwer —
Und sin ze voll, de Zieche —

15

Und is es Essen nich weit her:
Das kennt er zer Genieche!
Der Sachse dut nich gniedchen,
Der Sachse singt e Liedchen!«

Die Sachsenhymne aus der Feder und Kehle des Leipziger Kabarettisten Jürgen Hart ist für Nichtsachsen recht unverständlich. Doch für Sachsen in der DDR und Exilsachsen war sie einst ein Ohrwurm. Vor allem der Refrain:

»Sing, mei Sachse, sing!
Es is e eichen Ding
Und ooch e tichtches Glück
Um den Zauber der Musik;
Schon es gleenste Lied,
Das leecht sich offs Gemied
Und macht dich auchenblicklich
Zefrieden, ruhig und glicklich!«

Der Sachsenhit läßt jedes Sachsenherz höher schlagen. Genschers nicht? Ähnliches widerfährt dem Hallenser Genscher, wenn er die Sprache eines Landsmannes wahrnimmt. Immer geht er auf ihn zu, wechselt mit ihm freundliche Worte. Liebevoll behandelt er seine Fans aus der alten Heimat, die ihm bei FDP-Wahlveranstaltungen »auflauern«. Meistens befragt er sie ausgiebig nach ihren Familienverhältnissen, nach Kontakten zu Verwandten und Freunden vom Saalestrand. Dabei ist der neugierige Hallenser gar kein waschechter Sachse, sondern ein Provinzsachse. Auf den kleinen, aber feinen Unterschied legt er Wert.

»Ein hervorstechendes Merkmal des Provinzsachsen ist seine ausgeprägte Betriebsamkeit, seine innere wie äußere Unruhe, immer fürchtet er, etwas zu versäumen«, sagte einer seiner Mitschüler.

Sowohl die »echten« Sachsen als auch ihre mißtrauischen Nachbarn, die Provinzsachsen, haben viele Gemeinsamkeiten: Sie sind fähig zu ätzender Selbstironie, können sich in Frage stellen und bewundern jene Menschen, die nicht wie sie »herumwuseln«. Ihnen selbst wird nachgesagt, daß sie nicht gern zu Hause bleiben, sondern in unbekannte Gegenden ziehen, sich schnell anpassen können und häufig ihr »verschlampftes Hochdeutsch« zu verbergen suchen. Sie leiden offensichtlich unter ihrer »Restsprache«, die sie nicht verheimlichen können. Es bedrückt sie, wegen dieser Sprache von ihrer Umwelt nicht ganz ernst genommen zu werden. Minderwertigkeitsgefühle schreien nach Kompensation: Man will es den anderen zeigen! Hinzu kommen regionale Reibereien: Dresdener und Leipziger blicken etwas geringschätzig auf die Bürger von Halle und nahmen sie damals wie heute »nicht wirklich zur Kenntnis«. Seit Jahrzehnten leiden die Hallenser darunter, weder »richtige« Sachsen noch »richtige« Preußen zu sein.

Noch etwas kommt hinzu: Halle war vor und nach der nationalsozialistischen Ära politisch rot eingefärbt. Bei den letzten freien Wahlen vor der nationalsozialistischen Machtergreifung 1933 gab es eine eindeutige linke Mehrheit. Kommunisten waren stärker als Sozialdemokraten. Bei den letzten freien Wahlen zwischen Kriegsende und der DDR-Gründung erreichte die neugegründete »Liberal-Demokratische Partei Deutschlands« (LDP) 1946 die Mehrheit in Halle.

Genschers Liebe zu seiner Heimatstadt ist ungebrochen. Gerne verweist er auf die »Memoiren des Peterhans von Binningen«, in denen Curt Goetz der Stadt Halle an der Saale ein Denkmal setzte:

»Halle an der Saale war eine reizende Stadt.

Doch!

Es soll zugegeben werden, daß kein Mensch, der die Große Ulrichstraße passierte, sich darauf versteift hätte, nun auch die Kleine kennenzulernen; und in der Geiststraße mußte auch ein mit Heuschnupfen Bewaffneter feststellen, daß hier infolge der zahlreichen beiden Delikatessengeschäfte der Käse nicht nur über den Geist triumphierte, sondern auch über die Braunkohle, die sonst allenthalben ihre führende Rolle behauptete in jenem charakteristischen Dreigestank von Kohle, Käse und essigsaurer Tonerde, der wie eine Glocke über der Stadt hing und in der für die Bürger zum Einatmen bestimmten Luft lag, einer Luft, die auch durch die Wiederausatmung seitens der Hallenser nicht besser wurde.

Dennoch und um so bemerkenswerter ist es, behauptet der Chronist, daß obige muffige, saure Atmosphäre, von Generationen inhaliert, verarbeitet und wieder abgegeben, auf das Kultur- und Geistesleben der Hallenser fast ohne Einfluß blieb. Denn Halle war eine kunstsinnige Stadt, und viele große Musiker hat sie in ihren Mauern verborgen gehalten.

Auch die Studenten liebten diese Stadt. Nicht so sehr wegen ihrer Universität als um ihrer Mädchen willen, die sich wiederum nicht so sehr durch besondere Schönheit auszeichneten als durch eine entwaffnende Natürlichkeit, mit der sie sich gaben, wie sie waren, und so oft man es von ihnen verlangte. Der Erfinder des Ausspruches:

In Halle tummeln sich die Jungfrauen
wie die Walfische in der Saale

war natürlich ein elender Zyniker, wenn anerkannt werden muß, daß
er ein ausgezeichneter Kenner der faunischen Verhältnisse der Saale
und ihrer Nebenflüsse gewesen sein muß; denn diese Gewässer führen
wirklich keine Walfische. Der Marktplatz ist nun freilich schön. Mit seinem Händel-Denkmal
und seiner Marienkirche. Wenn diese innen nicht so schön ist, wie sie
von außen zu sein verspricht, so fällt das weniger ins Gewicht, da sie
– wie alle evangelischen Kirchen – meistens geschlossen ist. Das
Schönste an Halle – nach der Überzeugung weitgereister Leute, sofern
sie sich nicht genieren, diesen alten Witz anzubringen – soll jedoch
Halles Hauptbahnhof sein, der infolge seiner Eigenschaft als wichtiger
Eisenbahnknotenpunkt eine ideale Gelegenheit biete, diese Stadt nach
allen Himmelsrichtungen hin zu verlassen. Glaubt ihnen nicht!«

Hans-Dietrich Genscher, Bundesaußenminister und Vizekanzler, fährt
jedes Jahr zur Weihnachtszeit nach Halle. Immer ganz privat, nur mit
Frau und Fahrer. Ohne Journalisten, ohne Bonner Sicherheitsbeamte,
doch notgedrungen in der Obhut von vier unauffälligen, äußerst freundlichen Herren der Staatssicherheit. In seiner geliebten Vaterstadt besucht
er Verwandte, fährt in aller Eile – deswegen beinahe unerkannt – über
jene Straßen, die von der ehemaligen Stadtwohnung seiner Eltern in der
Lindenstraße zur alten Penne, zur Universität und zum St.-Elisabeth-
Krankenhaus führen, in dem er 1947 die schlimmste Zeit seines Lebens
durchlitt. Der Bonner Minister erkennt jede städtebauliche Veränderung,
registriert die Bemühungen seiner Vaterstadt, alte Bausubstanz zu erhalten, sinniert über den weiteren Zerfall der Altstadt, bemerkt auch die
kleinste Verbesserung des Straßenbildes. Seiner Stadt und der fruchtbaren, schweren Erde ist er aus tiefster Seele verbunden. Er gehört zu den
ersten Bonner Ministern, die Anfang der siebziger Jahre zu Privatbesu-
chen in die DDR fuhren. Etwa zur selben Zeit versammelte er Hallenser
Klassenkameraden und Kommilitonen um sich. Der damalige Innenminister Genscher stöberte Konabiturienten auf, fahndete in Deutschland
und dem Rest der Welt nach Hallensern, die er aus dem Auge verloren
hatte. Er organisierte Treffen in Bonn, veranstaltete feuchtfröhliche
Feste, die unvergessen bleiben. So verwundert es nicht, daß seine besten
Freunde Hallenser sind.
Bei den alljährlichen offiziellen Hallensertreffen in der Patenstadt

Kaiserslautern ist Genscher stets dabei. Er versäumt kein Wiedersehen, scheut keine Mühen, läßt dafür andere Termine sausen, auch schon mal verabredete politische Veranstaltungen platzen. Im »Exil« – so scheint es – rücken die Hallenser dicht zusammen, jedenfalls jene, die zum Kreis um Genscher gehören.

Die Vorfahren

In und rund um Halle an der Saale breitet sich nicht nur die chemische Industrie aus. Auch der Maschinen- und Fahrzeugbau spielt eine wichtige Rolle, ebenso die Baustoff-, Energie- und Brennstoffindustrie. Eingebettet und umrandet liegt die wenig attraktive Arbeiterstadt in einem fruchtbaren landwirtschaftlichen Nutzungsgebiet. Ertragreiche Lößböden werden für intensiven Ackerbau genutzt.

In nordöstlicher Richtung von Halle, nur wenige Kilometer vom Stadtkern entfernt und mit dem Fahrrad erreichbar, liegen die beiden Dörfer Reideburg und Klepzig. Hier betrieben Genschers Großeltern väter- wie mütterlicherseits Viehzucht und Ackerbau. In Klepzig, damals Landkreis Delitzsch, heute Saalekreis, rund zwölf Kilometer von Halle entfernt, bewirtschafteten die Großeltern seines Vaters einen Bauernhof mit gut 25 Hektar. Franz Genscher und seine Frau Marie, geborene Paak, hatten fünf Kinder. Das erste Kind, eine Tochter, starb 1919 an einer Lungenentzündung. Von den vier Söhnen war Genschers Vater der älteste. Er sollte eigentlich das elterliche Anwesen übernehmen. Doch der am 13. April 1898 geborene Kurt Genscher ging zunächst einen anderen Weg. Nach vierjähriger Volksschulzeit in Klepzig schickte der weitsichtige Landwirt Franz Genscher seine Söhne in »Pension« nach Delitzsch, um die Oberschule zu besuchen.

Beamtenwitwen in Delitzsch besserten durch die Aufnahme von Schülern ihre Einkommen auf. Sie betreuten die jungen Pennäler liebevoll, sorgten sich nicht nur um Essen und Trinken. Diese Pensionsmütter kannten sich auch im Lehrstoff aus und halfen bei den Schularbeiten, denen die meisten Eltern nicht gewachsen waren. Es kostete den Klepziger Bauern Genscher eine beträchtliche Stange Geld, bis sowohl der älteste als auch der jüngste Sohn das Abitur erreicht hatten. Doch damit nicht genug: Ein Studium schloß sich an. Die beiden »mittleren« Söhne erreichten immerhin die mittlere Reife und wurden Bauern.

Großvater Franz Genscher erzog seine Söhne streng, bot ihnen aber alle Chancen für einen erfolgversprechenden beruflichen Start. Der alte

Herr aus Klepzig besaß nicht nur angenehme Seiten. Er galt als machtbewußt und autoritär, griff hart durch, war Herr im Hause, duldete weder
Kritik noch Widerworte. Für ihn zählte nur der berufliche Erfolg. Seine
bäuerlichen Zunftgenossen beurteilte er vor allem nach ihren Getreide-,
Kartoffel- oder Gemüseerträgen. Rechthaberisch, stur und aufbrausend
konnte er sein. Er gab sich dickköpfig und streitsüchtig.

Ganz anders Hans-Dietrich Genschers Großvater mütterlicherseits.
Otto Kreime hatte nicht Bauer werden wollen, sondern mit Zähigkeit
und Ausdauer den Beruf des Lehrers angestrebt. Doch sein Vater nahm
ihn nach der mittleren Reife von der Schule und befahl ihm, den
Bauernhof zu übernehmen. Es blieb ihm keine Wahl. Ein Landwirt mit
Fremdsprachenkenntnissen und Ahnung von Mathematik, Chemie, Physik, Musik und bildender Kunst, das gab es zur damaligen Zeit selten.

Otto Kreime übernahm, wie befohlen, den über 30 Hektar großen
Hof in Reideburg, einem Fünftausend-Seelen-Dorf, gut sechs Kilometer
von Halle entfernt. Er heiratete 1898 Agnes Heinemann, die ebenfalls
einer Bauernfamilie entstammte. Sie brachte drei Kinder zur Welt: zwei
Töchter und einen Sohn. Die zweitälteste Tochter Hilde wurde am
4. Juni 1901 auf dem Hof in Reideburg geboren. Sie heiratete 1926 den
Juristen Kurt Genscher aus Klepzig. Opa Kreime sollte für seinen Enkel
Hans-Dietrich noch besondere Bedeutung erlangen.

Der Vater

Der Tod seines Vaters Kurt Genscher am 26. Januar 1937 war für den
neunjährigen Hans-Dietrich ein folgenschwerer Einschnitt, der sich
Jahre später erst so richtig bemerkbar machte. Der stets etwas kränkelnde
Bauernsohn aus Klepzig hatte sich als Frontsoldat im Ersten Weltkrieg
ein Nierenleiden zugezogen. In den folgenden Jahren konnte diese
Krankheit nie geheilt werden. Der ein Meter fünfundsiebzig große Mann
bekam im Spätherbst 1936 noch eine schlimme Kiefernhöhlenvereiterung, die eine todbringende Blutvergiftung zur Folge hatte. Noch war
das Penicillin nicht gefunden. Dem knapp Vierzigjährigen konnte im
Januar 1937 nicht mehr geholfen werden. Hans-Dietrich wurde Halb-
waise, seine Mutter Witwe.

Dabei hatte zunächst ein günstiger Stern über Kurt Genschers Leben
gestanden. Der elterliche landwirtschaftliche Betrieb erwirtschaftete
zwar kein Riesenvermögen, doch am Hungertuch brauchte niemand im
Genscher-Clan zu nagen. Der Erste Weltkrieg mit seinen Begleiterschei-

nungen wie Hunger und Entbehrungen traf die Familie Genscher nicht arg. Wer konnte schon damals das Gymnasium besuchen und ein Universitätsstudium beginnen? Kurt Genscher, der nicht unvermögende Bauernsohn aus Klepzig, zählte ohne Zweifel zu den Privilegierten: Wohlbehütet wuchs er auf, hatte eine in jeder Hinsicht hilfreiche »Pensionsmutter« während seiner Pennälerzeit in Delitzsch, mußte jedoch nach dem Notabitur 1916 in den Krieg. Ab 1918 begann er ein einigermaßen sorgloses Studentenleben in Halle. Eigentlich wollte er nicht Jura studieren, sondern Kunstmaler werden. Doch der rauhbeinige Vater wertete Malerei als »absolut brotlose Kunst«. So erging bald der unmißverständliche Befehl an Sohn Kurt, die Juristerei zu beginnen. Widerspruch zwar zwecklos.

Nach dem ersten juristischen Examen suchte er sich einen Job, obwohl er – um Volljurist zu werden – die Referendarausbildung hätte anschließen müssen. Die Gründe für sein Vorgehen sind nicht bekannt. Tatsache ist, daß er zu einem landwirtschaftlichen Verband ging. Als eine Art Syndikus kümmerte er sich um alle Angelegenheiten, die mit Rechtsfragen und juristischen Problemstellungen zu tun hatten. Ob ihn diese Arbeit befriedigt hat, ist schwer zu sagen. Bemerkenswert scheint zu sein, daß Kurt Genschers Berufsausübung eng mit seiner Herkunft zusammenhing. Er blieb der Landwirtschaft verbunden.

Hans-Dietrich Genscher hat nur noch bruchstückhafte Erinnerungen an seinen Vater. Vieles von dem, was er über ihn weiß, erfuhr er von seiner Mutter oder von seinen Verwandten. Dabei wurde manches verklärt und beschönigt weitergegeben. Das Bild des allzufrüh verstorbenen Vaters blieb in seiner Erinnerung fast makellos: ein fürsorglicher, liebevoller, kluger und intelligenter Mann mit künstlerischen Neigungen, weitsichtig und umsichtig; ein temperamentvoller Ehemann, treu und offenherzig; ein Konservativer mit unmißverständlicher deutschnationaler Grundhaltung. Der Jurist und ehemalige Frontsoldat war sogar Mitglied der »Deutschnationalen Volkspartei«, politisch allerdings nicht aktiv. Hitler hieß für ihn Krieg. An diese Ahnung, zwei Jahre vor Ausbruch des Zweiten Weltkrieges geäußert, erinnert sich sein Sohn Hans-Dietrich Genscher noch lebhaft. Noch heute ist der Sohn stolz auf seinen damals so weitsichtigen Vater.

Stolz scheint Vater Genscher auch auf seinen Sohn gewesen zu sein, als er mit dem Fußball – keineswegs unbeabsichtigt – eine Fensterscheibe zertrümmerte. Beschwerden des Geschädigten prallten an Kurt Genscher ab. Erfreut und belustigt zugleich, nahm er zur Kenntnis, daß der sonst so brave Zögling Hans-Dietrich etwas verbrochen hatte. Aus dem Muttersöhnchen sollte endlich ein Junge werden.

Gelegentlich konnte das Familienoberhaupt aus der Haut fahren, sogar »richtig wütend werden und mit seinem Gehstock zuschlagen, den er nicht nur aus gesundheitlichen Gründen stets bei sich führte, sondern weil es früher so üblich war«, erinnert sich sein Sohn. Beispielsweise kurz vor Weihnachten 1936, wenige Wochen vor seinem Tod. Hans-Dietrich, dem alle deutschen Tugenden wie Sauberkeit und Pünktlichkeit bestens vertraut waren, verspätete sich an einem winterlichen Dezemberabend um mehrere Stunden. Nach dem Schlittschuhlaufen »verquatschte« er sich noch bei einem Freund. Seine Eltern wähnten ihn bereits im Eis eingebrochen und halb erfroren in tödlicher Gefahr. »Dabei löste und bewältigte ich mit einem Freund nur die aktuellen Weltprobleme.« Vater Genscher, zu jener Zeit schon gesundheitlich angeschlagen und in ständiger ambulanter Behandlung, hielt es gegen 21 Uhr nicht mehr im Sessel. Er begab sich auf die Suche nach dem verlorenen Sohn. Wenige Meter von der elterlichen Wohnung entfernt ertappte er ihn tief versunken im Gespräch. In seiner Erregung schlug Vater Genscher zu, »vermöbelte« seinen Zögling mit dem Gehstock. Ein einmaliger Fall! Nie zuvor hatte Hans-Dietrich Keile von seinem Vater bezogen. Und es bedrückte den artigen Sohn noch geraume Zeit, seine Eltern dermaßen in Angst und Schrecken versetzt zu haben.

Vater Genscher hielt wenig von drakonischen Strafen. Er appellierte meistens an die Vernunft, »bemühte sich um meine Einsicht«, sagt der Sohn heute. Als weitsichtige Tat vor dem plötzlichen Tod wertet Hans-Dietrich den Abschluß einer Haftpflichtversicherung für das einzige Kind zum Preis von 20 Mark. Es dauerte nicht lange, bis sie in Anspruch genommen werden mußte; denn der äußerst friedfertige, ja zahme Zehnjährige geriet in eine Schlägerei, bei der er kräftig zulangte und — sogar — die Jacke seines Rivalen zerriß.

Kurt Genscher muß als Schüler ein guter Fußballspieler gewesen sein. Jedenfalls war Fußballspielen seine einzige erkennbare Leidenschaft. Auf der Oberschule galt er als »Fußball-As«. Doch sein Kriegsleiden beendete jegliche sportliche Betätigung jäh. Darunter litt er bis zu seinem Tod. Um so mehr kümmerte er sich um seinen Sohn, der unter allen Umständen — trotz wenig ausgeprägter Neigungen — sportlich werden sollte. Genscher steckte seinen Sprößling in den »Kaufmännischen Turnverein« (KTV) und begleitete ihn zu Radsportveranstaltungen.

Als Hobby spielte Kurt Genscher bis zu seinem Tod Skat. Jeden Sonntag hockte er mit Freunden zusammen, um »Karten zu dreschen«. Einige Jahre lang malte er auch. Doch setzte er dieser Neigung ein frühes jähes Ende, und zwar »aus blanker Wut«. Er beugte sich dem Willen seines Vaters und studierte Jura. »Dennoch vermittelte mein Vater seiner

22

Umwelt nicht den Eindruck, als sei er ständig unzufrieden. Er war ein bescheidener Mann, der sich ganz ins Bücherlesen hineinfallen lassen konnte«. Fachliteratur, aber auch Belletristik las er. Auch Hans-Dietrich galt von Jugend an als Leseratte und ist es bis heute geblieben.

Bei aller Herzlichkeit in der Familie wurde Vater Genscher vom Sohn als strenge Autorität empfunden. Blicke genügten, um Mißbilligung oder Tadel auszusprechen. Vater und Sohn entsprachen in ihrem Verhältnis einer normalen, durchschnittlichen Entwicklung. Des Vaters gesunder, bäuerlich geprägter Menschenverstand verlieh seinen Erziehungsmaximen nichts Spektakuläres, wenig Außergewöhnliches. Der Sohn wurde zu Anstand, Fleiß, Pünktlichkeit und Erfolg erzogen.

Die Mutter

Kurt Genscher hatte unmittelbar vor seinem Tod einen unbedachten, eher scherzhaft und gut gemeinten Satz gesagt, der seine Frau nicht mehr in Ruhe ließ. »Du überlebst uns beide«, hatte er im Hinblick auf seine Krankheit gesagt und damit sich und seinen Sohn gemeint. Dieser Satz sollte im Leben der Witwe und ihres Sohnes eine prophetische Bedeutung bekommen und das Verhältnis zwischen der jungen, alleinstehenden Mutter und ihrem Einzigen nachhaltig prägen.

Genschers Mutter, Hilde Kreime, war an einem Dienstag in Reideburg zur Welt gekommen, und zwar am 4. Juni 1901, ein Datum, das im Leben des Sohnes so wichtig wurde wie der eigene Geburtstag. Hilde Kreime, im Sternzeichen der Zwillinge geboren, erlebte eine wohlbehütete Kindheit auf dem elterlichen Hof. Selbstverständlich mußte sie – früher als junge Menschen in der Stadt – mithelfen. Kinderarbeit war nicht verboten. Sie besuchte ab 1907 die Volksschule in Reideburg und schuftete nebenbei in Haus und Hof, zeitig bekam sie ein Gefühl für die Schwere der Arbeit in der Landwirtschaft. Sie ertrug geduldig körperliche Strapazen. Damals war es eben üblich, daß alle mit anpackten. Unterschiede in den Anforderungen an Jungen und Mädchen gab es kaum.

Nach achtjähriger Zwergschulzeit in Reideburg und einer beachtlichen Nebentätigkeit im bäuerlichen Familienbetrieb übernahm Vater Otto Kreime seine Tochter Hilde als »Ganztagskraft«. Das war 1915 und mitten im Krieg. An eine weiterführende Schule wagte niemand zu denken. Auch eine Lehre kam für die zweitälteste Kreime-Tochter nicht in Frage. Natürlich lernte sie in jenen Jahren alles, was eine spätere

Ehefrau und Mutter beherrschen mußte. Diese Generation hatte Jahre später mit schrecklichen Schicksalsschlägen, mit Krieg und seinen Begleiterscheinungen fertig zu werden.

Noch hielt der Friede. Noch übten die Deutschen demokratisches Verhalten, noch lernten sie Grundregeln der Demokratie, als die attraktive, intelligente, keineswegs unvermögende Bauerntochter Hilde Kreime einen jungen Mann aus Klepzig kennenlernte, der Kurt Genscher hieß. Er hatte soeben sein Jurastudium abgeschlossen und seine erste Stelle als Rechtsberater angenommen. Es muß Liebe auf den ersten Blick gewesen sein, denn die Hochzeit wurde bald gefeiert. Sechs Tage nach ihrem 25. Geburtstag gaben sich am 10. Juni 1926 Hilde Kreime und Kurt Genscher das Jawort in der evangelischen Kirche zu Reideburg.

Das frisch vermählte Paar brauchte sich nicht lange nach einer Wohnung umzusehen. Es nahm das Angebot der Kreime-Eltern an und zog in das obere Stockwerk des Bauernhauses in Reideburg. Von hier aus hatte es Kurt Genscher nicht weit bis zu seiner Arbeitsstelle. Außerdem änderte sich zunächst kaum etwas am Status der Kreime-Tochter. Ihre Arbeitskraft wurde im elterlichen Betrieb benötigt. Allerdings wurde Hilde Genscher wenige Wochen nach dem Hochzeitsfest schwanger.

Der Stammhalter

Der Monarchist Paul von Hindenburg, ein Generalfeldmarschall, war Reichspräsident. Der deutsche Reichskanzler hieß zu jener Zeit Wilhelm Marx. Der Kölner Jurist gehörte der katholischen Zentrumspartei an. Reichsaußenminister war Dr. Gustav Stresemann, ebenfalls Jurist und Vorsitzender der Deutschen Volkspartei. Die Zahl der Arbeitslosen in Deutschland hatte im Frühjahr 1927 den Jahreshöchststand erreicht und lag bei 2 090 882. Ein Kilogramm Rindfleisch kostete 2,20 Reichsmark, ein Kilogramm Butter 4 Reichsmark, für einen Zentner Fettkohle zahlte man ab Zeche 0,74 Reichsmark. Der Schichtlohn eines Bergarbeiters betrug 8,82 Reichsmark, der eines gelernten Arbeiters in der Metallindustrie 0,96 Reichsmark pro Stunde. Die Leipziger Frühjahrsmesse feierte ihren zehnten Geburtstag und stand im Zeichen eines wirtschaftlichen Aufschwungs. KPD-Chef Ernst Thälmann erklärte auf dem XI. Parteitag, daß dem linken Flügel der SPD nach wie vor der schärfste Kampf gelte, und Adolf Hitler sprach im Münchner »Zirkus Krone« erstmals wieder öffentlich. In Berlin begannen die nicht mehr endenden Straßenschlachten zwischen Anhängern extremer Parteien, zwischen Mitgliedern der KPD und NSDAP. Die Luft-Hansa nahm den Flugbetrieb auf der Strecke Berlin–Dresden–Prag–Wien genau an jenem Montag, dem 21. März 1927, auf, als Hans-Dietrich Genscher im obersten Stock des großelterlichen Bauernhauses in Reideburg zur Welt kam.

An diesem sonnigen Frühlingsanfang gab es für Genschers und Kreimes Grund zum Feiern: Der Neuankömmling schien gesund zu sein, denn er schrie »ganz schön laut«. Sein Gewicht entsprach dem durchschnittlichen statistischen Gewicht von Erstgeborenen. Das Wunschkind Hans-Dietrich wurde schnell Mittelpunkt der Großfamilie. In den ersten Wochen, Monaten und Jahren gab sich der Stammhalter unkompliziert, lieb, pflegeleicht. Er lernte bald laufen und soll nach übereinstimmender Auskunft früh »trocken« gewesen sein. Nichts fehlte dem Knirps. Niemand mußte hungern, keiner frieren. Für damalige Verhältnisse in Deutschland hatte der junge Genscher optimale Lebensbedingungen angetroffen.

Hans-Dietrich wuchs im bäuerlichen Milieu auf: Haus, Hof, Stallungen, Wiesen und Felder waren seine Welt. Früh sah er zu, wenn Kühe kalbten, Schweine ihre Jungen warfen, Hühner und Enten geschlachtet wurden. Mit seinem besten Freund, dem Schäferhund »Döll«, teilte er oft die Hundehütte. Vier Pferde standen im Stall. Zu einem von ihnen pflegte Hans-Dietrich ein enges Verhältnis. Diesem Pferd vertraute er zeitweise mehr als irgendeiner Bezugsperson. Allabendlich »besprach« er mit dem Braunen seine Nöte, erläuterte ihm »himmelschreiende Ungerechtigkeiten«, die ihm im Laufe eines langen Tages widerfahren waren. All seinen Kummer flüsterte er dem Tier ins Ohr, das willig zuhörte, verständnisvoll dreinblickte und nie Widerworte gab. Der Dreikäsehoch fühlte sich im Pferdestall ungewöhnlich wohl. Seine Tierliebe konzentrierte sich ganz auf Hund und Pferd. Kälber, Kühe, Schafe oder gar Ziegen waren für ihn nichts anderes als »eben Tiere«.

Fast sechs Jahre verbrachte der kleine Genscher auf dem Hof des Großvaters in Reideburg. Im Frühjahr 1933 änderte sich sein Leben schlagartig. Die älteste Schwester seiner Mutter wurde durch den tragischen Tod ihres Mannes Witwe. Wegen ihrer beiden Kleinkinder konnte sie die Gastwirtschaft in einem Nachbardorf allein nicht weiterführen. Sie zog nach Reideburg, um bei den Eltern zu wohnen. Die Genschers mußten Platz machen.

Da Vater Kurt eine ordentliche Anstellung in Halle hatte, lag ein Wechsel in die Stadt nahe. Die dreiköpfige Familie verließ ihre kostenlose Vierzimmerwohnung in Reideburg und zog in die sechs Kilometer entfernte Industriestadt Halle an der Saale. In der Lindenstraße 2, im südlichen Teil der Stadt, nicht weit vom Zentrum entfernt, mieteten sich die Genschers eine Etagenwohnung. Kurz nach Ostern 1933 bezogen sie den zweiten Stock eines dreigeschossigen Hauses. Es war für alle eine erhebliche Umstellung. Am meisten spürte dies Hans-Dietrich, der auf seine geliebten Tiere verzichten mußte. Doch sein Heimweh wurde gemildert. Es verging kein Wochenende ohne einen Besuch in Reideburg oder Klepzig. Der Genscher-Filius besuchte allerdings lieber den Kreime-Hof in Reideburg. Und nicht nur weil er hier die ersten Jahre seines Lebens verbracht hatte.

Eine wichtige Rolle spielte für ihn sein Großvater. Unter seinen Fittichen war der Enkel herangewachsen. Die Sympathien beruhten auf Gegenseitigkeit. Der Alte faszinierte den Jungen, weil er sich abends vor sein riesiges Saba-Radiogerät setzte, nicht etwa, um Landfunk mit Wetteraussichten zu hören, sondern Sendungen in französischer Sprache. Opa Otto Kreime hatte seinen Militärdienst in Diedenhofen, dem heutigen Thionville, abgeleistet. Im Kaiserreich war diese Stadt deutsch gewesen. Hier hatte Landwirt Kreime die Franzosen kennengelernt. Ihre Lebensart begeisterte ihn. Er konnte interessante und spannende Geschichten von den Nachbarn erzählen. Der Landwirt las Bücher in französischer Sprache – bis ins hohe Alter. Auch das beeindruckte den Enkel. Noch heute glaubt er, daß seine Bewunderung für Frankreich ein wenig mit seinem Reideburger Großvater zu tun hat, der ihm auch die ersten Brocken dieser schwierigen Sprache beibrachte.

Neben der Vorliebe für Frankreich vermittelte Otto Kreime seinem Enkel auch den Umgang mit Natur und Tieren. Viele Jahre lang blieb er für den Jungen eine wichtige Bezugsperson, deren Bedeutung nach dem Tod seines Schwiegersohnes noch erheblich zunahm. Diesen Mann verehrte der kleine Genscher. Schaute der Opa aus Reideburg seinen Enkel nur mißbilligend an, war das für Hans-Dietrich schlimmer, als hätte ihn der Klepziger Opa verprügelt. Als die liebgewordene Autorität 1947 im Sterben lag, versammelte sich die ganze Familie um sein Bett: die beiden Witwen und die Schwiegertochter mit allen Kindern. Der Sohn befand sich in Gefangenschaft.

Unvergessen blieb für den zwanzigjährigen Enkel aus Halle die Todesstunde seines Großvaters, der an Herzversagen starb. Den Vaterlosen machte der Tod »sehr, sehr traurig«. Hans-Dietrich verlor eine wichtige Orientierungshilfe.

II. Kapitel

Hallenser Jahre

FILMER/SCHWAN

Der Erstkläßler

Vor wenigen Wochen hatte Reichspräsident Paul von Hindenburg den Führer der NSDAP, Adolf Hitler, zum Reichskanzler ernannt, noch konnte der Schriftsteller und Publizist Carl von Ossietzky kurz vor dem Verbot in der »Weltbühne« schreiben:»Die Republik hat die Bataille verloren . . ., weil es ihr an dem notwendigen Lebenswillen fehlte, über den die Rechte in hohem Maße verfügt«, als die Zahl der Arbeitslosen 6 002 000 betrug und sich die Auslandsschulden des Deutschen Reiches auf 19 Milliarden Reichsmark beliefen. Die Reichtstagswahlen vom 4. März 1933, dem »Tag der erwachenden Nation«, wurden zur Farce. Auf Hitlers Veranlassung ernannte Hindenburg Dr. Joseph Goebbels zum Minister für Volksaufklärung und Propaganda. Zu seinem persönlichen Schutz bildete er die »Leibstandarte SS Adolf Hitler«, ein militärisches Eliteregiment.

Hans-Dietrich Genscher feierte am 21. März 1933 Geburtstag. Der Rundfunk übertrug die Eröffnung des Reichstages des dritten Deutschen Reiches mit einem Staatsakt in der Potsdamer Garnisonskirche. »Tag von Potsdam« wurde der siebte Geburtstag Hans-Dietrichs im ganzen Reich genannt, an dem Adolf Hitler seine Regierungserklärung verkündete. Die Schüler erhielten schulfrei.

Die Wohnungssuche der Genschers hatte sich Ende März und Anfang April 1933 in Halle schwieriger gestaltet als erwartet. Noch einmal feierten die Genschers Ostern auf dem Lande. Entgegen der ursprünglichen Planung, noch vor Schulbeginn nach Halle zu wechseln, mußte der kleine Genscher die erste Schulwoche seines Lebens in der Volksschule von Reideburg verbringen.

Dann verlief der Schulwechsel problemlos. Vom 8. Mai 1933 an besuchte der Erstkläßler in Halle eine städtische Volksschule, zu der rund zwanzig Klassen mit etwa fünfzehn Lehrern gehörten. Es war eine reine Jungenschule, deren Pauker zum Teil glühende Anhänger Hitlers und seiner Ideologie waren. Auch Genschers Klassenlehrer versuchte, den Erstkläßlern nationalsozialistische Überzeugungen zu vermitteln. Als Ersatz für den Religionsunterricht gab es nationalpolitischen Geschichtsunterricht. »Der Lehrer redete viel über Nationalbewußtsein und über die neuen nationalsozialistischen Feiertage«, sagt ein Klassenkamerad heute. Den Schülern wurde beigebracht, wer die wahren Schuldigen am Ersten Weltkrieg waren. Den kaum schreib- und lesekundigen I-Dötzchen hämmerte man die Dolchstoßlegende ein. Als wichtiges Thema jener Zeit wurde auch der »fürchterliche« Versailler Vertrag »durchgenommen«, der die Deutschen arg gequält habe. Nur der Führer werde die Deutschen aus ihren Kriegsschuldgefühlen herausbringen, predigte man.

Neben Rechnen, Lesen und Schreiben lernten die Volksschüler auch früh die Texte und Melodien des Deutschland- und des Horst-Wessel-Liedes. Sie mußten an hohen Feiertagen in Reih und Glied auf dem Schulhof stehen und beherrschten die beiden Hymnen wie im Schlaf.

Genscher ging gern zur Schule. Er gehörte zu den wachen, unauffälligen, fleißigen und eifrigen Schülern, denen das Lernen leichtfiel und Spaß machte. Die Ausweitung des Fächerangebotes machte ihm wenig Kummer, er war neugierig auf den Unterrichtsstoff. Bis zum Abitur blieb ihm die Freude an der Schule erhalten.

In Halle besaß Hans-Dietrich ein eigenes Zimmer. Seine Schularbeiten machte er häufig in der Küche oder im Arbeitszimmer seines Vaters. Mit »leichter Hand« erledigte er seine schulischen Pflichten, hatte meistens viel Zeit für sich und seine Interessen und Neigungen. »Dieter«, wie er von Eltern, Freunden und Klassenkameraden gerufen wurde, entwickelte sich zum Fahrrad-Fan. Seit seinem vierten Lebensjahr besaß er ein Rad, das ihm sein Vater für 10 Reichsmark gekauft hatte. Diese »unglaubliche Geldausgabe« tätigte Vater Genscher für ein gebrauchtes kleines Fahrrad, das für den Vierjährigen »die Welt bedeutete«. Dabei mußte der kleine Radfahrer schon damals höllisch darauf achten, daß er nicht unter die Räder kam, denn in der Lindenstraße herrschte reger Verkehr. Doch der junge Städter gewöhnte sich rasch an mögliche Gefahren, die in der 200 000 Einwohner zählenden Stadt Halle lauerten.

Dieter war kein Rabauke, aber immer »umtriebig« und »von neuen Ideen beseelt«, von »irgend etwas angeregt und begeistert«. Lange ruhig zu sitzen, brachte er schon als Erstkläßler nicht fertig. Eine spürbare innere wie äußere Unruhe stachelte ihn an. Rommé-Spielen mit den Eltern fand er ziemlich langweilig.

In keiner Phase seines Lebens bedurfte es harter und strenger Erziehungsmethoden. Die übergroße Ängstlichkeit der Mutter um ihren einzigen Sohn übertrug sich auf dessen Verhalten. Äußerte die Mutter Vorbehalte, versuchte der Sohn kaum noch, eine wie immer geartete Herausforderung anzunehmen. So »pflegeleicht« er als Baby war, so problemlos verliefen auch die ersten Schuljahre in Halle. Der ewige Sonnyboy bereitete fast keine Probleme.

Tod des Vaters

Für die Genschers war 1936 kein sorgenvolles Jahr gewesen. Mit gedämpftem Optimismus blickten sie ins neue Jahr. Die Aussichten für 1937 schienen nicht schlecht zu sein. Doch schon seit Wochen mußte Kurt Genschers Stirnhöhlenvereiterung ambulant behandelt werden. Anfang Januar verschlechterte sich seine Lage bedrohlich. Vater Genscher wurde in die Hals-Nasen-und-Ohren-Abteilung (HNO) der Universitätsklinik von Halle eingeliefert.

Hitler hatte es geschafft, die Zahl der Arbeitslosen von sechs Millionen im Jahre 1933 auf 1,2 Millionen Anfang 1937 zu senken. In den ersten vier Jahren seiner Diktatur war schreiendes Unrecht geschehen. Der Haß auf Juden und die Verachtung Andersdenkender prägten den Alltag. Die Menschenrechte wurden mit Füßen getreten.

Die braune Diktatur schickte sich an, ihren vierten Jahrestag feierlich zu begehen, als am 26. Januar 1937 Kurt Genscher unerwartet an den Folgen einer Kiefernhöhlenvereiterung, genauer an Blutvergiftung, starb.

Die Todesnachricht löste an jenem verregneten Dienstag in der Lindenstraße 2 in Halle, in Reideburg und Klepzig Trauer und Leid aus. Der Schock saß tief. Dieter begriff in der ersten Zeit nicht so recht, was der Verlust des Vaters bedeutete. Ihn bedrückte vor allem, daß seine Mutter ständig weinte. Kein Mensch auf dieser Welt schien sie trösten zu können. Dieters Empfindungen konzentrierten sich auf seine trauernde Mutter. »Sie tat mir unendlich leid«, erinnert sich Genscher.

Der Tod seines Vaters bedeutete für das Mutter-Sohn-Verhältnis eine wichtige Zäsur. Von nun an fühlte sich der Junge »sehr verantwortlich«

für seine Mutter. Er schlüpfte notgedrungen in eine Rolle, die ihn zunächst überforderte. Der knapp Zehnjährige mußte in die Position des männlichen Familienvorstandes hineinwachsen.

Hilde Genscher tat sich schwer in ihrer Witwenrolle. Immer schon war sie ängstlich und besorgt gewesen, wenn es um die Aktivitäten ihres Sohnes ging. Seinen Tatendrang, seine Unternehmungslust und seine Betriebsamkeit beobachtete sie mit äußerstem Unbehagen. Seit dem Tod ihres Ehegatten steigerte sich ihre Ängstlichkeit zur Beklemmung und symbiotischen Anklammerung. Allgegenwärtig blieb ihr der Ausspruch ihres Mannes: »Du überlebst uns beide.« Dieser Schlüsselsatz hing wie ein Damoklesschwert über Dieters Kindheit und Jugend. Jahre später noch als Erwachsener bekam Hans-Dietrich Genscher den warnenden Satz des Vaters oft zu hören.

Seit Kindesbeinen bemühte sich Dieter, seiner Mutter kein zusätzliches Leid zuzufügen. Der Schüler vermied all jene Dinge, von denen er wußte, daß sie der Mutter Kummer, Angst und Schmerz bereiten könnten. Er schreckte auch als Lausbub vor manchen Streichen zurück, weil er damit rechnen mußte, seine Mutter empfindlich zu treffen. Eine bedrängende Anhänglichkeit und Besorgtheit entstand. Er behandelte sie wie ein rohes Ei. Ein übervorsichtiger Lebensstil ergab sich, der für sein weiteres Leben bestimmend werden sollte. Er klebte an seiner Mutter und sie an ihm. Ihr zuliebe mied er lange Zeit beängstigende Risiken. Ein Druck entstand, der sein Leben einengte. Konflikte, Streit und Aggressionen waren weitgehend ausgeblendet. Eine risikovermeidende Lebensform prägte Dieter. Seiner Mutter gegenüber verhielt er sich schützend und verwöhnend. Sein Hang zu Harmonie, Versöhnung und Ausgleich wurde in diesen Jahren tief eingepflanzt. Genscher ist heute immer noch in ein »sanftes Schonklima« (Richter) eingebunden.

Der Gymnasiast

Dieters zehnter Geburtstag am 21. März 1937 wurde acht Wochen nach Vaters Tod kaum gefeiert. Man traf sich in Reideburg mit den Großeltern und der Tante. Wie üblich gab es Kaffee und Kuchen. Anschließend drehte das Geburtstagskind einige Runden mit dem Fahrrad.

Mutter Genscher hatte ihren »Einzigen« schon lange auf den Schulwechsel vorbereitet. Der Filius sollte auf eine weiterführende Schule gehen. Es muß noch eine Entscheidung des verstorbenen Vaters gewesen sein, daß der Sohn auf das »Reform-Real-Gymnasium« (RRG) in der

Friesenstraße wechselte. Dabei lag die »Latina«, ein altsprachliches Gymnasium, gleich um die Ecke, weniger als fünf Minuten von der elterlichen Wohnung entfernt. Vermutlich hatte Kurt Genscher seinem Sohn ersparen wollen, Latein und Griechisch zu pauken, sich seiner »Qualen« erinnernd, als er während der ersten Semester an der Uni das kleine Latinum nachmachen mußte. Außerdem gingen vor allem die Kinder der »ganz feinen Leute« zur »Latina«. Auf das »Stadtgymnasium« in der Sophienstraße, einer zweiten Oberschule in Halle, schickten die »feinen Leute« ihren Nachwuchs. Das »Reform-Real-Gymnasium« dagegen besuchten die Kinder von Kleinbürgern, von Kaufleuten, Handwerkern und sogar Arbeitern. Die RRGler trugen graue Mützen mit rotem Band.

Doch zunächst mußte Dieter Genscher zusammen mit rund dreißig »Leidensgenossen« eine Aufnahmeprüfung bestehen: Rechnen, Diktat und Aufsatz. Zur Prüfung kam er fünf Minuten zu spät. Hilde Genscher entschuldigte ihren Sohn. Die beiden hatten sich bei ihrem weiten Anfahrtsweg verspätet. Der Zehnjährige lächelte den Mitschülern zu, nahm die Rechenaufgabe entgegen und setzte sich in eine noch freie Bank. Schnell holte er die Zeit auf und bestand die Aufnahmeprüfung mit Bravour.

Eine Woche nach Ostern 1937 wurde es ernst. Der 5. April war sein erster Schultag auf dem »Reform-Real-Gymnasium«.

An diesem Tag konnten die Deutschen die erste Briefmarke mit dem Bild Adolf Hitlers an den Postschaltern kaufen. Der Viererblock trug die Aufschrift: »Wer ein Volk retten will, kann nur heroisch denken.«

Dieters erste Fremdsprache war Englisch. Ab Quarta wurde Latein angeboten und ab Obertertia als dritte Fremdsprache Französisch. Das Schulgeld betrug 25 Mark — ein Preis, der auch für Mutter Genscher nicht leicht aufzubringen war. Sie bezog nur eine kleine Angestelltenrente, die zur Sicherung des Existenzminimums nicht ausreichte. Ein geringfügiges ererbtes Vermögen half über die ersten Klippen hinweg. Auch die Verwandten unterstützten mit landwirtschaftlichen Produkten. Dieter hatte einen weiten Schulweg. 80 Meter von der elterlichen Wohnung entfernt befand sich eine Straßenbahnhaltestelle, die er oft im Dauerlauf erreichte. Jahrelang machte es ihm großen Spaß, auf die Straßenbahn aufzuspringen, ein Stammplatz war die vordere offene Plattform des zweiten Straßenbahnwagens. Und das wurde zum allmorgendlichen Ritual: Zuerst warf er seine Schultasche in die Bahn, dann sprang er auf. Hier traf er einige Klassenkameraden, die einen noch weiteren Schulweg hatten als er. Gemeinsam fuhren sie meistens jene Strecke, auf der sie einmal umsteigen mußten, um zur Friesenstraße zu gelangen. So wiederholte sich am Riebeck-Platz von Halle das »Aufspring-Ritual« noch einmal. Mutter Genscher bekam diese abenteuerlichen Straßenbahnfahrten zuweilen mit. Jedesmal wurde sie von panischer Angst erfaßt.

Zufrieden konnte sie allerdings mit den schulischen Leistungen ihres Sohnes sein. Doch weder war er ein Überflieger noch der Klassenprimus. Leistungsmäßig zählte er zu den guten Schülern, gehörte zu den zehn Besten seiner Klasse, ohne als Streber zu gelten. Seine Mutter hielt ihn zu stetem Fleiß, zu gewissenhafter Schularbeit an. Doch Dieter entwickelte auch eigenen Ehrgeiz. Er brachte es fertig, auf Treffen mit Freunden zu verzichten, wenn eine Klassenarbeit in Aussicht stand. Dann konzentrierte er sich konsequent auf die Schule, lernte mehr als sonst üblich. Maßlos ärgerte er sich über verpatzte Klassenarbeiten, wollte nicht schlechter sein als seine Freunde, wollte Vorsprünge nicht verspielen. Dem vaterlosen Jungen war anerzogen worden, sich zu beweisen; er zählte zu denen, die sich trotz äußerer Widrigkeiten behaupten wollten. Dabei entwickelte sich ein Wesenszug, der ihn in »jeder Minute auf der Hut« sein läßt. Seine Alarmvorrichtungen funktionieren immer. Zwar gehörte er nicht zu den »Kellerkindern« jener Zeit, gleichwohl hatte er nach dem Verlust des Vaters das Gefühl, sich gegen eine »übermächtige Konkurrenz« durchsetzen zu müssen. Er wirkte ernster und reifer als andere Klassenkameraden.

Die erste Fremdsprache bereitete ihm nur mäßige Freude, seine Leistungen waren nicht gerade überwältigend. Dagegen glänzte er in Deutsch, Geschichte, Erdkunde und Latein. Die naturwissenschaftlichen Fächer interessierten ihn auch. Im Sport gehörte er zum Durchschnitt, mischte jedoch beim Fußball- oder Völkerballspielen kräftig mit. Es gelang ihm oft, aus der Deckung heraus nach vorne zu stürmen und dann ein Tor zu machen. Weniger lustvoll erlebte er das Hallenturnen. Wegen Untätigkeit wurde ihm eine Fünf verpaßt. Beispielsweise schaffte er es nicht, seinen schweren Körper an den Seilen hochzuziehen. Es ärgerte ihn, daß er hierbei Schwierigkeiten hatte und verspottet wurde. Doch er blieb stur, hatte keine Lust, sich an den Seilen abzuquälen. Etwas zu tun, wozu er keine Lust hat – das war und ist typisch für ihn –, dazu ist er nicht zu bewegen. Schon als Pennäler gehörte Genscher zu den Frühaufstehern. Nicht nur weil er zu jenen Schülern zählte, die den weitesten Anmarsch zur Schule hatten. Er stand zeitig auf, meist gegen sechs Uhr, weil er sich angewöhnt hatte, die Schularbeiten morgens zu machen. Das frühe Aufstehen hatten die Genschers auf dem Hof in Reideburg gelernt. Diese Gewohnheit setzte er in Halle fort. Gegen 7 Uhr 30 verließ er sein Zuhause und war meistens als einer der ersten an der Schule. Bis seine

Klassenkameraden eintrudelten, hatte er bereits die ersten Informationen gesammelt. Er wußte schon, welcher Unterricht ausfiel, welcher Lehrer krank oder verhindert war, wann eine Freistunde anfiel. Dieter Genscher besaß die Fähigkeit, Neues herauszukriegen, über Schulisches bestens informiert zu sein und informieren zu können. Oft trieb er mit seiner Allwissenheit auch Schabernack. Er überfiel seine Freunde auch etliche Male mit »schockierenden Nachrichten«, die nicht immer den Tatsachen entsprachen, freute sich diebisch, wenn er es wieder einmal geschafft hatte, Leute an der Nase herumzuführen. Ein Wesenszug, der ihm bis heute erhalten blieb.

Sieht man von einigen Spielchen und Späßen ab, unterhielt Dieter ein »zuverlässiges Nachrichtenbüro«, das in seinem Informationsfluß über schulische Belange hinausging. Er gehörte schon damals zu den leidenschaftlichen und ausdauernden Radiohörern. Der Volksempfänger im Hause Genscher lief fast rund um die Uhr. Der Junge nahm gierig auf. Was er für Mitschüler aufschnappte und für berichtenswert hielt, vermittelte er weiter. Unglaublich gern erzählte er Geschichten, auch um andere zum Lachen zu bringen und selbst herzhaft schmunzeln zu können. So stand er im Mittelpunkt: ein Informationstalent.

Der Schüler aus dem Süden Halles gehörte keinem festen Freundeskreis an. Wenn sich während der Pausen auf dem Schulhof Gruppen bildeten, zog Dieter von einem zum anderen »Haufen«. Dabei agierte er ganz locker, mischte sich in Diskussionen ein, war ein akzeptierter und schlagfertiger Debattenredner, kurz einer, von dem andere immer etwas erfahren wollten und konnten. Sogar seine Körpersprache verriet Witz und Wendigkeit, sein Wippen von einem Bein aufs andere war charakteristisch für ihn und unnachahmbar: Signale der Ungeduld und Umtriebigkeit.

Dieter Genscher suchte von Anfang an besonderen Kontakt zu einigen seiner Lieblingslehrer. Er ließ sich auch von starken Persönlichkeiten unter seinen Mitschülern durchaus beeinflussen. Der Oberschüler verschlang leidenschaftlich die Werke von Karl May. Er ließ keinen Band aus. Doch ebenso vernarrt war er auch in die Werke des Dramatikers und Erzählers Heinrich von Kleist, der als Sohn eines preußischen Hauptmanns auch früh verwaist war. Angetan war Genscher von Werken wie »Der zerbrochene Krug«, »Käthchen von Heilbronn«, »Michael Kohlhaas« und vor allem vom »Prinz von Homburg«, ein Drama, das ihn besonders faszinierte. Der Konflikt zwischen soldatischer Pflicht und eigener Gefühlswelt beschäftigte den Oberschüler lange. Später als Luftwaffenhelfer schleppte er diese Lieblingslektüre mit an die Heimatfront.

Ab Obertertia mußte sich Dieter entscheiden, ob er auf den mathematisch-naturwissenschaftlichen oder neusprachlichen Zweig wechseln sollte. Die Wahl fiel ihm leicht, weil sein Deutschlehrer Klassenlehrer der sprachlichen Abteilung wurde. Und auf diesen Pädagogen wollte er unter keinen Umständen verzichten. Deshalb wählte er den neusprachlichen Zweig.

Dieter Genscher zählte weder zu den Rädels- noch zu den Wortführern seiner Klasse. Ihn zum Klassensprecher zu wählen wäre niemandem in den Sinn gekommen. Trotz seiner außergewöhnlichen Fähigkeit, Informationen zu sammeln, aufzunehmen, zu verarbeiten und auf vielfältige Weise »weiterzugeben«, erlebten ihn seine Mitschüler als bescheiden, zurückhaltend, abwartend, beobachtend. Er war kein Aktivist, aber »äußerst gewitzt« und humorvoll. Letztendlich ein stiller Junge, ein Mitläufer, der selten selbst etwas ausheckte. Häufig wirkte er mäßigend auf jene Rabauken, die zum Überziehen neigten und bei Bubenstreichen das rechte Maß zu verlieren drohten. Zwar machte er harmlosen Unsinn mit, bremste jedoch oft ungestüme Draufgänger, war allerdings kein Feigling.

Als er nach der Beerdigung seines Vaters wieder zum Unterricht erschien, wagten viele seiner Klassenkameraden nicht, ihn anzusprechen. Tief saß die Betroffenheit bei vielen in der Klasse. Das Thema »Vater« blieb tabu. Ging es um Eltern, wurde das Gespräch schnell beendet, wenn Dieter im Anmarsch war. Über Beruf und Arbeitsalltag der Väter schwieg man. In seiner Gegenwart taten die meisten so, als ob sie auch keinen Vater hätten. Und dennoch spürte der heranwachsende Genscher von Jahr zu Jahr deutlicher, was der Verlust des Vaters tatsächlich bedeutete.

Materiell gesehen ging es dem jungen Genscher nicht allzu schlecht. Er lernte, mit wenig Taschengeld auszukommen. Sparsamkeit war das Gebot jener Zeit. Aufwendige Hobbys, wie andere sie ausübten, konnte er sich nicht leisten. Tennisspielen oder Rennradfahren fanden nicht statt. Der einfühlsame Sohn verzichtete freiwillig darauf, gegenüber seiner Mutter auch nur den Wunsch zu äußern, obwohl er auch bei der Freizeitgestaltung gerne mitgehalten hätte. So wie er sich auf sie einstellte, konzentrierte sich die übertrieben furchtsame Frau ganz und gar auf ihren Sohn. In ihrer Erziehung versuchte sie vor allem so zu handeln, wie es nach ihrer Empfindung auch Dieters Vater getan hätte. Wer heute mit dem Sohn über seine Mutter spricht, spürt immer noch die Tiefe dieser Beziehung. Den starken Besitzanspruch auf ihn, den sie zeit ihres Lebens nie aufgab, machte sie in bester Absicht geltend.

Oft war es dem Sohn peinlich, daß seine Mutter bei schulischen Veranstaltungen fast immer erschien. Bei Wandertagen und Klassenfahrten vertrat sie regelmäßig die Elternschaft. Dieter tolerierte dennoch ihre Art, freute sich, wenn sie seinen Schulkameraden Eßbares zu bieten hatte, scherzte mit ihr und konnte seinen Unmut geschickt überspielen.

Seine Mutter hat ihn nie geschlagen, obwohl Dieter manchmal aufmuckte und in aller Regel nicht nur folgsam und artig war. Er wollte zwar kein »Muttersöhnchen« werden, aber es gehörte zu seinen wichtigsten Maximen, der Mutter nie Ärger zu bereiten. Manchmal befanden sich beide in einem Reizklima. Und fast immer lief der Sohn mit einem schlechten Gewissen durch die Gegend.

Dieser Sohn, der von Charakter wie von Gestalt seiner Mutter ähnelte, reagierte betroffen, wenn er spürte, daß er sie verletzt hatte. Sie zeigte ihre Verwundung durch Traurigkeit und konnte demonstrativ darin verweilen. Innere Konflikte keimten in dieser Beziehung. Druck entstand, doch auch Sprachlosigkeit. Auch hier liegt eine Wurzel für Genschers Harmoniestreben.

Das religiöse Grundklima im Hause Genscher entsprach in der Heimat Luthers dem einer gläubigen evangelischen Familie, die nicht jeden Sonntag zum Gottesdienst eilte, aber auch nicht nur an hohen Feiertagen zur Kirche ging. Daran hat sich bis heute nichts geändert.

Ruhe vor dem Sturm

Dieter Genscher, der sich schon früh im Stadtbad von Halle freigeschwommen hatte, ging als junger Bursche auch in »Hoffmanns Badeanstalt«, also in die Saale. Wann immer es die Zeit zuließ, fuhren Mutter und Sohn aufs Land. Mal nach Reideburg, mal nach Klepzig. Auch in den Ferien. Im Sommer unternahmen die Genschers meist eine Reise, entweder an die Ostsee, in den Harz oder nach Thüringen. Gern wäre Dieter auch Ski gelaufen. Doch dazu reichte Mutters Geld nicht aus. Als sie ihn dringend ersuchte, ein Instrument zu lernen, mußte er seine gutmeinende Mutter enttäuschen. Genscher war so unmusikalisch, daß selbst die Musiklehrerin Hilde Genscher riet, für alle Zeit von musikalischen Betätigungen des Sohnes Abstand zu nehmen.

In der Klassenmannschaft spielte Dieter Mittelstürmer. Und der Fußballelf von »Wacker 04 Halle« blieb er viele Jahre lang verbunden. Als Autogrammjäger entwickelte er zahlreiche Finessen, um an die Unterschriften der Fußballstars zu kommen, die gegen seine Lieblingsmannschaft antraten. Montags glänzte er auf dem Schulhof, wenn er, exklusiv sozusagen, die Namenszüge von Kickern besaß, beispielsweise von Szepan, Kuzorra oder Urban.

In seiner Jugend erlebte er die Steher-Rennen in Halle, verfolgte gespannt die Steher-Asse Walter Lohmann und Erich Metze. Der Fahrradfan gründete als Sextaner einen Radfahrklub, dem sechs Leute angehörten. Einmal in der Woche unternahmen sie eine gemeinsame Tour.

Sexualaufklärung war für Witwe Genscher kein Thema. Dieter holte sich seine Informationen aus dem Lexikon daheim. Da er sie als unzureichend wertete, gründete er mit drei Gesinnungsgenossen einen zweiten Verein, den »Verein für Biochemie«. Diese »Interessengemeinschaft« wollte herausfinden, wie es wirklich mit dem vielfältigen Sexualleben sei. Der Vereinszweck war eindeutig definiert: Jedes Mitglied verpflichtete sich, die elterlichen Bücherschränke nach Sexualliteratur »durchzufilzen«, abzuschreiben und unter den Mitgliedern auszutauschen.

Der hilfsbereite Dieter unterstützte seine Mutter, wo immer er konnte. Einkaufen gehörte zu seinen Pflichten. Eine Tafel Vollmilchschokolade der Firma »Most« zum Preis von 32 Pfennigen galt als seine ganz persönliche Währungseinheit. Hatte er diese Summe gesammelt, wurde sie in Ware eingetauscht und »verpraßt«.

Dieter war für seine Mutter »der Hahn im Korb«. Sie konzentrierte sich ganz auf ihn, hielt ihn lange Zeit wie an einem Halsband. Er wehrte sich kaum, ließ manches über sich ergehen. Er lebte in dem unerschütterlichen Bewußtsein, unter allen Umständen etwas werden zu wollen, um für seine Mutter sorgen zu können.

Die Wohnung der Genschers bildete nicht den ständigen Treffpunkt seiner unterschiedlichen Freundeskreise. Auch wenn Hilde Genscher manchmal die fürsorgliche »Regimentsmutter« spielte, lebten beide doch eher zurückgezogen. An Dieters Geburtstagen strengte sie sich an, um den Gästen ebenbürtig das zu bieten, was die Eltern von Dieters Freunden bei ähnlichen Anlässen offerierten.

Ihre Aufmerksamkeit und Zuneigung galt jenen Mitschülern von Dieter, die er als Freunde akzeptierte. Diese konnten zu jeder Zeit zu ihr kommen, wenn sie der Schuh drückte. Die offenherzige, meist ausgeglichene und geradlinige Frau verstand es, geschickt zu vermitteln. Geradeheraus sagte sie, was sie dachte. Nie zuviel oder zuwenig.

Dieter schrie selten vor Zorn, konnte ganz schön schnauzen, nie aber laut werden. Seine Meinung durchzusetzen, verstand er meisterhaft. Stets fand er überzeugende und einleuchtende Argumente, redete gern mit »Händen und Füßen«, selten unangenehm, nie ausfallend oder gar jähzornig. Mitschüler schildern ihn als »konzentriert und beherrscht«.

Einer, der nie Gefühle zeigte.

III. Kapitel

Kriegszeit

FILMER/SCHWAN

In der Hitlerjugend

Dieter Genscher gehört wie rund zehn Millionen Deutsche zur Hitlerjugend-Generation. Parallel zur Pennälerzeit verlief seine »Karriere« im nationalsozialistischen Jugendverband.

Als Sextaner wurde er an Hitlers 48. Geburtstag am 20. April 1937 feierlich in das »Deutsche Jungvolk in der HJ (DJ)« aufgenommen. Hierzu zählten die Jungen von 10 bis 14 Jahren. Mitgliedschaft war Pflicht. Niemand konnte sich davor drücken. Wie andere auch lernte er rasch den organisatorischen Aufbau des »Jungvolks« kennen, von der »Jungenschaft« (etwa 10 Jungen), dem »Jungzug« (etwa 40 Jungen), dem »Fähnlein« (etwa 160 Jungen), dem »Jungstamm« (etwa 600 Jungen) bis zum »Jungbann« (etwa 3000 Jungen).

Vom Elternhaus war er in keiner Weise für die Nazi-Ideologie vorbereitet worden. Für seinen Vater hatte Hitler Krieg bedeutet. Und Mutter Genscher war eine völlig unpolitische Frau. Wie Millionen ahnungsloser Deutscher sah sich auch die Witwe in Halle außerstande, sich gegen alles zu wehren, was nationalsozialistischer Zeitgeist verbreitete. Der Nazi-Ideologie stand sie gleichgültig gegenüber, abgestumpft durch die massive Propaganda. Den Alltag im Nationalsozialismus prägten die Pflichten und Zwänge jener Zeit, denen sich auch die Genschers unterwarfen.

Die Führer an der Spitze des NS-Jugendverbandes kannten die Neigungen der jungen Generation und boten jugendgemäße Veranstaltungen an. Meisterlich motivierten sie Kinder und Jugendliche. Wer Talent

37

besaß und gut mit seinesgleichen umgehen konnte, wurde in Führungs-
positionen befördert. Es muß an Dieters früh ausgeprägtem Verantwor-
tungs- und Pflichtgefühl gelegen haben, daß er zum »Jungenschaftsführer« berufen wurde.

Eigentlich zählte der vierzehnjährige Dieter ab April 1941 zur »Hitlerjugend (HJ)«. Sie umfaßte die Jungen von 14 bis 18 Jahren. Doch
Genscher umging zunächst die HJ. Als »Bestätigter Jungenschaftsführer«
blieb er beim Jungvolk.

Überall im Reich war den Pimpfen die Kristallnacht als notwendiger
Schlag gegen die Juden erklärt worden; der Ausbruch des Krieges galt als
dringende Notwendigkeit, die brutale Besetzung Polens als unausweichlich. Die Einnahme Dänemarks und Norwegens und die Westoffensive,
an deren Ende die »glorreichen« deutschen Truppen die Niederlande,
Belgien, Luxemburg und Frankreich besetzten, erlebten sie im Rausch
des Sieges. Die Überlegenheit der deutschen Rasse wurde ihnen im U-
Boot-Krieg, im Einsatz deutscher Truppen in Nordafrika, im Balkan-
feldzug gegen Jugoslawien und Griechenland vorgeführt. Die täglichen
Sondermeldungen im Radio, anderntags nachzulesen in der NS-Presse,
und die Wochenschauen im Kino vermittelten den Jugendlichen das
Gefühl, zu einem auserwählten Volk zu gehören, das auf der Sonnenseite
dieser Welt lebte.

Seit Kriegsbeginn sammelten Jugendliche für das »Winterhilfswerk«
Kleidungsstücke. Sie gingen mit Sammelbüchsen von Haus zu Haus.
Mittwochs von 14 bis 16 Uhr und samstags nach dem Schulunterricht
fanden sogenannte Heimabende statt. Lehrlinge, Gesellen und Schüler
versammelten sich, um »das Jahresgeschehen, Leben und Werk des
Führers und Reichskanzlers« durchzunehmen. Dazu wurde viel gesun-
gen. Die älteren Jahrgänge wurden »in der deutschen Geschichte und in
Grundfragen des Nationalsozialismus« geschult. »Unter den großen
Kaisergeschlechtern des Mittelalters wurden den Jugendlichen neben den
Ottonen und Saliern besonders die Hohenstaufen nahegebracht, da allen
voran Kaiser Friedrich II.« Auch die historische Gestalt des Prinz Eugen
»war ein dankbarer Schulungsstoff«. Unaufhörlich wurde den Jungen
auch dargestellt, wie gefährlich die Feinde im Inneren seien. Spätestens
seit Beginn des Unternehmens »Barbarossa«, dem deutschen Angriff auf
die Sowjetunion am 22. Juni 1941, gehörten die Bolschewiken zu den
ärgsten Feinden, vor denen Deutschland geschützt werden mußte.
Feindbilder zu vermitteln war fester Bestandteil nationalsozialistischer
Erziehung.

Unter Dieters Lehrern gab es nur einige wenige Anhänger des Nationalsozialismus. Die meisten Pädagogen konnten der braunen Diktatur

nichts abgewinnen. Zu ihnen gehörte der Latein- und Geschichtslehrer, der abschätzig reagierte, wenn seine Schüler in HJ-Uniform vor ihm saßen. Der Sechzigjährige hatte drei Söhne im Krieg verloren. Seit dem Rußlandfeldzug erlebten ihn die Schüler oft zynisch und sarkastisch. Den Uniform tragenden HJlern empfahl er mehrfach, sich ihre »Knochen vorsorglich numerieren zu lassen«, denn »im nächsten Jahr seid ihr dran«. Dieser Lehrer wurde liebevoll »Mucki« genannt. Er hütete sich davor, im Geschichtsunterricht näher an die Gegenwart heranzukommen. Stoff vermittelte er bis zu Bismarck und seinem Reich. Die Weimarer Republik oder Ursachen, Anlaß und Verlauf des Ersten Weltkrieges blieben für ihn tabu.

Das »Reform-Real-Gymnasium« wurde im August 1942 in »Friedrich-Nietzsche-Schule« umbenannt. Schwachheit sollte ausgemerzt, Ohnmacht durch unbegrenzten Machtwillen getilgt werden. So beabsichtigten es die Namensgeber. In Wirklichkeit jedoch war die Schulleitung unter Direktor Florstedt darauf bedacht, die Schüler optimal auszubilden und weniger ideologisch zu belasten. Nicht gerade besonders stolz war man auf einen prominenten NS-Spitzenfunktionär, der zu den ehemaligen RRGlern zählte: 1923 hatte der Hallenser Reinhard Heydrich, später einer der skrupellosesten und gefürchtetsten Nationalsozialisten, das Abitur gemacht. Doch wenn auch Dieters Zeichenlehrer nebenbei erfolgreich für »Das Reich« Karikaturen zeichnete, erlebten die Schüler keine ausgefallene oder übertriebene nationalsozialistische Erziehung. Die »Friedrich-Nietzsche-Schule« formte ihre Schüler – im Gegensatz zu anderswo – keineswegs im »Geiste der Bewegung«.

Dieter entschied sich 1942, bei der zahlenmäßig stärksten Sonderformation in der Hitlerjugend, der Motor-HJ, aktiv zu werden. Er wollte – wie Zehntausende vor ihm – den Führerschein erwerben. Neben der Fahrprüfung mußte »Werkstattdienst nachgewiesen werden, angefangen vom Reifenwechsel bis zur Behebung von Getriebestörungen und der Reparatur von Schäden am Fahrzeug«. Die Ausbildung erfolgte in Lehrwerkstätten des »Nationalsozialistischen Kraftfahrerkorps« (NSKK) oder der Motor-HJ.

An der Ostfront tobten die Schlachten um Kiew und Moskau. Täglich meldete der Deutschlandsender militärische Erfolge. Im Klassenverband wurden Dieter und seine Mitschüler ins Kino geschickt. Nicht um Ilse Werner, Marika Röck oder Johannes Heesters zu erleben, sondern um die NS-Wochenschauen zu sehen. Sie dokumentierten den heroischen Kampf deutscher Soldaten an allen Fronten propagandistisch.

Den Judenstern zu tragen war im gesamten deutschen Reichsgebiet mittlerweile Pflicht geworden. Auf der sogenannten »Wannsee-Konferenz« in Berlin hatten die Nazis im Januar 1942 die »Endlösung der Judenfrage« beschlossen. Der fanatisch betriebene fabrikmäßige Völkermord an Juden in deutschen Vernichtungslagern hielt unvermindert an. Reinhard Heydrich fiel einem Attentat zum Opfer, und die deutsche Sommeroffensive geriet Mitte 1942 ins Stocken. Die alliierten Luftangriffe auf deutsche Städte nahmen zu, und der Kampf um Stalingrad ließ sich in seiner grausamen Verbissenheit nicht mehr überbieten. Die deutsche Rüstungsindustrie produzierte noch nie so viel Kriegsgüter wie 1942. Und zum Jahreswechsel sah sich Hitler »zum viertenmal vom Schicksal gezwungen, den Neujahrsaufruf im Krieg an das deutsche Volk zu richten«.

Der Luftwaffenhelfer

Zehn Jahre nach Hitlers Machtergreifung und im vierten Kriegsjahr war die Lage der Deutschen so schlimm wie kaum zuvor in ihrer Geschichte. In den Wehrmachtsberichten las man immer häufiger von »heldenmütigen Abwehrkämpfen gegen den von allen Seiten angreifenden Feind«. Die in Stalingrad eingeschlossene 6. Armee wurde als »leuchtendes Vorbild heroischen deutschen Soldatentums« dargestellt.

Knapp zwei Wochen bevor Dieter Genscher als Luftwaffenhelfer einberufen wurde, kapitulierte Generaloberst Paulus mit dem Rest der 6. Armee in Stalingrad. Der Krieg schien verloren, als Hitler das vorletzte Aufgebot mobilisierte, die »letzten Helden des Führers«.

In der Nacht zum 15. Februar 1943 warfen 207 britische Flugzeuge bei neun Verlusten 513 Tonnen Bomben auf die rheinische Metropole Köln. An diesem Tag wurden überall im Reich die ersten Luftwaffenhelfer eingezogen. Sie sollten die in der Heimat eingesetzten Flakeinheiten verstärken und die abgezogenen Soldaten ersetzen. An diesem Februarmontag hörte Genscher noch kurz vor seiner Abreise die Meldung des Oberkommandos der Wehrmacht von der Ostfront: »Der Feind versuchte mit immer neuen Verbänden, die er anstelle seiner ausgebluteten Truppen in die Schlacht wirft, durch Umfassungs- und Durchbruchsoperationen zu einem entscheidenden Erfolg zu kommen.«

Für den knapp sechzehnjährigen Untersekundaner wurde es ernst. Auch er sollte die Heimat mitverteidigen. Auch ihn brauchten die Militärs. Luftwaffenhelfer zu sein, das war mit »Mannsein« verknüpft, mit Soldatentum. Der junge Genscher zog in den Krieg. Vor den Toren von Halle und Leipzig mußte er das »Vaterland gegen die Übermacht der

Feinde verteidigen«. Gleichzeitig wurde seine Rolle als Vater- und Mannersatz im komplizierten Mutter-Sohn-Verhältnis immer gewichtiger.

Mit der Flakhelfer-Zeit begann für seine Mutter eine regelrechte Leidensperiode. Hatte sie bei Kriegsausbruch noch geglaubt, daß ihrem Zwölfjährigen die Militärzeit erspart bleiben werde, sah die Welt vier Jahre später auch für sie anders aus. Ihr verstorbener Mann schien recht zu behalten. Immer wieder fragte sie sich, ob das Ende ihres Sohnes unmittelbar bevorstehe. War der Zeitpunkt gekommen, an dem sie beide überleben würde? Die Liste der Toten unter Soldaten und Zivilisten wuchs von Stunde zu Stunde. Die in anderen Fällen so realistische, weitsichtige und beherrschte Frau mußte gegen ihren tiefsitzenden Aberglauben ankämpfen.

Am 15. Februar 1943 lieferte Mutter Genscher ihren Sohn in aller Frühe in der Schule ab. Von diesem Sammeltreff aus ging es mit der Linie vier bis zur letzten Straßenbahnstation in den westlichen Teil von Halle. Die künftigen Schüler-Soldaten marschierten rund vier Kilometer bis zur Flakstellung in Lettin, einem Vorort von Halle, etwa neun Kilometer vom Stadtzentrum entfernt.

Mit Tränen in den Augen hatte sich eine unglückliche Mutter verabschiedet, die sich nichts sehnlicher wünschte als das Ende des Krieges und die Rückkehr des Sohnes.

Sie, die zum vorletzten Aufgebot zählten, waren in einen wahnsinnigen und aussichtslosen Krieg gerissen worden, hörten flammende Reden, bekamen eingeimpft, daß sie gerade »richtig« kämen, um Führer, Volk und Vaterland zu retten. Und allzu viele kleine dumme Jungen wollten Helden werden. Sie wurden auf die Formel verpflichtet: »Ich verspreche, als Luftwaffenhelfer allzeit meine Pflicht zu tun, treu und gehorsam, tapfer und einsatzbereit, wie es sich für einen Hitlerjungen geziemt.« Die eingezogenen männlichen Jugendlichen der Jahrgänge 1926 und 1927 sollten als »Behelfspersonal« jene Flaksoldaten ersetzen, die auf Anordnung des Oberbefehlshabers der Luftwaffe zur »Verstärkung der Truppen an der Ostfront dringend benötigt wurden«.

Dieter traf in Lettin auf viele bekannte Gesichter, vor allem seine Klassenkameraden, die – wie er – dem Jahrgang 1927 angehörten. Durch die vormilitärische Ausbildung in der HJ waren sie an Härte und Drill gewöhnt. In den ersten Wochen »verpaßte« ihnen die Batterieleitung eine »hundertprozentige Artillerie-Ausbildung im Schnellverfahren«. Nach kurzer Zeit kamen die Jungsoldaten an Geschütze und Geräte. Viele von ihnen erfüllten voller Begeisterung ihren Dienst, fühlten sich als wirkliche Soldaten, die eine richtige Flak-Uniform tragen durften. Sie setzten lieber den Stahlhelm auf als eine Schirmmütze, um sich nicht mehr von den »richtigen« Soldaten zu unterscheiden. Stolz flanierten sie in ihrer mittelblauen Ausgehuniform, welche die Soldaten der Luftwaffe trugen. Gerne zogen sie ihren enganliegenden Mantel an, der eigens für Luftwaffenhelfer entworfen worden war. Sie brauchten nicht mehr die dunkelblaue HJ-Uniform anzuziehen, glänzten in Fliegerblau. Immer lästiger wurde ihnen die HJ-Binde am Arm. Luftwaffenhelfer sollten soldatische Höchstleistungen erbringen, also wollten viele der Möchtegernlandser auch als vollwertige Soldaten behandelt werden. Genscher gehörte nicht zu den lauten Schreihälsen. Der zurückhaltende Individualist zeigte sich vom Soldatenleben nicht besonders angezogen. Militärischer Drill paßte ihm ganz und gar nicht.

Luftwaffenhelfer zahlten ab sofort kein Schulgeld mehr, das monatlich immerhin 20 Reichsmark betrug. Sie erhielten Wehrsold von täglich 0,50 Reichsmark. Das war genau die Hälfte des zustehenden Satzes für einen Soldaten des untersten Dienstgrades. Alle vierzehn Tage gab es Wochenendurlaub, also frei von Samstag mittag bis Montag früh. Zweimal im Jahr durften die Flakhelfer einen 14-Tage-Urlaub nehmen. Sie waren den regulären Soldaten in wesentlichen Punkten gleichgestellt. Sie erhielten Kriegsauszeichnungen und auch Militärurlaubsscheine sowie Wehrmachtsfahrscheine zur Benutzung der Reichsbahn.

Luftwaffenhelfer wurden bei guter dienstlicher Führung nach einer Mindestdienstzeit von neun Monaten von ihrem Batteriechef zum Luftwaffenoberhelfer (Lwoh) befördert.

Genschers Batterie in Lettin umfaßte etwa 200 Mann: ungefähr 50 Soldaten, 110 Luftwaffenhelfer und 40 russische »Hilfswillige«, die sich als Gefangene und Zwangsarbeiter freiwillig an deutsche Geschütze gemeldet hatten – nicht zuletzt, um in den Genuß besserer Verpflegung zu gelangen. Die meisten jungen Pennäler kamen mit ihnen aus, weil viele exzellent ausgebildet waren und bei der Lösung von Mathematikaufgaben halfen.

Die Lehrer der »Friedrich-Nietzsche-Schule« reisten – sofern sie nicht selbst Fronteinsatz leisteten – mit Straßenbahn, Bus oder Fahrrad ihren Schülern in die jeweilige Flakstellung nach. Der vorgeschriebene wöchentliche 18-Stunden-Unterricht sollte morgens von montags bis freitags in den Fächern Deutsch, Geschichte, Mathematik und Latein stattfinden – entweder im Gasthaus, in der Kantine oder in einer der Barackenunterkünfte.

Viel brachte der pädagogische Einsatz allerdings nicht zustande. Übermüdet und ermattet nach nächtlichem mehrstündigem Alarm, konnten die schlaftrunkenen Jungsoldaten meistens dem Unterricht nicht mehr folgen. Unmöglich, nebenbei auch noch aufnahmefähig für Sprachen und höhere Mathematik zu sein. Es blieb reine Theorie, den Luftwaffenhelfern »nur solche Tätigkeiten zu übertragen, die keine körperlichen Anstrengungen verlangten«. Der neben Flakausbildung und militärischem Einsatz angebotene Schulbetrieb in Behelfsräumen rechtfertigte zu keiner Zeit den Aufwand. »Er wurde als lästig empfunden, denn die meisten von uns fühlten sich viel mehr als Soldaten denn als Schüler«, berichtet Hans Stiff im Buch über Flakhelfer im Einsatz mit dem Titel »Feuer frei − Kinder!«

Drei Tage befand sich Dieter bei der Flak, als Reichspropagandaminister Goebbels seine berühmt-berüchtigte Rede im Berliner Sportpalast hielt. »Wollt ihr den totalen Krieg?« schrie er den hysterischen Massen zu und gab die Parole aus: »Nun, Volk, steh auf, und Sturm, brich los!« Was Dieter und seine Kameraden an diesem Abend nicht erfuhren, war die Verhaftung der Studenten Hans und Sophie Scholl durch die Gestapo, weil sie an der Universität München Flugblätter verteilt hatten. Vier Tage später wurden sie zum Tode verurteilt und hingerichtet. Dieters 16. Geburtstag fiel wieder einmal auf einen Sonntag. An diesem Wochenende erhielt er keinen Ausgang. Da seine Mutter ihn mehrfach besucht und ihn üppig mit Kuchen und anderen Leckereien ausgestattet hatte, wurde bis tief in die Nacht hinein auf seiner »Stube« gefeiert. Zu trinken gab es reichlich, und zwar Rotwein.

In seiner Rede im Lichthof des Berliner Zeughauses vom selben Tag erklärte Hitler, es sei gelungen, »nunmehr endgültig die Krise, in die das deutsche Heer durch ein unverdientes Schicksal gestürzt worden war, zu überwinden«. Die Zahl der bisher gefallenen deutschen Soldaten gab er mit 542 000 Mann an.

Dieter war als Luftwaffenhelfer am Funkmeßgerät ausgebildet worden. Zum Alltag des Flakhelfers gehörten auch der Unterricht in Ballistik und die Grundausbildung als Infanterist: Marschübungen, Gasmaskenappelle, Revierreinigung, Latrinendienst, Stuben- und Kleiderappelle.

Die Flakhelfer lebten in Baracken, eingeteilt in Geschütz- und Meßstaffeln. Genscher gehörte zur Meßstaffel. Er hatte sich auf das Funkmeßgerät spezialisiert. »An diesem Gerät saßen vier Mann: Der eine mußte die Seite peilen, das war ich«, erzählt er heute, »der zweite mußte die Höhe, der dritte die Entfernung peilen, und der vierte Mann war ein Unteroffizier, der das Kommando führte.« Als nicht zu unterschätzender Vorteil für die Meßgerät-Experten galt, daß die Geräte grundsätzlich »beheizt« waren. Zum anderen wußten sie immer als erste, wann und wo sich welches Flugzeug im Anflug befand.

Die britische Luftwaffe bombardierte ständig Berlin, warf Bomben auf unzählige andere deutsche Städte ab, in Nord- und Süddeutschland, im Ruhrgebiet. Die USA und Großbritannien verständigten sich über die Durchführung kombinierter Bomberoffensiven von England aus. Nachts kamen die britischen, tagsüber die amerikanischen Maschinen. Im Laufe des Jahres 1943 schien eine Steigerung des alliierten Luftkrieges kaum noch möglich zu sein.

Am 10. Juni 1943 zog Dieter Genschers Batterie mit Kettenfahrzeugen nach Trotha um, am 26. Juni erfolgte ein Stellungswechsel nach Schotterey, zwei Kilometer von Bad Lauchstadt entfernt. Am 1. Juli kamen Genscher und seine Kameraden wieder in eine neue Batteriestellung. Sie sollten das »Schutzgebiet« Bunawerke vor feindlichen Bombern sichern. Vierzehn Tage später, am 14. Juli — britische Bomberverbände hatten in der Nacht Aachen angegriffen und die Altstadt zerstört —, erhielten sie zwischen Gefechtstätigkeit und Feuerbereitschaft ihre Zeugnisse ausgehändigt. Damit hatten sie die mittlere Reife, das sogenannte Einjährige, erreicht.

Verstärkt setzten die Alliierten ihre Bomberoffensiven fort. Für die Luftwaffenhelfer »verdichteten sich Zahl und Dauer der Tag-und-Nacht-Fliegeralarme«, erinnert sich Friedrich-Wilhelm Kirchhoff, ein Mitschüler aus Halle, der mit Dieter Genscher jene Zeit erlebte. Glück im Unglück hatte Genschers Batterie, daß sie nicht Berlin, Hamburg, Köln, Frankfurt, Ludwigshafen, Stuttgart oder München verteidigen mußte. Dort und anderswo starben beinahe täglich Flakhelfer.

Willi Graf, Mitglied der Widerstandsgruppe »Weiße Rose«, war gerade hingerichtet worden, als die 8,8-cm-Flakbatterie, der Dieter Genscher angehörte, nach Leipzig-Mölkau in die Stellung Engelsdorf verlegt wurde. Hier erlebten die Pennäler von Halle den lebensbedrohlichsten Abschnitt ihrer Flakhelfer-Zeit: In der Nacht zum Samstag, dem 4. Dezember 1943, griff die britische Luftwaffe mit 527 Flugzeugen Leipzig an. Sie warfen 1382 Tonnen Bomben auf die Stadt ab, töteten 1182 Menschen. Die Innenstadt wurde verwüstet. Wie durch ein Wunder blieb die Flakstellung in Engelsdorf unzerstört. Dieter und seine Kameraden überlebten. Von den 527 britischen Flugzeugen, die Leipzig bombardierten, kehrten 23 nicht mehr zurück. Ob die Flakbatterie in Engelsdorf Maschinen getroffen oder abgeschossen hatte, läßt sich nicht feststellen. Sicher ist nur, daß die Flakmannschaft »nie mehr so ballerte« wie in dieser Nacht.

Im Jahre 1944 wechselte Dieter Genschers Batterie mehrfach ihre Stellung, blieb aber in der Heimat: Siedlung Silberhöhe im Süden und Siedlung Dautsch im Nordosten von Halle. Stationiert waren sie auch im

Dorf Diemitz, einem Nachbarort von Reideburg, wo Dieter zur Welt gekommen war. Mühelos konnte er zu Fuß seine Verwandten besuchen, konnte sich und seine Stubenkameraden mit Lebensmitteln eindecken.

Die Einzelhandelspreise betrugen je Kilogramm in Reichspfennigen: Brot 35, Weizenmehl 44, Graupen 46, Zucker 74, Kartoffeln (5 kg) 52, Rindfleisch 170, Schweinefleisch 160, Kalbfleisch 204, Speck 212, Schmalz 208, Milch (1 l) 26, Bier (1 l) 78, 1 Ei 11, Briketts (50 kg) 163.

Am 6. Juni begann die alliierte Invasion in der Normandie, und gegen Ende dieses Monats flog die amerikanische Luftwaffe einen schweren Tagesangriff gegen Magdeburg und Wittenberg in der Nähe von Genschers Flakstellung. Auch am 7. Juli 1944 hatten die Hallenser Flakhelfer Glück: Die 8. US-Luftflotte richtete einen schweren Tagesangriff gegen Leipzig und andere Orte in Mitteldeutschland. Wieder einmal blieb Halle verschont. Gleiches wiederholte sich am 20. Juli 1944, als amerikanische Flugzeuge tagsüber Leipzig bombardierten. An diesem Tag mißglückte Stauffenbergs Bombenanschlag auf Hitler bei einer Lagebesprechung im Hauptquartier »Wolfsschanze«.

Von dem »feigen Attentat« – wie es die Nazipropaganda nannte – erfuhren Dieter Genscher und seine Kameraden in ihrer letzten Flakstellung, diesmal südöstlich von Halle, in Kanena.

Die meisten Flakhelfer wußten längst, daß sie zu einem »verratenen und verkauften Haufen gehörten«. Viele beklagten sich über »schlechte Verpflegung, Unterkunft in notdürftigen Baracken und die Brutalität der Ausbilder«. Die Unteroffiziere hatten alle Hände voll zu tun, »sich gegen eine geschlossene Klasse von Oberschülern zur Wehr zu setzen«.

Auch Dieter gehörte zu den Aufmüpfigen, die sich anfangs in ihren Dienst regelrecht hineingekniet hatten. Sie bekamen bald »die Schnauze voll vom Krieg«. Genschers Instinkt warnte ihn frühzeitig. Er erkannte, wie ineffizient die Arbeit war. Denn seit dem Jahreswechsel flogen die alliierten Bomberpulks höher als 8000 Meter, unerreichbar also für die deutsche 8,8-cm-Flak. Außerdem hatte der Gegner das Prinzip der Radar-Erkennung bei Nacht herausgefunden. Er warf die berühmten Stanniolstreifen ab, durch die alle Funkmeßgeräte außer Funktion gerieten. So schossen die einst hochmotivierten Flakhelfer in den letzten Monaten lediglich sogenanntes Sperrfeuer. »Nach meinem Gefühl ist zuletzt nur noch zur Beruhigung der Bevölkerung geschossen worden«, bilanziert Hans-Dietrich Genscher heute.

Wegen der ständigen Feuerbereitschaft fiel der Unterricht zunehmend aus. Schule fand nur noch sporadisch statt. Dauerte der nächtliche Alarm nur eine Stunde lang, war anderntags schulfrei. Dennoch gab es noch einmal Zeugnisse. In der Flakhelfer-Stellung von Kanena wurde Dieter mit seinen Klassenkameraden in die Unterprima versetzt.

Zwanzig Monate lang hatte Dieter mittlerweile Dienst geschoben, war zum Luftwaffenoberhelfer (Lwoh) befördert worden, hatte Ängste und Gefahren überstanden. Das Glück hatte ihn zu keiner Zeit verlassen. Mit Toten und Verletzten war er nur in einem Luftwaffen-Lehrfilm konfrontiert worden. Selbst den schweren Angriff auf Leipzig hatte er als Verteidiger unversehrt überlebt.

Auch Dieters Mutter durchstand eine aufregende Zeit. Sie durchlitt und durchdachte unzählige Gefahren für Leib und Leben ihres Sohnes, erinnerte sich oft mutlos an die Warnung ihres verstorbenen Mannes. Wann immer es möglich war, besuchte sie den Sprößling, überschüttete ihn mit Lebensmitteln.

Das Flakhelfer-Leben hatte auch angenehme Seiten gehabt. Stolz wiesen die Jungsoldaten auf die eigene Feldpostnummer, die Freundinnen gerne überreicht wurde. Anziehend wirkten die Pennäler in ihrer Ausgehuniform, und sie nutzten die Vorzüge des Urlaubsscheins, der sich von dem des Fronturlaubers nicht unterschied. Vorübergehend fühlten sie sich regelrecht privilegiert.

Wehrertüchtigung

Trotz des »totalen Krieges« funktionierte 1944 immer noch die Bürokratie des verbrecherischen Systems. Nach einer Vereinbarung zwischen dem Reichserziehungsministerium und der Hitlerjugend mußte jeder drei Wochen lang sogenannte Wehrertüchtigung ableisten, eine harmlose Art vormilitärischer Ausbildung. Sie bestand im wesentlichen in sportlicher Betätigung, in Erkundungsübungen und in Geländespielen.

Diese Regelung aus der Zeit vor Kriegsausbruch galt auch für die Flakhelfer, obwohl sie längst ausgebildete Soldaten waren. Zusammen mit Freunden von der Flak kam Dieter ins Lager nach Helbra in Thüringen. Der Ort war leicht mit der Eisenbahn zu erreichen.

Die Hallenser Flakhelfer fühlten sich beleidigt. Ihre militärische Grundausbildung hatten sie doch gerade erfolgreich hinter sich gebracht. Ein Werbekommando der Waffen-SS hatte sich vergeblich bemüht, die Hallenser Flakhelfer für Hitlers Elitetruppe zu gewinnen. »Um dem Zugriff der Waffen-SS zu entgehen, meldeten wir uns fast alle als Reserve-Offiziersbewerber beim Heer«, berichtet Dieters Freund aus Pennälertagen, Friedrich-Wilhelm Kirchhoff. »Das Wehrertüchtigungslager erschien uns völlig unter unserer Würde. Die Offiziere und Unteroffiziere der Wehrmacht dort hatten es dann auch entsprechend schwer mit uns. Dadurch, daß sich alle gemeinsam ablehnend und aggressiv verhielten, kam man nur schwer gegen uns an. Auch Schleifen nützte nichts, da alle nur langsam rannten. Nächtliche Geländespiele führten nicht zum Kampf um, sondern zum Austausch der Feldzeichen. Die befohlenen Lieder sangen wir mit verfälschtem Text. So manche kritische Äußerung und Handlungsweise war nicht ungefährlich. Es ging aber alles gut.«

Die beiden letzten Wochen im September und die erste Oktoberwoche 1944 gingen rasch vorüber. Dieter durfte vier Tage lang zu Hause verbringen, bis er – dank der NS-Bürokratie – eine neue Verpflichtung erhielt.

Arbeitsdienst

Auch ein halbes Jahr vor der bedingungslosen deutschen Kapitulation wurde die Ableistung des Arbeitsdienstes immer noch für den Eintritt in Hitlers Wehrmacht vorausgesetzt. Daran kamen auch gut trainierte Flakhelfer nicht vorbei. Zwar konnten sie blendend mit Waffen umgehen, mußten aber erst noch mit dem Spaten exerzieren. »Es war eine Idiotie«, ereifern sich heute Zeitzeugen. »Wir empfanden das alles als Affentheater und als Degradierung.«

Ähnlich fühlte auch Dieter Genscher, der am 11. Oktober 1944 zum Reichsarbeitsdienst nach Frauenstein im Erzgebirge einrückte. Wieder wurde von vorne angefangen: militärischer Drill – hinlegen, robben, strammstehen –, allerdings mit Spaten. Der harte Dienst forderte die Primaner. Er war stumpfsinnig und lästig. Bei extremer Witterung wurden Sumpfgebiete entwässert und Dränagerohre gelegt. Bei Minusgraden kein Zuckerschlecken! Was den Pennälern physisch abverlangt wurde, war enorm. Ein »Kanonenofen« beheizte je eine Baracke, in der 15 bis 20 Mann in Doppelbetten schliefen. An Schlafsäcke aus Stroh hatten sich die »Landser« längst gewöhnt.

Im Oktober 1944 spitzte sich die hoffnungslose Lage in Deutschland dramatisch zu: schwerste Verluste an allen Fronten, andauernder Bombenkrieg, Kriegsmüdigkeit und Rückzug.

Zur Mitte des Monats wurde Hitlers Erlaß zur Bildung eines »Deutschen Volkssturmes« aus allen waffenfähigen Männern im Alter von 16 bis 60 Jahren bekanntgegeben. Zwei Wochen später erließ Goebbels einschneidende Maßnahmen zum »totalen Kriegseinsatz«.

In Deutschland kam es zu einer »repressiven Zuspitzung aller Lebensbereiche«. Auf dem Höhepunkt des Bombenkrieges wurden die Nazis immer fanatischer und kompromißloser. »Disziplinierende Elemente« traten deutlicher in Erscheinung. Auch beim Arbeitsdienst wurde es lebensgefährlich, eine eigene Meinung zu äußern. Gerüchte schwirrten durch die Baracken. Viele setzten ihre letzte Hoffnung auf die langersehnten Wunderwaffen V1 und V2. Manche glaubten an Spekulationen, wonach mit den Westmächten über das Kriegsende verhandelt werde. Legenden mischten sich mit Tatsachen.

Heute beschreiben Zeitzeugen den Hallenser während des Arbeitsdienstes als einen »aufgeschlossenen, verbindlichen Menschen, der scherzen konnte, fabulieren, kein preußischer Typ oder strammer Arbeitsdienstmann, kein Scharfmacher und schon gar nicht Nazi«. Sein Bettnachbar in Frauenstein war Werner Jarowinsky, heute SED-Politbüro-Mitglied, Sekretär des Zentralkomitees der SED, Vorsitzender des Ausschusses für Handel und Versorgung und für Kirchenfragen zuständig. Jarowinsky vertraute Dieter an, daß er aus einer antifaschistischen Familie komme und vom Elternhaus her der Kommunistischen Partei verbunden sei und sich deshalb bei den Vorgesetzten täglich melden müsse. »Genscher reagierte keineswegs ängstlich auf diese vertrauliche Information. Offen zeichnete er ein distanziertes Bild vom Nationalsozialismus«, sagt heute der einflußreiche Ost-Berliner Wirtschaftsexperte Dr. Werner Jarowinsky.

Die Not- und Schicksalsgemeinschaft beim Reichsarbeitsdienst im Erzgebirge ging überraschend schnell zu Ende. Anstatt – wie vorgeschrieben – drei Monate abzuleisten, verkürzte sich die »Spaten-Zeit« für den Primaner um vier Wochen. Grund war die unmittelbar bevorstehende Einberufung zur Wehrmacht. Jeder wurde gebraucht, »um das Vaterland zu verteidigen«.

Einen willkommenen Nebeneffekt brachte die Einberufung zum Arbeitsdienst doch noch: Die Hallenser Primaner bekamen am Ende ihres »Spaten-Exerzierens« die Reife »zuerkannt«.

Am 3. Dezember 1944 kehrte der frischgebackene Abiturient Dieter Genscher von Frauenstein im Erzgebirge zurück nach Halle. Während der gesamten Arbeitsdienstzeit hatte Dieter keinen Heimaturlaub erhalten. Seine Freude war groß, endlich wieder in einem gemachten Bett zu schlafen und hoffentlich nie wieder in gefrorener Lehmerde Gräben ziehen zu müssen!

Der Monat Dezember diente der Regeneration und Erholung. Ein Urlaub, der von der nationalsozialistischen Kriegsführung mit Sicherheit ungewollt und nur versehentlich gewährt worden war. Für Dieter und

48

seine Hallenser Freunde ein Geschenk des Himmels nach entbehrungs-reichen Monaten. Fast täglich trafen sie sich in den Cafés, erzählten einander ihre »alten Flakgeschichten«.

Unterdessen war die Ardennen-Offensive voll entbrannt. Es konnte auch nur noch eine Frage der Zeit sein, wann die russischen Truppen auf breiter Front ihren Durchbruch wagten.

Die letzte Kriegsweihnacht verbrachte Dieter mit seiner Mutter in Reideburg. Silvester feierte er mit seinen Freunden in Halle.

Britische Flugzeuge bombardierten nachts Hannover und Berlin, ame-rikanische Kampfflugzeuge griffen Verkehrsziele im westlichen Reichs-gebiet an. Das OKW meldete »schwere Kämpfe an den Flanken des Frontbogens zwischen Maas und Mosel, während die Sowjets nördlich der Donau zum Angriff antraten«. Es war Samstag, der 6. Januar 1945.

In der Lindenstraße 2 in Halle gab es einen traurigen Abschied. Dieters Stellungsbefehl war gekommen. Er wurde bei den Pionieren in Witten-berg erwartet. Bereits 1943 war er zur eigenen Überraschung für die Wehrmacht gemustert worden: tauglich für schwere Artillerie und Pio-niere. Das lag offensichtlich an seiner Körpergröße und an seinem Gewicht. Dieter war ein kräftiger Junge, blauäugig und mit blonden Haaren, den auch die SS gerne in ihren so sehr gelichteten Reihen gesehen hätte. Doch Genscher hatte wieder einmal mit seiner Bewerbung zum Reserveoffizier des Heeres weitsichtig vorgesorgt und war somit den Klauen der SS entkommen.

Der Abschied fiel schwer. Zwar war Wittenberg nicht weit entfernt, doch naheliegende Fragen quälten vor allem die Mutter: Wo wird er eingesetzt, an welcher Front muß er das Vaterland verteidigen, gegen wen antreten, kämpfen, schießen? Gegen Russen, Amerikaner, Briten? Seiner Mutter Sorgen kannten keine Grenzen. Für den Augenblick hoffte sie: Vater darf nicht recht behalten, Gott muß helfen!

Der Pionier

Dieter Genscher machte sich an jenem Samstagmorgen im Januar 1945 früh auf den Weg. Mit einer Linie der noch intakten Straßenbahn erreichte er den Hauptbahnhof von Halle. Der Zivilist hatte nicht viel Gepäck bei sich. Alles Notwendige würde er schließlich bei seiner Einkleidung erhalten. Er kannte sich aus. Als Flakhelfer, im Wehrertüch-tigungslager und als Arbeitsdienstler hatte er die Prozeduren der Ausstat-tung mehrfach miterlebt. Zählt man die HJ-Bekleidung mit, erwartete

49

ihn nun die fünfte Uniform in seinem Leben. Es sollte die letzte werden. Genscher fuhr mit dem Zug in die Lutherstadt Wittenberg, rund 80 Kilometer von Halle entfernt. Diesmal alleine. Die NS-Bürokratie hatte seine Klassen- und Flakkameraden in alle Winde zerstreut. Einige waren bei der Luftwaffe oder bei der Marine gelandet. Seit dem 15. Dezember 1944 leisteten sie ihren Dienst. Das Heer berief seine Rekruten aus schwer erklärbaren Gründen erst für Anfang Januar ein, so daß Dieter Genscher zu den letzten seines Jahrganges gehörte, die noch in den Krieg mußten.

In Wittenberg erhielt er eine militärische Grundausbildung. Für den Hallenser nichts Neues. Als Hitlerjunge und Luftwaffenhelfer war er daran gewöhnt. Hinzu kam allerdings eine äußerst harte und beschwerliche Ausbildung als Pionier. Pioniere sollen seit Scharnhorsts Zeiten in allen Armeen und Kriegen der Welt Brücken bauen, Verkehrsverbindungen aufrechterhalten, feindliche Truppen beim Vormarsch hemmen, indem sie Sperren errichten, Brücken und Verkehrsverbindungen zerstören.

Dieter Genschers Pionierausbildung fiel in eine ungünstige Jahreszeit. Von Januar bis März 1945 war es sowohl bitter kalt als auch naß und feucht. Die Ausbildung fand größtenteils im Freien statt, genauer auf dem sogenannten Wasserplatz, einem Übungsplatz direkt an der Elbe. Hier lernten die Rekruten, mit Kriegsgeräten umzugehen. Sie mußten Stahl-Pontons schleppen, Behelfsbrücken bauen und Brücken sprengen. Sie wurden geschliffen bis auf die Knochen. Erleichterung bot der tägliche theoretische Unterricht von durchschnittlich zwei Stunden. Dann saßen die Pioniere im Trockenen und konnten sich aufwärmen. Sie lernten vor allem, was mit Sprengen und Sprengwirkungen zu tun hatte.

Der Pionier Dieter Genscher blieb bis Ende März in Wittenberg. Noch ahnte er in den letzten Märztagen nicht, was dieser längst verlorene Krieg noch für ihn bringen werde. Noch war er glimpflich davongekommen. Die Abwehrschlachten im Westen und die verlustreichen Rückzugsgefechte im Osten hatten ohne ihn stattgefunden. Auch die millionenfachen Flüchtlingstragödien hatte er nur am Rande mitbekommen. Gehört hatte er Hitlers letzte Rundfunkansprache, in der er von jedem Deutschen forderte, »daß er seine Pflicht bis zum Äußersten erfüllt, daß er jedes Opfer, das von ihm gefordert wird und werden muß, auf sich nimmt«. Am 20. März 1945 begrüßte Hitler im Garten der Berliner Reichskanzlei in Gegenwart von Reichsjugendführer Axmann eine Abordnung von 20 Hitlerjungen, die sich im Osten als »Einzelkämpfer« besonders bewährt hatten. Der jüngste war 12 Jahre alt. Die Bilder gingen später um die Welt und dokumentierten die gespenstische Lage, in der sich das Großdeutsche Reich und sein Führer gegen Ende des Krieges befanden.

Noch einmal unternahm Hilde Genscher die beschwerliche Bahnreise zu ihrem Sohn nach Wittenberg. Sie wußte, daß die Soldaten für den Kriegseinsatz vorbereitet wurden und daß es auch für ihren Sohn um Kopf und Kragen ging. Zwar lag seine militärische Verwendung noch im dunkeln, doch er wußte, daß seine Truppe in Verteidigungsgefechten eingesetzt würde. Wie immer beruhigte er seine Mutter. In einer Ecke der Kasernenkantine von Wittenberg erläuterte er ihr wortreich, daß eine lange Trennung unmittelbar bevorstehe. Zum erstenmal auf ihrem gemeinsamen Lebensweg werde damit zu rechnen sein, daß Besuche nicht mehr stattfinden können, Briefe nicht mehr befördert werden – und daß es sehr lange dauern könne, bis irgendein Lebenszeichen vom andern zu bekommen sei. In wohlgewählten Formulierungen und einfühlsam zeichnete der Sohn ein realistisches Bild von der militärischen Lage, von den herannahenden alliierten Truppen, von der Möglichkeit, in Gefangenschaft zu geraten, falls ein Überleben überhaupt möglich sei. »Du darfst nicht denken, ich sei tot, selbst wenn du über viele Jahre nichts von mir hörst«, versuchte der Pionier seine aufgelöste und schluchzende Mutter zu trösten. Die Abschiedsszene auf dem Kasernenhof von Wittenberg verlief dramatisch. Würden sie sich wiedersehen? Würde sie doch Ehemann und Sohn überleben? Eine schlimme Zeit begann für beide.

Zeitzeugen

EBERHARD W. KNÖFLER

Der Schulfreund

Jede Schulklasse ist in sich wohl ähnlich strukturiert: Da gibt es einen Kern von Kameraden, die zusammenhalten, die vieles gemeinsam unternehmen, sich gegenseitig besuchen, zusammen lernen und zu den Lehrern sowie der übrigen Klasse eine gleichbleibende Haltung einnehmen. Dieser Kern bestimmt den Ton, das Klima, manchmal etwas rauh, manchmal humorvoll, lustig gar, doch auch lärmend. Das kann zu guten Leistungen führen, ausnahmsweise aber auch schädlich und lähmend wirken. Im einen oder anderen Fall ist es möglich, daß ein einzelner bestimmend wird und sich die ganze Klasse seinem Naturell anpaßt oder unterwirft.

Unsere »B« war nicht rauflustig, bestimmt aber witzig und so anpassungsfähig, daß sie oft ausgewählt wurde, um jungen Studienreferendaren die Möglichkeit zu geben, ihre Primizen zu absolvieren.

Sicher gehörte Dieter in den ersten Jahren unserer Gymnasialzeit nicht zum tragenden Kern der Klasse, doch war er auch keine Randfigur oder gar ein Außenseiter. Aber in jeder Klasse kann es solche geben, Plumpsäcke, die beim Sport hilflos an den Tauen hängen oder ulkige Nummern abgeben wie etwa ein Rechtshänder, der mit dem linken Arm werfen soll.

Horst war so einer. Er war im übrigen in den meisten theoretischen Fächern recht gut und gehörte zum besseren Durchschnitt der Klasse. Ihm war es wohl manchmal lästig, daß andere von ihm abschrieben und auf diese Weise bessere Noten ernteten als verdient, jedenfalls solche, die mit seinen eigenen zu konkurrieren begannen. Dieter und ich hatten es kaum nötig, in dieser Art von ihm zu profitieren, doch gibt es allerorten die gleichen ungeschriebenen Ehrenkodizes, gegen die niemand verstoßen darf. Abschreibenlassen gehört dazu! Und daß er es ungern zuließ, grämte uns.

Wir bildeten in den Schulpausen ein »Gericht«, wobei sich Anklage und Verteidigung, Richter und Büttel, Legislative und Exekutive auf uns zwei beschränkten, und der dickliche unbeholfene Horst wurde das »arme« Opfer.

Hier erlebte ich zum erstenmal, wie sich Dieters Redetalent regte.

Schalkhaftigkeit und Redseligkeit paarten sich zu einem übermütigen Spiel im Stile einer Gerichtssitzung. Dieters Vater, ein Jurist, war schon so früh gestorben, daß ihn keiner von uns mehr kennengelernt hatte. Aber was ererbt wurde, war ebenjene Veranlagung, logisch zu denken und zu handeln. Dem Horst, den ich mit mehr oder wohl weniger kräftigen Griffen an der Flucht hinderte, wurde eine Anklage vorgezaubert, und ich war der Zeuge, der das erschwerte Abschreiben beobachtet hatte. Dann kam nach einem Plädoyer des »Staatsanwaltes« in Verkürzung des Verfahrens gleich der Schiedsspruch auf eine bestimmte Anzahl Hiebe. Die Pausen waren nicht lang genug, um das wirklich auszuführen, auch waren wir keine so bösartigen Freunde, um daran Gefallen finden zu können. Dieses Scheinurteil und das längere Festhalten reichten für unser Spiel und sicher noch mehr dem Klassenkameraden Horst.

Aber ein paar Tage später ordneten wir eine neue Sitzung über ein anderes zuvor ausgemachtes Thema an, und so haben wir es eine Zeitlang getrieben, bis es uns und Horst fad wurde und wir uns in diesen improvisierten Verhandlungen genug geübt hatten. Ich sehe darin das erste Wetterleuchten einer Laufbahn, deren Entwicklung wir freilich damals alle nicht absehen konnten.

Nein, schlechte Schüler waren wir nicht. Aber, Gott bewahre, fleißige auch nicht, jedenfalls nicht immer. Um die Ecke von Dieters Wohnung in der Lindenstraße gab es damals das kleine Kino »Orpheum-Lichtspiele«. Doch jeder Hallenser kannte es nur als »Fettbemme«. Sicher war der Name entstanden, weil es wirklich kaum größer war als eine solche Brotschnitte, kaum breiter als ein Handtuch! In manchen Reihen reichte es nur zu vier Sitzen. Die Inhaber konnten sich nur uralte Filme leisten, deren Leihgebühren niedrig waren. Sie waren so abgespielt, daß es oft zwei bis drei Unterbrechungen gab, weil wieder ein Filmriß repariert werden mußte. Die Lokalität forderte zu lärmenden Protesten heraus. Die schärfsten Kritiker drehten in den Zwangspausen aus dem Gestühl Wurfgeschosse heraus, um sie an die Leinwand zu werfen. Am Ende lagen dann vorn wieder mehrere Muttern und Schrauben, wir aber hatten das Gefühl, als sei uns der Tag ein gewonnener.

Berühmtheit solcherart zog an. Wir genossen den Genius loci und einen weiteren Vorteil: Die Einlaßkontrollen waren wenigstens nachmittags nicht sonderlich scharf, so daß größere Jugendliche gute Chancen hatten, etwas zu sehen, was noch streng unter das Jugendverbot bis 18 Jahre fiel. Und man konnte hier Filme kennenlernen, die uns vor Jahren entgangen waren, als wir noch kleiner waren, oder solche, die man wegen ihres echten oder vermeintlichen Wertes immer wieder genießen wollte.

Dieter hatte die Karten meistens schon am Vortag besorgt. Ich radelte nach dem Mittagstisch zu ihm, begrüßte seine Mutter, und gemeinsam vertrieben wir Jungen uns die Zeit mit Schularbeiten. Das war anregend genug, zumal wir in Erfahrungsaustausch traten, wie man diese oder jene Lehrer zu nehmen habe.

Beliebt war »Mucki«, ein kleiner Mann mit weißem Haar, der weit über sein Rentenalter dienstverpflichtet war, weil die jungen Lehrergenerationen eingezogen waren. Er saß auf der zweiten Bankreihe und daher mitten in der Klasse, die Schüler um sich herum. Stark kurzsichtig, hielt er sein Notizbuch dicht vor die Augen und notierte unsere Leistungen in Geschichte, Erdkunde und Latein, manchmal »ein Fünf-Kilogramm-Stück«! Nur im ersten Jahr irritierte uns sein Augenfehler rechts, wo die Pupille so verlagert war, daß er scheinbar um zwei Jungen danebenblickte, wenn er jemanden ansah. Je älter er und wir wurden, um so weniger merkten wir das, um so größer auch wurde unsere Verehrung. Für seinen lebensnahen Stil, wie er diese drei Fächer miteinander verquickte, so daß sie sich ergänzten, liebten wir ihn zunehmend. Selbst das Latein, das doch jeder Gymnasiast zunächst als Last empfindet, machte er uns schmackhaft.

In Geologie war er ein As, und gemeinsam paukten Dieter und ich die Sequenzen der interglazialen Landschaftsserie, die Verläufe der Urstromtäler ebenso wie die Fachausdrücke Nunatakker oder Kjökkenmöddinger. Ferner wetteiferten wir in historischen Zahlen als Skelett für Geschichtskenntnisse und lernten die Größen unserer Geschichte kennen.

Wir studierten Friedrichs Winkelzüge in der Schlacht bei Leuthen ebenso wie Bismarcks Listen. Manchmal denke ich, daß Dieter damals Lust bekam auszuprobieren, welche Tricks Bismarck angewandt oder welche er seinerzeit noch nicht gekannt hatte. Wir studierten auch Bismarcks wichtigste Reden und verglichen sie mit Hitler. Später meinte Dieter einmal spöttelnd, die einzige, die jener wohl selbst geschrieben hätte, wäre die vom 20. Juli 1944 gewesen. Und die war ja auch danach! Ob er heute selbst Ghostwriter hat, die er damals verächtlich machte? Ich kenne seinen Sprachstil zu gut, um Derartiges anzunehmen. Höchstens ließ er sich anfangs gelegentlich zuarbeiten, was er wohl jetzt kaum noch braucht.

Diese gemeinsamen Hausarbeiten legten den Grundstein für unser aktives Engagement am Unterricht und die Freude am Lernen. Als wir Luftwaffenhelfer werden mußten, taten wir das mit verbissenem Zorn und ahnten, clairvoyant, was uns an Ausbildung genommen wurde, die kriegsbedingt sowieso schon reduziert war.

In den späten Nachmittagsstunden dann verkleideten wir uns in

Erwachsene. Klein waren wir nicht, aber überschlank. In langen Ulstern und breitrandigen Herrenhüten mögen wir eher wie Vogelscheuchen ausgesehen haben, zumal unsere Konfirmationsanzüge schon zu kurz wurden. So getarnt freuten wir uns diebisch auf den nächsten Film mit Lizzi Waldmüller, Marika Rökk, Zarah Leander, Heesters oder anderen Kinogrößen. Von heute aus gesehen, waren die Jugendverbote überhaupt nicht relevant. Kinder sehen heute selbst im Nachmittagsfernsehen mehr in sexualibus et criminalitate, als damals überhaupt nur angedeutet werden durfte. Aber damals war der Nervenkitzel, den wir uns wöchentlich gönnten, ungeheuer. Dieses gemeinsame Erleben hat uns auch in der Luftwaffenhelferzeit, wo wir lang in derselben Baracke Bett an Bett hausten, verbunden.

Mit 15½ Jahren waren wir schon eingezogen worden, ob es uns nun paßte oder nicht. Wir wurden mitten ins Soldatenleben gestürzt. Die Anpassung fiel jedem mehr oder weniger schwer. Wer schon Zeltlager oder Fahrten mitgemacht hatte (ich hatte schließlich die »C« als Segelflieger erworben), dem gelang es leichter, sich mit Kommiß oder Barras zu arrangieren. Andere waren rechte Stadtkinder und häuslich so umsorgt gewesen, daß ihnen die Adaption doch erhebliche Mühe machte. Waren sie im biorheutischen Geschehen gar etwas zurückgeblieben und steckten noch in der Frühpubertät, so hatte ihre physische und psychische Entwicklung einen größeren Nachholbedarf, was zum gelegentlichen Spott veranlaßte.

Was Dieter anbetraf, reizte ihn das zu den absonderlichsten Possen. Und sein Schalk suchte sich selbstredend solche aus, die sich am wenigsten dagegen wehren konnten, wohl weil sie es gar nicht oder kaum begriffen. Friwi zum Beispiel war damals noch ein recht kleiner Junge von beträchtlicher Naivität. Dem versuchte er eines Tages einzureden, daß sich Kaninchen mit Ratten kreuzen. Sie würden dazu nächtlich die Ställe aufsuchen und durch die Maschen des Drahtgitters die weiblichen Tiere beglücken. Er stamme schließlich vom Lande und wisse das, und sein Großvater hätte deswegen nie Kaninchen unter Hinweis auf manchmal nackte Beine oder gar kahle Schwänze als Ausdruck dieser absonderlichen Bastardisierung gegessen. Wer es nicht glauben könne, der habe wohl in Bio vergessen, daß beide Tierarten zu den Nagern gehörten, und schließlich und überhaupt: jeder wüßte doch, daß Pferd und Esel ähnliches trieben, wenn man ihnen Gelegenheit dazu gebe. Am Ende war Friwi, wenigstens für einige Zeit, überzeugt. Heute ist er Ministerialrat.

Dieter aber zeigte sich höchst befriedigt. Ob beide immer noch Kaninchenkeulen verschmähen?

Auch sonst versuchte Dieter, möglichst viele von uns hinters Licht zu führen. Unter den alten Landsern fand sich immer mal eine Beute. Und wehe einem Unteroffizier, der seinen sophistischen Spekulationen nicht gewachsen war! Wir probierten es sowieso bei allen, und nur diejenigen, die zu klug waren, um auf ihn hereinzufallen, erwarben unseren dauernden Respekt.

Der Batteriechef freilich war wiederholt unser Opfer. Woher er stammte, kann ich heute nicht mehr sagen, seine Sprache aber war eckig und unbeholfen und verriet einiges über sein Wesen. Die ganze Batterie wieherte zum Beispiel vor Vergnügen über die Anordnung, auf dem Exerzierplatz Rasen zu säen. Wo wächst denn aber auch Gras, wenn Soldatenstiefel darauf herumtrampeln? Offen sprachen wir vom Hinterwäldler, und jener Oberleutnant schaute sich auch noch ahnungslos um, weil er dabei einen anderen in Verdacht bekam, der möglicherweise ebenfalls einer war, aber als Zielscheibe unseres Witzes zu harmlos schien.

Eines Tages war es soweit, daß man uns nach langer Dienstzeit eine Anerkennung zukommen lassen wollte. Wir wurden befördert. Aber wie? Als man uns zu Oberluftwaffenhelfern ernennen wollte, fing Dieter an zu diskutieren, daß es ja keine Oberluftwaffe gebe, wie ja auch ein Oberstraßenbahnschaffner ein schlechter Spaß sei. Unser Batteriechef griff das schließlich auf und stellte den Titel so um, daß eine Ernennung zum Luftwaffenoberhelfer erfolgen sollte. Der Übermut wollte nun die Diskussion umdrehen, denn es heiße doch auch Oberpostsekretär, ohne daß sich jemand daran stoße. Schließlich blieb es, wenigstens bei unserer Einheit, bei der letzten Version. Wie es anderswo gehandhabt wurde, habe ich inzwischen vergessen.

Wenn wir auch in diesen Jahren nichts zu lachen hatten, der Humor brach sich immer wieder Bahn, und unsere Jugend suchte einen Ausweg, ein Ventil aus der Misere. Ich glaube sagen zu können, daß Dieter dazu mit manchen Schnurren beigetragen hat. Den Orden »Wider den tierischen Ernst« hat er sich später sicher zu Recht verdient. An Überzeugungskraft jedenfalls hat es ihm bereits damals nicht gemangelt.

FRIEDRICH-WILHELM KIRCHHOFF

Harry Piel

In der Schule war Genscher nicht gerade der Bravsten einer. Daß ihn seine Klassenkameraden mit dem Spitznamen »Harry Piel« – nach dem damals aktuellen Filmhelden – nannten, zeigt, wie sehr er schon damals im Mittelpunkt des Geschehens stand.

Harry nannten ihn seine alten Klassenkameraden auch noch, als sich Dieter Genscher in der Oberstufe für den sprachlichen Zweig der nunmehr Friedrich-Nietzsche-Schule genannten Oberschule für Jungen entschied. Unser Klassen- und Deutschlehrer, Studienrat Dr. Karl (Kalle) Boost – der im Laufe des Zweiten Weltkriegs seinen Offiziersrock krankheitshalber an den Nagel hängen mußte –, bezeichnete ihn unüberhörbar begeistert als »geistigen Panzerwagen«.

Derselbe Kalle Boost verhieß uns anläßlich unserer Einberufung als Luftwaffenhelfer in eine 8,8-cm-Flak-Stellung, daß die guten Tage nun vorbei seien und der Ernst des Lebens an uns herantrete. Verglichen mit dem behüteten Zuhause, hielt sich das Vergnügen – in engen und schmutzigen und vor allem von uns selbst sauberzuhaltenden Baracken, die auf freiem Feld von Erdwällen umgeben standen – mit nächtlichem Fliegeralarm und täglichem Schulunterricht neben der Flakausbildung in der Tat in engen Grenzen. In einer dieser Flakstellungen fand der Schulunterricht in einem nahen Gasthof statt. Wir hatten einen Lehrer – Dr. Brossmann – der, gehärtet durch langjährigen Lyzeumsunterricht, sich einfach nicht ärgern ließ. Wir fanden in dem Gasthaus Musikinstrumente vor, mit denen wir mitten im Unterricht zu spielen begannen. Am herzlichsten über diese köstliche Idee lachte Bobby Brossmann selbst. Unsere Versuche, ihn zu ärgern, haben wir dann abgebrochen.

Andere Objekte boten sich an:

In unserer ersten Flakstellung – in Lettin bei Halle/S. – saß der Stubenälteste in Genschers Baracke direkt unter den neun Stahlhelmen ihrer Bewohner. Die Stahlhelme hingen dort mit den Kinnriemen an kurzen Nägeln. Dort pflegte der Stubenälteste gemütlich – nicht aus dem üblichen Trinkbecher, sondern aus der Porzellantasse – seinen Kaffee zu trinken. Ein starker Tritt Genschers an die Außenwand, und die Flut der Stahlhelme brach auf mich herunter.

Meine lebenslange Freundschaft zu Hans-Dietrich (Dieter) Genscher entstand erst am Anfang unserer gemeinsamen Luftwaffenhelferzeit auf höchst jungenhafte Art. Wir hatten uns gestritten und boxten miteinander. Ich tauchte unter einem Schlag weg, der mit voller Kraft eine Spindtür traf. Die stark geschwollene Hand Dieters erforderte häufige Lazarettbesuche, die die Möglichkeit eröffneten, zu Hause vorbeizugehen. Das Wohlwollen für den Schuldigen wuchs mit jedem Lazarettbesuch, und als wir uns am 5. Januar 1945 wegen Einberufung zur Wehrmacht zum erstenmal für länger trennten, schrieb ich in mein Tagebuch,

wann ich wohl wieder jemanden finde, mit dem ich mich in gleicher
Weise aussprechen kann.

GÜNTER FUGMANN

Als uns die Stunde schlug

Wir waren fünfzehn oder sechzehn Jahre alt, als uns die Stunde schlug.
Am 15. Februar 1943 wurden wir Oberschüler der Jahrgänge 1926 und
1927 als Luftwaffenhelfer zur Flak einberufen, in Halle an der Saale
ebenso wie in den anderen Großstädten Deutschlands. Unser bis dahin
kaum gestörtes Schülerdasein ging zu Ende.

Mit einem gewissen Enthusiasmus waren wir 1937 aus der Volksschule
in die höhere Schule übergewechselt. Das Reform-Real-Gymnasium war
trotz der NS-Gleichschaltungsbemühungen eine humanistische Bil-
dungsstätte mit eigenem Profil. Wir hatten ausgezeichnete Lehrer für
Literatur und Fremdsprachen, aber auch für Naturwissenschaften. Der
Sport wurde gepflegt, Exkursionen und Landschulheimaufenthalte lok-
kerten den Lehrbetrieb auf. Ich erinnere mich an einen Aufenthalt in
einer thüringischen Jugendherberge etwa 1938, wo wir englische Schüler
kennenlernten. Mit einem von ihnen korrespondierte ich bis Ende 1939.
Kurze Zeit hießen wir Sextaner und trugen eine Schülermütze. Aber das
änderte sich bald. Statt Schülermützen mußten wir öfter HJ-Uniform
tragen, und die Klassen wurden vorwärts von 1 bis 8 gezählt. Der VDA-
Onkel, ein Studienrat nannte sich selbst so, verkaufte Spendenmarken für
die unterdrückten Deutschen in allen möglichen Ländern. Ein Studienre-
ferendar, gleichzeitig Jungbannführer, ging freiwillig in den Krieg, und
als Leutnant kam er auf Urlaub in die Schule, um uns zu begeistern.

Viele Väter und ältere Brüder mußten »einrücken«, wir verdunkelten
die Wohnungen und machten bald Luftschutzwache in der Schule. Kam
nachts ein Luftalarm, fiel morgens die erste Stunde aus; große Freude,
wenn da gerade eine Arbeit geschrieben werden sollte. Bedrohliche
Vorzeichen! Und doch führten wir ein schönes Schülerleben. An Som-
mernachmittagen trafen wir uns im Friedrichsbad in Zwintschöna, im
Winter ging es ins Stadtbad zum Schwimmen, wir spielten Fußball oder
Monopoly, und wir sahen uns jeden neuen Film im Kino an, auf dem
2. Platz für 50 Pfennig. In der Schule fühlten wir uns recht wohl. Wer
wißbegierig war und einen hellen Kopf hatte, konnte viel lernen! Die
Lehrer imponierten uns mit ihrem Wissen, wenn wir auch über ihre

Eigenheiten unsere Pennälerspäße machten. Dieter Genscher war ein aufgeweckter, kluger Schüler, nicht unbedingt Klassenspitze, aber redegewandt und voller Einfälle.

Zwitterwesen – Halb Schüler, halb Soldat

Die Einberufung zur Flak änderte fast alles. Zwar blieben wir Schüler, und der Unterricht ging in beschränktem Umfang weiter. Die Pauker verfolgten uns bis in die entlegensten Flakstellungen. Einige Fächer wurden gestrichen, leider auch Französisch, dessen Wohlklang wir gerade erst kennengelernt hatten. Wir trugen in der Öffentlichkeit HJ-Uniform (die ich grundsätzlich und wegen ihrer Unkleidsamkeit nicht mochte), aber beim Dienst in der Stellung sahen wir fast wie richtige Soldaten aus, was uns sehr gefiel. Der militärische Drill wurde hingenommen als das, was er war: stures Eintrichtern von Fakten und Regeln, idiotensicher und oft genug reine Schikane. Bald stellte sich eine Aversion gegen die Schule ein. Waffenkunde, Flakschießlehre und Flugzeugerkennungsdienst interessierten mehr als Schulmathematik und Walther von der Vogelweide. Wir begannen, die Lehrer auszutricksen: Ein Lwh aus der Vermittlung rief in der Unterrichtsbaracke an, es wäre »Gefechtsschaltung«, also Voralarm. Daraufhin ergriffen die Lehrer eilig ihre Taschen und verschwanden, um noch vor dem Ertönen der Sirenen zu Hause zu sein. Wir bliesen die erfundene Gefechtsschaltung einfach wieder ab und hatten Ruhe.

Ich meine, das Doppelleben als Schüler und Soldat war uns manchmal einfach zuviel. Immerhin führte unser »Leidensweg« durch sechs Flakstellungen um Halle, Buna, Leuna und Leipzig. Wir sollten unsere Heimatstadt und die Industrieanlagen in diesem Raum schützen. Die Stationen hießen Lettin, Halle-Trotha, Rattmannsdorf, Mölkau bei Leipzig, Siedlung Silberhöhe im Süden und Siedlung Dautsch im Nordosten von Halle. Hans-Dietrich war immer dabei!

Wir hatten unzählige Male Luftalarm, sehr oft Feuerbereitschaft, nicht ganz so oft wurde geschossen und noch weniger getroffen. Glücklicherweise ist kein Luftwaffenhelfer unserer Schule zu Schaden gekommen. Außer den Lehrern machten sich noch andere regelmäßig auf den unbequemen Weg zu uns: unsere Mütter! Zur Besuchszeit erschienen sie mit den Lieblingsspeisen ihrer Söhne, mit Zigaretten, Wunschlektüre und mit Feldpostbriefen. Die Atmosphäre war meist gedrückt, keiner war so recht froh; und über allem lag die Spannung, ob nicht ein Alarm dem Besuch ein rasches Ende und den Besuchern eine beschwerliche Rückkehr bereiten würde mit Zwischenaufenthalt in fremden Luftschutzkellern. Auch Frau Genscher ließ es sich nie verdrießen, ihren Sohn zu besuchen. Meist benutzte sie das zuverlässigste Verkehrsmittel, nämlich ihr Fahrrad. Ungetrübte Freude am Besuch: Ein Angehöriger in Offiziersuniform kam in die Stellung! Die Herren Obergefreiten, die uns so gern wegen schlechten Grüßens »scheuchten«, machten jetzt »Männchen« vor dem Lwh (konnte man sich jedenfalls einbilden). Und der Besucher konnte meistens beim Batteriechef einen Sonderurlaub für den Jungen erwirken.

Wir Luftwaffenhelfer wurden in bewährter Kommißweise wie die »Spunde« behandelt, nur reagierten wir oft anders als normale Rekruten. Wir erlaubten uns, mit den Vorgesetzten zu diskutieren, machten jedenfalls öfter den Versuch dazu. Und wir versuchten immer wieder, die Vorgesetzten »auf den Arm zu nehmen«. Beispiel: Deckenappell! Der Spieß klopft auf die zusammengelegte Decke, natürlich kommt ein wenig Staub zum Vorschein. Prompt kommt die Frage: »Sehen Sie mich noch?« Der Lwh antwortete nicht etwa wie erwartet: »Nein, Herr Hauptwachtmeister!«, sondern: »Ich meine, Sie recht deutlich zu sehen, Herr Hauptwachtmeister!« Diese unmilitärische Antwort muß natürlich bestraft werden. Eine Portion Dünkel ist bei dem Lwh auch dabei; fühlten wir uns doch den Flaksoldaten bildungsmäßig überlegen.

Fröhliche Jugend! – Fröhliche Jugend?

Wir waren jung, und Jugend ist gern mit Jugend zusammen. Bei der Flak hatte man nun täglich rund um die Uhr seine Klassenkameraden um sich. Das war nicht immer leicht, aber niemals langweilig. Wir diskutierten über Bücher und Musik, über Rauchen, Alkohol und Mädchen. Junge Menschen brauchen nichts dringender als den Austausch mit Gleichaltrigen, schon zu ihrem Selbstverständnis. Die meisten von uns hatten ein Wissensgebiet, über das sie ausführlich sprechen konnten.

So wurden manchmal regelrechte Vorträge gehalten. Allzulange blieben wir nicht ernst, dann begann das Blödeln. Da wurde die häufig strapazierte Hohlwelttheorie mit Hilfe der Abnutzung der Schuhsohlen »bewiesen«. Da wurden die Vorzüge der Erdal-Schuhkrem beschrieben: »Schon allein die Verpackung!« Wenn es einem zu bunt wurde, warf er den Stiefel nach dem Sprecher oder machte »Vergeltungssingen« mit einem durchdringenden »Wiu, wiu, wiu«. Es gab ernste Gespräche und echten Meinungsstreit, aber auch viel Gelächter. Großen Beifall fand, wer einen Vorgesetzten karikieren konnte. Hans-Dietrich tat sowohl bei den ernsten Gesprächen als auch bei den Dummheiten eifrig mit. Er hatte ein Gespür für das Komische und seinen eigenen Unterhaltungswert. Er gab sich öfter als Draufgänger, machte waghalsige Sachen, von denen in der ganzen Stellung gesprochen wurde. Das brachte ihm den Spitznamen Harry Piel ein, was er wohl ganz gern hörte.

Einige Beispiele dafür, was wir uns so erlaubten:

Ein Unteroffizier, der in einem abgeschlagenen Teil der Mannschaftsbaracke mit zwölf Lwh zusammenwohnte, war leicht in Wut zu bringen. Ihm hefteten wir ein Blatt an die Tür mit dem Vers: »Die Palme ist ein hoher Baum, der oben sitzt, den sieht man kaum« und eine gelungene Zeichnung dazu.

Bei einem Tagesangriff auf Leipzig war ein amerikanischer Bomberverband in großer Höhe gemeldet. Der Batteriechef sucht mit dem Fernglas den Himmel ab. Ein Lwh hat mit bloßem Auge das Blitzen der Maschinen entdeckt. Er packt den Chef an der Schulter und ruft aufgeregt: »Mensch, da sind sie doch!«

Einem baumlangen Wachtmeister, der beim Stubendurchgang einen Spind mit lässigem Schulterdruck von der Wand abrückt, ruft einer der kleineren Lwh zu: »So einen Kerl wie Sie brauchten wir zum Stubenreinigen!« Und der Appell mit Unterwäsche, aus dem wir einen solchen »in Unterwäsche« machten! Der Beispiele gäbe es noch viele.

Zeit der Reife

Die Luftwaffenhelferzeit war eine harte Schule. Wir wurden körperlich wie moralisch stark gefordert, manchmal bis an die Grenze unseres Vermögens. Damals erkannten wir die Kluft zwischen Ideologie und Realität. Was wir bei Jungvolk und HJ lernen mußten, hielt nicht stand vor den Erfahrungen der älteren Soldaten und dem eigenen Erleben. Ein Beispiel: Der »bolschewistische Untermensch« begegnete uns als russischer Kriegsgefangener, fleißig, geschickt und gutmütig. Wir gaben den Russen von unserem Kommißbrot ab und ließen uns dafür Wasser heranfahren oder fehlende Zwecken in die Stiefelsohlen einschlagen. Sie drückten manchmal ihr Mitleid aus, daß wir Kinder schon Krieg spielen mußten. Als beim Blindgängerentschärfen zwei Gefangene in die Luft flogen, wurden sie mit militärischen Ehren begraben; auch ein paar Luftwaffenhelfer schossen Ehrensalut. – Einige »scharfe« Hitlerjugendführer hatten wir schon unter uns. In der Flakstellung waren sie recht still. Wir erlebten ja oft genug, daß ein gewisses Großmaul »Meier heißen« mußte, wenn die Pulks der Viermotorigen ihre Bahn über den deutschen Himmel zogen.

Die Zeit war ernst, sie wurde immer ernster in den eineinhalb Jahren bei der Flak. Wir sollten unsere Heimatstadt schützen, aber zwei von uns verloren ihre Mutter durch einen Luftangriff.

Wenn wir etwas bei der Flak gelernt haben, so ist es Zusammenhalten gegen Bosheit und Schikane. Der wütende Vorgesetzte konnte keinen Besten von der Strafe entbinden, weil der ganze Trupp gleichzeitig am Ziel ankam. Dieses solidarische Handeln war uns später beim Arbeitsdienst und bei der Wehrmacht sehr von Nutzen.

Allmählich bildete sich bei uns in dieser Zeit des Befehlens und Gehorchens eine kritische Haltung heraus. Wir wurden immer skeptischer gegenüber Sondermeldungen, Goebbelsreden, Durchhalteparolen und dem ganzen ideologischen Hintergrund. Wir dachten nicht daran, uns freiwillig an die Front zu melden. Wir waren uns nicht sicher, aber wir spürten, daß das alles nicht gut ausgehen konnte.

Es fiel uns nach Kriegsende nicht schwer, Demokratie als eine vernünftige Form des menschlichen Zusammenlebens zu erkennen. Spontan traten wir in der SBZ der Antifa-Jugend bei. Soweit ich mich erinnere, gehörte auch Hans-Dietrich dazu. Daß wir später verschiedene Wege gingen, steht auf einem anderen Blatt.

Wie wir selbst uns sahen

Ich möchte unsere Situation bei der Flak an einem »Dokument« erläutern. Es ist eine erhalten gebliebene Luftwaffenhelferzeitung mit dem Titel: »Zur Erinnerung der Luftwaffenhelfer der 1. schw. Flak-Abt. 121«. Einiges ist aus ähnlichen Zeitungen übernommen, aber vieles trugen wir selbst zusammen. Die Autoren könnte ich nicht mehr nennen. Das Motto lautet:

Willkommen zur Feier, zu fröhlichen Stunden,
die doppelt uns not tun in schwerer Zeit!

Hauptthema ist — wie könnte es anders sein — das Verhältnis zwischen den Lwh und ihren Vorgesetzten; und jeder Soldat war ja für den Lwh einer. Dem Batteriechef, Oblt. Schwarz, einem Bayern, ist ein dreistrophiges Gedicht gewidmet. Kehrreim:

Wir wollten stur sein wohl aus dem FF,
aber rot sind die Rosen, und Schwarz ist der Chef.

Erstaunlich, was wir Lwh uns so erlaubten! Sämtliche Vorgesetzten
bekamen ihr Teil ab; manche wurden richtig scharf kritisiert. Dem Spieß
und dem U. v. D. sind diese Zeilen gewidmet:

Hat man eine Widerrede,
nun, dann ist es völlig aus,
man hört nur noch eine Stimme,
und die brüllt das Wörtchen »Raus«.
Draußen darf man Häschen hüpfen,
pumpen, volle Deckung, auf!
Und der Spund darf sich nicht mucksen,
alles nimmt er stets in Kauf.

Die Einschätzung der verschiedenen Dienstgrade in der Stellung: Erst
kommen die Kanoniere, das sind so »kleine Tiere«; dann die »Herren
Gefreiten« und dann . . .

Der nächste Dienstgrad ist dann hier der Herr Unteroffizier.
Die Gattung tritt, da höre drauf, bei uns sogar im Plural auf.
Man findet eine ganze Wolke von diesem zweifelhaften Volke.
Sie haben sich mit dem Spieß verschworen, um unseren Langmut
                                                    anzubohren.

Nun wird der Ausweg gezeigt: »Germanenhelfer ist doch schöner!«

Wie lebten die alten Germanen
doch gar so wunderschön,
sie brauchten nicht zu laufen,
nicht zum Appell zu gehn!
Sie hatten keinen Fußdienst
und keinen Bettenbau,
sie schleppten keinen Rucksack
und waren öfters blau!
Auf Bärenhäuten lagen
die Recken in der Nacht,
und damals ist wohl keiner
durchs Bette durchgeknallt!
Was war Gerätereinigen?
Da wischte man das Blut
mal kurz von seinem Schwerte,
und damit war es gut.

Übrigens sollte die Zeitung niemandem direkt weh tun. Deshalb ließen wir auch versöhnliche Töne hören: »Auf Kränken gehn wir niemals aus.« Und an anderer Stelle heißt es:

Im allgemeinen werft nicht mit Steinen!
Denn mit der Zeit, ihr lieben Leut,
kann vieles sich wenden und doch noch gut enden!

Glücklicherweise hat die Luftwaffenhelferzeit für die meisten von uns doch noch gut geendet. Die Eindrücke, die unsere sechzehn-, siebzehn-jährigen Gemüter empfingen, haben tiefe Spuren hinterlassen.

IV. Kapitel

Letztes Aufgebot

GÜNTHER W. GELLERMANN

Die Aufstellung der 12. deutschen Armee

In der Zeit zwischen dem 12. und 15. Januar 1945 hatten die Sowjets die deutsche Front an Weichsel und Narew durchbrochen. Bereits am 31. Januar erreichten ihre Spitzen die Oder bei Frankfurt und Küstrin. Sie überschritten den Fluß und bildeten auf seinem Westufer Brückenköpfe nördlich von Fürstenberg, südlich von Frankfurt und zwei weitere nördlich und südlich von Küstrin. Hierdurch hatte sich der sowjetische Gegner günstige Ausgangspositionen für seinen weiteren Vorstoß auf Berlin geschaffen. Die deutschen Verteidiger konnten ihre Front erst wieder auf der Linie Oder–Lausitzer Neiße stabilisieren.

Am 16. April traten die Sowjets beiderseits Küstrins zum Hauptangriff an. Am Abend desselben Tages gelang ihnen südlich von Guben ein tiefer Einbruch, der bereits am 17. April zu einer ernsten Bedrohung des Südflügels der 9. deutschen Armee wurde. Deren Verbindung nach Norden zerriß durch den sowjetischen Durchbruch bei Seelow am 18. April. Die Zersplitterung der Front dieser Armee setzte sich rasch fort und führte zu deren Einschließung. Ihre Reste freizukämpfen wurde wenig später zu einer Hauptaufgabe der neuaufgestellten 12. deutschen Armee des Generals Wenck.

Die grundlegenden Befehle für die Aufstellung dieser Armee ergingen am 8. April 1945. Zu ihrem Oberbefehlshaber wurde von Hitler der General der Panzertruppe Walther Wenck, einer der fähigsten Generale der Wehrmacht, ernannt. Dieser übernahm die Armee in Dessau/Roßlau. Erster Gefechtsstand wurde wegen der hier noch voll intakten Telefonverbindungen die Pionierschule Roßlau. Der 12. Armee wurden folgende Armee-Panzerkorps unterstellt:

1. Das XX. Armeekorps unter Führung des Generals der Kavallerie Carl-Erik Koehler. Dieses Korps erreichte ab 23./24. April 1945 durch die Unterstellung der Divisionen Körner, Hutten, Schill und Scharnhorst als einziger Großverband der 12. Armee nahezu die volle für ein Armeekorps vorgesehene Mannschaftsstärke.

2. Das XXXXI. Panzerkorps unter Führung des Generalleutnants Rudolf Holste. Dieses Korps verfügte, wie übrigens die ganze 12. Armee, über nur wenige Panzer. Die Gesamtstärke dürfte noch nicht einmal der einer Division entsprochen haben.

3. Das XXXIX. Panzerkorps unter Führung von Generalleutnant Karl Arndt. Dieses Korps erreichte mit zwei Regimentern aus der Reserve des Kampfkommandanten von Hamburg, zwei Regimentern der Division Meyer, drei Bataillonen der 84. Infanteriedivision und drei Bataillonen der Division Clausewitz knapp die Stärke einer Division.

4. Das XXXXVIII. Panzerkorps unter Führung des Generals der Panzertruppe M. Freiherr von Edelsheim. Außer den Korpstruppen in Stärke von etwa drei Kompanien standen diesem Korps noch die 14. Flakdivision und weitere kleinere Einheiten aus Genesenen, Urlaubern, Ausbildungspersonal und Rekruten des Ersatzheeres zur Verfügung.

Die Infanteriedivision Scharnhorst war ab 30. März 1945 weitgehend im Raum Dessau/Roßlau aufgestellt worden. Ihre Verwendungsbereitschaft sollte zum 12. April hergestellt werden. Vorgesehener Divisionsführer war Oberst i. G. Borgmann, ehemaliger Wehrmachtsadjutant bei Hitler, der jedoch in der Nacht vom 5. zum 6. April 1945 bei einem Tieffliegerangriff den Tod fand. Sein Nachfolger wurde Generalleutnant Götz, der die Division bis zur Kapitulation führte.

Die drei Grenadierregimenter der Division wurden in Roßlau, der Pionierkaserne Roßlau, in Dessau, in Groß- und Klein-Kühnau sowie Alten aufgestellt. Oberstleutnant Gerhard Pick, ein mit dem Eichenlaub zum Ritterkreuz ausgezeichneter, hochdekorierter Offizier, führte das Grenadierregiment 3. Zu diesem Verband war von Wittenberg aus, wo er eine Pionierausbildung durchlief, auch Hans-Dietrich Genscher kommandiert worden. Er war als Soldat des Grenadierregimentes 3 an allen Kämpfen dieses Verbandes bis zur Kapitulation der Armee vor den Amerikanern beteiligt. Die Erlebnisse dieser harten Tage im April/ Mai 1945 haben, wie viele der vorliegenden Berichte ausweisen, die

Soldaten der Armee Wenck in besonderer Weise beeindruckt und geprägt. Dieses dürfte auch für Hans-Dietrich Genscher zutreffen.

Kämpfe und Rückzug

Seit dem Beginn der sowjetischen Oderoffensive am 16. April hatte sich die Lage an der Ostfront dramatisch verschlechtert. Bereits am 22. April erreichten sowjetische Spitzen südlich von Berlin die Linie Treuenbrietzen—Zossen. Im Norden Berlins wurde in Frohnau gekämpft, so daß die Einschließung der Stadt fast vollzogen war. Hitler hatte sich an diesem Tag entschieden, nicht nach Süden auszuweichen, sondern in der Reichshauptstadt zu bleiben. Aus diesem Grund akzeptierte er den Vorschlag von Generaloberst Jodl, die gesamte Front gegen die Amerikaner umzudrehen und die in diesem Bereich vorhandenen Truppen — dazu gehörte auch die 12. Armee, die bis dahin vergeblich versucht hatte, den amerikanischen Vormarsch aufzuhalten — im Kampf um Berlin zum Entsatz der Reichshauptstadt einzusetzen.

Der Plan der Wehrmachtsführung sah vor: Angriff der 12. Armee mit den Divisionen des XX. Armeekorps nach Osten in Richtung Berlin. Gleichzeitiger Angriff der 9. Armee nach Westen und Vereinigung beider Angriffsgruppen im Süden der Hauptstadt. Gemeinsames Aufbrechen des sowjetischen Einschließungsringes unter Eindrehen nach Norden und Vernichtung der feindlichen Kräfte im Südwesten der Stadt. Zur selben Zeit hatte das XXXXI. Panzerkorps zusammen mit dem Korps Steiner aus dem Raum Oranienburg anzugreifen und die Stadt von Norden her freizukämpfen. Diese Planung war deshalb nicht durchführbar, weil das Führerhauptquartier mit Kräften rechnete, die es nicht mehr gab. General Busse, der Oberbefehlshaber der 9. Armee, war zu diesem Zeitpunkt mit seinen Verbänden von den Sowjets bereits eingeschlossen. Die erschöpften, völlig abgekämpften Reste der 9. Armee bewegten sich daher vom 23. April an unter kaum vorstellbaren Schwierigkeiten in einem wandernden Kessel in Richtung Westen und hofften, daß die Verbände der 12. Armee sie »raushauen« würden. Was die Situation Busses zusätzlich erschwerte, waren Tausende von Flüchtlingen, die der General in der Mitte seiner Truppenreste mit sich führte. Für einen Entsatz von Berlin konnte die 9. Armee nicht mehr eingesetzt werden.

Sämtliche in den folgenden Stunden vom Führerhauptquartier an die 12. Armee herausgegebenen Durchführungsbefehle zum Entsatz von Berlin gingen an der Realität weit vorbei. Hieran änderte auch der direkte

Befehl Generalfeldmarschalls Keitel auf dem Gefechtsstand Wencks in der Oberförsterei »Alte Hölle« am 23. April nichts, als er den Oberbefehlshaber der 12. Armee persönlich anwies: »Befreien Sie Berlin! Machen Sie mit allen verfügbaren Kräften kehrt! Vereinigen Sie sich mit der 9. Armee. Hauen Sie den Führer heraus. Sein Schicksal ist Deutschlands Schicksal. Sie, Wenck, haben es in der Hand, Deutschland zu retten.«

General Wenck hierzu:

»In diesen Stunden wurde mir klar: Dieser Mann (Keitel) und damit auch das Staatsoberhaupt, das er beriet, wußten schon lange nicht mehr, wie es um den Krieg stand. Nach Beratung mit meinem Stab beschloß ich, von nun an meinen eigenen Weg zu gehen . . . nun war der Augenblick da . . . die Armee nur noch nach der Richtschnur des eigenen Gewissens zu führen . . . das eingeschlossene Berlin konnten wir mit unseren Kräften unmöglich befreien . . . wohl aber konnte zahlreichen Menschen geholfen werden, indem wir ihnen durch einen entschlossenen Angriff einen Weg nach Westen eröffneten . . . Mit einem Angrifff aus dem Raum Belzig in Richtung Potsdam war es möglich, 20 000 Soldaten zu befreien, die dort eingeschlossen waren. Es schien keineswegs ausgeschlossen, daß die 9. Armee mit einem solchen Vorstoß aus ihrem Kessel geholt werden könnte . . . Außerdem gewannen die Kolonnen der Flüchtlinge, die hinter unserer Front westwärts zogen, noch einige Tage Zeit, um die Elbe zu erreichen und den Russen zu entkommen . . .«

Wenck beschloß in Absprache mit seinen engsten Mitarbeitern, den Führerbefehl zum Entsatz von Berlin, von dessen Undurchführbarkeit er überzeugt war, nicht zu befolgen. Den am 26. April geplanten Angriff in Richtung Potsdam hielt er gegenüber den ihm in seinen Verbänden anvertrauten jungen Soldaten, die ihr Leben unmittelbar vor dem Ende des Krieges noch einmal einzusetzen hatten, für verantwortbar, weil es galt, Leben zu retten, und zwar die Verwundeten aus den Lazaretten im Operationsbereich der Armee, die Reste der 9. Armee, die Soldaten der in Potsdam eingeschlossenen Korpsgruppe des Generals Reymann und die Flüchtlinge.

Wenck bezeichnet diese letzte militärische Aktion der 12. Armee daher als »Rettungswerk« für die oben genannten Personengruppen, das durchzuführen er entschlossen gewesen sei, nachdem er dessen Notwendigkeit erkannt hatte. Seit seiner Befehlsübernahme habe es für ihn keinen Zweifel darüber gegeben, daß er keinen Soldaten sinnlos opfern werde. Daher habe er dem Kommandierenden General des XX. Armeekorps, General Koehler, befohlen, mit beiden Flügeln an der Elbe zu bleiben, um auf diese Weise den Weg nach Westen offenzuhalten.

In den Morgenstunden des 26. April 1945 begann der letzte deutsche

Angriff dieses Krieges. Befohlene Stoßrichtung war Nordost, Richtung Beelitz—Ferch. Die Division Hutten bildete die Spitze. Sie griff befehlsgemäß ostwärts von Belzig beiderseits der Eisenbahnlinie nach Berlin an. Ihre Spitzen trafen schon nordostwärts von Belzig auf harten sowjetischen Widerstand. Der Gegner wurde aber durch den deutschen Angriff völlig überrascht. Eine große Anzahl seiner Einheiten wurde aufgerieben oder gefangengenommen. Gegen Mittag standen die Angriffsspitzen Wencks bei Brück und Neuendorf.

Die Infanteriedivision Scharnhorst stieß in den Raum Beelitz—Treuenbrietzen vor. Das Grenadierregiment Scharnhorst 1 erreichte am 26. April den Raum Linthe. Im Verlauf des 27. April eroberte dieser Verband Reesdorf. Hier erhielt das Regiment einen Funkspruch der Division, der ein weiteres Vordringen verbot und das Halten der erreichten Stellungen befahl. Als rechter Nachbar kämpfte sich das Regiment Scharnhorst 3 auf der Linie Buchholz—Brachwitz—Schlalach vor und hielt dort die erreichten Stellungen gegen alle sowjetischen Angriffe. Genscher nahm an diesen Kämpfen seines Regimentes teil. Die Aufgabe beider Regimenter lautete: Flankensicherung des Angriffs der Infanteriedivision Hutten. Das Grenadierregiment Scharnhorst 2 stieß am 28. April mit seinen Spitzen zum Eisenbahnkreuz 6 km nördlich von Beelitz vor. Die Verbände der Division Scharnhorst wurden bei diesem Vorstoß wesentlich von der Sturmgeschützbrigade 1170 unterstützt, die hierbei schwere Verluste erlitt.

Rechter Nachbar der Infanteriedivision Scharnhorst war die Division Körner. Diese hatte ebenfalls den Auftrag: Flankensicherung des Angriffs der Division Hutten im Abschnitt Treuenbrietzen—Niemegk.

Am Mittag des 27. April waren weitere sechs Ortschaften und die Beelitzer Heilstätten zurückerobert worden. Dieses Lazarett, in dem sich 3000 deutsche Verwundete befanden, wurde von den Sowjets erbittert verteidigt. Zufällig befanden sich hier aber Vertreter des Internationalen Roten Kreuzes, welche die Übernahme der Verwundeten durch die Amerikaner an der Elbe vermittelten, nachdem die Armee den Abtransport dorthin organisiert hatte.

Gegen Abend des 27. April standen die Verbände der 12. Armee, nachdem Ferch von Verbänden der Division Hutten eingenommen worden war, in folgender Linie: Nichel—Reesdorf—Eisenbahnkreuz nördlich Beelitz—Ferch, wobei sich Elsholz, Buchholz und Brachwitz ebenfalls in deutscher Hand befanden. Am 29. April wurde die Verbindung zur Besatzung von Potsdam hergestellt.

Schwere sowjetische Flankenangriffe gegen die Front der Divisionen Köerner und Scharnhorst wurden am 30. April abgewiesen. In den

Morgenstunden des 1. Mai erreichten die Reste der Armee Busse die Verteidigungslinien der 12. Armee bei Wittbrietzen. Diese Stellungen mußten von den Verbänden Wencks 48 Stunden länger als ursprünglich geplant gehalten werden, da sich der Durchbruch der 9. Armee um diesen Zeitraum verschoben hatte.

Wenck sah sich nach dem Ausbruch vor ein Problem gestellt, mit dem er nicht hatte rechnen können: der totalen Erschöpfung der Soldaten und der Flüchtlinge, die zum Teil noch in dem fünf Kilometer breiten Durchbruchskorridor zu Boden sanken und einschliefen. Sie waren weder durch scharfe Befehle noch durch Drohungen zu bewegen weiterzugehen. Kaum einer der aus dem Kessel Entkommenen war daher noch kampffähig. Genscher, der zu diesem Zeitpunkt mit seinem Regiment an der Durchbruchsstelle lag, konnte sich durch eigene Beobachtung ein Bild von der völligen Erschöpfung dieser Reste der 9. Armee und der Flüchtlinge machen.

Der Oberquartiermeister der 12. Armee mußte Transportraum beschaffen, um diese Männer und Frauen an die Elbe zu den Amerikanern zu bringen. Der Abfluß der Restverbände Busses war am Abend des 1. Mai abgeschlossen. General Wenck hatte bis zu diesem Zeitpunkt die selbstgesteckten Ziele fast erreicht: die Rettung der Verwundeten und der 9. Armee. Die Besatzung von Potsdam hatte bereits am 29./30. April die Stadt geräumt und war zu den Truppen der 12. Armee gestoßen, nachdem sich die Infanteriedivision Schill ihnen bis Ferch entgegengekämpft hatte.

Hitler war offenbar nach dem erfolgreichen Beginn des Angriffs des XX. Armeekorps der festen Überzeugung gewesen, daß es Wenck gelingen müßte, den Ring um Berlin aufzubrechen. Bis zum 27. April hatte das Führerhauptquartier auch noch mit einem zusätzlichen Entlastungsangriff der »Armeeabteilung Steiner« und des XXXXI. Panzerkorps des Generalleutnants Holste von Norden auf Berlin gerechnet. Dieser Vorstoß war aber durch das schnelle Vordringen starker sowjetischer Kräfte nördlich von Berlin unmöglich geworden. Steiner und Holste standen überdies keine ausreichenden Kräfte für einen solchen Angriff zur Verfügung. Am 28. April hatte der Kampf um den Stadtkern der Reichshauptstadt begonnen.

Am 29. April spitzte sich die Lage im Kampf um Berlin weiter zu. Um 23.00 Uhr erhielt Generaloberst Jodl in Dobbin folgenden Funkspruch Hitlers:

1.) Wo Spitze Wenck?
2.) Wann tritt er an?
3.) Wo 9. Armee?

4.) Wo Gruppe Holste?
5.) Wann tritt er an?

Am 30. April um 1.00 Uhr beantwortete Generalfeldmarschall Keitel den Funkspruch Hitlers vom 29. April wie folgt:

1.) Spitze Wenck liegt südlich Schwielow-See fest. Starke Sowjetangriffe in gesamter Ostflanke.
2.) 12. Armee kann daher Angriff auf Berlin nicht fortsetzen.
3.) 9. Armee mit Masse eingeschlossen.
4.) Korps Holste . . . in die Abwehr gedrängt.

Dieser Funkspruch Keitels löste den Selbstmord Hitlers aus. Nachdem die Besatzung Potsdams und die Reste der 9. Armee hinter den Linien des Korps Koehler in Sicherheit gebracht worden waren, erging der Befehl Wencks, in der Nacht vom 1. zum 2. Mai mit dem Rückzug auf den Elbbrückenkopf zu beginnen.

Das Grenadierregiment Scharnhorst 1 begann am Abend des 1. Mai befehlsgemäß seine Stellungen bei Reesdorf zu räumen. Der Verband erreichte Dreihausen bei Genthin am 4. Mai. Das Grenadierregiment 3 der Division gab zur selben Zeit seine Stellungen zwischen Schlalach und Elsholz auf und rückte in Eilmärschen über Genthin in den Raum Fischbeck, wo es zu Sicherungsaufgaben eingesetzt wurde. H.-D. Genscher hat im Rahmen seines Verbandes auch diese Operationen mitgemacht.

Kapitulation und Elbübergang

Am 3. Mai hatten sich die Verbände der 12. Armee planmäßig in den Brückenkopfraum zurückgezogen. Wenck mußte nun versuchen, die Amerikaner zu bewegen, die Kapitulation der Armee anzunehmen, um seine Truppen, aber auch die vielen Flüchtlinge auf das Westufer der Elbe hinüberzuretten. Er beabsichtigte gleichzeitig, den Widerstand im Brückenkopf so lange fortzusetzen, bis dieser vollständig geräumt war. Zum deutschen Verhandlungsführer wurde der Kommandierende General des XXXXVIII. Panzerkorps, General der Panzertruppe Maximilian Reichsfreiherr von Edelsheim, ernannt, der am 4. Mai im Rathaus von Stendal die Gespräche mit dem Chef des Generalstabes der 9. US-Armee, Generalmajor James B. Moore, führte.

Die Übernahme der Verwundeten wurde von den Amerikanern unter der Bedingung genehmigt, daß die deutsche Seite zuvor ausreichendes Personal, Lazaretteinrichtungen und Medikamente auf das Westufer verbringe. Das Herüberlassen von Flüchtlingen wurde dagegen ohne Begründung abgelehnt. Weiterhin wurde die Übernahme von Soldaten ohne Waffen sowie der Kampfverbände zugesichert, falls diese ausreichend Verpflegung mit sich führten.

Gleichzeitig nahmen die Amerikaner die Ankündigung Wencks, gegen die Sowjets weiterkämpfen zu wollen, stillschweigend zur Kenntnis. Für die 12. Armee bedeutete diese Duldung insofern eine Unterstützung, als daß Wenck dadurch Zeit gewann, innerhalb deren er fast seine sämtlichen Verbände auf das Westufer der Elbe verbringen konnte.

Die Sowjets hatten den deutschen Nachhuten bei ihrem Rückzug wahrscheinlich deshalb nur zögernd nachgesetzt, weil sie offenbar davon überzeugt waren, die Verbände Wencks unmittelbar vor der Elbe relativ kampflos überwältigen zu können. Der russische Druck verstärkte sich zu dem Zeitpunkt, als die Verfolger erkannten, daß die deutschen Soldaten von den Amerikanern übernommen wurden. Die Taktik der Angreifer bestand darin, zu versuchen, den deutschen Brückenkopf von Norden aufzurollen. Dabei waren ihnen aber nur unwesentliche Einbrüche gelungen.

Die Division Scharnhorst stand rechts von der Infanteriedivision Hutten. Ihr Grenadierregiment 1 wurde am 5. Mai als Armeereserve eingeteilt. Am Tag darauf kämpfte dieser Verband bei Wust und mußte am 7. Mai starke gegnerische Angriffe gegen Kabelitz abwehren. Das Grenadierregiment 3 dieser Division hatte den Auftrag, den Raum östlich von Fischbeck bis zum Ende des Übersetzens abzuschirmen. In der Nacht vom 5./6. Mai trat dieser Verband noch einmal zu einem Entlastungsangriff nach Osten an und erlitt dabei sehr schwere Verluste. Das Regiment hielt aber den sowjetischen Gegner hier bis zum 7. Mai auf. An diesen letzten schweren Kämpfen seines Verbandes hat auch H.-D. Genscher teilgenommen.

Die Planung Wencks sah für den Übergang vor, daß die nichtkämpfenden Teile der Armee bis zum Morgen des 7. Mai das Übersetzen beendet haben mußten. Sodann sollten das XX. Armeekorps und das XXXXVIII. Panzerkorps enge Brückenköpfe an den Übergangsstellen beziehen, um das Übergehen der Kampftruppen zu sichern. Nicht alle Soldaten der 12. Armee überschritten die Elbe an den vorgesehenen Übergängen, da einzelne Verbände bereits vor örtlichen US-Kommandeuren kapituliert hatten und von diesen über den Fluß gebracht worden waren. Der Kommandeur des Grenadierregiments Scharnhorst 1 gab am

7. Mai gegen 15.00 Uhr den Befehl zum Absetzen auf die Übergangsstelle Fischbeck. Das Grenadierregiment Scharnhorst 3 hielt mit seinen
Resten die zugewiesenen Stellungen bis 16.00 Uhr und setzte sich danach
auf das Westufer der Elbe ab. Genscher hatte dabei Glück. Ihm gelang es,
noch über den Brückensteg auf das westliche Elbufer zu kommen. Viele
seiner Regimentskameraden erreichten nur noch schwimmend die andere
Seite des Flusses.

Konnten die Soldaten der 12. Armee bis zur Beendigung der Kapitula-
tionsgespräche noch Flüchtlinge auf das Westufer der Elbe bringen, so
hatten die amerikanischen Soldaten seit dem 5. Mai strenge Weisung,
keine Zivilisten mehr auf das Westufer der Elbe zu lassen. Zwar hatte
Wenck befohlen, auf jede nur denkbare Weise den Flüchtlingen behilflich
zu sein, das Helfen jedoch war den deutschen Soldaten aufgrund der
amerikanischen Haltung fast unmöglich geworden. In dieser für Tausende von Flüchtlingen verzweifelten Situation kamen ihnen, welch eine
Ironie, die sowjetischen Angreifer wider Willen zu Hilfe. Am 7. Mai
gegen 12.00 Uhr mittags brachen russische Panzer etwa 5 km südlich der
Brücke Tangermünde zur Elbe durch und begannen, die Übergangsstelle
zu beschießen. Hierbei gerieten auch die amerikanischen Soldaten auf
dem Westufer unter das Feuer des eigenen Alliierten. Die Amerikaner
schossen Leuchtkugeln ab, um eine Feuereinstellung zu erreichen. Vergeblich. Drei Amerikaner wurden durch diesen Beschuß verletzt, einer
getötet. Daraufhin räumten die US-Truppen einen Uferstreifen von etwa
2 km Breite. Sofort wurden die Übersetzungsbewegungen für Zivilisten
wieder von den deutschen Soldaten aufgenommen.

Ähnliches hat sich auch an der Übergangsstelle Ferchland abgespielt,
wo die Sowjets das Westufer mit Granatwerferfeuer belegten und auf
diese Weise das Ufer für die Flüchtlinge »freischossen«. Die genaue
Anzahl der von der 12. Armee geretteten Flüchtlinge ist nicht bekannt.

»Wir sind ja in den Nachkriegsjahren oftmals wegen unseres Einsatzes
bekämpft worden. Aber Sie wissen so gut wie ich, wenn wir uns in den
letzten Wochen nicht voll und ganz eingesetzt hätten, wären Hundert-
tausende von deutschen Menschen mehr in die russische Gefangenschaft
und damit in die Ungewißheit gegangen ...«, schrieb 1955 General
Wenck an Oberstleutnant Müller, den ehemaligen Kommandeur der
Infanteriedivision Schill.

Der Krieg, der wütete, war keine Auseinandersetzung zwischen Gent-
lemen, in der Zivilisten und Verwundete getrost einem fairen Gegner in
der Überzeugung, daß dieser sie anständig behandeln würde, überlassen
werden konnten. Dies wußte der General. Er hatte den Krieg seit seinem
Ausbruch erlebt. Aber noch ein weiteres Motiv hat ihn unzweifelhaft zu

diesem Vorstoß bewogen: Die Verpflichtung des anständigen Soldaten gegenüber seinen eingeschlossenen und verwundeten Kameraden, die es »rauszuhauen« galt. Dieses haben wohl auch die jungen Soldaten seiner Armee verstanden, die er oft mit seinem Krad in den Frontlinien aufgesucht und denen er erklärt hatte, warum dieser Kampf geführt werden mußte. Sein Appell an ihr Kameradschaftsgefühl war offenbar nicht vergebens gewesen.

V. Kapitel

Neubeginn

FILMER/SCHWAN

Der Gefangene

Wieviel lebensbedrohende Situationen Dieter Genscher als Soldat in Gefechten gegen amerikanische und sowjetische Truppen überstanden hat, läßt sich kaum sagen. Daß er dem weitsichtigen Panzergeneral Walther Wenck sein Leben zu verdanken hat, steht außer Zweifel. Als er am 7. Mai 1945 gegen 17 Uhr unverletzt das Westufer der Elbe bei Tangermünde erreichte, befand er sich außer Lebensgefahr. Genscher hatte das Gefühl, einem Inferno entkommen zu sein. Er dachte wieder ans Leben, an die Zukunft. Mit erhobenen Händen marschierten er und Tausende seiner Kriegskameraden in amerikanische Gefangenschaft.

Die Überlebenden der Wenck-Armee wankten in Richtung Stendal. Sie rasteten in der Nähe des Flughafens auf freiem Gelände. Tage später fanden viele in der Fallschirmjäger-Kaserne von Stendal eine vorläufige Bleibe. Zehn Tage lang lebten sie dort, bewacht von amerikanischen Besatzungstruppen. Genschers Stube war mit über 30 Landsern belegt, doch es gab endlich ausreichend zu essen. An die gute Verpflegung erinnert sich Genscher noch heute. An Haferflocken und andere »Leckereien«, die ihm wegen der ungewohnten Wachsverpackung im Gedächtnis blieben.

Die angenehme Betreuung endete jäh, als die Amerikaner ihre Kriegsgefangenen in dieser Region an die Engländer übergaben. Da die Briten die eigenen Truppen kaum ausreichend versorgen konnten, trieben sie rund 100 000 deutsche Soldaten in die fruchtbare Altmark, verteilten die

75

Gefangenen zu je 500, 300 oder 100 Mann auf die einzelnen Ortschaften. Die kolonieerfahrenen Briten ernannten deutsche Offiziere zu Ortskommandanten. Sie waren für die Einhaltung der Sperrstunde, für Ruhe, Ordnung und Sicherheit verantwortlich.

Der achtzehnjährige Hallenser kam bei einer Bauernfamilie in Flechtingen in der Altmark unter. Die 25jährige Bäuerin mit ihren zwei kleinen Kindern und einer sechs Jahre jüngeren Schwester nahm den jungen kräftigen Burschen gern auf. Verzweifelt wartete sie auf ihren Ehemann, der auch in Gefangenschaft geraten war und noch kein Lebenszeichen von sich gegeben hatte. Ähnlich erging es Hilde Genscher, die sehnlichst die Heimkehr des Sohnes erhoffte. Sie ahnte nicht, daß sich Dieter auf dem fremden Bauernhof in der Altmark wohl fühlte. Er lebte so, als befände er sich auf dem Hof in Reideburg oder Klepzig. Nach den Strapazen des Krieges fiel ihm die Arbeit leicht. Außerdem wurde ihm die »Gefangenschaft« durch die Zuneigung der lebensfrohen Schwester der Bäuerin versüßt. Es hätte »nicht besser kommen können«, sagt er heute. Die Tage und Wochen »britischer Gefangenschaft« empfand er wirklich erträglich und vorübergehend sogar vergnüglich. Nach sechs Wochen Landarbeit wurde die Idylle beendet.

In der Nacht zum 30. Juni 1945 klopfte es kurz vor 23 Uhr heftig an die Türe. Ein Soldat schrie: »Alle Wehrmachtsangehörigen raus und mit vollem Marschgepäck am Dorfplatz antreten.« Genscher, der diesen Ton schon fast vergessen hatte und sich im ersten Moment keinen Reim auf diese Weckaktion zu nächtlicher Stunde machen konnte, lief zum Dorfplatz von Flechtingen. Ohne Abschied zu nehmen, marschierten die ehemaligen Landser zu einem zehn Kilometer entfernten größeren Dorf, das im Morgengrauen erreicht wurde. Hunderte deutscher Kriegsgefangene — vielleicht 1500 — waren zusammengetrommelt worden. Sie sollten auf Lastkraftwagen abtransportiert werden. So viele britische Militärfahrzeuge, höhere Offiziere und Mitglieder der britischen Militärpolizei hatte Genscher noch nie gesehen. Was er vermutete und hellseherisch ahnte, entsprach der Realität.

Ein deutscher Oberst trat vor den Haufen deutscher Gefangener und verkündete, das Gebiet der Provinz Sachsen werde noch in der kommenden Nacht von den Engländern geräumt und an die Besatzungstruppen der Roten Armee übergeben. Alle Gefangenen würden auf britischen Lastkraftwagen in Richtung Westen gebracht.

Die Nachricht schockierte Genscher. Bisher lebte er zu Recht in dem Glauben, amerikanische Truppen hätten seine Heimatstadt Halle eingenommen und besetzt. Nach seinen positiven Erfahrungen mit den Amerikanern glaubte er, daß es seiner Mutter gutgehen würde. Nun dieser

Wechsel! Ein Rückzug aller westlicher Truppen? Halle in Kürze unter russischer Besatzung? Was würde seiner Mutter passieren? Wie würde sie reagieren, wenn er nicht zurückkäme? Was war zu tun? Sollte er dem Befehl folgen und sich in den Westen Deutschlands transportieren lassen? Wollten die Briten vielleicht nur die deutschen Hungerleider loswerden und den Russen übergeben? Nichts schien unmöglich zu sein, nichts vorhersehbar, nichts berechen- und planbar. Genscher hatte von der Absprache der Alliierten gehört, daß kein Kriegsgefangener gegen seinen Willen aus dem bereits zur sowjetischen Besatzungszone gehörenden Gebiet verbracht werden sollte.

Die Entscheidung

Minuten und Sekunden höchster Anspannung entstanden, bis er sich entschieden hatte. Als der deutsche Oberst mit schneidender Stimme schrie: »Alle Soldaten, die hierbleiben wollen, rechts raustreten«, traten zwei Gefangene vor. Einer von beiden war der Hallenser Dieter Genscher. Der andere fragte erstaunt: »Bist du auch Kommunist?« – »Nein«, antwortete Genscher, »ich bin kein Kommunist. Ich haue ab. Ich habe eine Familie. Dort gehe ich hin.«

Genscher wartete noch eine Weile. Als die Nacht hereinbrach, warf er seinen Rucksack auf den Rücken und verschwand in der Dunkelheit. Während sich der Kommunist in die nahe gelegene Schule begab und freudig die Ankunft russischer Besatzungstruppen erwartete, schlich Genscher zurück und auf seinen Bauernhof.

Trotz Sperrstunde rief er noch in der Nacht die Familie zusammen, einschließlich der Eltern und Schwiegereltern aus der Nachbarschaft. Er berichtete, was er erfahren hatte: »Morgen kommen die Russen.« Ungläubig schauten ihn die Menschen an, die bisher glaubten, Glück gehabt zu haben. Briten und Amerikaner hatten sich als gnädige und gutmütige Besatzer erwiesen. Über sie gab es keine Klagen. Diffuse Angst empfanden alle vor den Russen, den »Bolschewisten«, gegen die ein so verbitterter, verlustreicher, aussichtsloser »Endkampf« geführt worden war. Sollten die Russen jetzt Rache nehmen und »Herren im Lande« werden, schien für die Menschen hier der »Kreuzzug« – wie ihn die Nazi-Propaganda nannte – endgültig verloren zu sein.

Was die Bauern nicht wahrhaben wollten, traf anderntags ein: Sowjetische Truppen besetzten die Dörfer, die vorher von britischen Patrouillen kontrolliert worden waren. Genscher, der längst wieder in alte landwirtschaftliche Arbeitskleidung geschlüpft war, vollzog seine gewohnten Pflichten. Morgens brachte er die Kühe auf die Wiese, abends zum Teich, dann sorgte er für frisches Futter. Argwöhnisch beobachtete er die sowjetischen Soldaten, die patrouillierend auf Lastkraftwagen durchs Dorf fuhren. Die neuen Besatzer verfolgten skeptisch, was sich vor ihren Augen abspielte. Sie spähten nach Partisanen.

Genscher, den verkleideten Kriegsgefangenen, hielten sie für einen Angehörigen der Bauernklasse, für einen Werktätigen, dem sie nichts Böswilliges unterstellten. Unbehelligt arbeitete er vor sich hin. Behielt starke Nerven und hatte — wie so häufig in seinem Leben — wieder einmal Glück. Realistisch genug, wußte er, daß er ohne gültigen Zivilausweis den Bauernhof nicht verlassen konnte. Es traf sich daher gut, daß der Vater seiner »Flamme«, mit einem Herrn vom Landratsamt befreundet war. Dieser besorgte dem jungen Genscher in der ersten Juliwoche 1945 einen ordentlichen Zivilausweis. Nun konnte kaum etwas mehr schiefgehen. Fast war der Weg frei, auf legale Weise nach Halle zu gelangen. Gut ausgerüstet mit landwirtschaftlichen Produkten, wagte Genscher die Reise zur Mutter.

Mit dem Pferdewagen wurde er am 7. Juli frühmorgens zum Bahnhof gebracht. Hier löste er höflich eine Fahrkarte. Am Schalter erfuhr er, daß die Gleise unversehrt geblieben waren. Tatsächlich gab es eine Zugverbindung nach Halle. In Madgeburg stieg der Heimkehrer um. Er mußte einen längeren Aufenthalt in Kauf nehmen. Die umfrisierte Kleidung stand ihm gut. Die Bäuerin hatte aus seiner Uniform eine Hose geschnidert, die leider ziemlich kurz ausgefallen war. Aus der Militärjacke zauberte sie eine Art Tirolerjacke mit Hirschhornknöpfen. Dieter muß wie ein »Knäblein« vom Obersalzberg ausgesehen haben.

Doch plötzlich wurde er weiß im Gesicht. Vom Bahnsteig aus sah er deutsche Kriegsgefangene, die unter scharfer Bewachung sowjetischer Soldaten anmarschierten. Seine panische Angst vor russischer Gefangenschaft ließ sein Herz bis zum Halse klopfen. Sollte kurz vor Gelingen seines listig eingefädelten Abgangs doch noch alles schiefgehen? Er spürte kalten Schweiß und die Angst, zwangsweise in den Gefangenenzug eingereiht zu werden, weil beispielsweise einer von ihnen getürmt war. Schreckensbilder stiegen in ihm hoch. Er wußte, daß beim Zählappell die Anzahl der Soldaten unter allen Umständen stimmen mußte. Aber alles ging gut. Die ausgemergelten Gefangenen zogen minutenlang an ihm vorbei. Seine Blicke folgten ihnen voller Beklemmung, bis er sie aus den Augen verlor. Wieder einmal davongekommen!

Gegen 17 Uhr lief sein Zug im Hauptbahnhof von Halle ein. Mit der Straßenbahn erreichte er den südlichen Teil der Stadt. Einen Persil-

Karton unter dem Arm, marschierte er zur Lindenstraße. Mutter Genscher schaute, wie so häufig, wartend aus dem Fenster. Er kam wirklich! Dieter hatte den Krieg unversehrt überstanden. Sie weinte vor Freude. Das Wiedersehen wurde gebührend gefeiert.

Auch Hilde Genscher waren die schlimmsten Auswirkungen des Krieges erspart geblieben. Der mutige Einsatz von Felix Graf von Luckner, dem unerschrockenen Kämpfer aus dem Ersten Weltkrieg, hatte Halle vor der Zerstörung bewahrt. Durch weise, umsichtige Verhandlungen hatte er erreicht, daß Halle kampflos an die Amerikaner übergeben worden war.

Heimkehr

Der 7. Juli 1945 war ein Samstag. In ihr Berliner Tagebuch notierte die Schriftstellerin Ruth Andreas-Friedrich unter diesem Datum: »Die ganze Stadt lebt in einem Rausch der Erwartungen. Man möchte sich zerreißen vor Arbeitseifer, möchte tausend Hände haben und tausend Gehirne. Die Amerikaner sind da. Die Engländer, die Russen. Auch die Franzosen sollen im Anzug sein ... Wenn man uns jetzt versteht und verzeiht, wird man alles von uns erreichen. Alles! Daß wir dem Nazismus abschwören, daß wir das Neue besser finden, daß wir arbeiten und grundsätzlich guten Willens sind. Noch nie waren wir so erlösungsreif. So müde des Terrors, der Furcht und des Unrechts. Wenn unsere Sieger nur halten, was sie uns versprochen haben.«

Erst zu Hause erfuhr Genscher Einzelheiten über die Kapitulation im Mai 1945. Während er nachts bis nach Stendal in die amerikanische Gefangenschaft marschiert war, hatte Generaloberst Jodl im angloamerikanischen Hauptquartier am 8. Mai in Reims um 2.41 Uhr »die bedingungslose Kapitulation aller Streitkräfte zu Lande, zu Wasser und in der Luft, welche sich in diesem Augenblick unter deutscher Kontrolle befinden ...« unterzeichnet. Und als die Kapitulationszeremonie im Hauptquartier der Roten Armee in Berlin-Karlshorst am 9. Mai um 0.16 Uhr wiederholt wurde, hatte sich der ehemalige Pionier der deutschen Wehrmacht unter amerikanischer Bewachung in der Kaserne von Stendal recht wohl gefühlt.

Den Heimkehrer erreichten jetzt auch Informationen über Truppen- und Gefangenenverschiebungen Ende Juni/Anfang Juli, in die er selbst verwickelt gewesen war. Danach waren am 30. Juni 1945 Amerikaner und Briten aus den von ihnen militärisch eroberten Gebieten Mitteldeutschlands abgezogen und hatten sie der Sowjetunion überlassen. Am 1. Juli 1945 hatten die Truppen der Roten Armee westliche Teile Sachsens, ganz Thüringen, die preußische Provinz Sachsen, den Freistaat Anhalt und den westlichen Teil Mecklenburgs besetzt. Grundlage der Übergabe von zirka 45 000 Quadratkilometer Land mit etwa 7 Millionen Menschen war ein von Experten der »European Advisory Commission (EAC)« ausgehandeltes Protokoll über die künftigen Besatzungszonen in Deutschland aus dem Jahre 1944.

Seit sieben Tagen hatten sich mittlerweile sowjetische Truppen in Halle festgesetzt und beherrschten auch die ganze Provinz Sachsen.

In der Lindenstraße 2 gab es viel zu erzählen. Ein halbes Jahr lang war Dieter mit geringen Unterbrechungen fort gewesen. Acht Wochen in Gefangenschaft. Seiner Mutter berichtete er von den Todesängsten bei den Gefechten im April und Mai gegen Amerikaner und Russen. Er erzählte auch, wie er gezwungen werden sollte, die Schuhe eines gefallenen Kameraden anzuziehen, weil die eigenen nur noch mit Kochgeschirr-Riemen zusammengehalten wurden. Er hatte den Befehl verweigert, die Schuhe des Toten zu übernehmen, hatte sich gefühlsmäßig außerstande gesehen. Es war der erste Tote gewesen, den er im Krieg sah. Noch heute wird Genscher manchmal an den Anblick des toten Kameraden erinnert. Dieter erzählte seiner Mutter auch, wie er erleben mußte, daß ein Kamerad während eines Marsches neben ihm, von einer Kugel tödlich getroffen, zu Boden stürzte, einen Kopfschuß erlitt, weil er seinen Stahlhelm nicht aufgesetzt hatte. Mutter Genscher lauschte ihrem Sohn bis tief in die Nacht. Beiden wurde klar, daß »Gott seine Hand im Spiel« gehabt haben mußte. »Ohne seine Hilfe wäre ich nicht unversehrt heimgekehrt«, sagt er heute.

Die Bilanz des Zweiten Weltkrieges war schrecklich: Nach offiziellen Angaben waren 55 293 800 Menschen zu Tode gekommen: 20 Millionen Russen, 6 Millionen Polen, 537 000 Franzosen, 390 000 Engländer, 320 000 Amerikaner und andere, 7,35 Millionen Deutsche. In den deutschen Vernichtungslagern waren 6 Millionen Juden auf bestialische Weise getötet worden.

Daß es Konzentrationslager gab, in denen Menschen gefangengehalten und gequält wurden, hatte Dieter Genscher schon im Wehrertüchtigungslager erfahren. Ein Junge hatte während der täglichen »politischen Schulung« erschreckend offen über das Schicksal von Pfarrer Martin Niemöller berichtet, der als Veteran des Ersten Weltkrieges in ein KZ gekommen sei. Das wahre Ausmaß des Holocaust erfuhr der Hallenser jedoch – wie die meisten Deutschen – erst nach dem Krieg. Genschers Einstellung zum Nationalsozialismus war trotz aller Indoktrination in der Schule, bei der HJ, bei den Flakhelfern, im Wehrertüchtigungslager oder im Arbeitsdienst letztlich geprägt worden durch den Satz des Vaters: »Hitler bedeutet Krieg.« Klammheimlich hatte Genscher mit anderen Flakkameraden hin und wieder auch Nachrichten der BBC gehört. Über den britischen Sender hatte er auch Hintergründe des gescheiterten Attentats vom 20. Juli 1944 erfahren. Bei Diskussionen innerhalb der Flakhelferstaffel hatte er kaum Zweifel an seiner Überzeugung gelassen, daß ein gelungenes Attentat seinen Wünschen entsprochen hätte.

Es entsprach allerdings auch seinem Naturell, daß er alles, was ihm aufgetragen wurde, zur Zufriedenheit erledigte. Was immer er tat, geschah hundertprozentig. Ein begeisterter Soldat war er nie gewesen, dennoch erfüllte er seine Pflicht, wo immer es von ihm erwartet wurde. Disziplin und Sachkenntnis, Ehrgeiz und Intelligenz, Kontaktbereitschaft und Entgegenkommen waren Pfunde, mit denen er wuchern konnte. Sie halfen ihm zu überleben.

Hilde Genscher, vom Elternhaus christlich geprägt, hatte atheistischen Überzeugungen nichts abgewinnen können. Der oft zitierte Satz ihres Mannes »Hitler bedeutet Krieg« war bei ihr so tief eingegraben worden, daß er Distanz zur NS-Ideologie schaffte. Ausschlaggebend für ihre Grundeinstellung zum Nationalsozialismus war jedoch ihre unstillbare Angst, daß dieser Führer, diese Militärs, diese Regierung, dieser Krieg ihren Sohn in den Tod treiben könnten, wie es millionenfach geschah. Für sie Grund genug, das Ende des Nationalsozialismus herbeizusehnen, das Ende eines mörderischen Krieges.

Nun schwiegen die Waffen. Keine Todesangst mehr, keine Luftangriffe, kein Bombenalarm, kein Sterben mehr. Doch die wenigsten Deutschen sahen in den Alliierten Befreier. Zwölf Jahre lang war ihnen eingehämmert worden, welcher »Abschaum« Briten, Amerikaner und Franzosen seien. Zwölf Jahre lang hatte die NS-Propaganda die Russen als gefährliche Untermenschen diffamiert. Jetzt kontrollierten diese Russen die Stadt, ihren Anordnungen mußte Folge geleistet werden. Ein Entrinnen schien ausgeschlossen zu sein. Für viele Menschen – nicht nur in Halle – brach eine Welt zusammen. Von den russischen »Barbaren« erwarteten die besetzten Deutschen nichts Gutes.

Der Reifevermerk

In Halle wie anderswo übertrugen die Besatzungsbehörden früh kommunale Aufgaben und damit politische Verantwortung engagierten, gleichwohl antifaschistischen Deutschen. Berührungsängste zu den neuen Herrschern wurden dadurch abgebaut. Der heimgekehrte Primaner aus der Lindenstraße bemühte sich gelassen, aber selbstbewußt um die Aufnahme an der Martin-Luther-Universität. Schließlich hatte er den Reifevermerk, und damit – so hieß es jedenfalls – könne man auch studieren.

Dieters Immatrikulationsverfahren verlief zunächst ohne nennenswerte Schwierigkeiten. Schon am 11. Juli 1945 schrieb er sich in der juristischen Fakultät ein und erhielt ein gültiges Studienbuch. Es gab ein Vorlesungsverzeichnis, nach dem er sein erstes Semester als Student der Rechtswissenschaften planen konnte. Das Angebot der Lehrveranstaltungen, deren Beginn für den 15. Juli 1945 vorgesehen war, konnte sich sehen lassen. Es war durchaus vergleichbar mit einem Studienangebot in der Zeit vor Ausbruch des Krieges.

Doch an dem Tag, als die erste Vorlesung des Sommersemesters 1945 stattfinden sollte, erschien vor dem Audimax ein Militärfahrzeug mit russischen Offizieren. Dolmetscher gaben den verblüfften Möchtegernstudenten zu verstehen, daß der Vorlesungsbetrieb ausgesetzt sei. Die Universität bleibe einstweilen geschlossen. Verkündet wurde auch, daß sich die Zulassungsbestimmungen geändert hätten. Genscher fand rasch heraus, wie die neuen Richtlinien aussahen. Verlangt wurde neben guten Abiturnoten eine »gesellschaftliche Leistung«. Um immatrikuliert zu werden, brauchten er und andere den Nachweis, entweder auf einer Baustelle oder in der Landwirtschaft gearbeitet zu haben. Dies war nichts anderes als eine sozialistische Variante des Werkstudenten. Für Verächter körperlicher Tätigkeiten gab es die Möglichkeit, sich ohne Muskelkraft, dafür aber mit dem Kopf um den Nachweis einer »gesellschaftlichen Tätigkeit« zu bemühen. Als Renner unter den künftigen Studenten galt der Neulehrerkurs für russische Sprache.

Der ehemalige Pionier Genscher entschied sich für das Naheliegende: Von Mitte Juli bis Ende November 1945 half er beim Wiederaufbau der kaum zerstörten Vaterstadt. Viereinhalb Monate lang räumte er in einem überaus sonnigen Sommer und einem angenehmen Herbst die Trümmer der Universitätsklinik von Halle zur Seite. Schwielen bekam er nicht an die Hände, dafür zierten Blasen seine Haut.

Die körperliche Arbeit war gut gewählt. Bereits in der Gefangenschaft hatte der stämmige Genscher seine Muskelkraft eingesetzt. Die Pflichtübung einer »gesellschaftlichen Leistung« fiel ihm nicht schwer. Schwerwiegender war eine Entscheidung der zuständigen Kultusbehörde, die bei ihm wie der Blitz einschlug: Sein Reifevermerk zählte nicht mehr. Sozusagen über Nacht war ein Abiturergänzungskurs zur Pflicht geworden. Damit war ein zusätzliches und wichtiges Kriterium als Voraussetzung für die Zulassung zum Studium erfunden worden. Genscher und seine Klassenkameraden hatten sich also verkalkuliert. Ihr Notabitur vom 15. September 1944 war nichts mehr wert. Nicht einmal das Papier, auf dem der Reifevermerk schwarz auf weiß zu begutachten war:

»Friedrich-Nietzsche-Schule, Halle, Oberschule für Jungen, Abgangszeugnis. Allgemeine Beurteilung: Seine Führung war gut, desgleichen sein Streben. An der Arbeit der Klasse hat er sich eifrig beteiligt.« Dann folgt die Benotung in den Fächern Leibesübung, Deutsch, Geschichte, Erdkunde, Kunsterziehung, Biologie, Chemie, Physik, Mathematik, Englisch, Latein, Französisch, Handschrift. Schließlich heißt es noch: »Aufgrund seiner Notdienstverpflichtung wird ihm gemäß Erlaß des Reichsministers für Wissenschaft, Erziehung und Volksbildung vom 21. 10. 1941 die Reife zuerkannt.«

Nachsitzen

Die Pennäler des Jahrgangs 1933 hatten durch den zwanzig Monate dauernden Flakhelfer-Einsatz, durch die Zeit im Wehrertüchtigungslager, als Arbeitsdienstler und schließlich als Kriegsteilnehmer eine miserable Schulausbildung genossen. In schwachen Stunden gaben die Achtzehnjährigen ehrlich zu, daß ihnen praktisch die komplette Oberstufenzeit fehlte. In Englisch und Latein konnten sie seit der mittleren Reife kaum Fortschritte verzeichnen. Gleiches galt für Deutsch, Mathematik und die übrigen naturwissenschaftlichen Fächer. Im Geschichtsunterricht hatten sie außergewöhnlich oft von den alten Germanen gehört, von den alten Römern dagegen fast nichts, und griechische Geschichte war überhaupt nicht erwähnt worden. Auch in der dritten Fremdsprache, Französisch, bewegten sie sich zuletzt auf Anfängerniveau. Kurzum: Die von den Kultusbehörden, Lehrern und Eltern, weniger von den Betroffenen selbst, noch rechtzeitig erkannte Halbbildung sollte wettgemacht werden.

Ab dem 1. Dezember 1945 saß Genscher wieder auf der Schulbank seiner alten Penne, der »Friedrich-Nietzsche-Schule«, die wenig später in

»Friedrich-Engels-Schule« umbenannt wurde. »Ergänzungskurs für Studenten« nannte man den Versuch, in kürzester Zeit den Lehrstoff der Oberstufe eines Gymnasiums aufzuholen und »an den Mann zu bringen«. Neben einigen Klassenkameraden der Jahrgänge 1925 und 1926 waren es im wesentlichen dieselben Schüler, aber auch dieselben Lehrer wie vor der Flakhelfer-Zeit.

In der »SPÄTLESE«, einer von Genscher mitverfaßten »Bier-Zeitung«, die aus Anlaß des bestandenen Abiturs im April 1946 erschien, läßt sich einiges über die Stimmung nachlesen: »Es war an einem trüben Dezembertag. Eine Anzahl junger Leute, man weiß nicht, sind es Schüler oder Studenten, betreten etwas schüchtern und verlegen ein großes Gebäude. Es ist ihre ›alte Schule‹, die sie vor zwei oder drei Jahren verließen. Eine lange Zeit ist inzwischen vergangen, eine schwere Zeit, die diese jungen Menschen älter und reifer gemacht hat. Sie betreten den Klassenraum und können sich wehmutsvoller Gedanken nicht erwehren. Damals − es war im Schützengraben oder auf See, im Flugzeug oder auf einem Kasernenhof −, wie sehnten sie sich nach diesen ›heil'gen‹ Räumen. Ja − sie sagten, lieber acht Tage Abitur als acht Tage Soldat sein!

Nun, es wurde überstanden. Damals, als sie eingezogen wurden, erklärte man sie für ›reif‹ ohne Prüfung. Heute fordert man eine Prüfung, um sie endgültig für ›reif‹ zu erklären. Dies ist das Ziel, ist der Grund, warum diese Leute nochmals zur Schule gehen . . .

Doch wenn man glaubte, daß diese jungen Menschen reifer geworden und den nötigen Ernst mit in die Schule brächten, so sah man sich schon nach den ersten Tagen getäuscht. Nach allem Schweren war es eine Freude, wieder einmal nach Herzenslust ›Pennäler‹ sein zu dürfen. Wie sehnten sie sich danach − damals? Drum, kein Wunder, die Schranken fielen, der Ernst wich dem Frohsinn, und der reife Mensch wurde wieder zum Knaben . . .«

Im Fach Deutsch lernten die ehemaligen Soldaten unter anderem, einen Aufsatz zu gliedern (Thema: »Der Nutzen des Waldes«). Die Unterschiede zwischen Novellen, Kurzgeschichten und Anekdoten beschäftigten die »Spätberufenen«. Einblicke gewannen sie in die Zeit des Rationalismus, der Aufklärung, der Romantik und des Sturm und Drangs. Der klassische Idealismus bewegte sie, von Schillers Wallenstein waren sie angetan. Sie lasen Goethes Faust in Auszügen, beschäftigten sich ausführlich mit dem Begriff »Wille«.

In Mathematik standen Trigonometrie und Differentialrechnung auf dem Stundenplan. Insgesamt fiel das Fächerangebot recht mager aus. Unterrichtet wurde in Deutsch, Latein, Englisch, Mathematik, Physik, Chemie, Biologie und Erdkunde.

In den Hauptfächern gab es am Ende des viereinhalb Monate langen Kurses eine schriftliche und eine mündliche Prüfung, und die letztere wäre für Genscher beinahe schiefgelaufen. Denn er hatte sich am Tag des mündlichen Abiturs selbstsicher in ein Stadtcafé begeben, in der unerschütterlichen Annahme, in keinem Fach zwischen zwei Noten zu stehen. Er glaubte deshalb auch, nicht mündlich examiniert zu werden. Dieser Eindruck trog. In Latein stand er auf der Kippe und sollte in mündlicher Prüfung zeigen, wie gut oder schlecht er diese alte Sprache wirklich beherrschte. Doch die Prüfer fanden ihren Prüfling nicht. Nach den Schulgesetzen galt Nichterscheinen zur Abiturprüfung als klarer Regelverstoß. Damit wäre Genscher eigentlich durchgefallen. Als er mittags zur Schule zurückkehrte, um sein Zeugnis abzuholen, blieb ihm beinahe das Herz stehen, als er davon erfuhr. Schließlich hörte er, daß es seinem Klassenlehrer unter größten Anstrengungen gelungen war, den strengen Lateinlehrer von Strafmaßnahmen abzuhalten.

Zusammen mit 30 Konabiturienten bestand Dieter Genscher am 17. April 1946 die »Ergänzungsprüfung«. In Verbindung mit dem Reifevermerk wurde ihm daher »ein vollwertiges Zeugnis der Reife zuerkannt«. Nun endlich war der Weg frei zur Universität. Am Donnerstag, dem 18. April, wurde gefeiert. Noch einmal trafen sich die frischgebackenen Abiturienten mit ihren alten Paukern zum Abschiedsfest. Geziemend und mit größtem Vergnügen begossen sie die erste »Abiturienten-Nachkriegsproduktion«.

In der Rubrik Kleinanzeigen der »SPÄTLESE« befand sich eine gemeinsame Anzeige von Dieter Genscher und einem Klassenkameraden: »Erteilen Unterricht über Ballistik und BWE beim fixlinearen Papierkugelnschießen.« Und unter dem »Bücher- und Autorenmarkt« war zu lesen: »Unpassende und passende Witze, Possen und Zoten für passende und unpassende Gelegenheiten verfaßt Genscher.«

VI. Kapitel

Studienzeit und Krankheit

FILMER/SCHWAN

Der Jurastudent

Die »Sowjetische Militäradministration in Deutschland« (SMAD) befahl am 13. Januar 1946 die Wiederaufnahme der Lehrtätigkeit an den Universitäten Berlin und Halle. Am 1. Februar 1946 öffneten sich endlich die Tore der altehrwürdigen »Martin-Luther-Universität Halle-Wittenberg«. Der Studienbetrieb wurde zunächst in vier Fakultäten für das Wintersemester aufgenommen.

Am 14. Mai 1946 startete der Vorlesungsbetrieb für das Sommersemester. Unter den 1132 Studierenden befand sich auch Dieter Genscher, der in seinem ersten Studiensemester die Fächer Rechtswissenschaften und Volkswirtschaft belegte. Die Entscheidung für diese Fächerkombination muß Jahre zuvor gefallen sein. Nicht weil sein Vater Jurist gewesen war, studierte der Sohn Jura. Das Berufsbild des Anwalts hatte ihn schon immer fasziniert. Bereits als Flakhelfer hatte er den Entschluß gefaßt, Rechtsanwalt zu werden.

Zwischen Abitur und Semesteranfang hatte Genscher sich ganz schön abrackern müssen, um die Genehmigung zum Studium zu bekommen. Trotz des Nachweises einer »gesellschaftlichen Tätigkeit«, trotz guter Abiturnoten gemäß den Richtlinien der Zulassung – die endgültige Zustimmung lag in den Köpfen und Händen anderer.

Der Hallenser kam aus bürgerlichem Milieu. Ihm fehlte der eindeutige Arbeiter-und-Bauern-Hintergrund.

Über die Zulassung bestimmten Fakultäts- und Studienräte. Sie waren im Wintersemester noch aus freien Wahlen hervorgegangen. Doch inzwischen versuchte die sowjetische Besatzungsmacht generalstabsmäßig, junge deutsche Kommunisten für die Räte zu gewinnen. Schon bald hatten eingeschriebene SED-Mitglieder das Sagen. Im Studentenrat, der sich aus Angehörigen aller vier Fakultäten zusammensetzte, fielen die Entscheidungen über Annahme oder Ablehnung des beantragten Studienplatzes. Hier wurden die ausgefüllten Fragebögen kritisch überprüft, die übrigen Bewerbungsunterlagen sorgfältig kontrolliert. Hochschulaspiranten, deren Eltern Arbeiter und Bauern waren, wurden mit den miserabelsten Abiturnoten angenommen. Abiturienten aus bürgerlichen Schichten mußten schon überdurchschnittliche Noten vorweisen, um in die engere Wahl zu gelangen. SED-Mitglieder bekamen unbesehen einen Studienplatz. Es lohnte sich aber auch, Mitglied einer sogenannten Blockpartei zu sein.

Der stud. jur. et rer. pol. Hans-Dietrich Genscher zählte vom ersten Semester an zu den schaffensfreudigen und produktivsten Studenten. Die politische Polarisierung zwischen Kommunisten und Andersdenkenden nahm von Woche zu Woche zu. Die Veränderung der Gesellschaft wurde immer spürbarer. Der Lehrbetrieb blieb davon einstweilen noch verschont. Wer lernwillig war, konnte schaffen.

Der Parteigänger

In einer Analyse des amerikanischen Geheimdienstes über die politische Einstellung der deutschen Bevölkerung vom August 1945 hieß es: »Bei mehr als 90 Prozent der Befragten zeigt sich eine politische Müdigkeit. Sie ist wohl in erster Linie darauf zurückzuführen, daß die überwiegende Mehrheit der Deutschen überzeugt ist, Politik werde in Zukunft über ihre Köpfe hinweg gemacht werden. 73 Prozent der Befragten glauben nicht an eine deutsche Selbstbestimmung innerhalb der nächsten fünfzehn Jahre. Auf die Frage: Warum wollen Sie nichts von Politik wissen? antworteten 67 Prozent: Weil Politik zum Krieg führt. Vielfach wird die Meinung vertreten, daß der wirtschaftliche Neubeginn ohnedies keinen Sinn habe.« Ähnliche Ansichten herrschten vermutlich auch in der sowjetischen Besatzungszone vor. Die Menschen hatten die »Schnauze gestrichen voll« von Politik. Die Sorge um das alltägliche Überleben ließ keinen Raum für politisches Denken oder Handeln. Außerdem: Zwölf Jahre harter Diktatur hatten die Menschen politisch unmündig werden lassen.

In der sowjetischen Besatzungszone aber brachte die politische Polarisierung zwischen Kommunisten und ihren Gegnern schon bald eine »Organisationsfreundlichkeit« der Bevölkerung, die in der »deutschen Parteiengeschichte ohne Beispiel war und die auch in den westlichen Zonen nicht erreicht wurde«. Statistiker haben errechnet, daß bereits im März 1948 »jeder siebte Erwachsene Mitglied einer Partei war«.

Seit Juli 1945 waren in der Sowjetischen Besatzungszone die KPD, SPD, CDU und die LDP zur »Einheitsfront der antifaschistisch-demokratischen Parteien« zusammengefaßt worden. Dieser sogenannte »Block« sollte die Aufgabe haben, »in gemeinsamer Arbeit demokratische Grundlagen für den Neuaufbau Deutschlands zu schaffen«. Doch spätestens seit dem Vereinigungsparteitag der SPD und KPD zur SED vom 21. April 1946 galt diese Absprache nicht mehr. Die SED hatte in beinahe allen Ausschüssen und Blöcken eine Mehrheit dank der Unterstützung von Massenorganisationen wie »Freier Deutscher Gewerkschaftsbund« und »Freie Deutsche Jugend«.

In der ersten Januarwoche 1946 ging Genscher zur Hauptgeschäftsstelle der Liberal-Demokratischen Partei Deutschlands, Landesverband der Provinz Sachsen, Waisenhausring Nr. 9, und beantragte seine Mitgliedschaft. In der Geschäftsstelle Halle-Süd, Beesener Straße 232, zahlte er pro Quartal seinen Mitgliederbeitrag in Höhe von sechs Mark. Der neue LDPler gehörte automatisch dem Kreisverband Halle/Saale und dem Bezirksverband Halle-Merseburg an.

Genschers Parteieintritt Anfang 1946 war ein mehrmonatiger Meinungsbildungsprozeß vorausgegangen. Er hatte zwischen CDU und LDP geschwankt. Fasziniert war er von der Idee gewesen, die beiden großen Kirchen in einer politischen Partei zu vereinigen, wie es die Gründungsväter der Unionsparteien vorgaben. Das Parteipersonal wie beispielsweise Konrad Adenauer, der spätere erste Kanzler der Bundesrepublik, hatte bei seinen Überlegungen kaum eine Rolle gespielt. Jakob Kaiser und Ernst Lemmer, die politischen Köpfe der CDU in der SBZ, hatten eher ungünstig auf Genschers Entscheidungsprozeß gewirkt. Sie verkörperten für den Hallenser einen christlichen Sozialismus, den er mißbilligte. So wie er den Sozialismus der KPD und SPD und später der SED kategorisch ablehnte, stieß auch der christliche Sozialismus bei ihm auf Ablehnung.

Hinzu war die besondere Situation der CDU in Halle gekommen. Politischer Kopf war ein Professor der theologischen Fakultät der Universität, der kirchlich im protestantischen Lager engagiert war. Die CDU erschien dem Primaner Genscher zu sozialistisch. Mit dieser Partei konnte er sich nicht identifizieren. Außerdem gab es in der Stadt, die

vom Protestantismus eines Martin Luther stark geprägt war, eine spürbare Ablehnung des Katholizismus, vor allem auch ihres rheinischen
Ablegers.

Nach einer längeren Zeit des Abwägens, des Knetens und Wendens
und quälend langen Diskussionen mit Freunden hatte sich Genscher
entschieden, auf eine CDU-Mitgliedschaft zu verzichten. Wenn er auch
absolut nichts übrig hatte für die SPD – auch nicht für die Sozialdemokratische Partei in den westlichen Besatzungszonen, weil sie ihm zu weit
links war –, so bewunderte er doch ihren Spitzenmann. Die einzige
politische Persönlichkeit, die ihn in Deutschland tief beeindruckte, war
der spätere SPD-Bundesvorsitzende und Adenauer-Herausforderer
Dr. Kurt Schumacher. Genscher schwärmte nicht nur für ihn wegen
seiner glänzenden Rhetorik oder ätzenden Kritik am Vorgehen der
Sowjets in ihrer Besatzungszone. Natürlich gefiel ihm der militante
Antikommunismus des Sozialdemokraten. Doch im Kern war Genscher
angetan von Schumachers überzeugendem Bekenntnis zur nationalen
Einheit. Lange Zeit glaubte der Hallenser, Kurt Schumacher sei in der
falschen Partei.

FDP-Politiker waren dem politisch Suchenden weitgehend unbekannt.
Heuss, Maier, Dehler und wer immer in den Besatzungszonen für
liberale Ideen kämpfte, übten keine Anziehungskraft auf ihn aus. Schon
gar nicht die Altvorderen der LDP wie Parteichef Dr. Wilhelm Külz
oder Politiker wie Eich, Engel, Hoffmann, Kappus, Lieutenant, Meyer
oder Schiffer.

Kein Kommunismus, kein Sozialismus, kein Klerikalismus sollte es
sein, dem sich Genscher verschreiben wollte. Übriggeblieben waren
schließlich die Liberalen in der SBZ. Bei ihrer Mitgliederwerbung setzten
sie stark auf Polarisierung, auf die Notwendigkeit, »gegenüber der SED
ein Gegengewicht zu schaffen«. Der Erfolg zeigte sich besonders bei
Handwerkern, Bauern, Kaufleuten und Freiberuflern. Sie stellten etwa
80 Prozent der Mitglieder.

Die LDP wurde allerdings auch als neue Partei angesehen, in der die
Kriegsgeneration stark vertreten war. Zulauf kam aus der jungen Genera-
tion. Die LDP genoß unter den Studenten beträchtliches Ansehen. LDP-
Hochschulgruppen stellten an vielen Universitäten die stärksten Fraktio-
nen. Auch an der Uni in Halle spielte die LDP eine nicht unwesentliche
Rolle.

Doch was war wirklich ausschlaggebend, daß Genscher Mitglied der
LDP wurde?

Es war ein namenloser Debattenredner auf einer LDP-Veranstaltung in
Halle, der mehrfach von »Wir Liberalen« sprach und schließlich seinen

Beitrag mit der Feststellung endete: »Wir Liberalen sind die umfassendste Alternative zu jeder totalitären Partei.« Diesen Satz fand Genscher »unheimlich beeindruckend«. Er wurde für den Parteintritt das berühmte Pünktchen auf dem i.

Nachzutragen bleibt, daß im Frühjahr 1946 mehr als ein Dutzend seiner Konabiturienten ebenfalls der LDP beitraten. Die Studenten der »Martin-Luther-Universität« waren bis zu 90 Prozent in Parteien organisiert.

Für Genscher wurde die Parteipolitik wichtig und notwendig. Dennoch, in Genschers Studentenleben dominierte die Politik noch nicht. Zu keiner Zeit übernahm er ein Amt oder besondere Funktionen innerhalb der LDP. Genscher lief auch nicht fleißig zu LDP-Veranstaltungen. Allein seine Krankheit ließ das nicht zu. Vor Wahlkämpfen half er zwar manchmal mit, Plakate zu kleben, doch ein Aktivist war er nicht. Man kann ihn eher als einen Mitläufer bezeichnen, der kaum auffiel und von dem die Partei wenig profitierte. Seinen Mitgliederbeitrag zahlte er regelmäßig und pünktlich. Er spürte allerdings bereits 1946 den sich verstärkenden politischen Opportunismus einiger Funktionsträger der LDP.

Die Krankheit

Der moderate Genscher gerät in Erregung, wenn er an den CSU-Maßnahmekatalog zur Bekämpfung der Immunschwächekrankheit Aids denkt. Seine Lippen werden schmal, wenn »sogenannte Experten« eine Meldepflicht für Aidskranke fordern. »Solange Genscher in Bonn mitregiert«, giftet ein Vertrauter, »wird es derartige gesetzliche Bestimmungen nicht geben!«

Unter Meldepflicht hat Genscher jahrelang gelitten, mußte beleidigende Diskriminierungen ertragen. Als Lungenkranker entwickelte er ein Gefühl für Menschen, die verlassen, vereinsamt und ausgegrenzt sind. Er kann nachempfinden, wie schwer es heute ein mit dem Tode konfrontierter Aidsinfizierter hat.

Vom November 1946 bis November 1957, zwischen seinem 20. und 30. Lebensjahr, verbrachte Dieter Genscher rund dreieinhalb Jahre in Krankenhäusern und Lungenheilstätten, zum Teil unter widrigen Umständen. Sein Leidensweg begann im Winter 1946, im zweiten Semester, mit einer harmlos erscheinenden Kieferhöhlenvereiterung. Die Krankheit löste bei seiner Mutter allerdings sofort Horrorvisionen aus.

Schon einmal hatte dieses Leiden Unglück über ihre Familie gebracht. Wieder litt Hilde Genscher unter dem Trauma, daß ihr Sohn sterben könnte. Wieder erinnerte sie sich an den Satz ihres Mannes: »Du überlebst uns beide.« Dramatisch spitzte sich die Lage zu, als aus der Kieferhöhlenvereiterung eine Stirnhöhlenvereiterung wurde. Hohes Fieber schüttelte Dieter Genscher. Der Hausarzt aus Halle versuchte mit feuchten Wickeln und mit Schwitzkuren, die Krankheit in den Griff zu bekommen. Doch als er Tage später eine Lungenentzündung diagnostizierte, wurde ihm die beängstigende Entwicklung des Krankheitsbildes zu kritisch. Er empfahl die Einweisung ins Krankenhaus. Die »Einlieferung« ins nicht einmal 1000 Meter entfernte katholische St.-Elisabeth-Krankenhaus in der Mauerstraße erfolgte mit Mutters Hilfe zu Fuß. Nach der ersten Untersuchung stellte der Oberarzt eine überraschende Diagnose: feuchte Rippenfellentzündung und Lungentuberkulose.

Die Rippenfellentzündung ist oft — laut Brockhaus — Begleitzeichen einer akuten bakteriellen oder Virusinfektion der Atmungsorgane. Sie tritt besonders im Verlauf einer Lungenentzündung und bei der Tuberkulose in allen Stadien auf. Rippenfellentzündung wird durch den Arzt entdeckt, wenn er »pleuritisches Reiben« hört. Der Patient verspürt häufig stichartige Schmerzen im Brustkorb, vor allem bei der Atmung und bei Husten. Die feuchte Rippenfellentzündung verursacht zusätzlich Beklemmung, Kurzatmigkeit und erhebliche Temperatursteigerung. Alle diese Krankheitssymptome registrierte Dieter Genscher. Der robuste Hallenser spürte zum erstenmal in seinem Leben, was Kranksein bedeutet.

Die Ärzte hatten im Brustraum Flüssigkeit festgestellt, die durch regelmäßige Punktion »abgepumpt« werden mußte.

Die Lungentuberkulose wurde zweimal am Tag mit Kalziumspritzen bekämpft. Eine Liegekur gehörte zur Haupttherapie. Genscher lag wochenlang fast unbeweglich im Bett. Nur der Gang zur Toilette unterbrach die »Ruhe«. Alle vier Wochen wurde er geröntgt. Der Jurastudent vergrub sich in seine Bücher. Massenweise verschlang er Fachliteratur. Zum Meditieren und Reflektieren fehlte es nicht an Zeit. Er hatte keine Schmerzen und befaßte sich ausgiebig mit dem, was ihn und seine Kommilitonen bewegte. Über alles blieb er auf dem laufenden. Detailliert verfolgte er, was »politisch an der Universität lief«. Was im juristischen Seminar verlangt und in Vorlesungen angeboten wurde, arbeitete er nach, so gut es ging. Nur ja nichts versäumen, war 1947 seine Devise.

Dieter bekam häufig Besuch. Auch von jungen Damen, die nicht selten zu zweit am Krankenbett saßen. Er lag in einem Doppelzimmer, das ihm lange Zeit allein zur Verfügung stand. Zum Ärgernis der katholischen Schwestern konnte er oft unbemerkt seine enge Freundin empfangen. Über die Gefährlichkeit der Krankheit blieb er unzureichend informiert. Nur seine Mutter wußte ziemlich genau, wie unheilbar krank ein Mensch durch Tuberkulose werden konnte. Sie hatte erfahren, wie hoch die Sterblichkeitsquote dieser Patienten war.

Zur Bekämpfung der Tuberkuloseerreger stehen dem Arzt heute spezielle Arzneimittel wie Chemotherapeutika, Antibiotika und Tuberkulostatika zur Verfügung, die es in den vierziger und fünfziger Jahren noch nicht gab. Wichtig ist aber auch die Hebung der natürlichen Abwehrkräfte des Organismus durch gute Ernährung. Hinzu kommen Klimabehandlung und Freiluftliegekuren, also Heilstättenbehandlung in Tuberkuloseheilstätten. Schließlich zählen zu den ärztlichen Maßnahmen die Ruhigstellung erkrankter Organe, um die Ausheilung der Krankheitsprozesse zu fördern, beziehungsweise die chirurgische Entfernung erkrankter Organteile oder Organe, um ein weiteres Fortschreiten der tuberkulösen Prozesse zu vermeiden. Heute ist die Tuberkulosesterblichkeit durch die Fortschritte der Tuberkulosetherapie und die Leistungen der Tuberkulosefürsorge bedeutend gesunken. In den letzten zehn Jahren ging die Sterblichkeit um 75 Prozent zurück.

Doch als Genscher mit der heimtückischen Krankheit im St.-Elisabeth-Krankenhaus lag, wußte niemand, wie der Heilungsprozeß verlaufen würde. Der Tod des jungen Hallensers war nicht auszuschließen.

Seine Mutter kam jeden Tag ans Krankenbett, versorgte ihn zusätzlich mit Eßbarem. Hilde Genscher schaffte heran, was immer ihr für den Sohn nützlich und aufbauend erschien. Auf den ersten Blick ging es Dieter gut. Nach außen hin zeigte er sich gefaßt und zuversichtlich. Gefühle zu zeigen, Zukunftsängste zu offenbaren galt als unmännlich. Tatsächlich fiel es ihm jedoch schwer, sich mit dieser Krankheit abzufinden, das Krankenhausleben auszuhalten und sein seelisches Gleichgewicht zu behalten.

Der Retter

Die Schwere der Krankheit und die Länge des Krankenhausaufenthaltes belasteten Genscher von Tag zu Tag mehr. Die nicht auszuschließende Bedrohung durch den Tod beschäftigte den Studenten in zunehmendem Maße. Hinzu kam eine verzweifelte Mutter, die stets präsent war, aber auch selbst Trost erwartete.

In dieser Situation lernte Genscher einen Mann kennen, dem er vieles zu verdanken hat. Für den vaterlos Aufgewachsenen wurde er eine der wichtigsten und einflußreichsten Bezugspersonen, die ihn vor dem Abgleiten in Ausweglosigkeit und Verzweiflung bewahrte: Internist Professor Dr. med. Walter Hülse, Chefarzt des St.-Elisabeth-Krankenhauses in Halle.

Der über fünfzigjährige Mediziner hatte den Nationalsozialismus in Deutschland wie durch ein Wunder überlebt. Hülse, ein überzeugter und praktizierender Katholik, war ein Freund des ehemaligen Leipziger Oberbürgermeisters Carl Friedrich Goerdeler, eines der führenden Köpfe der zivilen nichtkommunistischen Opposition im Dritten Reich, gewesen, der nach dem Attentat des 20. Juli 1944 zum Tode verurteilt und hingerichtet worden war. Auch Hülse hatte in der Todeszelle gesessen. Vierzehn Tage vor der angekündigten Vollstreckung seines Todesurteils im April 1945 war ein junger SS-Arzt in seine Zelle gekommen, der sich als sein ehemaliger Schüler zu erkennen gab: »In drei Wochen sind die Amerikaner da. Dann ist alles vorbei, dann werden Sie befreit. Jetzt müssen Sie dringend krank werden!« hatte er gesagt. »Kranke dürfen nicht hingerichtet werden. Ich kann Sie aber nicht allein krankschreiben. Das Gesetz schlägt zwei ärztliche Gutachten vor. Also müssen Sie eine wirkliche Krankheit haben. Sind Sie einverstanden, Herr Professor Hülse, wenn ich Sie mit Typhus infiziere?« Der Internist hatte eingewilligt und überlebte.

Seine spannende Lebensgeschichte erzählte der Arzt eines Tages dem jungen Patienten Dieter. Er sagte ihm, daß er in schwerer Zeit niemals die Hoffnung aufgegeben habe. Genscher erschütterte das Schicksal dieses Mannes. Leidenschaftlich versuchte der Arzt, den Neunzehnjährigen vom Sinn des Kampfes gegen die eigene Krankheit zu überzeugen. Hülse stellte Dieter eines Tages vor die Alternative: »Du stehst jetzt vor einer Grundentscheidung. Entweder du ergibst dich in diese Krankheit, oder du gehst gegen sie an! Du hast eine Krankheit, die dich dein ganzes Leben lang begleiten wird. Gibst du auf, wirst du versagen. Du wirst dein Studium nicht zu Ende bringen, weil du krank bist. Du wirst kein Examen machen, weil du Lungentuberkulose hast. Weil du krank bist, wirst du bei den Mädchen scheitern. Du wirst einen Mißerfolg nach dem anderen mit deiner Krankheit entschuldigen. Es geht aber auch anders, wenn du beschließt, daß du überall der Erste und Beste sein willst. Du kannst es packen, wenn du den Kampf gegen deine Krankheit aufnimmst. Du mußt es einfach wollen! Krankheit ist zu fünfzig Prozent abhängig von der Willens- und Seelenkraft des Patienten. Du hast die innere Stärke, brauchst Optimismus und Zuversicht.«

Professor Hülse hinterließ bei Dieter Genscher einen nachhaltigen Eindruck. Immer wieder setzte sich der Arzt an sein Bett, diskutierte mit ihm über Studienprobleme und Politik. Der liberale CDU-Mann gab auch seine politische Einstellung zu erkennen. Er scheute sich nicht, die amerikanischen Besatzer zu kritisieren, die ihn einst als Vizepräsidenten der Provinz Sachsen eingesetzt hatten. Aus Verärgerung über ihre Politik gegenüber den sowjetischen Machthabern hatte er dieses Amt niedergelegt.

Hülse, ein Mann mit gekonnter beißender Ironie, großer Härte gegen sich selbst und rigoroser Konsequenz, wurde für Dieter Genscher zur überragenden Leitfigur. Kaum ein anderer hat den Hallenser so geprägt wie dieser kinderlose Arzt. Der Vaterlose fand in Professor Hülse einen »Vater«, dem er blindlings vertraute. Diesem Mann, der sich unendlich viel Mühe mit dem Patienten Dieter Genscher machte, verdankt er beinahe alles: die Einsicht und den Willen, gegen die Krankheit anzugehen und niemals mutlos zu werden.

Professor Hülse umsorgte Dieter wie den eigenen Sohn. Dazu gehörte die optimale medizinische Betreuung. Er ließ ihn auf die Privatstation verlegen, die sich der Hallenser als mittelloser Student finanziell nicht leisten konnte. Der Chefarzt, ausgestattet mit Auto und Chauffeur, verzichtete sogar auf sein Honorar und übernahm die Mehrkosten für Dieters Krankenhausaufenthalt.

Genschers geschlossene Lungentuberkulose war im Gegensatz zur offenen Tbc nicht ansteckend. Gleichwohl gab es eine unangenehme Meldepflicht beim Gesundheitsamt. Da saßen die Tuberkulosekranken in Reihen und warteten auf die Untersuchung. Man fiel auf. »Ach, der auch!« Ein diskriminierender Ablauf, den der Hallenser dadurch zu umgehen versuchte, daß er Professor Hülse bat, dem Oberamtsarzt telefonisch mitzuteilen, er sei in guter Obhut und lasse sich regelmäßig untersuchen.

Diskriminierend erlebte er sogar die Milch-Sonderzuteilung für Tuberkulosekranke. Für sie gab es eine Karte mit der Aufschrift »Tbc«. Nur diese Karte berechtigte den Kranken, in einem bestimmten Geschäft kostenlos einen halben Liter Frischmilch pro Woche abzuholen. Die Genschers verzichteten darauf, um nicht »auffällig« zu werden.

Seinen 20. Geburtstag feierte Dieter im Krankenhaus. Ende März 1947 verließ er die Krankenanstalt — immer noch kränklich. Er fügte sich in sein Schicksal und versuchte, mit seiner Krankheit ohne permanente ärztliche Behandlung zurechtzukommen. Die Sommermonate verbrachte er zur Erholung in einer Pension in Friedrichsbrunn im Harz. Frische Luft sollte die Heilung vorantreiben und ihn arbeitsfähig machen. Doch die Rechnung ging nicht auf. Nach Halle zurückgekehrt, verspürte er neuerliches Unwohlsein, erlitt einen Rückfall und ließ sich untersuchen. Wieder begab er sich ins Krankenhaus, wieder die gleichen Krankheitssymptome. Diesmal mußte noch häufiger punktiert, mußte noch mehr Flüssigkeit »abgesaugt« werden. Genscher fühlte sich abgespannt, angegriffen und elend. Sein miserabler Zustand blieb über Wochen konstant. Doch sein Wille war ungebrochen. Sein Ehrgeiz, die Krankheit zu besiegen, gab ihm Kraft, durchzustehen und zuversichtlich auf Besserung zu warten. Professor Hülse unterstützte ihn dabei, so gut er konnte.

Der Wechsel

Erst ein Semester lang hatte der Jurastudent richtig studieren können. Nach dem vierten Semester entschloß sich Genscher, die Universität zu wechseln. Vom Wintersemester 48/49 an – seinem sechsten – studierte er an der Universität Leipzig. Täglich fuhr er per Eisenbahn in die nahe gelegene Messestadt und kam abends wieder zurück. Sein Wechsel hatte einen einfachen Grund: Wegen seiner krankheitsbedingten Abwesenheit kannte ihn an der Uni in Halle niemand, obwohl er schon fünf Semester lang eingeschrieben war. Wie sollte sich der »Unbekannte« einem Examen in Halle stellen?

Im Herbst 1948 deutete sich ein Abklingen der Lungentuberkulose an. Was ihn noch quälte, war leidlich zu ertragen. Geklagt hat er nie. In Leipzig stürzte er sich in die Arbeit. Er ruhte nicht eher, bis er mit den gesunden Kommilitonen gleichgezogen, einige sogar überholt hatte. In diesem einen Leipziger Semester machte er alle fünf noch fehlenden Scheine nach und meldete sich selbstbewußt zum Referendarexamen an. Nach dem sechsten Semester ging er bereits in die Prüfungen und schaffte auf Anhieb das erste Staatsexamen mit der Gesamtnote »befriedigend«. Das war am 5. Oktober 1949, zwei Tage vor dem offiziellen Gründungstag der DDR.

Das Studium in Halle und Leipzig unterschied sich kaum von dem an einer westdeutschen Universität. Genscher arbeitete mit den gleichen Kommentaren und Fachzeitschriften wie die Kommilitonen in Hamburg, Heidelberg, Freiburg oder München. Unter seinen Leipziger Lehrern besaßen vor allem der Verfassungsrechtler Erwin Jacobi, der Staatskirchenrechtler Werner Weber und die Zivilrechtler Arthur Nikisch und Hans Otto de Boor einen außerordentlichen Ruf. Voraussetzung für sein ordentliches Examen war auch die Teilnahme am Repetitorium des berühmten »alten Herrn« Max Papst. Dieser Hallenser Institution verdankt Genscher viel. Papst, der sich immer mit einer einspännigen Kutsche zur Anwaltskanzlei fahren ließ, mußte erleben, wie ihm die sowjetischen Besatzer sein Pferd beschlagnahmten und es bei der Müllabfuhr einsetzten. Das wollte der große Lehrer der Jurisprudenz nie verzeihen. Seine Abneigung gegen die neuen Machthaber war nicht mehr zu steigern.

Es gab damals eine Reihe bürgerlicher Professoren in Halle, die zunächst vor der sozialistischen Umkrempelung der Universität unbeeindruckt blieben. Von Jahr zu Jahr siedelten aber immer mehr in den Westen über. Auch in der Studentenschaft der DDR war der Antikommunismus populär. Weit verbreitet war die Annahme, die Russen würden sich bald zurückziehen und den Weg für eine Wiedervereinigung frei machen. Dem widersprach allerdings eine zunehmende Bedrückung. Stimmung und Atmosphäre wurden von Monat zu Monat belastender.

VII. Kapitel

Lehrzeit

FILMER/SCHWAN

Referendar in Halle

Trotz Krankheit hatte Genscher es geschafft, ohne ein Semester zu verlieren, pünktlich sein Examen zu machen. Dafür hatte er sich geplagt und zielstrebig gebüffelt. Das war auch der Grund für sein zurückhaltendes politisches Engagement gewesen. Dennoch müssen seine persönlichen Verbindungen und Kontakte zu den Spitzenleuten der LDP recht gut gewesen sein. Denn unmittelbar nach seiner ersten Staatsprüfung erreichte ihn der Anruf eines Mitarbeiters von Dr. Karl Hamann, dem neuen LDP-Vorsitzenden. Hamann hatte gerade den Posten des stellvertretenden DDR-Ministerpräsidenten übernommen und war als Minister verantwortlich für das Ressort Handel und Versorgung.* Er wollte Genscher zu seinem persönlichen Referenten machen. Doch nach kurzer Bedenkzeit lehnte der Hallenser das Angebot aus Ost-Berlin ab. Er betrachtete das DDR-Regime »nicht als seine Regierung, obwohl er den LDP-Vorsitzenden schätzte«. Außerdem wollte er unter allen Umständen Volljurist sein, bevor er einen Job annahm.

Noch war alles provisorisch: Die Provisorische Volkskammer hatte die Provisorische Regierung der DDR unter Ministerpräsident Grotewohl bestätigt. Die DDR nahm diplomatische Beziehungen mit der Sowjet-

---

* Nach beharrlichen Bemühungen setzte Genscher 1960 mit Unterstützung Dehlers beim Bundesstaatsanwalt der DDR eine vorzeitige Begnadigung Karl Hamanns durch, der zu einer vierzehnjährigen Zuchthausstrafe verurteilt worden war.

union auf, wenig später mit den übrigen osteuropäischen Staaten. Anfang Februar 1950 beschloß die Provisorische Volkskammer die Bildung des Ministeriums für Staatssicherheit, und im August unterzeichneten Regierungsvertreter ein Abkommen über die Oder-Neiße-Grenze zwischen Polen und der DDR. Am 15. Oktober 1950 nahm Genscher an den Wahlen zur DDR-Volkskammer teil. Es war die erste Wahl in seinem Leben. Allerdings konnte er nur die Parteien der »Nationalen Front« wählen. Dazu zählte auch seine Partei, die LDP, die sich zu dieser Zeit bereits weit von den politischen Zielen der Gründerjahre entfernt hatte. Bei dieser Scheinwahl machte Genscher seinen Wahlzettel ungültig. Es stimmte den künftigen Juristen außerordentlich nachdenklich, daß eine Wahlbeteiligung von 98,44 Prozent errechnet wurde – davon 99,7 Prozent Jastimmen.

Genscher gehörte seit dem 1. November 1949 zu einer kleinen Gruppe von Referendaren, die sich regelmäßig in der Bibliothek des Landgerichts traf. Hier wurden Urteile bearbeitet, schriftliche Aufgaben erledigt. Der Hallenser entwickelte sich mehr und mehr zu einem Meinungsführer, der seine Ansichten offen darlegte. Dabei war durchaus Mißtrauen gegenüber Andersdenkenden, vor allem SED-Anhängern, dringend geraten. Doch Referendar Genscher gab als eine Art »Leithengst« den Ton an. Er preschte ungewöhnlich weit vor.

Der harte Kern dieser Referendargruppe bestand aus Angehörigen der LDP. Die meisten von ihnen hielten nichts vom SED-Regime. Sie mißtrauten dem Staat auch, als die sowjetische Militäradministration aufgelöst wurde.

Diese Generation hatte im Dritten Reich das »totale Erfassungssystem mit militärähnlichem Charakter« erlebt. Ebenso die »institutionelle Verfestigung, Hierarchisierung und Zentralisierung der Führergewalt und die Dominanz hauptamtlicher Führungskader«. Pflicht und Gehorsam, Einsatz und Leistung hatte man von ihnen verlangt. Die ehemaligen Flakhelfer waren »durch den Krieg früh Gereifte«, die nun Schwierigkeiten mit »Phrasendreschern und Weltverbesserern« hatten. Die jungen Aufsteiger beschäftigte ein anderes Lebensgefühl, eine andere Lebenserwartung als die der kommunistischen Veränderer. Genscher und seine Kommilitonen gingen auf Distanz zu den »politisch-ideologischen Angeboten« der herrschenden SED. Als »skeptische Generation« beschreiben Psychologen diese Jahrgänge, die im Dritten Reich die »Mißachtung der bürgerlichen Privatsphäre« erlebten.

Die »Skeptischen« (Schelsky) hatten als Soldaten »Angst vor den Russen, Angst vor russischer Gefangenschaft, Angst vor Sibirien« gehabt. Nach dem Krieg erfuhren sie von Übergriffen sowjetischer

Besatzer. Nun erlebten die angehenden Juristen eine politisch handelnde Besatzungsmacht, von der sie zutiefst enttäuscht waren. Die Referendare registrierten viele Rechtsverletzungen und spürten immer deutlicher ihre innere Ablehnung des Regimes und der verantwortlichen Politiker. Genscher und seine Gesinnungsfreunde erlebten täglich den Umgang mit Recht und Gesetz. Sie sahen, wie angesehene bürgerliche Richter brutal aus Ämtern und Positionen entfernt und von sogenannten »Volksrichtern« ersetzt wurden. Die meisten hatten eine Schmalspurausbildung in Schnellkursen erworben und daher wenig Ahnung. Weit weniger Erfahrung und Wissen als die Referendare. Sie wurden dringend gebraucht und sollten den kolossalen Richtermangel überbrücken helfen. Genscher und seine Crew bekamen Richteraufträge und lernten eine Menge.

Die Referendarzeit in der DDR war auf dreieinhalb Jahre angelegt: Amtsgericht, Landgericht, Staatsanwaltschaft und Oberlandesgericht – das waren die Stationen. Vorübergehend arbeitete Genscher am Amtsgericht im thüringischen Kölleda. Die meiste Zeit verbrachte er aber in Halle. Von Anfang an verdiente er sich ein Zubrot bei einem angesehenen Hallenser Rechtsanwalt, der gleichzeitig Fraktionsvorsitzender der LDP in der Stadtverordnetenversammlung war. Neben 150 Mark Grundgehalt nahm der angehende Volljurist Termine für Anwälte an Amtsgerichten wahr. Sie brachten ihm pro Veranstaltung zehn Mark ein. Bis zu sechs Verhandlungstermine schaffte er an einem Tag.

Dabei war das »Gehalt« eines Referendars nicht schlecht. Der »Unterhaltungszuschuß« betrug im ersten Jahr 356 Mark. Genau 50 Prozent eines Richtergehaltes. Im zweiten Ausbildungsjahr kassierten die »Lehrlinge« 440 Mark. Und 75 Prozent des Richtersalärs gab es im dritten Jahr: 560 Mark. Finanziell ging es Genscher gut. Sein Fleiß verhalf ihm monatlich zu zusätzlichen Beträgen, die er zum größten Teil auf die hohe Kante legen konnte. In der gesamten Referendarzeit fühlte sich der Hallenser so gut wie nie zuvor. Er verschaffte sich ein finanzielles Polster, auf das seine Mutter später zurückgreifen konnte. Denn sie verfügte lediglich über eine kleine Angestelltenrente. Die sowjetische Besatzungsmacht hatte in ihrer Zone am 10. August 1945 alle »Konten blockiert«. Damit waren alle Ersparnisse der Mutter verlorengegangen, einschließlich der Gelder der Lebensversicherung.

Gerichtsreferendar Genscher und seine Freunde mußten im Jahre 1952 mit einer Änderung der Prüfungsordnung rechnen. Dabei ging es um die entscheidende Frage, ob das Assessorenexamen noch überall anerkannt würde – vor allem in der Bundesrepublik. Die Ungewißheit über die Zukunft der juristischen Ausbildung belastete sie. Das Ausbildungssystem für kommunistische Volksrichter wurde bevorzugt, verfeinert und gefördert. Zuständig hierfür war die Volljuristin Hilde Benjamin, Verfolgte des Nazi-Regimes, eine überzeugte Kommunistin, die in der »Deutschen Zentralverwaltung für Justiz« eine wichtige Führungsrolle spielte. Sie hatte die »Säuberungskampagne« durchgeführt, war für die Ablösung von Volljuristen aus politischen Gründen in großem Maßstab verantwortlich gewesen. Diese Frau, die 1949 Vizepräsidentin des Obersten Gerichtshofes der DDR geworden war und mehrere große Prozesse gegen »Staatsfeinde« und »Wirtschaftssaboteure« geleitet hatte, lernte Genscher und einige seiner Referendarkollegen persönlich kennen.

Für den jungen Hallenser war es ein Schlüsselerlebnis, als er unmittelbar nach seinem Referendarexamen nach Leipzig gerufen wurde, und zwar zu einem ausführlichen Gespräch mit der fachlich angesehenen Staatsanwältin Hilde Benjamin. Die politisch völlig einseitige Juristin saß einer Ausbildungskommission vor, die über die Einstellung in den Justizdienst entschied, und führte Einzelbefragungen durch. »Sind Sie Herr Genscher von der LDP?« fragte die SED-Funktionärin und verwikkelte den Liberaldemokraten in ein Gespräch über Marxismus und Leninismus. Die »reine Lehre« hatte sich der Student in langen Krankheitswochen angelesen und verarbeitet. Er glänzte so sehr mit seinem Wissen, daß Frau Benjamin fragte, warum er nicht SED-Mitglied sei. Der schlagfertige Genscher konterte: »Eben weil ich den Marxismus und Leninismus so gut kenne.« Nach kurzem betretenen Schweigen fragte die Starjuristin: »Herr Genscher, was wollen Sie werden?« − »Rechtsanwalt ist mein Berufsziel«, sagte er, und die »rote Hilde« reagierte kaltlächelnd: »Das ist eine kluge Entscheidung, die Sie für sich getroffen haben. Denn in unserem Staatsapparat hätten wir für Sie auch keinen Platz.« Das war für Genscher eine eindeutige Antwort. Diese Reaktion glich einem Berufsverbot, wenn es auch den Referendar während seiner Ausbildung kaum tangierte. Doch die Begegnung schärfte dem Hallenser die Einsicht, irgendwann die DDR verlassen zu müssen. Er stand vor dem Problem, entweder eine Gesinnung vorheucheln zu müssen, die er nicht besaß, oder in die politische und berufliche Konfrontation zu gehen. Das Zusammentreffen mit der Vizepräsidentin des Obersten DDR-Gerichtshofes war für seinen weiteren Lebensweg richtungweisend. Dennoch, Genscher hat nie einen Emigrantenkomplex und Haßgefühle gehabt. Er gehört nicht zu den Revanchisten. Genscher leidet unter der Wunde der Trennung und zählt zu den Verfechtern einer Politik der Verständigung, des Ausgleichs und der Zusammenarbeit.

Doktorarbeit

Die »Frankfurter Allgemeine Zeitung« druckte in ihrer Ausgabe vom 1. Dezember 1966 eine Kurzmeldung der »Zonen-Agentur ADN« aus Berlin nach. Darin wurde mitgeteilt, daß der Rechtswissenschaftler Professor Dr. Dr. Arthur Baumgarten im Alter von 82 Jahren gestorben sei. Diese Acht-Zeilen-Nachricht erinnerte Genscher an die Leipziger Zeit. Baumgarten war sein Doktorvater gewesen.

Im Nachruf des SED-Zentralkomitees zum Tode des »Genossen Prof. Dr. Dr. Arthur Baumgarten« hieß es ausführlicher: »Unter den schwierigen Bedingungen der ersten Jahre des demokratischen Neuaufbaus im Osten Deutschlands erwarb sich Prof. Baumgarten große Verdienste bei seiner Lehrtätigkeit an den Universitäten Leipzig und Berlin sowie an der Landeshochschule in Potsdam. Als Präsident der Deutschen Akademie für Staats- und Rechtswissenschaft ›Walter Ulbricht‹, als ordentliches Mitglied der Deutschen Akademie der Wissenschaften, als Chefredakteur der Zeitschrift ›Staat und Recht‹ und Mitherausgeber der ›Deutschen Zeitschrift für Philosophie‹ nahm er wesentlichen Anteil an der Entwicklung der marxistisch-leninistischen Staats- und Rechtswissenschaft in der Deutschen Demokratischen Republik. Gleichzeitig war er lange Jahre Präsident der Vereinigung Demokratischer Juristen Deutschlands.«

Als Genscher siebzehn Jahre zuvor seinen Doktorvater ausgewählt hatte, konnte er nicht ahnen, daß er sich für einen Mann entschieden hatte, der im realexistierenden Sozialismus eine so verblüffende Karriere machen würde.

1950 hatte der Hallenser bei dem ehemaligen Lehrer für Völkerrecht an der Universität Leipzig, der mittlerweile nach Berlin gegangen war, eine Doktorarbeit übernommen. Thema: »Verbrechen gegen die Menschlichkeit«. Im Sommer 1952 hatte der fleißige und ehrgeizige Hallenser seine Dissertation fast abgabereif fertiggestellt. Noch eine Überarbeitung war geplant, ehe das »Gesamtwerk« eingereicht werden sollte. Überrascht wurde Genscher von einer Promotionssperre, die erst nach Einführung einer neuen Promotionsordnung wiederaufgehoben wurde. Wichtigste Änderung im Vergleich zur alten Doktorprüfung war die Pflicht zur Disputation. Jeder Doktorand mußte ab sofort seine Arbeit vor dem Prüfungsgremium verteidigen. Damit war der politische und ideologische Einfluß vorprogrammiert. Das Rigorosum konnte in ein politisches Tribunal umfunktioniert werden. Die Gefahr, aus ideologischen Gründen durchzufallen, war unübersehbar. Doch das alles berührte den jungen Juristen nicht mehr. Noch ehe die neue Promotionsordnung in

Kraft trat, hatte Genscher Halle verlassen müssen und war nach Bremen übergesiedelt. Später in Bremen unternahm er im Gegensatz zu seinen engsten Freunden keinen ernsthaften Versuch mehr, einen neuen Doktorvater zu finden. Zwei Staatsexamina und beruflicher Einstieg waren ihm wichtiger.

Heute besitzt der ehemalige Baumgarten-Schüler vier Ehrendoktorhüte. Am 22. April 1977 verlieh ihm das »Indian Institute of Technology« der Technischen Hochschule Madras die Ehrendoktorwürde. Eine der ältesten und ehrwürdigsten Universitäten Europas, nämlich die Universität im spanischen Salamanca, zeichnete den Bundesaußenminister am 17. März 1986 mit der Ehrendoktorwürde aus. Schließlich beschloß das Konzil der »Panteios-Hochschule für Politische Wissenschaften« in Athen einstimmig, Genscher den dritten Doktorhut zu überreichen. Diese Auszeichnung vom 28. März 1988 wurde auch von jenen unterstützt, die seine politischen Anschauungen nicht teilten. Es waren Kommunisten, die über ihren Schatten sprangen. Den Ehrendoktor der Rechte verlieh ihm am 5. Juli 1988 die private Universität von Seoul.

Letzte Tage

Beinahe täglich wurden 1952 Verhaftungen von Studenten bekannt, die sich kritisch über das SED-Regime geäußert hatten. Aktive LDP-Funktionäre an DDR-Hochschulen verschwanden über Nacht. Viele von ihnen unterhielten rege Kontakte zum »Unterausschuß freiheitlicher Juristen«, einer Vereinigung, die 1949 von ehemaligen DDR-Bürgern gegründet worden war. Diese Arbeitsgruppe mit Sitz in Berlin-Zehlendorf hatte es sich zur Aufgabe gemacht, »Unrechtshandlungen des Regimes in der DDR« aufzudecken und bekanntzumachen. Die Zehlendorfer druckten aber auch Materialien für Flugblatt-Aktionen an DDR-Universitäten. Wer beim Transport und der Verbreitung solcher Flugblätter erwischt wurde, mußte mit dem Schlimmsten rechnen. Bestückt mit westlichem Propagandamaterial wurden vor allem sogenannte »Friedensecken«, die es in sämtlichen Gerichtsgebäuden gab. In diesen Flurecken war eine rote Fahne aufgestellt, vor der ein kleiner Tisch mit Schriften von Marx, Engels oder Stalin stand. Finden ließen sich aber auch aktuelle Schriften zum Zeitgeschehen aus kommunistischer Sicht. Diese »Friedensecken« blieben weitgehend unbeachtet. Aufsehen erregten sie nur, wenn Mitarbeiter der West-Berliner Arbeitsgruppe Materialien ausgelegt hatten, in denen das DDR-Regime heftig kritisiert und die Zustände an den Hochschulen polemisch analysiert wurden.

Im Sommer 1952 belastete der Druck des totalitären kommunistischen Regimes die Menschen stärker als Jahre zuvor. Die angehenden Juristen trachteten danach, »Volksrichtern« aus dem Weg zu gehen und sich von Volljuristen ausbilden zu lassen. Die Referendare wußten nie, wem sie trauen konnten und ob sie ihre Ansicht äußern durften. Immer wieder hörten sie Nachrichten über Menschen an Universitäten und Gerichten, die einfach verschwanden. Denunziation und Schnüffelei waren an der Tagesordnung. Keiner traute dem anderen. Auch in der Gerichtsbibliothek wußte der Referendarkreis um Genscher nicht immer, ob die großen Sprüche nicht »hinterbracht« wurden. Genscher sah seine Zukunft schon lange nicht mehr in der DDR. Sie war nicht sein Staat. Er wollte nur noch seine Ausbildung abschließen. Vorgenommen hatte er sich, unter allen Umständen das Assessorexamen zu machen und – wenn möglich – die Dissertation mit dem Rigorosum hinter sich zu bringen. Daraus wurde nichts. Über seine damalige politische Tätigkeit und über die Gründe seines Weggangs äußerte sich Genscher nicht – aus Rücksicht auf dort noch lebende Freunde und Bekannte.

Äußerer Anlaß des Abschieds von Halle waren die sich häufenden und konkreten Hinweise, daß Erkundigungen über ihn bei einer Reihe von Bekannten eingeholt worden waren. Man wollte wissen, wann der Gerichtsreferendar Genscher was in welchem Zusammenhang gesagt hatte und ob es stimme, daß er diese und jene Bemerkung von sich gegeben habe. Kein Zweifel, es wurde Zeit für Genscher. Er wußte, was er wo gesagt hatte, ahnte, daß seine kritischen Anmerkungen in der Bibliothek des Landgerichts von Halle an interessierte Stellen »transportiert« worden waren. Kurz entschlossen trommelte er seine engsten Freunde Reinhard Kuntze und Dieter Reinhold zusammen. Die beiden Koreferendare zögerten nicht einen Moment. Als Tag der Abreise wurde der 20. August 1952 festgelegt.

Von Deutschland nach Deutschland

Genscher war seit langem Meinungsführer. Nun wurde er zum politischen Kopf des Fluchttrios. Alles blieb geheim. Lediglich die Eltern waren eingeweiht worden. Getarnt als Urlaubsreisende, trafen sich die »Flüchtlinge« mit vollbepackten Koffern morgens um 9 Uhr 30 auf dem Hauptbahnhof von Halle. Die Fahrkarten zweiter Klasse hatten sie sich am Tag zuvor besorgt.

Der Abschied fiel schwer. Genschers Mutter unterstützte zwar die Absichten ihres Sohnes und bestärkte ihn in dem Entschluß, Halle zu verlassen. Auf eine längere Trennung hatte er sie vorbereitet, und sie fand sich schweren Herzens damit ab. Ihre Tränen aber konnte sie nicht mehr zurückhalten, als der Zug einlief. Ungewißheit lastete auf ihr. Fest verabredet war zwischen beiden ihr baldiges Nachkommen. Natürlich wollte Hilde Genscher nicht ohne ihren Sohn leben.

Die drei Hallenser hatten sich vor der Reise sorgfältig informiert. Der Wechsel von Deutschland nach Deutschland war bis ins Detail geplant. Mit bösen Überraschungen rechneten sie nicht. Als sie am 20. August 1952 glücklich und ohne Probleme in West-Berlin ankamen, hörten sie im Radio die Nachricht vom Tode Kurt Schumachers. Staatstrauer war in der für sie neuen und anderen Republik angesagt.

REINHARD KUNTZE

Die Reise

Aus einer kleinen Gruppe von Gerichtsreferendaren, die ab 1950 ihren Vorbereitungsdienst ableisteten, war unter dem Druck der damaligen politischen Verhältnisse so etwas wie eine verschworene Gemeinschaft geworden. Hans-Dietrich Genscher, den ich seit 1946 vom Studium her kannte, spielte bei den zumeist politischen Gesprächen eine leitende Rolle. Unsere Gespräche hatten mit aktuellen Ereignissen der eben gegründeten DDR zu tun. Wir kannten alle die harten Durchgriffe der sowjetischen Besatzungsmacht nach 1945 und die meist noch schlimmeren Übergriffe der von ihr zu künstlicher Stärke manipulierten Einheitspartei. Wir hatten den Niedergang des Rechts erlebt und sahen die Rechtsunsicherheit täglich um uns. Versetzungen, Entlassungen, ja Verhaftungen von Richtern, vor allem vorsitzenden Richtern, waren an der Tagesordnung. Die allgemein verbreitete Angst um die persönliche Freiheit betraf auch uns. Wir sahen uns vom Westen abgeschnitten und fürchteten um unseren beruflichen Werdegang.

Im Juli 1952 traf ich in Eisleben, wo ich einen sogenannten Richterauftrag zu versehen hatte – wegen der vielen Ausfälle gab es nicht genug Zivilrichter –, die damalige Vorsitzende des Obersten Gerichts der DDR, Frau Hilde Benjamin. Sie hatte auch innerhalb der SED eine bedeutende Stellung, und so fragte ich sie, ob etwas an den Gerüchten sei, wir würden bald eine Änderung der Gerichtsverfassung und damit auch eine neue Ausbildungsordnung bekommen. Sie bejahte das und meinte spöttisch, der alte Zopf mit der Referendarausbildung würde ohnehin abgeschnitten.

Für mich war damit das Ende einer regulären, in allen Teilen Deutschlands anerkannten juristischen Ausbildung angezeigt. Der schon lange erwogene Plan, in den Westen zu gehen, nahm Gestalt an. Ich unterrichtete Hans-Dietrich Genscher von meinem Gespräch mit der »roten Hilde«. Er schätzte die Lage genauso ein. Auch war er längst davon überzeugt, daß er seine politischen Ideale auf Dauer nur in einer freiheitlichen, parlamentarischen Demokratie wie Westdeutschland würde verwirklichen können. Wir entschlossen uns, die DDR in naher Zukunft zu verlassen.

Schon Anfang August verständigte mich Hans-Dietrich Genscher, er habe bestimmte Hinweise erhalten, wonach für ihn eine akute persönliche Gefahr bestehe. Da ein anderer Freund von mir erst einige Monate vorher verhaftet worden war und man sich immer mitbedroht fühlte, bezog ich den Hinweis auch auf mich. Einem weiteren Freund Genschers, den er auch eingeweiht hatte, ging es ähnlich. Er schloß sich unserem Plan an, und wir trafen eilige Vorbereitungen für eine sofortige Flucht. Mit Gepäck wie für einen Urlaubsaufenthalt an der Ostsee – Fahrkarten nach Stralsund – fuhren wir, auf verschiedene Wagen verteilt, mit der Bahn von Halle/Saale nach Ost-Berlin, von dort mit der S-Bahn nach West-Berlin. Es gelang uns, den Zugkontrollen der Volkspolizei auszuweichen.

In West-Berlin hatte jeder ein Notquartier bei Freunden, so daß wir die Unterbringung im Lager vermeiden konnten. Hans-Dietrich Genscher wohnte in Lichterfelde, eben in jenem Straßenviertel, in dem kurz zuvor ein Mitarbeiter des Untersuchungsausschusses freiheitlicher Juristen, der Rechtsanwalt Linse, auf offener Straße in ein Auto gezerrt und nach Ost-Berlin verschleppt worden war. Die Schatten der Gewalt und des Unrechts verfolgten uns weiter. Nun warteten wir auf den Abflug in ein Bundesland. Hier bestand – nach Kontingent – ein beschränktes Wahlrecht. Wir hatten schon während des Notaufnahmeverfahrens Oberlandesgerichte in Nordrhein-Westfalen, Hamburg und Bremen angeschrieben, weil wir in diesen Bezirken mit den höchsten Unterhaltsbeiträgen für Gerichtsreferendare rechnen konnten. Die Antwort aus Bremen erschien uns als die günstigste. Klaus-Dieter R. und ich wollten noch einmal schriftlich nachfassen. Hans-Dietrich Genscher entschied sich anders. Er war für ein sofortiges Telefongespräch. Wir beiden anderen zögerten, weil uns das bei unseren äußerst knappen Geldmitteln zu teuer erschien. Hans-Dietrich Genscher sprach schließlich ein freundschaftliches Machtwort: »Große Entscheidungen bedürfen großer Einsätze.« Ich habe, wenn ich in meinem Leben vor wichtigen Entscheidungen stand, immer an dieses Wort denken müssen. – Wir legten also das Geld zusammen. Hans-Dietrich Genscher übertrug es mir zu sprechen. Vielleicht dachte er, ich könnte als Ältester von uns auch am Telefon den seriösesten Eindruck hinterlassen. Ich weiß es nicht mehr. Jedenfalls war ich sehr rasch mit Herrn Oestmann, dem Sachbearbeiter für Personalangelegenheiten beim Landgericht Bremen, verbunden. Er erkannte schnell unsere Not und antwortete in der gemütlichen Art des Urbremers: »Na, dann kommen Sie man her.« Das war wie der Handschlag eines Bremer Kaufmanns, der angeblich noch heute einen Vertrag besser besiegelt als eine Unterschrift.

Am 24. September 1952 flogen wir mit der BEA auf Kosten des Bundes nach Hamburg. Während ich schon zwei Flüge als Verwundeter von der Front hinter mir hatte, war es für Hans-Dietrich Genscher das erste Lufterlebnis. Es war, wie wir heute sagen können, der Einstieg in seine Reisetätigkeit.

In Hamburg setzte man uns in einen Kleinbus, der uns von Fuhlsbüttel in die Stadt brachte. Unsere Stimmung war unbeschreiblich. Losgelöst von allen Beschwernissen, fuhren wir durch die für uns auffallend hell beleuchteten Straßen. Wir sahen alles und nahmen doch nichts wahr. Irgendwie verspürte ich die Bedeutung des Augenblicks und versuchte, Worte zu finden. Hier war mit uns eine Bewegung nach Westdeutschland unterwegs, die ihren Ausgang unter dem Druck der Verhältnisse in Halle genommen hatte. Wir würden für unser ganzes Leben genug Kraft haben, um die Ideale von Freiheit und Demokratie in Deutschland zu vertreten. Hans-Dietrich Genscher hat das in ganz besonderer Weise wahr machen können.

Am anderen Tag fuhren wir nach Bremen und traten am 6. Oktober 1952 unseren Dienst beim Landgericht Bremen an. Nach der Vorstellung beim Landgerichtspräsidenten stellte dieser an uns die Frage, was uns denn im Westen bisher am meisten aufgefallen sei. Hans-Dietrich Genscher sah mich auffordernd an, und ich gab zur Antwort: »Herr Präsident, es ist der Umstand, daß Sie noch heute im Amt und nicht verhaftet sind, nachdem wir doch schon vor über vier Wochen an Sie geschrieben haben.«

Bremer Jahre

Notaufnahmelager Berlin-Marienfelde. Eine Woche lang Notaufnahme-verfahren am Kaiserdamm. Anstehen, Warten. Fünf Wochen Aufenthalt in Berlin-West, Naturalverpflegung, kaum Geld, nur Erspartes, Um-tausch, Wohnung bei einer Tante in Lichterfelde. Briefaktion, Bewer-bungen losgeschickt, Jobsuche. Kurzes Wiedersehen mit der Mutter in Berlin. Einweisungswunsch ins Land Bremen. Flugticket Berlin–Ham-burg. Erster Flug seines Lebens. Bahnreise Hamburg–Bremen. Bei Ankunft in der Hansestadt am 25. September 1952 Bargeld und Vermö-gen in Höhe von 40 DM.

Besser hätte die Wahl nicht ausfallen können. Genscher und Reinhold bekamen am ersten Tag in Bremen über eine Wohnungsvermittlung auf Anhieb eine gemeinsame Bude in Bremen-Walle, einem Arbeitervorort. Die Wirtsleute vermieteten für 80 DM ein Zimmer mit zwei Betten, einem Tisch und einer Kochnische. Toilettenbenutzung inklusive. Nur gemeinsam konnten sie sich diese »Notwohnung« leisten. Die Zimmer-vermittlung hatte schon einen ansehnlichen Batzen Geld gekostet – mehr als eine Monatsmiete.

Am anderen Tag begab sich das »Flüchtlings«-Trio zur Bremer Justiz-verwaltung. Der zuständige Beamte Oestmann stellte ihnen nach aus-führlichen Gesprächen »eine befürwortende Vorlage« an den Landge-richtspräsidenten in Aussicht. Das bedeutete schon »einen halben Ein-stieg in den Bremer Justizdienst. Denn der oberste Jurist in der Hanse-stadt lehnte«, lächelt Genscher heute maliziös, »selten eine positive Vorlage seines an Menschenkenntnis und Güte reichen Mitarbeiters Oestmann ab.«

Es verging keine Woche, da waren die drei Hallenser in den Justiz-dienst des Landes Bremen aufgenommen. Ihre Zulassung datiert vom 6. Oktober 1952. Sie hatten einen guten Riecher und außerordentliches Glück gehabt.

Der monatliche Unterhaltungszuschuß betrug 182 DM. Eine deutliche finanzielle Verschlechterung im Vergleich zum Referendargehalt in Halle. Erspartes hatte Genscher seiner Mutter zurückgelassen. Er war auf sich allein gestellt, mußte sich durchschlagen. Das war zunächst nicht einfach. Zwar kannte er den »goldenen Westen« von seinen häufigen Ausflügen nach West-Berlin und fand sich im kapitalistischen Wirt-schaftssystem durchaus zurecht. Doch die knappe Haushaltslage zwang ihn zur Sparsamkeit »mit dem bißchen Geld«.

In Bremen lebte der »Flüchtling« aus der DDR erstmals in seinem Leben für längere Zeit ohne Mutter. Genscher verstand sich mit seinem Zimmerkumpanen Reinhold ausgezeichnet. Dynamisch drängte er ihn zu manchen Unternehmungen. Sein Tatendrang war nicht zu stoppen. War das Abendbrot verzehrt, stand Genscher ausgehbereit im Mantel. Er sprudelte vor Ideen, wollte Veranstaltungen besuchen, irgend etwas erleben, nichts versäumen, »einfach alles mitkriegen«. Rastlos trieb es ihn in die Stadt. Seine Neugier war nicht zu bändigen, seine Unternehmungslust nicht zu bremsen. Wie in Halle, und heute auch, stand er bereits morgens gegen sechs Uhr auf, ging abends meist früh schlafen. Wenn möglich, legte er sich tagsüber zwischendurch hin. Seine Kräfte schonte er wie ein Sportler, verhielt sich rationell und diszipliniert wie ein Spitzenmanager. Das beherrscht er auch heute noch.

Angesichts seiner »beunruhigenden finanziellen Lage« sah er sich gezwungen, eine weitere Einkommensquelle aufzutun. Nach fünf Tagen intensiven Suchens fand Genscher einen attraktiven Nebenjob bei einem Anwalt, der gesundheitlich am Ende war und dringend Hilfe brauchte. Der krebskranke Jurist Dr. Franke konnte nur noch stundenweise arbeiten und sich »gerade über Wasser halten«. Genscher akzeptierte sein Angebot, für 50 DM im Monat halbtags die Anwaltspraxis zu leiten. Zusammen mit einer erfahrenen Sekretärin, die das Büro leitete, verfaßte er eifrig Schriftsätze, erledigte Post und hielt Sprechstunden ab. In seiner Arbeit unterschied er sich nicht von einem Volljuristen. Vormittags kam er dazu seinen Pflichten als Rechtsreferendar nach. Er absolvierte das Bremer Landgericht, den Verwaltungsgerichtshof und auf eigenen Wunsch und freiwillig die Kammer für Handelssachen. Denn Handelsrecht hatte er in der DDR nicht studiert.

Ähnlich ging es weiteren zwölf ehemaligen Referendaren von Universitäten aus dem anderen Teil Deutschlands. Unter den rund 150 auszubildenden Juristen fielen sie kaum auf. Auch in Bremen trafen sich die Hallenser wieder in der Gerichtsbibliothek. Ein Ort wissenschaftlicher Ausarbeitungen und juristischer und politischer Streitgespräche. Genscher trat erneut hervor als politischer Kopf. Im Juristischen behaupteten sich viele Freunde ihm gegenüber. »Sein Genie ist mir nicht über die Juristerei aufgegangen, sondern über das Feld der Politik«, sagt ein Weggefährte aus Bremer Zeit. Dieter Genscher blieb auch in Bremen Meinungsführer in politischen Auseinandersetzungen mit seinen Freunden und Kollegen. »Der wird sicher einmal Justizminister«, wollte eine gute Bekannte in Bremen schon wissen. Genscher »glänzte meistens mit seinem vortrefflichen Gespür für die Notwendigkeit, was geschehen muß oder was zu unterlassen ist«, erinnert sich ein enger Freund. »Er konnte politische Fragestellungen und Probleme einleuchtend und durchsichtig machen, verstand es, sie darzustellen und zu analysieren.«

Nach siebzehn Monaten hatte Genscher seine Ausbildungspflicht erfüllt: Am gemeinsamen Prüfungsamt der Länder Hamburg, Bremen und Schleswig-Holstein in Hamburg legte der Hallenser am 26. Februar 1954 sein zweites juristisches Staatsexamen ab. Der allgemein geschätzte und als guter Rhetoriker und begabter Jurist angesehene Genscher erreichte nur die auch für ihn enttäuschende Gesamtnote »ausreichend«. Seinen Ärger und seine Verbitterung ließ er sich nicht anmerken.

Anwaltsassessor durfte Genscher sich jetzt nennen. Doch um Anwalt zu werden, schrieb das Gesetz nach bestandenem zweiten Staatsexamen eine ganzjährige hauptamtliche Tätigkeit in einer Rechtsanwaltskanzlei vor. Und weil inzwischen Dr. Franke gestorben und seine Kanzlei aufgelöst war, mußte Genscher erneut auf Suche gehen.

Wieder erwies sich Amtmann Östmann als wichtige Stütze. Er kannte die meisten Bremer Kanzleien, wußte, wo Personalbedarf war, unterhielt gute Beziehungen zu den Kanzleichefs. Wen Östmann empfahl, der wurde beinahe unbesehen übernommen. So auch diesmal. Der Bürochef des Landgerichtspräsidenten besorgte Genscher eine Stelle als Assessor in einer angesehenen Bremer Rechtsanwaltskanzlei: Kuhlmann senior, Kuhlmann junior und Schulenberg.

Der Hallenser hatte doppeltes Glück. Weil er als ehemaliger Flakhelfer zu den Kriegsteilnehmern zählte, wurde ihm ein halbes Jahr erlassen. Er brauchte nur sechs Monate lang als Anwaltsassessor zu arbeiten. Sein Gehalt betrug 350 DM im Monat. Zum erstenmal verdiente er »gutes Geld«. Am 1. September 1954 bekam er seine Zulassung als Rechtsanwalt.

Zunächst blieb er in der Kuhlmann-Schulenberg-Sozietät. Nach dem Tod des angesehenen Anwalts Kuhlmann senior, einem Experten für Schiffahrtsgeschäfte, wurde Genschers Mitarbeit unentbehrlich. Er fühlte sich außerordentlich wohl, war mit sich und seiner Umwelt zufrieden. Glücklich verlief auch die Übersiedlung seiner Mutter von Halle nach Bremen.

Wiedersehen

In Berlin, seiner ersten Station im Westen, hatte seine Mutter ihn einige Male besucht. Sie wollte ihn nicht aus den Augen lassen. Die dreieinhalb Stunden Eisenbahnfahrt mit der DDR-Reichsbahn von Halle in die

»Hauptstadt der DDR« waren leicht zu bewältigen. Zum letztenmal fuhr Hilde Genscher diese Strecke am 30. Januar 1953: von Ost-Berlin mit der S-Bahn nach West-Berlin. Hier durchlief sie das gleiche Notaufnahmeverfahren wie ein halbes Jahr zuvor ihr Sohn. Am 25. Februar kam sie in Bremen an, nur mit einem Koffer. Genscher hatte seine Wäsche regelmäßig nach Halle geschickt, aber auch unzählige Pakete mit Versorgungsgütern, die seiner Mutter in der DDR fehlten. Im Gegenzug hatten den angehenden Juristen in Bremen Vaters Bücher und andere Wertgegenstände erreicht.

Nicht eine Träne vergoß Hilde Genscher beim Abschied von Halle, jener Stadt, in der sie fast zwanzig Jahre gelebt und ihr Schicksal als junge Witwe ertragen hatte. Das Wichtigste auf der Welt war für sie ihr Sohn und seine Nähe. Mutter und Sohn zogen wieder zusammen. Sie mieteten sich eine möblierte Zweizimmerwohnung zum Mietpreis von 120 DM am Ostertorsteinweg 90, zwei Straßenbahnhaltestellen vom Bremer Marktplatz entfernt. Nicht gerade eine bevorzugte Wohngegend! Ein Zimmer war gleichzeitig Eß-, Wohn-, Arbeits- und Schlafzimmer. Das andere gehörte der Mutter. Die Hallenser »Flüchtlinge« mußten sich mit den dürftigen finanziellen Mitteln bescheiden. Zum erstenmal fühlte sich Genscher in einer neuen Rolle. Er deutete seiner Mutter die neue Welt, erklärte ihr die Bundesrepublik politisch, gesellschaftlich und wirtschaftlich. Er betreute sie regelrecht.

Zwischen beiden war immer eine durch nichts zu trübende Liebe und Zuneigung zu spüren gewesen. Doch jetzt lastete die Verantwortung auf dem Sohn. Seine Mutter behandelte ihn zum erstenmal wie einen gleichwertigen Partner, an den sie auch Ansprüche stellte. Mit 26 Jahren mußte er für seine Mutter allein aufkommen. Sie war fast mittellos nach Bremen gereist. Bis sie ihren Rentenbescheid über einen kläglichen Betrag erhielt, vergingen Monate, in denen sie der Sohn ernährte. Doch auch später blieb das Geld knapp.

Rückfall

Seit Jahren fühlte sich Genscher gesundheitlich wohl. Seit seinem Studienplatzwechsel von Halle nach Leipzig war er nicht mehr ernsthaft krank gewesen. In Bremen benötigte er keinen Arzt. Bei einer Einstellungsuntersuchung als »Beamter auf Widerruf« bescheinigte ihm das Bremer Gesundheitsamt beste körperliche Verfassung. Allerdings mußte er auch in der Hansestadt von Anfang an die leidige Meldepflicht für

Tuberkulosekranke auf sich nehmen. Genscher fühlte sich dadurch arg belastet, aber kerngesund. Um so heftiger traf ihn der Schock, als sein altes Leiden wieder aufbrach. Diesmal mit noch größerer Wucht und Härte. Er geriet in höchste Lebensgefahr.

Seit Genscher mit seiner Mutter zusammenlebte, brauchte er sich um sein leibliches Wohl nicht zu kümmern. Sie kochte für ihn. Jeden Mittag kam er zum Essen nach Hause. Auch an jenem 7. November 1954. Während er sich angeregt mit der Mutter unterhielt und seine Reissuppe löffelte, spürte er plötzlich Warmes im Mund. Mehr wurde es und mehr. Und nicht zu halten. Aus seinem Mund stürzte Blut. Genscher ahnte nicht, was geschehen war, obwohl er eigentlich hätte wissen müssen, was starke Blutungen aus Mund und Nase bedeuteten. Die plötzlich aufgetretene Blutung, die aus der Lunge herrührte, ließ sich nicht stoppen. Mutter Genscher wußte, daß ihr Sohn einen Blutsturz erlitt. Ihr war klar, daß in diesem lebensbedrohenden Zustand nur der Notarzt helfen konnte. Sie legte ihren Sohn auf die Couch, den Oberkörper erhöht in rechter Seitenlage wegen der Erstickungsgefahr, und stellte ihm eine Schüssel hin. Gefaßt formulierte sie in dieser äußerst kritischen Situation noch beruhigende Anweisungen und rannte zur Tür hinaus, die Treppen hinunter. Im Parterre ihres Hauses gab es einen Krämerladen mit Telefon. Von hier aus bat sie dringend um einen Krankenwagen. Bereits nach wenigen Minuten wurde der Schwerkranke mit Blaulicht und Martinshorn ins Bremer Sankt-Jürgen-Krankenhaus transportiert. Hier mußte er den Ärzten erst einmal klarmachen, daß es sich bei ihm »mit Sicherheit nicht um einen Magendurchbruch handelte«, der eine sofortige Operation nötig machte. Trotz fortwährender Blutung aus Mund und Nase mußte er Einzelheiten über seine frühere Krankheit erläutern. »Ich wurde geradezu gezwungen, das Ärzteteam davon zu überzeugen, daß der Blutsturz mit einer nur scheinbar geheilten Lungentuberkulose zusammenhing und nichts mit einem Magenleiden zu tun hatte«.

In Halle war Genscher einst an der kaum übertragbaren geschlossenen Tbc erkrankt. Jetzt litt er an offener Lungentuberkulose, die außerordentlich ansteckend war und langwierige Heilungsprozesse notwendig machte. Der frischgebackene Volljurist mußte seine Arbeit in der Sozietät Kuhlmann über ein Jahr unterbrechen.

Es begann für ihn eine aufreibende Zeit — körperlich, seelisch und materiell.

In den ersten Tagen fiel Genscher in ein seelisches Tief. Größte Zweifel bedrückten ihn, ob er den Rückschlag überwinden und überleben würde. Ähnlich ging es seiner Mutter, die an seinem Bett Tag und Nacht wachte. Einen so beängstigenden Krankheitszustand hatte er in seinem Leben noch nie erlebt. Es stand schlecht um ihn. Hier in Bremen erinnerte er sich an seinen väterlichen Freund Professor Walter Hülse. Er dachte an dessen Worte, an jene Alternative, die er dem Studenten aufgezeigt hatte. Immer wieder kreisten seine Gedanken um die Frage: Wirst du sterben oder leben?

Genscher hatte als Referendar in Bremen neben der Pflichtversicherung bei einer Ersatzkasse eine Krankenhaus-Zusatzversicherung abgeschlossen. Damit konnte er gerade den Krankenhausaufenthalt dritter Klasse finanzieren. Ein Einzelzimmer stand ihm nicht zu. Doch es gelang ihm, ein Zimmer für sich zu bekommen. Das lag einerseits an der Zuvorkommenheit der Krankenschwestern, andererseits mußte er wegen der hohen Ansteckungsgefahr in eine Art Quarantäne. Für ihn wurde ein Einzelzimmer im Dachgeschoß bereitgestellt. Es war eine Einzelzelle mit Bett, einem Eisengitter vor dem Fenster und einer schweren Gefängnistür. In dieser Zelle hatten bisher nur kranke Strafgefangene gelegen. Genscher machte sich nichts daraus. Es berührte ihn kaum. Er war froh, diese »Häftlingszelle« für sieben lange Monate allein bewohnen zu dürfen.

Während des Krankenhausaufenthaltes nahm Genschers Gewicht zu. Auch in Bremen mußte die Krankheit »mit reichlichem Essen bekämpft werden«. Für den ehrgeizigen Rechtsanwalt wurde das Leben im Krankenhaus immer schwerer. Eine Heilung rückte in weite Ferne. Zuweilen geriet er in Panik, schien vorübergehend psychisch am Ende zu sein.

Doch Genscher biß sich durch. Bei allen Schwankungen seines Gemütszustandes hielt er fest an der Hoffnung, irgendwann wieder gesund zu werden. Er wollte als Anwalt seinen Weg gehen und Karriere machen. Vor allem aber »endlich gesund« werden. An den siebenmonatigen Aufenthalt im Bremer Sankt-Jürgen-Krankenhaus schloß sich eine fünf Monate dauernde Liegekur im Westerwald an.

Der Alltag in der Heilstätte »Waldhof« begann um neun Uhr nach dem Frühstück mit »Bock-Liegen«. Zehn Lungenkranke lagen nebeneinander in ihren Schlafsäcken auf Strohsäcken in terrassenähnlichen Hallen, die nach einer Seite offen waren. Um 13 Uhr gab es Mittagessen. Daran schloß sich eine Mittagsruhe bis 15 Uhr an. Dann wieder »Bock-Liegen« bis 18 oder 19 Uhr, je nach Wetter und Jahreszeit. Entscheidend waren frische Luft und Liegen. Durch ruhiges Liegen sollte die Atmungsfähigkeit reduziert werden, damit sich die Lunge erholen und kräftigen konnte. Genscher bekam ernstliche Gewichtsprobleme. Gutes und reichliches Essen, fast keine Bewegung machten den hochgewachsenen Hallenser zum Zweizentnermann. Der eigentlich schlanke junge Mann bekam Übergewicht.

Noch mehr Kummer bereitete ihm seine finanzielle Lage. Seit Monaten verzeichnete er keine Einnahmen. Mit Mutters Rente konnte nicht einmal die Miete beglichen werden. So schlecht war es den Genschers noch nie ergangen. Ein Glück, daß Dieter eine Krankengeldversicherung abgeschlossen hatte. Davon lebte auch seine Mutter. Genscher lebte genügsam wie nie zuvor und nie mehr danach. Er leistete sich nicht einmal ein Glas Bier, hielt seine Groschen zusammen, damit die Mutter über die Runden kam. Auch diese Zeit prägte Genscher. Seine anerzogene, damals lebensnotwendige Sparsamkeit verlor er nie. Noch heute verrät er manchmal gewisse Züge von Geiz.

Hilde Genscher, die einst stolze Bauerntochter aus Halle, sah sich aus existentiellen Gründen gezwungen, vorübergehend eine Tätigkeit anzunehmen. Sie arbeitete mehrere Monate als Haushaltshilfe. Dem Sozialamt zur Last zu fallen wäre für sie ebenso unerträglich gewesen, wie »auf der Tasche von Verwandten zu liegen«.

Die Liegekur Genschers im Westerwald verlief erfolgreich. Ende November 1955 nahm er seine Tätigkeit in der Anwaltssozietät Kuhlmann wieder auf. Er machte so ziemlich alles. Nach und nach spezialisierte er sich bewußt auf die Strafverteidigung. Hier schien sein Talent am besten zu »blühen«. Trotz der langen Krankheit konnte er im Frühjahr 1956 eine Berufserfahrung von gut fünf Jahren nachweisen, hatte er doch während seiner gesamten Referendarzeit in Halle und Bremen unentwegt gearbeitet.

Der Jungdemokrat

Für Liberaldemokraten aus der Sowjetischen Besatzungszone galt es als Selbstverständlichkeit, nach einem Wechsel in die Bundesrepublik Mitglied der FDP zu werden. Als Genscher im August 1952 seine Bleibe in Bremen-Walle gefunden hatte und »Beamter auf Widerruf« geworden war, meldete er sich in der Geschäftsstelle der Bremer Liberalen, um Mitglied bei den Deutschen Jungdemokraten, der FDP-Jugendorganisation, zu werden. Dieser kleine Haufen junger Leute entfachte viel Wind um ihr politisches Engagement. Nach außen hin erweckten sie den Eindruck, eine einflußreiche Massenorganisation zu sein. In Wahrheit bestanden die Bremer Jungdemokraten aus einem Dutzend liberaler Aktivisten, die allerdings Sitz und Stimme im Bremer FDP-Landesvorstand hatten.

Genscher fiel bei den Nachwuchsliberalen durch präzise Anwendung der Geschäftsordnung auf. Bei Veranstaltungen glänzte er mit pragmatischen Vorschlägen. Mach- und Durchsetzbares bestimmten seine Gangart. Nach wenigen Wochen wurde er bereits zum stellvertretenden Landesvorsitzenden der Deutschen Jungdemokraten in Bremen gewählt. In dieser Eigenschaft nahm er an FDP-Kongressen teil, saß im Landesvorstand und bewarb sich als Zähl-Kandidat für die Bremer Bürgerschaft. Der wendige, mit allen Wassern gewaschene Genscher lernte Funktions- und Mandatsträger der FDP inner- und außerhalb Bremens kennen und knüpfte Kontakte zur Bonner Bundesgeschäftsstelle. Dabei waren seinem parteipolitischen Engagement aus zeitlichen und gesundheitlichen Gründen deutliche Grenzen gesetzt. Neun Monate lang mußten die Jungdemokraten auf ihn verzichten.

Nach seiner Rückkehr aus der Liegekur bewies Genscher seine alte Anhänglichkeit zur Partei. Er fehlte bei keiner wichtigen Veranstaltung, zeigte Flagge, setzte sich für die Belange des FDP-Nachwuchses ein. An der Bremer Landespolitik fand er nur mäßiges Interesse. Stadt- und Kommunalpolitik faszinierten ihn kaum. Um so eifriger beteiligte er sich an Diskussionen zur Deutschlandpolitik. Fragen der Wiedervereinigung berührten ihn. Als Hallenser mit originären politischen Erlebnissen und reichen persönlichen Erfahrungen im Sozialismus sah er vieles nüchterner als die meisten seiner politischen Freunde ohne SBZ-Vergangenheit.

VIII. Kapitel

Bonner Anfänge

FILMER/SCHWAN

Die Chance

Ende Dezember 1955 kam der Bremer FDP-Landesgeschäftsführer Eugen Schade auf Genscher zu und gab ihm einen heißen Tip: Die FDP-Bundestagsfraktion in Bonn suche zwei wissenschaftliche Assistenten. Der Parteimanager empfahl dem jungen Anwalt, seine Fühler in Richtung Bundeshauptstadt auszustrecken. Genscher dachte ohnehin zu jener Zeit darüber nach, sich beruflich zu verändern. In der Bremer Anwaltskanzlei fühlte er sich zwar wohl, doch eine finanzielle Verbesserung und neue berufliche Herausforderungen waren nicht in Sicht. Er hatte sich auf dem Arbeitsmarkt bereits genau umgeschaut und auch einige Bewerbungen losgeschickt. Außerdem dachte er wieder einmal darüber nach, doch noch zu promovieren. Tagelang knetete er das Für und Wider der verschiedenen Offerten durch. Schließlich siegten politische Überlegungen über finanzielle Verlockungen.

Genscher ließ sich in seiner Bremer Kanzlei für ein Jahr beurlauben und übernahm in Bonn den Assistentenjob. Der vorsichtige Rückversicherer ging mit dieser Entscheidung keinerlei berufliche Risiken ein. Er hielt es für eine »Supersache«, dem FDP-Fraktionsvorsitzenden im Deutschen Bundestag, Thomas Dehler, zuzuarbeiten.

Genscher hatte Dehler im Wahlkampf 1953 flüchtig kennengelernt. Der Mann begeisterte ihn. Beim Vorstellungsgespräch in Bonn sprang der Funke über. Dehler entschied sich unter den überreichlichen Bewerbungen für den Hallenser. Zuvor mußte allerdings noch das Urteil der hochbetagten, aber immer noch hellwachen FDP-Bundestagsabgeordneten Marie-Elisabeth Lüders eingeholt werden. Doch auch die ehemalige Leiterin der Frauenarbeitszentrale im preußischen Kriegsministerium und Abgeordnete der Weimarer Nationalversammlung plädierte nach einem ausführlichen Gespräch mit Genscher für den Bremer Anwalt. Als letzter mußte der einflußreiche Rechtsexperte der FDP-Fraktion, Dr. jur. Wolfgang Stammberger, gefragt werden. Der damalige Vorsitzende des Bundestagsgesundheitsausschusses und spätere Bundesjustizminister, der 1964 zur SPD überwechselte, entschied sich vor allem deshalb für Genscher, weil er Volljurist war. »Andere Leute können wir nicht gebrauchen«, unterstrich Stammberger seine Entscheidung.

Mit seiner Mutter war Genscher gerade in eine Eigentumswohnung – gebaut von der Bremer »Nord-See GmbH«, die später von der »Neuen Heimat« übernommen wurde – umgezogen, als er schon wieder die Koffer für seinen Wechsel nach Bonn packen mußte. Am 1. April 1956 saß er morgens um acht Uhr im Bonner Bundeshaus in einem kleinen Altbauzimmer neben dem Büro von Thomas Dehler, dessen wichtigster Zuarbeiter er wurde. Der fixe Jurist entwarf Initiativanträge für die Fraktion und machte nach Anweisungen Vorschläge für Gesetzesentwürfe. Schnell hatte er sich eingearbeitet und entwarf große und kleine Anfragen der FDP-Bundestagsfraktion, die er sogar ausformulierte. Sein juristischer Sachverstand half ihm über manche Klippen. Die Fraktion und ihr Vorsitzender zeigten sich mit dem personellen Neuerwerb zufrieden. Genscher verschaffte sich zunehmend Respekt und gewann die Sympathie der FDP-Parlamentarier. Nach kurzer Zeit schon hielt man ihn für unentbehrlich.

Ein neuer Rückfall

Nach neun Monaten Bonn, Ende Dezember 1956, erfaßte ihn ein neuer Schock: Der Fraktionsassistent fühlte sich unwohl und konsultierte außerhalb der festgesetzten Routineuntersuchung den Arzt. Dabei stellte sich heraus, daß er wieder an Lungentuberkulose erkrankt war. Diesmal hatte sich eine Kaverne geöffnet.

Sofort wurde Genscher dienstunfähig geschrieben. Was folgte, kannte der Hallenser. Wieder mußte er ins Lungensanatorium, diesmal in den Schwarzwald. Der Lungenkurort Schömberg liegt nördlich von Pforzheim. Neben den 2000 Einwohnern lebten hier 2500 Lungenkranke. Von Anfang Januar bis Dezember 1957 verweilte Hans-Dietrich Genscher hier.

Die Liegekur in Schömberg unterschied sich kaum von der im Westerwalddorf Elgershausen. Frische Luft, keine Bewegung, reichlich Essen. Diesmal jedoch bezog Genscher ein komfortables Einzelzimmer mit Balkon. Im Gegensatz zu früheren Zeiten, als er weder Arbeitslosengeld noch Sozialhilfe erhalten hatte, wurde nun sein Gehalt fortgezahlt. Dank seines Arbeitgebers, der FDP-Fraktion, konnte sich ihr kranker wissenschaftlicher Mitarbeiter pro Tag einen Einzelzimmerzuschlag von 1,– DM leisten. Allerdings meint Erich Mende heute, zu jener Zeit habe es lebhafte Diskussionen im Fraktionsvorstand über eine Kündigung Genschers gegeben. Unverhohlen habe der damalige FDP-Bundestagsabgeordnete und Schatzmeister Robert Margulis diese gefordert. Er meinte, die Fraktion schleppe einen kranken Assistenten mit, von dem niemand etwas habe und der vermutlich sicher bald ganz ausfalle. Man möge seinen Vertrag kündigen und die Stelle streichen.

Mende, der sich daraufhin erstmalig mit Genschers Schicksal beschäftigt haben will, legte sich quer mit dem Hinweis, er sei schließlich Mitglied des Kriegsopferausschusses des Deutschen Bundestages. Im Falle einer Kündigung müsse er den Parlamentsausschuß verlassen, da sich Genscher vermutlich als Flakhelfer und Soldat die Lungentuberkulose zugezogen und somit als Kriegsbeschädigter zu gelten habe. Er, Mende, trete nach liberalen Grundsätzen unermüdlich für den Schutz der Kriegsopfer ein. Seine politische Glaubwürdigkeit werde erschüttert, falls die FDP ihrem Fraktionsmitarbeiter kündige. Wenn auch die Rückschau manches verklärt: Tatsache ist, daß Genscher 1957 aus Krankheitsgründen in Gefahr war, seinen Bonner Arbeitsplatz zu verlieren. Vor allem Dehler jedoch wollte seinem Mitarbeiter Genscher die Chance nicht verbauen, nach Monaten der Genesung an seinen Platz in der Fraktion zurückzukehren. Er setzte sich durch und verhinderte die Kündigung.

Im Sanatorium von Schömberg erlebte Genscher, was Thomas Mann in seinem Roman »Der Zauberberg« beschreibt. Auch Genscher lebte in einer Scheinwelt, spürte den »fortschreitenden Wirklichkeitsverlust«, empfand das Leben »als eine gespenstische, lebensferne Routine«. Auch in »seinem« Sanatorium schien die Zeit stillzustehen, dominierte die ständige Angst vor der Nähe des Todes. Viele Kranke gaben sich auf, spürten schwindenden Lebenswillen. »Ich mußte mich innerlich sehr behaupten, um es zu packen«, blickt Genscher nachdenklich zurück. Wieder halfen ihm die Erinnerungen an Professor Hülse, seinen väterlichen Freund aus Halle. Was er im Studenten an Durchhaltewillen geweckt hatte, war nicht wegzudrücken. Trotzdem blieb Genscher unsicher. Die Angst vor dem Tod vermochte er abzubauen, nicht aber die Furcht, für alle Zeit arbeitsunfähig zu sein. Sie plagte ihn Tag und Nacht.

In Schömberg schloß er Freundschaft mit dem Oberarzt, an dessen Mittagstisch er oft saß. Den Mediziner beriet er in einer umstrittenen Baurechtsfrage. Wochenlang fungierte er als sein Anwalt. Sein Mandant bemühte sich, Genscher für eine immer dringlicher werdende Operation zu gewinnen. Im Herbst 1957 fällte Genscher die längst überfällige Entscheidung, sich einer Lungenoperation zu unterziehen. Damit setzte er alles auf eine Karte. Er wollte so nicht mehr leben. Die bei ihm angewandte medikamentöse Therapie schlug nicht mehr an. Nur ein chirurgischer Eingriff versprach Heilung und Berufstauglichkeit.

Die Reisekosten waren so hoch, daß Mutter Genscher nur selten zu Besuch kommen konnte. Auch Freunde mieden den weiten Weg in den nördlichen Schwarzwald. Allerdings wollte Genscher auch keinen Besuch. Dabei sah er gar nicht krank aus, war vollschlank und hatte durch die gute Luft eine frische Hautfarbe. Sogar sein psychischer Zustand war stabil. Doch während der Kur wollte er allein sein.

Ab und zu rief Thomas Dehler an und erkundigte sich vorsichtig nach dem Stand seiner Genesung. Die Zeit verging im Flug. Genscher las viel. Er studierte die juristischen Fachzeitschriften von der ersten bis zur letzten Zeile, wollte sich nicht unterkriegen lassen, sondern ein erfolgreicher und anspruchsvoller Anwalt sein und bleiben.

In der Klinik »Schillerhöhe« der Landesversicherungsanstalt Württemberg in Gerlingen bei Stuttgart fand er in Dr. med. Adalbert Huzly einen anerkannten Chirurgen, dem er vertraute und der die »Pneumolyse« genannte Operation durchführen sollte.

Acht Tage lang dauerten die Operationsvorbereitungen. Sorge bereitete Genscher sein Körpergewicht, das er durch ausgedehnte Spaziergänge auf der Solitüde, dem Sitz des baden-württembergischen Ministerpräsidenten, zu verringern suchte. Seine Mutter ließ er zunächst im ungewissen. Jede Aufregung wollte er ihr ersparen. »Das Wissen um eine Operation hätte sie kaputtgemacht«, sagt er heute, »dem wäre ihr Nervenkostüm nicht gewachsen gewesen.« Telefonate konnte er sich nicht leisten. So schrieb er der Mutter eifrig Briefe, berichtete ausführlich von Einzelheiten der Therapie, begründete den langen Heilungsprozeß, erläuterte ihr Prognosen und Erwartungen. Mutter Genscher verhielt sich ebenso schreibwillig. Sie beschrieb ihren Alltag in Bremen, erzählte von großen und kleinen Sorgen, beschrieb auch ihre seelische Situation. Sie stellte viele Fragen, verlangte Antworten. Der Sohn gab sich redlich Mühe und verfaßte optimistische Schreiben, über die sich seine Mutter freute. Um nicht aufzufallen – denn nach der Lungenoperation konnte er nicht zur Feder greifen –, verfaßte er drei Briefe auf Vorrat, die er sogar vordatierte. Eine Krankenschwester beförderte diese Briefe zur

Post, und Mutter Genscher erfuhr nicht, daß ihr Sohn innerhalb von neun Tagen zweimal operiert worden war. Nach dem zweiten gelungenen Eingriff leistete er sich ein Telefonat nach Bremen und eröffnete ihr die Vorfälle der vergangenen Tage. Genscher erholte sich rasch. Nach der Operation mußte er sich regelmäßig ambulanter Untersuchungen unterziehen. Als die Wunde abgeheilt war, bekam er ein »Pneu« angelegt. Wöchentlich wurde ihm sterile Luft zwischen Lunge und Rippenfell eingepumpt. Viereinhalb Jahre lang, bis Mitte 1961, unterzog sich Genscher dieser Prozedur, die fast schmerzfrei war. Seit dieser Zeit hat der Hallenser keine Probleme mehr mit seiner Lunge gehabt. Schon mehr als 27 Jahre lebt er so, als habe er nie an Lungentuberkulose gelitten.

ADALBERT HUZLY

Pneumolyse

Im November 1954 war bei Genscher nach einem Blutsturz eine offene Lungentuberkulose festgestellt worden. Eine vielmonatige medikamentöse Behandlung während eines 12monatigen Aufenthaltes in Krankenhaus und Heilstätte hatte eine gute Rückbildung gebracht. Ende 1956, also ein Jahr später, trat eine Verschlechterung ein. Die damals und zum Teil auch heute noch verwendeten Tuberkuloseheilmittel hatten auch bis zum Herbst 1957 keine komplette Heilung der Kaverne (Zerfallshöhle) im linken Lungenoberlappen erreicht. In einer Besprechung mit der Heilstätte in Schömberg anhand der kompletten Serie der Röntgenbilder einigte man sich auf Durchführung einer Lungenoperation, zu welcher sich Genscher auch sofort entschloß. Aufgrund der Tuberkuloseherde in beiden Oberlappen und des wechselnden Verhaltens dieser Herde sah man als Operationsmethode eine »Pneumolyse« vor.

Die Pneumolysenoperation erfolgte in Intratrachealnarkose mit kontrollierter Beatmung in Seitenlage. Durch einen Schrägschnitt zwischen Wirbelsäule und Schulterblatt wurde zwischen zwei Rippen eingegangen und die Rippenmuskulatur durchtrennt. So kam man auf das Rippenfell, welches mit feinen Tupfern und einem Zeigefinger rundherum von der oberen Hälfte der Brusthöhle bis zur Lungenwurzel abgeschoben wurde. Infolge des recht schmalen Zuganges mußte man mit Leuchtstäben und zum Teil gebogenen Instrumenten hantieren, um alles unter Sicht zu lösen. Die abgelöste Lunge sank nun herunter und wurde durch das nachlaufende Exsudat und Blut zusammengedrückt. Nach Verschluß der Wunde mußte in den nächsten zwei Wochen dieser flüssige Inhalt durch Punktion wieder entfernt werden. Größere Blutklumpen machten eine operative Ausräumung notwendig. Luftnachfüllungen drückten die abgelöste Lunge herunter. Diese Luftnachfüllungen mußten zwei oder mehrere Jahre lang erfolgen. Bei abgeheilter Kaverne wurden dann die Abstände verlängert, so daß die Lunge sich wieder aufrichten und den Hohlraum wieder auffüllen konnte.

Bei Genscher erfolgte die Pneumolysenoperation im September 1957 und die Entlassung nach Festigung des Gesundheitszustandes im November.

FILMER/SCHWAN

Lehren

In den Jahren seiner Krankheit durchlief Genscher einen Reifeprozeß, der sich heute in seiner Lebenseinstellung zeigt. Er genießt es, gesund, unversehrt und wohlauf zu sein. Nach seiner erfolgreich verlaufenen Lungenoperation überkam ihn ein unbeschreibbares Glücksgefühl, das bis zur Gegenwart als eine Triebfeder für seine Rastlosigkeit und sein unaufhörliches Schaffen gilt. Genscher fühlte sich wie neugeboren. Seine wiedergewonnene Gesundheit empfand er so, als würde er ein neues Leben beginnen. Endlich konnte er wie ein normaler Mensch leben. Das verschaffte ihm neue Impulse, motiviert ihn bis auf den heutigen Tag. Für ihn ist Gesundheit – also eine gute Verfassung, Wohlergehen und Wohlbefinden – nichts Selbstverständliches. Jeden Tag betrachtet er als Geschenk, für das er dankbar ist. Sein Einfühlungsvermögen in die Situation Kranker und Behinderter wurde durch das eigene Erleben geprägt. Seine Sensibilität für Ausgestoßene, Isolierte und von einer Krankheit Gezeichnete läßt sich kaum noch steigern.

Die mehrjährige Krankheit versetzte Genscher in einen Arbeitsrausch, der trotz zunehmenden Alters an Heftigkeit nichts eingebüßt hat. Seit Jahren plagt ihn das Gefühl, etwas verpassen, nicht alles auskosten zu können, was das Leben bietet. Genscher hat viele Charaktereigenschaften und Talente von seinen Eltern geerbt. Dazu gehört auch sächsische Quirligkeit, Rast- und Ruhelosigkeit. Verstärkt und erweitert wurden diese Merkmale aber noch durch die langen Phasen der Krankheit.

Neuanfang

Am 15. Februar 1958 meldete sich der genesene Hallenser bei der Bonner FDP-Bundestagsfraktion zurück. Als er 1956 seine Mitarbeitertätigkeit begonnen hatte, war die FDP aus dem Regierungsbündnis mit der Union ausgetreten. Während seiner Abwesenheit hatte es eine Reihe politischer Überraschungen gegeben, mit denen niemand in der FDP gerechnet hatte. Die personellen und politischen Querelen innerhalb der Partei hatten zugenommen und den Liberalen ein enttäuschendes Ergebnis in der Bundestagswahl im Herbst 1957 gebracht. Thomas Dehler war im selben Jahr von Reinhold Maier im Amt des FDP-Bundesvorsitzenden und von Erich Mende als Fraktionschef abgelöst worden. Genscher hatte seinen politischen Mentor als unmittelbaren Vorgesetzten verloren. Mit Erich Mende traf er auf einen Politiker, der sich von seinem Vorgänger grundlegend unterschied: im Arbeitsstil, im politischen Temperament, in tagespolitischen Fragen, in der Außenpolitik, im Umgang.

Dem tüchtigen, anpassungswilligen Genscher fiel die Umstellung auf seinen neuen Dienstherrn nicht schwer. Natürlich vermißte er den impulsiven Dehler, der gegenüber seinem lungenkranken Assistenten Feingefühl und Empfindsamkeit gezeigt hatte.

Dehler war der einzige aus der Parteispitze gewesen, der sich wiederholt telefonisch nach dem Wohlergehen seines jungen Zuarbeiters erkundigt hatte. Schließlich verdankte Genscher auch Dehler, daß ihm die Fraktion nicht wegen seiner Arbeitsunfähigkeit den Stuhl vor die Tür gesetzt hatte.

Wir haben uns häufig gefragt, was den jungen Hallenser an Dehler begeisterte, weshalb er ihn verehrte und ihn als Vorbild nannte. Neben den menschlichen Qualitäten des Vollblutpolitikers müssen es vor allem die hervorstechenden Charaktereigenschaften jenes Mannes gewesen sein, die Genscher faszinierten.

Dehler besaß leidenschaftlichen Mut, Unpopuläres zu artikulieren. Konflikten und Streit ging er nicht aus dem Weg. Sein Harmoniebedürfnis war unterentwickelt. Sein emotionales, vulkanisches Temperament erregte die junge Generation. Der begabte Redner stellte mit ungeheurer Intensität in packenden Bildern Politik dar. Er entwarf politische Visionen in der Innen-, Rechts- und Außenpolitik. Der radikale Liberale paßte sich nirgendwo an. Immer stand er auf der anderen Seite der Barrikaden, war kaum kompromißfähig, sondern von »granatener Sturheit«. Bis zum Scherbenhaufen verfolgte er seinen Kurs. Dehler konnte zornig werden und seine Aggressionen und Leidenschaften deutlich zum Ausdruck bringen, wenn er zum Beispiel die Politik Adenauers geißelte.

Er wollte zweifeln und seine Zerrissenheit aussprechen. Doch als Mensch konnte er Wärme und tiefe menschliche Zuneigung geben. Am meisten beeindruckten den jungen Genscher Dehlers Initiativen in der Deutschlandpolitik. Seine Thesen zur Wiedervereinigung deckten sich mit dem politischen Verständnis des Hallensers. Der wissenschaftliche Assistent der FDP-Bundestagsfraktion kniete sich mit unvergleichlichem Elan in seine Arbeit. Seine Vorlagen und Analysen zeichneten sich durch »beste handwerkliche Qualität« und »juristische Kompetenz« aus. Mende merkte rasch, wie wichtig auch für ihn der zuverlässige Zuarbeiter Genscher war. Seine Solidarität, sein immenser Fleiß, sein analytisches Vermögen und seine schnelle Aufnahme- und Kombinationsfähigkeit machte sich Fraktionschef Mende zunutze. Schließlich belohnte er Genschers Arbeit. Im Frühjahr 1959 beförderte er den Dehler-Zögling in eine Position, die eine Parteikarriere möglich machte.

IX. Kapitel

Die Karriere

FILMER/SCHWAN

Der Fraktionsgeschäftsführer

Privat unternahm Genscher Ende des Jahres 1958 eine wichtige Weichenstellung: Am 29. Dezember heiratete er Luise Schweitzer. Drei Monate später berief ihn Fraktionschef Erich Mende zum Geschäftsführer der FDP-Bundestagsfraktion.

Neben einer beträchtlichen Gehaltserhöhung erhielt der Neubonner eine Reihe neuer Aufgaben, die er mit Bravour meisterte.

Genscher wurde zum »Motor der Fraktionsarbeit«. Bei allen Fraktionssitzungen war Genscher anwesend. Er half dem Vorsitzenden bei den Vorbereitungen. Keine Bundesvorstandssitzung, kein Treffen des engeren Bundesvorstandes fand ohne ihn statt. Er wußte über alles Bescheid, kannte sämtliche Einzelheiten der wichtigen Entscheidungsprozesse innerhalb der FDP-Spitzengremien. Seine Kenntnisse in der Deutschland- und Ostpolitik waren gefragt. Diese Politikbereiche fesselten ihn. Nach und nach erschloß er sich neue politische Sachthemen wie die Finanz- und Steuerpolitik, doch auch die Sozial- und Verkehrspolitik. Genscher nahm »ungeheuerlich viel auf«. Bald besaß er ein »Querschnittswissen der Politik«.

Die Mechanismen des Parlamentarismus handhabe er immer genauer. Sein Umgang mit Parlamentariern und Parlament bestach durch Herrschaftswissen. Die Bedürfnisse und Erwartungen der Abgeordneten kannte er in- und auswendig. Die Arbeitsweise der schwierigen FDP-Fraktion, ihre »inneren Gesetze, die nirgends festgeschrieben sind«, wurden von Genscher mitbestimmt. Er durchschaute Wege der Kompromißfindung. Sorgfältig registrierte er, wer wann und warum Durchsetzungsfähigkeit zeigte.

Fraktionsarbeit qualifiziert und effektiv zu organisieren war seine wichtigste Aufgabe. Wesentlich stützte er sich dabei auf die Vorsitzenden der Fraktionsarbeitskreise. In der Regel zuverlässige Leute, auf deren Urteil er sich weitgehend verließ. Bei der Wahl dieser »Fraktionsstreben« mischte Genscher kräftig mit und versuchte, Einfluß zu nehmen. Er schleuste seine Vertrauten in Verantwortung.

Zusammen mit dem FDP-Bundesgeschäftsführer Karl-Hermann Flach formulierte Genscher das erfolgreiche Wahlprogramm für die Bundestagswahl 1961. Auch die in millionenfacher Auflage herausgebrachten deutschlandpolitischen Grundsätze der FDP nach dem Bau der Berliner Mauer stammten maßgeblich aus Genschers Feder.

Der Fraktionsgeschäftsführer Genscher »studierte« politische Persönlichkeiten in seinem Bonner Umfeld. Einige hinterließen nachhaltige Spuren in den Handlungsweisen des Hallensers.

Der »unglaublich fleißige« Mende besaß in diesen Jahren eine starke Position innerhalb der Partei. Das war auch im Januar 1960 deutlich geworden, als er Reinhold Maier abgelöst und neuer Bundesvorsitzender geworden war. Unter seiner Führung erreichte die FDP 1961 den größten Bundestagswahlerfolg mit 12,8 Prozent der Stimmen in der Geschichte einer oft gebeutelten Partei. Genscher wurde Mendes engster Berater. Seine deutschlandpolitischen Ideen und weitreichenden Vorschläge unterstützte der Hallenser inhaltlich voll.

Mende, der für seine Partei ständig unterwegs war, fand in Genscher einen zuverlässigen Vertrauten. Als umsichtiger Zuarbeiter beriet er Mende auch in strategischen Fragen, von denen dieser nicht allzuviel verstand. Stellvertreter Mendes im Fraktionsvorsitz waren seit der Bundestagswahl von September 1961 Wolfgang Döring, Knut Freiherr von Kühlmann-Stumm und Wolfgang Bucher. Genschers politischer Ziehvater Thomas Dehler hatte sich in die Isolierung manövriert. Seit 1960 saß er auf dem Stuhl des einflußlosen Bundestagsvizepräsidenten. Für Genscher blieb er allerdings ein Ansprechpartner, dem er in mancher kniffligen politischen Frage half. Seine leidenschaftlichen Bundestagsreden gegen Adenauer blieben dem Neubonner unvergessen.

Es war allerdings nicht immer leicht für Genscher, seine Sympathien für Dehler offen zu zeigen. Denn sein Vorgesetzter Erich Mende stand mit Dehler in einem unerbittlichen Kleinkrieg.

»Hautnah« erlebte Genscher auch den »Ideenproduzenten« Wolfgang Döring. Der Sachse aus Leipzig und ehemalige Berufsoffizier der deutschen Wehrmacht gehörte zur Garde der »National-Liberalen« innerhalb der FDP. Schon 1958 hatte er mit seiner Rede gegen die Atombewaffnung der Bundeswehr im Bundestag erhebliches Aufsehen erregt. Für viele Beobachter blieb auch Dörings »bewegtes Plädoyer für den Rechtsstaat« in der »Spiegel-Debatte« des Deutschen Bundestages vom November 1962 unvergessen.

Eng zusammen arbeitete Genscher ebenfalls mit dem Dresdner Sachsen Wolfgang Mischnick, der seit 1957 im Bonner Parlament saß und bis 1961 parlamentarischer Geschäftsführer gewesen war. Genscher schätzte sein pragmatisches Geschick, seinen »praktischen Sinn« und sein taktisches Verständnis. Mischnick überzeugte durch Sachkenntnis in der Sozialpolitik. Dieser Mann, »der Zahlen kennt«, konnte wie kein anderer Auswirkungen von Gesetzen errechnen und »Relationen zu allen erdenklichen Eventualitäten herstellen«. Mischnicks Präsenz, sein Fleiß, sein umfassendes Wissen und seine politische Erfahrung, die er zu einem erheblichen Teil aus der DDR mitbrachte, bildeten damals schon sein politisches Kapital.

Ein organisatorisches As war Genscher nie. Politisches Engagement und politischen Instinkt betrachtete er als sein Kapital. Seinem Freund und Kollegen Heinz Heidemann überließ er meist die detaillierten Organisationsfragen. Vieles hielt er sich vom Hals, um den Kopf frei zu haben fürs »politische Geschäft«. Darin bestärkten ihn Dehler, Döring und Weyer. Fraktionschef Mende beobachtete Aktivitäten und Prioritäten des Hallensers eher skeptisch.

Bei den Koalitionsverhandlungen nach der Bundestagswahl 1961 arbeitete Genscher zusammen mit dem württembergischen Altliberalen Wolfgang Hausmann den Koalitionsvertrag für die letzte CDU/CSU-FDP-Koalitionsregierung unter Konrad Adenauer aus. Der Fraktionsgeschäftsführer erlebte den »Umfall« Mendes, der nach der Wahl Adenauer als Kanzler abgelehnt und ihn später dann doch wieder zähneknirschend akzeptiert hatte. Bis heute leiden die Liberalen an diesem »historischen Umfall«. Vergeblich hatte Genscher versucht, Mende von seinen Sprüchen gegen den alten Fuchs Adenauer zurückzuhalten. Daß größerer Schaden von der FDP abgewendet wurde, verdankt die Partei ihrem Fraktionsgeschäftsführer. Er schnürte den Unionsparteien unter Adenauer einen klugen Koalitionsvertrag. Überhaupt versteht Genscher es meisterhaft, Koalitionsverträge, Abmachungen und Bedingungen zu formulieren. Er achtet sorgfältig darauf, wie Verträge eingehalten werden!

Als Fraktionsgeschäftsführer operierte Genscher auch äußerst geschickt und geschmeidig bei den Koalitionsverhandlungen 1962. Er gehörte zu denen, die »eisern den Willen eines Teils der FDP-Fraktion durchsetzte«, Franz Josef Strauß vom Bonner Kabinettstisch fernzuhalten. Wurden damit 1962 die Grundlagen für einen Konflikt zwischen dem Bayern und dem Provinzsachsen gelegt, der bis heute seine Aktualität nicht verloren hat? Genscher schweigt dazu.

Am Erhardschen Regierungsprogramm schrieb Genscher den FDP-Teil mit. Als Erich Mende im Oktober 1963 Vizekanzler und Minister für gesamtdeutsche Fragen im ersten Kabinett Ludwig Erhard wurde, bekam Genscher einen neuen Chef. Der bisherige Mende-Stellvertreter Knut Freiherr von Kühlmann-Stumm wurde zum neuen FDP-Fraktionsvorsitzenden gewählt.

Der Industrielle aus Bayern, Salem-Schüler, Offizier mit Generalstabsausbildung, Afrika-Kämpfer und zum Ende des Zweiten Weltkriegs Hauptmann in der Führungsstaffel des Oberkommandos der 12. deutschen Armee, war der FDP beigetreten, weil sie ihm »nationaler« als andere Parteien zu sein schien.

Nach Dehler und Mende mußte sich Genscher auf den dritten Boß innerhalb von sechs Jahren einstellen. Der anpassungsbereite Hallenser kam auch mit seinem neuen Vorgesetzten aus, der beinahe Finanzminister im letzten Kabinett Adenauer geworden wäre, wenn seine Verbindungen zum Großkapital nicht gestört hätten.

Genschers Einfluß auf Kühlmann-Stumm war bedeutender als auf die beiden Vorgänger. Das lag einerseits an der häufigen Abwesenheit des Industriellen, andererseits war Genscher nach sechsjähriger Tätigkeit mit den Themen und dem Fraktionsapparat vertraut wie niemand sonst. Genscher wußte alles, konnte alles, verstand alles, organisierte alles: er hatte sich unentbehrlich gemacht.

Seine Aufgabengebiete waren gleich geblieben, doch unter Kühlmann-Stumm wuchsen Arbeit und Verantwortung. Seine Redevorschläge wurden unbesehen akzeptiert. Was Genscher empfahl, erhielt Gewicht. Seine Bedeutung bei sachpolitischen Entscheidungen innerhalb der Fraktion war enorm. Von Anfang an betätigte er sich als Generalist. Auf bestimmte Themen ließ er sich erst gar nicht festlegen. Ein kluger Schachzug. Hinter Kühlmann-Stumm galt er als der »zuverlässige zweite Mann« in der Fraktion. »Red mit dem Genscher, wenn du was wissen willst«, lief in den sechziger Jahren als geflügeltes Wort durch Bonn. »Sein Schreibtisch wurde zur Kontaktstelle von Fraktion, Partei, FDP-Kabinettsmitgliedern und Koalition«, sagte ein professioneller Beobachter. Mit eigener Kraft erarbeitete er sich eine Stellung, in der er für die Partei Ziele formulieren konnte.

Der 36jährige Genscher hatte viel erreicht. Sein Ansehen in der Fraktion war beträchtlich. Sein Beruf befriedigte ihn. Der Umgang mit politisch kontrollierter Macht bereitete ihm Freude und Zufriedenheit. Doch ein Leben lang anderen zuarbeiten, ihnen Probleme abnehmen, anderen dienen wollte er nicht. Ernsthaft prüfte er ein überraschendes Angebot des ZDF, dem er seit seiner Gründung als Mitglied des Fernsehrates angehörte, Justitiar dieser Sendeanstalt zu werden. Daß er am hochdotierten Job durchaus Interesse fand, zeigte sich daran, daß er für das Justitiariat eine eigene Abteilung forderte. Doch als nach ersten Sondierungen seine Wünsche unerfüllbar schienen, winkte er ab und blieb in Bonn.

Der Bundesgeschäftsführer

Am 7. August 1961 hatte es in den Räumen der kleinen FDP-Bundestagsfraktion einen Umtrunk gegeben. Der Fraktionsgeschäftsführer der FDP spendierte Bier und Wein. Grund: An diesem sonnigen Augusttag hatte seine erste und einzige Tochter das Licht der Welt erblickt. Hätte er seinen Gefühlen freien Lauf gelassen, wäre es das größte Fest des Jahres geworden. Doch diszipliniert, wie er nun mal ist, begnügte er sich mit »einige Runden«. Nur mit seinen Freunden ging es Tage später hoch her.

Der bis heute sanftmütige, nachgiebige, mitfühlende und tolerante Vater hatte in diesen Jahren wenig Zeit für Frau und Kind. Ein halbes Jahr nach Martinas Geburt war ihm von der Partei auch noch das Amt des FDP-Bundesgeschäftsführers aufgehalst worden. Zwar läßt sich der Geschäftsführer nicht mit dem Generalsekretär einer Partei vergleichen, doch verlangt auch dieser Job ganze Aufmerksamkeit. Vor und nach Genscher reichte das Amt des Bundesgeschäftsführers für den jeweiligen Inhaber als Full-time-Job. Genscher, der seine Arbeitskraft und -zeit einzuteilen versteht wie kaum ein zweiter, wußte zu delegieren und Prioritäten zu setzen.

Seine Doppelfunktion war aus Personalnot entstanden. Flach war nicht mehr in Bonn zu halten. Der »Umfaller-Partei FDP« gaben professionelle Beobachter 1962 wenig Chancen für ein Überleben. Geeignete Persönlichkeiten innerhalb der kleinen FDP-Personaldecke boten sich außer Genscher nicht an. Niemand drängte nach Bonn; niemand wollte hauptamtlicher Parteiangestellter werden. Nicht erst seit der Flick-Bestechungsaffäre haben Parteiämter keinen nennenswerten Ruf.

Genscher wurde gerufen und akzeptierte das Angebot Mendes, bis zum Revirement 1963 das Amt des Bundesgeschäftsführers mitzuübernehmen. »Der Genscher war so fleißig, so loyal, so pflegeleicht, außerdem vertrug und verstand er sich gut mit allen anderen«, bemerkte einer, der es wissen muß.

Genscher erwarb sich bleibende Verdienste um die Straffung der Parteiorganisation und einen funktionsfähigen Ausbau. Seine enge Zusammenarbeit mit den Landesgeschäftsführern verschaffte ihm Einfluß in sämtlichen Gliederungen der Landesparteien. Regelmäßig traf er sich mit ihnen und erwarb außergewöhnliche Informationsvorsprünge vor anderen Funktionsträgern seiner Partei. Dem Bundesvorsitzenden Mende gewährte er Einblick in das Innenleben der FDP, soweit er es wollte. Sein Verhältnis zum Vorsitzenden blieb vertraulich. Genscher organisierte Parteitage und half mit, Landtagswahlkämpfe zu bestehen. Der Zentralist bemühte sich Jahr um Jahr, professionelle Parteimitarbeiter zu gewinnen. Er stabilisierte den Parteiapparat. Mit eigenen programmatischen Vorstellungen hielt er sich zurück. Er überließ dem Vorsitzenden und den Ministern die Aufgabe, liberale Ideen und politische Zielsetzungen in die Partei hineinzutragen. Seine politische Berichterstattung für die Parteiführung über die Lage der FDP in Kommunen, Ländern, Berlin und dem Bund zeichnete sich durch differenzierte Kenntnisse und durch einfühlsame Bewertungen der gesamten Parteienlandschaft aus. Der Pragmatiker und Realist stattete die Landesverbände nicht nur mit Materialien und Organisationshilfen aus. Wenn die Landesgeschäftsführer nach Zusammenkünften in Bonn die Bundeshauptstadt verließen, fühlten sie sich von Genscher gut informiert. Er vermittelte ihnen die politische Analyse aus der Sicht eines Bonner Insiders. Genschers Qualitäten wurden landauf, landab gerühmt. Noch heute preisen ehemalige Landesgeschäftsführer der FDP diese selten bei Politikern und Parteimanagern ausgeprägte Eigenschaft, die sie an FDP-Bundesgeschäftsführer Genscher bewunderten: »Er konnte konzentriert zuhören, ohne zu unterbrechen. Er lauschte geduldig den weit ausholenden Geschichten über große und kleine Sorgen. Vor allem kümmerte er sich unentwegt bei der Problembewältigung.« Genscher, der sich als seinen Nachfolger Hans Friderichs auswählte, wird als erfolgreicher, effizienter und wirksamer FDP-Bundesgeschäftsführer in die Parteigeschichte eingehen.

Der Parlamentarier

Am 21. März 1964 feierte Genscher seinen 37. Geburtstag. Trotz der ungeraden Zahl wurde kräftig gebechert. Es war ein gelungenes Fest, zu dem die engsten Freunde kamen.

Oben links: Hans-Dietrich Genscher in Reideburg, 6. 6. 1928
Oben rechts: Mit seinem Hund »Doll«, 1930
Unten: Hilde Genscher mit ihrem Sohn, 26. 6. 1927

Oben links: Im Alter von zwei Jahren, Reideburg 1929

Oben rechts: In Reideburg, 1930

Unten: Hans-Dietrich Genscher (links) mit Nachbarskindern, 1930

Oben links: Der erste Schultag in der Volksschule Reideburg, 1933

Oben rechts: Hilde und Hans-Dietrich Genscher, Halle 1939

Unten: Hans-Dietrich Genscher (oberste Reihe, vierter von links) in der Quinta b, April 1938

Oben: Hilde und Kurt Genscher, Halle 1935

Unten: Hans-Dietrich Genscher (zweiter von links) als Luftwaffenhelfer
in Rathmannsdorf bei Halle, 1943

Der Pionier mit seiner Mutter in Wittenberg, 1945

Oben: In Halle, 1946

Unten links: In Reideburg, 1948

Unten rechts: Hilde und Hans-Dietrich Genscher in Reideburg, 1947

1. Examen in Leipzig, 5. 10. 1949

Oben: Hans-Dietrich Genscher und Freund Reinhold, 1952 als Referendare in Bremen

Unten: Referendar in Bremen, 1953

In diesen Tagen dachte Genscher häufiger als sonst über seine berufliche Zukunft nach. Sicherlich hatten seine Überlegungen etwas mit seinem Alter zu tun. Er war der festen Überzeugung, die entscheidenden Weichen seines Lebens stellen zu müssen. Es bewegte ihn die Frage: Gehe ich mit ganzem Elan in die Politik, werde ich Berufspolitiker, oder arbeite ich in meinem erlernten Beruf als Anwalt?

Als Regierungsrat hätte Genscher ein Jahr zuvor in Mendes Ministerbüro als Bürochef eintreten können. Doch der Hallenser hatte abgelehnt. Entweder wollte er ein Bundestagsmandat erringen oder zum Ende der Legislaturperiode 1965 in Bonn aufhören. Genscher schien fest entschlossen zu sein, der FDP und Bonn den Rücken zu kehren.

Doch es gab Vorbehalte gegenüber hauptamtlichen Mitarbeitern. Erich Mende zog mit dem mächtigen nordrhein-westfälischen FDP-Landesfürsten Willy Weyer am gleichen Strang: Hauptamtliche Kräfte sollten nicht mit Mandaten ausgestattet werden. Schon bei Wolfgang Döring und Wolfram Dorn, die als erste Mandatsträger aus dem Parteiengagement gekommen waren, hatte es Schwierigkeiten gegeben. In der FDP gab es eine weitverbreitete Abneigung gegenüber hauptamtlichen Parteileuten, die eine parlamentarische Karriere anstrebten. Das wußte Genscher. »Über den zweiten Bildungsweg – die Fraktionsarbeit – in den Bundestag zu gelangen schien fast ausgeschlossen«, erinnert sich ein Zeitzeuge.

Genscher kannte die Machtverhältnisse in der Partei. Mit seiner Idee, 1965 Bundestagsabgeordneter zu werden oder künftig als Anwalt Geld zu verdienen, ging er zu »Big Willy«, dem stellvertretenden FDP-Bundesvorsitzenden. Vor dem Treffen mit Weyer hatte er »Muffensausen«. Aber seine Ängstlichkeit erwies sich als völlig unbegründet. Weyer hatte Genschers politische Arbeit beobachtet. Er kannte seine Talente. Weyer zögerte nicht einen Moment. Er stellte dem agilen Fraktionsgeschäftsführer und Parteimanager einen Bundestagswahlkreis in Nordrhein-Westfalen und einen sicheren Platz auf der Landesliste in Aussicht, ohne sich vorher mit irgendeinem Gremium abgestimmt zu haben.

Wolfgang Döring, der große Hoffnungsträger der FDP, war tot. Sein Wahlkreis in Detmold mußte neu besetzt werden. Auch die Kölner Liberalen hatten einen Wahlkreis zu vergeben. Willy Weyer entschied anders. Als ehemaliger hauptamtlicher Stadtrat von Wuppertal kannte er sich dort gut aus. Seine Verbindungen zum Kreisvorsitzenden machten in kürzester Zeit eine Regelung möglich. Nach einem Treffen Genschers mit dem Wuppertaler FDP-Kreisvorsitzenden Bremecker galt sein Bundestagsmandat so gut wie sicher. Auch im FDP-Landesvorstand gab es keine Schwierigkeiten. Weyer entschied, daß Genscher auf Platz 10 der Landesliste kam, »einen absolut sicheren Rang«. Damit rangierte der

Neuling noch vor altgedienten Parlamentariern. Bereits vier Jahre später kandidierte Genscher hinter Walter Scheel auf Platz 2, ebenso 1972. Seit 1976 führt Genscher die nordrhein-westfälische FDP-Landesliste an. Genscher verdankte Willy Weyer nicht nur sein Bundestagsmandat. Der Hagener Chefliberale bestimmte gleichzeitig, daß der bewährte Parteisoldat auch parlamentarischer Geschäftsführer wurde. Weyer schien so sehr von Genscher überzeugt zu sein, daß er für ihn 1968 schließlich den Platz des stellvertretenden FDP-Bundesvorsitzenden frei machte.

Mit 9,5 Prozent der Stimmen erzielten die Liberalen bei der Bundestagswahl im Oktober 1965 ein gutes Ergebnis. Der fleißige Wahlkämpfer Genscher holte 8,1 Prozent der Erst- und 11,1 Prozent der Zweitstimmen in seinem Wuppertaler Wahlkreis. Mit dem Einzug in den Deutschen Bundestag erreichte er sein gestecktes Berufsziel. Seine erste Rede im Parlament beschäftigte sich mit Außenpolitik, genauer mit der gesamteuropäischen Friedenskonferenz. Als »natürliches Interessengebiet von seiner Herkunft her« verschrieb er sich der Außenpolitik, die er auch in den nächsten vier Jahren im Verteidigungsausschuß verfolgte.

Der parlamentarische Geschäftsführer

Im Verteidigungsausschuß des Deutschen Bundestages landete Genscher entgegen der eigentlichen Planung nur als stellvertretendes Mitglied. Denn die FDP-Fraktion wählte ihn am 9. November 1965 mit großer Mehrheit zum neuen parlamentarischen Geschäftsführer. Sein Vorgänger wurde auf einen hochdotierten Job bei der Bundesbank in Frankfurt »weggelobt«. Genscher erreichte damit »eine der schönsten Tätigkeiten«, die es im parlamentarischen System gibt. Sein Einfluß verstärkte sich zusehends. Fraktion und Bundesvorstand der FDP beriefen ihn sofort in die Verhandlungskommission zur Bildung einer neuen Regierungskoalition mit den Unionsparteien.

Genscher verstand sich hervorragend mit seinen Amtskollegen Rasner (CDU) und Wienand (SPD). Zum wöchentlichen Ritual gehörte, daß sich die drei parlamentarischen Geschäftsführer der Presse stellten und über die im Ältestenrat vereinbarte Parlamentsarbeit informierten. Die Geschäftsführer achteten streng darauf, die Tagesordnung effizient zu gestalten. Sie koordinierten den Ablauf der Sitzungen und leisteten gemeinsam gute Öffentlichkeitsarbeit für den Parlamentarismus in der Bundesrepublik.

Für die eigene Fraktion legte Genscher Tagesordnungen fest, bestimmte die Rednerliste und schlug vor, wer zu welchem Thema im Bundestag sprach. Er galt als Schaltstelle in der Fraktion. Alles lief über seinen Schreibtisch: von der Reisekostenabrechnung der Parlamentarier bis zu intimen familiären Angelegenheiten der Abgeordneten. Auch Bonner Klatsch und Tratsch landete bei ihm. Als damalige Stärke wird seine »unerhörte Diskretion« gelobt. Genscher mußte heikle und schwierige Fragen aufnehmen und bearbeiten, ohne daraus je persönliches Kapital zu schlagen. »Jeder in der Fraktion wußte, daß er es weiß, und das reichte«, erinnert sich ein Weggefährte. Genscher war immer der »Feldwebel der FDP. Ein Spieß, der alles zusammenhält.« Mende, aber auch Scheel kümmerten sich um große Reden und Auftritte; sie interessierte der »Medienzauber«. Mehr jedenfalls als harte Arbeit! Genscher dagegen war nie ein berechnender, machtgieriger Fraktionsmanager und Parlamentarier. Er hatte wirklich in »ungeheuerlicher Treue« die ganze Arbeit für die Großen in der FDP geleistet, ohne brennenden Ehrgeiz, ohne Intrigen. Hinter den Fraktions- und Parteichefs wirkte er als zuverlässiger und loyaler zweiter Mann, der alles im Griff hatte. Genscher baute in dieser Zeit ein vielfältiges Verbindungsnetz auch zu anderen Fraktionen auf. Seine Klientel fühlte sich gut bedient. Er enttäuschte niemanden.

Lange Zeit haben Bonner Insider Genscher unterschätzt. Viele nahmen ihn in seiner Leistung und in seinem Einfluß nicht richtig wahr. Seine Stärke, überall präsent und dabeizusein, ohne sich in den Vordergrund zu schieben, merkten einige zu spät. Der Wuppertaler Abgeordnete entwikkelte sich mit seinem angesammelten Wissen und den Verfahrenstechniken zu einem der mächtigsten Politiker seiner Fraktion. Er war nicht zu übertreffen und dadurch auch unentbehrlich. Die Fraktionschefs konnten gar nicht anders, als sich auf ihn zu stützen und ihm zu vertrauen.

Der unentbehrliche Souffleur für Mende und Kühlmann-Stumm wurde auch für Bonner Journalisten eine gewichtige »Anzapfsäule«. Wer Hintergründe erfahren wollte, ging zu Genscher, bevor er seine Zeit mit unergiebigen Recherchen bei anderen vergeudete.

Geschickt nutzte der Hallenser die Wochenenden zur öffentlichen Darstellung von FDP-Positionen. Kaum ein Samstag oder Sonntag verging ohne gutplazierte Genscher-Interviews. Diesen Freiraum ließ ihm Fraktionschef Kühlmann-Stumm, der nach außen kaum in Erscheinung trat. Doch versuchte Genscher, nie zu überdrehen, nie die Rolle als geheimer Fraktionschef zu spielen.

Entscheidend für Genschers Bonner Karriere war seine Art, an Probleme und deren Lösungen heranzugehen. Er besaß früh ein Sensorium, Kräfteverhältnisse auszutarieren, Macht einzukalkulieren und mit nüchternem Pragmatismus Entscheidungen vorzubereiten.

Genscher erlebte Ende Oktober 1966 den Bruch der Koalition. Eine

»quälende Zeit« mit quälenden Auseinandersetzungen hatte ein Ende. An der Frage einer Steuererhöhung scheiterte die Koalition. Viele in der Union wollten auf diese Weise den ungeliebten Kanzler Ludwig Erhard loswerden. Andere wiederum hegten die Sehnsucht nach einer großen Koalition, die schließlich auch zustande kam. Ein schwerer Schock für die Liberalen, die glaubten, als Koalitionspartner unentbehrlich zu sein. Die Spitze der FDP irrte sich total und mußte zu ihrem Entsetzen feststellen, von der Macht in Bonn ausgeschlossen zu sein. Diese Erfahrung von 1966 wirkt bei den Liberalen bis heute nach.

Während sich die Altvorderen der FDP kaum über den Machtverlust beruhigen konnten, gelang es den jüngeren FDP-Parlamentariern relativ schnell, sich in der neuen Rolle als parlamentarische Opposition zurechtzufinden. Genscher und seine Altersgenossen nutzten jede Gelegenheit im Parlament, liberale Politik öffentlich darzustellen. Zu den häufigsten Rednern gehörten neben Genscher die Abgeordnetenkollegen Flach, Moersch und Dorn. In der Notstandsgesetzgebung nahm die FDP eine deutliche rechtsstaatliche Position ein, und in der Außenpolitik versuchte sie, neues Profil zu gewinnen. Drei Oppositionsjahre gingen für den Hallenser schnell vorbei.

Im Januar 1968 bekam Genscher einen neuen Fraktionsvorsitzenden. Mit Wolfgang Mischnick verstand sich Genscher blendend. Ebenso mit dessen Stellvertreter Ertl und Dorn. Mischnick und Genscher wählten die Delegierten des Freiburger Bundesparteitages im November desselben Jahres zu Scheels Stellvertretern im Parteivorsitz.

Nachzutragen bleibt Genschers Versuch aus dem Jahr 1966, mit dem Brandt-Intimus Egon Bahr die Chancen einer sozialliberalen Koalition auszuloten. Der Brandt-Beauftragte traf sich vor Bildung der großen Koalition mehrfach in der Berliner Vertretung mit Genscher, um Gemeinsamkeiten von SPD und FDP herauszufinden. Es ging schlicht um die Frage, ob durch eine kleine Koalition ein großes Regierungsbündnis verhindert werden könne. Weit führten die Geheimverhandlungen nicht. Herbert Wehner wollte ein Bündnis mit der Union, ebenso Helmut Schmidt, der »mit der FDP nicht viel im Sinn hatte«.

Sicherlich wäre für die FDP 1966 eine Koalition mit den Sozialdemokraten auch nicht möglich gewesen. Die Partei wäre daran in der damaligen Verfassung zerbrochen. Die Unionsparteien verpaßten ihre Chancen. Sie hätten es leicht gehabt, mit der FDP wieder zusammenzukommen. Doch die Union machte den folgenreichsten und gravierendsten Fehler in ihrer Geschichte. Sie förderte die Regierungsfähigkeit der SPD, versuchte vergebens, zu Lasten der FDP das Wahlrecht zu ändern, und machte den Weg frei für die spätere sozialliberale Koalition.

X. Kapitel

Ära Brandt/Scheel

GÜNTHER KREMS

Aufstieg zu Ministerwürden

Die Vorentscheidung über Hans-Dietrich Genschers Aufstieg zu Ministerwürden fiel – in Prag. Nicht nur der Ort war ungewöhnlich, auch der Zeitpunkt. Es war im Juni 1968. Der FDP-Bundesvorsitzende Walter Scheel, der beim Bundesparteitag im Januar 1968 in Freiburg Erich Mende im Parteivorsitz abgelöst hatte, war mit seinem Stellvertreter Genscher, der in Freiburg an die Stelle Willy Weyers getreten war, in der Blütezeit des Prager Frühlings, keine sechs Wochen vor dem Einmarsch der Sowjets, in die Tschechoslowakei gefahren. Sie wollten bei einem »Privatbesuch«, wie in einer Presseerklärung der Bonner FDP-Zentrale vom 14. Juni mitgeteilt wurde, in Sondierungsgesprächen mit der Führung der ČSSR die Möglichkeiten einer schrittweisen Annäherung ausloten. »Wir waren die einzigen, die damals dorthin gefahren sind«, betont Scheel noch zwanzig Jahre später, um im Rückblick den Anteil der Liberalen an der Initiierung und Gestaltung der neuen Ostpolitik der sozialliberalen Koalition nach 1969 hervorzuheben.

An ihrem zweiten Besuchstag in Prag machten die beiden Politiker während einer Gesprächspause einen Mittagsspaziergang auf dem Wenzelplatz, als Scheel »beiläufig, wie er das immer machte« (Genscher), auf die Bildung einer neuen Bundesregierung zu sprechen kam: Die FDP müsse drei Ministerien haben; er selber wolle Außenminister werden; dann brauche man noch einen vom rechten Flügel, das sei der Ertl; und er, Genscher, solle auch Minister werden.

Wohlgemerkt: Das war im Juni 1968. In Bonn regierte die große Koalition unter Kiesinger und Brandt unangefochten, wenn auch unter inneren und vor allem von außen hineingetragenen Spannungen; bis zur nächsten Bundestagswahl waren es noch gut 15 Monate – und zu diesem Zeitpunkt verteilten Scheel und Genscher bereits munter Ministerposten in einem künftigen Bundeskabinett mit FDP-Beteiligung. Zu erklären ist das allein mit der Entschlossenheit der Liberalen, unter allen Umständen, komme, was da wolle, 1969 in Bonn wieder an der Macht beteiligt zu werden.

Freilich, so erinnert sich Genscher – war »damals in Prag noch nicht klar, mit wem wir koalieren sollten. Nur die Personen, die hatte der Scheel schon im Koppe.« Aber Genscher sagte zu dem Angebot seines Vorsitzenden zunächst einmal – vorsichtig, wie es seine Art ist – weder ja noch nein. Genscher wollte eigentlich etwas anderes. Er wollte nicht Minister, sondern Fraktionsvorsitzender werden. Er hatte die Geschäfte der FDP-Bundestagsfraktion seit sieben Jahren geführt, zunächst als Angestellter, dann – seit 1965, mit seinem Einzug als Abgeordneter ins Parlament – als parlamentarischer Geschäftsführer und gelegentlich, wie es in der *WELT* hieß, als deren »heimlicher Vorsitzender«.

Außerdem – und so schwer das manchem zu glauben fallen mag –: Hans-Dietrich Genscher gehört nicht zu denen, die den Aufstieg in staatliche Ämter als Erfüllung ihres politischen Karrierestrebens ansehen, sosehr er es auch genoß und genießt, sie auszuüben.

Doch als Wolfgang Mischnick, dem Genscher den Vortritt im Kabinett lassen wollte, seinerseits erklärt, er wollte Fraktionsvorsitzender bleiben, was er seit dem Januar 1968 war, ist die Sache erledigt, ist – Mitte 1968 – klar, daß Hans-Dietrich Genscher in einer nach der Wahl vom 28. September 1969 zu bildenden Bundesregierung mit FDP-Beteiligung ein Ministerium übernehmen wird.

Keineswegs jedoch war damit auch schon klar, daß dies das Bundesinnenministerium sein würde. Die FDP und Genscher selbst wollten, als die Koalitionsverhandlungen mit der SPD am 29. September 1969 begannen, das Bundesfinanzministerium haben. Dieses Ressort aber beanspruchten die Sozialdemokraten für Alex Möller, ihren verdienten und hochgeachteten »Genossen Generaldirektor«. Und sehr rasch sahen die FDP-Unterhändler ein, daß an Möller kein Weg vorbeiführte. Genscher selbst riet Scheel schließlich, auf das Finanzministerium zu verzichten, um das Koalitionsklima nicht von vornherein zu belasten, und statt dessen das Innenministerium zu nehmen.

An dieser Empfehlung entzündete sich jedoch zunächst ein heftiger Streit in den Führungsgremien der FDP. Die einen wandten dagegen ein,

ein Liberaler könne nicht Innenminister sein, andere sagten, in diesem Ressort könne man nicht reüssieren. Tatsächlich sollten Bedenken der ersten Art Genscher später noch zu schaffen machen, als er von 1971 an aus dem linken Flügel der Partei und besonders von den Jungdemokraten mit zunehmender Heftigkeit als »Polizeiminister« und »law and order-Man« attackiert wurde. Den Ausschlag für das Bundesinnenministerium gab in der Debatte am Ende Willy Weyer, der als Liberaler seit Jahren mit Erfolg als Landesinnenminister in Düsseldorf fungierte. So kam es, daß Hans-Dietrich Genscher entgegen seinen ursprünglichen Wünschen und Zielvorstellungen am 20. Oktober 1969 als Hausherr in den alten Kasernen in der Bonner Rheindorfer Straße einzog: der siebte Bundesminister des Innern und der erste, der nicht der Union angehörte. Es sollte nicht das letztemal sein, daß sein politisches Leben anders verlief, als er es sich in seiner »Lebensplanung« selbst vorgestellt hatte. Aber das hinderte ihn nicht − auch später nicht −, sich mit seinen ganzen zwei Zentnern Lebendgewicht in die neue Aufgabe zu stürzen.

»Dasein ist alles«

Ein halbes Jahr nach seinem Amtsantritt ist Genscher, der bis dahin als Manager der Macht eher im Hintergrund gewirkt hatte, nach Willy Brandt und Walter Scheel der bekannteste Mann in der Regierung. In vielen Umfragen rangierte er sogar vor dem FDP-Vorsitzenden.

Am 3. März 1970 schrieb der damalige Bonner Korrespondent der *Stuttgarter Zeitung*, Dirk Koch, in einem Porträt über den Bundesinnenminister: »Wer jagt arabische Terroristen? Wer streitet gegen Steuererhöhungen? Wer ist bei allen FDP-Krisen zur Stelle? Hans-Dietrich Genscher. Wer will die Verfassung reformieren? Wer erfreut sich der Hochachtung sogar Herbert Wehners? Wer wird die Deutschen zu olympischen Ehren führen? Hans-Dietrich Genscher. Wer läßt ›Schwarze Panther‹ in die Bundesrepublik einreisen? Wer schlägt sich mit ÖTV-Chef Kluncker herum? Wer sitzt in acht von neun Kabinettsausschüssen? Der Bundesinnenminister und stellvertretende Parteivorsitzende der Freien Demokraten − ›Big Man‹ Genscher, wie ihn der *Bayern-Kurier* kürzlich neidvoll anerkannt genannt hat. Macht dieser Mann nur viel Wind, oder ist er der künftige FDP-Vorsitzende?«

In der Tat war Genscher zu dieser Zeit der starke Mann der FDP sowohl in der Partei als auch im Kabinett. Nicht nur in den Medien wurde die Frage erörtert, ob Scheel mit seiner Doppelbelastung als

Parteivorsitzender und als vom Kanzleramt dominierter Außenminister nicht überfordert sei und ob an seiner Stelle nicht besser Genscher die FDP führen solle, auch in der FDP wurde darüber diskutiert. Aber Genscher sagte allen, die ihn drängten oder auch nur fragten, er wolle nicht Vorsitzender werden, er sei »der ideale zweite Mann«. Das war freilich, wenn überhaupt, nur die halbe Wahrheit. Denn inzwischen war unübersehbar, daß ihm das neue, ursprünglich gar nicht angestrebte Amt des Bundesinnenministers unbändigen Spaß machte: mit seinen weitreichenden Kompetenzen, angefangen von den klassischen Aufgaben – Verfassung, Verwaltung und öffentliche Sicherheit – über Sport und Kultur bis hin zum Umweltschutz sowie den Kompetenzen des aufgelösten Bundesvertriebenenministeriums. Sie erlauben es dem Innenminister, in zentralen Fragen der Regierungsarbeit das entscheidende Wort zu sprechen.

Schon vor Ablauf jener Hunderttagefrist, die Politikern in neuen Ämtern gewöhnlich als Einarbeitungszeit gewährt wird, hat der neue Minister allen gezeigt, daß er den Riesenapparat des Bundesinnenministeriums nicht nur zu dirigieren, sondern auch – und zwar ohne alle Hemmung – für die eigene Selbstdarstellung zu nutzen versteht. In dieser Zeit entsteht die Legende von der Omnipräsenz des Hans-Dietrich Genscher, der überall da auftaucht, wo er seiner Ansicht nach gebraucht wird. »Wo immer sich mit knatternden Rotoren ein Grenzschutz-Hubschrauber nähert, wird allenthalben der Bundesinnenminister an Bord vermutet«, schreibt Friedrich Karl Fromme in der *Frankfurter Allgemeinen Zeitung*. Und Genscher selbst tut alles, dieses Image zu pflegen.

Katastrophen aller Art nutzt Genscher als Gelegenheit zum Auftritt. Ob in der Bundeshauptstadt der *General-Anzeiger* von Studenten belagert wird, ob in München ein jüdisches Altersheim brennt, ob auf Flugplätzen arabische Terroristen schießen, ob der Rhein über seine Ufer tritt – der Bundesinnenminister ist stets zur Stelle, egal, ob zuständig oder nicht, gleichgültig, ob sich an der Lage noch etwas ändern läßt oder nicht.

Aber nicht nur als Krisenmanager verschaffte sich der Innenminister Publizität. Hatte Herbert Schmülling, der persönliche Assistent des Bundestagsabgeordneten Genscher bis 1969, noch sorgfältig zusammengezählt, wie oft und wozu sein Herr und Meister im Parlament gesprochen hatte, so war derselbe Herbert Schmülling als Pressereferent des Innenministers damit absolut überfordert. Wie viele Reden Genscher – nicht gezählt seine Auftritte im Bundestag oder bei Parteiveranstaltungen – als Innenminister bei irgendwelchen Organisationen und Tagungen geschwungen hat, ist nirgendwo registriert. Es müssen Tausende gewesen sein. Im Terminkalender des Ministers Genscher sind an einem Sonnabend im April 1970 vermerkt: Verleihung des DAG-Fernsehpreises in Baden-Baden, Sitzung des Bundesvorstandes der FDP in Saarbrükken, Teilnahme am Bundestag des Deutschen Sportbundes in Mainz und Schirmherrschaft über ein Tanzturnier in Solingen.

Immer wieder ist in den fast zwanzig Jahren, die Genscher als Minister amtiert, zu ergründen versucht worden, was ihn bei seinem zwanghaft, ja manchmal hysterisch erscheinenden Aktionismus antreibt, welches die Motive seiner Rastlosigkeit sind. Er selbst hat oft erklärt, das sei sein Tribut an die Partei. Es gehe ihm darum, die Regierungsbenachteiligung der FDP jedermann sichtbar zu machen. In der Tat, indem er fast tagtäglich von sich reden macht und keine Chance der Publizität ausläßt, bringt er der Öffentlichkeit ins Bewußtsein, daß Freie Demokraten neben ihren überwältigend stärkeren Partnern mit am Bonner Kabinettstisch sitzen.

Hans-Dietrich Genscher selbst hat im Bundestag noch eine zweite Erklärung für seine rastlosen Terminjagden kreuz und quer durch die Republik gegeben. Sein Vorgänger und oppositioneller Gegenspieler im Parlament, Ernst Benda, hielt ihm am 5. Juni 1970 bei der Beratung seines ersten Haushaltsplanes vor: »Vielleicht genügt es nicht, Herr Minister, daß man dynamisch erscheint, sondern man sollte es auch sein. Aber Sie haben ja eine Vorliebe für das Einfliegen von Hubschraubern bei Feuersbrünsten, Wassernot und sonstigen Unglücksfällen, wobei ich weiß: *There is no business like show business*, aber natürlich sollte man gelegentlich einmal auch die Frage nach der sachlichen Effizienz eines solchen Tuns stellen.«

Genscher antwortete darauf in derselben Sitzung des Parlamentes: »Es gibt Situationen, in denen die Anwesenheit des verantwortlichen Ministers an sich keine Verbesserung der Ermittlungen oder keine Verbesserung der Hilfeleistungen bewirken kann, es sei denn, daß der Minister sich unmittelbar ein Bild von der Funktionsfähigkeit der ihm nachgeordneten Dienststellen verschafft, was auch wichtig ist, wenn Entscheidungen vom grünen Tisch vermieden werden sollen. Aber es gibt Situationen, in denen gezeigt werden muß, daß die politische Führung eines Staates bei denjenigen steht, die von einem Unglücksfall, von einer Katastrophe oder ähnlichen Ereignissen betroffen sind. Das ist der Grund, warum man sich dort zeigen sollte.«

Aber auch diese zweite rationale Deutung erklärt nicht den Aktionshunger, die den Bundesinnenminister – und später genauso den Außenminister – Genscher so rastlos agieren läßt. Diese unheimliche Omnipräsenz habe – so hat Hermann Schreiber am Ende des ersten Amtsjahres von Hans-Dietrich Genscher im *Spiegel* im November 1970 in einem nach wie vor lesenswerten Psychogramm geschrieben – »in Wahrheit etwas Zwanghaftes«, das nur zu verstehen sei, wenn man wisse, »daß Genscher ein Genesener ist«. In dem wiedergeschenkten aktiven Leben sieht Genscher auch selbst, wenn er sich herbeiläßt, darüber zu reden, den Schlüssel zu seinem Aktivitätsdrang. Es ist das Erlebnis der Fähigkeit zur Arbeit, die einer als Gnade empfindet, der sich davon schon einmal ausgeschlossen gesehen hat. Schreiber hat das, was Genscher letztlich motiviert, *what makes him run*, auf die kurze Formel gebracht: »Dasein ist alles« für ihn – eine Formel, die sich seither in nahezu allen Porträts über den Minister und Menschen Genscher wiederfindet.

Innere Reformen

Die Regierung Brandt/Scheel war als eine Regierung der inneren Reformen angetreten, angefangen von der Finanz- und Wirtschaftspolitik über die Sozial- und Bildungspolitik bis hin zur eigentlichen Innenpolitik. Hans-Dietrich Genscher war sich der darin für ihn als Innenminister liegenden Herausforderung bewußt. In einem seiner ersten Interviews nach seiner Ernennung sagte er: »Die neue Regierung ist eine Regierung der inneren Reformen. Bei der Bewältigung der damit zusammenhängenden Probleme wird dem Bundesministerium des Innern eine besondere Rolle zukommen, die ihren Ausdruck in gesetzgeberischen Initiativen finden wird.«

Unmittelbar in seiner Verantwortung betroffen war der Innenminister insbesondere durch folgende Ankündigungen der Regierungserklärung:

○ Vorlage eines Gesetzentwurfs, durch den das aktive Wahlalter von 21 auf 18 und das passive von 25 auf 21 Jahre herabgesetzt wird;
○ Initiativen zur »Fortentwicklung der bundesstaatlichen Struktur«, zur Neugliederung des Bundesgebietes sowie zur Verwaltungsreform und Reform des öffentlichen Dienstes;
○ Modernisierung und Intensivierung der Verbrechensbekämpfung: Vorlage eines Sofortprogramms im Jahr 1970;
○ Gesetzesinitiativen »zum ausreichenden Schutz vor Luft- und Wasserverunreinigungen und vor Lärmbelästigung«.

In der sozialliberalen Aufbruchsstimmung von 1969 wurden jedoch nur die ersten beiden dieser vier Punkte als echte innere Reformen verstanden. Die Verbesserung der inneren Sicherheit wurde zwar allgemein als notwendig erkannt, aber anderthalb Jahre nach der Studentenrevolte von 1968 nicht gerade zu dem gerechnet, was man unter progressiver Reform verstand. Und der Umweltschutz war in seiner Tragweite und Bedeutung, die er später gewinnen sollte, überhaupt noch nicht erkannt, auch von Genscher nicht.

Die Forderung nach einer grundlegenden Staats- und Verfassungsreform mit der Volkswahl des Bundespräsidenten, der Einführung von Volksbegehren und einer Neuordnung der Kompetenzverteilung zwischen Bund und Ländern war für die FDP 1968/69 ein wichtiges Wahlkampfthema gewesen. Just am Tage der Wahl Heinemanns zum Bundespräsidenten erschien in der *Neuen Rhein-Ruhr-Zeitung* ein Namensartikel des stellvertretenden FDP-Vorsitzenden Genscher unter der Überschrift »Direkte Wahl«, in dem es hieß: »Wer in seinem Demokratie-Verständnis vom mündigen Bürger ausgeht, darf ihm die Entscheidung über den ersten Mann im Staat nicht vorenthalten. Eine auf die Ausdehnung und nicht auf die Einschränkung der Bürgerrechte gerichtete Verfassungspolitik muß deshalb zu ihren Zielen auch die Direktwahl des Staatsoberhauptes erklären ... Wenn der heutige Wahlvorgang beendet ist und feststeht, wer für die nächsten fünf Jahre Präsident der Bundesrepublik sein wird, sollte im Rahmen einer breit angelegten großen Verfassungsdiskussion auch die Direktwahl des Staatsoberhauptes in den Kreis der Verfassungsänderungen aufgenommen werden. Die FDP wird im nächsten Bundestag einen solchen Vorschlag vorlegen.« Zum Thema »Volksbegehren« hatte Genscher schon vorher, am 2. Januar 1969, im Pressedienst der Freien Demokratischen Partei, »fdk«, geschrieben, Ziel der Freien Demokraten sei es, die dem Bürger gebotenen Freiheitschancen und seine Gestaltungs- und Entscheidungsrechte wesentlich zu stärken: »Die unmittelbare Entscheidung durch den Bürger in Form von Volksbegehren, beschränkt auf wichtige Fragen, kann zu einer sinnvollen Ergänzung der repräsentativen Demokratie und zu einem dynamischen Faktor der staatlichen und gesellschaftlichen Entwicklung werden. Sie eröffnet die Chance, in einem verfassungskonformen Verfahren wichtige Einzelfragen zur Entscheidung zu stellen, und gewährt der Bürgerinitiative großen Raum.« Zur Neugliederung des Bundesgebietes schließlich hatte die FDP 1968 sogar einen förmlichen Antrag im Deutschen Bundestag eingebracht, in dem verlangt wurde, aus den Ländern Hessen, Rheinland-Pfalz und Saarland ein »leistungsfähiges Land der Mitte« zu schaffen.

Nach der Wahl vom September 1969 und nach dem Einzug Genschers ins Bundesinnenministerium hörte sich das alles mit einemmal ganz anders an. Zwar rückte Genscher nicht sogleich von den alten Forderungen ab. Aber in mehreren Rundfunkinterviews wimmelte er schon bald alle Fragen nach der Direktwahl des Bundespräsidenten und der Einführung des Volksbegehrens mit dem Hinweis auf das von der Bundesregierung angekündigte Gremium ab, das diese Fragen zu prüfen habe und dem er nicht vorgreifen wolle. Zugleich stellte er nun die Aufgabe in den Vordergrund, die Voraussetzungen für eine »Verfassungsreform aus einem Guß« mit einer systematischen Überprüfung der Zuständigkeitsverteilung zwischen Bund und Ländern zu schaffen. Auch von einer Wiedereinbringung des FDP-Antrags zur Länderneugliederung war nicht mehr die Rede. So wurden in Bonn schließlich drei Kommissionen gebildet: eine zur Verfassungsreform, eine zur Neugliederung des Bundesgebietes und eine dritte zur Reform des öffentlichen Dienstes.

Den ersten Komplex zog der Deutsche Bundestag an sich. Er setzte Mitte 1970 mit den Stimmen aller Fraktionen eine Enquetekommission Verfassungsreform ein. Damit war Genscher dieses Problem los. Ihren Abschlußbericht legte diese Kommission erst Jahre später in der nächsten Legislaturperiode vor − eine wahre Fundgrube für Verfassungsjuristen und -politiker, für die praktische politische Arbeit der sozialliberalen Regierung jedoch faktisch ohne Bedeutung.

So blieb am Ende von den großartigen Plänen zur Reform des Grundgesetzes unter der Verantwortung des Innenministers nur die Herabsetzung des aktiven und passiven Wahlalters übrig. Auch das war eine alte FDP-Forderung. Aber die Meriten dieser Reform, sofern es sich überhaupt um ein Verdienst handelte, heimsten schließlich alle Parteien ein. Die Herabsetzung des aktiven Wahlalters von 21 auf 18 und des passiven von 25 auf 21 Jahre wurde vom Bundestag am 18. Juni 1970 einmütig beschlossen.

Die Vorarbeiten für eine Neugliederung des Bundesgebietes übertrug die Bundesregierung auf Vorschlag des Innenministers 1971 einer Sachverständigenkommission. Bei ihrer Einsetzung sprach Genscher noch die Erwartung aus, daß erste praktische Konsequenzen mit einer Verringerung der Zahl der Bundesländer noch in derselben Legislaturperiode gezogen werden könnten. Aber als die Kommission unter Vorsitz des früheren Innen-Staatssekretärs Professor Werner Ernst 1973 in der 7. Legislaturperiode ihren Vorschlag präsentierte, die Zahl der Länder auf fünf oder sechs zu verringern (ein Mittelstaat aus Hessen, Rheinland-Pfalz und Saarland und alternativ ein oder zwei Nordstaaten), verwies Genscher auf den inneren Zusammenhang mit der Enquetekommission Verfassungsreform und empfahl, deren Empfehlungen abzuwarten. Als diese jedoch schließlich vorgelegt wurden, war Genscher bereits Außenminister. Erledigt wurde das Problem schließlich dadurch, daß der Bundestag den Neugliederungsartikel des Grundgesetzes von einem ewig unerfüllten Auftrag zu einer Kann-Bestimmung umwandelte.

Die dritte Reformkommission endlich, die von Genscher im Dezember 1970 eingesetzte Studienkommission zur Reform des öffentlichen Dienstes, war von vornherein ein totgeborenes Kind. In ihr saßen, gleichberechtigt und gleichgewichtig repräsentiert, Vertreter sowohl des Deutschen Gewerkschaftsbundes als auch des Deutschen Beamtenbundes. Sie vertraten zwar scheinbar das gleiche Ziel, das in Tarifrecht für Angestellte und Arbeiter und in Besoldungsrecht für Beamte gespaltene Dienstrecht zu vereinheitlichen, aber mit jeweils exakt umgekehrten Vorzeichen. Der Dissens erwies sich als unüberwindlich.

Bei der Übergabe des Gutachtens im Mai 1973 sagte der Auftraggeber Hans-Dietrich Genscher, jeder, der schon einmal eine Kommission eingesetzt habe, wisse, daß darin ein Wagnis liege: »Er setzt sich dem Risiko aus, ein Ergebnis zu erhalten, das ihm überhaupt nicht paßt, oder ein Ergebnis, mit dem er nichts anfangen kann, oder sogar überhaupt kein Ergebnis.« Wie Genscher über dieses Kommissionsgutachten dachte, hat er geflissentlich verschwiegen. Viel spricht dafür, daß er es als maßgeschneidert empfand. Denn es befreite ihn von der Notwendigkeit, in der Kernfrage eine politische Entscheidung zu treffen.

Überhaupt ist es müßig, darüber zu spekulieren, ob Genscher diese in seinen Verantwortungsbereich als Innenminister fallenden inneren Reformen wirklich gewollt hat oder nicht. Entscheidend ist, daß sich ihm in dem Moment, als er von den Oppositionsbänken auf die Regierungsbank gewechselt war, die Frage nach der politischen Durchsetzbarkeit der von ihm ursprünglich mit entwickelten und verfochtenen Reformvorschläge stellte. Vom ersten Tage seiner Ministertätigkeit an hat sich das politische Handeln Hans-Dietrich Genschers stets nicht zuletzt auch danach bestimmt, ob dafür Mehrheiten zu finden waren, sei es in der eigenen Partei, in der Koalition oder im Bundestag. In vielen Analysen ist hinter dieser Suche nach Zustimmung ein grundsätzliches heimliches Bedürfnis nach Harmonie vermutet worden. Daran ist sicher so viel richtig, daß Genscher − ein Wesenszug vieler Sachsen − gern »beliebt« ist. Es bereitet ihm tiefste Genugtuung, in der Popularitätsskala bei Meinungsumfragen vorne zu stehen. In der praktischen Politik ist sein Bestreben, sich an Mehrheiten zu orientieren, aber viel profaner. Da geht es ihm schlicht und einfach um das, was machbar ist. Das politisch Erstrebenswerte ist für ihn stets auch das politisch Durchsetzbare. Das war der Grund, warum er sich als Innenminister von Anfang an mit der Union im Bundestag ins Benehmen setzte: Er brauchte die Zustimmung

der Opposition für die von ihm angestrebte Grundgesetzänderung bei
der Beamtenbesoldung und im Umweltschutz. Bei so tiefgreifenden
Reformen wie einer grundlegenden Modernisierung der Verfassung,
einer Verringerung der Zahl der Bundesländer oder einer totalen
Umstrukturierung des öffentlichen Dienstes aber sagte ihm sein Instinkt
für Mehrheiten, daß diese Vorhaben mit den damit verbundenen Eingriffen in bestehende Machtverhältnisse nicht durchsetzbar sein würden.
Deshalb wurden sie auf sein Betreiben hin in Kommissionen abgeschoben. Damit war zwar entschieden, daß Hans-Dietrich Genscher nicht als
Innenminister der großen Verfassungsreformen in die Geschichte eingehen würde. Aber von da an, also etwa ab Mitte 1970, hatte er den Kopf
für das ihm Wesentliche, für das »Durchsetzbare«, frei. Und das war
zunächst das von der Regierung angekündigte Programm zur Verbesserung der inneren Sicherheit und, wie der Innenminister im Laufe seiner
Amtszeit immer deutlicher erkannte, für das Jahrhundertproblem des
Umweltschutzes.

Der Mann für Recht und Ordnung

In beinahe allen seinen Reden, die der Bundesinnenminister Genscher in
seiner Amtszeit von Oktober 1969 bis Mai 1974 zu den Themen »innere
Sicherheit, Verbrechensbekämpfung, politischer Radikalismus und Terrorismus« gehalten hat, findet sich ein Gedanke, in dem die im ursprünglichen Wortsinne »konservative« Grundhaltung zum Ausdruck kommt,
die ihn in seinem Handeln auf diesen Feldern leitete: Für Genscher ist
»die innere Sicherheit ein Prüfstein der demokratischen Ordnung«, für
ihn bezieht der Staat nicht zuletzt aus seiner Fähigkeit, die innere
Sicherheit zu gewährleisten, seine Existenzberechtigung.

Aus dieser Grundüberzeugung heraus nutzte der Innenminister jede
sich bietende Gelegenheit, sei es im Deutschen Bundestag, sei es bei den
anderen öffentlichen Auftritten, sich vor die Angehörigen der Sicherheitsorgane zu stellen und ihnen mit seiner ganzen Amtsautorität den
Rücken zu stärken. So zum Beispiel am 28. April 1972 in einer Debatte
des Bundestages: »Das Bekenntnis zum Staat, das Bekenntnis zur inneren
Sicherheit setzen auch das uneingeschränkte Bekenntnis zu denjenigen
voraus, die in täglichem schweren Dienst die Garanten der inneren
Freiheit unseres Staates sind. Ich meine die Beamten unserer Polizeien in
den Ländern und im Bund. Sie müssen wissen, daß sie bei der Erfüllung
ihrer schweren Aufgabe vom Vertrauen der gesamten Bevölkerung getra-

gen werden. In einem demokratischen Staat sind die Polizeibeamten nicht Büttel irgendeiner Obrigkeit gegenüber dem einzelnen Bürger, sondern die Garanten des Freiheitsraumes jedes einzelnen Bürgers in diesem Staat. Deshalb sind die Polizeibeamten nicht die Prügelgarde, aber sie dürfen auch nicht die Prügelknaben der Nation werden.« Zumal der letzte Satz kam immer wieder in den Reden des Bundesinnenministers vor. Klaus Kinkel, der spätere Präsident des Bundesnachrichtendienstes und Anfang der siebziger Jahre Genschers Büroleiter, erinnert sich, daß Genscher fuchsteufelswild werden konnte, wenn seine Redenschreiber ihn, »weil sie ihn schon nicht mehr hören konnten«, einmal wegließen. »Wo ist der Satz?« tobte er dann und schrieb ihn selbst unmittelbar vor seinem Auftritt in die Rede hinein.

Auf der anderen Seite nahmen nicht wenige, auch in der eigenen Partei, Anstoß an Genschers Sicherheitspolitik und seiner unnachgiebigen Frontstellung gegenüber dem Radikalismus jeder Spielart. Vor allem aus den Reihen der vielen jungen Menschen, die, geprägt von der Studentenbewegung und der Welle der Jugendproteste des Jahres 1968, nach dem Regierungswechsel von 1969 in die SPD und die FDP strömten, um den »Marsch durch die Institutionen« anzutreten, kam Kritik an seiner *law and order*-Politik.

Fraglos spielten bei Genschers Kampf gegen den politischen Radikalismus in dieser Phase der bundesdeutschen Politik seine Erfahrungen in der DDR eine wichtige Rolle. Zu seinen politischen Schlüsselerlebnissen gehörte die systematische Unterwanderung der Zonenparteien durch das kommunistische System. Er hatte die Gleichschaltung der LPD unter eine die Freiheit erdrückende Ideologie am eigenen Leibe erfahren. Und nun mußte er es erleben, daß im freien Teil Deutschlands die freie demokratische Grundordnung zunehmend in Frage gestellt wurde. Überall in der Bundesrepublik schossen von 1970 an K-Gruppen aus dem Boden, zusätzlich zu den orthodoxen Kommunisten in Gestalt der DKP, ausländische Terroristen, vor allem Palästinenser, trieben mit Anschlägen auf Flughäfen und der Entführung von Flugzeugen auf deutschem Boden ihr Unwesen, zur selben Zeit begann die Baader-Meinhof-Bande von sich reden zu machen – und das alles vor dem Hintergrund wachsender Kriminalitätszahlen. Es war allerdings nicht so, daß Genscher die demokratischen Grundlagen der Republik wirklich in Gefahr sah: Die von ihm vorgelegten Jahresberichte des Verfassungsschutzes kamen samt und sonders zu dem Ergebnis, daß die freie demokratische Grundordnung nicht ernsthaft gefährdet sei. Was den Bundesinnenminister bei seinem Feldzug antrieb, war weniger die Sorge, Extremisten und Terroristen könnten ihr Ziel, den demokratischen Staat umzustürzen, erreichen. Er versicherte immer wieder, es werde dieser »Gruppe von Fanatikern« nicht gelingen, »den Rechtsstaat bei der Bekämpfung des Terrors auch nur einen Millimeter vom Boden des Rechts« abzubringen. Was Genscher bekümmerte, war vielmehr die Indifferenz und Gleichgültigkeit der schweigenden Mehrheit. Er brachte das am 28. April 1972 vor dem Parlament so zum Ausdruck: »Wir müssen von der Stimmzetteldemokratie zur Bekenntnisdemokratie kommen. Die radikalen Gegner dieser freiheitlich-demokratischen Grundordnung haben den Anhängern, oder sagen wir es ebenso hart und deutlich: den Nutznießern, dieser Ordnung einiges an Bereitschaft zum Engagement und an Bekenntnisfreudigkeit voraus. Deshalb ist die Hauptgefahr in Wahrheit die träge Mehrheit, die die Segnungen unserer freiheitlichen Ordnung genießt, es aber anderen überläßt, sich öffentlich für diese Ordnung einzusetzen. Es gibt auch ein Demokratieschmarotzertum. Ihm müssen wir gemeinsam den Kampf ansagen.«

Diesen Kampf hat Genscher tagtäglich zu führen versucht, indem er in Bild, Ton und Schrift zum einen für die »freie demokratische Grundordnung« trommelte – so lange, bis die Kabarettisten nur noch von der »fdGo« sprachen – und zum anderen alles anprangerte, was diese Ordnung auch nur scheinbar in Frage stellte. Er verteidigte ohne Wenn und Aber den Extremistenbeschluß oder sogenannten Radikalenerlaß über die Mitgliedschaft von Beamten in extremen Organisationen, den die Regierungschefs von Bund und Ländern am 28. Januar 1972 verabschiedeten: »Wer den freiheitlichen Rechtsstaat durch die Diktatur des Proletariats ersetzen will, wer die kommunistische Diktatur der DDR als Vorbild preist und bei uns einführen möchte, der hat im öffentlichen Dienst nichts zu suchen.« Vor allem aber betrieb Genscher – und dabei half ihm nicht zuletzt die ständige Kritik der Opposition, es werde zuwenig für die innere Sicherheit getan – personell, materiell und gesetzgeberisch eine innere Aufrüstung der Republik, die beispiellos war und beispiellos bleiben sollte. Unter seiner Ägide wurden das Bundeskriminalamt in Wiesbaden, das Bundesamt für Verfassungsschutz in Köln und der Bundesgrenzschutz zu »modernen schlagkräftigen Instrumenten« (Genscher) aus- und umgebaut. Auf sein Betreiben wurden zahlreiche Gesetze und Gesetzesänderungen – darunter mehrere Verfassungsänderungen – von Bundestag und Bundesrat verabschiedet, die die Eingriffs- und Zugriffsmöglichkeiten der Sicherheitsbehörden in Bund und Ländern erweiterten.

Bei der kriminalpolizeilichen Zentralstelle in Wiesbaden führte Genscher – in Abstimmung mit seinen Länderkollegen – schrittweise elektronische Datenverarbeitung ein. Ende 1972 wurde die Personenfahndung auf Computer umgestellt, 1974 die Fahndung nach gestohlenen Kraftfahrzeugen. Der Bundesinnenminister ließ es sich nicht nehmen, in beiden Fällen den »Kommissar Computer« höchstpersönlich ins Amt einzuführen, der es ermöglichte, von Grenzübergangsstellen, Landeskriminalämtern und nach und nach von einzelnen Polizeidienststellen aus in Sekundenschnelle Auskünfte über Personen und gestohlene Autos abzurufen. Der Präsident des BKA, Horst Herold, den Genscher speziell wegen dessen EDV-Kenntnissen von Nürnberg nach Wiesbaden geholt hatte, sprach bei der Vorstellung dieses »Auskunfts- und Recherchiersystems für kriminalpolizeiliche Zwecke« von einem ersten Schritt zu einem »in der Welt einmaligen System«, das unter dem Stichwort »Kripolis« zu einem »maschendichten kriminalpolizeilichen Schleppnetz« ausgebaut werden solle. Als die Datenschützer viele Jahre später diese Schleppnetzfahndung durchkreuzten, nachdem sich darin auch unschuldige Bürger verfangen hatten, zählte Hans-Dietrich Genscher bereits zu den dienstältesten Außenministern der Welt.

Auf dem Feld der Sicherheit konnte sich Genschers Bilanz Ende 1972 durchaus sehen lassen. Der harte Kern der Baader-Meinhof-Bande saß mit Andreas Baader, Ulrike Meinhof, Gudrun Ensslin, Holger Meins und Jan-Carl Raspe hinter Schloß und Riegel. Der Ausbau des Bundeskriminalamtes zur Zentralstelle der deutschen Kriminalpolizei in den Bereichen des Informationsaustausches, der Erkennungsdienste, der Kriminaltechnik sowie der kriminalistischen Forschung und Ausbildung war weitgehend abgeschlossen. Der Bundesgrenzschutz hatte mit der Verabschiedung des BGS-Gesetzes eine neue Aufgabe als polizeiliche Einsatzreserve erhalten, die seine Existenz auf Dauer sicherte. Der Verfassungsschutz war personell aufgestockt worden. Das alles war in nahtloser Übereinstimmung mit der Konferenz der Länderinnenminister – auch mit denen der CDU/CSU – geschehen. Und doch hatte Genscher im September 1972 gerade in diesem Bereich der Sicherheit auch den schlimmsten Fehlschlag erlitten, der ihm während seiner ganzen zwei Jahrzehnte langen Ministerzeit widerfuhr und der ihn zum einzigen Mal veranlaßte, freiwillig seinen Rücktritt anzubieten: Bei den Olympischen Spielen in München war am 5. September der Versuch der Polizei, neun israelische Geiseln aus der Hand eines arabischen Terrorkommandos zu befreien, in einem Blutbad gescheitert.

Der Anschlag von München

»Das war das Schrecklichste«, sagte Hans-Dietrich Genscher, wenn man ihn heute fragt, was er gedacht und gefühlt hat, als bei den Olympischen Spielen 1972 in München der unter seiner Mitwirkung unternommene Versuch, neun israelische Geiseln aus der Hand arabischer Terroristen zu befreien, in einem Blutbad endete. Elf Sportler aus Israel, ein deutscher Polizeibeamter und fünf der Terroristen waren dabei ums Leben gekommen. Alle weiteren Fragen nach seiner Rolle und nach den Verantwortlichkeiten für den gescheiterten Befreiungsversuch auf dem Flughafen Fürstenfeldbruck vor den Toren der bayerischen Hauptstadt in der Nacht vom 5. auf den 6. September 1972 wimmelt Genscher unter Hinweis auf die umfassende Dokumentation ab, die von der Bundesregierung und der bayerischen Landesregierung erstellt wurde. Politisch war die Sache für ihn damit geklärt. Und seine persönlichen Gefühle verrät Hans-Dietrich Genscher grundsätzlich nicht.

Damals, vor 16 Jahren, war das ganz anders. So hat man Genscher nie gesehen, nicht vorher und nicht nachher, wie in den frühen Morgenstunden dieses Mittwochs, als er, der Bundesinnenminister, zusammen mit seinem bayerischen CSU-Kollegen Bruno Merk und dem Münchener Polizeipräsidenten Manfred Schreiber aus Fürstenfeldbruck zurück ins Olympia-Pressezentrum kam, um die furchtbare Wahrheit einzugestehen, daß alle Geiseln tot waren, nachdem zwei Stunden vorher der Bonner Regierungssprecher Conrad Ahlers noch verkündet hatte, die Aktion sei gelungen.

Grau im Gesicht vor Müdigkeit, fassungslos und niedergeschmettert, unfähig, das Geschehen zusammenhängend zu erläutern − so stehen der Bundesinnenminister, der bayerische Innenminister Bruno Merk und der Münchener Polizeipräsident Manfred Schreiber vor der Tausendschaft wartender Journalisten. Als ein Berichterstatter nach weitschweifigen Erklärungen Merks über Kompetenzen und Lageanalysen in gebrochenem Deutsch ins Mikrophon schreit: »Sie haben geschossen, ich will jetzt wissen, warum«, erwidert der sonst immer so gewandte und gewiefte Genscher, ohne die Unlogik des Gesagten zu erkennen: »Weil die Entscheidung, die Terroristen entkommen zu lassen, zum sicheren Tod der Geiseln geführt hätte.« Als die drei Herren nach 70 Minuten von dannen ziehen, angeführt vom Bundesinnenminister, prallt der, nach dem Ausgang suchend, zerfahren gegen eine geschlossene Glastür. Wenige Stunden später antwortet er dem Fernsehreporter Lothar Loewe auf die Frage, ob die Olympischen Spiele unter diesen Umständen fortgesetzt werden könnten: »Ich für meine Person kann mir das nicht vorstellen – vielleicht deshalb nicht, weil ich derjenige bin, der die später ermordeten Geiseln zuletzt gesehen und mit ihnen gesprochen hat.« Zu diesem Zeitpunkt hatte der Präsident des Internationalen Olympischen Komitees, der Amerikaner Avery Brundage, bereits entschieden: *The games must go on.*«

»An diesem Tag war er psychisch und physisch am Ende – fertig«, erinnert sich einer, der bei den Beratungen der Politiker in München von Anfang bis Ende dabei war, der die Verhandlungen mit den Terroristen miterlebt und die Versuche, die Geiseln gewaltlos freizubekommen, verfolgt hat. Unmittelbar vor der Trauerfeier im Münchener Olympiastadion, bei der am 6. September 80 000 Menschen der Opfer gedachten und bei der Bundespräsident Gustav Heinemann, elf Tage nachdem er an derselben Stelle die »heiteren Spiele« eröffnet hatte, ausrief: »Fassungslos stehen wir vor einem wahrhaft ruchlosen Verbrechen« – bot Hans-Dietrich Genscher Bundeskanzler Willy Brandt während eines Gesprächs in den Katakomben unter der Arena seinen Rücktritt an. Brandt lehnte ab. Die Sache war damit erledigt. In den Zeitungen stand davon keine Zeile. Publik wurde das Rücktrittsangebot erst viel später, als ein Münchener Polizeipsychologe, der das Gespräch zwischen Kanzler und Innenminister mitgehört hatte, darüber berichtete. Genscher selbst stellt die Geschichte heute so dar, als habe er sein Angebot nur aus politisch-formalen Gründen gemacht, um der sozialliberalen Koalition eine mögliche Belastung zu ersparen. Tatsächlich aber darf man vermuten, daß der immer wieder als eiskalter Machtmensch geschilderte Politiker Genscher an jenem Tag im Sommer 1972 einen Moment der Schwäche hatte und wirklich, wenigstens einen Augenblick lang, daran dachte aufzuhören.

Willy Brandt äußerte in einem Interview mit der *Süddeutschen Zeitung* einen Tag später: »Das für mich Traurigste ist neben der Erschütterung, die der Vorfall selbst hervorrief, wie sich unser Volk um eine große Chance und auch um die Anerkennung einer großen Leistung geprellt sieht – getroffen auf doppelte Weise: durch den Anschlag der Terroristen, aber auch weil man uns zerstört hat, was die Olympischen Spiele als Präsentation dieser Bundesrepublik Deutschland in der Welt bedeuten.« Und als auf diese Republik in den Tagen danach in den internationalen Medien an die Stelle des vorher freigebig gespendeten Lobes die kritischen Fragen nach den Sicherheitsvorkehrungen in München und die Vorwürfe über die Unfähigkeit der Polizei niederprasseln, fügt der Bundeskanzler gegenüber dem *Spiegel* hinzu: »Das, was emotional in Amerika und anderswo hochgekommen ist, bedeutet für die deutsche Außenpolitik einen Rückschlag um viele, viele Jahre! Die Uhr ist zurückgedreht.«

Das alles muß Hans-Dietrich Genscher genauso empfunden haben, ja, als unmittelbar an dem Versuch, die Geiseln zu retten, Beteiligter vielleicht sogar noch tiefer. Allerdings stellt die umfangreiche, am 20. September veröffentlichte Dokumentation der Bundesregierung und der bayerischen Landesregierung über die Münchener Ereignisse klar, daß das Land Bayern sowohl generell für die Sicherheit bei der Olympiade als auch speziell für den Versuch, die israelischen Geiseln zu retten, verantwortlich war. Den Polizeieinsatz in Fürstenfeldbruck leitete Münchens Polizeipräsident Manfred Schreiber; die politische Verantwortung dafür trug der bayerische Innenminister Bruno Merk. Der Bund war, rein formell gesehen, nur für die Verhandlungen mit den Regierungen in Israel und in mehreren arabischen Ländern zuständig und verantwortlich, die der Kanzler und Außenminister Scheel führten, um die israelischen Sportler gewaltlos zu befreien (Israel lehnte die von den Terroristen verlangte Freilassung von 200 arabischen Häftlingen ab; der ägyptische Premierminister erklärte Willy Brandt brüsk, sein Land wolle »in die Angelegenheit nicht verwickelt werden«). Aber Genscher hat an allen Beratungen im Krisenstab in München teilgenommen, der am Morgen des 5. September nach den ersten Schüssen in der israelischen Unterkunft im Olympischen Dorf gebildet wurde; er hat mit den Terroristen selbst verhandelt und sich — ebenso wie Merk, Schreiber und der Münchener Oberbürgermeister Hans-Jochen Vogel — als Ersatzgeisel anstelle der gekidnappten Israelis angeboten; er hat nach dem Scheitern aller Bemühungen um eine gewaltlose Befreiung der Geiseln schließlich der Entscheidung zugestimmt, die Terroristen mit den neun israelischen Sportlern per Hubschrauber nach Fürstenfeldbruck zu fliegen und dort den von vornherein fast aussichtslosen Versuch einer gewaltsamen Befreiung zu unternehmen, und er hat mit angesehen, wie Scharfschützen der bayerischen Polizei das Feuer auf die Terroristen eröffneten und wie diese daraufhin die Geiseln töteten, die er, Genscher, als letzter lebend gesehen hatte.

Am Nachmittag vorher hatten die Terroristen dem Bundesinnenminister erlaubt, die israelische Unterkunft im Olympischen Dorf zu betreten und mit den Geiseln zu sprechen. In der offiziellen Dokumentation heißt es darüber später: »Er findet die neun überlebenden Israelis in einem Raum im ersten Stockwerk vor. Die Fenster sind verhängt. Die Sportler sitzen, an Händen und Füßen gefesselt, auf Betten. Sie werden von zwei mit einer Maschinenpistole bewaffneten Terroristen bewacht. Einer der schon ermordeten Israelis liegt neben den gefesselten Geiseln am Boden. In dem Gespräch bringen die Israelis nochmals den Wunsch zum Ausdruck, ihre Regierung möge auf die Forderungen der Terroristen eingehen.« Dieses Erlebnis ist augenscheinlich nicht nur der Schlüssel zum

Verständnis der Reaktion Genschers in diesem konkreten Fall, sondern ein Schlüssel zum Verständnis der Persönlichkeit Hans-Dietrich Genschers überhaupt. Die Erkenntnis, den Ereignissen machtlos gegenüberzustehen und den späteren, fast zwangsläufigen Ausgang des Dramas nicht verhindern zu können, erschüttert ihn tief, und diese Erschütterung bringt, in der Resignation des Rücktrittsangebots kulminierend, die Mauer zum Einsturz, hinter der der Politiker Genscher den Menschen Genscher versteckt. Für einige Stunden wird zumindest denjenigen, die ihn beobachten, deutlich, daß er eben nicht der kalte Machtmensch ist, als der er immer wieder geschildert wird, sondern daß seine scheinbar kühle Unnahbarkeit nur Fassade und Selbstschutz ist.

Als Willy Brandt jedoch sein Rücktrittsangebot ablehnt, hat er sich schnell wieder in der Gewalt. Schon am nächsten Tag nimmt er mit Experten des Innenministeriums Beratungen darüber auf, welche Konsequenzen aus dem Terroranschlag zu ziehen sind. Das ist die Geburtsstunde der GSG 9, jener Spezialtruppe des Bundesgrenzschutzes, die fünf Jahre später, im Oktober 1977, im somalischen Mogadischu die entführte Lufthansa-Boeing »Landshut« stürmen und 86 Geiseln aus der Hand von Terroristen befreien sollte.

Verliebt in den Bundesgrenzschutz

Wenige Tage nach seiner Ernennung zum Bundesinnenminister erließ Genscher Anfang 1969 einen »Tagesbefehl an den Bundesgrenzschutz«, in dem er als der neue Dienstherr die bei solchen Gelegenheiten üblichen Erwartungen äußerte, daß die Angehörigen des BGS »ihre Pflichten weiterhin mit Einsatzbereitschaft und Loyalität erfüllen«, zugleich aber seinerseits versprach: »Sie und Ihre Angehörigen können meiner Fürsorge sicher sein.« Das war in der Lage, in der sich der BGS damals befand, ein kühnes, ja ein vermessenes Versprechen. Aber er hat es gehalten – und zwar auf seine Art und Weise, die über den Rahmen seiner ministeriellen Amtspflichten weit hinausging. Sein Einsatz für die ihm unterstehenden Grenzschützer läßt eine persönliche Affinität zum »Militärischen« erkennen, die bei dem gegenwärtigen Außenminister niemand vermuten würde.

Fasziniert vom grünen Tuch des BGS waren auch andere Innenminister. Genscher aber war »geradezu verliebt in den BGS«, wie alle seine ehemaligen Mitarbeiter im BMI versichern. Er spielte die Rolle des »Oberbefehlshabers« über die 20 000 Mann starke BGS-Truppe mit einer

Hingabe, die mitunter schon komisch wirkte. Genscher bei der Vereidigung von BGS-Anwärtern, an der Zonengrenze, der Bundesinnenminister auf der Kommandobrücke eines Schnellbootes der BGS-Flottille im Marinehafen Neustadt, beim Vorbeimarsch von 2000 Grenzschützern aus der ganzen Republik bei der Zwanzigjahrfeier des BGS in Lübeck oder mit Töchterchen Marina bei der Weihnachtsfeier der BGS-Wachabteilung im Bonner Kanzleramt: das warf nicht nur immer ein paar gute Fotos ab, sondern da lief, ganz nach dem Geschmack des »Machers« Genscher, stets alles wie am Schnürchen, hörten alle auf sein Kommando.

Dabei stand der Bundesgrenzschutz bei Genschers Amtsantritt vor der Existenzfrage. Gegründet 1951 als reine Grenzpolizei und als Antwort der Bundesrepublik auf die Bildung der kasernierten Volkspolizei in der DDR, der späteren Volksarmee, war der BGS im Zuge des Aufbaus der Bundeswehr, deren Kern 10 000 ehemalige Grenzschützer bildeten, in eine Lage geraten, die seine Einordnung in das Gesamtsystem der Sicherheit unklar und seine Zukunft ungewiß erscheinen ließ. Zwar waren ihm im Laufe der Zeit neben der Sicherung der Grenzen nach außen neue Aufgaben im Inneren zugewachsen, so beispielsweise der Auftrag, das Bundespräsidialamt und das Kanzleramt in Bonn zu bewachen. Mit der Verabschiedung der Notstandsverfassung im Jahre 1968 war außerdem die verfassungsrechtliche Grundlage für den Einsatz des Grenzschutzes »zur Abwehr von Angriffen auf die freiheitlich-demokratische Grundordnung des Bundes oder eines Bundeslandes« im Verteidigungsfall sowie bei Naturkatastrophen und Unglücksfällen geschaffen worden. Aber das hatte die Unklarheiten eher noch verstärkt, die Zwitterstellung des Bundesgrenzschutzes »an der Nahtstelle zwischen allgemeiner Polizei und Streitkräften« (Ernst Benda) noch augenscheinlicher gemacht. Diejenigen, die — wie etwa die Gewerkschaft der Polizei — im BGS einen paramilitärischen Verband sahen, forderten seine Auflösung. Auf der anderen Seite argwöhnten die Bundesländer, der Bund wolle sich mit der zunehmenden Ausrichtung des Grenzschutzes nach innen eine Bundespolizei zulegen und die Polizeihoheit der Länder aushöhlen.

Genscher ließ in dieser schwierigen Lage von Anfang an keinen Zweifel an seiner Haltung und seinen Absichten aufkommen. Er wandte sich nicht nur gegen die Forderungen nach Auflösung des Grenzschutzes, sondern er kündigte im Gegenteil seinen zahlenmäßigen Ausbau an. Eine seiner ersten Amtshandlungen war die Bestellung eines »Verbindungsoffiziers« des BGS im Innenministerium, den es vorher nie gegeben hatte. Der erste in diesem Amt war jener Ulrich Wegener, der drei Jahre später, nach dem Anschlag auf die Münchener Olympiade, Kommandeur der Spezialtruppe GSG 9 werden sollte. Zugleich kündigte der Bundesinnenminister die baldige Vorlage eines Gesetzes über den Bundesgrenzschutz an, mit dem seine Aufgaben und sein polizeilicher Status eindeutig klargestellt werden sollten.

Die Einlösung dieses Versprechens ließ jedoch zweieinhalb Jahre auf sich warten. Erst im Juni 1972 verabschiedete der Bundestag — dann allerdings einstimmig, wie immer bei Genschers Vorlagen — ein Gesetz, das dem BSG neben der Aufgabe der Grenzsicherung die Funktion einer ständigen, jederzeit von den Ländern abrufbaren polizeilichen Eingreifreserve des Bundes zuwies. Seither hat der Bundesgrenzschutz im System der inneren Sicherheit einen allgemein anerkannten festen Platz. Und die Bewunderer des Innenministers Genscher sehen darin dessen nicht geringstes politisches Verdienst. Vor allem die unmittelbar Betroffenen, also die Angehörigen der 20 000-Mann-Truppe, brachten ihrem Dienstherrn danach beinahe grenzenlose Verehrung entgegen. Wenn Genscher in den BGS »verliebt« war, so beruhte das auf Gegenseitigkeit. Und dies auch deshalb, weil der liberale Innenminister wie eine »Mutter der Kompanie« um das Wohlergehen seiner Truppe persönlich besorgt war. Er kümmerte sich um jede Einzelheit der Ausrüstung, von der Achselklappe bis zu den Schuhen. Bei seinen Blitzreisen kreuz und quer durchs Land versäumte er selten einen kurzen Abstecher zu der nächstgelegenen BGS-Einheit, um sich nach deren Befinden zu erkundigen, zum Beispiel danach, ob auch die Verpflegung in Ordnung sei. Besuche bei der »Truppe« waren seine Lieblingsbeschäftigung. Wenn in Bonn etwas nicht so lief, wie es laufen sollte, dann — so erzählt man sich noch heute im Innenministerium — wurde »dem Genscher ein Parka angezogen, ein Fernrohr um den Hals gehängt und ein BGS-Hubschrauber zu einer Vereidigung an der Zonengrenze bestellt«. Und dort endete der Tag dann meist mit einem Kameradschaftsabend nach dem Motto: »Der Oberbefehlshaber im Kreise seiner Männer«.

Das innige Verhältnis des Bundesinnenministers Genscher zu dem ihm unterstellten Bundesgrenzschutz ist zum einen sicher mit dessen Kriegserinnerungen zu erklären: Da brachen die Erlebnisse des jungen Soldaten durch. Zum anderen wurde beim Bundesgrenzschutz wie sonst nirgendwo in dem weitgespannten Amtsbereich des Bundesinnenministers das heimliche Bedürfnis nach Harmonie, ja nach Geborgenheit befriedigt, das sich bei Hans-Dietrich Genscher unter dem Deckmantel des harten Tatmenschen verbirgt. Vor allem — so darf man vermuten — faszinierte den Ordnungsfanatiker Genscher, daß beim BGS klare Verhältnisse herrschten, daß sich dort etwas bewegen ließ und daß die Fürsorge für seine »Männer« reiche Früchte in der Form von Anerkennung und Dank trug.

So schwer die Vorstellung angesichts der politischen Positionen des heutigen Bundesaußenministers auch fallen mag: Hans-Dietrich Genscher wäre sicher auch kein schlechter Verteidigungsminister. Er hätte das, wie er selber sagt, wenn man ihn darauf anspricht, »auch ganz gerne einmal gemacht«.

»Wir sind doch keine Bananenrepublik . . .«

Genscher hört es nicht ungern, wenn man ihn den Erfinder der Umweltschutzpolitik nennt. Das stimmt freilich nur insoweit, als er mit dem ihm eigenen Gespür für öffentliche Stimmungen und politische Entwicklungen und unter dem Einfluß ihm nahestehender Berater als einer der ersten führenden Bonner Politiker erkannte, welches große und wichtige Feld sich hier auftat. Der Zeitpunkt dieser Erkenntnis läßt sich nicht genau festlegen. Es muß etwa im April oder Mai 1970 gewesen sein, als dem erst ein halbes Jahr amtierenden Innenminister die zunehmende Bedeutung des Umweltschutzes und zugleich die darin liegenden Chancen zur eigenen Selbstdarstellung und der seiner Partei aufgingen.

In der Regierungserklärung Willy Brandts war nicht einmal das Wort »Umweltschutz« aufgetaucht. Ein Jahr später hatte sich die Lage jedoch tiefgreifend verändert – und zwar nicht nur in den Regierungsparteien, sondern auch bei der Opposition. In der ersten Umweltdebatte des Deutschen Bundestages überhaupt stellte Genscher am 16. Dezember 1970 die (auch im Jahr 1988 noch nicht erfüllte) Forderung auf, die Verfassung um ein Grundrecht auf saubere Umwelt zu ergänzen: »Das Grundgesetz kennt das Wort ›Umweltschutz‹ noch nicht. Im Grundrechtskatalog fehlt ein ›Menschenrecht auf unschädliche Umwelt‹ . . . Nichts Geringeres als die Würde des Menschen wird durch die Zerstörung und Schädigung seiner Umwelt angetastet.« Sogar die Opposition klatschte Beifall, und sie widersprach auch nicht, als der Bundesinnenminister nicht weniger forderte als »eine Neuorientierung der gesellschaftspolitischen Zielvorstellungen aller gesellschaftlichen Kräfte«.

Der politische Meinungs- und Stimmungswandel binnen eines Jahres war zum erheblichen Teil durch Einflüsse von außen bewirkt worden: vor allem durch die Warnung des »Club of Rome«, eines 1968 gegründeten informellen Zusammenschlusses von Wirtschaftsführern und Wissenschaftlern aus über 30 Ländern, vor der zunehmenden Zerstörung der Erde. Auch der Begriff »Umweltschutz« wurde als deutsche Übersetzung der englischen Wortbildung »environment protection« von außen übernommen.

Es ist oft gefragt und nicht selten gezweifelt worden, ob der Bundesinnenminister Genscher wirklich »der« überzeugte Umweltschützer gewesen ist, als der er sich ausgab, oder ob er dieses neue Feld der Politik in Wahrheit nicht nur als einen Verkaufsschlager betrachtete, um sich und die FDP ins rechte Licht zu rücken. Tatsächlich liegt die Frage ja nahe, wie das zusammenpaßte: auf der einen Seite das Bild vom *law and order-*Mann, der gegen jede Form des politischen Radikalismus auf eine Art und Weise zu Felde zog, die seinem späteren CDU-Nachfolger alle Ehre machen würde, und auf der anderen Seite das Bild vom fortschrittlichen Umweltschützer, der gegen mächtige Wirtschaftsinteressen und ihre starke Lobby für saubere Luft und sauberes Wasser kämpfte und zum Beispiel 1971 versprach, daß man binnen zehn Jahren wieder im Rhein werde schwimmen können.

Peter Mencke-Glückert, Genschers wichtigster Mitarbeiter in der Abteilung Umweltschutz im Innenministerium und auf diesem Gebiet auch persönlicher Berater des Ministers, widerspricht solchen Zweifeln mit aller Entschiedenheit: »Im Umweltschutz hat der Genscher gegen alle Widerstände zur Sache gestanden.« Das beste Beispiel dafür lieferte in der zweiten Hälfte 1978 die öffentliche Auseinandersetzung über die Durchsetzung des Benzinbleigesetzes, des ersten von der Regierung Brandt/Scheel vorgelegten Umweltgesetzes. Es war im August 1971 in Kraft getreten und sah die Reduzierung des Bleigehalts im Autobenzin in zwei Stufen auf 0,15 Gramm pro Liter bis 1976 vor. Dabei war diese Grenze bereits ein Kompromiß, mit dem auf die Interessen der Mineralölindustrie Rücksicht genommen wurde, was Genscher nicht nur bei außerparlamentarischen Umweltschützern, sondern auch bei der Opposition im Bundestag und im Bundesrat scharfe Vorwürfe eingetragen hatte. Die Unionsparteien hatten die vorgesehene zweite Reduzierungsstufe schon für 1974, also zwei Jahre früher als die Regierung, verlangt. Deshalb reagierte Genscher für seine Verhältnisse ungewöhnlich heftig, als die Wirtschaft zwei Jahre nach Inkrafttreten des Gesetzes plötzlich gegen diese zweite Stufe Sturm lief und neue Gespräche und einen Aufschub von der Regierung verlangte: »Wir sind doch«, erklärte er damals, »keine Bananenrepublik, die Gesetze erläßt und dann nicht fähig ist, deren Beachtung durchzusetzen.« Tatsächlich wurde die Reduzierung des Bleis im Benzin fristgerecht erreicht.

Überhaupt kann sich die Bilanz des Bundesinnenministers Genscher in Sachen Umweltschutz recht gut sehen lassen. In seiner Amtszeit wurde die Gesetzgebungskompetenz für die Luftreinhaltung, Lärmbekämpfung und Abfallbeseitigung durch Grundgesetzänderungen auf den Bund übertragen (März 1972). In der sechsten Legislaturperiode verabschiedete der Bundestag neben dem Benzinbleigesetz unter anderem ein Gesetz gegen den Fluglärm und das Abfallbeseitigungsgesetz. In der siebten Wahlperiode folgte 1974, kurz vor dem Wechsel Genschers ins Außenministerium, das bis dahin wichtigste Umweltgesetz, das Bundesimmissionsschutzgesetz, das bis heute Grundlage der Luftreinhaltung und Lärmbekämpfung ist.

Man kann also durchaus sagen, daß in der Amtszeit Genschers der Grundstein für eine zielgerichtete Bonner Umweltschutzpolitik gelegt worden ist. Nur, das war nicht allein sein Verdienst. In der Zeitschrift *Das Parlament* räumte er selber in einer umweltpolitischen Bilanz im September 1973 ein, daß »Umweltschutz zu betreiben und für ihn zu werben heute dem Prinzip nach eine leichte Aufgabe« sei. Denn: »Es hat sich ein Umweltbewußtsein entwickelt, das den Umweltschutz nicht nur als unvermeidlichen Preis für unsere eigene Existenz ansieht, sondern ihn zur Grundlage für eine wiederzugewinnende Qualität des Lebens macht.« Das heißt: Genscher lag mit der von ihm forcierten Umweltpolitik im gesellschaftlichen Trend. Und dazu paßt auch, daß er alle radikalen oder gar systemüberwindenden Forderungen und Vorschläge zur Lösung der Probleme entschieden ablehnte. Auch hier suchte er Dialog, Zusammenarbeit und, wenn es anders nicht ging, den Kompromiß – und zwar auch mit der Wirtschaft. In einer Rede vor der Arbeitsgemeinschaft für Umweltfragen sagte er im März 1973: »Die Qualität des Lebens muß Gewinnstreben, persönlichen Nutzen und wirtschaftliches Wachstum qualitativ beeinflussen und bestimmen. Es wäre jedoch ein gefährlicher Irrweg, durch eine Einschränkung des Wachstums bessere Lebensbedingungen erzielen zu wollen. Eine geordnete wirtschaftliche Entwicklung ist die Voraussetzung für sichere Arbeitsplätze. Ohne sie ist eine Steigerung der Lebensqualität nicht denkbar . . . Die notwendigen Investitionen müssen auch verdient werden. Ein wirtschaftliches Nullwachstum würde auch den Umweltschutz auf den Punkt Null zurückwerfen.«

Es gibt keinen Widerspruch zwischen dem engagierten Umweltschützer Genscher und dem unerbittlichen Kämpfer für Recht und Ordnung. Beides paßt sogar gut zusammen und entspringt seinem Bedürfnis nach gesellschaftlicher Harmonie und nach einem Gleichgewicht der Kräfte.

Er wollte nicht ins Auswärtige Amt

Wann genau der FDP-Vorsitzende Walter Scheel seinem Stellvertreter Hans-Dietrich Genscher die Absicht mitteilte, das Auswärtige Amt aufzugeben und sich um das höchste Amt im Staate zu bewerben, ist nicht präzise auszumachen. Es muß im Frühsommer 1973 gewesen sein, und es heißt, Genscher sei bei dieser Eröffnung »beklommen zumute« gewesen.

Das ist indessen ein viel zu schwaches Wort für das, was Hans-Dietrich Genscher bei Scheels Mitteilung bewegte. Denn dieser wollte weder Parteivorsitzender werden noch drängte es ihn ins Auswärtige Amt, wovon allerdings anfangs auch nicht die Rede war. Er fühlte sich wohl in der Rolle des stellvertretenden Vorsitzenden, wo er im Hintergrund die Fäden ziehen konnte.

Während der Verhandlungen über die Bildung der zweiten Regierung Brandt/Scheel sah es eine Zeitlang so aus, als wolle Genscher vom Innenministerium ins Wirtschaftsministerium wechseln. Er war es, der mit Helmut Schmidt die künftige Kompetenzabgrenzung zwischen diesem Ressort und dem Finanzministerium aushandelte, die Schmidt seit dem Rücktritt Karl Schillers im Juli 1972 als Doppelminister leitete. Aber als man sich einig war, erklärte Genscher zur Überraschung der SPD, daß er sein angestammtes Ressort behalten wolle. Und ebendas wollte er zunächst auch dann noch, als alle Versuche fehlschlugen, Walter Scheel die Ambition auf das Amt des Bundespräsidenten auszureden. Damit war zwar praktisch vorentschieden, daß Genscher als dem unbestrittenen zweiten Mann der FDP der Parteivorsitz zufallen würde. Keineswegs aber war damit klar, daß er auch als Außenminister an die Stelle Walter Scheels treten würde. Scheel vermutete, daß Genscher sich sträuben werde, vom Innen- ins Außenministerium überzuwechseln, weil ihm die Materie fremd war, weil er nie länger im Ausland gewesen war und weil er über keine nennenswerten Sprachkenntnisse verfügte. Tatsächlich hat Genscher ernsthaft erwogen, auch als FDP-Vorsitzender Innenminister zu bleiben. Denn er hing an diesem Amt, und er wollte es eigentlich bis zum Ende der siebten Wahlperiode ausüben, sagt er selber, um danach wieder Parlamentarier zu werden: »Vorsitzender des Finanzausschusses im Bundestag wäre ich nach 1976 gerne geworden. Das war meine persönliche Lebensplanung.« Seine engsten Mitarbeiter brachten ihn von dieser Idee mit zwei Begründungen ab: Erstens müsse in einer Koalition der kleinere Partner als Gegengewicht zum Kanzleramt stets das Außenministerium besetzen, und zweitens sei das Innenministerium ein viel zu »gefahrengeneigtes Ressort« für einen Parteivorsitzenden — ein Argument, das sich wenige Monate später im Fall Guillaume als weitsichtig und nur zu berechtigt erweisen sollte. So faßte Genscher schließlich den einsamen Entschluß, mit dem FDP-Vorsitz zugleich das Amt des Außenministers anzustreben. Mit Willy Brandt wurde Genscher über seinen

Wechsel an die Spitze des Auswärtigen Amtes rasch handelseinig. Am 6. Mai 1974 wurden jedoch mit einem Schlage alle Absprachen in Frage gestellt. An diesem Tag erklärte der SPD-Vorsitzende seinen Rücktritt als Bundeskanzler, nachdem 14 Tage vorher, am 24. April, dessen persönlicher Referent Günter Guillaume unter dem Verdacht der Spionage für die DDR verhaftet worden war.

Bis heute hält sich zumal bei den Sozialdemokraten der Verdacht, daß Genscher am »Sturz« Willy Brandts mitschuldig war. Tatsächlich war er als Bundesinnenminister für die Spionageabwehr im Bundesamt für Verfassungsschutz verantwortlich. Der Präsident des Amtes, Günther Nollau, ein SPD-Mitglied, hatte Genscher zudem ein Jahr vorher, am 29. Mai 1973, über einen »vagen Verdacht« gegen Guillaume unterrichtet. Dieser hatte den Kanzler noch am selben Tag darüber in Kenntnis gesetzt. Beide hatten dem Vorschlag Nollaus, den Verdächtigen zunächst weiter zu überwachen, zugestimmt, aber den Fall insgesamt augenscheinlich nicht für besonders wichtig erachtet. Selbst nach der Verhaftung Guillaumes erkannten weder der Innenminister noch der Kanzler zunächst die politische Gefahr, die ihm anhaftete. Genscher reagierte eiskalt. Am 30. April, also sechs Tage nach der Verhaftung Guillaumes und sieben Tage vor Brandts Rücktritt, sagte er in einer Rede im Bundeskriminalamt in Wiesbaden: »Der Fall Guillaume zeigt, daß auch im Zeichen der Entspannungspolitik unsere Aufmerksamkeit im Bereich der Spionageabwehr nicht nachlassen darf ... Die Überführung des Agenten Guillaume, seiner schon feststehenden Mittäterin und die noch zu prüfenden Verdachtsmomente gegen weitere Personen sind kein Zufallstreffer der Staatsschutzorgane, sondern das Ergebnis methodischer, zäher und ausdauernder Ermittlungsarbeit. Ich möchte daher auch an dieser Stelle dem Bundeskriminalamt und dem Bundesamt für Verfassungsschutz, ganz besonders aber den dafür eingesetzten Beamten, den Dank und die Anerkennung der Bundesregierung aussprechen. Sie hatten – wie oft in diesen Fällen – zwischen dem Zufrüh des Zugriffs, das den Fahndungserfolg gefährdet, und dem Zuspät, das dem Spion die Flucht ermöglicht, jenen Zeitpunkt herauszufinden, an dem der Justiz ausreichendes Material für eine Überführung zur Verfügung gestellt werden kann. Der Erfolg hat ihnen recht gegeben.«

Das stellte die Tatsachen einigermaßen auf den Kopf. Hätte sich Guillaume nicht bei seiner Festnahme spontan mit dem Ausruf »Achten Sie meine Ehre als Offizier der Volksarmee« selbst bezichtigt, wäre die Beweisführung gegen ihn, wie sich in dem späteren Prozeß zeigte, schwierig gewesen.

So mag es wohl sein, daß Hans-Dietrich Genscher unter anderen

Umständen den Fall politisch nicht überlebt hätte. Am Rücktritt Willy Brandts konnte er jedoch keinerlei Interesse haben. Zwischen ihm und dem Kanzler war alles klar. Wenn Brandt stürzte, so mußte er wissen, würde dies auch für ihn gefährlich werden. Daß Genscher dennoch ungeschoren davonkam, ja, in der Regierungshierarchie aufstieg, verdankte er am Ende allein dem Umstand, daß er, nachdem sich Walter Scheel aus dem sozialliberalen Bündnis abgeseilt hatte, als designierter FDP-Vorsitzender Garant für den Fortbestand der Regierungskoalition der FDP mit der SPD und damit in einem neuen Kabinett unter Helmut Schmidt unentbehrlich war. Aber als er am 17. Mai 1974 als Chef ins Auswärtige Amt einzog, war er politisch angeschlagen. Selbst seine Freunde gaben ihm in diesem Amt zunächst nur eine fünfprozentige Erfolgschance.

Zeitzeugen

HORST HEROLD

Der Innenminister und das Bundeskriminalamt

Mitte Oktober 1969 erreichte mich in meinem Büro im damals noch
städtischen Polizeipräsidium Nürnberg der Anruf eines Herrn Wegener,
der sich als Oberleutnant im BGS und Adjutant des soeben neu berufe-
nen Bundesinnenministers Genscher vorstellte. Wegener, der fast auf den
Tag genau acht Jahre später als Kommandeur der legendären GSG 9 und
als Held von Mogadischu zu weltweitem Ruhm gelangen sollte, teilte mir
mit knappen Worten mit, der Minister habe von den technischen Neue-
rungen bei der Stadtpolizei gehört und sei, da er sich gerade in der Nähe
aufhielte, daran interessiert, sie zu sehen.

Kurz nach dem Gespräch fuhr der Ministerwagen, damals noch ohne
Begleitschutz, in den Hof des Präsidiums ein. Der Minister schwang sich
behende aus dem Wagen, richtete sich auf und schloß mit der für ihn
typischen Handbewegung das stets zu enge Jackett mit leichtem Bauch-
einziehen. Ich hatte Genscher zwar oft im Fernsehen gesehen, war aber,
als er mir nun direkt gegenüberstand, doch beeindruckt von seiner
mächtigen Gestalt. Noch heute erinnere ich mich des unbehaglichen
Gefühls, den Kopf zurücklegen zu müssen, um ihm ins Gesicht zu sehen.

Genscher kam mit ein paar kollegial-freundschaftlichen Bemerkungen
ohne Umschweife zur Sache: »Mal sehen, was Sie Bedeutendes zu bieten
haben.« Seine Fähigkeit und Bereitschaft, sich bei Begegnungen distanz-
verringernd auf sein Gegenüber einzustellen, konnte ich später noch oft
an ihm bewundern.

Die Nürnberger Stadtpolizei, der Stolz und das Lieblingskind der alten
freien Reichsstadt, hatte schon zu Beginn der 60er Jahre als erste Polizei-
einheit damit begonnen, die elektronische Datenverarbeitung in den
Dienst der Verbrechensbekämpfung zu stellen. Genscher, überraschend
gut informiert, wollte zuerst unser elektronisches Daktyloskopiesystem
sehen, das die Zehnfingerformeln von etwa 150 000 Straftätern aus ganz
Mittelfranken umfaßte. Das elektronische System befähigte die Polizei,
mit einer einzigen am Tatort gefundenen Fingerspur aus dem Gesamtbestand aller Fingerabdruckformeln sekundenschnell den mutmaßlichen
Täter herauszufinden, während vorher die Fingerspur nur — und dann
zeitraubend und schwerfällig — zugeordnet werden konnte, wenn man

bereits einen bestimmten Verdächtigen im Auge hatte. Ich bat den Minister um seine zehn Fingerabdrücke, die verformelt und in den Rechner eingegeben wurden. Sodann mußte er auf einem Weinglas den Abdruck seines Zeigefingers hinterlassen, der auch verformelt wurde und mit dem die Suche im Gesamtbestand begann. Nach einigen bangen Sekunden meldete der Computer zu meiner Erleichterung den Namen Genschers als eines möglichen Spurenverursachers. Der Minister sagte zwar nichts, aber man merkte ihm an, daß er beeindruckt war.

Ein kriminalgeographisches Informationssystem erfaßte die Tatzeiten und Tatorte aller Straftaten im Computer und machte die zeitlichen und örtlichen Kriminalitätsschwerpunkte auf Stadt- und Landkarten mit Dichtebildern graphisch sichtbar. Genscher begriff den Sinn des Systems sofort: Die Schutzpolizei wurde zur rechten Zeit an die Tatorte gelenkt; auf der Basis eines genügend großen Datenbestandes wurde die Hochrechnung künftiger örtlicher und zeitlicher Kriminalitätsmassierungen möglich. Genschers wacher Verstand und seine erstaunliche Sachkunde faszinierten mich. Im Gegensatz zu seiner oft nichtssagenden Ausdrucksweise bei Interviews im Fernsehen bediente er sich eines bündigen, präzisen und beinahe mathematischen Lapidarstils, der später zu unserer fachlichen Verkehrssprache werden sollte. Ihm eignete, später oft und vor allem in schwierigen Situationen immer wieder neu bewiesen, die seltene Fähigkeit, Fakten, die an sich sachlich weit auseinanderlagen, in überraschend neuer Weise zu verknüpfen.

Der Minister hatte seinen Besuch zunächst auf anderthalb Stunden begrenzt, blieb aber dann doch drei Stunden. Er wollte alles sehen: die Kriminaltechnik, die Ausrüstung der Schutzpolizei, das Schießkino, die Ausbildung. Besonders interessierte ihn, wie wir 1968/69 mit den großen APO-Demonstrationen fertig geworden waren. Deshalb bat ich Genscher zum Abschluß an ein Fenster des 3. Stockwerkes. Unten im Hof war eine Gruppe der Schutzpolizei angetreten, die mit Helmen und Schilden ausgerüstet war. In den Helmen waren Kopfhörer eingebaut, über die mich die Beamten per Funk vom 3. Stock aus direkt hören konnten. Auf Funkkommandos – »Rechts um«, »Kehrt«, »Schilde hoch« – vollzog die Gruppe, für Außenstehende nicht erklärbar, Wendungen und Bewegungen, die wegen ihrer marionettengleichen Präzision etwas Automaten- und Roboterhaftes und zugleich Unheimliches an sich hatten. Der Minister verstand: Mögliche Gewalttäter sollten beeindruckt und von Straftaten abgehalten, polizeiliche Zwangsmaßnahmen überflüssig werden.

Anderthalb Jahre später, im Juni 1971, der Minister hatte nichts mehr von sich hören lassen, befand ich mich in einer Dienstbesprechung bei meinem Oberbürgermeister Dr. Urschlechter, als dieser ans Telefon gerufen wurde. Nach seiner Rückkehr sagte Dr. Urschlechter: »Ich habe eben mit Genscher gesprochen. Er will Sie zum BKA-Chef machen.« Ich war buchstäblich sprachlos. Zwar hatte das Bundeskriminalamt in den Augen der Polizei wegen seiner weitgehend funktionsuntüchtigen Aktensammlungen und Karteien keinen besonderen Geltungswert, jedoch erschien mir das Angebot ebenso ehren- wie verheißungsvoll. Nach dem Eindruck, den ich von der Dynamik und der Entschlossenheit des Ministers gewonnen hatte, würde er sich mit großer Tatkraft daranmachen, eine leistungsfähige Polizeizentrale zu schaffen. Am nächsten Tag fand ich mich, wie erbeten, in Bonn im Dienstzimmer des Ministers ein. Über Nacht hatte ich mir einige Bedingungen für eine grundlegende Modernisierung zurechtgelegt, von denen ich die Übernahme des in meinen Augen hoffnungslos veralteten Amtes abhängig machen wollte. Der Minister ließ mich jedoch gar nicht erst zu Worte kommen. Auf und ab gehend formulierte er — im Gegensatz zur ersten Begegnung nun schon ganz der Chef — im Befehlston drei Forderungen: Erstens sollte ich das Bundeskriminalamt mit Hilfe neuester Technik zur leistungsfähigen Informations- und Kommunikationszentrale der deutschen Polizei ausbauen, zweitens hätte ich die Kriminaltechnik, d. h. die wissenschaftliche Technik zur Gewinnung von Sachbeweisen, auf den technisch allerersten Stand zu bringen und drittens sei es meine Aufgabe, die wissenschaftliche Forschung mit dem Ziel zu entwickeln, rationale Einblicke in das Wesen der Kriminalität zu gewinnen. Die notwendigen gesetzlichen und finanziellen Voraussetzungen werde er mir schaffen. Ich war überrascht und erleichtert. Seine Vorgaben wichen von den damaligen, mehr konventionellen Expertenempfehlungen grundlegend ab und stimmten mit meinen eigenen technisch orientierten Wünschen und Zielen in geradezu idealer Weise bis in die Details überein.

Kurz nach meiner Amtsübernahme im September 1971 trat die Baader-Meinhof-Bande mit ihren terroristischen Aktivitäten massiv in Erscheinung. Im Juli hatte es den ersten Schußwechsel mit der Bande gegeben, die Terroristin Petra Schelm hatte den Tod gefunden. Im September verübte die RAF mehrere Banküberfälle. Am 22. 10. 1971 wurde in Hamburg der Polizeihauptwachtmeister Norbert Schmidt von Terroristen erschossen. Diese Ereignisse leiteten eine Entwicklung ein, die die polizeiliche Bekämpfung des bis dahin unbekannten Terrorismus in den ersten Rang erhob. Genscher rief mich an und sagte, er habe sich entschlossen, das BKA mit den Ermittlungen gegen die Baader-Meinhof-Bande und die RAF zu beauftragen. Ich widersprach heftig. Ein solcher

Auftrag überstiege die Kräfte und Erfahrungen des nur unzulänglich gerüsteten und erst noch aufzubauenden BKA. Der Kampf gegen den Terrorismus müsse grundsätzlich von den dafür eher ausgestatteten Ländern geführt und vom BKA durch zentrale Informationssammlung und -bereitstellung unterstützt werden. Der Minister ließ sich jedoch auf keine Erörterungen ein: »Die Straftaten haben eine bundespolitische Dimension, also muß ich handeln. Das BKA bekommt den Ermittlungsauftrag, und Sie haben dafür zu sorgen, daß wir das Problem in den Griff bekommen.«

Die Vorgaben des Ministers bürdeten dem Amt mit seinen 600 Mitarbeitern und 12 Kraftfahrzeugen – heute sind es 3800 Mitarbeiter und 540 Kraftfahrzeuge – eine ungeheure Arbeitslast auf. Neubauten, Personaleinstellungen, Ausbildung, Sachinvestitionen, riesige Informations- und Kommunikationssysteme mußten geplant und errichtet werden, zur Terrorbekämpfung waren völlig neue Arbeitsmethoden, neue Melde- und Informationssysteme, neue Ermittlungsformen zu entwickeln – und dies alles gleichzeitig. Genscher interessierte sich mit einem pedantischen Perfektionismus für die kleinsten Details. Täglich, häufig auch nachts, rief er mehrmals an, gab knappe Anweisungen und wollte den letzten Stand der Dinge wissen. Ich hatte laufend zu berichten. Wenn ich spätabends in Bonn Vortrag hielt, versah er mich mit Aufträgen für den kommenden Morgen, so daß ich schließlich mit einem ganzen Troß reisender Mitarbeiter ständig von Wiesbaden, dem Amtssitz, nach Bonn und umgekehrt unterwegs war, um die Erfordernisse des Amtes und die Ministerwünsche per Funk, Autotelefon und Diktat zu erfüllen. Während in Wiesbaden riesige Baugruben ausgehoben, Computer und wissenschaftliche Apparaturen bestellt und geliefert wurden, hatte ich auf Weisung Genschers einheitliche Konzepte für Bund und Länder in einem vom BKA geleiteten Vorgehen gegen den Terrorismus zu entwerfen, die Genscher selbst überarbeitete und in der Innenministerkonferenz vortrug. Die Innenminister unter dem Vorsitz des nicht minder begabten Innensenators Ruhnau folgten Genscher in allen seinen Vorschlägen – mit seiner besessenen Arbeitswut und seiner detaillierten Sachkunde beherrschte er sie alle.

Anfang Juni 1972 – nach mehreren Sprengstoffanschlägen der RAF mit jeweils mehreren Toten – konnte ich dem Minister melden, daß die vom BKA zentral dirigierte Polizei in den Bundesländern nunmehr ein Dutzend Objekte ausgemacht habe, von denen anzunehmen sei, daß sie als terroristische Unterschlupfe oder Werkstätten dienten. Ich schlug vor, eine bundesweite offene Fahndungsaktion mit sämtlichen Polizeihubschraubern und einer Vielzahl mobiler Einsatzkommandos auf allen

Bundesautobahnen zu unternehmen, um Bewegung in die Szene und an die observierten Objekte zu bringen. Diese Fahndungsaktion, die größte in der Geschichte der Bundesrepublik, fand am 31. Mai 1972 statt. Wenige Stunden später, in den frühen Morgenstunden des 1. Juni, pirschten sich drei Männer an eines der Objekte – es war eine Souterraingarage im Kettenhofweg in Frankfurt – unter verdächtigen Umständen heran. Auf Anruf verschwanden sie in der Garage und eröffneten das Feuer auf die Polizei. Als ich dieses Ereignis morgens um 6.00 Uhr dem Minister meldete, meinten wir wohl, daß es sich um Terroristen handeln könnte, ahnten aber noch nicht, was wir erst zwei Stunden später erfuhren, daß uns nämlich die Fahndungsaktion die Topterroristen Baader, Meins und Raspe ins Netz getrieben hatte. Acht Wochen später saßen alle Mitglieder der Bande hinter Schloß und Riegel. Fast zeitgleich wurde das bundesweite elektronische Informationssystem der Polizei, INPOL, nach einer Rekordaufbauzeit von nur sieben Monaten mit fast 1000 Terminals in Betrieb genommen.

Von da an gehörte ich zu dem kleinen Kreis derer, denen Genscher vertraute und die deshalb, wenn auch im bescheidenen Rahmen, das Privileg der Selbständigkeit und des unmittelbaren Sachvortrages genossen. Als der Minister im Sommer 1974 in das Außenamt wechselte, gebührte dem BKA nach dem Urteil von »Le Monde« noch vor dem FBI der Rang der bestausgestatteten und effektivsten zentralen Polizeibehörde der Welt.

Nach seiner Verabschiedung aus dem Innenressort sah ich Genscher erst im September 1977 aus dem traurigen Anlaß der Schleyer-Entführung in dem vom Bundeskanzler Helmut Schmidt präsidierten sogenannten Kleinen Krisenstab wieder. Bei aller Solidarität in der Sache hütete er sich strikt davor, in die Angelegenheiten des Innenressorts hineinzureden. Wenn ich als nachgeordneter Beamter das Wort erhielt, versuchte ich ihm mit meinem Sachvortrag Signale zu übermitteln – »wie Herr Minister Genscher oft entschieden hat« oder »Herr Minister Genscher vertrat die Auffassung« –, um ihn zu einer seiner früher so leidenschaftlichen Stellungnahmen zu kriminalistischen Fragen zu bewegen. Genscher aber ließ sich nicht aus der Reserve locken. Seine Diskussionsbeiträge beschränkten sich auf außenpolitische Implikationen und waren dort von gewohnter Präzision. Offenbar hatte ihn die Beschäftigung mit weltpolitischen Fragen der Enge der Polizei nicht nur formal, sondern auch innerlich entrückt.

1978 trat der FDP-Mann und Genschers langjähriger Staatssekretär Baum die Nachfolge des hochgebildeten Professor Maihofer an, den seine Parteifreunde durch häßliche Intrigen zum Rücktritt bewogen hatten. Aus vermeintlichen, jedoch weitgehend mißverstandenen Interessen des in Mode gekommenen Datenschutzes begann Baum, begleitet vom Beifall der Medien, die wichtigsten kriminalpolizeilichen Informationsgrundlagen, die Genscher erst geschaffen hatte, planmäßig wieder abzubauen. Genscher schwieg zu alledem. Meine Bitte um eine persönliche Unterredung beantwortete er nicht. Als ich im April 1981 den Abschied nahm, erhielt ich von Genscher einen Brief mit einigen dürren Dankesworten. Ich hatte meine Schuldigkeit getan, ich konnte gehen.

MANFRED SCHREIBER

München 1972: Ein Trauma

Ich kenne keinen Verantwortlichen für Olympia 1972, dem die Nacht vom 5. auf den 6. September nicht ein bleibendes Trauma bedeutet, bei dem die Ereignisse dieser Stunden nicht bis heute schlimme Erinnerungen hervorrufen.

Je tiefer man fällt, um so beglückender sind helfende Hände, die einen halten und aufheben. Dazu gehörte für mich auch der damalige Bundesinnenminister Genscher.

In seiner Funktion als Bundesminister des Innern hatte er keine formelle und unmittelbare Verantwortlichkeit für die Sicherheitsprobleme anläßlich der Olympischen Spiele. Die Stadt München und der Freistaat Bayern sowie das Organisationskomitee waren für die Sicherheit verantwortlich. Genscher hätte sich in der Gefahr – wie manch anderer – bestenfalls mit unverbindlichen guten Ratschlägen andienen, sich bedeckt und zurückhalten können. So leicht machte es sich der damalige Innenminister Genscher nicht. Bereits am Morgen des 5. September beriet er mit dem zuständigen bayerischen Innenminister Dr. Merk, dem ebenso erfahrenen wie umsichtigen Bürgermeister des Olympischen Dorfes, Walter Tröger, und mir die Sicherheitslage. Sein erstes Lagebild gegenüber Kanzler und Außenminister führte in der Kabinettssitzung um 11.30 Uhr zu seiner Vollmacht, mit den anderen Zuständigen die Rettung der Geiseln zu betreiben.

Er wich der polizeilichen Einsatzleitung nicht mehr von der Seite, wurde gar ihr wichtigster Teil. Mit angeborener Autorität, doch als »Primus inter pares« führte er die Verhandlungskommission zusammen mit dem bayerischen Innenminister Dr. Merk ab 13.00 Uhr, als für mich allein kein Verhandlungsspielraum mit den Terroristen mehr bestand. Bis

21 Uhr führte er unsere Verhandlungsgruppe vier- bis fünfmal zum Tatort, legte gegenüber dem Terroristensprecher unsere Verhandlungspositionen dar, insistierte, offerierte, forderte, bettelte, drohte, erklärte, hörte und beobachtete. Er war Teil der polizeilichen Einsatzleitung, wo er mehr zuhörte und riet, nie aber seine Meinung verbarg oder wegen Unzuständigkeit einer schwierigen Frage auswich. War er nicht in der Einsatzleitung, telefonierte er mit der Bundesregierung, besprach sich mit dem anwesenden israelischen und dem tunesischen Botschafter, checkte mit einzelnen Politikern und Sportführern Situation und Risiken der Geiseln sowie eines Einsatzes ab, sprach mit dem Krisenstab im Auswärtigen Amt, berichtete dem Kanzler, verhandelte zusammen mit uns mit dem IOC-Präsidenten Brundage und unserem Veranstaltungspräsidenten Daume.

Diese Aktivitäten, seine Anwesenheit und Persönlichkeit gaben unseren gesamten Verhandlungen Bedeutung und Nachdruck.

Bei einem Verhandlungsgespräch am Nachmittag bot er sich, ohne mit der Wimper zu zucken, mit uns zusammen als Ersatz- und Austauschgeisel an. Das wurde abgelehnt. Ebenso unsere Bitte, die Geiseln und ihren Zustand sehen zu dürfen. Nach längeren Verhandlungen gestattete man dem Bundesinnenminister den Einlaß. Auch hier ging Genscher ohne Zögern ganz allein in das Haus der schwerbewaffneten Terroristen, im bewußten Risiko, daß er hier ohne Schutz als Zusatzgeisel genommen werden könnte.

Als wir gegen 18 Uhr unter dem ständigen Erpressungsdruck, Geiseln einzeln zu töten, und wegen Aussichtslosigkeit der Verhandlungen den Einsatzbefehl zur gewaltsamen Befreiung gaben, stand Genscher hinter dieser Weisung. Ganz selbstverständlich flog er mit der Einsatzleitung nach Fürstenfeldbruck, um die Örtlichkeiten des Befreiungsversuches zu studieren, begleitete mit uns den Anführer der Terroristen zur Besichtigung der Wegstrecke zu den bereitgestellten Hubschraubern und wieder zurück in die Unterkunft. Wiederum ohne jegliche Furcht und Bedenken flog er mit der Einsatzleitung nach Fürstenfeldbruck, um den Einsatzablauf zu verfolgen. Mit uns hat er das tragische Ende erschüttert und gefaßt aufgenommen.

Wären alle körperlichen und psychischen Strapazen eines sicher nicht in dieser Form einsatzgewohnten Bundespolitikers damit zu Ende gewesen, man müßte dem exekutiv nicht zuständigen Politiker höchstes Lob zollen. Seine charakterliche Größe sollte sich noch einmal bewähren müssen.

Das Unternehmen war gescheitert, das weltweite Debakel traf mit Schuldvorwürfen ein Land, dessen Beziehungen zu dem geschädigten

Land Israel hochsensibel waren und dessen vorsichtige Begegnungen mit der Welt bei der Olympiade gefestigt werden sollten. Wer wollte da nicht wenigstens seinen Tatbeitrag verkleinern, wer nicht in der Vorbereitungsphase nach Fehlern kramen, die ihm nicht zugerechnet werden konnten, wer war frei davon, besserwisserische Manöverkritik zu üben? Minister Genscher widerstand nicht nur solchen Anfechtungen, sondern setzte jene Kraft in die Begründung und Rechtfertigung des Unternehmens, die er vorher für ihren Ablauf aufgewendet hatte. Mit den Hauptbeteiligten und dem damaligen souveränen Pressechef des OK, dem jetzigen Bundesminister Klein, stellte er sich der wütenden, kritischen, erschütterten Weltpresse noch am Morgen nach der Operation! Auch seiner Überzeugungskraft gelang es, wenigstens die Mehrzahl der Kritiker von der Unabwendbarkeit des Unglücks zu überzeugen. Es gelang ihm auch, jene Teile der Vorgänge überzeugend darzustellen, bei denen er nur sachverständiger Zeuge gewesen war. Alle hatten den Eindruck, daß er zum Team gehörte, und so stand er auch zur Gesamtverantwortung.

Und letztlich war sich der Bundesminister des Innern auch nicht zu gut, mit seinem damaligen persönlichen Referenten, dem jetzigen Staatssekretär Dr. Kinkel, volle zwei Tage und Nächte der Berichtskommission von Stadt, Land und Bund anzugehören, die für die Öffentlichkeit und die jeweiligen Parlamente das Geschehen noch einmal zusammenschrieb, um der Legende keine Chance zu lassen, aber auch um die notwendigen Folgerungen zu ziehen. Anschließend erstattete er der Bundesregierung einen ausführlichen Bericht. Am 18. 9. informierte er den Innenausschuß des Deutschen Bundestages so zweifelsfrei und eindeutig, daß dieser für eine weitere parlamentarische Untersuchung keinen Anlaß sah, allen Verantwortlichen sein Vertrauen aussprach und ihnen für ihren besonderen Einsatz dankte.

Man spricht oft von Frontkameradschaft. Sie ist in anderen Ländern lebendiger als bei uns. Von der »Terrorfront« her hat sich seither mit Genscher eine Kameradschaft gebildet, die ich nicht mehr missen möchte. Seine Erfahrungen hat der Bundesinnenminister unverzüglich umgesetzt, und bereits am 1. 10. 1972 – das waren keine vier Wochen nach dem Ereignis – wurde die GSG 9 als Spezialtruppe gegen den Terrorismus aufgestellt. Mit der Befreiung der deutschen Geiseln aus der Hand neuer Terroristen in Mogadischu durch die GSG 9 am 18. 10. 1977 hat Genscher eine berechtigte Genugtuung erfahren.

FRIEDRICH VOGEL

Nicht nachtragend

Als ich 1971 als Nachfolger von Ernst Benda, nachdem dieser Präsident des Bundesverfassungsgerichts geworden war, zum Vorsitzenden des Arbeitskreises I »Innen- und Rechtspolitik« der CDU/CSU-Bundestagsfraktion gewählt wurde, war Genscher Bundesinnenminister. In diesen Jahren war auf dem Gebiet der inneren Sicherheit eine Menge los. Radikale politische Gruppierungen machten sich vor allem im linken Bereich bemerkbar. Die Terroristen um Ulrike Meinhof und Andreas Baader stellten eine bis dahin unbekannte Herausforderung des freiheitlichen demokratischen Rechtsstaates dar. Die aus der Studentenrevolte Ende der sechziger Jahre hervorgegangenen radikalen politischen Strömungen propagierten den Marsch durch die Institutionen. In einem von Bundeskanzler Brandt initiierten Beschluß mit den Ministerpräsidenten aller Bundesländer, fälschlich »Radikalenerlaß« genannt, wurde versucht, eine einheitliche Praxis gegen das Eindringen von Verfassungsfeinden in den öffentlichen Dienst bei der Anwendung des geltenden Rechts sicherzustellen. Es blieb deshalb nicht aus, daß es in der damaligen Zeit viele Anlässe zu Kontakten und Gesprächen zwischen dem Bundesinnenminister und dem innen- und rechtspolitischen Sprecher der Opposition gab. Über einige Erinnerungen aus dieser Zeit möchte ich berichten.

Im Jahre 1972 stand ein umfangreiches Gesetzgebungsprogramm im Bereich der inneren Sicherheit an. Erwähnt seien nur das Bundesgrenzschutzgesetz, das Gesetz über die Errichtung des Bundeskriminalpolizeiamtes und das Verfassungsschutzänderungsgesetz. Diese Gesetze erforderten auch Änderungen des Grundgesetzes, die ohne die Zustimmung der Opposition nicht zustande kommen konnten. Der Bundesinnenminister Genscher bemühte sich sehr um den Konsens mit der Opposition. Wir haben damals ein intensives Arbeitsverhältnis entwickeln und beiderseits Respekts voreinander gewinnen können. Die miteinander gemachten Erfahrungen schufen, wie sich in der Folgezeit herausstellen sollte, eine solide Vertrauensbasis für die Zusammenarbeit.

Allerdings wurde diese Vertrauensbasis im Jahre 1973 auf eine harte Probe gestellt. Zu den innenpolitischen Streitobjekten der damaligen Zeit gehörte die Frage, wie mit der DKP umzugehen sei. Es konnte kaum zweifelhaft sein, daß die DKP die Ersatzorganisation der vom Bundesverfassungsgericht verbotenen KPD war. Mit guten Gründen wurde sogar die Auffassung vertreten, daß mit der DKP der organisatorische Zusammenhalt der verbotenen KPD aufrechterhalten werde, sie also mit dieser identisch sei. Es handelte sich um eine politisch bedeutsame Auseinandersetzung, zumal auf dem Hintergrund der Ostpolitik und angesichts der Tatsache, daß Mitglieder der Bundesregierung der großen Koalition bei der Gründung der DKP augenzwinkernd Pate gestanden hatten. Waren DKP und KPD identisch, dann machten sich die Rädelsführer und Hintermänner der DKP des Organisationsdeliktes des § 84 des StGB schuldig. War die DKP »nur« Ersatzorganisation, dann konnte sie nach dem Parteiengesetz von der Bundesregierung verboten werden mit der Folge, daß sodann die Rädelsführer und Hintermänner der DKP sich nach § 85 des StGB strafbar machten.

Der Bundesinnenminister Genscher hatte in dieser Frage einen schwierigen Balanceakt durchzuführen, bei dem von der einen Seite sein Koalitionspartner SPD und von der anderen Seite die Opposition von CDU und CSU zog. Mit allen Mitteln vermied er es, von der Identität von DKP und KPD zu reden. Als der Vizepräsident des Bundesamtes für Verfassungsschutz, Smoydzin, im Innenausschuß des Bundestages Ausführungen gemacht hatte, die als Bestätigung der Identitätsthese verstanden wurden, wurde er von Genscher zurückgepfiffen. Andererseits machte Genscher auch keinerlei Anstalten, nach dem Parteiengesetz die Feststellung zu treffen, daß die DKP die Ersatzorganisation der verbotenen KPD sei. Es verstand sich von selbst, daß die Opposition in dieser Frage immer wieder nachstieß, zumal es äußerst strittig war, ob der Bundesinnenminister hier einen Ermessensspielraum hatte oder ob er bei Vorliegen der entsprechenden Erkenntnisse nach dem Legalitätsprinzip die Feststellung treffen mußte.

Als auf einem SPD-Parteitag in Dortmund die »Verbotshetze« der CDU/CSU gegen die DKP angeprangert und eine »Revision« des sogenannten »Radikalenerlasses« gefordert wurde, gingen wir mit der DKP-Problematik in eine Fragestunde, die am 24. Mai 1973 stattfand. Genscher führte einen kunstvollen Slalom um die Frage der Identität von DKP und KPD herum aus, nahm zu der Frage, ob die DKP Ersatzorganisation der verbotenen KPD sei, vorsichtshalber überhaupt nicht Stellung, bestätigte aber die verfassungsfeindliche Zielsetzung der DKP. Auf die Frage des Abgeordneten Dr. Miltner nach der Bundesregierung vorliegendem Material aus den Archiven des Bundesamtes für Verfassungsschutz verwies Genscher auf die jährlichen Verfassungsschutzberichte der Bundesregierung, in denen diese die Öffentlichkeit umfassend über die Bestrebungen extremistischer Gruppierungen und Parteien, auch der DKP, unterrichte. Wenige Tage später erschien in der *Welt* ein Artikel, in dem aus dem als »VS-Vertraulich« eingestuften Bericht des Bundesamtes für Verfassungsschutz an den Bundesinnenminister für den

Verfassungsschutzbericht 1971 zitiert wurde und in dem die ausgewählten Zitate als Widerspruch zu den Ausführungen Genschers in der Fragestunde dargestellt wurden. Mein Mitarbeiter besorgte sich daraufhin aufgrund guter persönlicher Beziehungen von dem Verfasser des Artikels die diesem vorliegenden Kopien von zwei Seiten aus dem Bericht des Bundesamtes für Verfassungsschutz. Er schickte eine Kopie davon mit der Post etwa am 29. Mai 1973 an einen Korrespondenten einer linksliberalen Zeitung, zu dem er einen laufenden Kontakt entwickelt hatte und der ihn ausdrücklich telefonisch darum gebeten hatte.

Zum besseren Verständnis dessen, was dann geschah, muß erwähnt werden, daß zur damaligen Zeit das Bundesamt für Verfassungsschutz unter Dauerbeschuß der linken Szene stand, weil es angeblich zu CDU-lastig sei. Es wurde des Zusammenspiels mit der Opposition bezichtigt. Außerdem bestand der Vorwurf, es gebe ein Loch im Amt, durch das die Opposition mit Informationen gespickt werde. Genährt wurde dieser Verdacht vor allem auch durch den damaligen Verfassungsschutzpräsidenten Nollau, der einen schon fast pathologischen Haß auf seinen der CDU angehörenden Vizepräsidenten Bardenhewer hegte, den Genscher in dieses Amt gebracht hatte. Ohne Übertreibung kann man sagen, daß die beiden Herren beiderseits recht wenig voneinander hielten.

Anfang Juni erschien Genscher bei mir, um mir einen braunen Umschlag vom Format DIN A5 zu zeigen, auf dem als Absender die CDU/CSU-Bundestagsfraktion angegeben war und aus dem der Teil mit der Anschrift des Empfängers herausgeschnitten war. Er erklärte mir dazu, daß er Anlaß habe anzunehmen, daß von meinem Mitarbeiter, einem vom Bundesministerium des Innern zur Fraktion beurlaubten Regierungsdirektor, in diesem Umschlag Ablichtungen von einem als »VS-Vertraulich« eingestuften Bericht des Bundesamtes für Verfassungsschutz an einen Journalisten geschickt worden seien. Genscher war sehr erregt über den Vorfall. Offenbar glaubte er an die Kolportagen über ein Loch im Bundesamt und über eine Kollusion von Amtsangehörigen mit der Opposition, und offenbar war er überzeugt, daß das Papier, um das es ging, uns vom Bundesamt zugespielt worden war. Nollau wird ihn in der Annahme dieser Version sehr bestärkt haben. Denn auf wundersame Weise war das Papier von dem Journalisten über Nollau zu Genscher gelangt. Wir in der Opposition waren überzeugt, daß es sich bei dem Journalisten um einen von Nollau angesetzten *Agent provocateur* gehandelt hat. In einem Interview im *Spiegel* vom 27. Mai 1974 brüstete Nollau sich jedenfalls: »Ich habe dem Herrn Minister Genscher Material geliefert, das zu disziplinarischen Maßnahmen gegen einen Regierungsdirektor Anlaß gegeben hat. Der hat auf Befragen zugeben müssen, daß er ein

Papier, das vertraulich war und aus dem Amt stammte, an Zeitungen gegeben hat, vor etwa zwei Jahren.«

Genscher, der den Vorfall als einen schwerwiegenden Fall von Verletzung der Geheimhaltungspflicht bewertete, bestand auf Aufhebung der Beurlaubung des Mitarbeiters zur Fraktion und auf Einleitung disziplinarischer Maßnahmen. Angesichts des Erfordernisses einer möglichst unbelasteten Zusammenarbeit zwischen der Fraktion und mir einerseits und Genscher andererseits beantragte daraufhin der Mitarbeiter von sich aus die Aufhebung seiner Beurlaubung. Er wurde für die Dauer der sodann eingeleiteten Vorermittlungen zum Bundesverwaltungsamt versetzt, eine Überreaktion, die den ganzen Groll des Ministers erkennen ließ. Am Ende reichte das Ergebnis der Vorermittlungen nur für eine Einstellung, mit der, um nicht ganz das Gesicht zu verlieren, die milde Form einer Mißbilligung verbunden war. Noch während der Vorermittlungen hatte Genscher recht ungnädig reagiert, als ich ihm ein Gutachten des renommierten Professors Uhle zuleitete, das zu dem Ergebnis kam, der Beamte habe sich kein vorwerfbares Verhalten zuschulden kommen lassen.

Daß Genscher nicht nachtragend war, ergibt sich daraus, daß er, als ich dann darauf bestand, den Beamten erneut zur Fraktion beurlaubte und ihm unmittelbar vor seinem Wechsel ins Auswärtige Amt auch noch die Ernennungsurkunde zum Ministerialrat aushändigte.

Was ich im Mai 1973 noch nicht wissen konnte, war die Tatsache, daß Nollau just am 29. Mai 1973 zum erstenmal dem Bundesinnenminister Genscher im Fall des Kanzleramtsspions Guillaume Vortrag über die dem Verfassungsschutzamt bis dahin vorliegenden Erkenntnisse hielt. Da Guillaume noch danach im Sommer 1973 als einziger Referent den Bundeskanzler auf dessen Norwegenreise hatte begleiten können, wo er Dokumente hatte einsehen und Staatsgeheimnisse hatte erfahren und verraten können, zu denen er in Bonn keinen Zugang gehabt hatte, spielte dieser Vortrag im späteren Guillaume-Untersuchungsausschuß des Bundestages, dem ich angehörte, eine erhebliche Rolle. Die Aussagen Genschers und Nollaus hinsichtlich des Umfangs der Unterrichtung am 29. Mai 1973 differierten in entscheidenden Punkten beachtlich. Dabei spielte eine besondere Rolle ein vom Leiter des Ministerbüros, Dr. Kinkel, dem jahrelangen engsten Mitarbeiter Genschers, der bei der Unterredung zugegen gewesen war, angefertigter Aktenvermerk, der das Datum »29. Mai 1973« trug und »streng geheim« eingestuft war, aber sonderbarerweise erst 1974 nach Genschers Umzug in das Auswärtige Amt von dort dem Innenministerium zur Eintragung in das Geheimregister zugeleitet wurde.

XI. Kapitel

Von Kanzler zu Kanzler

HERBERT STRAETEN

Schwieriger Start als Außenminister

Kein Außenminister der Bundesrepublik Deutschland ist unter einem so schlechten Stern gestartet wie H.-D. Genscher. Er übernahm die Verantwortung für das Auswärtige Amt im Mai 1974 als Folge einer dramatischen Krise, die nicht nur die deutsche Nation in beiden Staaten erschütterte, sondern auch starke Rückwirkungen auf die internationalen Beziehungen und damit auf das Ansehen der deutschen Außenpolitik hatte: nach dem Rücktritt des SPD-Vorsitzenden Willy Brandt als Bundeskanzler in Konsequenz der Affäre um den DDR-Spion Günter Guillaume.

Bei dem Rücktritt Brandts, der als Außenminister der großen Koalition der Vorvorgänger Genschers im Auswärtigen Amt war, handelte es sich nicht nur um irgendeine innenpolitische Krise, in deren Verlauf ein Regierungschef von seinem Posten abtritt – es war der Rücktritt jenes deutschen Kanzlers, der wegen seiner Aussöhnungspolitik mit dem Friedensnobelpreis ausgezeichnet worden war und als Repräsentant eines neuen Deutschlands weltweites Ansehen genoß. Mit dem Abgang dieses Kanzlers drohte eine gerade erst begonnene tiefgreifende Veränderung der Bundesrepublik – »mehr Demokratie wagen«, hatte Brandt gefordert – ebenso gefährdet zu sein wie die Fortsetzung der »neuen Ostpolitik«, für die zwei Namen standen: Willy Brandt und Walter Scheel, Außenminister der ersten sozialliberalen Koalition. Und Scheel bot sich justament fast zeitgleich mit dem Rücktritt des Kanzlers die Kandidatur für das höchste Staatsamt an, für das Amt des Bundespräsidenten.

So gab es nicht nur einen Kanzlerwechsel inmitten einer Legislaturperiode – die nächsten Bundestagswahlen standen 1976, also in zwei Jahren an –, sondern es mußte auch ein neuer Außenminister her, und zwar aus den Reihen der Freidemokraten.

Und es sollte aus der Sicht der Sozialdemokraten, die mit Helmut Schmidt einen ebenso energischen wie ehrgeizigen und sachkundigen Kanzler stellten, ein FDP-Mann sein, der keinen Zweifel an der Fortsetzung der Entspannungspolitik aufkommen ließ. Die Entscheidung über den neuen Vizekanzler und Außenminister lag natürlich bei der FDP, und da kam an Genscher keiner mehr vorbei. Er hatte sich schon während der großen Koalition als Hauptsprecher der oppositionellen FDP profiliert und in dieser Eigenschaft Wegmarken gesetzt, die die Richtung wiesen, die der spätere Außenminister gehen würde. Es war auch Genscher gewesen, der 1966 im Bundestag als erster Bonner Politiker konkret und durchweg positiv zum »Bukarester Appell« des Warschauer Paktes für eine gesamteuropäische Sicherheitskonferenz Stellung bezogen und dabei auch die Konsequenzen für die Bundesrepublik zur Normalisierung ihrer Beziehungen mit den Ländern Osteuropas nicht ausgespart hatte, insbesondere nicht gegenüber Polen und der Oder-Neiße-Grenze.

Aber 1974 war Genscher für weite Teile der regierenden SPD eher eine Kröte, die sie schlucken sollte. Auch die Kommentatoren vieler Zeitungen machten Genscher mitverantwortlich für Brandts Abgang, hatte er doch als der zuständige Innenminister den SPD-Kanzler wissentlich mit dem bereits entlarvten Topagenten Guillaume nach Norwegen in Urlaub fahren lassen, zwar vorgewarnt, aber unter dem Aspekt der angeblich erwarteten Aushebung eines ganzen Spionageringes. Und nun sollte der Mann, der seinen Kanzler mitsamt dem Spion hatte reisen lassen, nicht ebenfalls stürzen, sondern sogar Außenminister und Vizekanzler werden?

Genscher wurde es – der Macchiavelli der Baracke, Herbert Wehner, hatte die SPD wieder einmal in die Zucht genommen, im Schachspiel um die Macht Horst Ehmke als (für die Geheimdienste zuständigen) Kanzleramtschef geopfert und Genscher als neuen »Turm« der Koalition mit der FDP bei seinen Genossen durchgepaukt.

Er setzt sich durch

Als frischgebackener Außenminister im Kabinett Schmidt ließ Genscher schon bald aufhorchen, als er den Begriff der Entspannungspolitik unüberhörbar mit dem Adjektiv »realistisch« verband. Nur ein Wortspiel für den Hausgebrauch, ein Hinweis für die Unionsparteien, die im Nein zu den Ostverträgen hängengeblieben waren und sich mehr und mehr international isolierten? Oder war es eine erste Distanzierung von der angeblich »nebulösen und illusionären Verzichtspolitik« Brandts und damit auch von der Politik seines Amtsvorgängers Scheel, der nun Bundespräsident war? Was auch seine Motive gewesen sein mögen – Genscher drückte einem der wichtigsten Teile der Bonner Außenpolitik einen eigenen Stempel auf, *seinen* Stempel.

Das war nur wenige Monate nach seiner Ernennung zum Außenminister. Das Wort von einer »realistischen Entspannungspolitik« mußte nicht nur dem Realpolitiker Helmut Schmidt im Kanzleramt gefallen, es gefiel vor allem auch dem überwiegend konservativ ausgerichteten Korps der deutschen Diplomaten rund um die Welt, dessen Chef nun Hans-Dietrich Genscher hieß. Viele Außenamtsbedienstete hatten noch immer nicht verkraftet, daß in Bonn »die Sozis« regierten, und zwar mit Hilfe von »Bürgerlichen«, nämlich den Liberalen.

Man muß auf die Fachleute hören, war ein häufiger Satz Genschers in seiner Anfangszeit. Sie hörten ihn gerne, die gelernten Diplomaten, hielten sie doch, jedenfalls intern, mit ihrer Meinung nie hinter dem Berg, daß »seit Metternich Amateure in der hohen Diplomatie nichts zu suchen haben«. Das galt vor allem Egon Bahr von der SPD und, bei den ganz Konservativen im AA, wohl auch dem bisherigen fröhlichen Chef Walter Scheel hoch auf dem gelben Wagen. Mußte man schon die Ostverträge hinnehmen, so fand man doch ein paar Haare in der Suppe und gab den oppositionellen Unionsparteien Futter für ihr »Nein«. Auch über Genscher rümpfte man oft ungeniert die Nase, war er doch fürwahr nicht der Typ, den etwa Heinrich von Brentano oder Gerhard Schröder von der CDU respektive der damalige Staatssekretär und Völkerrechtler Prof. Karl Carstens dargestellt hatten.

Genscher scheint all das, was über ihn gesagt, gemunkelt und auch offen geschrieben wurde, nicht nennenswert geschert zu haben. Er konnte sich auf fertige Vertragssysteme nach West und Ost stützen und gleich im ersten Jahr seiner Amtszeit den Blick auf ein Ereignis richten, dessen Vorbereitung Politiker und Diplomaten in 35 Staaten Europas und Nordamerikas beschäftigte: die Konferenz für Sicherheit und Zusammenarbeit (KSZE) in Helsinki 1975. Das erforderte in der Tat den gesammelten Sachverstand eines qualifizierten Beamtenapparates, wie es ihn nur im AA gab – und da Genscher Fachwissen und Erfahrung voll respektierte, hatte er auch bald selbst Respekt und Anerkennung bei seinen neuen Mitarbeitern gewonnen.

Ohnehin war die breite öffentliche Kritik an der Übernahme des Amtes durch ihn trotz seiner unklaren Rolle in der Guillaume-Affäre schneller vergessen als erwartet. So wußte schon drei Monate nach der Amtsübernahme die *Stuttgarter Zeitung* von einem »geglückten Rollenwechsel« nach mancherlei »Greuelmärchen« zu berichten, unter der Schlagzeile: »Hans-Dietrich Genschers wirbelhafter Start ins neue Amt«. Er hatte seinen Arbeitsstil »mit bemerkenswerter Geschmeidigkeit und ohne Murren« geändert, bat die Herren des engeren Stabes erst um neun Uhr zum Morgenempfang und nicht − wie im Innenministerium − bereits um 7.30 Uhr. Er selbst war selbstverständlich um neun Uhr voll informiert durch gründliche Lektüre der Morgenpresse. Nebenbei paßte er seine bisherige Körperfülle dem Diplomaten-Habitus durch Magerkost an und weitete seine Betriebsamkeit auf die halbe und bald auf die ganze Welt aus. Innerhalb von drei Monaten war er bereits in Paris und London, in Kanada und den USA, traf sich mit mehreren Außenministern und den Bonner Botschaftern Polens und der Sowjetunion. Schon nach fünf Monaten war in *Capital* für alle, die es wissen sollten, zu lesen, der neue Chef der deutschen Diplomatie »verblüffe Freund und Feind durch überzeugende Amtsführung und sichere Auftritte auf internationalem Parkett«.

Der Aufpasser

Ob Helmut Schmidt Ehrgeiz, Fleiß, politisches Talent und Organisationsbegabung Genschers von Anfang richtig eingeschätzt hat oder nicht − jedenfalls setzte er ihm, koalitionsgerecht, als Staatsminister einen seiner engsten Vertrauten ins Außenministerium, nicht zuletzt als »Aufpasser«, wie ich damals kommentierte: damit die Außenpolitik nicht zur Profilierung freidemokratischer Parteipolitik mißbraucht würde, wie es dem vormaligen Innenminister Genscher mit seinen zahllosen Hubschraubertouren durchs deutsche Wählerland nachgesagt worden war.

Der Mann, den Kanzler Schmidt ihm zur Seite stellte, war der ehemalige Entwicklungshilfeminister Hans-Jürgen Wischnewski, bekannt als »Ben Wisch« seit seinem Engagement für die algerischen Freiheitskämpfer der FLN gegen die französische Herrschaft. Persönlich brachte dieser Sozialdemokrat mehr internationale Erfahrungen ein als der neue Außenminister. Doch Genscher wußte dieses Kapital seines Staatsministers sehr bald zu nutzen für die Außenpolitik der Bundesrepublik − insbesondere für ihr Verhältnis zu den Ländern der Dritten Welt und zur Bewegung der Blockfreien. Schon im Jahr 1975 reist Genscher in mehrere Länder Afrikas und Lateinamerikas, während Wischnewski wichtige Missionen in sieben Entwicklungsländern (Algerien, Brasilien, Indien, Iran, Saudi-Arabien, Venezuela) wahrnimmt.

Schwerpunkte

Von Anfang an war – gefördert durch den Ölschock von 1973 – der außenpolitische Kurs der sozialliberalen Koalition abgesteckt: Festigung und Ausbau der »Europäischen Politischen Zusammenarbeit« (EPZ), Pflege der Freundschaft zu Amerika und aktive Mitwirkung an beiden Teilen des sogenannten »Harmel-Berichtes« der westlichen Allianz, nämlich »Sicherheit und Entspannung« zu fördern. Dazu war mit der Unterzeichnung der Schlußakte von Helsinki am 1. August 1975 ein weiterer Grundstein – nach Ostverträgen und Berlin-Abkommen der vier Mächte – für eine Politik über die europäische Spaltung hinweg gelegt worden, die Genscher seitdem in keiner Phase seiner Amtszeit außer acht gelassen hat.

Den Blockfreien war bislang in der Hauptstadt am Rhein – bei aller Entwicklungshilfe nach dem Grundsatz der politischen Wohlgefälligkeit – nur wenig prinzipielle Aufmerksamkeit geschenkt worden.

Es war Genscher, der in konsequenter Weiterentwicklung der sozialliberalen Außenpolitik klarmachte, daß man die »Bewegung der blockfreien Staaten« keineswegs für eine »fünfte Kolonne Moskaus« halten sollte, daß man ihren Stolz auf Eigenständigkeit und nationale Unabhängigkeit durchaus als Fortsetzung ihres Kampfes gegen die frühere Kolonialherrschaft begreifen mußte. In enger Zusammenarbeit mit »Ben Wisch« baute er systematisch die Beziehungen zu diesen Ländern aus, bestimmt von der Analyse, daß nichts gefährlicher für die internationale Lage sein konnte als die Übertragung des Ost-West-Konfliktes auf die jungen und krisenanfälligen Länder der südlichen Erdhälfte. Die Richtigkeit dieser These hat sich an vielen Konflikten und in manchen Bürgerkriegen Asiens, Afrikas und Lateinamerikas bestätigt, bei den regionalen Konflikten, die von den Großmächten gesteuert, ausgerüstet und finanziert wurden und werden.

Daß es kaum eine außenpolitische Rede gibt, ob zu Hause oder in fremden Landen gehalten, in der Genscher nicht die Bündnistreue der Bundesrepublik zur westlichen Allianz beschwört, versteht sich von selbst, und zwar unverändert und mit Nachdruck auch während der Ost-

West-Krise ab 1979/80. Als über die Vor- und Nachrüstungsdebatten die sozialliberale Koalition schweren Belastungsproben unterworfen wird, erscheint Genscher als Säule der Allianz mit Amerika. Daran hat es nie einen Zweifel gegeben, doch übernahm er keineswegs bedenkenlos amerikanische Argumente, wenn sie den deutschen Interessen widersprachen.

Das zeigte sich auch 1978 beim Streit um die Neutronenwaffen, die US-Präsident Jimmy Carter in Europa, das heißt auf deutschem Boden, stationieren wollte.

Egon Bahr nannte die neue Strahlenbombe, die alles Leben vernichten, doch Gebäude, Fabriken und Geräte unbeschädigt lassen würde, unter breiter Zustimmung eine »Perversion des Denkens«. Und Genscher? Der wies in *Bild* vor allem die »sowjetische Kampagne« gegen die Pläne der Carter-Administration zurück: »Alle Entscheidungen der NATO, einschließlich der Entscheidungen über Rüstungsbegrenzung und Rüstungskontrolle sowie über die Modernisierung der Verteidigungswaffen, und dazu gehören auch die Neutronenwaffen, werden wir allein an dem gemeinsamen Interesse der Bündnispartner ausrichten.« Das Interview war eine diplomatische Meisterleistung. Genscher machte Schlagzeilen im Sinne der Allianz und damit der USA, ohne gesagt zu haben, ob er für oder gegen die Neutronenwaffe war. Die Entscheidung wurde der Bundesregierung von Jimmy Carter abgenommen — denn der mußte die irrwitzige Idee, zwar die Häuser, aber nicht die Menschen zu verteidigen, unter weltweitem Druck zu den Akten legen.

Zwei Jahre nach Genschers Amtsantritt, im Bundestagswahljahr 1976, wird die Bundesrepublik Deutschland als eines der nichtständigen Mitglieder in den Weltsicherheitsrat der UNO gewählt, so daß ab 1977 zum erstenmal seit dem Austritt des Deutschen Reiches unter Hitler aus dem Völkerbund ein deutscher Staat wieder unmittelbare Mitverantwortung für Frieden und Sicherheit in einem der wichtigsten Weltgremien übernimmt. Geblieben ist aus dieser Zeit — neben der Konvention gegen Geiselnahmen — vor allem die sogenannte Namibia-Initiative, die sich gegen die Politik Südafrikas im einstigen Deutsch-Südwest richtet (und gegen die 1987 der CSU-Vorsitzende Strauß verstieß, was Genscher ganz besonders verärgert hat).

Schon fast vergessen scheint inzwischen die Aktivierung der deutschen Afrika-Politik in der Mitte der 70er Jahre, gestützt auf die Ausarbeitung eines EG-Verhaltenskodex für europäische Firmen in Südafrika und der Verhängung eines Waffenembargos gegen das rassistische Regime am Kap durch den Weltsicherheitsrat. Genscher verwies immer wieder darauf bei seinen Reisen auf dem Schwarzen Kontinent — die erste unternahm er 1975, ein Jahr nach der Amtsübernahme –, bei seinen Begegnungen mit afrikanischen Politikern, deren weltpolitisches Gewicht in der UNO ihm bald klargeworden war. Im Frühjahr 1978 traf er sich innerhalb weniger Wochen mit acht afrikanischen Außenministern, auch hier bestimmt von der Perspektive, daß der Schwarze Erdteil nach der Entkolonialisierung nicht in eine neue Abhängigkeit fallen darf, was für ihn eine globale Stabilitätsgefährdung bedeutete.

Nahostpolitik

Genschers erste Reise in die Krisenregion des Nahen Ostens führte ihn im April 1975 nach Ägypten und Saudi-Arabien, zahlreiche Besuche in fast allen nah- und mittelöstlichen Hauptstädten, einschließlich Jerusalem, folgten. Die Basis war sein Bekenntnis zur ethisch-moralischen Verantwortung der Deutschen gegenüber Israel, aber auch die Tatsache, daß er nach seiner Amtsübernahme die EG-Forderung zur Verwirklichung der »legitimen Rechte des palästinensischen Volkes« hervorhob und durch seinen Vertrauten, den deutschen UNO-Botschafter Rüdiger von Wechmar, das »Selbstbestimmungsrecht des palästinensischen Volkes« als erstes westliches Land vor dem Völkerforum in New York anerkannte.

Anders als Willy Brandt, der in seiner Regierungserklärung das Lebensrecht Israels »unanfechtbar« genannt hatte und als erster Kanzler in das Land der Juden und Hinterbliebenen der »Endlösung« gefahren war, hatte Helmut Schmidt, als Konsequenz aus Nahostkriegen und Ölkrise, in seiner Regierungserklärung nur vom »unveränderten Interesse an einer gerechten und dauerhaften Friedensregelung im Nahen Osten« gesprochen. Israelis und Araber wurden gar nicht erwähnt, doch schon bald folgte die positive Erklärung Genschers gegenüber Arabern und Palästinensern. Das definierte zwar die Bonner Position gegenüber der arabischen Welt, aber es warf schwere Schatten auf das Verhältnis zu Israel.

Als Genscher 1979 nach Syrien, Jordanien, Ägypten und in den Libanon reist, berichtet Bernt Conrad, der diplomatische Korrespondent der *Welt*: »Voller Mißtrauen verfolgt Israel die deutsche Nahostpolitik.« Das war nicht von der internationalen Reaktion – und der Haltung der Regierung Schmidt/Genscher – auf die aggressive Politik des israelischen Ministerpräsidenten Menachim Begin zu trennen, der zudem fest überzeugt war, Schmidt habe den Saudis den Panzer »Leopard« für ihren

Heiligen Krieg gegen Israel zugesagt und Begin »eine Gefahr für den Frieden« genannt. So war es vom Kanzlerbesuch in Dschidda berichtet worden.

Erst im Jahr zuvor war Begin mit dem ägyptischen Präsidenten Sadat in einer umstrittenen Entscheidung zum Friedensnobelpreisträger erkoren, wurde zum Racheengel, schilderte die Ermordung seiner Familie und seines Dorfes durch die Deutschen, warf Schmidt vor, er wolle den Saudis Waffen liefern, weil er nur ans Öl denke, und erklärte öffentlich vor den Fernsehkameras: »Ich möchte einem Deutschen nicht die Hand geben, der am Krieg teilnahm. Aber als Ministerpräsident muß ich meinen Amtspflichten nachkommen. Als Herr Genscher, der Außenminister, zu mir kam, habe ich ihn empfangen . . . und wenn Herr Schmidt nach Israel gekommen wäre, ich hätte mich mit ihm getroffen«. Aber der Kanzler war nicht nach Israel gekommen, er war zu den Saudis geflogen, und Begin verstieg sich zu der Behauptung, der ehemalige Leutnant Schmidt, einst Offizier im Rußlandfeldzug, wo die »meisten Juden umgebracht wurden«, hätte »seinen Treueid auf seinen Führer nie gebrochen«.

Die Beleidigung des deutschen Regierungschefs durch den Ministerpräsidenten Israels war ein bis dahin einmaliger Vorgang, eine so schwere Belastung des Verhältnisses zwischen der Bundesrepublik und Israel, daß kaum jemand zu sagen wußte, wie es weitergehen sollte zwischen den beiden Ländern. Da waren die Außenminister und die Botschafter gefragt, die Krise durch Gespräche hinter den Kulissen aus der Welt zu schaffen und Israel vor allem den Verdacht zu nehmen, die Saudis würden doch deutsche Waffen erhalten. Daß dies gelang und die »Affäre« aus den Schlagzeilen beider Länder verdrängt und nicht mehr hochgespielt wurde, daran hatte Genschers diplomatisches Geschick offenbar erheblichen Anteil. Jedenfalls bestätigte diesen Eindruck der israelische Botschafter Ben Ari dem Autor dieses Kapitels: »Ich hatte niemals Zweifel an Genschers Ehrlichkeit. Er sprach nie mit zwei Zungen — seine Haltung war sauber.« Deutsche Waffen bekamen die Saudis nicht — das haben Schmidt und Genscher damals übereinstimmend klargestellt. Und darauf konnte sich der Außenminister später berufen, als die Saudis ihren Wunsch gegenüber der neuen Bundesregierung wiederholten und Kanzler Kohl bei seinem Israel-Besuch, der wegen des Rücktritts Begins verzögert worden war, bestätigte: Keine Leos für die Saudis. Bisher ist es dabei geblieben — Beispiel für Kontinuität in der Außenpolitik über Regierungswechsel hinaus.

Reisediplomatie

Die Frage ist oft gestellt worden: Wie schafft der Mann das bloß? Heute hier – morgen dort, für 24 Stunden nach Washington und für einen Tag nach Japan, zwei Tage Peking und einen halben in Schanghai, zwischendurch Besuch einer Volkskommune und Diskussion mit den Germanistik-Studenten der Pekinger Universität.

Er hat es allerdings nicht immer geschafft, es hat ihn auch erwischt, wie es alle einmal packt, die glauben, die Kraft der ewigen Jugend gepachtet zu haben. Hans-Dietrich Genscher erwischte es 1977/78 – da fiel »er auf einmal wegen ›Unpäßlichkeit‹« aus, nur für »ein paar Tage«, so die Presseabteilung, und dann wurden doch fast zwei Monate daraus. Die Zeitungen berichteten von »Herzrhythmusstörungen«, Genscher zog sich auf die Kanalinseln zurück, wollte ausspannen, neue Kraft sammeln für seine Aufgaben als Außenminister, Vizekanzler und FDP-Vorsitzender – bis er eines schlimmen Tages sogar aus einer Plenarsitzung des Bundestages herausgetragen werden mußte. Es bleibt halt keinem im Anzug stecken, das Leben zwischen Bürosessel, Bett im Flugzeug und »Arbeitsessen«.

Seinen 50. Geburtstag hatte er noch im März 1977, trotz schwieriger Zeiten für seine Partei, ohne jedes Anzeichen von Überanstrengung oder Schwäche gefeiert wie kein Außenminister vor ihm in Bonn am Rhein. Seine Parteifreunde hatten dazu in die Beethovenhalle geladen, zu einem rauschenden Fest – mit einer kilometerlangen Gratulantenschlange, mit Musik und Blumen, Sekt und Reibekuchen. Dennoch war es kein ungetrübt heiteres Fest gewesen, denn die Gäste aus Politik und Publizistik hatten sich weniger für den Jubilar und kalte Schnittchen als für die »Wanzen« des FDP-Innenministers Maihofer bei dem Atomphysiker Traube interessiert.

»Eine Krise der Lebensmitte spürt Genscher nicht«, hatte Hilde Purwin am Vorabend seines 50. Geburtstages in der *NRZ* geschrieben, notiert auf dem Flug nach Spanien, Zwischenstation nach einem schwierigen Israel-Besuch. Wie lange er sich noch zumuten wollte, FDP-Chef, Außenminister und Vizekanzler in einer Person zu bleiben? »Ich kann abschalten. Die Gespräche in Jerusalem dauerten bis tief in die Nacht, aber auf dem Flug habe ich drei Stunden fest geschlafen und werde in Madrid taufrisch ankommen.«

Das System seiner weltweiten Information ist perfekt. Wo immer Genscher ist, er erfährt, was daheim geschieht und für ihn wichtig sein mag – ja, auf einem Rückflug aus China, etwa über dem Himalaja, zitierte er einen Kommentar, den unsereins gerade erst aus Peking an die Redaktion in Essen durchgegeben hatte. Keine Hexerei – Organisation.

»Länger als eine Woche kann ich von Bonn nicht weg sein, wenn ich alles im Griff behalten will«, sagte er damals. Vielleicht war das Jahr seines 50. Geburtstages besonders typisch für seine zunehmend umstrittene Reisediplomatie. Sein Terminkalender weist es nach – von Amman bis Zaire. Die USA stehen mehrmals auf dem Programm, ein Besuch bei Breschnew in Moskau ebenso wie Ägypten und Israel, Sri Lanka als Abstecher nach Gesprächen mit Indira Ghandi in New Delhi, Indonesien und Singapur, Mexiko und Costa Rica. Schenken wir uns die vollständige Aufzählung der Europareisen: fünfmal Großbritannien, siebenmal Frankreich usw.

Zu Gegenbesuchen empfängt Genscher seine Kollegen aus den verschiedenen Teilen Europas bald auch außerhalb Bonns – Kissinger, Gromyko und solche Größen hat er wiederholt in seinem Privathaus zu Gast. Von einem Treffen mit den Jugoslawen, die er wegen ihrer Drähte zu den Blockfreien besonders pflegt, hat er die Idee, für Konsultationsgespräche die Vielfalt der Föderation zu nutzen. So kommen Mittelstädte wie Coburg und Lüneburg, Worms und Bayreuth zu der Ehre von Treffen mit ausländischen Ministern. Das freut Bürger und Bürgermeister, die Hoteliers und die lokalen Zeitungen. Und obendrein erfährt die örtliche FDP eine internationale Aufwertung durch »ihren« Außenminister und dessen Gast aus Prag oder Madrid, Belgrad oder Sofia. Wer wird schon solche Reisediplomatie in der deutschen Provinz als Parteipolitik kritisieren?

Krisenmanager

Cyrus Vance trat im April 1980 als Außenminister der USA zurück: aus Protest gegen die von Präsident Carters Sicherheitsberater Brzezinski gestartete – und mißlungene – Militäraktion zur Befreiung von 52 amerikanischen Geiseln aus der US-Botschaft in Teheran. Die Demütigung der Weltmacht Amerika durch die »Revolutionsgarden« des Ajatollah Khomeini, die seit dem 4. November 1979 die amerikanische Botschaft belagern, kompliziert zusätzlich eine der dramatischsten Ost-West-Krisen seit Jahrzehnten, die ganz besonders auch die deutsche Außenpolitik vor schwere Belastungen und Herausforderungen stellt. Es ist die sogenannte »Doppelkrise« – mit der Geiselaffäre eigentlich eine dreifache Krise – nach der sowjetischen Intervention in Afghanistan vom 27. Dezember 1979 und dem vorangegangenen Abbruch der Rüstungskontrollverhandlungen durch Moskau als Antwort auf den Nachrüstungsbeschluß der NATO.

Den Verhandlungsabbruch hatte Außenminister Gromyko im November 1979 nach einer harten Gesprächsrunde mit Schmidt und Genscher in Bonn angedroht und vor der internationalen Presse mit unnachahmlicher Schärfe im Ton verkündet: Falls die NATO beschließen sollte, den zweiten Teil ihres Doppelbeschlusses – Stationierung amerikanischer Mittelstreckenraketen (gegen die sowjetischen SS-20-Raketen) – wahr zu machen, wird die Sowjetunion nicht mehr darüber verhandeln. Und das ein halbes Jahr nach dem Wiener Gipfeltreffen, bei dem Carter und Breschnew das SALT-II-Abkommen unterzeichnet hatten. Ende 1979 schien die Krise unabwendbar. Die NATO bestätigte die Nachrüstung, Breschnew schickte seine Armee nach Afghanistan. Westliche Geheimdienste hatten angeblich den Truppenaufmarsch in der UdSSR als mögliche Vorbereitung eines sowjetischen Einmarsches in den Iran gedeutet, falls die USA eine militärische Aktion gegen Teheran als Antwort auf die Geiselnahme unternehmen sollten. Ob die Annahme stimmt oder nicht, sie macht deutlich, wie brisant die weltpolitische Situation um den Jahreswechsel 1979/80 war – und in Bonn regierte Genscher. Der Kanzler war zum Weihnachtsurlaub auf Mallorca.

Als die Nachricht vom Sowjeteinmarsch nach Afghanistan die Weltpolitik erschütterte, lief die eigens gelegte Fernschreibleitung zwischen Kanzleramt und Urlaubsort heiß. Dennoch nutzte in Bonn Außenminister Genscher die Abwesenheit des Kanzlers, sich als Krisenmanager zu beweisen und darzustellen. Während Helmut Schmidt den von ihm häufig als wankelmütig, ja unberechenbar kritisierten Präsidenten Carter telefonisch beschwor, nichts zu übereilen und alles zu unterlassen, was die Krise zum offenen Konflikt zwischen den Großmächten ausweiten könnte, beherrschte Genscher »Tagesschau« und »heute«. Das hatte Nachwirkungen.

In der Sache war Genscher sich mit dem Kanzler völlig einig, den drohenden Bruch der Ost-West-Beziehungen auf alle Fälle zu verhindern. Jimmy Carter sagte Helmut Schmidt, wie dieser uns später berichtete, sogar zu, daß es »keinen Boykott der Olympischen Spiele in Moskau« geben sollte, und dann erfuhren Kanzleramt und Auswärtiges Amt durch eine Meldung der Deutschen Presse-Agentur (dpa), daß Carter bei einer Wahlveranstaltung in der amerikanischen Provinz den Olympia-Boykott verkündet hatte!

Zu allem Überfluß wurde damit während einer schweren weltpolitischen Krise auch noch das Verhältnis Bonn/Washington belastet. Die Bundesrepublik war der größte ausländische »Ausstatter« der Moskauer Olympiade, die der sowjetische NOK-Präsident Andrej Smirnow in engster Zusammenarbeit mit Willy Daume nach dem Vorbild der Münchener Spiele vorbereitet hatte – mit Küchenherden von Küppersbusch für das Olympische Dorf bis zu einer ganzen Mercedes-Flotte für das olympische Transportwesen. Diese Zusammenarbeit war ein konkretes Ergebnis der Entspannungspolitik – und nun das amerikanische Verlangen an die Bundesregierung und alle Bündnispartner, die Moskauer Spiele zu boykottieren. In der Verurteilung des sowjetischen Afghanistan-Krieges war man sich einig, doch waren Olympia-Boykott und Wirtschaftsembargo die richtige Antwort?

Während mehrere westliche Länder sich lautstark dem Boykott-Beschluß Carters anschlossen – dann aber ihre Sportler doch nach Moskau schickten –, hielt die Bundesregierung ihre Entscheidung vorerst in der Schwebe. Sie ließ die deutschen Firmen ihre Aufträge termingerecht abwickeln, einschließlich der Fertigstellung des Moskauer Flughafens Scheremetjewo II durch die Salzgitter AG – nur ein US-Computer wurde nicht geliefert –, und nutzte alle diplomatischen Kanäle für eine Milderung der Krise und zur Wiederaufnahme der Abrüstungsgespräche. In Moskau und Washington aber gab es nur taube Ohren, und die Augen waren auf den Krieg in Afghanistan und die Geiseln in Teheran gerichtet.

Am 10. Februar 1980 erklärte Genscher dann als Bundesminister des Auswärtigen offiziell: »Der Krieg in Afghanistan geht Europäer und Amerikaner gleichermaßen an . . . Die Sowjetunion hat die Aufgabe, die Voraussetzungen für die Abhaltung der Olympischen Spiele zu schaffen. Wir erwarten von den USA Solidarität in Berlin, wir werden sie in der Olympia-Frage nicht verweigern . . . Unser Platz ist an der Seite der Vereinigten Staaten und nicht zwischen den Supermächten. Die Sowjetunion muß durch den Rückzug ihrer Truppen aus Afghanistan den Weg freimachen für Fortschritte bei der Friedenssicherung und Entspannung.« Also hieß der Kurs: Wir machen den Olympia-Boykott mit, aber wir drängen auf Wiederaufnahme der Ost-West-Verhandlungen.

Stand dahinter ein politischer »Deal« zwischen Bonn und Washington? Denn die Bundesregierung beschloß zwar schweren Herzens, den Olympia-Boykott mitzumachen, aber drei Wochen vor dem Beginn flogen Schmidt und Genscher nach Moskau!

Nicht nur die deutsche Öffentlichkeit war mehr als verwundert: Die Sportler durften nicht, aber Kanzler und Außenminister fuhren zu Breschnew. Die Reise lohnte sich, jedenfalls vorerst: Der Mann im Kreml erklärte sich mit der Wiederaufnahme der Raketenverhandlungen einverstanden.

Schmidt und Genscher hatten Breschnew und Gromyko klargemacht, was in Europa, was für die Entspannungspolitik und die Zusammenarbeit auf dem Spiel stand. Sie berichteten uns darüber auf einer Pressekonferenz in Moskau, wobei Schmidt wiederholt einen Fragesteller beschied: »Das sollte der Herr Außenminister beantworten . . .« Ein Stil der Fairneß, den Genscher bei Kanzler Kohl kaum erlebte.

Mißtrauen

Doch anderthalb Jahre später war die sozialliberale Koalition schon kräftig ins Schlingern geraten, das Verhältnis zwischen Genscher und Schmidt war erheblich gespannt und auch von Mißtrauen bestimmt. Genscher ließ sich von freundlich gesinnten Journalisten in auflagenstarken Blättern als »Nebenkanzler« oder als »der wahre Kanzler« beschreiben, was Helmut Schmidt schließlich zu der Bemerkung veranlaßte: »Eigentlich müßte ich Urlaub machen, aber dann setzt Genscher sich gleich auf meinen Stuhl.«

Dabei hatten beide das schwere Krisen- und Wahljahr 1980 (Helmut Schmidt im April in der Essener Grugahalle: »Die Lage ist fast wie 1914, nach dem Mord von Sarajewo!«) mit einer übereinstimmenden Ost-West-Politik und einem Wahlsieg über den Kanzlerkandidaten Strauß (Genscher-Slogan: »FDP wählen, damit Schmidt Kanzler bleibt«) erfolgreich durchgestanden. Doch die Sorgen waren geblieben, die dreifache Krise war in keinem Fall beigelegt oder auch nur gemindert.

Ende 1980 reisten Schmidt und Genscher zum neugewählten Präsidenten Amerikas, Ronald Reagan. Sie verließen ihn beide mit der gleichen Sorge: Wird der neue Mann im Weißen Haus überhaupt verhandeln wollen, wird er die seit dem Nachrüstungsbeschluß praktisch eingefrorenen Gespräche mit den Sowjets über die Rüstungskontrolle wiederaufnehmen? Die Skepsis gegenüber dem Kurs Reagans blieb schon bald nicht mehr auf Schmidt und Genscher beschränkt. Sie wurde zu einem wesentlichen Faktor der innenpolitischen Diskussion der letzten zwei Jahre der sozialliberalen Koalition.

Noch um die Jahreswende 1980/81 leistete Bonn einen erheblichen Beitrag zur Freilassung der amerikanischen Geiseln aus Teheran. Genscher darf das als eine der schwierigsten und zugleich verdienstvollsten Leistungen der deutschen Diplomatie während seiner Amtszeit als Außenminister vermerken. Es war eine Aktion über drei Kontinente, die jeden Krimi-Autor reizen müßte.

Schon über ein Jahr hatte die Welt, und vor allem Amerika, Anteil an dem Schicksal der 52 Geiseln in der belagerten US-Botschaft von Teheran genommen. Da trifft sich unter strengster Geheimhaltung ein Beauftragter Khomeinis mit Genscher auf dem Frankfurter Flughafen, vermittelt über Algerien. Der Besucher auf »Rhein-Main« ist zunächst nicht sehr gesprächig, aber es scheint einen Weg in die Freiheit für die 52 Geiseln zu geben. Genscher telefoniert mit US-Außenminister Muskie, dem Nachfolger von Vance, und fragt:»Wollen Sie mit den Persern verhandeln − es gibt nur ein Ja oder Nein.« Die USA sind zur Verhandlung mit dem Regime der Mullahs bereit.

Es war kein Zufall, daß ausgerechnet die Bundesrepublik die Vermittlerrolle übernehmen konnte − es war eher die Frucht jener Außenpolitik, die im Gegensatz zu fast allen westlichen Ländern strikt abgelehnt hatte, ihren Botschafter aus Teheran abzuziehen, trotz des amerikanischen Verlangens. Die Hartnäckigkeit Genschers, auch diesmal bei diesem Prinzip der Bundesregierung zu bleiben, verhalf schließlich den 52 Amerikanern zur Freiheit.

Als sie am späten Abend des 21. Januar 1981 auf dem Rhein-Main-Flughafen landen, sagt Jimmy Carter, von seinem Nachfolger Ronald Reagan mit dieser Mission betraut, auf dem deutschen Flughafen seinen glücklichen Landsleuten, daß »die Art, in der sich die Bundesrepublik Deutschland, Kanzler Schmidt und Außenminister Genscher ihrer Freilassung gewidmet haben, uns in einer Weise geholfen hat, die ich niemals gegenüber der Weltöffentlichkeit aufdecken kann«.

Das ist die großartigste Bestätigung gemeinsamen außenpolitischen Handelns des sozialdemokratischen Kanzlers und seines FDP-Außenministers, eine Bestätigung durch jenen Präsidenten Amerikas, dessen Amtszeit in einer schweren Weltkrise geendet hatte. Er hatte den Deutschen gedankt, daß sie den Anteil an der Befreiung amerikanischer Bürger aus der Gewalt eines unberechenbaren Regimes geleistet hatten. Die deutschen Bemühungen waren zwar selbstverständlich, aber eben auch ein Ergebnis guter Kontakte und klarer Vorstellungen von der Außenpolitik in Krisenzeiten.

Schaut man zurück auf die Außenpolitik der sozialliberalen Regierung von 1974 bis 1982, entdeckt man kaum gravierende Unterschiede zwischen Kanzler und Außenminister, jedenfalls gibt es keinen Vergleich mit den Auseinandersetzungen zwischen Genscher und Strauß in der Regierung Kohl. Schmidt und Genscher zogen gerade auch in schwierigen Situationen, wie geschildert, an einem Strang und vermittelten so der Welt das Bild einer geschlossenen deutschen Außenpolitik. Das betrifft auch das Verhältnis zur anderen Weltmacht. Andrej Gromyko, der Altmeister der Sowjetdiplomatie, nennt Genscher einen »schwierigen Partner, von dem man schon vorher weiß, daß er mit einem festumrissenen Kreis von Fragen ankommt und sich bemühen wird, die Bonner Position in allerschönster Form darzubieten«. Aber, so der Memoirenschreiber Gromyko, Genschers Ziel sei es bei Schmidt wie bei Kohl gewesen, »sowohl mit den USA bestes Einvernehmen zu haben als auch das Verhältnis zur UdSSR nicht zu verschlechtern, sondern möglichst zu verbessern«.

Die Widersprüche und Gegensätze entzündeten sich an den Mittelstreckenraketen, zunächst in den Koalitionsparteien, und zwar bei der SPD wie auch bei den Freidemokraten, was häufig schon vergessen wird. So mußte Genscher im Juni 1981 auf dem Kölner FDP-Parteitag offen mit seinem Rücktritt als Parteichef drohen, um nach einem überaus harten Ringen überhaupt eine Mehrheit für die Raketenstationierung zustande zu bringen. Er »verbürgte« sich für den ernsthaften Verhandlungswillen der Amerikaner und sagte: »Sollte das nicht der Fall sein, werde ich der erste sein, der eine Änderung des NATO-Doppelbeschlusses fordert.«

Vor allem die jungen FDP-Delegierten, unter Führung des Altliberalen William Borm, stimmten dennoch gegen die Nachrüstung – genau waren es trotz Genschers Rücktrittsdrohung 103 Nein-Stimmen bei 271 mühsam zusammengetrommelten »Na-ja«-Stimmen. Härter noch waren die Vorwürfe gegen das Geraune über die Absicht eines Koalitionswechsels zur CDU/CSU: Das wäre »eine reine Raketen-Koalition«, sagten jene, die dem Außenminister auf diesem Kurs nicht folgen wollten.

Bei den Sozialdemokraten war, wie erinnerlich, die Auseinandersetzung noch sehr viel andauernder und wurde schließlich zum offenen Streit zwischen Helmut Schmidt, dem Inspirator des NATO-Doppelbeschlusses, und großen Teilen seiner Partei.

Genscher war geschickt genug, in diesem die ganze Nation bewegenden Streit die Politik der Allianz zu unterstützen, als Außenminister aber behutsam vorzugehen. Immer häufiger betonte er die Abstimmung der deutschen Außenpolitik mit den europäischen Partnern, auch darin mit dem Kanzler übereinstimmend, der die schlimmsten Folgen der Krise zwischen den Supermächten durch die Aktivierung der deutsch-französischen Beziehungen mit Präsident Giscard im Westen und engen Konsultationen nach Osten, zunächst mit dem polnischen Parteichef Gierek und dann mit DDR-Staatschef Honecker, von Europa und dem geteilten Deutschland fernzuhalten versuchte.

Während die internationale Presse einen angeblich zunehmenden Trend zu »Neutralismus und Antiamerikanismus« in der Bundesrepublik ausmachen will und oft den Zusammenhang von Ursache (Wettrüsten) und Wirkung (Protest) außer acht läßt, versichert Außenminister Genscher in seiner Bilanz von 1980 und dem Ausblick auf 1981: »Hauptziel deutscher Außenpolitik ist die Erhaltung und Sicherung des Friedens. – Das Bündnis mit den USA ist für die Sicherheit Berlins ebenso unverzichtbar wie für die Sicherheit ganz Westeuropas. – Die Bundesrepublik Deutschland verfolgt gerade auch in der derzeit schwierigen Phase eine *berechenbare* Politik – es ist den Bemühungen der Bundesregierung zu danken, daß die Verhandlungen der Großmächte über die nuklearen Mittelstreckenraketen in Genf wiederaufgenommen werden konnten.«

Das ist am Ende des Krisenjahres 1980 eine abgewogene und keineswegs negative Bilanz der deutschen Außenpolitik im west-östlichen Spannungsfeld. Aber zugleich verstärkt sich der Eindruck, daß die Amerikaner unter Reagans Führung in Genf gar nicht »ernsthaft verhandeln wollen« und die Sowjets wegen Breschnews Krankheit in totaler Stagnation verharren. Als dennoch nach einem »Waldspaziergang« der beiden Unterhändler am Genfer See ein Kompromiß greifbar nahe scheint, wird er durch eine gezielte Indiskretion zerschlagen.

Für die Regierung Schmidt/Genscher ist das ein Fiasko. Es wird immer klarer, daß die USA die Stationierung ihrer Mittelstreckenraketen gegen die sowjetischen Raketen vom Typ SS-20 in der Bundesrepublik und Westeuropa konsequent durchführen werden, wie es die NATO auf Vorschlag des Kanzlers beschlossen hatte. Aber es wird auch klar, daß die Partei des Kanzlers dies nicht mitmachen wird. Außenminister und Kanzler sind im Grundsatz kaum verschiedener Meinung: »Sicherheit und Entspannung, verhandeln und stationieren« (wenn es keine Einigung gibt), aber der Zug ist abgefahren – Genscher wie Schmidt wissen das.

Am 15. September 1982 entläßt Helmut Schmidt – seinen Kanzlersturz vor Augen – die vier Minister der FDP aus seinem Kabinett wegen der immer häufiger »erkennbaren Zweideutigkeiten« Genschers und der »Illoyalität« von Graf Lambsdorff, die die »Wende« vorbereitet hatten. Damit verläßt der Mann, der 1974 das Außenministerium nach dem Rücktritt des ersten SPD-Kanzlers Willy Brandt übernommen hatte, vor dem Sturz des zweiten Sozialdemokraten im Kanzleramt das Auswärtige Amt und übergibt es seinem einstigen Staatsminister Hans-Jürgen Wischnewski. Für weniger als zwei Wochen, dann ist Helmut Schmidt nicht mehr Kanzler, und Hans-Dietrich Genscher sitzt wieder auf der Regierungsbank – als Außenminister des CDU-Kanzlers Helmut Kohl. Die Kontinuität der deutschen Außenpolitik ist buchstäblich personalisiert. Die Reisediplomatie geht weiter . . .

XII. Kapitel

Der Parteivorsitzende

THOMAS MEYER

Vom »geborenen Vize« zum Alleinherrscher

»Das Kennzeichen dieser Partei ist ihre geistige und politische Unabhängigkeit, ist ihre Eigenständigkeit.« – »Es muß schon dabei bleiben, wir sind immer und zuerst die liberale Partei in der Bundesrepublik Deutschland und erst in zweiter Linie Koalitionspartner . . .«
Zwei Zitate des FDP-Vorsitzenden Hans-Dietrich Genscher, zweimal inhaltlich genau die gleiche Aussage. Aber dazwischen liegen fast elf Jahre, ein Politikerschicksal, der als »Wende« abgestempelte spektakuläre Regierungswechsel der Bundesrepublik und ein Spezialkapitel der Nachkriegsgeschichte, der »Genscherismus«.
Der erste Satz stammt aus Genschers Antrittsrede, als er sich auf dem Hamburger Bundesparteitag Ende September 1974 als Nachfolger Walter Scheels von den Delegierten wählen ließ. Genscher, nach fünfjährigem Bonner Mitregieren noch unverbraucht, aber in seinen ersten Krisen gehärtet, trat das Amt voller Hoffnung an. Die FDP war, zwei Jahre nach dem Wahlerfolg von 1972, von den Aderlässen und Kreislaufschwankungen ihrer »sozialistischen Heirat« genesen, sah sich vor einer Phase weiterer Konsolidierung an der Seite der SPD, führte dennoch zwischen den kollektivistischen Bestrebungen beider großer Parteien ein relativ unabhängiges Leben und litt noch nicht sonderlich am Mangel unverwechselbarer liberaler Markenzeichen. Ring frei für King Genscher . . .
Das zweite Zitat stammt von einem kalten Februarmorgen des Jahres

1985. Diesmal waren die FDP-Bundesdelegierten in Saarbrücken zusammengetreten, um Hans-Dietrich Genscher den Abschied als Parteichef zu bereiten und Martin Bangemann zum Nachfolger zu wählen. Die Partei stand auf einem Tiefpunkt, war bundesweit hinter die Grünen gerutscht, aus vielen Landtagen herausgeflogen, von einem Teil ihrer Besten in Zorn und Verzweiflung verlassen worden. Aber die finstere Momentaufnahme zeigt nur die halbe Wahrheit. Unter der Zwangsvorstellung, sich selbst, den politischen Erfordernissen des Landes und den Prinzipien seiner Partei treu bleiben zu müssen, hatte Genscher der FDP das höchste Wagnis des fliegenden Wechsels zugemutet und wider allgemeine Erwartung mit ihr durchgestanden und politisch überlebt. Die abermals abgespeckte FDP sah vor sich wieder den Weg nach oben, Genscher hinterließ das Haus unwohnlich, aber geordnet. Er hatte sich und seine Parteiführung geläutert, indem er den Hut nahm und einen unbefleckten Nachfolger präsentierte, sehr wohl wissend, daß er dennoch der heimliche Erste bleiben würde: der letzte und größte Trick des Wendigen . . .

Zwei Zitate, nach dem Zeitabstand die Spannweite einer Ära. Aber beide sagen dasselbe, künden vom existentiellen Drang der FDP nach Unabhängigkeit und Eigenständigkeit. Ist es die unabwälzbare Sisyphusarbeit einer kleinen liberalen Partei auf der Suche nach ihrem Profil – oder hat es Genscher in den elf Jahren seiner Herrschaft trotz aller Künste am Ende doch nicht verhindern können, daß seine FDP auf der Stelle trat?

Genschers Weg zum Parteivorsitz war weder verschlungen noch von langer Hand vorgeebnet. Sein Geschick war es, sich durch stetige Präsenz und solide Parteiarbeit ins Zentrum zu rücken und dort zu halten, bis er nahezu automatisch übrigblieb, als die FDP, wieder einmal ziemlich ausgezehrt, fünf Jahre nach dem Wiedereintritt in die Bundesregierung einen neuen Spitzenmann brauchte. Andererseits hat nie jemand den Parteichef Genscher als Verlegenheitslösung betrachtet. Es gab, zuweilen im Überfluß, Kritik an seinem Führungsstil, Zweifel auch an seinem Vermögen zu hohen liberalen Gedankenflügen. Aber seine Qualifikation als Parteiführer wurde nicht in Frage gestellt, zweifellos auch deswegen nicht, weil über ein Jahrzehnt lang kein anderer in Sicht war, der ihm das Wasser hätte reichen können.

Am Beginn der siebziger Jahre wäre freilich kaum ein Freidemokrat auf die Idee gekommen, in Genscher unweigerlich den künftigen Boß zu sehen, auch er selbst nicht. Seitdem er 1968 unter Scheel stellvertretender Bundesvorsitzender geworden war, hatte er sich so sehr als den »geborenen Zweiten« empfunden und präsentiert, daß es im Urteil seiner Wegbegleiter an Selbstverleugnung grenzte. Konnte sich der vorsichtige, stets

Gefahren witternde Mann selbst nur schwer als oberste Führungsperson begreifen, fühlte er sich in Wahrheit am wohlsten, wenn über ihm einer die höchste Verantwortung und das größere Risiko trug? Er selbst hat eine andere Erklärung für sein langes, scheinbar zufriedenes Verharren in der zweiten Reihe. Danach lag der Parteivorsitz ganz einfach außerhalb seiner Ziele und Ambitionen. Genschers »Traumkarriere« hätte im eigenen Rückblicken damals so ausgesehen: Innenminister bis 1976, zur nächsten Bundestagswahl dann, mit »meinen Ministererfahrungen«, Ausschußvorsitzender im Bundestag, am liebsten im parlamentarischen Kontrollgremium für Haushalt und Finanzen, und, jawohl, zumindest gelegentliche Tätigkeit in der Bremer Anwaltskanzlei. Natürlich würde Genscher auch heute nie von sich behaupten, er habe den Parteivorsitz überhaupt nicht gewollt, er hat ihn nur einfach »nicht systematisch angestrebt«.

Auch wären, nach damaliger Statur und Popularität in der Partei, andere vor ihm an der Reihe gewesen, was er selbst keineswegs bestreitet. Der logische, im Grunde auch einzig von vornherein plausible FDP-Vorsitzende für die zweite Hälfte der siebziger Jahre war Karl-Hermann Flach gewesen. Aber Flach starb 1973, ein Jahr bevor der Führungswechsel durch Scheels Wahl zum Präsidenten anstand. Beide, der Generalsekretär Flach und der Vize Genscher, hatten dem Chef Scheel als Team zugearbeitet, Flach sozusagen als seine linke, Genscher als rechte Hand. Genscher spricht von enger Freundschaft, keinesfalls von Konkurrenz. Flach war der politische Motor, hatte wesentlichen Anteil an den »Freiburger Thesen«; Genscher sorgte für den Zusammenhalt der Parteitruppen.

Wer sonst hätte 1974 Parteichef werden können? An Führungspersönlichkeiten litt die FDP schon damals Mangel. Döring, der Düsseldorfer »Jungtürke«, ein geborener Führungsmann, war längst tot. Und sein Weggenosse Willy Weyer, der unbestrittene Erzliberale, winkte ab. Er hätte 1974 auf jeden Fall Vorrang gehabt. Gegen ihn wäre Genscher, wie er sagt, auch nicht angetreten. Aber Weyer winkte ab, förderte statt dessen den Parteifreund, dem er 1968 auch zur Stellvertreterschaft und übrigens auch zum Wuppertaler Bundestagswahlkreis verholfen hatte: eben Genscher. Gefragt werden mußte auch Wolfgang Mischnick. Doch der Wahlhesse aus Sachsen, damals schon wie heute Fraktionsvorsitzender im Bundestag, begnügte sich mit der Stellvertreterrolle in der Bundespartei.

Also wurde, fast zwangsläufig, schließlich Genscher gefragt, und als es soweit war, konnte ihn das nicht mehr überraschen. Der künftige FDP-Chef machte Ferien an einem seiner Lieblingsplätze, in Berchtesgaden, wo er auch sieben Jahre später in der Sommerfrische seinen ersten »Wendebrief« zu Papier brachte. Im Sommer 1973 suchte Scheel ihn dort auf und teilte ihm die Entscheidung mit, ein Jahr später für das Amt des Bundespräsidenten zu kandidieren. »Übernehmen Sie doch den Parteivorsitz«, trug er Genscher an.

Genscher, taktischen Spielchen keineswegs abhold, war nie ein Aufständler und ließ sich auch für Partei-Rankünen nicht einspannen. Darin sieht man in der Partei auch sein gutes Verhältnis zum Vorgänger Scheel begründet. Die beiden können und wollen sich sicherlich nicht als enge Freunde bezeichnen, aber Scheel wußte, wie Zeitzeugen es beschreiben, »daß er mit dem Genscher keinen im Nacken sitzen hat«.

Auch jetzt, im Sommer 1973, hätte es Genscher nach glaubhafter Zeugenaussage lieber gehabt, wenn Scheel Parteichef geblieben wäre. Für den aber war der Zug in die Villa Hammerschmidt abgefahren. Genscher willigte in die Nachfolge ein. Warum? Möglicherweise fühlte er sich damals am Ende doch auch als Berufener. Auch ein wenig Eitelkeit sei im Spiel gewesen, nehmen Freunde an. Aber der Hauptgrund war wohl, daß es damals keinen anderen gab, den er hätte vorlassen − und unter dem er dann heimlicher Chef hätte sein können. »Er konnte einfach nicht mehr absagen«, erklärt es sich ein damaliger Weggefährte.

Walter Scheel gab im Dezember 1973 seine Kandidatur für das Amt des Bundespräsidenten öffentlich bekannt und fiel damit für das parteipolitische Tagesgeschäft aus. Genscher übernahm von Stund an als geschäftsführender Parteivorsitzender die Führung der FDP. Es war von Anfang an eine einsame Führungsrolle. Genscher hatte zwar in der Parteiführung Stützen und Zuarbeiter, darunter ganz vorne Gerhart Baum, den späteren Nach-Wende-Stellvertreter und bis heute hartnäckigen Sozialliberalen. Aber es fehlten die vielen breiten politischen Schultern, wie sie 1969 mit Flach, Dahrendorf, Bahner, auch Genscher für den Vorsitzenden Scheel zur Stelle gewesen waren. Und es fehlte vor allem ein getreuer Eckehard. »Für die Rolle, die er selbst bei Scheel ausübte, hat Genscher nie ganz die Richtigen gefunden«, erinnert sich ein Zeitzeuge aus der Parteispitze.

Der Hamburger Parteitag im Herbst 1974 und damit die offizielle Stabübergabe wurden für Genscher Selbstläufer. Er hatte, inzwischen auch Außenminister, die Zeit in der Partei genutzt, sich fest etabliert. In Hamburg verlor die FDP weit mehr Worte über das umstrittene Kirchenpapier als über den neuen Vorsitzenden. In seiner Antrittsrede, in der er die FDP zum Ansturm auf breite Wählerschichten anspornte, rief er in den Saal: »Wo steht denn geschrieben, daß wir der ewige Dritte sein müssen, im Bund, in den Ländern, in Gemeinden?« Es war ein vieldeutiger, in die Zukunft weisender Satz – aber anders, als es sich Genscher damals vorgestellt hat.

Der »Genscherismus«

Der Begriff »Genscherismus« kam etwa in der zweiten Hälfte der siebziger Jahre auf und hatte damals noch nichts zu tun mit den »Genscheristen« in der CDU/CSU-Bundestagsfraktion, die sich 1984/85 um Volker Rühe zusammenschlossen, um sich vor allem in der Ostpolitik Genschers Entspannungskurs anzunähern und Front gegen den »Stahlhelmflügel« in der Union zu machen. Der »Genscherismus« in seiner ursprünglichen Form war eben gerade keine Sammelbezeichnung, sondern die Klassifizierung eines Ein-Mann-Unternehmens: der FDP-Ära unter Genscher. Kein Parteiführer der deutschen Nachkriegsgeschichte hat mit seiner Person die gesamte Partei so vollständig abgedeckt. Wer über die FDP reden wollte, sprach am besten gleich über Genscher, da wußte man wenigstens, wovon die Rede war.

Das hatte Vor- und Nachteile für die Partei wie für ihren Chef. Die FDP war überall dort bis zum Übermaß vertreten, wo der umtriebige Boß, der als Außenminister das Prinzip der Allgegenwart global trainieren konnte, Präsenz zeigte. Weder im Bund noch in den Ländern durfte irgend jemand in den Fehler verfallen, die FDP übergehen zu wollen. Sofort stand Genscher auf der Matte, leibhaftig oder per Telefon. Was ihr Gewicht – und Übergewicht – anging, hatte die Partei es ausgesprochen gut unter Genscher. Aber da es sehr bequem war, sich auf diese gesamthaftende Alleinvertretung zu verlassen, wurden zumal die jüngeren Freidemokraten nicht eben dazu verführt, sich auf programmatische Geistesübungen einzulassen oder auch nur politischen Biß einzuüben.

Der Vorsitzende regierte die FDP nach Belieben mindestens insoweit, als es die eigene Unantastbarkeit betraf. Nicht, daß er keine anderen Parteigötter neben sich – oder besser: ein Stückchen unter sich – dulden wollte, es gab einfach keine. Das machte ihn einsam, führte, zumal in Verbindung mit dem kräftezehrenden Außenamt, zu Verschleiß bis hin zu zeitweise extremer gesundheitlicher Anfälligkeit, vergrößerte aber noch seine Rastlosigkeit. Auf dem Höhepunkt seiner Partei-Machtausübung konnte man häufig den Eindruck haben, als flüchte er sich geradezu in Auslandstermine – nur um dann aus Tokio oder Kuala Lumpur um so ausgedehnter die Getreuen daheim auf Vordermann zu telefonieren. Auch im Bonner Alltag hatte er gern Distanz zwischen sich und der Partei. Zwar waren die montäglichen Präsidiumssitzungen stets wichtige Stationen der Absprache und Positionsbestimmung, gedacht vor allem auch als Dokumentation der FDP-Ansprüche in der Regierungskoalition, aber im übrigen regierte Genscher seine Partei am liebsten aus dem Chefzimmer im Auswärtigen Amt, Auge in Auge mit dem Stresemann-Bildnis an der Wand, und das Vorsitzendengemach im Thomas-Dehler-Haus existierte nur dem Namen nach. Selbst bei außergewöhnlichen Parteientscheidungen oder in den Stunden des Herzklopfens an Wahlabenden bat er sein Präsidium mit Vorliebe zu sich auf den Bonner Venusberg, wo die Dienstvilla des Außenministers Abgeschiedenheit bot. Für seine Distanz zum Parteileben, das er zwar bis in alle Verästelungen genau kannte, aber nur selten auskostete, suchte er sich auf Parteitagen und vor allem in Wahlkämpfen zu entschädigen. Genscher kann, vor allem, wenn einmal nicht alles nach seinen trickreichen Regieplänen läuft, auf Parteitagsabenden bühnenreifes Politkabarett liefern, wie im Mainzer Kongreßchaos 1978, er kann auf exklusiven liberalen Wahlpartys brillieren und im Dauerregen auf Marktplätzen unter dem blaugelben Schirm hervor zündende Wahlkampfreden halten. Er liebt Publikum und möchte vom Publikum geliebt werden, aber alles mit gewisser Distanz. Eher noch weniger als die meisten anderen Bonner Politiker aller Parteien beherrscht er die Kunst, in der Menge zu baden.

Wer omnipräsent sein und trotzdem ständig auf Distanz bleiben will, braucht als Parteiführer feine Herrschaftsinstrumente. Über Genschers angeblich suchtartige Telefonitis ist viel geschmunzelt worden. Der FDP-Vorsitzende brauchte das Telefon als strategisches Element – um die Partei zu beherrschen und in der Hand zu behalten. In dieser Beziehung war von Flensburg bis München kein Parteifreund vor ihm sicher. Seine Anrufe holten im Morgengrauen Landesvorsitzende aus der Badewanne und rissen mitten in der Nacht Generalsekretäre aus dem Schlaf. Keineswegs nur FDP-Politiker, auch Partner aus allen anderen Parteien gehörten und gehören zu Genschers Telefon-»Opfern«, vergangene, gegenwärtige und zukünftige Koalitionäre.

Als sich einmal eines der FDP-Spitzengremien nach endloser Diskussion zur Abstimmung über ein bestimmtes bundespolitisches Reizthema durchgerungen hatte, merkte man, daß Genscher fehlte. Er saß in einem Nebenzimmer am Telefon und legte eine neue Landeskoalition auf die Schiene (was natürlich sofort zu der Legende führte, der schlaue Fuchs habe sich vor der Abstimmung und damit vor einer unpopulären Entscheidung gedrückt).

Das Telefonieren ist für Genscher ein schöpferischer Akt, er spielt auf der Wählscheibe oder der Tastatur wie ein Konzertpianist auf dem

Flügel. Ist er auf Wahlkampfreise, holt er sich am Autotelefon seine Gespräche am liebsten selbst. Merkwürdigerweise wählt er kaum jemals vergeblich. Offenbar haben seine potentiellen Gesprächspartner im Umgang mit Genscher den siebten Sinn entwickelt, sich nämlich in Griffnähe zum Hörer aufzuhalten, wann immer ein Anruf des Meisters in der Luft liegen könnte.

Und niemals ruft er an, um nach dem Wohlbefinden oder dem Wetter zu fragen. Immer ist es, wenngleich meist verbindlich im Ton, knochenharte politische Arbeit. Das Telefon ist für ihn der Außenkontakt der viel bestaunten inneren Antennen. Genschers Frühwarnsystem für Entwicklungen und Gefahren war das wichtigste Instrument seiner elfjährigen Parteiführerschaft, es hat die FDP durch manche Nebelstrecke geführt und einem neuen Bundeskanzler zur Macht verholfen.

Genschers Kompaß als Liberaler schrieb ihm, zuweilen geradezu zwanghaft, stets den Kurs der Mitte vor. Das bewahrte ihn vor Pendelschlägen, hinderte ihn aber auch daran, die von ihm selbst immer wieder geforderten »Ecken und Kanten« eines Liberalen zu gewinnen, in Bündnissen mit dem linken oder dem rechten Flügel seiner Partei Flagge zu zeigen. Er war immer mehr der Moderator als der Schiedsrichter oder gar Wegbereiter für neue Ziele, eine Eigenschaft übrigens, die dem durchaus auf Harmonie bedachten Vorsitzenden zu keiner Zeit hartnäckige Gegner oder gar erbitterte Feinde wachsen ließ.

Sein großes Ziel war es, der FDP politische Eigenständigkeit zu verschaffen, die kleine dritte Partei – unabhängig von jeweiliger Koalitionsaussage – als notwendiges liberales Element fest in der Wählerschaft zu verankern. Daß es dazu einer konsequent entwickelten, neue Strömungen vorausempfindenden Programmatik bedurft hätte, sah Genscher wohl. Aber er konnte sich zu der notwendigen Konsequenz nicht aufraffen, die ja auch bedeutet hätte, daß die FDP eben das eine oder andere Mal nicht koalitionsfähig gewesen wäre. Nach landläufiger Ansicht fehlt Genscher der Zuschnitt zum großen Programmatiker, beherrscht er nicht die Handschrift, um beispielsweise gesellschaftspolitische Ansätze aus Flachs und Maihofers »Freiburger Thesen« fortzuschreiben. Für Parteifreunde, die ihn lange aus nächster Nähe beobachten konnten, ist Genscher jedoch sehr wohl ein »programmatischer Kopf«. Da habe er sich selbst »immer unterschätzt«, urteilt einer von ihnen: »Vor allem nahm er sich auch nie Zeit für das Programmatische.« Jedenfalls verbrauchte Genscher seine Kräfte im Tagesgeschäft.

Wer alleine herrscht, muß auch alle Schuld tragen. Kritiker lasten dem Urheber des »Genscherismus« heute an, daß die FDP die »neuen Themen« in den siebziger Jahren nicht genügend absorbieren konnte

– Frauen, Jugend, Arbeitslosigkeit, Umwelt –, daß sie insoweit die Grünen an sich vorbeiziehen ließ. Aber es fehlten auch die vor allem jüngeren Parteifreunde, die bereit und in der Lage gewesen wären, für den Zögernden mit neuen Ideen und mutigen Gedanken in die Bresche zu springen. Genscher war die ganzen elf Jahre nach eigenem Bekunden fortwährend »auf Talentsuche«, hat aber wohl nicht konsequent genug gesucht. Denn das hätte bedeutet, die jungen Talente, wenn es sie denn gab, energisch in Partei und Bundestagsfraktion durchzusetzen, egal, ob rechts oder links. Genscher hätte innerparteilich Partei ergreifen müssen, und das lag ihm nicht.

Mit diesem Zuschnitt aber beschränkte sich die FDP unter Genscher, von wenigen Anläufen abgesehen, auf die Marktlücken, die ihr ohnedies offenstanden – Anwalt einer gutverdienenden Mittelschicht mitsamt ihren Yuppies zu sein. Die wenigen Parteidenker, die es gab, kämpften auf dem Wirtschaftsflügel und hüteten ingrimmig den liberalen Rechtsstaat. Genscher, dessen Weltbild sich wahrhaftig nicht im Profitbedürfnis des mittelständischen Unternehmertums erschöpft, fand nicht das Mittel, die Fesseln zu sprengen.

So wurde die FDP am Ende der Ära Genscher noch immer hauptsächlich an der Latte gemessen, mit wem sie eine Koalition einging oder eingehen könnte. Sie ist sich treu geblieben, hat ihre Stammwählerschaft über das Existenzminimum hinaus gefestigt, ist für beide großen Parteien im Prinzip koalitionsfähig geblieben. Das bedeutet hingegen auch: Die Freien Demokraten bilden keine progressive, etwa gar radikal-liberale Partei. Im Gegenteil, sie sind für die fortschrittlichen Teile beider Volksparteien in der Wirtschafts- und Gesellschaftspolitik immer das konservative Korrektiv. Auch das gehört zur Bilanz des »Genscherismus«.

Genscher hat sich öffentlich nie anmerken lassen, ob ihn das Etikett des Super-Taktierers ärgerte. Er wußte, daß gerade die wendige Reaktionsschnelligkeit in schwierigen Situationen ihn als Parteiführer und Koalitionspolitiker unschlagbar machte. Als Mitte der siebziger Jahre ein Künstler die Bonner Politiker in Tierkarikaturen darstellte, machte er Genscher zum Bambus-Bären. Alles rätselte noch, was das plumpe, etwas trottelig wirkende Tier mit dem Bundesvorsitzenden der FDP gemein haben sollte, da hatte sich dieser bereits den Durchblick verschafft. Er schlug zu Hause in Brehms Tierleben nach und verkündete daraufhin strahlend: »Der Bambus-Bär schwingt sich behende von Ast zu Ast.«

Die Auflockerung

Genschers Parteiherrschaft begann keineswegs glorios. Wenige Wochen nach seiner Wahl auf dem Hamburger Parteitag bekam die FDP zunächst einmal einen Dämpfer. Bei der hessischen Landtagswahl am 27. Oktober rutschte sie von — auch nur — 5,5 Prozentanteilen auf 5,2, also bis knapp an den Rauswurf. Zwar kam niemand auf die Idee, daß dies ein Denkzettel für den neuen Bundesvorsitzenden sein könnte, aber der wurde immerhin daran erinnert, daß er mit dem dünnen Stimmenpolster der FDP nicht aus dem vollen wirtschaften konnte.

Bundespolitisch folgte eine Phase schwieriger Eingewöhnung. Genschers Ministermannschaft mit Ertl, Friderichs und Maihofer brachte für die Öffentlichkeit wenig Zündendes zustande, der neue Generalsekretär Martin Bangemann (ebenfalls auf dem Parteitag in Hamburg gewählt) kämpfte vor allem gegen die von ihm immer wieder beklagten großen »weißen Flecken der FDP auf der Landkarte« an, gegen den Präsenzmangel der Liberalen in Kommunen und Landkreisen. Es gab innerparteiliche Kritik an Genscher selbst, der zuweilen als »schwacher Vorsitzender« bezeichnet wurde.

Auch in der Koalition entstanden erste Profilrangeleien. FDP-Politiker, darunter Werner Maihofer, beklagten den öffentlichen Eindruck, daß in der Regierung Schmidt/Genscher eigentlich nur Helmut Schmidt regiere. Das war allerdings kein bleibendes Urteil. Der FDP gelang es im Laufe des Jahres in der täglichen Regierungsarbeit doch recht gut, vor allem ihre Sachansichten einzubringen oder gar durchzusetzen; es dauerte nicht lange, bis in der SPD die bittere Koalitionsbeschreibung aufkam, hier wedele der Schwanz mit dem Hund. Aber Genscher tat sich schon damals einigermaßen schwer mit Helmut Schmidt, auch wenn es das Lächeln auf den Familienfotos vom Kabinettstisch meist nicht vermuten ließ. Schmidt konnte, so urteilt man noch heute in der FDP, im Grunde nur schwer verwinden, daß er die Macht teilen mußte, und ließ es Genscher zuweilen wohl spüren.

Genscher mußte überdies mit innerparteilichen Schwierigkeiten fertig werden. Es gab begrenzte Flügelkämpfe zwischen »links« und »rechts«. Die sogenannten Linken, zum Beispiel William Borm, Helga Schuchardt und Ingrid Matthäus-Maier, waren über die Bremserrolle der FDP und ihres Vorsitzenden in der sozialliberalen Koalition, vor allem beim Entspannungskurs, enttäuscht, der rechte Flügel, der stets ein Übergewicht in der Bundestagsfraktion hatte, befürchtete eine zu enge Bindung an die Sozialdemokraten. Aber beide Flügel waren sich in ihrer Abwehrhaltung plötzlich ganz einig, als einer unliebsam aneckte. Martin Bangemann, der links als gefallener Erzengel und rechts als unsicherer Kantonist galt, mußte sein Amt als Generalsekretär am 3. Oktober 1975 quittieren, nachdem er seinem heimischen Landesverband Baden-Württemberg für die Landtagswahl eine »offene« Koalitionsaussage empfohlen und damit gegen die geheiligten Riten der Festlegung vor einer Wahl verstoßen hatte. Mehrere Tage lang ging es im Präsidium und Vorstand der FDP zu wie in einem Hühnerhof. Mit dem Abgang des letzten Querdenkers im liberalen Management wurde Genscher zwar noch einsamer an der Spitze, aber er festigte auch seine Alleinherrschaft und brauchte den Glanz, den es für die FDP geben konnte, mit niemandem zu teilen.

Ganz deutlich wurde das beim Mainzer Bundesparteitag Ende Oktober 1975. Seit dem Sommer hatte Genscher die unterschiedlichen Strömungen in zwei programmatischen Arbeitsgruppen kanalisiert, die Wirtschaftskommission unter Friderichs und die Perspektivkommission unter Maihofer, hatte damit die Spielwiesen abgesteckt und das Bild übergreifender Einigkeit ermöglicht: Es war der Grundkonsens knapp links der Mitte. Und ein Mann personifizierte diesen Grundkonsens: Hans-Dietrich Genscher. Selten ist einem Parteiführer auf einem Parteitag so einhellig gehuldigt worden wie ihm in jenem goldenen Oktober in Mainz. Die mahnenden Stimmen, daß sich die FDP zu eng und auf alle Ewigkeit an die SPD gekettet habe, waren verstummt.

Es wäre auch, an Genschers Adresse gerichtet, ein falscher Vorwurf gewesen, obgleich die neue Strategie des Vorsitzenden damals erst in vagen Konturen sichtbar wurde. Wenn Genscher eine fixe Idee hat, dann die ständige Angst, daß die FDP in einem Regierungsbündnis so sehr ins Schlepptau des größeren Partners gerät, daß sie für die jeweils andere große Partei nicht mehr als koalitionsfähig gilt. Daher hat sich Genscher seinerzeit gegen die Version vom Schicksalsbund mit der SPD ebenso gewehrt wie zehn Jahre später gegen Geißlers oder Bangemanns Lager-und-Sack-Theorien von der festen Abgrenzung zwischen schwarz-gelb und rot-grün.

So erfand er Mitte der siebziger Jahre seine Auflockerungspolitik, die seine Partei, ohne die Bonner Koalition anzutasten, doch von der SPD bundesweit unabhängig machen sollte. Dabei mußte er einkalkulieren, daß die Signale, die in Mainz, Saarbrücken und vor allem dann in Niedersachsen an die CDU ausgesandt wurden, auch in Bonn den Christdemokraten Appetit auf die FDP machten und die Hoffnung verstärkten, die liberale Truppe samt Chef zu sich herüberzuziehen. Man kann Genscher zwar nicht nachsagen, er habe bereits 1975 auf den Koalitionswechsel im Bund geschielt, aber seine Auflockerungspolitik war doch eine der Hauptvoraussetzungen dafür, daß die FDP gut sieben Jahre später den Sprung machen konnte, ohne völlig die Glaubwürdigkeit zu verlieren. Genschers Strategie kam freilich auch der politischen Kultur insgesamt zugute und sorgte mit dafür, daß der Ton zwischen links und rechts in der innenpolitischen Auseinandersetzung erträglich blieb. Die SPD hat übrigens damals Genschers CDU-Experimenten in den Ländern gelassener zugesehen als die CDU ein Jahrzehnt später den ersten tastenden Versuchen der Freidemokraten, zum Beispiel in Hamburg wieder ins Geschäft mit den Sozialdemokraten zu kommen.

Es begann auf leisen Sohlen. Im Januar 1975 bereits sprach sich in Mainz zum erstenmal seit 1972 wieder ein FDP-Landesverband für eine Koalition mit der CDU aus – nach der Landtagswahl brauchte die CDU die FDP allerdings dann noch nicht zum Mitregieren. Nach Machtanteilen gerechnet, blieb die Auflockerungspolitik überhaupt arm an zählbaren Resultaten. Spektakulärstes Ereignis war aber der von der FDP wahrscheinlich herbeigeführte, auf jeden Fall mitgetragene Machtwechsel in Niedersachsen. Im Februar 1976 scheiterte im Landtag zu Hannover die Wahl des sozialdemokratischen Nachfolgers für den Ministerpräsidenten Alfred Kubel, weil die SPD/FDP-Koalition ihr Stimmen-Soll nicht zusammenbekam. Kurz darauf verschafften drei Koalitionsdissidenten, wohl FDP-Abgeordnete, in der geheimen Wahl dem CDU-Kandidaten Ernst Albrecht die nötige Mehrheit. Nach längerer »Schamfrist« trat die FDP auch offiziell in die Regierung Albrecht ein. Gerade in Niedersachsen bereiteten die Wähler freilich der Auflockerungspolitik auch ein jähes Ende, als sie am 4. Juni 1978 die FDP unter die Fünfprozentgrenze drückten. Da die Partei allerdings am selben Tag in Hamburg, wo sie mit der SPD koalierte, das gleiche Schicksal erlitt, blieb dem Vorsitzenden Genscher auf eine sehr negative Weise der eindeutige Beweis erspart, daß er mit der Auflockerungspolitik gescheitert sei.

Selbstverständlich dachte Genscher aber auch, wenn er die Fäden zu Landeshauptstädten zog, immer an die Bundespolitik. Hier sah er weniger ein Problem der FDP, die ohnedies nicht binnen Tagen, Monaten oder vorausschaubaren Jahresfristen wechseln wollte, vielmehr besorgte ihn der Zustand der CDU, vor allem ihre aus der Ablehnung der Ostverträge hervorgegangene Inkompetenz in der Außen- und Ostpolitik. Genscher konnte damals nicht ahnen, daß sein Bemühen (auch als Außenminister), die CDU/CSU in seinem Sinne salonfähig zu machen, ihn weit über die Wende hinaus in Atem halten sollte. Die außenpolitische Starrheit und Auszehrung der Union, die erst Mitte der achtziger Jahre mit der Formierung von Rühes »Genscheristen« gemildert wurde, hat Genscher vor allem nach dem Koalitionswechsel in starken Zwiespalt gestürzt. Als FDP-Stratege konnte er glücklich sein, wenn die »Stahlhelmer« aus CDU und CSU über seine Entspannungs- oder Südafrikapolitik herfielen. Als Außenminister hat er unter der Handlungsunfähigkeit der größten Regierungspartei gelitten, auch unter den Zweifeln, die bei den Nachbarn etwa durch die »Grenzdebatte« an der Friedensfähigkeit der Bundesrepublik gesät wurden.

Damals, 1975/76, aber wollte Genscher die Union nicht nur zum höheren Wohle außenpolitisch umerziehen, er brauchte sie auch fürs Tagesgeschäft. Der »zweite Polenvertrag« (nach dem Warschauer Abkommen von 1970), in dem es außer um Kredit- und Wirtschaftshilfe und um eine Weiterregelung der Ausreisen für Deutschstämmige in Polen auch um die Renten- und Versicherungsansprüche ehemaliger polnischer Zwangsarbeiter in Deutschland ging, brauchte die Zustimmung des Bundesrates und damit einiger CDU-regierter Länder. Eine Schlüsselrolle spielten dabei der von Genscher stets sehr geschätzte, außenpolitisch engagierte saarländische Ministerpräsident Röder – und der neue CDU-Regierungschef in Hannover, Ernst Albrecht. Die CDU-Landesfürsten wollten polnische Garantien für einen weiteren regelmäßigen Ausreisebetrieb erzwingen. Es gab zuletzt dramatische Nachtverhandlungen zwischen Genscher und dem polnischen Außenminister, der schließlich einwilligte. Die Entscheidung über die Bundesratsmehrheit fiel dann am Tag danach hinter verschlossenen Türen in der von den Journalisten wie eine Festung belagerten niedersächsischen Landesvertretung im Bonner Regierungsviertel. Albrecht gab seine Zustimmung nicht zuletzt in der Erwartung, damit die FDP in seinem Bundesland dauerhaft an sich zu binden. Für Genscher war die Billigung des Abkommens eine wichtige Etappe der Außenpolitik, aber auch der größte Erfolg seiner Auflockerungsstrategie.

Zunächst konnte sich Genscher im Erfolg sonnen. Nach der Annahme des Polen-Vertrags bekam er Lob von der SPD wie von der CDU, auch von deren Vorsitzenden Helmut Kohl. Die FDP gab das Motto aus: »Alle lieben Genscher.« Aber liebte ihn auch der Wähler?

Am 3. Oktober 1976, »seiner« ersten Bundestagswahl, sank der Stimmenanteil der FDP von 8,4 (1972) auf 7,9 Prozent ab. Genscher war auf den ersten Blick tief enttäuscht, beim zweiten Nachdenken aber erschien ihm das Ergebnis sehr viel besser: Es hatte den Machterhalt gesichert, und die FDP war nicht in den Abwärtssog der SPD und Helmut Schmidts geraten, dem sie sich vor der Wahl in der »Koalitionsaussage« erneut verbunden hatte. Aus Genschers Sicht hatten die Wähler das sozialliberale Bündnis insgesamt spüren lassen, daß der große Elan der Ostvertragszeit vorbei war.

197

Koalitionspolitisch hatte Genscher mittlerweile seine FDP entideologisiert. Es galt die These, daß Koalitionen nichts anderes seien als sachbezogene Zweckbündnisse für die Dauer jeweils einer Legislaturperiode. Trotzdem hatte der Parteichef damals nicht nur Rückenwind. Er suchte einen neuen Generalsekretär und fand keinen (Günter Verheugen wurde aufs erste Bundesgeschäftsführer). Die Partei war durch die Postenverteilung in der Regierung personell ausgezehrt. Die Ein-Mann-Herrschaft wurde ihm langsam zur Last. Die Koalition wiederum dümpelte 1977 träge dahin, unsicher im Kurs vor allem auch durch die Bremsungen der FDP: Rentenreform, Entspannung immer noch. Genscher, der bei Willy Brandt damit aneckte, wurde rastloser, reiste kreuz und quer über den Globus. Physisch machte ihm das Herz zu schaffen.

Zu Genschers Schicksal als Parteiführer gehörte es, sich des Lebens mit seiner FDP nie ganz ungetrübt erfreuen zu können. Am Frühlingsanfang 1977, einem Montag, gab es einen ungeheuren Auftrieb in der Bonner Beethovenhalle. Hans-Dietrich I. wurde fünfzig. Man badete ihn im Ruhm, und vom illustren Ereignis her war er an diesem Tag einer der Größten und Mächtigsten der Republik. Aber bei genauerem Hinsehen standen die Gastgeber, nämlich die FDP-Oberen, allesamt mit hängenden Köpfen da. Am Vorabend waren die hessischen Freidemokraten bei der Kommunalwahl katastrophal eingebrochen und nun in neun von insgesamt zwanzig Wahlkreisen überhaupt nicht mehr in den Gemeindeparlamenten vertreten. Aber das Fest wurde gefeiert. Unter den Gratulanten war Franz Josef Strauß, und Helmut Kohl schenkte dem Fünfziger zwei Kutschenlampen.

Doch heimleuchten ließ sich Genscher vom CDU-Vorsitzenden nicht, noch nicht. Im Frühsommer 1977 verkündete er vor dem FDP-Bundesausschuß, dem »kleinen Parteitag«: »An uns wird eine einmal eingegangene Koalition nicht scheitern!« Der ordentliche Bundesparteitag in Kiel brachte im November dann unter Lambsdorffs Stabführung mit den »Kieler Thesen« einen gelinden »Rechtsruck«. Die Partei, die 1976 hoch zufrieden gewesen war, an der Regierung geblieben zu sein, hatte sich das Jahr 1977 über wieder einmal Flügelkämpfe geleistet; nun unterlag Baum mit seinen Anhängern dem Wirtschaftsgrafen. In Kiel konnte Genscher, damals schon ziemlich krank, nur an der Eröffnung und beim Abschluß teilnehmen. Lambsdorff, voller Energie und Eloquenz, wirkte wie der unbestrittene Kronprinz für einen bevorstehenden Wechsel.

Doch in den Landtagswahlkämpfen des nächsten Frühjahrs tauchte Genscher, um dreißig Pfunde entschlackt, in der Rolle des »vitalen Schlanken« wieder auf, buchstäblich rundumerneuert. Politisch war es höchst kompliziert. In Niedersachsen mußte er für die Fortsetzung der

Koalition mit der CDU, in Hamburg für die Wiederauflage des sozial-liberalen Bündnisses in der Bürgerschaft werben. Daß es hier wie dort schiefging, lag aber wohl weniger an den politischen Akrobatenstückchen als an der alten FDP-Krankheit. Während die anderen, jetzt auch die Grünen, in Niedersachsen einen energiegeladenen Wahlkampf trieben, waren zu Genschers Erbitterung die liberalen Parteifreunde in Dauerschlaf versunken. Die Quittung am 4. Juni – aus beiden Bundesländern – kam für Genscher daher nicht überraschend, aber es war einer seiner schwärzesten Tage. Zu alledem mußte noch der – mit der Fahndungspanne aus dem Terroristendrama Schleyer belastete – Innenminister Maihofer ausgewechselt werden: Am 6. Mai gab er auf. Genscher kam nun in Personalnot. Eine so logische und reibungslose Lösung wie im Vorjahr, als im Wirtschaftsressort der zur Dresdner Bank abwandernde Friderichs durch Lambsdorff ersetzt worden war, gab es diesmal nicht. Gegen Gerhart Baum bestanden Vorbehalte, nicht zuletzt von Kanzler Schmidt, der versuchte, Lambsdorff zu überreden. Baum wurde trotzdem neuer Innenminister.

Diese Frage hatte Genscher gelöst, aber der Rest der Legislaturperiode blieb für ihn, persönlich wie politisch, ein kräftezehrendes Auf und Ab. Was das Erscheinungsbild der Partei anbetraf, lief die Tendenz dabei eher nach unten. Zunächst erfand Genscher, nach dem Debakel von Niedersachsen und Hamburg, eine neue Taktik. Er löste die Auflockerungs- durch die Abgrenzungspolitik ab. In betonten, aber begrenzten sachlichen Konflikten nach beiden Seiten, zur CDU/CSU wie zur SPD, sollte die FDP ihre innere Unabhängigkeit und die Notwendigkeit als dritte Kraft deutlich machen. Um den Liberalen inhaltlich neuen Schwung zu geben, dachte sich der Meister der politischen Signaltechnik einen Kunstgriff aus. Günter Verheugen, in Genschers Urteil einer der begabtesten jungen Politiker, sollte vom Geschäftsführer in das politische Amt des Generalsekretärs avancieren.

Die Sache hatte nur den Haken, daß der Generalsekretär nicht vom Boß bestellt, sondern vom Parteitag gewählt wird. Im November 1978, beim Bundesparteitag in Mainz, rebellierten die Delegierten ganz gewaltig gegen die Personalpolitik des Meisters. Verheugen wurde schließlich mit der denkbar knappsten Mehrheit gewählt, so knapp, daß er und Genscher die Entscheidung stets als eine Ohrfeige empfunden haben (auch zwei Jahre später wurde Verheugen nur mit einer kümmerlichen Mehrheit wiedergewählt).

Auch das nächste Jahr, 1979, begann für Genscher nicht eben glücklich. Vergeblich warf er sich für die Wiederwahl Walter Scheels zum Bundespräsidenten in die Bresche (Scheel verzichtete schließlich »unter den obwaltenden Umständen« auf die Kandidatur). Zum zweitenmal innerhalb eines Jahres hatte Genscher um die Jahreswende eine Herzrhythmusstörung auskuriert; er nahm mit doppelter Energie die Arbeit wieder auf. Ärger hatte er auch mit dem Koalitionspartner SPD, der ihn »Bremser« nannte. Genscher korrigierte seine Abgrenzungspolitik leicht und erklärte die FDP zum »zuverlässigen Partner für Helmut Schmidt«. Das war alles etwas wackelig; der »Genscherismus« hatte damals schon seinen Höhepunkt überschritten, die Ernte wurde mager.

Der Parteichef, auf dem alles lastete, mußte Anfang März 1979 wegen seines angegriffenen Herzens abermals ins Krankenhaus. Diesmal hatte die FDP ernsthaft Anlaß, sich um ihren kranken Vorsitzenden zu sorgen. Alle Welt ging damals davon aus, daß Genscher sich einen oder sogar mehrere Herzinfarkte geholt hatte, und auch er selbst hat lange daran geglaubt; die Diagnosen brachten keine letzte Gewißheit. Erst als er Mitte der achtziger Jahre noch einmal ins Krankenhaus mußte, konnte mit modernen Mitteln einwandfrei festgestellt werden, daß keine infarkttypischen Narben vorhanden waren.

Psychologisch wurde die Heilung jedoch beschleunigt durch ein ausgesprochen gutes Ergebnis bei der Wahl zum Berliner Abgeordnetenhaus. Genscher entfuhr der Stoßseufzer: »Das ist besser als alle Pillen!« Unmittelbar darauf wurde er zur Erholung für vier ganze Wochen auf die Kanalinsel Jersey verbannt – für einen wie ihn, der kaum acht Tage Ferien machen kann, eine unerhörte Zumutung.

Sein Freund und Parteisprecher Joseph Gerwald übernahm die Aufgabe, ihn dort bei Ruhe und vor allem am Ort zu halten, für Gerwald war es, als müsse er den berühmten Sack Flöhe hüten. Er schaffte es; denn Genscher kam nach allgemeinem Urteil »glänzend erholt« zurück. Trotzdem entstanden, als kurz darauf der seines Präsidentenamtes bald ledige Walter Scheel zum Ehrenvorsitzenden der FDP erkoren wurde, alsbald die Gerüchte: ein Not-Kronprinz für den Fall, daß Genscher aufgeben mußte.

Der dachte natürlich nicht an Aufgeben. Und im Sommer, als die CDU ihren Vorsitzenden Strauß zum Kanzlerkandidaten für 1980 durchpaukte, gab das der Koalition neuen Zusammenhalt: in der Gegnerschaft zu Strauß vereint. Genscher vor allem betrieb die Personalisierung des nun anbrechenden Dauerwahlkampfs nach dem Motto: Erzengel gegen Luzifer, Helmut Schmidt plus FDP gegen Strauß. Doch das hatte fürchterliche Folgen für die Liberalen. Im Frühjahr 1980 fielen sie aus allen Wolken, flogen bei der Landtagswahl in Nordrhein-Westfalen in Bausch und Bogen aus dem Düsseldorfer Landtag. Es gab Schuldzuweisungen; einiges blieb an Genscher hängen. Einer aus dem engsten Zirkel konfrontierte ihn mit dem Urteil:»Das haben ganz allein Sie uns eingebrockt.«

Was war geschehen? Sowohl die Polarisierung des Klimas als auch das Thema Friedenspolitik hatten lediglich der SPD mit Helmut Schmidt zum Stimmen-Profit gereicht. Die FDP war durch den Rost gefallen. Genscher mußte den Vorwurf auf sich nehmen, ihren Anteil nicht genügend in die Koalitionsstrategie eingebracht zu haben. Es folgte für die Liberalen ein Sommer schwerer Depressionen. Zum erstenmal seit langem sah man wieder fast mutlos einem Bundestagswahltermin entgegen und glaubte, daß nichts mehr den Fünf-Prozent-Tod der Partei aufhalten könne. Verheugen und einige Mitstreiter hatten Mühe, ein einigermaßen zündendes Wahlprogramm aufzulegen. Sollte man sich von der SPD abgrenzen? Oder an Helmut Schmidt anlehnen? Am besten beides, hieß eine FDP-Gebrauchsanweisung, aber es war wie die Quadratur des Kreises.

Doch die SPD hielt ihr Hoch nicht durch. Und beim Freiburger Wahlparteitag der FDP feierte Genscher zunächst innerparteilich eine triumphale Auferstehung.»Es geht um den Bestand des Dreiparteiensystems!« rief er in die Halle. Und diesmal verstanden ihn die Wähler. Am 5. Oktober sprengte die FDP die magische Zehn-Prozent-Grenze, gewann gegen Strauß weit mehr Stimmen dazu als die SPD. In der Wahlnacht machte, was ganz neu war, Helmut Schmidt der FDP-Führung im Thomas-Dehler-Haus seine Aufwartung: Das verkrampfte Verhältnis zwischen ihm und seinem Vizekanzler schien sich noch einmal zu lockern. Für Genscher, der sich nun »Mr. Zehn-Prozent« nennen lassen durfte, war dieser Abend der größte Triumph seiner Karriere.

Im Vorhof der Wende

Genscher wollte es als Parteichef eigentlich mit dieser Sternstunde bewenden lassen. Genau zwei Monate nach der Wahl stand in München ein Bundesparteitag an, und schon Monate vorher hatte er sich dafür die Stabübergabe vorgenommen.

Aber Graf Lambsdorff, nach der jüngeren Parteigeschichte der damals einzig logische und daher auch von Genscher ausersehene Nachfolger, steckte plötzlich in den ersten Weiterungen der nordrhein-westfälischen Parteispendenaffäre. Ein anderer Kandidat war nicht zur Hand; er hätte erst aufgebaut werden müssen. Also schickte sich, zum Schluß wohl auch ganz gern, Genscher darein, sein eigener Nachfolger zu werden.

Warum hatte er überhaupt zurücktreten wollen? Damalige Begleiter erinnern sich, daß der Chef die andauernden Nörgeleien aus der Partei, Kritik vor allem am einsamen Führungsstil, doch gründlich leid war. Genscher hatte aber noch einen anderen Grund, aus seiner Sicht sogar das Hauptmotiv. Der Kampf um die NATO-Nachrüstung, der 1983 mit dem Stationierungsbeschluß für Pershing II und Cruise-Missiles kulminierte, zeichnete sich in ganzer Schärfe ab. Der Parteivorsitzende wollte den Rücken frei haben für sein zweites, mittlerweile wohl auch in den eigenen Augen größeres Amt, das des Außenministers.

Ahnte er damals auch schon die Wende voraus, wollte er sie dem Wunschnachfolger überlassen, der dann ja auch der eigentliche Wende-Antreiber wurde? Jedenfalls wußte Genscher um die Jahreswende 1980/81, daß er es mit dem sozialdemokratischen Partner schwer haben würde, in der Wirtschafts-, Finanz- und der Sicherheitspolitik. Er sah Helmut Schmidts Einfluß in der SPD schwinden. Die Koalitionsverhandlungen mit der SPD nach der Wahl waren in häufig gereizter Stimmung zäh und schwierig verlaufen. Schmidt gewöhnte sich gerade das Rauchen ab und verbreitete schlechte Laune. Als die neue Regierung schließlich zustande gekommen war, wurde es nicht einfacher. Aus der Rückschau hört es sich fast wie Ironie an, daß Genscher und Mischnick sich öffentlich damit trösteten, wenigstens in der Außenpolitik bestehe »fugenlose Übereinstimmung«. Im Mai 1981 drohte Schmidt der eigenen Partei mit Rücktritt, wenn sie seine Sicherheitspolitik nicht unterstütze.

Das Wort von der Wende wurde um diese Zeit geboren. Genscher mahnte zur Umkehr und meinte die Konsolidierung der Staatsfinanzen. Er mahnte zur Festigkeit und meinte den NATO-Doppelbeschluß. Auf dem Kölner Bundesparteitag Ende Mai 1981 sprach er harte Worte an die Adresse der SPD. Genscher rief: »Was wir als Liberale wollen, ist ein neuer Aufbruch, der uns allen und jedem einzelnen von uns, damit auch unserer Gesellschaft und unserem Staat, wieder Ziele weist.« Aber gemeint war noch der Aufbruch innerhalb der Koalition.

Damals haben viele Parteitagsdelegierte hinter vorgehaltener Hand bereits die Frage diskutiert, warum man denn, statt auf Konfrontation mit dem Bündnispartner zu setzen, nicht gleich die Fronten wechsle, ganz nach dem Satz, daß ein Ende mit Schrecken einem Schrecken ohne Ende vorzuziehen sei. Aber sogar die rechte Mitte der Partei befand, die notwendigen sozialen und wirtschaftlichen Strukturwandlungen ließen sich immer noch besser mit den Sozialdemokraten als im »sozialen Bürgerkrieg« gegen SPD und Gewerkschaften vollbringen. Vor allem Genscher hat damals noch kaum an Partnerwechsel gedacht und auch später lange nicht geglaubt, daß er wirklich unausweichlich sein müsse.

Wenn es anders gewesen wäre, hätte es sein damals noch enger politischer Begleiter Verheugen eigentlich merken müssen, aber auch er war, wie er sagt, bis in den Sommer 1982 ziemlich fest überzeugt, daß sich die Wende innerhalb der bestehenden Koalition bewerkstelligen lasse.

Nach schweren Bonner Kämpfen zwischen SPD und FDP um drastische Sparoperationen im Haushaltsplan 1982 schrieb Genscher aus den Sommerferien in Berchtesgaden am 20. August 1981 seinen berühmten »Wendebrief«. Verheugen befand später, die viereinhalb Seiten lange, eng beschriebene Botschaft »an die Mitglieder der Führungsgremien und an die Mandatsträger der Freien Demokratischen Partei« enthalte, nach Genschers Kölner Parteitagsrede, »nichts Neues«. Aber der Wendebrief, der eindeutig immer noch die Wende innerhalb der Koalition meinte, wurde in der Partei und draußen nachträglich zur Fanfare des Koalitionswechsels umstilisiert.

Eine liberale Bibel ist der Wendebrief nicht, eher das ausufernde Pamphlet eines Urlaubers mit ungewohnt viel Zeit auf den Händen. Genscher selbst hat die Epistel später zwar nicht versteckt, aber sich ihrer auch nie groß gerühmt. Er schrieb davon, daß »unser Land an einem Scheideweg« stehe, zählte als Beispiele die »Bewährungsprobe der Marktwirtschaft« auf, die Innen- und die Außenpolitik. Auf Seite drei in der Mitte kommt das Reizwort zum erstenmal: »Eine Wende ist notwendig.« Weiter oben stehen aber auch die Sätze: »Ich weiß aus zahlreichen Gesprächen . . ., daß die verantwortlichen Persönlichkeiten der SPD sich mit dem gleichen Ernst der Aufgabe widmen. Es sollte deshalb möglich sein, trotz grundsätzlicher unterschiedlicher Positionen der beiden Regierungsparteien in wichtigen wirtschaftlichen und gesellschaftspolitischen Fragen die gestellte Aufgabe zu lösen.«

Dem Wendebrief folgt die qualvolle Sterbezeit der sozialliberalen Koalition. Im Sommer 1982 fängt es an, ganz ernst zu werden. Zur Vorsicht hat Genscher zu dieser Zeit bereits jeglichen Kontakt mit seinem Freund, dem CDU-Vorsitzenden Helmut Kohl, eingestellt: Im Fall der Fälle soll man dem Chef-Liberalen kein Ränkespiel nachsagen können. Doch selbst der zweite »Wendebrief«, den Genscher am 5. August 1982 an seine Parteifreunde schickte, ist noch ein Aufruf zur Wende in der Kontinuität der Koalition, keineswegs das Zeichen zum Fahnenwechsel.

Aber einen Monat später sieht sich Genscher auf die Stromschnelle zutreiben. Lambsdorff schiebt ihn, Mischnick versucht, ihn aufzuhalten. Daß Helmut Schmidt seinerseits zum Schluß den Bruch vollzieht, erspart Genscher die letzte Probe aufs Exempel. Nach seiner Einschätzung wäre der Bruch etwas später im Herbst bei den Haushaltsberatungen zwangsläufig gekommen.

Tal der Tränen

Die Zeit nach der Wende, bis zur Bundestagswahl im März 1983, bezeichnet den schwersten Weg in Genschers politischer Laufbahn. Nach dem Oktober war er für lange Zeit nicht mehr der alte. War die Entscheidung zum Partnerwechsel an sich schon schwer genug, so hat ihn auch besonders getroffen, daß die Partei seinen Schritt auf dem Höhepunkt der Operation nur mit einer Stimme Mehrheit im Bundesvorstand gebilligt hatte. Eine Stimme weniger, und Genscher hätte den Hut nehmen müssen. So aber machte er weiter – und machte es sich schwerer, als es damals den Anschein haben mochte.

Genschers tiefe Zweifel bezogen sich nicht auf die Sache: Er ist bis heute von der Richtigkeit der Wende überzeugt, vertritt sie im nachhinein sicherlich entschiedener, als er sie jemals angestrebt hatte. Er war auch überzeugt, daß die FDP den Sprung überstehen werde, allerdings mühsam und auf einer ganz schweren Wegstrecke. Woran er häufig zweifelte, war die Richtigkeit seiner Entscheidung, selbst die Partei durch das Tal der Tränen führen zu wollen, sie schließlich wieder in lichtere Höhen zu bringen.

Noch auf dem Berliner Parteitag im November, der über den künftigen Weg der FDP und das Schicksal ihres Vorsitzenden entschied, hat Lambsdorff nach seiner Erinnerung Genscher zureden müssen, die Sache durchzustehen.

Er war zu dieser Zeit auch die umstrittenste Persönlichkeit der Republik. Einmal gab es, vor allem in der eigenen Partei, aber natürlich auch beim verlassenen Partner, die Gegner des Wechsels an sich. Die Sozialliberalen in der FDP wollten ihn mit allen Kräften rückgängig machen. Daher hatten auch vier Landesverbände, wie es die Satzung vorschreibt, die Einberufung des Sonderparteitags verlangt. Doch selbst Genschers erbittertste Widersacher konnten ihm nicht vorwerfen, daß ein Koalitionswechsel ehrenrührig sei.

Am meisten hat er allerdings am Vorwurf des »Verrats« gelitten, gemeint war der doppelte Verrat: an Helmut Schmidt und am FDP-Wähler, der nicht gefragt worden war. Ersteres wurde verständlicherweise von Schmidt selbst und seinem Freund Klaus Bölling nach Kräften und nicht ganz zu Unrecht genährt. Das zweite, nämlich die Forderung, vor dem Bündniswechsel die Wähler zu befragen, also mit einer diesbezüglich »ehrlichen« Koalitionsaussage in die nächste Wahl zu gehen, ist bis heute in der FDP umstritten. Sie wurde damals besonders engagiert von der unverwüstlichen Sozialliberalen Hildegard Hamm-Brücher vertreten. Überwiegende Meinung in der Partei ist aber wohl, daß ein

Koalitionswechsel nur »fliegend«, das heißt möglichst mitten in einer Legislaturperiode, inszeniert werden kann, sofern man nicht auf eine Veränderung der Mehrheiten in Wahlen angewiesen ist.

Genscher, auch wenn er der Winkeladvokat der Wende gescholten wurde, wollte in den Monaten danach eine ehrliche Parteientscheidung, in dem Wissen, daß es wenig helfen würde, die Gegensätze zu überkleistern und dann jahrelang mit sich herumzuschleppen. Darum fand er es auch ganz falsch, daß seine Widersacher ihm den Schleswig-Holsteiner Uwe Ronneburger als Gegenkandidaten für die Berliner Vorsitzendenwahl gegenüberstellten. Ronneburger hatte viel Vertrauen bei den Sozialliberalen, aber er hätte – erklärtermaßen – im Falle seines Wahlsieges die Wende nicht rückgängig gemacht. Anders Gerhart Baum, den Genscher als logischen Gegenkandidaten empfunden hätte: Er wurde dann als sozialliberales Alibi zum Stellvertreter gewählt.

Klebte Genscher damals an seinem Posten, hielt ihn der Ehrgeiz vom Rücktritt ab, für den er mehr Beifall als für sein Verbleiben gefunden hätte? Wer darauf eine Antwort sucht, muß bedenken, daß Genscher auf jeden Fall auch als »Zurückgetretener« Außenminister hätte bleiben können und sollen – soviel schuldeten ihm die Profiteure der Wende allemal, der neue Kanzler an der Spitze. Daß Genscher als Parteichef nicht die Konsequenzen zog, ist bis heute schwer verständlich, war aber am Ende doch der geradeste Weg. Für ihn selbst war es auch der schwerste und nicht zuletzt eine Frage des Pflichtgefühls: Er wollte persönlich für die Wende haften.

Als erstes Nach-Wende-Ziel sah Genscher die Aufgabe, seine Partei an der Spaltungsgefahr vorbeizusteuern. Daß es Aderlässe geben würde, war von vornherein klar. Das Vorhaben, die Wende durch den FDP-Wähler »legitimieren« zu lassen, schien einen verheerenden Auftakt zu nehmen. Am 26. September, wenige Tage vor der Kanzler-Neuwahl, scheiterte die FDP bei der Hessen-Wahl mit einem Stimmenanteil von 3,1 Prozent, dem niedrigsten Ergebnis aller Zeiten in Bundestags- und Landtagswahlen. Zwei Wochen später, inzwischen war Genscher als Helmut Kohls Vizekanzler im Amt, halbierten die bayerischen Wähler praktisch den Stimmenanteil der FDP auf 3,5 Prozentpunkte.

Der Berliner Parteitag vom 5. bis 7. November stand im Zeichen von Chaos, Untergangsahnungen, aber auch trotzigem Durchhaltewillen und vor allem erbitterter Auseinandersetzungen. Genscher begann seine Parteitagsrede mit dem Bekenntnis: »Wir stehen in einer schweren Krise unserer Partei.« Er kam mit einem blauen Auge davon, wurde mit 222 gegen Ronneburgers 169 Stimmen wiedergewählt. »Mehrheit ist Mehrheit«, hatte ihn Lambsdorff vor dem Wahlgang ermuntert. Aus der FDP-

Basis wurden Massenaustritte gemeldet. Von den Sozialliberalen der ersten Reihe verließen die Partei: Günter Verheugen (der vorher schon als Generalsekretär zurückgetreten war) sowie die Bundestagsabgeordneten Helga Schuchardt, Ingrid Matthäus-Maier, Andreas von Schoeler, Friedrich-Wilhelm Hölscher. Die Partei erlebte ihren schlimmsten Aderlaß, viel schwerwiegender als 1970 mit dem Austritt der Gruppe um Mende und Kühlmann-Stumm. Für die Verbleibenden sah die Zukunft grau aus, ob sie nun Wende-Anhänger waren oder Mitläufer oder Sozialliberale in der inneren Emigration.

Wann genau die FDP und auch Genscher den zweiten Wind bekamen, läßt sich schwer sagen. Genscher datiert den Stimmungsumschwung auf die Zeit zwischen Weihnachten und Neujahr 1983. Auf dem traditionellen Dreikönigstreffen in Stuttgart präsentierte ein Vorsitzender mit neuem Selbstbewußtsein seine Partei mit dem alten Anspruch auf die politische Mitte:»Deshalb steht diese FDP gegen das Abgleiten unseres Landes in den Sozialismus; deshalb wird es mit uns auch keine konservative Gegenreform geben.« Und einen Monat später, in einer außenpolitischen Rede, trat der FDP-Chef als Anwalt der Entspannungspolitik mit deutlicher Mahnung an den neuen Regierungspartner auf:»Es geht um Klarheit, daß die mit unseren östlichen Nachbarn geschlossenen Verträge gehalten werden, daß es kein Zurückdrehen des Rades in der Geschichte gibt.« Der Wahlkampf verlief für Genscher überraschend störungsfrei. Am 6. März, in der Wahlnacht, fiel ihm, nun schon nicht mehr ganz unerwartet, der große Stein vom Herzen. Mit 7,0 Prozentpunkten war die FDP, innerlich abgemagert, aber äußerlich heil, über den großen Graben gekommen. Genscher hatte seinen Wende-Vorsatz eingelöst.

Abschied

Die letzten zwei Jahre der Ära Genscher begannen recht ruhig im leichten Aufwärtstrend der FDP und dienten vor allem der Gewöhnung an die neue Koalition. Genscher hat aber bei seinen Liberalen nie mehr die alten Begeisterungsstürme entfachen können. Viele, keineswegs nur »Linke«, hatten den Wende-Kater und lebten mit der Führung eher im Burgfrieden als in Seelenharmonie, wie sich auch bald zeigen sollte.

Die Wähler bereiteten der »neuen« FDP zunächst ein Wechselbad. Am 25. September zog sie in Hessen bei der Neuwahl mit recht stolzen 7,6 Prozentpunkten wieder in den Landtag ein, aber es reichte mit der CDU nicht zur Koalition nach Bonner Muster. Am selben Tag blieben die freien Demokraten in Bremen mit 4,9 Prozentpunkten vor den Türen der Bürgerschaft; sie hatten gegen Genschers Rat eine Koalitionsaussage zugunsten der SPD abgegeben.

Genscher, dessen Außenpolitik besser florierte als sein Partei-Regime, versuchte um die Jahreswende 1983/84, eines seiner Hauptthemen aus dem Auswärtigen Amt zur Befruchtung auf die programmatisch recht brachliegende FDP zu übertragen: die Aufholjagd der Deutschen gegenüber dem amerikanischen und neuerdings auch asiatischen Vorsprung bei den Hochtechnologien. Vom Frühjahr 1984 an überschlugen sich dann plötzlich für die FDP die Ereignisse. Erster Akt war das von den Parteivorsitzenden der Koalition, Kohl, Strauß und Genscher, ohne Rückkoppelung mit der Basis vorgelegte Gesetzesvorhaben einer Amnestie für Parteispendensünder. In der FDP brach ein Sturm los, dem Genscher nach allem Auf und Ab seiner zehnjährigen Cheftätigkeit – »Diese Jahre zählen doppelt« – nicht mehr gewachsen war. Die Partei, bis hin zu den mächtigen Landesvorsitzenden, revoltierte: einmal aus tief verletztem liberalen Rechtsempfinden gegen das Ansinnen, mit einem Federstrich das Unrecht der Parteispenden-Kumpanei auslöschen zu wollen. Zum anderen kam hier auch die seinerzeit unterdrückte Rebellion gegen den Koalitionswechsel mit Phasenverzögerung noch einmal zum Ausbruch. Lediglich die stets disziplinierte freidemokratische Bundestagsfraktion, damals schon das Rückgrat der Wende, stimmte (wie die Unionsfraktion) dem Amnestievorhaben zu, bei Stimmenthaltung des sozialliberalen Kerns mit Baum, Hirsch und Frau Hamm-Brücher.

Äußerem Anschein nach löste Genscher das Dilemma nach altgewohnter Manier so, daß er am Ende nahezu unversehrt dastand. Als er die Aussichtslosigkeit des Amnestieplans erkannt hatte, legte er das Vorhaben in Übereinstimmung mit dem Bundeskanzler so schnell zu den Akten, daß er sich in den Parteigremien keiner Niederlage aussetzen mußte. Wäre er noch ganz der alte Parteichef gewesen, hätte er freilich von vornherein die Aussichtslosigkeit erkannt, die Amnestievorlage in der FDP durchzusetzen.

Nach der Amnestiepanne wußte Genscher jedenfalls, daß er Schluß machen sollte. Seine große Zeit als Parteivorsitzender war nun wirklich vorbei. Er ordnete die Nachfolge – und das wieder ganz in der alten, trickreichen Meisterschaft. An einem Sonntagabend Ende Mai überraschte er die Fernsehnation wie seine Partei mit der Ankündigung, er wolle zwar auf dem bevorstehenden Parteitag in Münster wieder als Vorsitzender kandidieren, aber zum letztenmal. Auf die Frage, ob er seine Partei auch in die nächste Bundestagswahl führen wolle, antwortete Genscher schlicht: »Ich bin der Meinung, daß das ein Jüngerer tun sollte.« So sicherte er sich die Pietät des Parteivolkes und beugte einer Demütigung auf dem Parteitag vor.

Das Entsetzen hielt sich in Grenzen. Die Partei ging davon aus, mit der Wiederwahl Genschers die Nachfolgefrage noch einmal für ein, zwei Jahre vom Halse zu haben, ohne daß der Chef auf Abruf sich noch große Kabinettstückchen mit der FDP würde leisten können. Aber der Parteivorsitzende war längst einen Schritt weiter. Er präsentierte dem Parteivolk seinen Nachfolger, ohne daß es jemand merkte. Auch der Kronprinz, so schwören die Eingeweihten, hatte keine Ahnung. Es erschien logisch und völlig »unverdächtig«, daß Genscher mitten im Wahlkampf für die Europawahl dem liberalen Fraktionsvorsitzenden im Europäischen Parlament, Martin Bangemann, in Münster das Schlußwort erteilte, wie man eben Kandidaten in Wahlkämpfen aufbaut. Genscher aber hatte damit seinen Nachfolger »heimlich ernannt«. Er hatte das Ziel, seinen Abschied ganz in eigener Regie über die Bühne zu bringen.

Was der alte Fuchs weder wissen noch herbeiwünschen konnte, war die nachfolgende Pleite der FDP in der Europawahl. Die deutschen Liberalen scheiterten an der Fünfprozenthürde, womit Bangemann in Straßburg arbeitslos wurde. Daß ihm eine neue Aufgabe in Bonn bevorstand, war zu der Zeit schon abzusehen: als Nachfolger für Lambsdorff auf dem Chefsessel im Wirtschaftsministerium, sofern das Bonner Landgericht das Verfahren wegen Bestechlichkeit gegen diesen eröffnete.

Erst im Herbst 1984 befand Genscher die Zeit für reif, alle Karten aufzudecken. An einem Wochenende Anfang September versammelte der Bundesparteichef seine Landesvorsitzenden in Bonn um sich. Überfallartig eröffnete er den Getreuen, daß die Bundespartei jetzt gleich einen neuen Vorsitzenden brauche, einen, der frei von allen Verstrickungen der jüngsten Parteigeschichte sei. Und dafür komme nur einer in Frage: Martin Bangemann.

Die Partei hatte, nach dem ersten Schock, nichts einzuwenden. Bangemann tauchte nach seiner langen Abwesenheit »in Europa« wonnevoll in die FDP-Landschaft ein. Genscher trat auf die Seite, freilich nur ein Stück. In seinen Augen war der Nachlaß bestellt, die Partei gestärkt, mit Erbhöfen in der Rechts-, Innen- und vor allem in der Außenpolitik, mit einer immerhin leicht vergrößerten Stammwählerschaft und gutem eigenen Profil in der neuen christlich-liberalen Koalition. Vor allem aber hatte er die Genugtuung, der einzige Parteichef zu sein, der selbst seinen Nachfolger aussuchte und installierte – ganz wie bei Hofe.

XIII. Kapitel

Die Bonner Wende

JOHANNES MERCK

Bedingungen für das Ende

Helmut Schmidt forderte am Morgen des 17. September 1982 die FDP-Minister ultimativ zum Rücktritt auf und beendete damit die sozialliberale Ära. Als Grund dafür nannte er den allgemeinen Zustand der Unsicherheit über den Bestand seiner Regierung, der durch die Freien Demokraten herbeigeführt worden sei. Ursachen seien die Koalitionsaussage der hessischen Liberalen vom 17. Juni 1982 zugunsten eines Bündnisses mit der CDU und das Memorandum des Bundeswirtschaftsministers zur Überwindung der Wachstumsschwäche und zur Bekämpfung der Arbeitslosigkeit vom 9. September 1982, das sogenannte »Lambsdorff-Papier«.

In der Tat: Die Entscheidung der Hessen hatte nach vielen Monaten ständig wachsender Spannungen das Vertrauen unter den Bonner Koalitionspartnern endgültig zerstört; die Übergabe des »Lambsdorff-Papiers« brachte das Bündnis aus seinem labilen Gleichgewicht. Beide Ereignisse können jedoch nicht losgelöst gesehen werden von der politischen Entwicklung zu Beginn der achtziger Jahre.

Die Entscheidung der hessischen Liberalen offenbarte eine tödliche Schwäche der sozialliberalen Koalition: den Verlust ihrer Mehrheitsfähigkeit. Das Lambsdorff-Papier dokumentierte vor dem Hintergrund einer Wirtschaftsrezession die abnehmende wirtschaftspolitische Kompromißfähigkeit der bürgerlichen Partei mit der Partei des demokratischen Sozialismus. Die zerstörerische Wirkung dieser beiden Entwick-

209

lungen auf das sozialliberale Parteienbündnis wurde durch den Streit in beiden Regierungsparteien über den Sinn und Zweck des NATO-Doppelbeschlusses verstärkt.

Mehrheitsverlust

Seit 1961 besaß die FDP eine exklusive Position im deutschen Parteiensystem. Mit der Bundestagswahl in diesem Jahr waren ihre kleinen Konkurrenten um die Wählergunst endgültig von der politischen Bildfläche verschwunden; gleichzeitig hatte die CDU/CSU ihre absolute Mehrheit verloren. Am Anfang der achtziger Jahre vollzog sich in der deutschen Parteienlandschaft erneut ein tiefgreifender Wandel: Er brachte das Ende des Dreiparteiensystems. Jahrzehntelang war der Etablierung einer vierten politischen Kraft in der Bundesrepublik kaum eine Chance eingeräumt worden; doch Ende der siebziger Jahre wurde sie plötzlich Realität. Die Partei der GRÜNEN entstand aus Bürgerinitiativen und Alternativbewegungen.

In Bremen (1979) und Baden-Württemberg (1980) zogen die GRÜNEN sogar in die Landesparlamente ein. Nur der außerordentlich starken Polarisierung zwischen den beiden Volksparteien ist es zuzuschreiben, daß das Dreiparteiensystem am 5. Oktober 1980 noch einmal bestätigt wurde. Die Kanzlerkandidatur von Franz Josef Strauß und die damit verbundenen Ängste vieler Bürger fesselten noch einmal zahlreiche Wähler an die Regierungsparteien.

Daß sich die inneren Bindungen vieler Wähler an SPD und FDP aber bereits stark gelockert hatten, zeigte sich ein halbes Jahr nach der Bundestagswahl. Am 10. Mai 1981 wählten die Berliner ein neues Abgeordnetenhaus. Die FDP hatte sich auf die Fortsetzung der Koalition mit den Sozialdemokraten festgelegt. Das Wahlergebnis fiel für die beiden Regierungsparteien jedoch so schlecht aus, daß sie ihre parlamentarische Mehrheit verloren. Gewinner der Wahl war die »Alternative Liste«; sie avancierte zur drittstärksten Kraft in der Stadt.

Es wurde deutlich, daß das sozialliberale Parteienbündnis überall dort, wo die GRÜNEN antraten, keine Mehrheit mehr bekam. Von der Stunde ihres Wahlerfolges vom 5. Oktober 1980 bis zum Bruch der Koalition im Herbst 1982 hat es bei keiner Wahl in der Bundesrepublik mehr eine Mehrheit für die Bonner Regierungsparteien gegeben! Die hessischen Kommunalwahlen im März 1981 konterkarierten bereits das Bundestagswahlergebnis. In den Städten, aber auch in den Gemeinden befanden sich Sozialdemokraten und Freie Demokraten vor den GRÜ-

NEN auf dem Rückzug. Die CDU, von der Bürde der Kanzlerkandidatur von Franz Josef Strauß befreit, war auf dem Vormarsch. Am deutlichsten veranschaulicht das Ergebnis der Hamburger Bürgerschaftswahl vom 6. Juni 1982 den dramatischen Zerfall der sozialliberalen Mehrheit: Die SPD verlor ihre bis dahin unangefochtene Spitzenposition, die Union wurde zur stärksten Partei. Die GRÜN-ALTERNATIVEN avancierten zur drittstärksten Kraft – und die FDP scheiterte an der Fünfprozenthürde. Nun gerieten die Freien Demokraten in Panik! Die FDP versteht ihre Rolle in der deutschen Politik als die einer Regierungspartei. Nur in dieser Funktion kann sie sich die öffentliche Aufmerksamkeit sichern, die eine kleine Partei für ihr parlamentarisches Überleben braucht. Deshalb hat sie eine geradezu neurotische Furcht vor der Opposition. Blieb die FDP in der veränderten Situation auf die SPD als Regierungspartner fixiert, mußten die FDP-Funktionäre ihre Regierungsämter bald abschreiben. Mit den Sozialdemokraten, das war nun ganz klar, war keine Mehrheit mehr zu holen!

Deshalb mußten die Liberalen neue Wege gehen: In Berlin rangen sie sich nach schweren innerparteilichen Auseinandersetzungen zur Tolerierung eines CDU-Minderheitssenates durch. Sie taten dies mit großem Unbehagen, denn sie hatten die Zusammenarbeit mit der Union vor der Wahl ausgeschlossen. Um ähnliche Konflikte zu vermeiden, waren die Liberalen in Hamburg nur mit einer bedingten Koalitionsaussage an den Start gegangen: Sollte es mit der SPD eine Mehrheit geben, würde man eine Regierung bilden; wenn nicht, wollten die Liberalen sich anderen Möglichkeiten nicht grundsätzlich verschließen.

Diese Art, das Parteifähnlein nach dem Wind zu richten, rief bei den Wählern Mißfallen hervor. Sie wollten klare Aussagen. Das war der Grund, warum die seit zwölf Jahren mit der SPD regierenden hessischen Liberalen auf ihrem Landesparteitag am 17. September 1982 eine klare Entscheidung trafen: Sie votierten für eine eindeutige Koalitionsaussage zugunsten der CDU. Es war das erstemal seit der Gründung der sozialliberalen Koalition im Jahre 1969, daß sich ein FDP-Landesverband aus einer SPD/FDP-Koalition heraus zu einem Partnertausch entschloß.

Obwohl diese Entscheidung mit sachpolitischen Erwägungen begründet wurde, wirkte sie wie der blanke Opportunismus: Die Ratten verließen das sinkende Schiff. Viele Freidemokraten glaubten, das Problem der GRÜNEN werde sich von selbst lösen, wenn die SPD wieder Oppositionspartei werden würde. In der Opposition könnten die Sozialdemokraten ihrer eigentlichen Neigung nachgeben und sich den Themen der GRÜNEN öffnen. Nur Helmut Schmidt hielte sie noch davon ab. Die verlorenen Wähler würden zu den Sozialdemokraten zurückkehren und die GRÜNEN an Blutleere zugrunde gehen. Viele Sozialdemokraten dachten ähnlich und wünschten sich für die SPD eine Phase der Regeneration in der Opposition. So wurden die GRÜNEN zum Schicksal der sozialliberalen Koalition. Die Einsicht in die Sinnlosigkeit einer weiteren Zusammenarbeit strapazierte die Kompromißfähigkeit der Regierungspartner aufs äußerste. Da beide Parteien Wähler verloren, mußten sie neue gewinnen. Das verlangte eine spezifische Art der programmatischen Profilierung. Besonders zu bemerken war dies in der Wirtschaftspolitik: Zur Bewältigung einer schweren Krise wollten Sozialdemokraten und Freidemokraten entgegengesetzte Wege beschreiten, so daß der alte Konsens schließlich zerriß.

Wirtschaftspolitik

Die sozialliberale Koalition ist 1969 nicht aus wirtschaftspolitischen Gründen gebildet worden. SPD und FDP haben aber in der Wirtschaftspolitik jahrelang harmonisch zusammengearbeitet. Die unterschiedlichen ideologischen Positionen beider Parteien – hier der Wunsch nach Reglementierung und Steuerung des Wirtschaftsprozesses, dort die Betonung des freien Spiels der Kräfte auf einem von staatlichen Eingriffen möglichst verschonten Markt – wurden vom politischen Pragmatismus beiseite geschoben.

Doch seit Mitte der siebziger Jahre ist die Wirtschaftspolitik in der Bundesrepublik Deutschland in Wahrheit Krisenmanagement. Die Ölkrise von 1973/74 hatte die deutsche Wirtschaft in eine schwere Rezession mit hohen Arbeitslosenzahlen gestürzt. Zwar zog die Konjunktur schon 1975 wieder an, und das Bruttosozialprodukt wuchs in den kommenden Jahren sogar beträchtlich, doch die hohe Arbeitslosigkeit blieb bestehen; die Wirtschaft war in eine Strukturkrise geraten. Als Folge der Revolution im Iran 1979 explodierten die Ölpreise ein zweites Mal, und die Konjunktur brach erneut ein; jetzt stiegen die Arbeitslosenzahlen dramatisch an: zwischen 1980 und 1982 von 900 000 auf über zwei Millionen.

Es ist nicht verwunderlich, daß zwischen einer Partei des demokratischen Sozialismus und einer bürgerlichen Partei die unterschiedlichen Positionen in der Wirtschaftspolitik in konjunkturschwachen Zeiten stärker hervortreten als in konjunkturstarken. Zum Kristallisationspunkt der koalitionsinternen Auseinandersetzungen wurde der Streit um die

Höhe der Staatsverschuldung bzw. die Art der notwendigen Einsparungen. Dahinter standen tiefgreifende Meinungsverschiedenheiten über die zu treffenden Maßnahmen zur Bekämpfung der Arbeitslosigkeit. Die Sozialdemokraten verlangten keynesianische Wirtschaftspolitik, wie sie spätestens mit dem »Stabilitätsgesetz« 1966 Eingang in die deutsche Wirtschaftspolitik gefunden hatte. Die Freien Demokraten dagegen teilten nicht mehr die Erwartungen der Sozialdemokraten auf den Erfolg dieser Politik. Sie hatten bereits 1977 in ihren »Kieler Thesen« vom Keynesianismus Abstand genommen. Sie argumentierten, daß die Politik des *deficit spending* in der Vergangenheit versagt habe. Die wichtigste Voraussetzung für deren Erfolg, das antizyklische Agieren des Staates im Wirtschaftsablauf, sei wegen dessen langsamer Reaktionszeit nicht durchführbar. Viel wichtiger als finanziell aufwendige, aber wirkungslose Beschäftigungsprogramme seien gezielte Maßnahmen des Staates zur Verbesserung der Rahmenbedingungen der Wirtschaft. Diese hätten sich im Laufe der siebziger Jahre ständig verschlechtert. Liberale Politiker diagnostizierten als Ursache eine verfehlte Wirtschaftspolitik; sie verlangten ein Umdenken in der Wirtschaftspolitik, eine »drastische Wende«, wie Genscher forderte, weg von der konsumptiven hin zu einer investiven Ausgabenpolitik des Staates. Um die Rahmenbedingungen für die Wirtschaft zu verbessern, müßte diese von überhöhten Abgaben befreit und die Kapitalzinsen gesenkt werden. Eine Voraussetzung dafür sei der Abbau der zu hohen Staatsverschuldung.

Die FDP hatte bereits während des Bundestagswahlkampfes ihren unerschütterlichen Willen zur Schuldenreduzierung bekundet; die Haushaltskonsolidierung war als gemeinsames Ziel von SPD und FDP in die Koalitionsvereinbarungen aufgenommen worden. Auf ihrem Kölner Parteitag im Juni 1981 zogen die Liberalen dieses Thema jedoch ganz an sich. Sparen, so schien es, wurde zum obersten Grundsatz für politisches Handeln erhoben.

Bundeskanzler Schmidt und Finanzminister Matthöfer sahen den Zwang zur Haushaltskonsolidierung und -umschichtung hin zu einer investiveren Ausgabenpolitik ebenfalls. Doch die Regierungsvertreter der SPD gerieten in der Öffentlichkeit in die Defensive, weil die Mehrheit der Sozialdemokraten völlig andere Lösungskonzepte entwickelte: Auf ihrem Münchener Parteitag im April 1982 verabschiedeten sie Beschlüsse zur Wirtschaftspolitik, deren Chancen auf praktische Umsetzung nach Lage der Dinge gleich Null war. Der Markt, so ihre Analyse, habe keine regulierende Wirkung mehr. Investitionslenkung, Ausbau der Mitbestimmung und die Umverteilung von Produktivvermögen seien nötig, um die sich daraus ergebenden Mängel – Arbeitslosigkeit und Strukturschwäche – zu beseitigen. Um dem Staat den finanziellen Spielraum für eine wirkungsvolle Bekämpfung der Arbeitslosigkeit zu verschaffen, seien die Erhöhung des Spitzensteuersatzes, eine Ergänzungsabgabe auf die Einkommensteuer und eine Arbeitsmarktabgabe für alle Beschäftigten die richtigen Mittel. Diese Vorstellungen standen denen der Liberalen diametral entgegen; Lambsdorff klassifizierte sie als »Gruselkatalog sozialistischer Marterwerkzeuge«.

Trotz dieser eklatanten Gegensätze zwischen den beiden Regierungsparteien konzipierten deren Führer noch einen gemeinsamen Etatentwurf für 1983. Das zeigt, wie groß die Kompromißbereitschaft in der Regierung trotz allem war. Arbeitsminister Heinz Westphal ließ sich nur unter Tränen die für den Kompromiß mit der FDP notwendigen sozialpolitischen Zugeständnisse abringen, aber er tat es!

Die Kompromißbereitschaft wurde jedoch immer weiter untergraben. In den SPD-Gliederungen und bei den Gewerkschaften hatte man für die Leidensbereitschaft des Arbeitsministers kein Verständnis mehr. Viele Freidemokraten, an ihrer Spitze Wirtschaftsminister Lambsdorff, billigten den Haushaltskompromiß nur widerwillig und weil Genscher und Mischnick ihre Zustimmung gegeben hatten. Sie suchten in der Öffentlichkeit weiterhin die Auseinandersetzung mit dem Koalitionspartner. Das durch den Mehrheitsverlust ohnehin hinfällig gewordene Parteienbündnis sollte durch die ständige Betonung der wirtschaftspolitischen Gegensätze weiter verunsichert und schließlich aus den Angeln gehoben werden.

Auch das »Lambsdorff-Papier« diente diesem Zweck. Der Wirtschaftsminister hatte jedoch nicht bedacht, daß er damit dem Bundeskanzler ein Instrument in die Hand gab, um den Spieß umzudrehen. Schmidt war nämlich die ständigen Auseinandersetzungen mit dem Koalitionspartner und der eigenen Partei leid und zur Beendigung der Koalition entschlossen. Der Grund für seine Resignation war aber nicht nur der Streit über die Wirtschaftspolitik. Entscheidende Bedeutung für das Ende der Koalition hatte auch der NATO-Doppelbeschluß.

Sicherheitspolitik

Die folgenreichste Rede, die Helmut Schmidt während seiner Kanzlerschaft gehalten hat, ist zweifellos seine Alastair-Buchan-Memorial-Lecture vom Oktober 1977 vor dem Institute for International Strategic Studies in London. In diesem Vortrag wies Schmidt als erster westlicher Regierungschef auf neue atomare Mittelstreckenwaffen der Sowjets hin, denen die NATO seiner Auffassung nach nichts Vergleichbares entgegenzusetzen hatte. Dieser Bedrohung müsse das westliche Bündnis durch die Bereitstellung »ausreichender und richtiger Mittel« begegnen. Zwei Jahre später, am 12. Dezember 1979, unterzeichneten die Außen- und Verteidigungsminister der NATO-Staaten in Brüssel ein Abkommen, das Schmidts Forderung entsprach: Es koppelte ein Verhandlungsangebot an die Sowjets über den Abbau ihrer Waffensysteme, die SS-20, mit einer Option auf die Stationierung von 572 amerikanischen Mittelstreckenwaffen in Europa. Sollte das Verhandlungsangebot nicht angenommen werden oder Verhandlungen bis zum Herbst 1983 ohne Erfolg bleiben, so würde die NATO mit der Stationierung eigener Systeme beginnen. Diese Vereinbarung ist als NATO-Doppelbeschluß in die Geschichte eingegangen.

Seit der Einführung der Wehrpflicht 1955 und der Anti-Atomtod-Bewegung Ende der fünfziger Jahre hat keine militärstrategische Entscheidung die Gemüter in Deutschland so bewegt wie dieser Doppelbeschluß. In der Öffentlichkeit kam eine lange und heftige Diskussion in Gang, in deren Verlauf dieses militärische Vorhaben sehr kontrovers erörtert wurde.

Viele Bundesbürger bezweifelten den von der Bundesregierung proklamierten Zweck der neuen Raketen, Schutz vor den sowjetischen SS-20 zu bieten. Die außerparlamentarische Opposition gegen den Doppelbeschluß nahm zu; die Friedensbewegung wuchs zu einem bedeutenden Faktor der deutschen Innenpolitik heran. Auf beide Regierungsparteien blieb das natürlich nicht ohne Wirkung.

Hans-Dietrich Genscher hat als Bundesaußenminister bis heute nur ein einziges Mal öffentlich mit seinem Rücktritt gedroht. Dieses Dressurmittel setzte er auf dem Bundesparteitag in Köln 1981 gegenüber seinen Parteifreunden ein, als diese den Doppelbeschluß in Frage stellten. Warum diese apodiktische Haltung Genschers? Dahinter steckte zunächst einmal die Absicht, den Anschein einer Aufweichung der westlichen Position zu verhindern. Der Druck auf die Sowjets, sich mit den Amerikanern an den Genfer Verhandlungstisch zu setzen, durfte nicht nachlassen. Genscher hatte aber auch persönliche Motive: Seine Reputation als Bundesaußenminister stand auf dem Spiel. Für den Fall, daß der Bundesparteitag seine Position in Frage stellen würde, erwartete er einen Vertrauensverlust bei den NATO-Partnern; Verläßlichkeit und Berechenbarkeit sind aber zentrale Begriffe für Genschers politisches Handeln. Er wollte sie auf keinen Fall in Frage stellen lassen.

In der SPD waren die Widerstände gegen den Nachrüstungsteil des Doppelbeschlusses noch hartnäckiger als in der FDP. Helmut Schmidt hatte im Frühjahr 1981 sein politisches Schicksal ebenfalls mit dem Doppelbeschluß verbunden: »Damit«, so Schmidt, »stehe ich, oder ich falle.« Bis zum Frühjahr 1982 hatte sich die Lage kaum verändert. Zwar verhandelten die Amerikaner und Russen seit November 1981 über die Mittelstreckenwaffen, jedoch ohne Erfolg. In der deutschen Gesellschaft spitzte sich die Polarisierung zwischen Nachrüstungsbefürwortern und -gegnern weiter zu.

Helmut Schmidts Bemühungen um die Unterstützung durch seine Partei trugen keine Früchte. Die Akzeptanz des Doppelbeschlusses der SPD auf ihrem Münchner Parteitag im April 1982 war vom Charakter her mehr eine Duldung als eine Unterstützung. Auch der SPD-Bundesvorstand konnte sich nicht mehr zu einer eindeutig positiven Haltung durchringen. Er legte den Delegierten einen Leitantrag vor, der eine Entscheidung über die Stationierung neuer Waffen erst im Herbst 1983 und »im Lichte der Genfer Verhandlungsergebnisse« vorsah. Dieser unverbindliche Antrag wurde von den Delegierten mit großer Mehrheit angenommen.

Die aufgrund des Mehrheitsverlustes und der wirtschaftspolitischen Schwierigkeiten in der Regierung vorhandene Bereitschaft zur Beendigung der sozialliberalen Koalition wuchs durch die negative Beurteilung des Doppelbeschlusses in beiden Regierungsparteien weiter an. Das galt für Genscher und Lambsdorff und viele andere in der FDP-Bundestagsfraktion. Das galt aber auch für den Bundeskanzler. Helmut Schmidt hätte bei einer geschlossenen Unterstützung seiner Politik durch die SPD länger um den Bestand seiner Regierung gekämpft, als er es dann tat.

Die sozialliberale Koalition war im Herbst 1982 in jeder Hinsicht am Ende. Der Mehrheitsverlust verhinderte die Fortsetzung der Zusammenarbeit schon aus arithmetischen Gründen. Wegen der besonderen Position der FDP im deutschen Parteiensystem machte er einen Wechsel aus ihrer Sicht zwingend notwendig. Dieser Zwang wurde durch wachsende sachpolitische Differenzen genährt: Die alten wirtschaftspolitischen Meinungsverschiedenheiten wurden unter den Bedingungen der Wirtschaftskrise immer schwerer überbrückbar. Die geringe Akzeptanz des Doppelbeschlusses in SPD und FDP beschleunigte den Trennungsprozeß, weil die Bereitschaft ihrer Regierungsvertreter wuchs, mit dieser Koalition zu einem Ende zu kommen.

Entwicklungen

Kurz vor der Jahreswende 1968/1969 verabredete sich der parlamentarische Geschäftsführer der FDP-Bundestagsfraktion Hans-Dietrich Genscher mit dem einflußreichen Bundesverteidigungsminister Gerhard Schröder zu einem denkwürdigen Gespräch. Der Liberale überbrachte dem Christdemokraten den persönlichen Rat, »von einer Bewerbung um das Amt des Bundespräsidenten Abstand zu nehmen«. »Fairerweise«, sagt Genscher heute, »riet ich ihm frühzeitig, wegen der Aussichtslosigkeit auf eine Kandidatur zu verzichten.«

Weil die Union fest entschlossen war, der FDP mit Hilfe des Mehrheitswahlrechtes endgültig den Todesstoß zu versetzen, zeichnete sich in der FDP-Spitze eine Mehrheit ab, die einen Sozialdemokraten zum Bundespräsidenten wählen wollte. Willy Weyer dachte an Carlo Schmid oder Georg Leber. Scheel und Genscher plädierten für Justizminister Gustav Heinemann. Sie setzten sich in den Spitzengremien der Partei durch. Für den Parteistrategen Genscher galt Heinemann als der bessere Kandidat, weil der ehemalige Christdemokrat einerseits für die Unionsparteien nicht wählbar war und andererseits in der jungen Generation beträchtliches Ansehen besaß. Die Wahl Heinemanns sollte für Liberale eine Symbolhandlung werden, aber auch ein Signal an die aufbegehrende, protestierende Generation sein. Nach Einschätzung der FDP-Oberen vermochte Heinemann am ehesten junge Menschen wieder an den Staat zu binden und sie mit der parlamentarischen Demokratie zu versöhnen.

Für Genscher zählte auch Heinemanns deutschlandpolitisches Engagement. Außerdem stand der renommierte Essener Jurist dem Hallenser in rechtspolitischen Fragestellungen näher als Gerhard Schröder. Der ehemalige Außenminister und Vertraute Adenauers verkörperte für die rebellierende Jugend in der Bundesrepublik die »alte politische Klasse und Restauration«.

Genscher verhandelte im Auftrag seiner Partei auch mit den Sozialdemokraten. Erleichtert atmete der SPD-Unterhändler Alex Möller auf, als er von Genscher erfuhr, daß die Liberalen gegen den sozialdemokratischen Kandidaten Heinemann keine Einwände erhoben, sondern seine Kandidatur begrüßten.

Um die Wahl Heinemanns abzusichern, bedurfte es des massiven Einsatzes im FDP-Wahlmänner-Gremium. Am Tag vor der Wahl in Berlin veranstaltete die FDP noch eine mehrstündige Klausur im Europa-Hotel, bei der viele Zweifler und Zauderer auf Heinemann-Kurs gebracht werden mußten. Für die kleine liberale Partei war es wieder einmal lebenswichtig, den innerparteilichen Bruch zu vermeiden. Genscher kämpfte an der Seite Scheels und Weyers gegen die Schröder-Anhänger, die dem Pazifisten Heinemann nicht über den Weg trauten. Der Hallenser zeigte Flagge. Er bekannte sich zu einem unbequemen Menschen und Politiker, trat für den Wechsel ein, gehörte zu den Veränderern in seiner Partei. Am Ende stand er auf der Seite der Gewinner.

Die erfolgreiche Heinemann-Wahl bedeutete für Scheel, Weyer, Genscher und die meisten anderen in der FDP keine Vorentscheidung über eine mögliche Koalition mit den Sozialdemokraten. Allerdings wird sie von einigen »Machern« gern im nachhinein als »politisch-ideologischer Probegalopp für die sozialliberale Koalition« betrachtet. Einen Plan, mit Hilfe der Bundespräsidentenwahl eine SPD/FDP-Koalition zu zimmern, gab es nicht. Schon gar nicht für Genscher!

Während des harten Bundestagswahlkampfes 1969 blieb die FDP nach allen Seiten offen. Im Bundesvorstand waren keine Festlegungen getroffen worden. Eindeutige Mehrheiten für die eine oder andere Koalitionsaussage gab es nicht. Das Risiko wäre zu groß gewesen, die FDP in der Öffentlichkeit als zerstrittenen Haufen erscheinen zu lassen.

Je näher der Wahltag rückte, um so bedrückender wurden die Umfrageergebnisse. Die FDP drohte unter die Fünfprozentklausel zu rutschen. Der damalige Bundesgeschäftsführer und Wahlkampfmanager Hans Friderichs unkte verzweifelt: »Wir fliegen raus!« Zu Scheel sagte er: »Die einen wählen uns nicht, weil sie meinen, wir gehen mit der SPD, und die anderen wählen uns nicht, weil sie behaupten, wir gehen mit der CDU.«

Drei Tage vor der Wahl legte sich der FDP-Vorsitzende Walter Scheel, ohne Absprache mit einem FDP-Gremium, in der Fernsehdiskussion mit den Parteivorsitzenden zum Erstaunen der Zuschauer auf eine Koalition mit der SPD fest.

Genscher war vor der Sendung über Scheels Absicht informiert worden. Er hatte Bedenken geäußert und sich über ein mögliches Auseinanderbrechen der Partei gesorgt. »Unser Laden darf nicht auseinanderfliegen.« Schweren Herzens schloß sich der Parteivize Scheels Alleingang an. Wäre der Wahlausgang so ausgefallen, daß keine SPD/FDP-Mehrheit möglich gewesen wäre, hätte Genscher »vollkommen glaubwürdig behaupten können, er habe eine sozialliberale Regelung nie gewollt und eine christlich-liberale Koalition schon vorbereitet«.

Diese Doppelstrategie lag im Interesse Scheels. Genscher brauchte sich nicht zu verkrümmen. Er galt als Befürworter einer Koalition mit der Union.

Wie innerhalb der FDP-Spitze verabredet, traf er sich am Wahlabend mit dem Kiesinger-Abgesandten Helmut Kohl und sondierte ernsthaft eine Neuauflage der alten CDU/CSU-FDP-Koalition. Allerdings schienen die Christdemokraten die Zeichen der Zeit nicht erkannt zu haben. Unterhändler Kohl bot nicht viel an. Im Auftrag Kiesingers, der bereits die Glückwünsche Nixons zur Wahl entgegengenommen hatte, erneuerte der Mainzer Ministerpräsident das Koalitionsangebot an die Liberalen. Scheel könne wieder Entwicklungshilfeminister werden, ließ er ausrichten. Genscher machte deutlich, daß die FDP nach dieser Wahlschlappe »gerade jetzt eine anständige Position in der Regierung brauche«. Die erste Forderung der FDP sei, »daß Scheel Außenminister werde«. Das Treffen mit Kohl blieb in kühler Atmosphäre kurz und unergiebig.

Genscher glaubte lange Zeit, daß es kaum möglich sei, die Unionsparteien als stärkste politische Kraft von der Regierungsverantwortung fernzuhalten. CDU und CSU hatten knapp die absolute Mehrheit verfehlt und die FDP mit 5,8 Prozent der Stimmen gerade noch die Fünfprozenthürde genommen.

Im Gegensatz zu Scheel und Friderichs dachte Genscher umsichtig und vorausschauend an den Krach mit den rechten Flügelmännern Mende, Kühlmann-Stumm, Zoglmann, Kienbaum, Starke und Dahlgrün. Er wußte, unter welchem Aderlaß die Partei leiden würde, käme es zu einem Bündnis mit der SPD.

Kiesingers Arroganz und angeschlagener Wirklichkeitssinn, doch auch seine falschen Erwartungen an den überschätzten rechten Flügel der FDP führten zum Ende seiner politischen Karriere und zum Machtverlust der Union für 13 Jahre. Noch in der Wahlnacht verabredeten Scheel und Brandt ein sozialliberales Bündnis. Brandt wollte sich von Schmidt und Wehner nicht noch einmal eine kleine Koalition zerschlagen lassen. Er bot Scheel drei Ministerposten seiner Wahl an.

Genscher spürte frühzeitig, daß wichtige meinungsbildende Leute seiner Partei den Sozialdemokraten zuneigten. Ihm fiel nicht schwer, sich der neuen Lage anzupassen und auf den veränderten Kurs der Partei einzuschwenken. Die Würfel waren bereits gefallen, als er noch mit Helmut Kohl zusammensaß, der wenig zu bieten hatte. Genscher sprang auf den fahrenden Zug der sozialliberalen Koalition und half tatkräftig mit, eine Regierung auf die Beine zu stellen.

Wieder einmal stellte er unter Beweis, daß er der Mann mehrerer politischer Optionen sein kann. Mit guten Kontakten zur Union, genauer zu Helmut Kohl, hielt er 1969 für seine Partei einen »Rettungsweg«, einen »Ausweg«, offen. Beim Scheitern der Koalitionsverhandlungen mit der SPD hätte sich die FDP immer noch auf Genscher berufen können. Es sollte nicht das letztemal sein. Genscher ist ein »Harmonist«, Scheel ein »Pokerspieler«, ein »Hasardeur«, bestätigen FDP-Kenner. »Wenn Scheel mehr als 50,01 Prozent hinter sich hat, wird ihm das Spiel uninteressant. Genscher möchte am liebsten 100 Prozent Zustimmung haben, obgleich er weiß, daß er mehr als 90 Prozent nicht schaffen kann. Aber die will er auch haben.«

Die sozialliberale Koalition ruhte auf den beiden Säulen Brandt und Scheel. Nach Brandts Rücktritt und Scheels Wechsel in die Villa Hammerschmidt brachen beide Säulen weg, geriet das Bonner Bündnis ins Wanken. Brandt und Genscher verstanden sich gut. Doch die Guillaume-Affäre belastete das Koalitionsklima erheblich. Bis heute vertreten führende Sozialdemokraten die Ansicht, nicht Brandt hätte zurücktreten müssen, sondern Genscher. Doch der Innenminister war unentbehrlich geworden und schickte sich gerade an, die Geheimnisse der Diplomatie zu studieren. Auch Helmut Schmidt meinte, Genscher müsse die Konsequenzen ziehen, obwohl er am meisten von Brandts Rücktritt profitierte.

Herbert Wehner wollte den Wechsel im Kanzleramt. Er wünschte Helmut Schmidt als Bundeskanzler und wollte die Koalition mit der FDP fortsetzen. Wir wissen heute, daß Willy Brandt überzeugt ist, einen schweren Fehler gemacht zu haben. Er hätte den Rücktritt Wehners als SPD-Fraktionschef fordern und betreiben müssen. Die politische Entwicklung in der Bundesrepublik wäre anders verlaufen.

Lange bevor Genscher unverhofft und ungewollt ins Auswärtige Amt wechselte, wollte er als Parlamentarier eigentlich den Finanzausschuß leiten. Scheel durchkreuzte diesen Wunsch.

Zuvor hatte Helmut Schmidt Genschers Pläne zerstört, Nachfolger Karl Schillers im Amt des Bundeswirtschaftsministers zu werden. Des Hallensers heimliche Liebe galt der Wirtschafts- und Finanzpolitik. Damals wie heute glaubt er, von Steuerpolitik wirklich etwas zu verstehen. Mehr als viele andere!

Nach dem Rücktritt Schillers 1972 wurde das gestörte Verhältnis zwischen Genscher und Schmidt begründet. Seine Auswirkungen sollten erst zehn Jahre später spürbar werden.

1969 hatten Genscher und die FDP nur wegen des hervorragenden Verhältnisses zu Möller darauf verzichtet, das Amt des Finanzministers zu fordern. Als Möller und Schiller zurücktraten, sah Genscher eine realistische Chance, seinen Wunsch zu erfüllen, Verantwortung im Wirtschafts- oder Finanzbereich zu übernehmen.

Scheel war fest überzeugt, daß es an der Zeit für Liberale sei, das Wirtschaftsministerium zu fordern. Er hielt Genscher dafür geeignet, weil er unter Beweis gestellt hatte, erfolgreich riesige Behörden leiten zu können.

Bei einem Spitzentreffen Schmidt, Scheel und Genscher forderte Finanzminister Schmidt, die Abteilung Geld und Kredit aus dem Wirtschaftsministerium herauszunehmen und seinem Ressort zuzuschlagen. Schmidt wollte Währungspolitik machen. Brandt gab Schmidts massiven Forderungen nach. Damit war das Wirtschaftsministerium arg amputiert. Für Genscher lohnte sich der Wechsel nicht mehr. Er blieb, was er war: Innenminister. Schmidt hatte seinen »Traum« zerstört.

Nach Brandts Rücktritt hatte Schmidt eine verwegene Idee. Er wollte zunächst mit einem Rumpfkabinett aus sechs Ministern regieren. Auf seiner Ministerliste suchte man vergebens den Namen Genscher. Einziger Minister der FDP sollte Wirtschaftsminister Hans Friderichs sein. Das fand niemand gut in der FDP. Genscher, der amtierende und designierte Parteichef, schon gar nicht. Wenn es einen liberalen Minister im Rumpfkabinett geben sollte, konnte der nur Genscher heißen. Und dieser hielt Schmidts Absicht für eine Fehlentscheidung.

Im Kabinett Brandt waren sich beide »achtungsvoll« begegnet. Sie »strichen wie zwei große Hunde umeinander herum«, taten sich nichts, ihr Verhältnis war sachorientiert. Als Schmidt Kanzler war, harmonierten sie ebenfalls recht gut. »Jeder brauchte den anderen, ohne ein Liebesverhältnis zu pflegen«, beschreibt ein Beobachter ihre Beziehung. Nach anfänglichen Schwierigkeiten konzentrierten sich beide auf die Sacharbeit. Am Anfang des Gespanns Schmidt/Genscher war die Außenpolitik eine Domäne Schmidts mit zunehmendem Eigengewicht Genschers. Der Kanzler kam nicht umhin, Genschers Kompetenz in den auswärtigen Beziehungen schätzenzulernen und zu würdigen. Trotzdem glaubte er, außer ihm verstehe niemand etwas von den internationalen Beziehungen, und ließ das durch seine Gipfeldiplomatie deutlich spüren.

Genscher besitzt ein fotografisches Gedächtnis. Der FDP-Parteichef, der in seiner politischen Laufbahn die Außenpolitik als Steckenpferd spät entdeckte, hatte 1979 zunehmend Probleme im Umgang mit der SPD und dem sozialdemokratischen Kanzler. In den Ost-West-Beziehungen zeigten sich unterschiedliche Auffassungen. Ebenso im Verhältnis zu Amerika. Genscher wollte zunächst die Koalitionsfrage offenhalten. Helmut Kohl hat vermutlich recht, wenn er heute meint, mit jedem anderen Kandidaten außer Strauß wäre ein Koalitionswechsel der FDP zur CDU 1980 denkbar gewesen. Als Strauß statt Albrecht Kanzlerkandidat der Union wurde, gab es für Genscher und die von ihm straff geführte FDP keine Alternative zu Helmut Schmidt und der SPD. Der FDP-Chef machte allerdings in einer Überreaktion den Fehler, seine Partei nicht nur gegen Strauß auf Schmidt festzulegen. Er bestand auf einem Bündnis mit der SPD über die gesamte Legislaturperiode.

Entscheidungen

Wahlnacht 1980. Obwohl die Mehrheiten früh festlagen und die Koalitionsaussagen unmißverständlich waren, spielte sich eine der dramatischsten Wahlnächte ab, die es je in der Geschichte der SPD und FDP gegeben hat.

Die meisten Wahlkämpfer und -strategen begaben sich früh nach Hause, weil »alles gelaufen« zu sein schien und »nichts mehr passieren konnte«.

Seit der Rau-Wahl im Mai 1980 in Nordrhein-Westfalen glaubte die SPD ernsthaft, auch im Bund die absolute Mehrheit erringen zu können. Strauß, meinten die Optimisten, verhelfe dem populären Schmidt zur Alleinherrschaft und die FDP bleibe klein und einflußlos. Der zur Überheblichkeit neigende und vor Selbstbewußtsein strotzende Helmut Schmidt gehörte zeitweise auch zu jenen, die glaubten, endlich auf die FDP verzichten zu können. Schmidt hoffte, seinem Wunschgegner Strauß eine derartige Niederlage beibringen zu können, daß er niemals mehr in Bonn antreten werde. Weit gefehlt. Schmidt schnitt bei der Bundestagswahl vom 5. Oktober 1980 gegenüber seinem Herausforderer Strauß schlechter ab als 1976 gegenüber Kohl. Im Duell gegen Strauß konnte er nichts zulegen. Entscheidend war schließlich, daß Helmut Schmidt mit der SPD die zweitstärkste politische Kraft in Bonn blieb. Für Schmidt wurde der Wahlausgang 1980 die größte Enttäuschung seiner politischen Laufbahn.

Die tatsächlichen Gewinner dieser Bundestagswahl hießen Genscher und seine FDP. Millionen ehemaliger CDU-Wähler gaben ihre Stimme an der SPD vorbei den Liberalen. Als Hauptgrund für deren Sieg wertete Schmidt den beträchtlichen Einfluß der FDP in seinem Kabinett. Dem wollte er umgehend ein Ende bereiten. Doch Schmidt verkalkulierte sich erneut.

Die Stimmung in der SPD-Baracke war mies. Herbert Wehner, der den weichen Wahlkampfstil gegenüber der FDP für falsch gehalten hatte, blieb am Wahlabend verstimmt in seinem Haus auf dem Heiderhof und ließ sich bei Brandt und Schmidt telefonisch durch seine Stieftochter Greta entschuldigen. Zum erstenmal in der jüngeren SPD-Geschichte fehlte der Fraktionschef am Abend nach einer Bundestagswahl sowohl in den Sitzungen der Parteigremien als auch vor den Fernsehkameras und Radiomikrophonen. Auch Wolfgang Mischnick blieb abwesend. Das »unersetzbare Scharnier« der Koalition war drei Tage vor dem Wahlsonntag zusammengebrochen und in eine Klinik eingeliefert worden. Mittlerweile wieder entlassen, verfolgte er den Wahlabend im Fernsehen. Damit fiel er als entscheidender Drahtzieher aus.

Die SPD hatte ihre Präsidiumssitzung in der Baracke beendet. Ein deprimierter Kanzler betrachtete die Fernsehdiskussion der Parteivorsitzenden und bat anschließend FDP-Chef Genscher zu einer Besprechung ins Kanzleramt. Der vorsichtige Hallenser brachte Walter Scheel mit, und Schmidt bat Willy Brandt hinzu. In unangenehmer, distanzierter Atmosphäre eröffnete der Wahlverlierer seinem Koalitionspartner, es sei jetzt an der Zeit, über einen Ämterwechsel zu sprechen. Der Kanzler meinte, die SPD müsse endlich das Innenministerium übernehmen, dafür erhalte die FDP das Justizressort. Schmidt wollte FDP-Innenminister Gerhart Rudolf Baum durch SPD-Justizminister Hans-Jochen Vogel ersetzen. Genscher traute seinen Augen und Ohren nicht. Er wurde blaß, ließ sich aber seinen Zorn nicht anmerken. Der eigentliche Gewinner der Wahl sollte sein zweitwichtigstes Ministerium an den Verlierer abgeben? Welche Logik steckte hinter diesem dreisten Ansinnen? Was führte Schmidt im Schilde? Er stellte die tatsächlichen Gewichte auf den Kopf. Der Wahlausgang war eher dazu angetan, den Einfluß der Liberalen im Kabinett zu stärken.

Im Wahlkampf hatten die Liberalen das FDP-Trio Genscher, Baum und Lambsdorff besonders herausgestellt. Die Wahlkampfstrategen wollten damit bewußt das breite politische Spektrum der FDP unterstreichen. Weshalb sollte Genscher mit Baum den Mann opfern, der für einen bestimmten Teil der Wähler attraktiv gewesen war? Der Vizekanzler kam aus dem Staunen nicht mehr heraus. Schmidt wollte auf jenen Linksliberalen verzichten, auf den er sich in der Koalition noch am ehesten verlassen und stützen konnte? Willy Brandt schwieg. Versteinert wirkte die rheinische Frohnatur Scheel. Mit ungläubigen Augen fixierte der Vizekanzler den Kanzler und preßte ein hartes, unmißverständliches »Nein« hervor.

Schmidt hatte tatsächlich geglaubt, der FDP das Innenressort abringen zu können, um seiner Partei, der SPD, ein Versöhnungsgeschenk nach dem miserablen Wahlausgang zu präsentieren. Insider zweifelten in dieser Nacht erstmals an Schmidts politischem Verstand und seinem politischen Instinkt. Realitätsverlust trat offenkundig zutage. Genschers Freude über den Wahlsieg seiner Partei schmolz dahin. Seinen Ärger

223

über Schmidt vermochte er kaum in Worte zu fassen. Ein ernsthafter Bruch zwischen Schmidt und Genscher kündigte sich an. Als sich die großen Vier – Schmidt, Genscher, Brandt und Scheel – nach dem gescheiterten Gespräch über eine Kabinettsumbildung im Kanzleramt fotografieren ließen, mußte die Öffentlichkeit annehmen, die Gründungsväter der sozialliberalen Koalition besiegelten gemeinsam mit ihren Nachfolgern eine neue Ära. Das Gegenteil war der Fall. In Wahrheit stand die Koalition auf wackligen Füßen. Schmidt hatte einen schweren Fehler begangen. In verbitterter Atmosphäre ging man auseinander.

In dieser Situation hätte Genscher »putschen« und das Kabinett Schmidt/Genscher zerbrechen lassen können. Nur wenige Parteifreunde wissen, was wirklich in der Wahlnacht geschah. Dabei hatte Genscher rechtzeitig erklärt, daß er trotz des hervorragenden Wählervotums keine personellen Forderungen erheben werde. Das einzige, was der Vizekanzler durchsetzen wollte, war die Berufung Liselotte Funkes zur Ausländerbeauftragten. So geschah es auch.

Der Kanzler unternahm an jenem denkwürdigen Wahlabend noch einen zweiten ungewöhnlichen Schritt. Mit seinem Dienstwagen fuhr er nicht zum Hauptquartier der SPD, sondern zum Thomas-Dehler-Haus, dem Sitz der Freien Demokratischen Partei Deutschlands. Vor den Fernsehkameras ließ er sich dort im Rampenlicht als Wahlsieger feiern. Die Genossen in der Baracke schäumten vor Wut. Schmidt fand für sie kein Wort, keinen Satz des Dankes. Seit Stunden warteten sie auf ihn. Sie brauchten ihn dringend in dieser Nacht der Niederlage.

Doch zum Feiern war Schmidt nicht ins Hauptquartier der Liberalen gekommen. Er platzte unerwartet in eine feuchtfröhliche Runde der FDP-Spitzencrew, die ohne Genscher und Mischnick zechte. Mit einem Schlag verflog die gute Stimmung. Der Choleriker Schmidt las nämlich den Liberalen die Leviten. In rüdem Ton fiel er über sie her: »Mir habt ihr den Wahlerfolg zu verdanken. Mir habt ihr die Stimmen gestohlen. Ohne mich wäret ihr untergegangen.« Schmidts Ausfall – sagen Beteiligte – ließ sich nicht mehr »steigern«. So hatten ihn die Liberalen noch nie erlebt. Das Bild des eisernen Kanzlers schmolz dahin. Unbeherrscht, aufbrausend und aufgebracht wie nie zuvor, jähzornig, unkontrolliert und zügellos brüllte er die verschreckten Liberalen an. Was war in diesen Mann gefahren? Selbst glühende Schmidt-Anhänger mußten passen; sie schüttelten den Kopf. Betrunken schien er nicht zu sein. Seine Nerven, seine oft gerühmte Disziplin, alles war dahin.

So plötzlich Schmidt aufgetaucht war, so unerwartet verschwand er wieder. Ratlosigkeit entstand bei denen, die seine Ausbrüche erlebt hatten. Nachdenklichkeit und Traurigkeit. Einige im Dehler-Haus zeigten sich über den Auftritt verwirrt und hilflos. Diesen Helmut Schmidt kannten sie nicht.

Der Kanzler ließ sich nach der Wahl viel Zeit. Zunächst zog er sich mit seiner Frau Loki für vierzehn Tage in ein Klostergut bei Boppard am Rhein zurück. Er befand sich »in einem fürchterlichen Tief«. Ab und zu empfing er ihm genehme Journalisten, besichtigte mit ihnen nahe gelegene Kirchen und spielte auf der Orgel. »Der war völlig weggetreten«, verriet ein Schmidt-Vertrauter. »Es war eine verrückte Situation«, gestand ein ehemaliger Kanzlerhelfer. Just in jener Zeit versuchte Schmidt verzweifelt, sich das Rauchen abzugewöhnen. »Es quälte ihn schrecklich, ohne Tabak auszukommen«, berichten Insider, »seine Stimmung war miserabel.«

Die Koalitionsverhandlungen ließen lange auf sich warten. Die Verhandlungskommission der FDP fühlte sich bestens präpariert. Auf seiten der SPD hingegen wurde »unkonzentriert und fahrig« agiert. Obwohl ausgezeichnet munitioniert, verließ sich Schmidt auf seine Verhandlungskunst; er verzichtete auf detaillierte Papiere. Zeitzeugen beschreiben den Kanzler als »gleichgültig und ohne jeden Biß«. Zu dieser Zeit lief vieles schief. Eine Serie von Mißverständnissen begann, die bis zum Ende der sozialliberalen Koalition andauerte.

Nachfolger gesucht

Dem Bundesaußenminister und Parteivorsitzenden Genscher bleibt unvergessen, wie schwer der innerparteiliche Kraftakt zur Bildung der sozialliberalen Koalition war. Schon der Wechsel aus der Opposition in ein Bündnis mit der SPD hatte 1969 Wunden geschlagen, die zehn Jahre danach noch nicht verheilt waren. Einen neuen Wechsel scheute Genscher wie der Teufel das Weihwasser. »Wenn ein Wechsel notwendig wird, will ich nicht derjenige sein, der ihn vollzieht«, blieb eine wiederkehrende Standardformulierung des FDP-Chefs im vertrauten Kreis. »Ich wünsche, daß er mir erspart bleibt.«

Das Amt des Parteivorsitzenden hatte Genscher nicht angestrebt. Eigentlich wollte er nur eine begrenzte Zeit an der Spitze stehen. Entschieden nach vorn zu eilen, die Richtung zu weisen, lag ihm nicht. Außerdem liebte die Partei den Taktiker und Zauderer nicht übermäßig. Immer blieb er umstritten. Genscher wäre nicht in dieses Amt gekommen, wenn Döring und Flach noch gelebt und Weyer oder Mischnick Ambitionen gehabt hätten.

Im Sommer 1980 faßte Genscher den Entschluß, den FDP-Vorsitz an Otto Graf Lambsdorff abzugeben. Er vereinbarte mit seinem Kabinettskollegen und Präsidiumsmitglied, auf dem Parteitag nach der Bundestagswahl im November 1980 den Wechsel vorzunehmen. Genscher hielt Lambsdorff für einen geeigneten Nachfolger, weil er seinen »Kurs der Mitte« nachhaltig unterstützte. Der Hallenser wollte sich auf seine späte Passion, die Außenpolitik, konzentrieren. Seine Gedankenspiele umkreisten zu diesem Zeitpunkt mit keiner Überlegung einen möglichen Koalitionswechsel.

Doch die Verstrickungen Lambsdorffs in den Flick-Spendenskandal vereitelten Genschers Plan. Genscher fand sich damit ab, FDP-Vorsitzender zu bleiben. Seine Suche nach einem Kronprinzen setzte er fort. Am baden-württembergischen FDP-Landesvorsitzenden Morlok fand er Gefallen. In ihm sah er einen möglichen Kandidaten für seine Nachfolge. Doch die Wende zerstörte auch diese Absicht.

Rauchzeichen

Der Kölner Bundesparteitag der FDP im Mai 1981 verlief anders, als Genscher gehofft hatte. Ihn ärgerte die ausufernde Debatte über seegestützte Raketen. Daß er die Abstimmung über den NATO-Doppelbeschluß mit der Vertrauensfrage verband, werteten viele Liberale als überzogen und unnötig. Unter den Parteitagsdelegierten gab es ohnehin eine satte Mehrheit für den Doppelbeschluß. Doch Genscher wollte Kanzler Schmidt ein Signal der Verläßlichkeit geben und aufzeigen, für wie wichtig er und seine Partei die Sicherheitspolitik hielten. Schmidt neigte seit Monaten dazu, mit der Vertrauensfrage zu drohen, um Mehrheiten in unwichtigeren Sachfragen zu erzwingen.

Mit seiner Kölner Rede wollte Genscher die Aufmerksamkeit von Partei und Öffentlichkeit auf die komplizierten Haushaltsprobleme lenken. Der Parteichef versicherte dem Koalitionspartner variationsreich Treue gegenüber den Haushaltsbeschlüssen. Als beachtliches »Rauchzeichen« für den Bonner Regierungspartner gilt Genschers Wendebrief vom 20. August 1981.

Nach Berchtesgaden zu seinem Freund Schubert, in der Nähe von Walter Scheels Ferienhaus, hatte sich Genscher im August für einige Tage zurückgezogen. Seit langem beschäftigte ihn die Idee, einen Brief zu formulieren, der seiner Partei und dem Bündnispartner SPD verdeutlichen sollte, wo es wirtschafts- und finanzpolitisch entlangzugehen habe.

In Berchtesgaden beriet er sich mit Walter Scheel. Zeitweise auch mit dem FDP-Sozialexperten Hans-Heinrich Schmidt-Kempten, der fest zu Schmidt und der sozialliberalen Koalition stand. Genscher formulierte schließlich einen Brief, den er als »Wendebrief« innerhalb der sozialliberalen Koalition betrachtete. Beim ersten Koalitionsgespräch nach der Sommerpause im September 1981 versicherte der FDP-Vorsitzende auf Fragen von Willy Brandt noch einmal ausdrücklich, daß sein Brief für eine Wende in der Wirtschafts-, Finanz- und Sozialpolitik innerhalb des bestehenden Regierungsbündnisses gedacht sei.

Helmut Schmidt nahm Genschers Brief zunächst einmal überhaupt nicht zur Kenntnis.

Der Kanzler, im Urlaub am Brahmsee, befand sich zu diesem Zeitpunkt in einer »eigenartigen, merkwürdigen und resignativen Stimmung«. Sie rührte nicht aus dem Klima der Bonner Koalition. Schmidt »meditierte vor sich hin«, »wandelte auf dem Pfad eines tiefschürfenden Philosophen«. Er landete seinen Rundumschlag gegen die Deutschen und attackierte die »Fernsehdemokratie«. Schmidt kritisierte die Bürger, die »so gerne und leicht Stimmungen nachgäben« und »so leicht verführbar« seien. Der Kanzler versenkte sich in eine »wahre Weltuntergangsstimmung«. Er analysierte die Deutschen, die sich nur schwer in die Weltlage einordnen ließen, und zeichnete von ihnen ein Bild in düsteren Farben. Schmidt geißelte ihre »Sehnsucht nach Neutralität und Abrüstung«. Er beklagte, wie schwer es sei, mit ihnen als Politiker zurechtzukommen. Über seine Rolle als Kanzler schien er unschlüssig zu sein. Einerseits lehnte er »geistige und moralische Führung« ab, andererseits zweifelte er, ob seine Einstellung richtig sei. Der Hamburger befand sich in einer anderen Welt, weitab von Bonner Grabenkämpfen und Koalitionsgezänk. Im Sommer 1981 durchlebte Helmut Schmidt ein Sinn- und Stimmungstief. Seine komplizierte, äußerst differenzierte Psyche machte auch Engvertrauten zu schaffen. »Er gab viele Rätsel auf!«

Nach der Sommerpause erschien ein anderer Schmidt auf der Bonner Bühne. Aufgeräumt und »gutgelaunt wie selten« erlebten die Koalitionäre einen Kanzler, den sie so nicht erwartet hatten. In den schwierigen Koalitionsverhandlungen zeigte er eine »nie dagewesene Kompromißbereitschaft«. Alle im Genscher-Brief erhobenen Forderungen bereiteten dem Weltökonomen keine Sorgen. Er gab zum Erstaunen der Liberalen und zum Schrecken der SPD-Haushaltsexperten in allen Punkten nach und schwenkte ohne Murren auf den Wendebrief-Kurs ein. »Es gab keinen strittigen Sachpunkt mehr, der zum Bruch hätte führen können«, resümiert ein Insider.

Lambsdorff hätte zwar zu jenem Zeitpunkt gern noch »draufgesattelt«, neue und schärfere Forderungen gestellt, doch diesen Kurs unterstützte Genscher nicht. Er duldete nach der Sommerpause 1981 keine Aktionen, die zur Schwächung der Koalition hätten führen können. Im Gegenteil. Auch Genscher ging »auf weichen Kurs«, verhandelte wie Schmidt »kompromißbereiter als sonst«, lehnte strikt eine »härtere Gangart« ab, erklärte erneut den »Bestand der Koalition zu seinem politischen Ziel«. Inzwischen hatten Verhandlungskommissionen beider Parteien Papiere erarbeitet, die zur Stabilisierung der Koalition beitrugen. Während des Sommers waren damit zusätzliche Stützen in das vielschichtige Koalitionsgerüst gezogen worden. Es gab allen Grund zum Optimismus.

Alarmglocken

Helmut Schmidt hatte sich schon im Mai 1981 von seinen Mitarbeitern im Kanzleramt ein »Planungspapier« anfertigen lassen, das sich in seinem Hauptteil mit dem Thema »Umgang mit der FDP« beschäftigte. Wichtigste Erkenntnisse waren: Die SPD müsse stärker eigene Positionen beziehen, dürfe keine Zugeständnisse mehr machen, um die sozialdemokratischen Grundauffassungen nicht zu unterlaufen. Nur eine starke SPD könne für die FDP koalitionsfähig bleiben und die Gefahr eines Wählerschwundes bändigen.

Schmidt ignorierte diese Überlegungen. Sein politisches Handeln zeigte das Gegenteil von dem, was seine Berater empfahlen. Häufig hörte er auf Ratschläge, die aus großbürgerlichen Hamburger Kreisen stammten. Einfluß auf Schmidt nahm die »Hamburger Mafia«, zum Beispiel seine Freunde Berkhan, Körber, Sommer und seine »Beraterin« Gräfin Dönhoff. In Bonn »setzte« der Kanzler auf die Minister Lahnstein und Matthöfer, später auf Klaus Bölling und einige Vertreter der »Kanalarbeiter«.

»Es war geradezu schockierend, wie ausgeprägt sein Verlust an Realitätswahrnehmung wurde«, meint ein Schmidt-Helfer. Er »peitschte die Sachfragen bei den Koalitionsverhandlungen durch«, daß »unsere Fraktionsexperten wie belämmert« dastanden. Schmidt fühlte sich von den FDP-Forderungen »nicht vergewaltigt«. Sie entsprachen durchweg seinen Grundüberzeugungen. »Ideologisch hatte Schmidt klare Schlagseiten«, bilanziert ein ehemaliger Mitarbeiter. »Seine Perzeption von Realität in seiner Partei war nicht mehr aufrichtig, sondern war geprägt von massiven Vorurteilen«, resümiert ein anderer Berater.

In Schmidt stauten sich Vorurteile gegenüber allen, die den NATO-

Doppelbeschluß ablehnten. Auch die Sozialpolitiker (»Sopos«) der SPD-Fraktion brüskierte er. Schmidt besitzt bis heute ein gespaltenes Verhältnis zu seiner Partei, schwankt zwischen Haß und Liebe.

Seit November 1981 verstand der Kanzler auch kaum noch die Gangarten der Gewerkschaften. Er, der mit vertraulichen und ratsuchenden Kontakten zu Loderer, Kluncker, Vetter und anderen Gewerkschaftsführern glaubte, den DGB insgesamt auf seiner Seite zu haben, schäumte vor Wut, als über siebzigtausend Menschen am ersten Novemberwochenende dem Aufruf des baden-württembergischen DGB in Stuttgart folgten, um gegen Sparbeschlüsse der Bonner Regierung zu protestieren. Der IG-Metall-Bezirksleiter Franz Steinkühler, zugleich stellvertretender Landesvorsitzender der SPD, verlangte von Bonner Sozialdemokraten eine »klare parteiliche Politik im Sinne derer, denen eine sozialdemokratisch geführte Regierung besonders verpflichtet ist«. Steinkühlers Attacken bezog der Kanzler auf sich persönlich und fühlte sich »zutiefst gekränkt«. Vor dem SPD-Parteipräsidium erregte er sich in ungewöhnlicher Form. Er kanzelte Steinkühler mit befremdender Schärfe ab. Mit der neuen Generation der Gewerkschaftsfunktionäre, die sich mit ihrer Kritik an Bonn nicht mehr zurückhielten, brach er. Für sie hatte er nur Verachtung übrig.

Vergeblich blieb jedoch Schmidts Versuch, seine Partei gegen die Gewerkschaften aufzuwiegeln. Im November 1981 war dies ein schwerer Fehler des Kanzlers. Die Alarmglocken schrillten unüberhörbar. Die organisierten Arbeitnehmer »drohten aus dem Ruder zu laufen«.

Fest in Griff hingegen nahm der stellvertretende SPD-Bundesvorsitzende und letzte Kanzler der sozialliberalen Koalition, Helmut Schmidt, den Münchener SPD-Bundesparteitag im April 1982.

Unglaubliches geschah. Graf Lambsdorff schien der wichtigste Mann der Republik zu sein: Er war überall zugegen, wenn auch nicht leibhaftig. Bereits die erste Sitzung des SPD-Präsidiums am Vortag des Parteitages wurde »total« von der Frage beherrscht, wie man es vermeiden könne, Lambsdorff und der FDP mit Parteitagsbeschlüssen Vorlagen zum Bruch der Regierungskoalition zu liefern. Die Parteiführung beschäftigte sich nicht mit strittigen Sachfragen sozialdemokratischer Politik, sondern quälte sich stundenlang mit der Frage: Wo können wir FDP-Programmatik in die eigene Politik einbauen und zur annehmbaren, glaubwürdigen sozialdemokratischen Parteimeinung machen? Am besten gelang das in der Sicherheitspolitik. Schmidt bekam alles, was er wollte. Obwohl die meisten Präsidiumsmitglieder mit Willy Brandt an der Spitze von Schmidts Verteidigungsstrategie »längst nichts mehr hielten«, verteidigten sie seine Politik und halfen unverdrossen mit, den Antrag zum NATO-Doppelbeschluß »durchzubringen«. Teile des SPD-Führungspersonals fühlten sich von Schmidt regelrecht vergewaltigt.

Schmidts Münchener Erfolg in der Sicherheitspolitik vereitelte einigen wendefreudigen Liberalen das Konzept zum Ausstieg aus der Koalition. Das galt vor allem für Lambsdorff und seine Hintermänner, die umgehend die wirtschafts- und finanzpolitischen Beschlüsse des SPD-Parteitages als »Skandal« betrachteten. Dabei hatten die Delegierten nur manches aufgewärmt, was längst zur lupenreinen sozialdemokratischen Lehre zählte.

Die SPD hätte machen können, was sie wollte. Der Lambsdorff-Flügel in der FDP suchte und wollte den Konflikt mit den Sozialdemokraten. Man überzog den Koalitionspartner mit Häme und vernichtender Kritik.

Helmut Schmidt setzte in München auch durch, daß Hans-Jürgen Wischnewski als »Sonderbotschafter« noch während des Parteitages zu FDP-Chef und Vizekanzler Genscher geschickt wurde, um ihm die Parteitagsbeschlüsse der SPD zu erläutern. Eine Steigerung gezielter Freundlichkeiten, vorgetragener Wertschätzungen und Rücksichtnahmen gegenüber dem kleineren Koalitionspartner schien kaum noch möglich. Genscher wußte dies zu schätzen.

Schmidt stellte mit den außenpolitischen Ergebnissen des SPD-Bundesparteitages die FDP ruhig. Er wollte in München offenbar nicht wahrhaben, daß sich Teile seiner eigenen Partei von ihm erpreßt fühlten, ja daß er einige bis zur Selbstverleugnung getrieben hatte. Er verdrängte, wie weit er sich programmatisch von der SPD-Klientel entfernte und welche Veränderungsprozesse in der SPD stattfanden.

Er beutelte seine Partei. Über Probleme der Kernenergie ließ er mit sich ebensowenig reden wie über Sinn und Zweck des Rhein-Donau-Kanals. In Sachen TV-SAT gab es hinter »sozialdemokratischen Kulissen gewaltige Diskussionen über den Einsatz von Milliarden«. Helmut Schmidt hörte nicht auf seine Helfer im Kanzleramt, sondern gab dem Druck und dem Willen der FDP nach. Schmidt ging lieblos mit »seinem Verein, der SPD«, um, nahm kaum Rücksicht.

Dagegen verlangte er vom SPD-Präsidium, das beinahe wöchentlich tagte, uneingeschränkte Unterstützung. Gewöhnlich trafen sich die SPD-Oberen montags abends. Alle hatten die neueste Ausgabe des Hamburger Nachrichtenmagazins Der Spiegel inhaliert, das damals − so ein Schmidt-Vertrauter − »eine ungeheuerliche, geradezu gigantische, oft entscheidende Rolle« spielte. Denn die an der Realität nicht selten vorbeizielenden, oft überspitzten »Informationen« des Magazins führten in der SPD-Spitze zu »zerstörerischen, wechselseitigen Verdächtigungen«, die kaum auszuhalten waren. Die tatsächlichen und angeblichen Zitate lasteten sich die drei Großen, Schmidt, Brandt und Wehner, gegenseitig an. Jeder verdächtigte jeden, Informant des *Spiegel* gewesen zu sein. Wie drei Dinosaurier auf der Bühne bewegte sich die Troika wortlos umeinander. Ein wöchentlich sich wiederholendes Schauspiel, das zu unterschiedlichen Interpretationen herausforderte. Diese drei großen Männer der deutschen Sozialdemokratie sprachen sich nie vernünftig aus. Kommunikation zwischen ihnen fand nicht statt. Koalitionsprobleme wurden ganz selten zur Sprache gebracht. Eine Ausnahme bildete der persönliche Konflikt Schmidt/Eppler, der ab und zu aufflackerte und dann offen ausgetragen wurde.

Schmidt verdächtigte die gesamte »Baracke« und an ihrer Spitze Willy Brandt, gegen ihn und seine Politik destruktiv zu agieren. Brandt wiederum vermutete unter anderem, Regierungssprecher Bölling betreibe eine Hetze gegen ihn bei Schmidt. Verdächtigungen, Unterstellungen und fortwährendes Mißtrauen innerhalb der SPD-Führungsriege belasteten das Regierungsbündnis und den Kanzler mehr als die vordergründigen Wendemanöver Lambsdorffs und seiner Anhänger. Genscher hielt sich bewußt bedeckt. Er witterte, analysierte und schwieg.

Brandts Moskau-Reise im Juli 1981 zerstörte das Verhältnis zwischen dem SPD-Vorsitzenden und Schmidt endgültig. Der Bruch ließ sich nicht mehr kitten. Sprachlosigkeit herrschte über weite Strecken. Im Gegensatz zu Genscher, der Brandts Bemühungen um klimatische Verbesserungen begrüßte, fegte der Kanzler die Erträge der Moskau-Reise vom Tisch. Damit wurde dem SPD-Bundesvorsitzenden aufgezeigt, daß es sich wegen der Außenpolitik alleine nicht mehr lohne, die sozialliberale Koalition aufrechtzuerhalten. Schmidt reagierte auf Brandts versöhnliche und wegweisende Gespräche mit Breschnew neidisch.

Brandt hatte an der SPD/FDP-Koalition trotz schwerer Bedenken deshalb festgehalten, weil er zwischen beiden Parteien Übereinstimmung in der Außenpolitik konstatierte. Allein aus außenpolitischen Erwägungen kämpfte er um den Bestand dieses Regierungsbündnisses. Damit zähmte er alle parteiinternen Kritiker, disziplinierte die Gegner der Schmidtschen Sozial-, Finanz- und Wirtschaftspolitik. Seit Juli 1981 galt das nicht mehr.

Persönliche Animositäten wuchsen. Schmidt, der Brandt lange Jahre verehrt und unterstützt hatte, war aufgrund falscher Einschätzungen, Analysen und »Hinweise« enttäuscht und verärgert. Er traute Brandt alles zu. Zwischen Kanzleramt und SPD-Baracke herrschte Funkstille. Es klappte nichts. Vergebens versuchte Peter Glotz zu koordinieren. Im SPD-Parteihauptquartier wurde Schmidt kaum noch ernst genommen.

Trotzdem verweigerte Brandt so gut wie nie Schmidt die Unterstützung. Der Barmbeker wäre viel früher als Kanzler gescheitert, wenn der SPD-Bundesvorsitzende nicht seine ganze Kraft zur Integration der Flügel, namentlich des linken Parteiflügels, eingesetzt hätte. Brandt wollte den Sturz Helmut Schmidts zu keiner Zeit. Er betrieb ihn auch nie. Im September 1982 stemmte sich Brandt gegen den Bruch der sozialliberalen Koalition. Er war bereit, die Regierung Schmidt/Genscher trotz vielfältiger Bedenken zu retten und sie bis zum Ende der Legislaturperiode 1984 zu stützen.

Genauso dachte der schwerkranke SPD-Fraktionsvorsitzende Wehner. Seit Jahren folgte er blindlings Helmut Schmidt. Der Dresdener »hielt ihm immer die Stange«. Wehner jedoch war nur noch selten »eine aktive Kraft«. Er schwieg fast immer. Nur mit seiner Körpersprache disziplinierte er die Schmidt-Kritiker in der SPD-Fraktion. In den Koalitionsverhandlungen setzte er »an den richtigen Stellen Ausbrüche«, »explodierte von Zeit zu Zeit wie geplant und machte auf diese Weise immensen Eindruck«, berichten intime Bonner Beobachter. Selbst ein Augenbrauenziehen oder ein Geräusch konnte bei Verhandlungen wirksam sein. Seine bloße Existenz und Anwesenheit bestimmten seine tragende Rolle. Inhaltliche Beiträge gab es selten. Er verhielt sich ähnlich wie Brandt, der Schmidt das Feld überließ.

Wehners vorbehaltlose Unterstützung für Schmidt richtete sich nicht selten gegen sozialdemokratische Grundüberzeugungen. Wehner führte die Fraktion mit starker Hand. Mit ihr ging er »für Schmidt durch dick und dünn«. Wenn es sein mußte, mit »Brachialgewalt«. Er »vergewaltigte« Teile der Parlamentarier, forderte von ihnen bedingungslose Gefolgschaft und Zustimmung. »Gnadenlos« geißelte er Schmidt-Kritiker und »räumte weg, was sich Schmidt und damit ihm in den Weg stellte«. Im Gegensatz zu Brandt, der mit seinen verhaltenen, aber wirkungsvollen Mitteln für die Unterstützung des sozialdemokratischen Kanzlers agierte, kämpfte der Zuchtmeister, so ein Mitarbeiter, »fast ohne Sinn und Verstand«. Ab 1980 gab es von Wehner praktisch »keine einzige, nach vorn schauende politische Idee mehr«, beklagen Sozialdemokraten. Nur seine Krankheit mildert das Urteil über den alten Haudegen gegen Ende der sozialliberalen Koalition. Seine Äußerungen zur Ausländerpolitik beispielsweise, bei der er auf die latente ausländerfeindliche Stimmung in der Bevölkerung abhob, muß als einer von mehreren gravierenden Verstößen gegen sozialdemokratische Politik gewertet werden. Von 1980 bis zum Ende der Koalition spielte Wehner nur noch die Rolle, die er immer wieder darstellte: der Kärrner, der den Karren zog. »Die Insassen des Karrens vergewaltigte er, wann immer es Schmidt für nötig befand«, urteilt einer, der ihn aus nächster Nähe miterlebte.

Wehner wurde auch immer untähiger, Akten zu lesen. »Man konnte ihn munitionieren, wie man wollte: Er las nichts, wußte dann auch nichts, konnte auch nichts sagen!« Was ihn bis zum Schluß brennend interessierte, waren nachrichtendienstliche Fragen, beispielsweise Informationen über »Fehltritte von Genossen in den Unterbezirken«. Die hat er in sich »eingesogen, wie andere einen Beischlaf vollziehen«.

Obwohl Wehner keinen brauchbaren politischen Beitrag mehr leisten konnte, gab es in Bonn niemand, dem Schmidt mehr vertraute. Auf den Rat Wehners legte er großen Wert. Zu ihm besaß er ein ungewöhnlich emotionales Verhältnis, das von liebevoller Anhänglichkeit geprägt war. Auch für den Bestand der Koalition blieb Wehner unentbehrlich. Die Achse Wehner/Mischnick garantierte Stabilität. An diesem Gespann war nicht vorbeizukommen. Wer die Koalition brechen wollte, mußte die »Scharniere« lösen. Weder der schwerkranke Wehner noch der koalitionsfreudige Mischnick fanden sich dazu bereit. Noch nicht!

Möglichkeiten

Helmut Schmidt hat bisher weder mündlich noch schriftlich zur Bonner Wende 1982 Stellung genommen. Dieses Thema klammerte er in seinem neuesten Buch aus. Darüber spricht er so gut wie nie. Uns gewährte er kein Gespräch. Ähnlich verhielt sich Hans-Dietrich Genscher. Er verwies auf seine Parteitagsrede vom November 1982. Mit dem Hallenser konnten wir über alles reden, was seine Kindheit und Jugend betraf. Stundenlang. Über die Bonner Wende schwieg er eisern. Darüber erfuhren wir von ihm nichts. Genauso schweigsam wurde er, wenn es um seine Arbeit in Partei, Koalition und Regierung ging. Über Helmut Schmidt sagte er kein einziges kritisches Wort.

Genscher zählt zu den »Willensathleten«. Ein Geheimnis seines politischen Erfolges, selbst nach schwersten Niederlagen, liegt in seiner »enormen Willenskraft«.

Seit Anfang 1982 schien es für den FDP-Vorsitzenden schwerer zu sein, den Bruch der Koalition zu verhindern, als ihn zu vollziehen. Wenn er gewollt hätte, wäre die Wende zeitiger gekommen. Aber Genscher wollte nicht!

Er war fest entschlossen, die Koalition mit der SPD bis zum Ende der Legislaturperiode durchzuhalten, solange es »irgendwie läuft«. »Er bleibt mit dieser Frau im Bett, obwohl nichts mehr geht«, sagte 1982 ein Genscher-Vertrauter.

Mit den überzeugten Schmidt-Anhängern und aufgebrachten Wende-gegnern in der FDP-Fraktion vertrat Genscher allerdings die Meinung, daß die guten, konstruktiven Zeiten der sozialliberalen Koalition zu Ende gingen. Im Sommer des Wendejahres gab es eigentlich keinen ernstzunehmenden Liberalen weit und breit, der noch an das »historische Bündnis« mit den Sozialdemokraten glaubte. In der FDP ging es nur noch um den Zeitpunkt. Man wollte die Ehe auf Zeit »anständig über die Runden bringen«. Der Schlußpunkt sollte nach Genschers Vorstellungen erst 1984 gesetzt werden. Bis dahin, hoffte der Chefliberale, werde Schmidt seine Partei disziplinieren und in den Griff kriegen können. Genscher wollte seine Partei, besonders aber den Flügel der »Koalitionsliberalen«, bis 1984 an neue Ufer führen. Wenn es gelänge, die Koalition zu stabilisieren, meinte er damals, würde am Ende der Legislaturperiode »die ganze FDP ins andere Lager hinübergehen«. Warum − so sein Kalkül − sollte er 1982 eine Wende mit der halben FDP vollziehen und damit die Partei auseinanderreißen? Gefordert waren Geduld, Ausdauer, starke Nerven und Integrationsbereitschaft. Und davon besaß er reichlich. Genscher spielte auf Zeit. Er wollte abwarten, was seiner Wesensart entspricht. Bei allen Ängsten vor hereinbrechenden politischen Gewittern und Unberechenbarkeiten auf seiten der SPD wollte Genscher sich und seiner Partei die schwer kalkulierbare Kraftanstrengung einer Wende ersparen. »Du kriegst die Gesamtpartei 1984 sowieso auf die andere Seite«, bestärkte ihn ein enger Weggefährte.

Der stets behutsam vorgehende und nach allen Seiten witternde Parteivorsitzende besaß noch andere Optionen. Beispielsweise hätte er sich an die Spitze der Wendebewegung in seiner Partei begeben und unmißverständlich sagen können: Die Gemeinsamkeiten sind verbraucht. Nichts geht mehr. Sachfragen suchen sich ihre Mehrheiten. Wir sind stolz auf die dreizehnjährige Zusammenarbeit und auf weitreichende politische Erfolge in der Innen- und Außenpolitik. Nun ist es Zeit für die Trennung.

Ähnlich mutig zu verfahren, verlangten die Genscher-Kritiker. Sie verkannten jedoch seine Persönlichkeitsstruktur. Zu sagen: Mir nach, um dann »heldenhaft« vorzupreschen, liegt ihm nicht.

So zu agieren wäre seine »Lieblingsoption« gewesen. Er schätzte das hohe Risiko − wie die Entwicklung zeigte − richtig ein. Genscher lebte 1982 in der panischen Angst, »Totengräber der FDP« zu werden. Ihn quälte die Vorstellung, daß sich die kleine, schwierige Partei zerfleischen und in zwei Lager spalten könnte. Er ahnte »erheblichen Blutverlust«, der die FDP »umbringen« würde. Mit allen Mitteln wollte er vermeiden, seine FDP über ein Ausscheren aus der Bonner Koalition in die Katastrophe zu führen.

Sichere Prognosen über die Mehrheitsverhältnisse innerhalb der FDP-Gremien abzugeben, traute sich kaum jemand. Erhielten die Wendebefürworter in der liberalen Bundestagsfraktion, wenn es zum Schwur käme, genügend Stimmen für ein Mißtrauensvotum gegen Helmut Schmidt? Gab es eine Mehrheit für einen neuen Kanzler Kohl? Genscher war zutiefst verunsichert. Vabanquespiele schätzte er nie. Unberechen- und Unkalkulierbares haßt er wie die Pest.

Eine weitere Option war, darauf zu hoffen, daß ihm und seiner Partei die Entscheidung abgenommen werde. Genscher harrte der Dinge, die sich vorübergehend günstig entwickelten. Wenn schon ein Ende, dann wünschte Genscher das Ende der SPD/FDP-Regierung ohne eigene Mitwirkung. Die Schuld am Tod der sozialliberalen Koalition wollte er nicht auf sich nehmen. Was immer geschehen sollte, die FDP mußte schadlos aus einem möglichen Wendemanöver hervorgehen. Diesem Wunsch galt sein Tun und Trachten, sein Zaudern und Zögern, sein Schweigen und Verhalten. Er wollte es sich mit niemandem verderben! Das entsprach seiner Wesensart.

Keiner wußte, wo er wirklich stand. Nie ließ Genscher erkennen, was er wirklich wollte. Er wußte selber auch nicht, wie er auf Entwicklungen reagieren könnte. Deshalb gab er damals keine präzisen Auskünfte, sondern redete schwammig und schwieg tiefsinnig. Auf welcher »Seite der Barrikaden« der Parteiführer »zu kämpfen« gedachte, blieb sogar engsten Mitarbeitern verborgen. Es war ein Verhalten, das »Freunde wie Feinde verrückt machte«. Diesen Kurs hielt er viele Monate durch, bis andere handelten und den Bruch der Koalition inszenierten. Er jedenfalls hätte eine »Scheidung« vermieden, wenn er dazu in der Lage gewesen wäre.

Zumutungen

Genscher wollte den Bruch nach Möglichkeit vermeiden. Er war aber entschlossen auseinanderzugehen, wenn die Wirtschafts-, Finanz- und Sicherheitspolitik − wie er sie sah − eine neue Koalition erforderlich machte.

Solange Genscher Parteivorsitzender war, konnten die Sozialdemokraten sicher sein, daß er sich nicht ohne Not von ihnen abwenden würde.

Genscher war Außenminister und Vizekanzler, weil er Bundesvorsitzender der FDP war. Um sein Gewicht in der Koalition zu wahren, mußte er ein erfolgreicher Parteiführer sein. Darauf legte er größten

Wert. In Zeiten schwerer politischer Wetterlagen bemühte er sich vor allem, die Handlungsfähigkeit von Partei und Fraktion zu gewährleisten. Helmut Schmidt konnte sich auf Verabredungen mit dem Koalitionspartner verlassen. Wenn er zusammen mit Herbert Wehner, Wolfgang Mischnick und Hans-Dietrich Genscher einvernehmliche Absprachen getroffen hatte, brauchte er liberale Verläßlichkeit nicht mehr zu testen. Koalitionstreue galt als hohes Gut.

Seine eigene Fraktion bereitete Schmidt erheblich mehr Sorgen. Wiederholt zwang er SPD-Parlamentarier zu fragwürdigen Kompromissen. Je offenkundiger sich Zuchtmeister Wehners Gesundheitszustand verschlechterte, um so weniger konnte sich Schmidt auf die SPD-Fraktion verlassen.

Disziplinierung und Einschüchterung ließen sich nicht mehr beliebig fortsetzen. Viele Genossen hatten es satt, sich von einem »Feldwebel« kommandieren zu lassen. Je häufiger Schmidt Mehrheiten zu erzwingen versuchte, um so spürbarer rumorte es auf allen Ebenen.

Bereits im Herbst 1981 wählte Schmidt die Energiepolitik, um ein Exempel zu statuieren. Er wollte Koalitionstreue testen, stellte bei der Abstimmung im Bundestag über die »Schnelle-Brüter-Technologie« in Kalkar die Vertrauensfrage. »Darüber könnt ihr die Koalition hochgehen lassen«, frotzelte er Genscher und Mischnick an.

Schmidt wußte um die Sinnlosigkeit eines derartigen parlamentarischen Schauspiels. Er wußte, daß die Unionsparteien den Schnellen Brüter befürworten und sich aus taktischen Gründen der Stimme enthalten würden. Schmidt kannte auch im Lager der Liberalen vereinzelte Kalkar-Gegner. Er zwang Genscher − und damit sechs Mitglieder der FDP-Fraktion − zur Disziplin. »Von Schmidt nicht weise«, resümiert ein Betroffener.

Schmidt ließ es bei seiner Androhung. Doch das Klima war vergiftet. »Sie haben Maßstäbe mit der Vertrauensfrage gesetzt, Herr Bundeskanzler. Wir werden Sie daran erinnern, wenn Sie Probleme mit Ihrer Partei haben«, giftete Genscher. »Es könnte sein, daß wir Sie umgekehrt bald fragen müssen, ob Sie eine Mehrheit in Ihrer Fraktion hinter sich haben.«

Für Genscher blieb die »Kalkar-Erfahrung« ein »schreckliches, unvergeßliches Erlebnis«. Von Schmidt gezwungen zu werden, eine Mehrheit zu besorgen, die er gar nicht brauchte, verletzte ihn zutiefst. Er verzieh es dem Kanzler nie.

Am 3. Februar 1982 drohte Schmidt erneut und stellte im Deutschen Bundestag die Vertrauensfrage über seine Gesamtpolitik. Wieder holte er sich Zuspruch. Wohlwissend, daß das »Marterinstrument« Vertrauensfrage nicht lange disziplinieren werde. Schmidts Waffen wurden immer stumpfer. Entrüstung, Empörung und Verbitterung nahmen in beiden Fraktionen der Regierungskoalition zu. Die sozialliberale Koalition verheddete sich in ihre Gegensätze zur Haushaltspolitik. Dennoch gelang es Schmidt in einem dramatischen Verhandlungsmarathon, Einigung über offene Fragen zu erzielen. Das geschah – für viele Beobachter einem Wunder gleich – am 30. Juni 1982. Die Bonner Politiker der Regierungskoalition begaben sich hoffnungsvoll und beruhigt in die Sommerpause. Wider Erwarten schien der gemeinsame Wille zur Verständigung – auch in hochkomplizierten und strittigen Fragen – noch nicht verbraucht zu sein. Genschers Option, bis 1984, dem Ende der Legislaturperiode, »durchzuwursteln«, schien sich zu erfüllen.

Schmidts Zumutungen und Anmaßungen waren Genscher und der FDP-Fraktion noch in frischer Erinnerung, als der »eiserne Kanzler« bereits über neue »Treuebekenntnisse« nachdachte. Wiederholt verlangte er die nochmalige Festlegung der FDP auf die Koalitionsaussage von 1980, also auf eine Koalition mit der SPD. Damit trat der Kanzler, dem es mitunter deutlich an Sensibilität und Einfühlungsvermögen mangelte, in einen »riesigen Fettnapf«. Er machte einen der schwersten psychologischen Fehler, den er im Verhältnis zu Genscher begehen konnte.

Genscher läßt fast alles mit sich machen. Niemals aber sollte man ihn »festnageln« wollen. Ihn vor aller Öffentlichkeit zu »piesacken« ist tödlich. So auch diesmal. Zwischen den beiden lief nichts mehr.

Scheel und Brandt waren »Wunschpartner« gewesen, Schmidt und Genscher lediglich Geschäftspartner. Überraschend mußte der Chefliberale – nach der Guillaume-Affäre – mit Schmidt »vorliebnehmen«. Beide mochten sich nie sonderlich. Doch zunächst gab es weder Zerrüttung noch eine besonders enge Beziehung. Ihr Arbeitsverhältnis wurde über etliche Jahre »cool abgewickelt«. Seit der Bundestagswahl 1980 wuchs das gegenseitige Mißtrauen. Die Distanz nahm zu, die »gegenseitigen Manschetten« wurden größer.

Beide machten Fehler. Schmidts schroffe und »manchmal brachiale Art strapazierte die Nerven«. Beide wurden von Monat zu Monat »empfindsamer bis neurotisch«.

Stimmen und Stimmungen

Ein einflußreicher Akteur der damaligen Bonner Szene erinnert sich: »Schmidt und Genscher paßten nicht zusammen. Sie mochten sich nicht. Ihre emotionale Abneigung beruhte auf Gegenseitigkeit. Schmidts oft aggressive Arroganz und Überheblichkeit stießen bei Genscher auf Granit. Er hielt sich für ebenbürtig und mindestens so tüchtig wie Schmidt. Sie waren harte Konkurrenten in der Gunst der Wähler. Für beide spielte die Akzeptanz der Bürger eine erhebliche Rolle. Genscher ärgerte sich über Schmidts großspuriges Auftreten als ›Weltökonom‹. Bei genauerem Hinsehen wertete er Schmidts Analysen nicht immer so überzeugend, wie sie auf den ersten Blick erschienen. Mit außergewöhnlichem Temperament stürzte sich Schmidt oft in Verhandlungen. Nicht selten mußte er sich in höflicher und gelassener Form vom selbstkontrollierten, kühlen Rechner Genscher sagen lassen, daß sein Temperament zwar bewundernswert sei, doch die von ihm vorgetragenen Fakten hätten einer Prüfung nicht standgehalten.«

Je größer das Mißtrauen wurde, um so weniger ertrug Schmidt Genschers Korrekturen. Er unterstellte dem Hallenser, nicht zuverlässig und standfest zu sein, hielt ihn »für ausweichend und fintenreich«.

Ein intimer Kenner urteilt über das Verhältnis zwischen Schmidt und Genscher:»Schmidt beanspruchte immer eine Sonderrolle. Im Kabinett Brandt wurde er häufig von Scheel, nie von Genscher zurechtgestoßen. Nach außen agierte Scheel mit rheinischer Fröhlichkeit, in der Sache aber war er knallhart und unversöhnlich. Nie wurde klar, ob Scheel die Maßregelung Schmidts für die FDP oder für Willy Brandt vornahm . . . Bis 1976 kamen Schmidt und Genscher recht gut zurecht. Schwieriger wurde es, als Genscher die Außenpolitik besser beherrschte. Schmidt empfand Genscher zunehmend als nicht durchschaubar. Es bedurfte oft der Erklärung Dritter, daß Genschers Handeln nicht gegen den Kanzler gerichtet und seine Aktionen nicht gegen die SPD, sondern auf die FDP gemünzt waren. Schmidt kam einfach an den Typ Genscher nicht ran. Er wußte nie, wo er mit ihm dran war. Letztlich halfen alle Erklärungs- und Vermittlungsversuche Dritter nichts. Das Verhältnis war ab 1980 irreparabel verschlissen.«

Ein anderer, der Schmidt jahrelang nahestand und Genscher »hautnah« erlebte: »Als Außenminister und Vizekanzler hat Genscher immer eine ›Veto-Power‹ gehabt. Er setzte sie still, undramatisch, aber wirkungsvoll ein, wechselte häufig so geschickt Positionen, daß es manche Akteure gar nicht merkten. Was bei anderen auf Anhieb als Unstetigkeit, Unberechenbarkeit oder Opportunismus abgestempelt worden wäre, mußte Schmidt durchgehen lassen. Kritische Positionen Schmidts gegenüber der amerikanischen Administration, gegenüber Carter und Reagan, auch in der Sache, mißbilligte Genscher aufs schärfste. Zeitweise war er der amerikanische Festlandsdegen gegen Schmidt, wobei er, geschickt, wie er ist, scheinbar unangreifbar seine Mittel einsetzte und immer zu suggerieren versuchte, daß er mit Schmidt einer Meinung sei. Schmidt tat sich schwer, die Eigenschaft eines Mannes zu akzeptieren, der im heftigsten Konflikt nach außen stets den Eindruck erweckte, als sei er mit dem Bundeskanzler ein Herz und eine Seele . . . Genscher muß ein tolles Gefühl haben, wenn er als heimlicher Kanzler apostrophiert wird. Sein Wunsch nach Wertschätzung und Respekt, nach Achtung und Anerkennung in allen Hauptstädten der Welt ist grenzenlos. Er braucht das Gefühl, daß er für einen Politiker gehalten wird, ohne den nichts geht. Im Gegensatz zu Schmidt besitzt Genscher einen nahezu pathologischen Drang, überall dabeizusein, wo er glaubt, daß Weichen gestellt werden. Nicht einmal gegen ihn, sondern ohne ihn . . . In einem recht trivialen Sinn bedeutet für ihn Wissen auch Macht. Ihm entgeht nichts. Es könnte ja für die eigene Entscheidung, für das eigene Verhalten wichtig sein. Dieses Mißtrauen ist ein ›konstitutives Element‹ seiner Persönlichkeitsstruktur . . . Unheimlich erschien uns damals schon seine Unfähigkeit, sich zu öffnen. Das ist die andere Seite des Mißtrauens. Gegenüber Schmidt blieb er verschlossen, ließ nichts raus. Wenn Sie mich fragen, warum nicht? . . . Weil er denkt, es könne irgendwann gegen ihn verwendet werden. Ich glaube, der denkt ständig daran, nur solche Dinge zu sagen, die ihm nicht irgendwann gefährlich werden können.«

Ein anderer enger Vertrauter urteilt: »Schmidt war zupackend, problemorientiert, oft aber auch unsensibel und ohne psychologisches Gespür für andere. Auch im Umgang mit Genscher. Er wollte geliebt, geschätzt und ernst genommen werden . . . Schmidt meinte manchmal, Genscher sei zu beckmesserisch, argumentiere in der Außenpolitik wie ein Rechtsanwalt und klebe zu penibel an Rechtspositionen. Beide Politiker pflegten auf verschiedene Weise ihre Kumpanei mit den Mächtigen der Welt, ob sie Kommunisten, Sozialisten oder Konservative waren. Doch der eigentliche Reiz lag für beide im Umgang mit der Macht. Beide sind ungemein machtbewußt, äußerst intelligent, beide auf Reputation, auf Anerkennung, bedacht.«

Ein ehemaliger Schmidt-Berater meint: »Beide hatten großen Respekt vor der Professionalität des anderen. Schmidt akzeptierte Genschers Schlitzohrigkeit durchaus. Der Vize legte bei vielen ehrlich gemeinten Äußerungen des Kanzlers die gleiche Meßlatte an wie bei sich und hielt ihn für ein ebenbürtiges Schlitzohr. Schmidt sagte bewußt das, was er dachte, übrigens auch das, was er wußte. Genscher ging anders vor. Es gibt viele Politiker, die Genscher deshalb nicht mögen. Sie fühlten sich ihm intellektuell und taktisch unterlegen. Das war bei Schmidt nicht der Fall. Viele Freunde versuchten deshalb, hinter vorgehaltener Hand zu agieren, einzuflüstern. Und gegen Einflüsterungen ist niemand immun: Genscher nicht, Schmidt nicht! Der eigentliche Fundus ihrer Beziehungen bestand lange Zeit in dem Willen der beiden, der Vernunft zum Durchbruch zu verhelfen . . .

Wir haben Genscher nur einmal ›verkohlt‹. Ein einziges Mal! Und das war, im nachhinein bewertet, ein gravierender Fehler, weil er wieder zu schlimmen Verdächtigungen führte. Mitte Oktober 1981, als Schmidt mit schweren Herzrhythmusstörungen ins Koblenzer Bundeswehrkrankenhaus eingeliefert wurde, haben wir geschwiegen. Genscher wurde bewußt nicht informiert. Wir sahen keinen Anlaß, einen Vizekanzler für den Zeitraum von vier Tagen als amtierenden Bundeskanzler zu installieren. Wir mußten Genscher hinhalten.«

Verkrampfungen

Der von sich überzeugte, oft dünkelhafte, anmaßende Hamburger und der geschmeidige, weiche, nicht unsympathische Hallenser fanden nicht mehr zusammen. Schmidts unverkennbarer Respekt vor Genschers politischer Leistung schrumpfte auf ein Minimum. Zwar schätzte er noch immer Genschers Gründlichkeit und Fleiß, Sachverstand und Intelligenz, doch der Seelengrund dieses Mannes blieb ihm verschlossen. Seinen vorherrschenden Eindruck über negative Charakterzüge bestätigten ihm viele Sozialdemokraten, die Genscher − wo immer es möglich war − als »Taktiker, Vernebler und undurchsichtigen Kontrahenten« darstellten.

Wenn die Perzeption, die gegenseitige bewußte Wahrnehmung, nicht verlorengehen sollte, mußte etwas passieren. Auf beiden Seiten kam es trotz aufflackernden guten Willens immer häufiger zu Mißverständnissen, zu Verkrampfungen, die oft von Dritten ausgelöst worden waren. Sendboten wurden geschickt. Mal um Schmidt zu beruhigen, mal um Genscher zu besänftigen. Gespräche wurden eingefädelt, Treffen vereinbart. Schmidt verhielt sich zunehmend unwilliger, Genscher regelmäßig zu sehen, ihn »unter vier oder sechs Augen« zu sprechen, mußte mühselig überredet werden, Genscher zu empfangen. War Schmidt endlich zum Gespräch mit Genscher bereit, mußte der »bequatscht« werden, zum Kanzler zu gehen. Genscher zeigte sich schnell verstimmt und erwartete dann Gesten des Einlenkens. Zwar keine Entschuldigungen, aber sichtbare Sympathiebezeugungen! Von Schmidt und seinen Leuten erwartete er »Liebeserklärungen«. Schmidt dämpfte oft seine Berater:

»Wenn der Genscher was will, dann soll er zu mir kommen.« Doch Genscher kam nur widerwillig oder gar nicht. Banalitäten entfalten Eigenwirkung. Sie können einen Zustand herbeiführen, der für beide Seiten unerträglich wird. Ein Mixtum aus Politik und Animosität entsteht, Gefühlslagen stauen sich, und es kommt zu unkontrollierten Explosionen. Die »abgewetzten und offenliegenden Nervenenden« des Kanzlers und des Vizekanzlers prägten die Tagespolitik. Politische Probleme wurden schier unlösbar, weil ihre zwischenmenschlichen Beziehungen nicht mehr funktionierten. »Wenn sich zwei Menschen nicht mehr riechen können und die ›Chemie‹ zwischen beiden nicht mehr stimmt, wird es äußerst kompliziert«, urteilt ein enger Mitarbeiter Schmidts über den Zustand der beiden 1982. In komplizierten spannungsreichen Situationen hilft oft nur der Sprung über den eigenen Schatten.

Den zu arrangieren, hatten sich Schmidts Helfer im Sommer 1982 vorgenommen. Die »Leistungsträger der Koalition« sollten sich einmal wenigstens richtig aussprechen. Während der Ferien sollten sie nicht nur über Sachfragen telefonieren, sondern in angenehmer Atmosphäre »über den Tag hinaus« plaudern. Der Gedankenaustausch, verbunden mit einem Treffen der Ehefrauen, war als Stabilisierung der Koalition geplant, als Neuanfang im persönlichen Umgang. Tatsächlich gelang es, am 31. Juli 1982 ein Treffen in Schmidts Reihenhaus in Hamburg-Langenhorn zu arrangieren. Den Termin kannten nur wenige Eingeweihte, die weitreichende Hoffnungen an die Begegnung knüpften.

Genscher kam mit seiner Frau Barbara aus Hannover, wo sie den 50. Geburtstag von Detlev Kleinert gefeiert hatten, dem einflußreichen Rechtsexperten der FDP-Bundestagsfraktion und drängenden Befürworter eines Koalitionsabbruchs.

Die Genschers kamen in bester Stimmung an, doch die gute Laune verschwand, als sich mehrere Fernsehteams auf die Schmidt-Gäste stürzten. Genscher, der wie kein anderer Politiker Sinn für Public Relations besitzt, hatte das Treffen mit Schmidt wie verabredet geheimgehalten. Er fühlte sich reingelegt. Die gute Gesprächsatmosphäre verflog wahrnehmbar.

Bei Kaffee und Kuchen plauderten schließlich die beiden Ehepaare »über Gott und die Welt«, bis sich schließlich Schmidt und Genscher ins Arbeitszimmer des Kanzlers zurückzogen. Unter vier Augen fragte Schmidt seinen Vize nach seinen Absichten. Genscher unterstrich unmißverständlich, daß es darauf ankomme, in strittigen Sachfragen Einigungen zu erzielen. Es komme im Herbst darauf an, den Haushalt zu ordnen. Das Schicksal der Koalition hänge in den nächsten Monaten wesentlich davon ab, ob die SPD in der Lage sei, die schwierigen finanz- und wirtschaftspolitischen Probleme im Zusammenhang mit dem Haushalt 1983 einvernehmlich zu lösen. Die FDP sei entschlossen, über die Lösung der Sachfragen eine Stabilität der Koalition zu erreichen. Genscher versicherte Schmidt, mit ihm zusammen Problemlösungen suchen zu wollen, die Bestand haben könnten. Fragend gab er zu bedenken, ob das angesichts der schwierigen Lage in der SPD-Fraktion möglich sei. »Es gab keine Annäherung, aber auch keine Abwendung«, bilanziert Genscher das letzte »Tête-à-tête« mit Helmut Schmidt vor Vertrauten. »Sie haben aneinander vorbeigeredet, sprachen nicht über die Sachen, auf die es ankam. Die Aktion war ein Fehlschlag, ein Flop. Das Treffen brachte leider nur einen gegenteiligen Effekt«, meint ein Schmidt-Vertrauter heute.

Genschers Signale mit Hinweisen auf Schmidts Fraktion kamen verstümmelt an. Hätte der Kanzler seinen Vize besser gekannt, wäre ihm klargeworden, daß Genscher zu diesem Zeitpunkt keinen Bruch wollte. Er hoffte und wartete auf Schmidts Durchbruch in seiner Partei, sowohl bei »Haushältern« als auch bei Sozialexperten. Genscher erwartete vom »Weltökonomen«, daß er ein verhandlungsfähiges Programm zur Lösung der anstehenden Probleme vorlegte. Er baute auf Schmidt und seine Durchsetzungsfähigkeit im »eigenen Laden«. Genscher setzte auf Vernunft, natürlich auch wegen eigener außenpolitischer Ambitionen.

Entschlossen

Nach dem enttäuschenden Verlauf des Treffens mit Genscher, nach langen Überlegungen und ausführlichen Gesprächen – vor allem mit seinen Hamburger Freunden – kam Helmut Schmidt im August 1982 zu dem Ergebnis, die sozialliberale Regierungskoalition zu beenden. Dafür gab es eine Reihe einleuchtender Gründe.

Schmidts Hoffnung, die Kanzlerschaft gesundheitlich durchzustehen, war geschwunden. Wegen seiner angeschlagenen physischen Verfassung wollte er in Bonn Schluß machen. Dazu rieten ihm eindringlich seine Ärzte, und flehentlich bat ihn darum seine Frau Loki.

Über weite Strecken seiner Kanzlerschaft hatte Schmidt ernstzunehmende Probleme mit seiner Gesundheit. In den letzten beiden Jahren vor seinem Sturz befand er sich – nach Aussagen engster Mitarbeiter – in einer »physisch miserablen Verfassung«. Es gab Zeitabschnitte, in denen er sich drei oder vier Tage lang von seinen Amtsgeschäften zurückzog.

»Kinder, macht, was ihr wollt. Ich kann nicht mehr«, sagte dann der herzleidende Kanzler. Der bettlägerige Schmidt fühlte sich außerstande, »irgendwen zu empfangen, Anweisungen zu geben, Gespräche zu führen, dringend notwendige Verfügungen anzuordnen«. Er war wirklich »weggetreten, elend leidend, vernehmungs- und entscheidungsunfähig, hilfsbedürftig«. Beängstigende Tage, die der Öffentlichkeit unbemerkt blieben. Termine des Kanzlers wurden erfunden, seine Abwesenheit mit Arbeitsüberlastung begründet, seine Nichterreichbarkeit mit unerläßlichen Regierungsgeschäften kaschiert. Es gab unerfreuliche Situationen und höchst unangenehme Begebenheiten für engste Mitarbeiter, die zur Verschwiegenheit vergattert und zum Lügen verdonnert wurden. Sie mußten trickreich dafür geradestehen, daß nichts an die Öffentlichkeit drang. Selbst Engvertraute des Kanzlers wurden abgewimmelt, ohne die leiseste Ahnung zu haben, wie delikat und heikel die tatsächliche Lage war. Nichts durfte herauskommen, niemand sollte etwas bemerken. Auch der Koalitionspartner wurde nicht »ins Bild gesetzt«.

Zum Glück waren Schmidts »Ausfälle« so terminiert, daß die Sicherheit der Bundesrepublik Deutschland zu keiner Zeit gefährdet war. Weder gab es peinliche noch mißliche Situationen, in die ausländische Politiker involviert waren. Nur einmal brach der Kanzler im Ausland zusammen. Darüber berichtet vornehm zurückhaltend der ehemalige französische Staatspräsident Valery Giscard d'Estaing in seinen Memoiren. Schmidts Krankheit verursachte keinen Schaden für die Regierung, der er vorstand. »Es ging nie um Krieg und Frieden.« Im Ernstfall hätte selbstverständlich die verfassungsrechtlich vorgeschriebene Regierungsverantwortung dem übertragen werden müssen, den das Grundgesetz dafür vorsieht.

Schmidt geriet Mitte Oktober 1981 in akute Lebensgefahr. Der Zweiundsechzigjährige wurde in allerletzter Minute mit lebensgefährlichen Herzrhythmusstörungen ins Koblenzer Bundeswehrkrankenhaus gebracht. Ein elektrischer Herzschrittmacher rettete Schmidts Leben. Zweimal sei der Kanzler klinisch tot gewesen. Mit Herzmassagen sei er wieder zum Leben erweckt worden, verrieten Mitarbeiter, die es wissen. Schmidts Krankengeschichte liest sich wie ein Krimi. Auch nach dem lebenswichtigen Eingriff seines Leibarztes Wolfgang Völpel fand Schmidt keine Ruhe. Koalitionskrisen zermürbten ihn. Seine Partei bereitete ihm schlaflose Nächte. Seit der Oktober-Gefährdung litt er an Gedächtnisausfällen. »Mit Entsetzen« stellten Schmidt-Vertraute fest, daß der Kanzler manches vergessen hatte, was erst wenige Tage und Wochen zurücklag. Dagegen erinnerte er sich detailliert an komplizierte Zusammenhänge, die mindestens ein Jahr alt waren. Schmidt brauchte »unendlich viel Zeit zum Studium der Akten«, weil ihm vieles im Gedächtnis nicht mehr präsent war. »Er wußte manchmal nicht mehr Bescheid.« Bis zum Ende seiner Kanzlerschaft litt der »leitende Angestellte der Bundesrepublik Deutschland« (Schmidt über Schmidt) an Gedächtnisstörungen und -ausfällen.

Im Sommer 1982 beknieten ihn engste Freunde, das »Handtuch zu werfen« und »aus Gründen der Gesundheit und des eigenen Überlebens von der politischen Bühne in Bonn abzutreten«. Schmidt befolgte den Rat nicht sofort. Doch er wälzte ihn tagelang hin und her. »Psychisch und physisch war er fertig, sein gesundheitliches Konto erschöpft«, urteilen heute Berater, die diese Phase erlebten.

Seine Lage verschlechterte sich dramatisch. Handlungsbedarf bestand. Gesucht wurde eine einleuchtende Begründung. Niemand durfte von seiner Krankheit erfahren. Was fehlte, war ein Szenario zum Ausstieg, eine geschickte Ablenkung von persönlichen Problemen, eine schlüssige politische Schuldzuweisung.

Dafür mußte die eigene, oft gehaßte Partei herhalten; dafür mußten Genscher und die FDP zu Verrätern gestempelt werden. Schmidt begann, seinen Abgang vorzubereiten. Eine Legende wurde gestrickt.

Irrtümer

Gegen Ende seiner Kanzlerschaft bedauerte Schmidt wiederholt, 1974 beim Wechsel ins Kanzleramt nicht gleichzeitig das Amt des SPD-Bundesvorsitzenden von Brandt übernommen zu haben. Tatsächlich glaubte er, seine Partei stünde geschlossener hinter ihm, wenn er auch Parteichef wäre. Wahr ist, daß Schmidt im September 1982 längst nicht mehr Kanzler gewesen wäre, hätte Brandt nicht auf eindrucksvolle Weise, oft gegen seine innere Überzeugung, die schwierige, nicht pflegeleichte SPD auf »Schmidt-Kurs« gehalten.

Schmidt wünschte sich in dieser Phase seine Partei als »Kanzlerwahlverein«, in dem bedingungslos nachvollzogen wird, was der »Staatslenker« zu tun gedenkt.

Der Kanzler spürte, wie sehr die »Funktionärs- und Delegierten-SPD« auf Distanz zum Bonner Regierungschef ging. Freunde bestätigten die »gravierenden, tiefgreifenden Unterschiede« zwischen den Ansichten in Parteizirkeln und Parteigremien und den Meinungen »normaler« SPD-Mitglieder. Funktionäre und Mandatsträger hatten im Gegensatz zu vielen SPD-Wählern enorme Schwierigkeiten, Schmidt zu folgen. Doch sie blieben bis zum bitteren Ende, wenn auch stöhnend und murrend, »in der Spur«. Spätestens im August 1982 wollte Schmidt kaum noch etwas von seiner Partei wissen. Nichts lief mehr. Bis heute glaubt er, die SPD-Parteizentrale habe gegen ihn agiert und trage Mitschuld an seinem Ende in Bonn. Seine Fehleinschätzungen deckten sich mit der veröffentlichten Meinung in Tages- und Wochenzeitungen. Auf gezielte Nachrichten und vage Berichte, die im Kern jeglicher Grundlage entbehrten, »fiel er einige Male rein«. Die Regierungssprecher Kurt Becker und Klaus Bölling, die beide »Schmidts Ohr und Vertrauen« besaßen, wirkten wie Verstärker solcher Meldungen und betrieben auf ihre Weise das »Geschäft des Auseinanderdividierens von Schmidt und seiner Partei«.

Je näher das Ende der Koalition rückte, um so intensiver empörte sich Schmidt über seine Partei. In der werktags allmorgendlich stattfindenden Konferenz im Kanzleramt (Kanzleramtschef Gerhard Konow, Wischnewski, Bölling, sechs Abteilungsleiter und zwei Schmidt-Referenten) wurde kostbare Zeit damit verbracht, »Parteitagsbeschlüsse der SPD zu konterkarieren«. Wenn irgendein Unterbezirks- oder Kreisverband der SPD etwas zur Energie- oder Sozialpolitik beschlossen hatte, galt das als wichtiges Thema für die »Kanzleramtslage«. Die Kernenergiediskussion und die Auseinandersetzungen um die Raketenstationierung lieferten einigen Schmidt-Beratern täglichen Stoff, »um Schmidt gegen die Sozialdemokraten aufzubringen«. Aus der Sicht der Baracke und der SPD-Führungscrew war das »unredlich, ungerecht und falsch«. Bis zur »Entmannung faßte die SPD Beschlüsse«, bestätigen Eingeweihte, die man sich heute »nicht mehr angucken kann«. »Trotzdem mußte die Partei als Prügelknabe herhalten.«

Es gab eine Reihe von Zirkeln, in denen sich Sozialdemokraten gequält fragten, ob es vertretbar sei, sich »massiv demütigen zu lassen« und die »Entkleidung« der SPD in wesentlichen programmatischen Vorstellungen mitzumachen. Willy Brandt wurde von Schmidt-Gegnern, die damals in der Minderheit waren, vorgeworfen, er sei mit seiner Unterstützung des Kanzlers zu weit gegangen. Er lasse »die Partei durch Schmidt ruinieren«.

Immer mehr Abgeordnete gab es, die um ihre Wiedernominierung zitterten. Die Entwicklung in der SPD lief gegen den Kanzler. Auf unterer und mittlerer Führungsebene fürchteten immer mehr SPD-Mandatsträger um ihre Chance, wiedergewählt zu werden, wenn sie sich nicht vernehmlich von Helmut Schmidt distanzierten. Es rumorte immer lauter in der Partei, vor allem bei sozialdemokratischen Betriebsräten.

Als Lafontaine im *Stern* vom 16. Juli 1982 Schmidt heftig attackierte und ihm Tugenden eines KZ-Wächters unterstellte, vermutete der Kanzler eine gezielte Kampagne gegen ihn, die von Brandt und der Parteizentrale inszeniert sei. Schmidt beschwerte sich sogar, daß er bei seinen seltenen Besuchen in der Baracke nicht einmal von Genossen gegrüßt werde. Irritationen und Irrtümer häuften sich. Schmidt lehnte wichtige Teile seiner Partei ab. Nach seiner Meinung mangelte es der SPD-Bundestagsfraktion an Disziplin. Wehners Zeit war abgelaufen. Er brachte nicht mehr die Kraft auf, die Parlamentarier auf Schmidt-Kurs zu halten. Nur noch die Rücksicht auf den alten kranken Mann verhinderte brachiale Konflikte mit dem Kanzler. Für Schmidt war es tragisch, daß seine Säule in Partei und Fraktion,»Onkel Herbert«, just zu jenem Zeitpunkt ausfiel, als sie dringend benötigt wurde.

»Kinder, wenn ich wiederkomme, sage ich euch, wo es langgeht. Wenn euch das nicht gefällt, müßt ihr euch einen anderen suchen«, hatte Schmidt zu Engvertrauten gesagt, bevor er im Juli 1982 in Urlaub ging. Nach der parlamentarischen Sommerpause kam dann der Schock. Viele im engeren Umkreis von Schmidt, aber auch jene Genossen, die dem Kanzler zutrauten, Koalitionskrisen zu meistern, erkannten den Hamburger nicht mehr wieder. Schmidt kehrte Ende August 1982 aus den Sommerferien nach Bonn zurück mit einem Verhandlungskonzept im Koffer, in dem alle FDP-Forderungen als sinnvoll und erfüllbar dargestellt wurden. Sein »überraschendes Zugehen auf die Liberalen« begründete er gegenüber seinen Mitarbeitern mit den Worten:»Das müssen wir so machen, um den FDP-Parteitag im November zu erreichen. Wenn wir den überstanden haben, ist die sozialliberale Koalition gerettet und bis zum Ende der Legislaturperiode gesichert. Wenn wir den Parteitag nicht erreichen, kommt Kohl.«

Der Kanzler hielt — wie die FDP — weitere Kürzungen im Sozialbereich für notwendig. »Wir haben schließlich das Anspruchsdenken seit 1969 gezüchtet«, giftete er die Genossen an. »Es kommen viel zu viele Rentner auf einen arbeitenden Menschen. Die Verkürzung der Lebensarbeitszeit ist nicht angebracht.« Schmidts Ansichten über Wirtschafts-, Finanz- und Sozialpolitik, die im großen und ganzen aus der Feder seines Günstlings Manfred Lahnstein stammten, trafen die sozialdemokratischen Fraktionsexperten schmerzlich. Den Liberalen um Graf Lambsdorff müssen die Ohren geklungen haben. Sie jubilierten ob eines Kanzlers, der ihnen programmatisch so nahestand wie noch nie. Besser hätte ein CDU-Kanzler nicht reagieren können.

Schmidt wollte um jeden Preis verhindern, daß der SPD noch einmal vorgeworfen würde, »sie habe sich davongestohlen wie 1930 und 1932«. Auch deshalb machte er Konzessionen an den Koalitionspartner. Seine

Partei war empört. Sie fand sich in Schmidts Konzeption nicht mehr wieder. Die Parteibasis drohte zu explodieren. Vor allem sozialdemokratische Gewerkschaftsfunktionäre und SPD-nahe Betriebsräte ließen sich nicht mehr ruhigstellen. Nur noch mühsam gelang es Parteichef Brandt, für den Schmidt-Kurs bei Mandatsträgern Verständnis zu erreichen. Immer mehr Sozialdemokraten rieten: »Hört auf!« Zurück in die Opposition sehnten sich die meisten. Einige plädierten offen für den Austritt aus der Koalition. Eine Minderheit wollte einen anderen sozialdemokratischen Kanzler.

Schmidt hatte überzogen. Wie so häufig in jenen Monaten verkannte er die Stimmungslage seiner Partei. Verzweifelte Regungen ließen ihn kalt. Der Graben zwischen ihm und vielen Genossen wurde immer tiefer. Seine Ansichten deckten sich kaum noch mit denen der meisten Sozialdemokraten. Schmidt ging seinen Weg. Kaum jemand wollte noch mit ihm ziehen.

Zur selben Zeit erkannte Schmidt, daß sich die Großmächte in Abrüstungsfragen nicht näherkommen würden. Im Sommer 1982 wußte er, daß es kein amerikanisch-sowjetisches Abkommen geben werde. Mit der Stationierung der Pershing-Raketen mußte vielmehr im Herbst 1983 gerechnet werden. Daran – so folgerte er – führe kein Weg mehr vorbei. Wie würde sich die SPD verhalten? Würde sie dann noch zu den Parteitagsbeschlüssen von München stehen? Würden Brandt und die tonangebende Führungsschicht in der »Sache hart bleiben«? Nichts war sicher, nichts war berechenbar! Die Zukunft dämmerte in düsteren Farben. Schmidt kalkulierte, daß die sozialliberale Koalition die erste Pershing in der Bundesrepublik nicht überleben werde. Rücktrittsdrohungen wirkten nicht mehr. Dieses Instrument war verbraucht. Im Ernstfall nicht mehr einsetzbar. Schmidt befand sich in der Klemme.

Für den Herbst wurden neue Konjunkturdaten erwartet. Wie verliefen dann die Koalitionsverhandlungen über den Haushalt 1983? Würde die FDP ihre Forderungen bewußt überdrehen, um die Koalition zu sprengen? Gab es bei den Liberalen überhaupt noch den Willen zur Einigung?

Parteifreunde, die es gut mit dem Kanzler meinten, rieten ihm zum Ausstieg. Nicht wegen des »unsicheren Kantonisten FDP, sondern weil der SPD nicht mehr zu trauen« sei.

Schmidt rechnete mit einem »heißen Herbst«. Seine Berater warnten gleichermaßen vor SPD und FDP. Sie vermuteten, die FDP würde bei den Haushaltsberatungen »ausflippen« und zur Mitte der Legislaturperiode die Koalition zerbrechen lassen. Der Novemberparteitag der FDP – unkten Kanzlergehilfen – werde die Koalition entweder »absegnen oder beenden«. So oder so falle eine Entscheidung über die Zukunft der Koalition und Helmut Schmidts. Ohne sein Zutun!

Das Schicksal des sozialdemokratischen Kanzlers in den Händen der

FDP? Das durfte und konnte nicht sein. Schmidt mußte das Heft in der Hand behalten. Er wollte selbst bestimmen, was geschehen mußte. Das Ansehen des Kanzlers durfte nicht weiter beschädigt werden. Seine Reputation in Deutschland und in der Welt sollte nicht »verspielt« werden. Darauf legte auch Schmidt Wert.

Szenario

Ende August 1982 ließ sich Schmidt Papiere über »strategische Einschätzungen der FDP« anfertigen. Darin wurde festgestellt, daß Genscher seit Ende Mai 1982 »massiv die Themen Arbeitslosigkeit und Reform besetzt« hielt. Der FDP-Chef versuchte, für das koalitionspolitische Verhalten der Liberalen sachpolitische Begründungen anzuführen. In Ansätzen sei diese Linie bereits seit dem Wendebrief vom August 1981 erkennbar. Die Kanzlerberater sammelten Genscher-Äußerungen zur Innen- und Außenpolitik, »mit denen er sich von der Koalition absetzt«. Nach diesen »Handreichungen« mußte Schmidt zu dem Ergebnis kommen, daß der Hallenser »über kurz oder lang die Koalition aufkündigen werde«. Auf jeden Fall noch im Herbst. Jedes Interview Genschers durchlief den »kritischen Prüfstand« der Kanzlergehilfen. Es verging kaum ein Tag, an dem sie nicht »deutliche Signale des Advokaten für den Ausstieg« registrierten. Vieles von dem, was der Kanzler über Genscher erfuhr, waren Gerüchte oder Überinterpretationen. Manchmal sogar Falschmeldungen. Da wurden öffentliche Warnungen an den Koalitionspartner zur »inneren Entscheidung« umgedeutet. Die »Genscher-*Watcher*« aus dem Bundeskanzleramt beschäftigten sich oft mehr mit Phantasien als mit dem »real existierenden und vorsichtig agierenden Genscher«. Sie beschrieben den Außenminister — vor allem in diesen Tagen — als »Matador, der sich nach außen zurückhält«. »Das ist kein Mann, der die Brust frei macht und Flagge bekennt«, heißt es in einem Papier.

Besonders die »geräuschlosen Beratungen von Klaus Bölling« — so ein Vertrauter des Kanzlers — waren nicht dazu angetan, Schmidts Blick für die Bonner Realität zu schärfen. Das war auch nicht mehr nötig. Der Schuldige für den Bruch war vor dem Bruch längst gefunden und von Schmidt auserwählt: Hans-Dietrich Genscher.

Schmidt plante seit der letzten Augustwoche 1982 den Bruch der Koalition. Er überlegte systematisch, wie er schlüssig und einleuchtend zu inszenieren und zu vollziehen sei. Zielstrebig arbeitete der Kanzler auf das Ende der Koalition hin, das nach seinen Bedingungen erfolgen sollte.

Er wollte alles tun, um für sich und die ungeliebte Partei alle taktischen Vorteile zu erzielen. Die Schuld – so Schmidts selbsterdachtes Szenario – sollte Genscher und der FDP angelastet werden. Der »Verräter Genscher« sollte gegeißelt werden, von Schmidt »ganz bewußt beabsichtigt«. Die FDP dürfe »niemals mehr auf die Beine kommen«.

Dankbar war Kanzler Schmidt seinem Wirtschaftsminister Lambsdorff für das »wunderschöne Geschenk des Himmels«. Gemeint ist das sogenannte Lambsdorff-Papier.

Wie kein anderer aus der höheren FDP-Riege hatte Lambsdorff die Sozialdemokraten gepiesackt. Mit immer neuen Nadelstichen versuchte er Woche für Woche, der SPD klarzumachen, daß sie als Koalitionspartner nur noch beschränkten Wert besitze.

Schmidt hatte nach der Sommerpause bei einem Gespräch mit Genscher und Lambsdorff den Grafen gefragt, was er eigentlich politisch anders machen wolle. Lambsdorff hatte spontan geantwortet: »Das werde ich Ihnen aufschreiben. Ich mache Ihnen ein Papier.«

Schneller als erwartet, lieferte der Graf dem Kanzler am 9. September 1982 ein Papier ab, das alles enthielt, was Lambsdorff störte und was er besser machen wollte. Bereits im Sommer hatte der Wirtschaftsminister zusammen mit seinem Staatssekretär Schlecht und den Mitarbeitern Grimm und Tietmeyer eine Dokumentation erarbeiten lassen, die er nun – etwas überraschend für Schmidt – aus der Schublade zog. Lambsdorff übergab das einundzwanzig Seiten lange »Memorandum«, das seine CDU-nahen Beamten zusammengestellt hatten, nicht ohne einige Überarbeitungen vorgenommen zu haben. Dabei sparte er nicht an schärferen, zugespitzten Formulierungen. Dieses »Konzept für eine Politik zur Überwindung der Wachstumsschwäche und zur Bekämpfung der Arbeitslosigkeit« schickte er dem Kanzler.

Zunächst hatte von den FDP-Oberen niemand das »Dokument« des Grafen gekannt. Es war kein Papier der FDP. Viel zu spät erhielten Genscher und Mischnick Einblick. Sie ahnten sofort, welchen Sprengstoff das Papier besaß. Mischnick und Wehner waren der einhelligen Auffassung, das Papier unter keinen Umständen zu publizieren. Genauso dachte Genscher, der Lambsdorff beschwor, unter keinen Umständen das Beamtenpapier dem Kanzler zu geben. Zu spät! Lambsdorff ließ sich nicht umstimmen. Er schickte sein Papier Helmut Schmidt. Die Presse ergatterte über das Presse- und Informationsamt der Bundesregierung einige Exemplare. Herbert Wehner kannte das Lambsdorff-Papier bereits »24 Stunden nach Erhalt durch den Kanzler«. Es lag offen auf seinem Schreibtisch. Hier las Mischnick erstmals den Analyse- und Therapie-Teil. Der Kanzler hatte Lambsdorff um »absolute Vertraulichkeit gebeten«. Lambsdorff, der politische Prozesse und die Brisanz politischer Vorgänge auffallend häufig falsch einschätzt, fiel auf Schmidts Absicht herein. Für den Kanzler kam das Lambsdorff-Papier zur rechten Zeit. Er »instrumentalisierte das Werk« seines Wirtschaftsministers zum »Scheidungspapier«. Endlich hatte er den äußeren Anlaß gefunden, die Koalition zu beenden. Vor allem die Schuldfrage stand damit fest. Daß sich der sozialdemokratische Kanzler mit den meisten Thesen Lambsdorffs persönlich identifizieren konnte, ist nur am Rande erwähnenswert.

Es gibt noch eine andere, überlagernde Version zur Bedeutung des Lambsdorff-Papiers. Der Graf galt lange Zeit als überzeugter Anhänger der Regierung unter der Kanzlerschaft von Helmut Schmidt. Wenn ihm etwas nicht paßte, artikulierte er lautstark seine Kritik. Sein Papier war nicht in erster Linie von Schmidt zur Auflösung der Koalition gedacht. Er könnte sogar gehofft haben, damit die Koalition zu festigen, denn Schmidt und Lambsdorff verstanden sich blendend. Zwischen beiden bestand ein enges Vertrauensverhältnis. In der politischen Analyse stimmten sie nahtlos überein. Auch in der Einschätzung Genschers. Beide, Schmidt und Lambsdorff, mißtrauten Genscher in der letzten Phase gleichermaßen und lehnten ihn zuletzt als verläßlichen Partner ab. Allerdings hielt der Graf auch nichts von Kohl. Ihn zum Kanzler zu küren schien dem Wirtschaftsexperten unerträglich. Er sann nach einer Alternative.

Insider beschreiben Lambsdorff nicht als den Kämpfer, den er gern darstellt. Oft »knickte« er im Kabinett oder bei Koalitionsverhandlungen ein, änderte seine Meinung innerhalb eines Tages mehrfach. Lambsdorff ist »nicht der Mann unumstößlicher Prinzipien und Werte. Seine fabelhafte Rhetorik täuscht Standfestigkeit und Treue vor«, verriet ein Freund des Balten.

Daß Lambsdorff ein begnadeter Redner ist, der immer bestens organisiert und vorbereitet erscheint, wissen seine Kritiker. Sie werfen dem »Marktgrafen« aber vor, daß er die eigentliche Wählerklientel der FDP als Bundeswirtschaftsminister und wirtschaftspolitischer Sprecher der FDP-Fraktion sträflichst vernachlässigt habe. Gewerblicher Mittelstand, Handwerk und Handel interessieren ihn kaum. Er verstehe sich als Interessenvertreter der Großindustrie, der Versicherungswirtschaft und der Banken. »Das war ein Banken-, Versicherungs- und Industrieminister, der den Liberalen bei Wahlen wenig brachte«, wettert einer, der Lambsdorff aus nächster Nähe kennt.

Lambsdorff ahnte 1982 nicht, daß sein Papier für das Auseinanderbrechen der Koalition ausschlaggebend sein könnte. Alle anderen Erklärungen dazu sind an den Haaren herbeigezogen und entsprechen nicht der Wahrheit. Der »liberale Traumtänzer« wollte die Brisanz seiner »politischen Tat« einfach nicht begreifen. Lambsdorff erwies sich keineswegs als gewiefter Taktiker. Der sonst hochintelligente Wirtschaftsfachmann zeigte deutlich, wie beschränkt sein politisches Handeln ausfällt, sobald er einen taktisch klugen, hochintelligenten Gegenspieler findet. Noch heute verweist der Graf stolz auf sein politisches Wirken. Dabei hätte er um ein Haar die FDP in den Ruin gestürzt, denn der Kanzler konnte handeln und der FDP einen fast tödlichen Stoß versetzen. Ohne das Lambsdorff-Papier wäre es Schmidt zumindest nicht zu diesem Zeitpunkt – vor den Wahlen in Hessen und Bayern – gelungen, die Koalition zu sprengen und vor den Augen der Welt dafür auch noch den Schuldigen zu liefern.

Genscher hatte Lambsdorffs Drängen lange ausgehalten. Seit dem Frühsommer 1981 machte der Graf unentwegt Druck. Doch der Parteichef widerstand. »Es nahm ihn alles wahnsinnig mit«, sagt ein Bonner Insider von Genscher, »und er versuchte viel zu spät, Strategien zu entwickeln, damit der FDP die Schuld nicht zugeschoben werden konnte.«

Mit dem willkommenen Lambsdorff-Papier näherte sich Schmidt dem Countdown. Zum erstenmal geriet Genscher unter Zugzwang. Der Chefliberale hoffte immer noch, größeren Schaden von seiner Partei fernhalten zu können.

Helmut Schmidt erschien seinen Bonner Helfern in den Septembertagen 1982 als »völlig erschöpfter Mann«, der nach achtjähriger Kanzlerschaft »physisch und psychisch wirklich am Ende war«. »Todmüde sah er aus«, urteilt ein Vertrauter. Im SPD-Präsidium wirkte er manchmal so, als würde er vor Erschöpfung einschlafen. Was ihn erregte und bewegte, waren *Spiegel*-Artikel über ihn und die SPD. Mit roter und grüner Farbe strich er jene Texte an, bei denen er Brandt oder anderen Präsidiumsmitgliedern unterstellte, sie an das Magazin weitergegeben zu haben. »Er selbst fühlte auch, daß er mit seinen Kräften am Ende war . . . Er war wirklich am Ende«, bezeugt einer, der Schmidt aus der Nähe beobachtete.

Das Verhältnis der SPD zu Schmidt war wie 1966 das Verhältnis der Unionsparteien zu Ludwig Erhard: Sie wollten ihn loswerden. Damals hätte die FDP mit Erhard noch lange regieren können. Die Liberalen hätten es auch mit Schmidt noch lange ausgehalten. Nicht aber mit großen Teilen der SPD!

Schmidt wollte und konnte nicht mehr. Am 14. September 1982 unterrichtete Klaus Bölling den Kanzler über Genschers Auftritt im

Bonner Journalistenzirkel »Ruderclub«. »Von vertrauenswürdigen journalistischen Freunden«, wie Bölling in seinem Buch »Die letzten 30 Tage des Kanzlers Helmut Schmidt« schreibt, wurden ihm Nachrichten und Interpretationen hinterbracht. Genscher sollte angeblich »zum Ausstieg fest entschlossen sein«. Der Kanzler erfuhr außerdem, daß man zwischen FDP und CDU in personellen Fragen »ziemlich weit vorangekommen sei«. Beide Meldungen waren falsch. Genschers Äußerungen konnten so nicht gedeutet werden. Doch für Schmidt reichten diese »Fakten« aus, drei Tage später den Rauswurf der FDP-Minister zu vollziehen und das Ende der Koalition einzuleiten. Er informierte noch am selben Tag Brandt, Bahr und Glotz über seinen Plan. Gegenüber den Spitzengenossen begründete der Kanzler sein Vorgehen, in das er sonst niemand einweihte: Die Absprachen zwischen Kohl und Genscher seien schon so weit gediehen, daß bereits Termine für Neuwahlen et cetera pp. und alles andere festgelegt seien.

Nichts von alledem ist, wie wir heute wissen, wahr. Schmidt inszenierte seinen Abgang aufgrund von Falschmeldungen und Gerüchten. Es ist »unglaublich«, sagt ein ehemaliger Vertrauter, wie leichtgläubig Menschen sein können, wenn vermeintliche Nachrichten und hinterbrachte Gerüchte in den bewußt gewollten und seit langer Zeit geplanten und inszenierten Ablauf von Ereignissen passen.

Helmut Schmidt recherchierte nicht lange, ob »gesteckte Nachrichten« stimmten. Viele Gerüchte fügten sich nahtlos in sein Szenario, durch das sich der »Krisenkanzler« einen »tollen Abgang« verschaffte.

An das Gerücht lange vorbereiteter Absprachen zwischen Genscher und Kohl glauben bis heute auch noch Strauß und seine engsten Freunde. 1982 wurden die Bayern von Schmidt-Getreuen so informiert.

Auch die deutsche Öffentlichkeit wurde getäuscht. Legenden bildeten sich. Die Regierungspropaganda lief wie geschmiert. Fest steht, daß Schmidt Zeitpunkt und Procedere seines Abgangs selbst bestimmte. Er hielt die Sozialdemokraten im Herbst 1982 nicht mehr für regierungsfähig. Der Bundeskanzler verließ gelassen sein Schiff. Offenbar plagte ihn der Verlust der Regierungsverantwortung nicht allzu arg. Die Zukunft der deutschen Sozialdemokratie interessierte ihn noch weniger. Für ihn stand unbeirrbar fest, daß er seine Partei nicht mehr als Spitzenmann in Neuwahlen führen würde.

Ein Kanzler nahm Abschied, der »die staatspolitische Verantwortung in den Händen der Unionsparteien mindestens so gut aufgehoben sah wie bei seiner eigenen Partei, wenn nicht noch besser«. Sein Abschied war geprägt von »tiefem Haß gegen Willy Brandt«. Es freute ihn »wie ein kleines Kind«, den Koalitionsbruch gegen Brandts ausdrücklichen Willen durchgesetzt und vollbracht zu haben. Schmidt glaubte, mit seiner Tat dem »arglistigen Täuscher Genscher« unmittelbar zuvorgekommen zu sein. Schließlich sei die FDP jederzeit bereit gewesen, die Koalition aufzukündigen, wenn er, Schmidt, nicht so viele Konzessionen bei den Haushaltsverhandlungen gemacht hätte.

Verkannt

Daß Genscher »überaus intelligent« ist, bestätigen sogar seine Gegner, auch daß er über eine »außergewöhnliche geistige Reaktionsfähigkeit« verfügt, ein hohes »Schaltvermögen«. Tatsächlich ist sein Einfühlungsvermögen in den Denkvorgang des Gegenübers bemerkenswert. Schnell erkennt er den entscheidenden Punkt in der Argumentation des anderen, hat das jeweilige »schlagende Gegenargument« meistens parat. Seine umsichtige taktische Intelligenz schließt Intuitionskraft mit ein. Auch bäuerliche Schläue und Gerissenheit sind Merkmale des Hallensers. Freund und Feind unterstreichen seine intellektuelle Begabung. Einen »intellektuellen Habitus« besitze er jedoch nicht, auch seien seine intellektuellen Bedürfnisse begrenzt. Genscher hat keine künstlerische oder musische Ader. Sein Humor ist bekannt, sein Talent, Witze zu erzählen, ansteckend. Fröhlichkeit und Sinnenfreude zählen zu seinen auffallenden »Wesensmerkmalen«.

Der Hallenser ist im besten Sinn des Wortes liberal. Jeglichen Rigorismus lehnt er ab. Er verhält sich nicht nur unideologisch, er ist es auch. Ihn in die rechte politische Ecke zu drücken wäre ungerecht.

Sein taktisches Vermögen stellte Genscher sowohl in der Innen- als auch in der Außenpolitik unter Beweis. Dagegen ist sein strategisches Potential stark auf das Erreichen eigener Ziele beschränkt. Abstrakt-theoretische Strategien sind ihm fremd. Visionäre Kraft besitzt Genscher nur in Maßen. Die Fähigkeit, »längerfristige Überlegungen von grundsätzlicher Bedeutung anzustellen und zu verfolgen«, wird ihm nachgesagt. Werten und Grundsätzen wie Gerechtigkeit, persönliche und politische Freiheit, Anstand und menschlicher Umgang folgt er strikt. Sein Sinn für Pragmatismus ist unverkennbar. Genscher besitzt kühlen Machtinstinkt und ausgeprägtes politisches Machtbewußtsein. Er genießt Macht, Ansehen und Erfolg.

Sein rastloses Schaffen wird von einer »unersättlichen Leidenschaft« zur Arbeit geprägt. Er lebt gern in dem Bewußtsein, Dinge beeinflussen und bewegen zu können. Starkt entfaltet ist seine Lust, sich durchzusetzen. Sein Führungswille hat sich immer deutlicher entwickelt. Mitarbeiter schildern ihn als praxisorientierten »Tatmenschen, als Handelnden, der nie den Überblick verlieren möchte«. Menschen gegenüber öffnet Genscher sich nur schwer. Persönliches gibt er selten preis. Über sich redet er kaum. Meistens berichtet er über Erlebnisse und Ereignisse, in denen persönliche Betroffenheit zu erkennen ist. Genscher gilt als verschlossener Mensch.

Im Gegensatz zu vielen anderen Politikern vermag er noch hervorragend zuzuhören, speichert auch inhaltlich vieles. Wer ihn länger beobachtet, weiß, daß der Hallenser nur schwer beeinflußbar ist. Selten unmittelbar, eher im Laufe längerer Denkprozesse. Da er argumentationsstark und eloquent ist, wirkt er in seiner Meinung sehr entschieden und festgelegt, ohne es wirklich stets zu sein. Insgesamt läßt sich Genscher nur schwer von grundsätzlichen Einstellungen abbringen.

Engste Mitarbeiter schildern ihn als Mann von ausgeprägter Empfindlichkeit, gepaart mit übergroßer Vorsicht und dem – bei Politikern häufig anzutreffenden – »überdimensionierten Mißtrauen«. Immer bleibt er auf eigene Sicherheit bedacht, wittert stets, besitzt ein fast untrügliches Gefühl für Gefahren. Seine Fähigkeit, mit ausgefahrenen Antennen Situationen vorauszusehen und zu erkennen, verblüfft alle, die ihn genauer kennen. Bevor er sich für etwas entscheidet, »pendelt er sich ein«. Seine erste Reaktion gibt er nie nach draußen. Erst wenn er nach ausgiebigem Hinundherwenden Vorgänge analysiert und wichtige Außenfaktoren berücksichtigt hat, handelt er. Das sind langsame, oft verzögerte Entscheidungsprozesse, die Mitarbeitern und Parteifreunden häufig zu langsam erscheinen.

Im Sommer 1982 wirkte Genscher sowohl in seiner Partei als auch in der deutschen Öffentlichkeit unentschlossen. Niemand wußte, was er wirklich vorhatte. Wußte er es? Fragezeichen sind angebracht.

Mißverständnisse und Fehldeutungen belasteten die Koalition. Nicht zuletzt deshalb, weil Genscher sich bedeckt hielt, weil er sich bewußt zweideutig ausdrückte, weil er sich weder festlegen wollte noch konnte. Für welche FDP hätte er sprechen sollen? Der Wirtschafts- und Wendeflügel forderte durch Lambsdorff den Koalitionswechsel. Die Sozialliberalen in der FDP drängten vehement auf Fortsetzung der Regierung Schmidt/Genscher. Undurchschaubar und widersprüchlich waren die Mehrheitsverhältnisse in den FDP-Führungsgremien. In der Bundestagsfraktion zeichnete sich eine Mehrheit für den Wechsel ab. Doch was wollte Fraktionschef Mischnick? Wer ihn bei Koalitionsverhandlungen oder in Fraktions- und Präsidiumssitzungen erlebte, wußte, daß er zur sozialliberalen Koalition stand. In seinem politischen Handeln trachtete er danach, den Bruch zu vermeiden. Von Woche zu Woche spürte er jedoch, daß in der Fraktion keine Mehrheit mehr bestand. Noch wagte niemand, sich gegen ihn zu stellen. Schon gar nicht Parteichef Genscher. Ohne Zustimmung Mischnicks lief nichts. Auch keine Wende, falls man sie gewollt hätte. Auch das FDP-Führungspersonal belauerte sich gegenseitig. »Die Leute redeten nicht offen miteinander. Keiner traute dem anderen über den Weg. Das gegenwärtige Mißtrauen war mit Händen zu greifen«, berichtet einer, der es miterlebte. Das Verhältnis zwischen Partei- und Fraktionschef war gespannt.

Im Herbst 1982 wußte keiner vom anderen, »wie er empfindet und was er denkt«. Jeder beklagte die Undurchsichtigkeit des anderen. »Wenn der Dicke endlich mal mit mir reden würde« war ein Standardsatz, den Mischnick im vertrauten Kreis oft seufzend von sich gab. Er wußte nicht, was er von Genscher halten sollte. Auf Vermittlung eines alten Parteifreundes trafen sich Genscher und Mischnick unter vier Augen. Das Mißtrauen ließ sich nicht wegräumen. Alles blieb wie gehabt. Völlig offen.

Im Bundesvorstand, im Präsidium und in der Fraktion redete niemand ehrlich oder äußerte seine wahre Meinung. Jeder fürchtete sich, sie in der nächsten *Spiegel-* oder *Stern*-Ausgabe wiederzufinden. Eine verflixt ähnliche Lage wie in den SPD-Führungsgremien.

In den Wochen vor der Wende tauschte sich Genscher mit niemandem in der FDP aus. Allerdings pflegte er öffentliche Kontakte zu allen Flügeln der Partei. Nirgendwo ließ er erkennen, wohin er tendierte. Seine Angst vor dem Auseinanderbrechen der Partei läßt sich kaum in Worte fassen.

Seine Vorsicht und sein zauderndes Abwarten ließen sich durchaus begründen. Im Herbst 1982 konnte kaum jemand die Mehrheitsverhältnisse in seiner Partei einschätzen. Im FDP-Bundesvorstand gaben die »Sozialliberalen« den Ton an, im Präsidium die »Bürgerlich-Liberalen«, die einer Koalition mit den Unionsparteien nicht abgeneigt waren. Doch auch hier gab es keine klaren politischen Linien. Sicher waren nur die ständigen Indiskretionen. Wichtige Gespräche, wenn sie stattfanden, wurden in Sonderzirkeln der Partei geführt.

Unklar erschienen Genscher auch die Mehrheitsverhältnisse auf dem für November festgelegten Bundesparteitag. Im Ernstfall rechnete er mit einer ganz knappen Mehrheit für eine Wende. Doch sicher konnte sich niemand sein. Die gegensätzlichen Lager waren etwa gleich stark. Wenn er die Partei nicht zerbrechen lassen wollte, mußte er stillhalten, abwarten. Er durfte die Entwicklungen weder in die eine noch in die andere

Richtung beschleunigen! Es wäre der Tod des organisierten Liberalismus gewesen. Genscher sah keinen anderen Weg, als seinen Kurs des Ab- und Zuwartens fortzusetzen. Er ließ sich nicht provozieren, hielt seine unverbindliche, fast neutrale Linie durch. Jede Eindeutigkeit vermied er. Allerdings verkündete er noch am 20. August 1982 dem deutschen Fernsehpublikum:»Sachfragen suchen sich ihre Mehrheiten.«

Am 4. September 1982 tagte der FDP-Bundesvorstand in Wiesbaden. Genscher gab eine Lageanalyse. Einer protokollierte: Die FDP müsse jetzt diejenige Kraft sein, die in der Bonner Koalition die getroffenen Beschlüsse zum Haushalt 1983 unverrückbar vertritt. In obskure Diskussionen über Minderheitskabinett, Neuwahlen und dergleichen solle man sich nicht hineinziehen lassen . . . In der zweiten Oktoberhälfte sollten die neuen Daten vorliegen. Dann müsse weiter »stocksolide« finanziert werden. Die Sprache der Angriffe aus der SPD sei schlimm . . .

Das Protokoll der Bundesvorstandssitzung belegt, daß Genscher nach Möglichkeit diese Linie in der Koalition durchsetzen wollte. Er hielt wie Mischnick an der Regierung mit der SPD fest. Allerdings nach außen zweideutig, vage, ungenau.

Auf derselben Sitzung in Wiesbaden hielt Graf Lambsdorff einen Vortrag über ein »Programm zur Überwindung der Beschäftigungskrise«. Weil keine schriftlichen Unterlagen vorlagen, verlief die anschließende kurze Diskussion mühsam und schleppend. Niemand ahnte, was der Graf wirklich bezweckte. Auch die FDP-Bundestagsfraktion mußte sich in ihrer Sitzung vom 7. September 1982 ein Referat Lambsdorffs anhören. Diesmal unter dem Titel »Manifest der Marktwirtschaft«. Der Bundeswirtschaftsminister wollte »seine Denkergebnisse vortragen und zur Diskussion stellen«. Niemand wußte, daß es sich bei diesem Referat um die mündliche Fassung des zwei Tage später beim Kanzler abgelieferten »Lambsdorff-Papiers« handelte. Eine undurchsichtige Aktion des Grafen in den Führungsgremien der Partei, die kaum jemand erregte.

Unterdessen entfachte das vollständige »Lambsdorff-Papier« in der Öffentlichkeit einen Flächenbrand. Helmut Kohl, der Fraktionschef der Union, versprach, die Vorschläge sorgfältig zu prüfen. Gleichzeitig lehnte er eine Reihe von Forderungen — weil sozial unausgewogen — ab. Der DGB sprach von einem »wirtschafts- und sozialpolitischen Amoklauf« und sah — wie die SPD — »eine Art Kriegserklärung«.

Am 13. September 1982, vier Tage vor dem Bruch der Koalition, beschäftigte sich das FDP-Präsidium mit dem Lambsdorff-Papier. Es stellte sich mit einer Erklärung hinter den Wirtschaftsminister, ohne sich allerdings mit jeder Einzelheit seines Papiers zu identifizieren. Am 14. September befaßte sich die FDP-Bundestagsfraktion ausführlich mit

Lambsdorffs Vorgehen und den Inhalten des Papiers. Schließlich schloß sich die Fraktion der Erklärung des Präsidiums an. Gegen vier Stimmen (Fromm, Schuchardt, Matthäus-Maier, Hölscher) setzte sie eine Kommission ein, »die beraten sollte, welche Punkte des Lambsdorffs-Papiers kurzfristig für die Haushaltsberatungen im Oktober entscheidungsrelevant« seien. Die überwiegende Mehrheit der FDP-Bundestagsfraktion glaubte also immer noch an den Bestand der Regierungskoalition. Sogar Lambsdorff und sein Wendeflügel.

Die FDP hatte die Rechnung ohne den Wirt gemacht. Während sie noch über ihre Zusammenarbeit mit der SPD nachdachte, arbeitete Helmut Schmidt bereits am letzten Teil des klug arrangierten Szenarios für den Abschied. Er feilte an seiner Rede, in der er den Rauswurf der FDP-Minister aus seiner Regierung bekanntgab. Niemand in der FDP ahnte, daß Schmidt das Gesetz des Handelns bestimmte und einen furiosen Abgang wagte. Schon oft hatten die liberalen Minister Ertl und Lambsdorff schmunzelnd zum besten gegeben, daß sie Briefbogen dabei-hätten, um »im Fall des Falles ihr Rücktrittsgesuch ohne Sekretärin schreiben zu können«. Aus Spaß sollte bald bitterer Ernst werden.

Der Coup des Kanzlers

Niemand konnte Schmidt von seinem Plan abbringen, »die Brocken hinzuwerfen«. Nicht Brandt und Wischnewski, nicht Lahnstein und Engholm, nicht die einflußreiche Riege der »Kanalarbeiter« um Egon Franke. Weder Bölling noch Berkhan nahmen größeren Einfluß. Noch war der Kanzler nervenstark genug, um die Schlachtordnung selbst zu bestimmen.

Im Bundeskanzleramt prägte Bunkermentalität das Ende. Die wenigen Kontakte zur SPD-Parteibaracke waren gekappt. Alle Versuche von Getreuen des Kanzlers scheiterten, ihn umzustimmen. Nicht einmal telefonisch war er zu erreichen.

Am 16. September 1982, einen Tag vor dem Ende, versuchte Wolfgang Mischnick, den Kanzler zu sprechen. Berater im Kanzleramt unterbanden auch diesen telefonischen Kontakt. Später erfuhr Mischnick, daß der Kanzler von seinen unzähligen Versuchen nichts erfahren hatte. Mischnick wollte ihn zum Verbleiben im Amt überreden. Der Dresdner stemmte sich gegen einen Bruch der Koalition. Sein Angebot an den Kanzler lautete, zusammen mit Genscher und einer geschrumpften FDP-Fraktion nach Abspaltung der Wendebefürworter für eine – wenn auch knappe – Kanzlermehrheit bei der Vertrauensabstimmung im Parlament zu sorgen. Die Schotten blieben dicht.

Auch Herbert Wehner war in den letzten Tagen vor dem Ende der Kanzlerschaft Schmidts ahnungslos. Schmidt weihte seinen »treuesten Vasallen« deshalb nicht ein, weil er befürchtete, dieser werde sein Vorhaben an Mischnick weitererzählen. Voller Empörung wartete der schwerkranke SPD-Fraktionschef auf das, was kommen sollte. Er spürte, daß er »außen vor gelassen« wurde. Er hatte seine Schuldigkeit getan.

Am 17. September 1982 morgens um 5 Uhr wurde Wehner Schmidts Bundestagsrede über das Ende der Koalition zugestellt. Gegen 7 Uhr besaß Mischnick ein Exemplar. Um 7.30 Uhr wußte Genscher, was der Kanzler beabsichtigte. Der selten optimistische FDP-Chef hatte mit dem Schlimmsten gerechnet, nicht aber mit einem Rausschmiß. Schwarz auf weiß las er, Schmidt beabsichtigte, die FDP-Minister zu entlassen.

Genscher schien narkotisiert zu sein. »Wie vom Blitz getroffen!« Kein Wort kam über seine Lippen. Schweigen. Langes unendliches Schweigen. Der blasse, aufgewühlte, tief getroffene Genscher setzte sich sofort hin und formulierte eine Erwiderung auf die Schmidt-Rede. Wie weggetreten, schrieb und schrieb er. Innerlich erschüttert und zornig zugleich – ohne sich etwas anmerken zu lassen. Er fühlte sich verletzt, beleidigt, gedemütigt.

Graf Lambsdorff hatte um 8 Uhr einen Termin beim Kanzler. In der FDP rechneten alle mit der Entlassung des Bundeswirtschaftsministers. Doch der Graf kam nach einem »freundlichen Plauderstündchen« zurück. Noch immer in Amt und Würden. Dann wurde Genscher zum Kanzler gebeten, der nur mit Wolfgang Mischnick bei Schmidt »antanzen« wollte. Gesagt – getan.

Der Zufall wollte es, daß der Fraktionschef wenige Minuten vor dem Eintreffen des FDP-Vorsitzenden im Bundeshausbüro des Kanzlers ankam. Mischnick fragte Helmut Schmidt, was los sei. Der Kanzler sagte, die Koalition sei zu Ende. Darauf Mischnick: »Heißt das, daß die FDP-Minister ausscheiden sollen?« »Ja«, antwortete Schmidt. »Und wenn sie nicht gehen, werden sie dann von Ihnen entlassen?« fragte Mischnick. Der Kanzler: »Ja!« Damit war für Mischnick der Bruch vollzogen. Bis zu diesem Zeitpunkt hatte der Dresdner immer noch gehofft, die Koalition zu retten. Im Laufe des Gesprächs bei Schmidt erklärte Genscher, daß er und seine drei FDP-Kollegen zurücktreten würden.

Genscher wollte sich und seine Ministerkollegen nicht hinauswerfen lassen. Hinter forschem Auftreten verdeckte er die Tatsache, daß er längst jegliche Handlungsfreiheit verloren hatte. Wie gelähmt wirkte er später auf seine Parteifreunde. Er hatte Schmidt nichts entgegenzusetzen. Der Kanzler spielte seinen Part zu Ende. Mischnick marschierte nach dem Gespräch bei Schmidt zu Wehner und schilderte ihm die Lage. »Mich wird dieses Haus nie wiedersehen«, raunzte Wehner. Er riet: »Sie müssen jetzt zu Ihren Leuten gehen.« Beide waren tief verletzt: ausgeschaltet von Schmidt. Ihre Trauer über das Auseinanderbrechen der Regierungskoalition wurde durch die Wut auf Schmidt gemildert.

Über Genscher, der den Bruch nicht um des Bruches willen gewollt hatte, rollte die Entwicklung hinweg. Alles lief ihm aus dem Ruder. Nichts konnte koordiniert und geplant werden. Die Tage waren furchtbar für ihn. Er mußte Anschluß finden. Was blieb zu tun? Die Entwicklung ließ sich nicht mehr aufhalten. Seine ausgeprägte Witterung, doch auch sein ausgeklügeltes sensorisches System versagten. Sein feinmaschiges Nachrichtennetz hatte sich als zu grob geknüpft erwiesen. »Alle Sicherungen waren durchgebrannt.« Viele kannten den »liberalen Fuchs«, den sie für ein »ausgebufftes Schlitzohr« hielten, nicht mehr wieder.

Die dramatischen Ereignisse des 17. September 1982 begannen für die FDP mit einer Präsidiumsitzung um 8 Uhr. Um 10 Uhr versammelte sich die Fraktion. Der Protokollant notierte: »Wolfgang Mischnick eröffnete die Fraktionssitzung und erteilte das Wort an Hans-Dietrich Genscher. Dieser sprach mit großem Ernst, so daß alle spüren mußten, daß diese Sitzung von ganz außergewöhnlicher Bedeutung war. Nichts war von dem bei Hans-Dietrich Genscher sonst auch in angespannten Situationen gewohnten Lächeln zu sehen, Scherze konnten nicht aufkommen, von der bei den Liberalen gern geübten Saloppheit blieb keine Spur. ›Das ist eine historische Stunde für die Fraktion der Freien Demokraten‹, sagte der FDP-Vorsitzende eingangs seiner Rede und dann: ›Ich bin vom Amt des Außenministers und Vizekanzler zurückgetreten.‹ Dann unterrichtete er die Fraktion über den Text der Rede, die der Bundeskanzler wenige Minuten später im Plenum des Deutschen Bundestages halten wollte . . .

Helmut Schmidt wolle vor dem Bundestag Neuwahlen noch für dieses Jahr fordern, herbeigeführt durch eine Absprache zwischen den im Bundestag vertretenen Parteien und Fraktionen, und wolle zu diesem Zweck für die nächste Woche alle Partei- und Fraktionsvorsitzenden zu einem gemeinsamen Gespräch einladen, teilte Hans-Dietrich Genscher mit. Unter diesen Umständen halte er es nicht für möglich, jetzt noch auf der Regierungsbank Platz zu nehmen, sagte Hans-Dietrich Genscher. Auf den von Helmut Schmidt angebotenen Kuhhandel könne man sich nicht einlassen, angesichts der Haushaltslage und der Beschäftigungskrise dürfe man keine länger andauernde Entscheidungsunfähigkeit, wie sie mit einer Minderheitsregierung Helmut Schmidt und der Vorbereitung von Neuwahlen zwangsläufig verbunden sein müsse, in Kauf nehmen. Die FDP brauche Wahlen nicht zu scheuen, aber jetzt sei es ihre Pflicht, dazu beizutragen, daß sofort eine neue Regierung gebildet werden könne. Diese neue Regierung werde sich dann mit ihrer Politik dem Wähler stellen. Die Bildung der neuen Regierung werde vor allem von der CDU/CSU abhängen, die jedoch diesen Weg ebenfalls vorziehe, weil sie dann mit ihrem neuen Bundeskanzler die Wahlen bestreiten könne.

›In einer solchen Lage kann nur die Partei der Zukunft gewinnen, die sich als handlungsfähig erweist‹, mahnte der FDP-Vorsitzende und bat dann die Fraktion, seinen Rücktritt zu billigen. Er werde eine Mehrheitsentscheidung der Fraktion tragen, die jetzt und schnell getroffen werden müsse, betonte Hans-Dietrich Genscher. Wolfgang Mischnick verlas die entscheidende Passage der bevorstehenden Erklärung des Kanzlers, in der es hieß: ›Aber nach den Ereignissen der letzten Tage mußte ich das politische Vertrauen zu einigen Führungspersonen der FDP verlieren. Eine weitere Zusammenarbeit ist weder den sozialdemokratischen Bundesministern noch dem Bundeskanzler zuzumuten.‹

Die Haltung Wolfgang Mischnicks wurde noch einmal ganz klar: Jede Möglichkeit des Grundgesetzes, zu einer handlungsfähigen Regierung zu kommen, mußte ausgeschöpft werden, bevor man den Weg der Neuwahlen gehen durfte. Jetzt hing es von der Opposition ab, ob sie ein konstruktives Mißtrauensvotum herbeiführen wollte. ›An der FDP darf das nicht scheitern‹, meinte Wolfgang Mischnick und wies darauf hin, daß im Falle einer bei sofortigen Neuwahlen drohenden absoluten Mehrheit der Union die CDU zur Gefangenen der CSU werden müsse. ›Die Fraktion muß die Verantwortung jetzt übernehmen, so bitter das für manchen ist‹, meinte Mischnick, es sei ihm lieber, kurzfristig Ärger und Diskussionen durchstehen zu müssen, als in eine lang dauernde Staats- und Parteienkrise hineinzusteuern.

Nach Wolfgang Mischnick sprach Otto Graf Lambsdorff. Er berichtete über sein eben gehabtes Gespräch mit dem Bundeskanzler, das in der Sache angemessen, höflich und liebenswürdig geführt worden sei. Der Bundeskanzler werde zwar auch die liberalen politischen Positionen angreifen, sich aber vor allem auf Hans-Dietrich Genscher konzentrieren. Otto Graf Lambsdorff kündigte an, er werde ebenso wie Hans-Dietrich Genscher heute seinen Rücktritt einreichen.

Darauf sprach der Bundesinnenminister Gerhart R. Baum: ›Das werde ich ebenso tun müssen‹, wies zugleich indes darauf hin, daß sich die FDP seiner Meinung nach nicht als einzige Partei Neuwahlen verweigern dürfe. Man habe sorgfältig die politischen Begründungszwänge zu beachten, die mit den jetzt unternommenen Schritten entständen.

Auch der Bundesminister für Ernährung, Landwirtschaft und Forsten erklärte, er schließe sich an und werde ebenfalls zurücktreten. Josef Ertl warnte vor vorzeitigen Neuwahlen und zitierte den Bundeskanzler, der gesagt haben sollte: ›Bei Neuwahlen seid ihr draußen, und acht bis neun Prozent Grüne sind drin.‹

Wolfgang Mischnick bat als Fraktionsvorsitzender nun, dem Antrag Hans-Dietrich Genschers entsprechend, um die Billigung des Schrittes der vier Minister. Aber Burkhard Hirsch, der nordrhein-westfälische Landesvorsitzende, bremste: Minister hätten das Recht zu gehen, das brauche von der Fraktion nicht gebilligt zu werden. Es genüge, wenn die Fraktion die Rücktritte zur Kenntnis nehme. Also Wolfgang Mischnick: ›Wir stellen fest, die Fraktion nimmt zur Kenntnis.‹

An dieser Stelle, um 11 Uhr, sollte zunächst die Sitzung unterbrochen werden, um ins Bundestagsplenum zu gehen. Die SPD jedoch bat um eine längere Pause bis 11.30 Uhr, so daß noch einige Minuten blieben. Wolfgang Mischnick nutzte diese Zeit, um weitere Sätze aus Helmut Schmidts vorbereiteter Erklärung zu verlesen, Sätze, die deutlich machten, daß der Bundeskanzler die Koalition jetzt beenden wollte.«

Am 17. September 1982 begann im Plenum des Deutschen Bundestages Schmidts Kampagne. Eine raffiniert gesteuerte Propagandamaschinerie transportierte die Verratsthese in deutsche Lande. Genscher wurde als Prügelknabe der Nation hingestellt, als Mann, der Schmidt stürzte. Er konnte sich nur mäßig wehren. Die Presse fiel auf die Regierungspropaganda rein, schluckte gierig, was auf den Nachrichtenmarkt gebracht wurde. Auch gediegene Journalisten sprangen »auf den falschen Dampfer«, fuhren »auf dem falschen Gleis«. FDP-Mandatsträger in Bund und Ländern verließen die Partei aufgrund von Falschmeldungen und Gerüchten. Sie glaubten Schmidts Verratskampagne.

Legenden wurden produziert, die sich bis heute gehalten haben, aber nichts mit der historischen Wahrheit zu tun haben.

Freundschaft

Schmidt begründete sein Vorgehen parteiintern mit einem »Arrangement« Genschers, das dieser angeblich mit Oppositionsführer Kohl geschlossen habe. Im deutschen Blätterwald wurden Fotos von beiden

Parteivorsitzenden veröffentlicht, die beweisen sollten, daß »FDP-Chef Genscher und CDU-Kohl ein neues Bündnis auskungeln«. Viele Beiträge vermittelten den Eindruck, Kohl und Genscher seien sich bereits über die Kabinettsliste einig gewesen, als liberale Minister noch zusammen mit ihren sozialdemokratischen Kollegen an einem Tisch saßen. Eine derartige Hinterhältigkeit mußte entlarvt werden. Doch nichts entsprach der Wahrheit. Wahr ist vielmehr, daß es keine Vereinbarung zwischen Kohl und Genscher gab.

Im August 1981 waren beide Politiker im Haus des Frankfurter Brauereibesitzers und Konsuls Bruno Schubert in der Nähe von Berchtesgaden »gesichtet« worden. »Nicht eine einzige Minute sprachen wir allein«, bezeugen beide. Neben Kohl und Genscher zählten rund zwanzig weitere Leute zu den Gästen des Konsuls, der seit vielen Jahren zu Genschers Freunden gehört.

Die Begegnung aus dem Jahr 1981 wurde einfach auf September 1982 gelegt. Schmidt fiel darauf rein. Auf eine getürkte Wahrheit. Ebenso Strauß. Beide glaubten an den Wahrheitsgehalt dieser Meldung. Sie fühlten sich gleichermaßen hintergangen und getäuscht.

Genscher hätte eine Begegnung mit Kohl leicht herbeiführen können. Im August 1982 weilte der Bonner Oppositionsführer im österreichischen St. Gilgen. Auch dort gab es mit Genscher keinen Kontakt. Sein letztes Treffen mit dem Außenminister hatte im Mai 1982 stattgefunden. Genscher hatte den Chef der CDU/CSU-Bundestagsfraktion über außenpolitische Fragestellungen und den bevorstehenden NATO-Gipfel in Bonn informiert. Regelmäßig unterrichtete der Außenminister über den Verlauf internationaler Konferenzen, über Auslandsreisen, über Probleme deutscher Außenpolitik. Die Häufigkeit solcher Treffen, die im Auswärtigen Amt stattfanden, richtete sich nach den außenpolitischen Aktivitäten Genschers.

Neben den »geschäftlichen Kontakten« pflegten beide freundschaftliche Beziehungen. Auch Hannelore Kohl und Barbara Genscher verstanden sich gut.

Telefonate der zwei Parteiführer gab es immer wieder. Man kennt Genschers »Telefonitis«. Doch seit der Sommerpause 1982 war der Kontakt — auch der telefonische — abgerissen. »Ich wollte in dieser schwierigen Zeit meine völlige Unabhängigkeit erhalten«, sagt Genscher, der gegen Lügen und bösartige Unterstellungen kaum ankam.

Wer Genscher kennt, weiß, daß er seinerzeit zuviel Angst gehabt hätte, sich mit Kohl zu treffen. Was alles wäre in eine solche Begegnung interpretiert worden! Geheime Treffen lehnte der Hallenser ab.

Aus zahlreichen Gesprächen wissen wir, daß Kohl sich seit 1980 nie sicher war, was Genscher wollte. Der Rheinland-Pfälzer hatte allen Grund zur Klage; denn der Hallenser machte keinerlei Anstalten, sendete keine Signale, die als Wende, als Sprung, gedeutet werden konnten. Trotz langjähriger Freundschaft und enger Zusammenarbeit im ZDF-Verwaltungsrat seit 1962 wußte Kohl in den achtziger Jahren nicht so recht, ob ihm Genscher tatsächlich zur Kanzlerschaft verhelfen werde, ob er noch in Kohls Zeit als CDU-Chef einen Koalitionswechsel machen würde.

Kohls Sorgen waren berechtigt. Hätte die Koalition bis 1984 durchgehalten, wer weiß, ob der Pfälzer dann noch Kanzlerkandidat der Union gewesen wäre.

Schmidt im Verein mit Strauß wollte sofort Neuwahlen. Das hätte für die FDP das Aus bedeutet. Nach den Plänen der CSU vom 17. September 1982 — beschlossen in einem italienischen Restaurant im Herzen Schwabings — sollte Schmidt bis zu den Bundestagswahlen im Dezember mit einem Minderheitskabinett weiterregieren. Angestrebt wurden eine absolute Mehrheit der Unionsparteien und das »Zermahlen« der FDP.

Etwa zur gleichen Zeit trafen sich Kohl und Genscher in Bonn. Sie legten einen Zeitplan fest. Dazu gehörte die Zusage Kohls an Genscher, Neuwahlen erst im März 1983 anzusetzen.

Genscher konnte sich auf Kohl verlassen. Der hatte dem FDP-Vorsitzenden und seiner Partei schon nach der Bundestagswahl 1980 eine Art »Versicherungspolice« ausgestellt: »Wenn die springen, springen die nicht ohne Netz.«

Bevor es zum Regierungswechsel in Bonn kam, hätte Graf Lambsdorff gern noch Gerhard Stoltenberg auf den Schild des CDU/CSU-Kanzlerkandidaten gehoben. Doch der Balte verkannte völlig die Stimmungslage und die wirklichen Machtverhältnisse in der Union. Nicht einmal die freundschaftliche Bindung zwischen Kohl und Genscher schätzte er richtig ein. Wieder einmal handelte er verantwortungslos auf eigene Faust. Mit seinen Personalpokereien spielte er jenen in die Hände, die sofortige Neuwahlen forderten.

In einer Nacht-und-Nebel-Aktion versuchten auch einflußreiche Wirtschaftskapitäne der Bundesrepublik, einen Kanzlerkandidaten der Union zu nominieren, der ihren Vorstellungen entsprach. Es war Walther Leisler Kiep, CDU-Schatzmeister und damals Spitzenkandidat der Hamburger CDU bei der Bürgerschaftswahl, der statt Helmut Kohl neuer Bundeskanzler werden sollte. Auch die »Herrn des gehobenen Geldadels« verstanden nichts vom Innenleben der großen Volkspartei CDU/CSU.

Oppositionsführer Kohl hatte weder fertige Kabinettslisten noch schlüssige Regierungsprogramme in seiner Schreibtischschublade. Allerdings war seine Macht gut abgesichert. Nie ließ er Zweifel aufkommen, daß nur er der Kanzlerkandidat der Union sein könnte. Den norddeutschen Parteifreunden sicherte er zu, daß der nächste, von der Union zu nominierende Bundespräsident Richard von Weizsäcker heißen werde. Die Bonner CSU-Landesgruppe brachte er mit der Zusage hinter sich, Landesgruppenchef Friedrich Zimmermann werde Innenminister im Kabinett Kohl. Das war übrigens die einzige parteiinterne Verabredung, die »für den Fall der Fälle« in der zweiten Juniwoche 1982 zwischen Kohl, Strauß und Zimmermann getroffen worden war.

Tief

Als Schmidt den Hallenser und seine drei Ministerkollegen aus seinem Kabinett hinauswarf, stand Genschers Marktwert bei der Union nicht hoch im Kurs. In den Jahren 1981 und 1982 hatte Genscher alle günstigen Gelegenheiten »des Springens« unterlassen. Kohls oft wiederholte These »Die FDP verkommt an der Seite der SPD« schien auf taube Ohren zu stoßen. Nun stand der FDP-Chef mit leeren Händen da. Strauß und die CSU wollten ihm den Garaus machen. Schmidt und die SPD trachteten ebenfalls danach. Vier Ministerposten war die FDP der Union noch wert. Doch den Verlust des Innenressors konnte Genscher nicht verhindern. Sein Handlungsspielraum war eingeschränkt. Die Union besaß alle Trümpfe.

Das »wandelnde Radargerät mit lang ausgefahrenen Antennen, empfindlichen Weitwinkelaugen und riesengroßen Ohren« konnte nicht halten, was alle von ihm erwarteten. Als ob er »ins Boden- und Grundlose« gefallen sei, wirkte er für alle auf ungewöhnliche Weise unsicher. Er umgab sich mit noch dickeren Panzern und höheren Mauern, wurde noch schweigsamer und nachdenklicher, kapselte sich ab. Der »Dicke« schien zu wanken. Genscher, der sich gern mit einem Indianer vergleicht, der »nie schläft, sondern nur schlummert«, legte weder Spuren, noch verwischte er sie. Lange Zeit war er schwer angeschlagen. Mindestens vom 17. September 1982 bis zur erfolgreichen Bundestagswahl am 6. März 1983.

Von eigenen Leuten »gesteinigt und gepeinigt«, wurde er der monatelangen »absichernden Ungenauigkeit« bezichtigt. Sein »kalkuliertes Nicht-Festlegen« richtete sich jetzt gegen ihn. Ehemalige Parteifreunde und politische Gegner überschütteten ihn mit Haß und Häme. Abneigung und Gehässigkeit schmerzten ihn. Weh taten Berichte, Kommentare, Fotoreportagen, die Mißgunst und Feindschaft transportierten. Er war der *ugly boy*, der »Fiesling der Nation«. Was er in den Gazetten las, strotzte vor Haß, Böswilligkeit, Rachsucht und Ungerechtigkeit. Journalisten rückten ihn in die Nähe von Feigheit und Opportunismus. Er sei die »fleischgewordene Vorsicht«, habe eine »pathologische Scheu, Konflikte offen auszutragen«. Sein »närrisches Harmoniebedürfnis« sei in der Politik hinderlich. Er sei eine »Kunstfigur«, die kaum Seele erkennen lasse. Der »schreckliche Taktiker« habe sich selbst ausmanövriert und den Überblick verloren. »Der Mann mit den vielen Gesichtern« werde die FDP nicht vor dem Tod retten können.

Genscher hat das alles hinnehmen und »schlucken« müssen. Eine Presseschelte gab es von ihm nie.

Zwei Ereignisse prägten Genschers Leben besonders: seine langjährige Krankheit und die Umstände der Wende in Bonn. Die Verratslegende hätte ihn um ein Haar geschafft. Sie blieb ein Trauma im Leben des Hallensers. Darüber spricht er nicht. Beim Thema Wende schweigt Genscher eisern.

Die Umfrageergebnisse über seine Sympathiewerte rutschten in den Keller. Schmidt und seine Propagandisten vermittelten der Öffentlichkeit den nachhaltigen Eindruck, Genscher habe den Kanzler im Stich gelassen und verraten. Als »unangenehmen, hinterhältigen Underdog« präsentierten ihn seine politischen Gegner.

Nur wenige wissen, daß er vor dem Berliner Bundesparteitag, dem »Tränen-Parteitag«, im November 1982 erwogen hatte, vom Amt des FDP-Bundesvorsitzenden zurückzutreten. Er sah keine realistische Chance, sich eine Mehrheit zu sichern.

Genscher schätzt scharfe Attacken nicht. Es ärgerte ihn maßlos, daß »das Oberschlitzohr in Schmidt ein noch größeres Schlitzohr gefunden« hatte.

Daß ihn einige zuverlässige und standhafte Weggefährten verließen, gab ihm den Rest. Die Wunden sind mittlerweile geschlossen. Narben blieben. Seitdem ist Genscher einsamer geworden. Durch die Wende verlor er eine Reihe wichtiger Freunde für immer.

Interregnum

Für engste Mitarbeiter entstand ein Gefühl der Leere und Traurigkeit, als Genscher am 17. September 1982 Abschied vom »Amt« nahm. Mit einer politischen Abschiedsrede leitete er ein fünfzehn Tage dauerndes Interregnum ein. Die Staatssekretäre Staden und Lautenschläger führten die Geschäfte. Staatsminister Wischnewski vom Bundeskanzleramt hielt sich vornehm zurück. »Es rückte nicht die SPD-Brigade an, um die Schränke auszuräumen«, resümiert ein Genscher-Vertrauter. »Der Minister betrat in den beiden Wochen kein einziges Mal das Auswärtige Amt.« Eine seiner engsten Mitarbeiterinnen räumte unmittelbar nach seinem Rücktritt den Schreibtisch und die Schränke aus. Es glich einem »Auszug aus Ägypten«. Alle persönlichen Utensilien wie Fotos, Briefe und vieles mehr steckte sie in riesige Kartons. Tränen in den Augen. Am 1. Oktober 1982 wurde alles wieder ausgepackt und eingeräumt. Diesmal singend. Als Genscher sein Amtszimmer betrat, sah alles so aus, als ob er es nie verlassen hätte.

In seiner Abwesenheit fühlten sich seine engsten Mitarbeiter wie »herrenlose Hunde«. Niemand rief an. Keiner brauchte Auskünfte. Einige Damen überbrückten die Zeit mit Stricken. Es entstand der »Wendepullover« in Messing-Khaki-Grün. Aus der Bevölkerung kamen »außerordentlich viele Briefe«. Die Genscher-Getreuen hatten das Gefühl, als ob sich »der ganze Pöbel vorgenommen habe zu schreiben«. Menschen reagierten »unsägliche Aggressionen« ab.

Genscher wollte alles lesen, wollte wissen, wer wie über ihn denkt. Wieder fest im Sattel, spürten seine Zuarbeiter, daß er sich verändert hatte: »Furchtbar nervös, hektischer als je zuvor, ungeduldig, gereizt, aufgeregt, aufgedreht und unleidlich!« Es war eine schlimme Zeit. Erst nach der Wahl vom 6. März 1983 veränderte sich seine Art.

Zeitzeugen

Uwe Ronneburger

Ein Brief

Der Parteitag in Berlin, Veranstaltungen, Versammlungen mit engagierten, auch emotionalen Diskussionen bis spät in die Nacht über die Wende als »Schande«, »politische Notwendigkeit« oder gar »Sternstunde der FDP«, bewegende Bekenntnisse zum sozialen Liberalismus und die bange Suche von einzelnen und Gruppen nach der richtigen politischen Heimat, weil die persönliche Glaubwürdigkeit tangiert schien − für viele führte der Weg zum Bruch mit der liberalen Partei. Vor allem aktive Parteifreunde, die 1967/68 in der kleinen Oppositionspartei um die Freiheitsgarantien des Grundgesetzes gegen eine übermächtige große Koalition kämpften und die die neue Ost- und Entspannungspolitik mitformulierten, die schließlich zur Grundlage der ersten sozialliberalen Koalition wurde, vor allem diese Parteifreunde fühlten sich persönlich betroffen. Zu stark war über diese inhaltliche Übereinstimmung hinaus die emotionale Verbundenheit, zu groß das persönliche Verletztsein und die Enttäuschung, daß in ihren Augen die Solidarität von oben nach unten zur Makulatur geworden war. Verbleib in der FDP bedeutete − von Kampagnen des »verlassenen« Koalitionspartners geschickt begleitet − für viele von ihnen Verrat, auch gegenüber dem Wähler.

Wir haben diese Mitglieder damals verloren. Wir sind nie so viele, daß ein solcher Verlust leicht zu verschmerzen wäre. Vor allem in der »Koalition der Mitte« hätten sie eine Aufgabe gehabt. Sie hätten ihr Verständnis von Ecken und Kanten des liberalen Profils besser in der Partei als draußen vertreten können.

Die Partei hat sich unerwartet schnell erholt. Erfolge von Wahl zu Wahl.

Fünf Jahre später − die angenommene Wahrscheinlichkeit von Konsequenzen ist von anderen historischen Wahrheiten überholt, befürchtete Folgen blieben aus, unerwartete stellten sich ein −, fünf Jahre später sieht auch für mich die damalige Szene heller aus. Das Bild ist ausgeleuchtet, die Schlagschatten sind vollerem, weicherem Licht gewichen.

Ich vermute, daß der Abstand Einfluß hätte, sollte ich die Gründe, »warum ich 1983 gegen ihn kandidierte«, heute erforschen. Aber ich möchte der historischen Wahrheit die Ehre geben mit einem Brief, geschrieben am 15. Oktober 1982.

Uwe Ronneburger
Vorsitzender des Ausschusses
für innerdeutsche Beziehungen
des Deutschen Bundestages

Bundeshaus
5300 Bonn 1, den 15. Oktober 1982
Fernruf (0228) 16 5887 / 16 28 36

An den

Bundesvorsitzenden

der Freien Demokratischen Partei

Herrn Außenminister

Hans-Dietrich Genscher

Adenauerallee 99-103

5300 Bonn 1

Lieber Herr Genscher,

ich schreibe Ihnen, weil ich Ihnen meine Sorgen um den Bestand der
F.D.P. noch einmal vor dem Gespräch im Präsidium in aller Offenheit
darlegen möchte. Mir liegt zugleich daran, mich sowohl gegen den - nicht
auszuschließenden - Verdacht eigener ehrgeiziger Hoffnungen wie auch
gegen eine Identifizierung mit einer Kritik an Ihnen, die ich - schon
gar nicht öffentlich - so nicht geübt habe und nicht üben werde, zur
Wehr zu setzen.

Ich bin mir dabei bewußt, daß mein Name mit einer möglichen Nachfolge
im Amt des Bundesvorsitzenden in Verbindung gebracht worden ist. Ihnen
ist bekannt, daß ich mich um diese Position nicht beworben habe. Gleichwohl
halte ich es für meine Pflicht, Sie darum zu bitten, in Berlin nicht erneut
zum Bundesvorsitzenden zu kandidieren.

Unsere gemeinsame politische Heimat, die F.D.P., darf nicht an einer Situation
zerbrechen, über deren Ursachen ich hier nicht urteilen will. Die Folgen des
Endes der alten Koalition und des Beginns der neuen sind aber in der Öffentlichkeit und in der Partei so gravierend, daß Sie meine Sorgen verstehen und
sicherlich auch teilen werden. Dabei fürchte ich weniger die Lage in der
Fraktion als die Reaktion der Mitglieder vor Ort und das Bild unserer Partei
bei Bürgern und Wählern. Auch diejenigen, die Ihren Weg und Ihre Entscheidungen
für unvermeidlich halten, können den Ernst der Situation nicht übersehen.

Unter diesen Umständen muß "Berlin" ein Signal nach innen und außen
sein. Die Partei muß ihre Geschlossenheit wieder finden. Verlorenes
oder gefährdetes Vertrauen muß wieder gewonnen werden. Wir brauchen
die Mitglieder, die die Inhalte unserer Politik im Alltag und im
Wahlkampf repräsentieren, und wir brauchen die Bürger, die unsere
Aussagen kritisch, aber mit der Bereitschaft zu Ihrer Annahme akzeptieren.
Aber das uneinsichtige Beharren der Befürworter wie der Gegner des
Koalitionswechsels auf der Richtigkeit ihrer Thesen muß dazu führen,
daß das bisher unverwechselbare Profil der F.D.P. - nämlich politische
Positionen zu vertreten, die von den Volksparteien nicht zu erwarten
waren oder sind - für Wähler und Mitglieder nicht mehr sichtbar wird.
Ich verhehle gerade deswegen nicht meine Verwunderung und Verbitterung
darüber, auf welche Art und Weise die Leitung der Pressestelle in der
Baunscheidtstraße meinen Appell an alle Mitglieder am 7. Oktober behandelt
hat, ging es doch darum, die Debatte über eine Spaltung der F.D.P. zu
beenden.

Aber auch weil ich das, was Sie in so langen Jahren für unsere Partei
getan haben, mit hohem Respekt zu würdigen bereit bin, sträube ich mich
gegen die Vorstellung eines für Sie knappen Stimmergebnisses oder gar
einer Niederlage in Berlin.

Für Ihre Leistungen als Außenminister, aber auch als Innenminister, genießen
Sie zurecht nationales und internationales Ansehen. Sie dürfen dieses von
Ihnen erarbeitete Kapital, mit dem die F.D.P. wuchern konnte und kann,
nicht aufs Spiel setzen. Bleiben Sie Außenminister, aber dokumentieren
Sie durch einen Verzicht auf den Vorsitz der F.D.P., daß Sie der Einheit
der Partei wegen auf diese zugehen. Ich bin sicher, die gesamte F.D.P.
wird diesen Schritt als honorig bewerten und ihn nicht als Eingeständnis
einer "Schuld" ansehen.

Was immer auch der Berliner Parteitag bringen wird, Sie sollen wissen, daß
ich mich wie in der Vergangenheit darum bemühen werde, gemeinsam mit Ihnen
für den Fortbestand der F.D.P. zu kämpfen.

Ich grüße Sie im Bewußtsein langjähriger Verbundenheit, in der Hoffnung
auf Ihr Verstehen meiner Überlegungen und in großer Sorge,

P.S. Herr Mischnick erhält eine Kopie dieses Schreibens

269

JÜRGEN MERSCHMEIER

Zuspruch

»Was wird eigentlich aus unseren regelmäßigen Gesprächen, falls meine Partei am 6. März nicht wieder in den Bundestag kommt und ich nicht mehr Außenminister bin?« Seiner Sache ist sich Hans-Dietrich Genscher am 6. Januar 1983 nach wie vor ganz sicher, seiner Aussichten für die Bundestagswahl zwei Monate später aber ganz und gar nicht.

Seine Sache, das ist der Abschied von der Koalition mit den Sozialdemokraten, mit denen sich eine solide Wirtschafts- und Finanzpolitik nicht mehr umsetzen ließ und die sich in ihrer Mehrheit immer deutlicher vom westlichen Bündnis abzusetzen begannen. Seine Sache, das ist auch die neue Koalition der Mitte mit der Union, ein Bündnis, das er gewollt hatte und dessen Erfolg ihm damals – wie übrigens nach wie vor auch heute – am Herzen lag.

Aber die Aussichten? Sie sind nicht rosig, als wir abends gegen halb zehn in seinem Arbeitszimmer ein mehrstündiges Gespräch über die politische Lage und über die Perspektiven für die Wahl am 6. März beginnen. Von den zuversichtlich klingenden Appellen und den Mut machenden Parolen, mit denen der FDP-Chef am Vormittag im Stuttgarter Staatstheater das liberale Drei-Königs-Häuflein der Drei-Pünktchen-Partei hatte aufrütteln wollen, sind wenige Stunden später nur noch Schall und Rauch geblieben.

Die FDP schlingerte in schwerem Sturm; der Außenminister, über Jahre hin umschwärmt von Publizisten, Politikern und auch von Schickimickileuten auf den Bällen und Vernissagen, vom *Spiegel* zum »heimlichen Kanzler« hochstilisiert, als Stratege und Taktiker gleichermaßen gefeiert, er war von vielen zur politischen und publizistischen Unperson erklärt worden. Das diabolisch geschickte Wort vom »Verrat«, mit dem die Sozialdemokraten einen demokratischen und vom Grundgesetz ausdrücklich gewollten Vorgang denunziert hatten, zeitigte Wirkung. Hans-Dietrich Genscher, sonst für jede Kommunikation aufgeschlossen und stets auch fähig, seine Gesprächsbereitschaft gegenüber Journalisten zielgerichtet und zeitgerecht zum gewünschten Termin zu aktivieren, hatte sich in ein Schneckenhaus zurückgezogen. Er ließ kaum noch jemanden an sich heran.

Zu den wenigen Zeitungen, denen sich Genscher damals nicht von vornherein verschloß, gehörte die *Kölnische/Bonner Rundschau*, für die ich aus Bonn berichtete. Ich kannte den Außenminister und FDP-Vorsitzenden seit einigen Jahren, hatte manches Interview mit ihm geführt.

Aber dann die Frage, was denn aus den regelmäßigen Gesprächen werde, wenn der Außenminister seines Amtes verlustig gehen und – *sic transit gloria mundi* – an öffentlichem Interesse verlieren würde. Meine Antwort:»Dann hätten wir für solche Gespräche mehr Zeit, und wir könnten uns auch über andere Dinge unterhalten als über die Politik.« Ob's ein Trost war für ein schlechtes Wahlergebnis, das nicht auszuschließen war, das wir aber beide nicht wünschten, er nicht als Vater der Wende und ich nicht als langjähriges CDU-Mitglied, dem eine stabile Koalition aus Union und FDP vorschwebte?

Keiner von uns konnte an jenem Abend exakt voraussehen, wie es weitergehen würde, mit der Politik nicht und auch nicht mit den regelmäßigen Gesprächen. Hans-Dietrich Genscher trug Züge der Resignation, des Zweifels, einer Nachdenklichkeit, die nichts mehr spüren ließ vom routinemäßigen Abspulen wohlfeiler, stereotyper Floskeln, die zum Repertoire jener Mächtigen gehören, die sich nicht täglich Neues einfallen lassen können.

Das war ein anderer Hans-Dietrich Genscher an jenem Abend, wie denn überhaupt in den Monaten nach der Wende, als es dem gewieften Taktiker dreckig ging und bei vielen Gesprächen die Grundlage einer Freundschaft entstand, die nicht von der Politik bestimmt wird und die sich seither oft bewährt hat, im Gedankenaustausch und auch im persönlichen Rat, hinüber und herüber.

Dieser andere Hans-Dietrich Genscher erschließt sich nicht leicht. Wer wie er die Öffentlichkeit wieder genießt – die Zeiten seit jenem tristen Dreikönigsabend haben sich geändert –, wer den globalpolitischen Grundsatzdiskurs ebenso beherrscht wie die verzwickte Detaildebatte oder die witzige Stegreifrede (wohlvorbereitet?), der läßt sich nicht gerne ins Innere blicken. Wen er um Rat fragt, ob er – wäre er katholisch – einen Beichtvater hätte, was er vom Beten hält? Bei den Antworten taucht ein Mensch auf, der nicht in der Bundeswehr-Boeing »Otto Lilienthal« im Kurzschlaf die Zeitzonen zwischen den Kontinenten überbrückt.

Nein, da spricht plötzlich ein Mensch davon, daß er sich in seiner Kirche zu Hause fühlt. Von der Wehrkirche in Reideburg, in die er als Kind ging, führt der religiöse Ring zur Marktkirche in Halle, wo er zum Abendmahl geht, wenn er regelmäßig mit seiner Frau Bärbel Verwandte und Bekannte in der alten Heimat besucht. Mit sich selbst, mit seinem Gewissen ins reine zu kommen – das, wobei den Katholiken ein Beichtvater durchaus helfen kann –, der Protestant Genscher weiß, wie schwer es ist, mit sich selbst hart ins Gericht zu gehen. Sich selbst zu kennen und sich selbst – wenn es sein muß – auch schonungslos zu analysieren ist für Genscher eine wichtige Voraussetzung dafür, sich selbst treu zu bleiben. Das hat er, wie ich weiß, trotz vieler Angriffe, er sei opportunistisch und hänge sein Mäntelchen nach dem Wind, nicht nur immer versucht, sondern auch getan. Treue zu sich selbst hängt auch mit der Treue zu Freunden und Weggefährten zusammen. Ich erinnere mich der traditionellen Riverboatshuffle des AA-Pressereferats im Spätsommer des Jahres 1981. Der Außenminister nahm mich beiseite und meinte, es sei, vor allem auch aus Gründen der außenpolitischen Kontinuität einer NATO-treuen Bundesrepublik Deutschland, erforderlich, alsbald über die Konkretisierung eines Wechsels nachzudenken. (Es dauerte noch ein Jahr, bis es soweit war.) Und wer dann Kanzler werden solle? Für Hans-Dietrich Genscher gab es keinen Zweifel: »Helmut Kohl.« Was er denn an diesem schätze? Erstens sei der Oppositionsführer ein kenntnisreicher und guter Politiker. Und zweitens sei er »ein Freund«. Wo sich das erwiesen habe? Genscher, der Geschichten und Episoden liebt, antwortete mit einer solchen: »Am Abend des 10. Mai 1980, als uns Liberalen bei der Landtagswahl in Nordrhein-Westfalen 1700 Stimmen zum Einzug in den Landtag fehlten und bei uns Niedergeschlagenheit herrschte, war bei mir zu Hause Funkstille. Niemand von denen, die sonst immer anrufen, meldete sich. Um halb elf klingelte das Telefon. Helmut Kohl rief an und sagte: ›Hans-Dietrich, jeder von uns macht solche Stunden durch. Es geht auch wieder aufwärts.‹ Diesen Zuspruch werde ich Helmut Kohl nie vergessen.«

Zuspruch – das ist für den Freund Hans-Dietrich Genscher ein Schlüsselwort. Der nach außen hin so Hartgesottene braucht Zuspruch, und er gibt ihn Freunden auch, bar aller taktischen Finessen und ohne jeden Hintersinn. Freundschaft ist für ihn mehr als jene Oberflächlichkeit des Partygeplauders oder des *Small talk* der Salons. Dort redet er – und er tut es gern. Aber noch lieber redet er lange, intensiv und sachkundig mit Freunden, wirklichen Freunden. Und er betet auch, und dabei lauscht niemand, und er spricht ganz selten darüber.

Aber da gab es doch das berühmt-berüchtigte Kirchenpapier der FDP aus den siebziger Jahren, in dem mit der scheinbar einleuchtenden Forderung nach besserer Trennung von Kirche und Staat der traditionell antikirchliche, als »nur« antiklerikal getarnte Flügel der FDP seinen Ideen freien Lauf lassen konnte. Der gerade in der Nachfolge Walter Scheels zum FDP-Chef gewählte Genscher fand eine Lösung, die dem alttestamentarischen König Salomo alle Ehre gemacht hätte: In einem Gespräch mit dem damaligen Vorsitzenden der Deutschen Katholischen Bischofskonferenz, Julius Kardinal Döpfner, sagte er diesem, die FDP werde auf die Realisierung des Kirchenpapiers verzichten, und die

Bischöfe möchten doch im Gegenzug auf Angriffe in Richtung Liberale wegen des Papiers verzichten. Taktik oder gelebter Glaube? Ich meine, es war das zweite.

Diesem gläubigen Menschen ist es eine Angelegenheit auch des eigenen Herzens, etwa bei Besuchen in Ländern des Warschauer Paktes mit Repräsentanten der (unterdrückten) Kirche zusammenzutreffen. Aber warum sind dann Fernsehen, Fotografen und Journalisten dabei? Ist's nicht doch *just for show*, ein auf die deutsche Innenpolitik gerichteter televisionärer Reflex? Wer so argumentierte, dem wäre ein intellektueller Kurzschluß oder eine beabsichtigte Mißinterpretation vorzuwerfen. Denn auch wenn Genscher sonst einer Kamera nicht absichtlich aus dem Wege geht, er würde es tun, wüßte er, daß die Scheinwerfer dem Primas der katholischen Kirche in der ČSSR schadeten. Aber da er weiß, daß die Aufmerksamkeit der Weltöffentlichkeit die Christen in atheistischen Ländern eher im Glauben stärkt, drängt er sogar darauf, daß die TV-Teams mit von der Partie sind.

Für manche ist Glamour alles, ist Glamour Gott. Hans-Dietrich Genscher verachtet den Glamour nicht, den Macht mit sich bringt. Aber er weiß zugleich, daß die diesseitige Welt der Eitelkeiten nicht alles ist. Aber Gott ist Glamour für ihn nicht. Als ich am Abend des 3. Januar 1984 — auf einer Autobahn im Saarland hatte der Außenminister einen schweren Verkehrsunfall halbwegs heil überstanden, weil er angeschnallt war — seine Frau anrufen und mich nach seinem Befinden erkundigen wollte, war er, der leidenschaftliche Telefonierer, selbst am Apparat: »Ich habe dem Herrgott zu danken.« Das war nicht der Stoßseufzer des glücklich Davongekommenen. Das war tiefsitzende Überzeugung eines Menschen, den ich seither in vielen Gesprächen kennengelernt habe.

GERHART R. BAUM

Zäsur

Die Erschütterungen des Jahres 1982 wirken immer noch nach. Es war eine deutliche Zäsur in der Nachkriegsentwicklung. Ihr lagen Veränderungen zugrunde, die man geneigt ist mit »Zeitgeist« zu benennen. Sie waren tiefer angelegt, als daß sie von den handelnden Personen allein bestimmbar gewesen wären. Es gab einen Pendelrückschlag zum Konservativen, und dies entsprach Entwicklungen in anderen europäischen Ländern und vor allem in den Vereinigten Staaten. Hinzu kam eine

Ernüchterung über fehlgeschlagene, fehlgelaufene Reformen in den siebziger Jahren und natürlich auch die einschneidenden Veränderungen in der Weltwirtschaft. Dennoch stellt sich die Frage, warum die sozialliberale Koalition nicht in der Lage war, auf die neue Situation angemessen zu reagieren. Warum bedurfte es einer neuen Koalition? Der Regierungschef mit seinen Finanzministern Matthöfer und Lahnstein hatte durchaus die Zeichen der Zeit erkannt, wie seine Rede vor der SPD-Fraktion im Sommer 1982 zeigte. Es hat auch einzelne Konsolidierungsschritte gegeben, die der SPD-Fraktion, insbesondere dem Anhang des Arbeitsministers, immer wieder abgerungen werden mußten. Schmidt hatte als Person ein großes Ansehen bei den Bürgern. Warum hat er in dieser Phase nicht – sich einen Schritt ins Überparteiliche begebend – an die Bürger dieses Landes appelliert, »den Gürtel enger zu schnallen«, statt an alten, nicht mehr finanzierbaren Versprechen festzuhalten? Wäre es ihm möglich gewesen, nach einem Rezept zu verfahren, das Mitterrand – allerdings in einer ganz anderen Verfassungsposition – in den letzten Jahren angewandt hat? Auf dem Felde der Wirtschafts-, Finanz-, Haushalts- und Sozialpolitik lag die Bruchstelle der Koalition. Hier hatten sich die Gemeinsamkeiten verringert. In der Außenpolitik bahnte sich ein Streit über die Nachrüstung an, die dann zur Isolierung von Schmidt und seinen Getreuen auf dem Kölner SPD-Parteitag geführt hat. Dennoch gab es große Übereinstimmungen auf dem innen- und rechtspolitischen Feld, in Sachen kulturelle Freiheit, Menschenrechte und in Grundfragen der Außenpolitik. Blickt man heute zurück, spricht allerdings manches dafür, daß der Koalitionswechsel unvermeidbar war – allerdings kann man nicht mit letzter Sicherheit sagen, ob nicht, bei einer Anstrengung aller Beteiligten, das Bündnis doch noch hätte fortgesetzt werden können. Der Gewinner bestimmte die weitere Entwicklung. Die sozialliberale Koalition hatte dazu keine Chance mehr. Auch darf nicht vergessen werden: Teile der SPD waren koalitions- und kanzlermüde. In der FDP gab es starke und wachsende Kräfte, die die Koalition beenden wollten. Das will ich hier nicht noch einmal ausbreiten.

Sieht man die Entwicklung der christlich-liberalen Koalition seit 1982, so kann man einerseits feststellen, daß die Grundübereinstimmung in Sachen Wirtschafts- und Sozialpolitik, um derentwillen die Koalition gebildet wurde, durchaus besteht, daß aber andererseits die FDP gegenüber der Volkspartei CDU Konzessionen machen mußte, die man 1982 nicht für möglich gehalten hat.

Es war 1982 des Dilemma der FDP und ihres Vorsitzenden Genscher, daß diese Entwicklung innerhalb der SPD dem Publikum nicht bewußt war. Ich hatte im Juni 1982 dem Parteivorsitzenden Genscher eine Notiz übermittelt, in welcher ich die möglichen Optionen von Schmidt dargestellt hatte. Schmidt hatte

1. die Option, noch einmal zu kämpfen, vor allem gegen Teile seiner Partei. Er hatte die Option, sich an die Spitze einer ökonomischen Konsolidierungspolitik zu setzen, als der allgemein anerkannte »Weltökonom«. Er hatte

2. die Möglichkeit, wieder engen Schulterschluß zu seiner eigenen Partei zu suchen und, bei eindeutigen Schuldzuweisungen an die FDP, von sich aus die Koalition zu beenden.

Er hat den zweiten Weg gewählt. Die FDP stand dieser Entwicklung ziemlich hilflos gegenüber. Sie war auf den Koalitionswechsel nicht hinreichend vorbereitet. Weder durch interne offene Aussprache in den Gremien noch durch vorsorgende Entscheidungen zur Sicherung der liberalen Identität. Dem sogenannten linken Flügel war es ohnehin nahezu unmöglich, irgendwelche Bewegungen zu machen, da diese sehr leicht als eine Unterstützung eines möglichen Koalitionswechsels gedeutet worden wären. Unterstützt durch meinen engen Mitarbeiter und Berater Dr. Klaus Thomsen, habe ich deshalb versucht, den für Oktober 1982 vorgesehenen Parteitag zu einem rettenden Hafen für die Liberalen zu machen. Durch klare Sachpositionen auf den verschiedenen Feldern der Politik sollten die Liberalen zunächst einmal zu sich selber finden, sich auf sich selbst besinnen. Wir haben dem Vorsitzenden Genscher dazu einen ganzen Katalog von Vorschlägen gemacht, die Bezug nahmen auf Positionen, die er auch selber nicht nur in der Außenpolitik entwickelt hatte. Genscher war ja ein Vorsitzender, der auf den verschiedenen Feldern der Politik kreative Anstöße gegeben hat, wie er das auch heute noch tut. Wir wollten diese Positionsbestimmung mit seiner Person verbinden, und er war dazu auch bereit. In einem engen, vertrauensvollen Verhältnis habe ich ihm alle Beobachtungen und Informationen über die Entwicklung der Lage im Jahr 1982 übermittelt und ihm auch meine Einschätzungen gesagt. Er selbst hat das auch getan. Im nachhinein bietet sich mir das Bild eines Mannes, der nicht die treibende Kraft eines Koalitionswechsels war, wie er sich dann abgespielt hat. Natürlich wollte Genscher eine Wende »in der Wirtschafts-, Finanz- und Sozialpolitik«. Und er sah seine Außenpolitik von Teilen der SPD in Frage gestellt. Für Genscher war entscheidend, seiner Partei die Möglichkeit für einen Wechsel zu erhalten, zunächst einmal, um in der sozialliberalen Koalition stark zu bleiben, später, um angesichts der Ermüdungserscheinungen in dieser Koalition die Überlebensfähigkeit der FDP zu sichern.

Genscher denkt bis heute nicht in Koalitionen. Er definiert seine eigene Partei nicht anhand einer bestimmten Koalition, er denkt in erster Linie an die für ihn unverzichtbare und, wie er immer fordert, »unverwechselbare« liberale Partei, die für ihn immer zugleich Friedens-, Fortschritts- und Freiheitspartei ist. Er hielt von einer Lagertheorie damals ebensowenig wie heute. Im Grunde war all sein Bestreben darauf gerichtet, die Kontinuität liberaler Politik zu sichern. Mancher Kritiker des Jahres 1982 hat 1987 die liberale Partei gerade wegen Genscher wieder gewählt, weil er beharrlich die außenpolitische Kontinuität verfochten hat. Es muß Genscher geschmerzt haben, daß die Art und Weise des Koalitionswechsels zunächst einmal liberale Identität eben nicht gesichert hatte – und hier fühlten sich meine Freunde und ich besonders betroffen durch die Entwicklungen in der Innen- und Rechtspolitik. Ein von mir eingebrachter Gesetzentwurf zur Differenzierung der Anforderungen an Verfassungstreue je nach Funktion im öffentlichen Dienst wurde von der neuen Regierung sogleich zurückgenommen. Friedrich Zimmermann, unser langjähriger erbitterter Gegenspieler, wurde Innenminister. Ein Regierungsprogramm auf diesem Felde, das liberale Handschrift trug, gab es nicht. In der Debatte über den Mißtrauensantrag habe ich dies u. a. kritisiert. Dies war sicher ein gravierender Geburtsfehler dieser Koalition, der sich bis heute auswirkt. Wir haben in den Tagen nach dem 17. September 1982 – und ich beziehe mich selbstkritisch ein – innerhalb der Führung der FDP nicht die Kraft gehabt zueinanderzufinden, gerade wegen dieser Konzessionen an CDU und CSU. Es kam zu der sehr harten Konfrontation auf dem Oktober-Parteitag in Berlin – und das war nun ein ganz anderer Parteitag, als wir ihn uns im Sommer noch vorgestellt hatten. In einer aus Trotz und Verzweiflung bestimmten Lage nahm ich meine Wahl zum stellvertretenden Vorsitzenden an – ich wurde mit der denkbar knappen Mehrheit von einer Stimme gewählt. Aber ich machte mir keine Illusionen: Für lange Zeit spielte ich keine entscheidende politische Rolle. Mit Genschers Hilfe sicherte ich mir mein Bundestagsmandat. Meine öffentliche Glaubwürdigkeit und die meiner Freunde war erschüttert. Es wurde uns übelgenommen, daß wir in einer »gewendeten FDP« weiter mitmachten. Für mich gab es keine Alternative zur FDP. Es hätte nur den Weg in die politische Resignation gegeben, ich aber wollte weiter für liberale Ziele kämpfen.

Für uns war ganz entscheidend, daß Genscher dies verstanden hat und daß er uns neue Möglichkeiten politischer Wirksamkeit erkämpft hat. Er kam unmittelbar nach meiner Wahl in Berlin auf mich zu. Unser altes Vertrauensverhältnis entstand sehr bald von neuem. Wir konnten es noch weiter vertiefen. Ich habe mit meinen Freunden seine Außenpolitik nachdrücklich unterstützt. Er hat dann in Situationen, die für Hirsch und mich außerordentlich kritisch waren – beispielsweise im Herbst 1986, als Teile der FDP uns erneut ausgrenzen wollten –, in entscheidender Weise für uns nach innen und außen Partei ergriffen.

Wir waren mit Genscher darüber einig, daß nach den Opfern, die die FDP 1982 durch den Verlust einer großen Zahl engagierter liberaler Mitglieder gebracht hat – und dieser Aderlaß ist bis heute nicht ausgeglichen –, zusätzlich nicht noch das Opfer an liberaler Substanz gebracht werden durfte. Der Koalitionspartner CDU/CSU vergißt heute allzuoft, welche Kraftanstrengungen die FDP diese Entwicklung gekostet hat, welche Opfer an Selbstüberwindung viele einzelne Mitglieder erbracht haben. Auch wenn sie heute die neue Koalition nicht in Frage stellen, wirkt 1982 in ihnen nach.

Genscher sieht die FDP als eine Partei, die Zukunftsentwicklungen nachzuspüren hat, als eine Partei umfassender Liberalität, die sich nicht darauf beschränkt, die CDU/CSU in der Wirtschaftspolitik zu korrigieren, die nicht eine Imitation einer Volkspartei, sozusagen eine Volkspartei *de luxe*, sein darf. Genscher weiß sehr genau, daß das kritische urbane Wechselwählerpotential, das am ehesten offen ist für liberale Positionen, unbequeme und mutige Aussagen erwartet – so wie das bei der Bundestagswahl 1987 der Fall war, deren großer Erfolg maßgeblich auf Genscher zurückzuführen ist. Die FDP hat diese Wahl nicht nur mit Aussagen zur Wirtschafts- und Steuerpolitik gewonnen, sondern eben vor allem auch mit der Außenpolitik und mit dem Eindruck der engagierten Liberalität gegenüber starken Rechtstendenzen in der CDU/CSU.

Niemand sollte sich täuschen: Genscher wird niemals zulassen, daß die FDP sich aufgibt.

MICHAEL RUPPERT

Noch sind die Wunden nicht vernarbt

Am 11. März 1988 feierten knapp hundert Wuppertaler FDP-Mitglieder Hans-Dietrich Genscher mit einer stehenden Ovation nach seiner kurzen Ansprache auf dem Kreisparteitag. Einstimmig wurde er wieder zum Delegierten auf dem Bundesparteitag nominiert.

Nicht einmal sechs Jahre zuvor hatte es an derselben Stelle im gelben Saal der Stadthalle ganz anders ausgesehen. Damals, am 24. September 1982, genau eine Woche nach dem Ende der sozialliberalen Koalition und eine Woche vor dem Vollzug der »Wende«, kam es dort auf einer

Mitgliederversammlung zu heftigen Ausbrüchen gegen den »teuflischen Meister der Taktik« (so ein Debattenredner). Auch damals waren rund hundert Mitglieder anwesend, dazu noch einige Aktivisten der Liberalen Wählerinitiative. Mehr als vierzig Debattenbeiträge gab es, und in deren Mehrzahl war die Rede vom »moralischen Verfall der Parteiführung«, vom »lupenreinen Wählerbetrug«, »selbstsüchtigen Motiven«, »reinem Machterhaltungstrieb« oder der »von oben betriebenen Spaltung der FDP«.

Nur mit Mühe konnte ich als Versammlungsleiter, unter Hinweis auf den informellen Charakter der Versammlung, eine formelle Abstimmung über eine Resolution verhindern, die den Rücktritt des Bundesvorsitzenden Genscher forderte.

Alarmiert durch den Verlauf der Mitgliederversammlung, bereitete ich mit einigen anderen Vorstandsmitgliedern für die nächste Sitzung einen Antrag vor, der in sieben Punkten Verständnis für die Position Genschers und die Mehrheit der Bundestagsfraktion äußerte und ihn aufforderte, bei den anstehenden Bundestagswahlen erneut für eine Kandidatur in Wuppertal zur Verfügung zu stehen. Der Antrag war so formuliert, daß er auch für diejenigen Mitglieder zustimmungsfähig sein sollte, die zwar im einzelnen Kritik am Verfahren und der Technik der »Wende« übten, aber auf jeden Fall die Handlungsfähigkeit und die Überlebensfähigkeit der FDP erhalten wollten.

Dieser Antrag wurde am 30. September dann mit zehn zu fünf Stimmen vom Vorstand beschlossen. Der Versuch der unterlegenen Minderheit, diesen Beschluß durch einen Gegenantrag auf einer Kreishauptausschußsitzung eine Woche später wieder zu »kippen«, mißlang. Aber die Verhältnisse waren in der Tat so knapp, daß wir sicher Mühe gehabt hätten, für unseren Vorstandsbeschluß vom 30. 9. dort eine Mehrheit zu finden, wenn wir ihn zur Abstimmung gestellt hätten. Aber da er nicht revidiert wurde, behielt er eben Bestand . . .

Nach dem Berliner Parteitag im November verließ dann ein Großteil der engagiertesten Kritiker die Partei, unter ihnen auch ein Mitglied der Ratsfraktion und einer der beiden stellvertretenden Kreisvorsitzenden. Aber selbst unter den Verbliebenen bestanden noch erhebliche Vorbehalte gegen den damaligen Bundesvorsitzenden. Bei seiner erneuten Nominierung zum Bundestagskandidaten im Wahlkreis 69, Wuppertal 1, in dem er seit seiner ersten Wahl in den Bundestag 1965 kandidiert, wählten ihn nur 71 von 93 Abstimmenden. 15 Neinstimmen machten deutlich, daß die Wunden noch nicht vernarbt waren.

XIV. Kapitel

Ära Kohl/Genscher

HANS KEPPER

Ein Staatsmann?

Als die Wende geschehen war, hielt Hans-Dietrich Genscher ein Erbgut in den Händen, das der deutschen Außenpolitik. Unter den Kanzlern Brandt und Schmidt war die Bundesrepublik erwachsen geworden. Sie hatte ihren Platz als europäische Mittelmacht gesucht und gefunden.

Bonn war während der sozialliberalen Koalition zu einem gestaltenden Akteur der internationalen Politik geworden, zum erstenmal nach 1945 machte eine deutsche Regierung mit der Ostpolitik und in der Weltwirtschaft wieder Weltpolitik. Dabei war sie, ohne die Verankerung im Bündnis zu lösen, aus dem Windschatten der Vereinigten Staaten herausgetreten. Würde dieses Erbgut nach der Wende nun verschleudert werden? Oder würde Genscher es mit Helmut Kohl, seinem dritten Kanzler, bewahren können?

War eine Fortsetzung dieser Politik mit zwei Unionsparteien möglich, die die Ostpolitik so heftig und so wild bekämpft hatten?

Wenn es richtig ist, daß die Deutschen Glück mit ihren Kanzlern hatten — Adenauer, Brandt, Schmidt —, dann hatten sie jetzt, 1982, ohne Zweifel Glück mit ihrem Außenminister. Es ging um die Kontinuität. Aus der Wende und ihren hektischen Manövern heraus hat Genscher diese Kontinuität erst gerettet und dann auf ihrer Grundlage die Politik weiterentwickelt. Ohne seine Beharrlichkeit und seine manchmal artistischen Balanceakte hätte die Entspannungspolitik so schwerlich erhalten werden können, wäre die doppelte Null-Lösung bei der Abrüstung der

Mittelstreckenraketen kaum zustande gekommen, ohne sein außenpolitisches Engagement sähe die Bundesrepublik auch im Inneren anders aus. Wenn Westeuropa heute im Begriff ist, eine neue politische Qualität zu erlangen, so ist das auch ihm zu verdanken. Genscher machte es möglich, daß in vitalen Fragen der Außenpolitik der Übergang von einer politischen Richtung zur anderen alles in allem nahtlos erfolgte. Das macht ihn zu einer singulären Figur der Nachkriegspolitik.

Aus der Kontinuität erwuchs ein Zweites, nämlich ein innenpolitischer Konsens über die Außenpolitik, wie es ihn in dieser Breite in der Bundesrepublik noch nicht gegeben hatte. Der Politik-Professor Karl Kaiser, der Helmut Schmidt beriet und danach Genscher, sieht in der Wende den Vollzug des nationalen Konsenses. Nur so ist es zu erklären, daß der Außenminister immer sichere Mehrheiten für seine Politik hatte und, was vielleicht noch schwerer wiegt, auch in der Bevölkerung. Genscher entpuppte sich als prägende Kraft.

Es ist müßig, darüber philosophieren zu wollen, daß Genscher in seinen vielen Amtsjahren kein eigenes großes Thema habe einbringen können. Tatsache ist, daß Genscher mit den Daten und Möglichkeiten, die er zur Verfügung hatte, auf sehr eigenständige Weise Politik gemacht hat.

Im Wechselbad der Koalitionen wird eine Außenpolitik erkennbar, die fest an die Person Genschers gebunden ist. Genscher ist eine fixe Größe der deutschen und der internationalen Politik. Ein Staatsmann auch? Orientiert man sich an anderen im Amt befindlichen Personen, muß die Antwort wohl lauten: Ja, auch ein Staatsmann.

Der Jongleur

Wieso hat Genscher solchen Erfolg? Warum überlebt er nicht nur, was, auf die Dauer seiner Ministertätigkeit gesehen, schon eine Menge ist, warum wird er um so stärker, je länger er im Amt ist?

»Genscher ist ein Angler«, sagt Horst Ehmke, der ihn aus gemeinsamer Regierungstätigkeit unter Willy Brandt gut kennt und sich auch heute, in der SPD-Opposition, mit Genscher politisch befreundet sieht. Ehmke unterscheidet »Angler« und »Jäger« in der Politik und siedelt Genscher als Typus näher bei Brandt als bei Schmidt an. »Angler sind in der Außenpolitik besonders gut für Mittelmächte«, meint Ehmke. Aber nicht nur für diese, so scheint es, manchmal wohl auch für politische Parteien.

In der Tat fällt auf, daß Genscher geduldig warten kann – seine Politik in der Frage der Mittelstreckenwaffen ist ein Beispiel dafür – und daß er am liebsten in der gefahrfreien Position eines Anglers wartet. Genscher mag nicht den Parforceritt, schon gar nicht das Abenteuer in der Politik. Er ist kein Held und auch kein Eroberer. Doch wenn es an das Verwerten der Anglerbeute geht, wird man das Bild wechseln müssen. Wenn es ans Umsetzen und Durchsetzen geht, steht Genscher da als Jongleur. Genscher ist der größte Equilibrist der deutschen Politik. Keiner blieb so gut und so lange in der Balance, ruht, bei immenser Beweglichkeit und Elastizität, so im eigenen Schwerpunkt, keiner hantiert so sicher mit Bällen wie er. Wenn ihm einmal etwas wegkippt, wie bei der Wende, dann ist er doch schnell wieder da, mit neuen Bällen, die, wie sich schnell herausstellt, die alten sind.

Die Gewichte, mit denen er balanciert, findet Genscher in allen Bereichen der Politik: zwischen Koalition und Opposition, aber auch in Koalition und Opposition, in dem Feld zwischen Innen- und Außenpolitik ebenso wie in der Außenpolitik selbst, im Westen und im Osten, zwischen West und Ost. Genscher beutet alle und jeden aus. Freunde und Gegner wissen ein Lied davon zu singen, auch jene, die von Gegnerschaft zu Freundschaft wechselten oder umgekehrt.

Und woher kommen nun die Mehrheiten, die Genscher in zentralen Fragen seiner Politik noch immer gefunden hat? Ganz einfach, könnte man sagen, die Mehrheit, das sind die Parteien der Koalition, in der er sich befindet. Doch weit gefehlt. Hätte sich Genscher auf so simple Statistik verlassen und mit den einfachen Rechenarten begnügt, wäre er niemals so hoch hinausgekommen. Selbstverständlich, wechselnde Mehrheiten sind in Bonn tabu. Ehe man auf Stimmen aus der Opposition zurückgreift, schiebt man eine Abstimmung so lange vor sich her, bis die eigenen Reihen wieder geschlossen sind.

Und trotzdem ist für Genscher die Opposition immer dabei. Genscher ist bislang der einzige deutsche Außenminister, der immer ein gutes Verhältnis zur jeweiligen Opposition suchte und am Ende auch fand. Das hat – vielleicht – etwas mit dem Bedürfnis nach Konsens und Harmonie zu tun, das Genscher nachgesagt wird. Doch es gibt auch noch einen anderen, ganz trivialen Grund. Für die eigene Gestaltungsmöglichkeit ist es entscheidend, daß sich der Außenminister nicht zum Gefangenen der eigenen Koalition machen läßt. Unter Freunden eingemauert zu sein, ohne Bewegungsmöglichkeit, das scheint Genscher mindestens so zu fürchten wie wechselnde Mehrheiten.

Auf der Suche nach Unterstützung für seine Politik lebt Genscher gänzlich ungeniert. »Während wir im Schwitzbad der Opposition sitzen, klaut der uns die Kleider«, konstatiert SPD-Außenpolitiker Ehmke. Und in der Tat: Wo die SPD von einer »Sicherheitspartnerschaft« zwischen Ost und West spricht, hat Genscher das Wort von der »kooperativen Sicherheit« parat; wünscht die SPD »strukturelle Nichtangriffsfähigkeit«, verlangt Genscher den »Verzicht auf die Fähigkeit zur raumgreifenden Offensive«; als die SPD für eine »zweite Phase« der Entspannungspolitik plädierte, kam das Echo prompt, Genscher war für eine »neue Phase«. Es beeindruckte den Außenminister gar nicht, daß Männer wie Strauß und Dregger die »neue Phase« der Entspannungspolitik in Zweifel zogen. Genscher verwies einfach auf eine gemeinsame Erklärung Helmut Kohls und Erich Honeckers, in der beide am 12. März 1985 in Moskau darin übereinstimmten, »daß mit der Wiederaufnahme des Rüstungskontrolldialogs . . . eine neue Phase der West-Ost-Beziehungen eingeleitet werden könne«.

So fügt sich eins zum anderen. So angelt sich Genscher seinen Stoff und formt daraus, allzeit balancierend, seine Politik. Darüber ist in den Jahren nach 1983 in Bonn neben der regierenden Koalition von CDU, CSU und FDP eine zweite entstanden. Das ist Genschers Koalition in der Außenpolitik. Sie hat Partner in allen Parteien des Bundestages, zu ihr gehört die überwiegende Mehrheit des Parlaments in Bonn. Nur zwei Gruppen bleiben draußen: die »Stahlhelm«-Fraktion in der Union und die »Fundamentalisten« bei den GRÜNEN. Alle anderen sind, auch wenn sie das verständlicherweise so nicht zugeben können, im Lauf der letzten Jahre zu »Genscheristen« geworden. Diese Koalition des Hans-Dietrich Genscher ist zwar so in den parlamentarischen Spielregeln nicht vorgesehen, gleichwohl, wer näher hinschaut, wird feststellen: Auch diese Koalition regiert in Bonn mit, ist ein prägender Faktor der deutschen Politik.

Rivalitäten

Er mache keine Politik gegen den Bundeskanzler, erläuterte Genscher fünf Wochen vor der Bundestagswahl von 1987 Journalisten. Denn: Der Außenminister mache immer die Politik der Bundesregierung. Allerdings, so fügte Genscher hinzu, jeder Minister müsse wollen, daß die Politik der Regierung seine Politik ist. Besser als mit diesem politischen Dreisatz kann man das Verhältnis zwischen dem Außenminister Genscher und dem Bundeskanzler Kohl gar nicht um- und beschreiben. Er reflektiert zudem das Selbstbewußtsein dieses Außenministers.

In den Beziehungen zwischen Kanzler und Kanzleramt einerseits und Außenminister und Auswärtigem Amt andererseits, die von Jahr zu Jahr spannungsreicher wurden, verfügten Genscher und sein Haus 1982 zunächst einmal über einen Platzvorteil. Seit 1974 hatte Genscher unter einem Kanzler gearbeitet, der in der Außen-, Sicherheits- und Weltwirtschaftspolitik qua Neigung und Kompetenz zu Hause war und der – meist zu Recht – von sich meinte, alles besser zu können. Aber nicht nur mit Helmut Schmidt hatte es Genscher damals zu tun, er koalierte auch mit einer Partei, der es an außenpolitischem Sachverstand und Engagement nicht gebrach. Genscher selbst nennt die deutschen Sozialdemokraten »außenpolitisch hochgebildet«.

Von dem neuen Kanzler und den neuen Partnerparteien mochte das so niemand sagen. Helmut Kohl war, schon allein vom Temperament her, der klassische Innenpolitiker. Ihm fehlte es nicht nur an Erfahrung, sondern auch – was sich im Lauf der Jahre als problematisch erwies – an Sensibilität in der Außenpolitik. Erschwerend war, daß der Kanzler in seiner eigenen Partei kaum außenpolitische Zuspieler fand. Es fehlte an guten Vorlagen, denn außenpolitische Experten, sieht man von dem Sonderfall Franz Josef Strauß ab, waren in der Union eher rar.

Ein Zweites kam hinzu. Bis 1982 waren die Leiter der außenpolitischen Abteilung im Kanzleramt immer Diplomaten des Auswärtigen Amtes gewesen, darunter einige bedeutende Namen: Ulrich Sahm, Jürgen Ruhfus, Bernd von Staden. Nach der Wende setzte Kohl nun seinen langjährigen Vertrauten Horst Teltschik auf diesen Posten. Zwar hatte Teltschik an der Universität und vor allem für den CDU-Vorsitzenden Kohl über und mit Außenpolitik gearbeitet, Kenntnisse waren ihm nicht abzusprechen, doch von der operativen Außenpolitik in einem Staatsapparat verstand der gleich zum »Sicherheitsberater« hochstilisierte Kohl-Gefolgsmann zunächst wenig.

Der Profi Genscher gegen die Amateure des Kanzleramtes, das war das Bild. In der Handhabung der Außenpolitik machte ihm keiner mehr etwas vor, er wußte, wo die Räder der internationalen Politik ineinandergreifen, wo es knirscht im Getriebe, wo nichts mehr geht. Und wenn er es nicht wußte, dann roch er es. Niemand, zumindest im Bonner Regierungslager nicht, ahnte so gut internationale Entwicklungen voraus wie er. Der Profi Genscher hat davon profitiert.

Die Diskrepanz zwischen den Bildern eines weltläufigen Außenministers und einem Kanzler, der in Provinzialität gefangen bleibt, hat sich über die Jahre nicht verringert. Das lag nicht zuletzt daran, daß Kohl selbst diesen Eindruck immer wieder zu bestätigen schien. Von den verbalen Ausrutschern während des Israelbesuchs 1984 bis zu dem

Vergleich zwischen Goebbels und Gorbatschow in einem *Newsweek*-Interview 1986, bei der ganz und gar mißlungenen Geste auf dem Soldatenfriedhof in Bitburg, zu der Kohl 1985 US-Präsident Reagan verpflichtet hatte – immer wieder sah sich der Kanzler dem Vorwurf mangelnder Sensibilität und Professionalität in der Außenpolitik ausgesetzt. Nachdem Kohl zusammen mit Frankreichs Staatspräsident Mitterrand das Schlachtfeld von Verdun besucht hatte, spottete Englands Premierministerin Thatcher:»Wann versöhnt er sich eigentlich mit uns, schließlich ist Großbritannien das einzige Land, das 1939 bis 1945 vom ersten bis zum letzten Tag mit Deutschland gefochten hat.«

Das alles hat die Kompetenz des Außenministers zweifellos in hellerem Licht erstrahlen lassen. Aber auch die Rivalitäten wurden dadurch verstärkt.

Je höher das Ansehen Genschers stieg, je mehr dieser seine außenpolitischen Positionen ausbaute und fortentwickelte, um so lauter wurden im Kanzleramt und in der CDU die Rufe nach einer außenpolitischen Profilierung Kohls.»Der Genscher heimst die Beute ein, und wir schmoren in unserem eigenen Saft«, so stöhnten insbesondere 1987 CDU-Politiker mehr als einmal. Außenpolitik als persönliches Eigentum Genschers – die Union kann diese Vorstellung nicht mehr ertragen.

In Bonn horchten alle auf, als Helmut Kohl Ende April 1988 den bisherigen Berliner Justiz- und Bundessenator Rupert Scholz zum neuen Bundesverteidigungsminister machte. Zwar lobte Genscher sogleich diese wichtige Berufung durch Kohl als eine»erstklassige Entscheidung«. Scholz sei»ein sehr überlegener und nachdenklicher Mann«, bei dem man nicht befürchten müsse,»daß er sozusagen aus der Hüfte schießt«. Doch diese Worte konnten die Einschätzung nicht übertönen, daß der ebenso konservative wie intelligente Rechtsprofessor Scholz zu dem werden könnte, was Manfred Wörner vorher nie gewesen ist: ein echter Widerpart des Außenministers Genscher. Zeitgleich mit der Ernennung von Scholz zum Verteidigungsminister unternahm der stellvertretende CDU/CSU-Fraktionsvorsitzende Volker Rühe einen neuen Vorstoß, um die Union aus dem außenpolitischen Abwind herauszubringen. Er gründete mit anderen Abgeordneten eine Art *think tank* und verheimlichte auch nicht, gegen wen sich dieses Gremium richten sollte:»Die Außenpolitik wird nicht in erster Linie mit dem Flugzeug, sondern mit dem Kopf gemacht«, sagte Rühe.»Herausforderung Außenpolitik« heißt die Parole dieser Gruppe, sie hätte genausogut»Herausforderung Genscher« heißen können.

Aus den Rivalitäten, die zwischen Kanzler und Außenminister bis zu einem gewissen Grad normal sind, wenn beide verschiedenen politischen

Parteien angehören, ist ein offener Konkurrenzkampf geworden. Anfang 1988 kam es zu ungewöhnlichen Vorgängen. Nicht nur, daß der Kanzler und das Kanzleramt vor dem Besuch des sowjetischen Außenministers Schewardnadse in Bonn Hinweise Genschers und Analysen des Auswärtigen Amtes in den Wind schlugen, was wegen einer Kohl-Reise nach Moskau peinliche Momente heraufbeschwor. Der Kanzler suchte auch noch auf andere Weise Signale zu setzen. Franz Josef Strauß durfte im Januar 1988 »im Auftrage« des Bundeskanzlers in die Republik Südafrika und nach Mosambik fahren. Von diesem Auftrag erfuhr der für Auswärtiges zuständige Minister aus der Zeitung. »Das war ein Versuch Kohls, Genscher zu reduzieren«, sagt ein Bonner Diplomat. Er hat wohl recht, denn mehr Profil für den einen ist nach der politischen Mengenlehre weniger Profil für den anderen.

Sind Helmut Kohl und Hans-Dietrich Genscher nun also nicht mehr die »Freunde«, als die sie sich selbst und mehrmals bezeichnet haben? Seit dem Debakel einer anderen »Männerfreundschaft« sind alle mit dem Wort und Betrachtungen darüber vorsichtig geworden. Kohl und Genscher kennen sich seit über 20 Jahren gut, keiner macht dem anderen noch etwas vor, der eine weiß genau, wie der andere denkt, wo seine Stärken sind und wo seine Schwächen. Bei Genschers 60. Geburtstag 1987 verwies Kohl auf das Bild von dem Listen- und Trickreichen. Das finde er nicht schlimm, meinte er jedoch, wenn Genscher am Ende nur selbst wisse, »wie viele Listen er gelegt hat«.

Genscher, der sich zu Personenbeschreibungen dieser Art nicht hinreißen läßt, erklärt die Lage etwas subtiler und dann auch präziser. Sein Verhältnis zu Kohl sei nach wie vor eng, sagt er, doch die Dienstgeschäfte forderten ihren Tribut. »Ich kann doch nicht sagen: ›Der ist mein Freund‹ und deshalb machen, was er will.«

Frontlinien

Als der CSU-Abgeordnete Hans Klein — seit 1987 ist er auch Bundesminister für wirtschaftliche Zusammenarbeit — 1985 den Unterschied zwischen »Genscheristen« und »Stahlhelm« thematisierte, erschien das zunächst wie ein witzig-ironischer Einfall. Dem ehemaligen Journalisten Klein gereichte das zur Ehre, doch sein Versuch, »Genscheristen« und »Stahlhelm« in der Union von einer »publizistischen Mobilmachung« gegeneinander abzuhalten, bewirkte das Gegenteil des Erwünschten. Die Geister entstiegen der Flasche, die Zauberformeln entwickelten erhebliche politische Brisanz. Wer immer in der CDU/CSU die Unterscheidung erfunden hat – heute will es keiner mehr gewesen sein –, er hat, auf Kosten der Union, die Diskussion um die deutsche Außenpolitik bereichert.

Genscher selbst hat sich an den Ausdeutungen über das, was das nun eigentlich ist, »Genscheristen« und »Stahlhelm«, wenig beteiligt. Aber er sah mit Wohlgefallen, daß und auf welche Weise andere das taten. Denn die Zinserträge sammelten sich auf seinem Konto, auf keinem anderen. Die Begriffe sind vage, aber gerade deshalb ließ sich so herrlich mit ihnen operieren. Wer alles wann ein »Genscherist« ist oder zum »Stahlhelm« gehört, weiß genau niemand zu sagen. Bei »Stahlhelm« wird zuerst immer Alfred Dregger genannt, dann die CSU ganz allgemein, Strauß wiederum mit Vorbehalten. Als »Genscherist« galt in der CDU bis April 1987 Volker Rühe, danach indes nicht mehr. Die meisten in der Union fliehen vor dem Etikett wie der Teufel vor dem Weihwasser.

Doch es geht weniger um die Etikettierung einzelner Personen. »Stahlhelm«, das weist, wie der Name schon sagt, auf eine Politik der Stärke, die die militärisch-strategische Komponente in den Vordergrund rückt. Anhänger dieser Politik halten, bei gelegentlicher und begrenzter Flexibilität, das Feindbild des Kommunismus hoch, die militärische Bedrohung herauszustellen ist die Grundlage ihrer Politik und ihres Selbstverständnisses. Trotzdem sind »Stahlhelmer« keineswegs von Natur aus und immer proamerikanisch. Sie waren für Ronald Reagan, solange dieser Rüstung als wichtigstes Element seiner Politik gegenüber der Sowjetunion betrachtete. Beim Gipfel von Reykjavik ist ihnen dann der Schreck in die Glieder gefahren, die doppelte Null-Lösung haben sie nicht gewollt. Sie sind in sie hineingestolpert und haben sie am Ende nur begrüßt, weil sie sie nicht haben verhindern können. Im Grunde bedeutet »Stahlhelm« eine sehr pessimistische Sicht der Welt.

»Genscheristen« erscheinen dagegen als Politiker, die den Ausgleich suchen und für die Waffen aus politischer Sicht wichtiger sind als aus militärischer. Sie denken eher in politisch-diplomatischen Kategorien als in militärisch-strategischen. Die Fortsetzung des Dialogs mit der Sowjetunion und den osteuropäischen Staaten ist Anhängern dieser Linie ein Wert an sich. »Genscheristen« hoffen und setzen auf eine innere Entwicklung im Ostblock und versuchen, etwa in der KSZE, auf diese Entwicklung Einfluß zu nehmen, nicht durch eine Politik der Stärke, sondern durch Zusammenarbeit. Das Verhältnis zu den USA erscheint ihnen als eine transatlantische Bündnisbeziehung, die für die Sicherheit der Bundesrepublik existentiell ist, die aber gleichzeitig offen sein muß für Kooperation mit dem Osten. Politik ist »Genscheristen« weniger statisch, eher ein Prozeß. Mit der doppelten Null-Lösung und dem Verzicht auf die Pershing-IA-Raketen hatten sie keine Probleme.

Als sich CDU, CSU und FDP im September 1982 zusammensetzten, um eine gemeinsame Regierung zu bilden, wurde alles mögliche in dem Koalitionsprogramm festgehalten, nur ein Bereich blieb ganz draußen: die Außenpolitik. CSU und Teile der CDU hatten darauf gedrängt, eine Wende auch in der Außenpolitik festzuschreiben, doch sie waren vor allem an Helmut Kohl gescheitert. Der neue Bundeskanzler akzeptierte damals die Linie Genschers, er dachte offenkundig, daß er Widerstände in den eigenen Reihen klein halten könnte, auf keinen Fall wollte Kohl, gerade im ersehnten Kanzleramt, den großen Krach mit Genscher.

Nach der Wahl von 1987 geschah in der Sache das gleiche. Wieder forderten Strauß und andere Unionspolitiker die außenpolitische Wende ein, wetterte die CSU gegen den »Alleinvertretungsanspruch« der FDP für diesen Bereich, verlangte Festlegungen im Detail. Und wiederum geschah nichts dergleichen. Die Ursachen allerdings dürften andere gewesen sein als 1982. 1987 nämlich war der Außenminister so stark geworden, daß niemand mehr ihm eine andere Politik als die seine vor- und aufschreiben konnte. Genscher konnte sogar mit einer Übung brechen, die in Bonn über viele Jahre respektiert worden war, daß nämlich die andere Koalitionspartei einen der beiden Staatsminister im Auswärtigen Amt stellt. Mit Irmgard Adam-Schwätzer und Helmut Schäfer als FDP-Staatsministern schuf sich Genscher das, was man in Bonn ein »farbenreines Haus« nennt.

In den Entscheidungssituationen von 1982 und 1987 ist jedesmal der Sturmlauf jenes Mannes zerbrochen, der Genscher wie kein anderer kritisiert und bekämpft hat: Franz Josef Strauß. Nicht nur, daß der Außenminister sich gegen seinen heftigsten Widersacher durchsetzte, die Politik Genschers erweist sich in der Summe auch als wesentlich gradliniger als die Manöver von Strauß. 1982 zum Beispiel forderte Strauß die Abschaffung des »Swing«, des zinslosen Überziehungskredits an die DDR, um bald darauf selbst einen Milliardenkredit an die DDR einzufädeln. Lange sperrte sich Strauß gegen die von Genscher gewünschte Öffnung zu Gorbatschows »neuem Denken«, um dann Ende 1987 in Moskau selbst dieses »neue Denken« zu preisen und jenes »neue Kapitel« in den deutsch-sowjetischen Beziehungen aufzuschlagen, das im Sommer 1986 schon Genscher in Moskau entdeckt hatte. Nur ein einziges Mal haben Genscher und Strauß nach 1982 von Beginn an am selben Strang gezogen. Das war 1987 bei den Entscheidungen für gemeinsame Weltraumprojekte mit Frankreich.

Immer wieder seit 1982 bricht in der Regierungskoalition ein Thema auf: die Afrikapolitik. »Es gibt eine deutsche Afrikapolitik«, sagt Genscher und pocht auf die Antworten der Bundesregierung zu zwei großen Anfragen im Bundestag 1983 und 1986. In Sachen Apartheid in Südafrika redet der Bonner Außenminister ohne alle Umschweife. Der Rassismus ist »menschenverachtend«, Apartheid ist nicht reformierbar, sondern nur abzuschaffen. Genscher verurteilt die Destabilisierungspolitik Pretorias im südlichen Afrika. Rein gar nichts hält er von dem Argument mancher Unionspolitiker, die Republik Südafrika sei ein Bollwerk der westlichen Welt gegen den Kommunismus: »Das müßte schlimm aussehen in der freien Welt, wenn sie eines solchen Vorpostens bedürfte.«

Genscher hat indes nicht verhindern können, daß sein Koalitionspartner Franz Josef Strauß diese Politik zu untergraben sucht. Der bayerische Ministerpräsident kritisiert nicht nur den Weg und die Mittel Genschers, er präsentiert sich gegenüber der weißen Minderheit in Südafrika als Vertreter der richtigen deutschen Politik, so als brauche man auf den Außenminister in Bonn gar nicht zu hören. Wenn Strauß wie im Januar 1988 mit Unterstützung des Bundeskanzlers nach Südafrika und Mosambik reist, dann geht das an die Glaubwürdigkeit des Außenministers. Die Auseinandersetzung um die Politik gegenüber Südafrika und Namibia nimmt auch deshalb zeitweise erbitterte Züge an, weil dahinter persönliche Überzeugungen und, was die Entwicklung in Schwarzafrika angeht, auch unterschiedliche Menschenbilder stehen. Im Auswärtigen Amt hat man schon den Verdacht, daß Helmut Kohl dem CSU-Vorsitzenden nicht nur (endlich) einmal einen außenpolitischen Gefallen tun wollte, sondern daß Kohl, im Inneren ein zutiefst konservativer Mann, zumindest teilweise mit Strauß übereinstimmt.

Unterstützung findet Genscher hingegen bei einem Mann, dessen Hilfestellung er öffentlich nie in Anspruch genommen hat, dessen Person und Gewicht jedoch viele Widerstände aufhebt. Bundespräsident Richard von Weizsäcker hat nicht nur in kritischen Situationen für die »Kontinuität« der Bonner Außenpolitik plädiert und sich im deutschsowjetischen Verhältnis engagiert, als es schlecht darum stand, er vertritt gerade auch in so sensiblen Punkten wie der Politik gegenüber der weißen Minderheit in Südafrika die gleichen Positionen wie der Außenminister.

Mit von Weizsäcker stimmt Genscher noch in einer anderen für die Außenpolitik wichtigen Frage überein, wie nämlich deutsche Politik angesichts der jüngsten deutschen Geschichte aussehen kann und muß. Auch für Genscher gilt, daß nur ehrliches Aussprechen dessen, was geschehen ist, frei macht, um sich den Folgen verantwortlich zu stellen, frei also zu verantwortlicher Politik. Für die deutsche Außenpolitik kann man die Rede, die der Bundespräsident am 8. Mai 1985 gehalten hat, im Wert gar nicht hoch genug veranschlagen.

Kontinuität in der Wende

An einem hatte sich 1982 gar nichts geändert: Frieden und Sicherheit blieben die Kernthemen der deutschen Politik. Zwischen diesen beiden Polen (den Wert der Freiheit unterstellt) hat sich die gesamte Außenpolitik der Bundesrepublik seit ihrer Gründung abgespielt. Wie in diesem Feld die Gewichte zu verteilen und die Akzente zu setzen waren, darüber hat es in unterschiedlichen Situationen unterschiedliche Antworten gegeben. Dafür stehen Begriffe wie Konfrontation und Kooperation, Namen wie Adenauer und Brandt. Für den Außenminister Genscher kam es 1982 darauf an, nach einer Verschiebung der innenpolitischen Gewichte die Außenpolitik nicht ins Wanken geraten zu lassen.

Genscher stellten sich die Fragen ganz konkret. Das strapazierte Verhältnis zu den Vereinigten Staaten zu entkrampfen und die Europäische Gemeinschaft auszubauen war das eine, die Fähigkeit des westlichen Bündnisses zum Dialog und zur Kooperation mit dem Osten zu erhalten war das andere. Diese zweite Komponente schien in Gefahr durch die amerikanische Politik und, so vermuteten viele, durch die Wende in Bonn. Die Frage nach der Kontinuität richtete sich an die Sicherheits- und an die Entspannungspolitik.

Kontinuität war im Falle Genschers gleichbedeutend mit Glaubwürdigkeit. Scheiterte das eine, war auch das andere dahin.

In den Wochen vor und nach der Wende hat Genscher in Artikeln, Reden und Interviews geschrieben und gesagt, was seine Außen- und Sicherheitspolitik ist. Grundlegend waren vor allem ein Artikel, der am 15. September 1982 in der amerikanischen Zeitschrift *Foreign Affairs* erschien, eine Rede im Bundestag am 9. September und die Rede, die Genscher am 5. November beim Parteitag der FDP in Berlin hielt. Gemessen an den Diskussionen von damals und an dem, was dann wirklich geschah, haben der Artikel und die Reden dokumentarischen Wert. Genscher sagte, was er tun wollte, und er tat, was er sagte.

»Wir haben in der Koalition die Kontinuität der deutschen Außen- und Sicherheitspolitik zu garantieren«, erklärte Genscher in Berlin. Und: »Für unser Land, an der Nahtstelle zwischen West und Ost, ist die Vermeidung von außenpolitischen Pendelschlägen und von Unberechenbarkeiten lebenswichtig.« Lebenswichtig für das Land und, so könnte man hinzufügen, lebenswichtig für Genscher.

Mittelstreckenwaffen

Wie unter einem Brennspiegel sind die zentralen Fragen der deutschen Außen- und Sicherheitspolitik in der Diskussion um die atomaren Mittelstreckenwaffen sichtbar geworden. Wie keine andere Frage hat die Auseinandersetzung vom Doppelbeschluß 1979 bis zur doppelten Null-Lösung 1987 die Öffentlichkeit in der Bundesrepublik aufgewühlt und zur Bildung neuer innenpolitischer Frontstellungen beigetragen. Die Friedensbewegung war entstanden, die GRÜNEN wurden stark, die Machtbasis des Kanzlers Helmut Schmidt wurde in der eigenen Partei, der SPD, untergraben. Ohne Zweifel hat der Streit um die Mittelstreckenwaffen in der SPD seinen Teil zur Wende in Bonn beigetragen. Niemand konnte 1982 wissen, daß am Ende, 1987, einer gewinnen wird: Hans-Dietrich Genscher.

Wie Helmut Schmidt hatte auch Hans-Dietrich Genscher seine Glaubwürdigkeit als Politiker und damit faktisch seine politische Existenz an die Einhaltung des NATO-Doppelbeschlusses gebunden und darüber auch die Kraftprobe mit der eigenen Partei gewagt. Die Folgen für beide Politiker waren unterschiedlich. Schmidt scheiterte, Genscher errang einen der größten Triumphe seines Politikerlebens, erst in der Auseinandersetzung mit der SPD, dann im Konflikt mit CDU und CSU.

Dabei war auch für Genscher die Ausgangslage keineswegs rosig gewesen. Die Atmosphäre in der Bundesrepublik blieb gespannt und zeitweise erregt. Im Bonner Hofgarten und an den Stationierungsarten der neuen Raketen demonstrierte die Friedensbewegung, unterstützt von SPD und GRÜNEN. Die Unionsparteien entdeckten das Gespenst des »Antiamerikanismus«. Alles wurde noch schlimmer durch Ronald Reagans lautes Nachdenken über die Führbarkeit begrenzter Atomkriege und das »Reich des Bösen«. Damals schien es so, als wolle sich Washington aus der Balance des Harmel-Berichts entfernen. Das alles braute sich zu einer Stimmungslage zusammen, die richtig einzuschätzen alle Parteien große Mühe hatten. Zwar wurde im Bundestag am 22. November 1983 die Nachrüstung beschlossen, doch nun zogen von anderer Seite die Wolken auf. Einen Tag nach dem Bundestagsbeschluß zur Stationierung machte die Sowjetunion wahr, was ihr Außenminister Gromyko im

Januar 1983 auf einer Pressekonferenz in Bonn angedroht hatte: Sie brach die Genfer Verhandlungen ab. Es sah nicht gut aus für die deutsche Außenpolitik, jedenfalls nicht für jene, die Genscher wollte. Eben noch hatte er die Amerikaner in seinem *Foreign-Affairs*-Artikel davon abbringen wollen, die Entspannungspolitik für endgültig gescheitert zu erklären und das europäische, zumal das deutsche, Interesse an einer Fortsetzung dieser Entspannungspolitik betont. Nun kamen frostige Schauer aus der Sowjetunion, deren Politik zudem nicht nur in Fragen der internationalen Sicherheit immer sklerotischer zu werden drohte. »Es war eine stille Zeit für Genscher«, sagte ein Berater. Präziser ist wohl, von einer schlechten Zeit für den Bonner Außenminister zu sprechen. Das Jahr 1984 machte jedermann auf drastische Weise klar, wie sehr die deutsche Politik abhängig ist vom Zustand des Verhältnisses zwischen den beiden Großmächten.

Erst um die Jahreswende 1984/85 begann sich der Himmel ganz langsam wieder aufzuhellen. Im Januar setzten sich die beiden Großmächte wieder an ihren Genfer Tisch, im März desselben Jahres wurde Michail Gorbatschow Generalsekretär in Moskau, im Juli folgte Eduard Schewardnadse auf Andrej Gromyko im sowjetischen Außenministerium. In Washington begannen zur selben Zeit kluge Leute darüber nachzudenken, wie Ronald Reagan als Friedenspräsident in die Geschichte eingehen könnte. Im November 1985 trafen sich Reagan und Gorbatschow in Genf zu ihrem ersten Gipfel.

Hans-Dietrich Genscher hob die Nase, witterte und roch Morgenluft. Im Sommer 1986 flog er nach Moskau und schlug ein »neues Kapitel« in den deutsch-sowjetischen Beziehungen auf. Die Nachrüstung, soviel wurde schon jetzt erkennbar, war kein Hindernis für die Reduzierung von Mittelstreckenwaffen. Gerade das sah Genscher besonders gern. Sein von Jahr zu Jahr mehr geschärfter Spürsinn sagte ihm aber auch noch mehr: Wenn eine Abrüstung bei den Mittelstreckenwaffen möglich würde, dann dürften die Schwierigkeiten diesmal weniger in Washington und Moskau entstehen, dann könnte es sein, daß er, Genscher, die größten Probleme zu Hause in Bonn bekäme.

Der Bonner Außenminister begann, das politische Terrain abzustecken, Schneisen anzulegen und, vorsichtig noch, die ersten Pflöcke einzuschlagen. Ende September 1986, wieder einmal in New York, bat Genscher die Journalisten nach achtstündigem Flug an einem Sonntagabend ins Restaurant »La Bibliothèque«. Just über dem von der Sowjetunion gestifteten Denkmal »Schwerter zu Pflugscharen« lobte Genscher zunächst einmal den erfolgreichen Abschluß der Stockholmer Konferenz über Abrüstung und Vertrauensbildung (KVAE). Dann kam er zu den

Mittelstreckenwaffen. Washington und Moskau machten »beachtliche Fortschritte für eine drastische Reduzierung«, ein »Zwischenergebnis« wäre »für uns« von großer Bedeutung, jedermann erkenne das. Plötzlich wechselte Genscher den Ton. Warnend griff er zu einem Wort, mit dem früher Herbert Wehner Gefahren zu bannen versucht hatte: »Jetzt nicht draufsatteln«, sagte Genscher, »nur nicht draufsatteln wollen.« Er, Genscher, kenne »keinen Menschen, der nicht beglückt wäre, wenn durch eine Verringerung der sowjetischen Raketen Reduzierungen bei uns möglich würden«. Mit keinem Wort sagte Genscher, wer es denn sei, der da etwas »draufsatteln« wolle, wer etwa nicht »beglückt« sei, wenn es zu einem Abbau bei den Mittelstreckenwaffen käme. Doch das war leicht und schnell zu erraten. Auch andere in Bonn, Bundesverteidigungsminister Manfred Wörner zum Beispiel, hatten aufgemerkt. Sie dachten anders als der Außenminister.

Zu diesem Zeitpunkt, Ende September 1986, konnte Genscher noch nichts von der Dynamik und dem Ausmaß wissen, die die Entwicklung annehmen sollte. Aus einem Zwischenabkommen wurde ein Abkommen; nicht nur die landgestützten Mittelstreckenwaffen längerer Reichweite (1000–5500 km) wurden einbezogen, sondern auch die kürzerer Reichweite (500–1000 km); statt nur in Europa wurde der Abbau der weiterreichenden Waffen weltweit beschlossen. Am Ende, im August 1987, kamen auch noch die Pershing-IA-Raketen der Bundeswehr dazu. Viele in den Unionsparteien, der Bundeskanzler eingeschlossen, stolperten von einer Etappe zur anderen, ständig bemüht, den Prozeß zu stoppen. Der Außenminister glitt sanft von einer Lösung in die nächste, seinem Koalitionspartner um entscheidende Nasenlängen voraus. In Bonn bestimmte er das Tempo.

Die Serie der Paukenschläge begann am 11. und 12. Oktober 1986 in Reykjavik. Zwar hakelten sich Reagan und Gorbatschow noch einmal an dem amerikanischen SDI-Projekt fest, aber sie legten ein Abrüstungsprogramm auf den Tisch, das nicht wenige in Verwirrung stürzte.

Genscher hielt sich nach Reykjavik zunächst noch bedeckt. Jetzt sei »sehr viel Staatskunst« nötig, meinte er. Aus der Deckung heraus aber kam er, als Gorbatschow am 28. Februar 1987 die sowjetische Politik in einem entscheidenden Punkt änderte. Der sowjetische Generalsekretär koppelte die Mittelstreckenwaffen nicht nur von SDI ab, er gab auch die sowjetische Forderung nach Anrechnung der französischen und britischen Systeme bei einem Abkommen auf. Gorbatschow schlug ein separates Abkommen über die Beseitigung der Mittelstreckenwaffen in Europa vor. Das war eine Kehrtwende der sowjetischen Politik und bedeutete die erste Null-Lösung.

Die Situation war da und Genscher auch. In den ersten Märzwochen 1987 verging kein Tag, an dem er sich nicht zu Wort meldete. Unermüdlich rechnete er vor, daß die Sowjetunion weit mehr Raketen wegschaffen müsse als die USA, daß von einer »Denuklearisierung Europas« keine Rede sein könne. Vor allem verwies Genscher darauf, daß Gorbatschow genau das zugestanden habe, was der Westen immer gefordert habe. Widerstände in der Bonner Koalition könne es gar nicht geben, verkündete der Außenminister, denn bei der Begründung der Nachrüstung im Jahre 1983 sei das, was jetzt auf dem Tisch liege, »die ganz ungeteilte Haltung der Bundesregierung in der Regierungserklärung der Regierungskoalition« gewesen.

Das klang nach Beschwörung. Wer so schnell hintereinander Regierung, Regierung, Regierung sagt, der muß glauben, es nötig zu haben. Der Außenminister hatte es auch nötig. Während er ein Abkommen »zum Greifen nahe« sah, tauchten bei Genschers Koalitionspartnern, auch im Kanzleramt, Vorbehalte auf, die alle auf einen Punkt hinausliefen: Wenn schon Null-Lösung bei den Mittelstreckenwaffen längerer Reichweite, dann aber dazu die Option für Nachrüstung bei den kürzeren Mittelstreckenwaffen, sonst drohe, so meinte auch der Kanzler, eine »Singularisierung« der Bundesrepublik.

Am 11. Mai 1987 teilte US-Präsident Reagan Genscher mit, daß Washington die Beseitigung aller Mittelstreckenwaffen wolle, also die doppelte Null-Lösung. Am 22. Mai akzeptierte bei deutsch-französischen Konsultationen in Paris auch Staatspräsident Mitterrand die doppelte Null-Lösung. Einen Tag später band Genscher in Bonn den Sack zu. In einem Rundfunkinterview sagte er auf die Frage, ob er noch einen Verbündeten der Bundesrepublik sehe, der gegen die doppelte Null-Lösung sei: »Ich kann ein solches Land nicht erkennen.« Nachdem Unionspolitiker wie Alfred Dregger und Volker Rühe in den Wochen vorher vergeblich versucht hatten, London und Paris gegen die doppelte Null-Lösung zu mobilisieren, beschlossen die Bonner Koalitionsparteien am 1. Juni 1987, ebendieser doppelten Null-Lösung zuzustimmen.

Das war indes noch nicht das Ende. Um das zu erreichen, mußten CDU und CSU auch die Pershing-IA-Raketen der Bundeswehr aufgeben. Noch einmal knirschte es gewaltig in Bonn. In einem Fernsehinterview am 21. August war Kohl nur so zu verstehen, daß er an den Pershing IA festhalten wolle. In einer Pressekonferenz am 26. August, der eine Intervention Genschers vorausgegangen war, gab der Kanzler jedoch den Verzicht auf diese Raketen bekannt. Die CSU, deren Vorsitzender Strauß nicht gefragt worden war, protestierte öffentlich. Die Erfolgsstory Genschers war zur Leidensgeschichte der Unionsparteien geworden. Der Außenminister mußte dafür einen Preis bezahlen. Das Verhältnis zum Bundeskanzler verschlechterte sich erkennbar, Volker Rühe, einer der begabtesten Außenpolitiker der CDU, brach mit ihm. Immer aber hatte Genscher zwei Trümpfe in der Hand: die Politik der Vereinigten Staaten und der »Schulterschluß« mit den Verbündeten, aber auch, nicht zu unterschätzen, die öffentliche Meinung in der Bundesrepublik. Nachträglich besehen konnte Genscher gar nicht verlieren, er konnte nur gewinnen.

Man wird den Einsatz und die Entschlossenheit Genschers allerdings nicht verstehen, wenn man nicht einen zweiten Aspekt hinzunimmt. Acht Jahre lang hat die Auseinandersetzung um die Mittelstreckenwaffen die Bundesrepublik bewegt, mit unterschiedlicher Dramatik. Aber immer wenn Entscheidungen anstanden, war Genscher ganz persönlich davon betroffen. Gegen die SPD verteidigte er 1982/83 den NATO-Doppelbeschluß und setzte die Nachrüstung durch, 1987 ermöglichte er gegen große Teile von CDU und CSU ein Abkommen, das verwirklicht, was der Doppelbeschluß gewollt hatte. Genscher folgte dem Gesetz, nach dem er angetreten war.

Niemand widersprach, als der Außenminister am 10. Dezember 1987 im Bundestag festhielt: »Jetzt feiern den Vertrag diejenigen, die auch um den Preis der Inkaufnahme verbleibender sowjetischer Raketen gegen unsere Stationierung eingetreten sind, und auch diejenigen, die Bedenken hatten gegen die doppelte Null-Lösung. Besonderen Anlaß zur Befriedigung haben jedoch die, die der Philosophie der Entscheidung vom Dezember 1979 in ihren beiden Teilen auch unter schwersten Bedingungen bis zum Schluß und mit allen Konsequenzen treu geblieben sind . . . Wer unseren schweren Weg . . . in diesen acht Jahren mitgegangen ist, weiß, wovon ich rede.«

SDI

Weit weniger glänzend als bei den Auseinandersetzungen um die Raketen sah Genscher im Streit um Ronald Reagans »Strategische Verteidigungsinitiative« (SDI) aus. Hier, wo er die amerikanische Regierung gegen sich hatte, war er zunächst auch weniger erfolgreich. Bei Entscheidungen in der Koalition und in der Regierung zu SDI hat Genscher zurückstecken müssen, und manchmal blieb ihm nicht mehr, als sich auf möglichst geschickte Weise aus der Affäre zu ziehen. Das erklärt sicherlich, warum der Außenminister, der beim Thema Mittelstreckenwaffen meist vorneweg war, sich bei SDI in Zurückhaltung übte. Auch so kann man Politik machen und kundtun, was man von einer Sache hält: in diesem Falle nichts. Auch so kann man zu erreichen suchen, daß man am Ende doch noch recht bekommt. Das Thema SDI hat auch in der Bundesrepublik die Phantasie beflügelt. Apokalyptischen Vorstellungen steht der Traum gegenüber, Atomkriege könnten mit SDI ein für allemal verhindert werden. Niemand indes weiß zu sagen, was richtig und was möglich ist. In der Bundesrepublik ging es auch weniger um die große Unbekannte SDI als vielmehr um die Auswirkungen, die die amerikanische SDI-Politik für das Verhältnis zwischen Ost und West hat. Die Diskussionen fielen vor allem in das Jahr 1985, in jenes Jahr, in dem sich die beiden Großmächte zum Nutzen der deutschen Politik wieder einander zu nähern begannen.

Der Außenminister hatte nicht das geringste Interesse daran, daß sich Bonn mit dem Thema SDI belastete. Um aus der Schußlinie zu kommen, nahm er die beiden Großmächte selbst in Anspruch. Wo immer Genscher auf SDI zu sprechen kam, hatte er die Erklärung parat, die die beiden Außenminister Shultz und Gromyko am 8. Januar 1985 bei der Wiederaufnahme der Genfer Verhandlungen abgegeben hatten: »Das Ziel der Verhandlungen wird es sein, wirksame Abkommen auszuarbeiten, die darauf abzielen, ein Wettrüsten im Weltraum zu verhindern und auf der Erde zu beenden, die Kernwaffen zu begrenzen und zu verringern sowie die strategische Stabilität zu stärken.« Ein Wettrüsten im Weltraum zu verhindern – das Zitat war eindeutig genug.

Doch so einfach sollte es für Genscher nicht sein. Anfang Februar 1985 hatte Bundeskanzler Kohl auf einer Wehrkunde-Tagung in München zu verstehen gegeben, daß er SDI Gutes abgewinnen könne. Im Bonner Kanzleramt machte Kohls Vertrauter Horst Teltschik, Leiter der Abteilung für Außen- und Sicherheitspolitik, SDI zu »seinem« Thema. Die CSU und Teile der CDU ließen an ihrem Ja keinen Zweifel. Es dauerte eine Weile, bis sich die zuständigen Bonner Ressorts im Bundessicherheitsrat auf eine Position verständigt hatten, die sie gemeinsam tragen konnten.

In einem wichtigen Punkt mußte Genscher einlenken. Er mußte den Beschluß mittragen, daß Bonn mit Washington ein Rahmenabkommen über die Beteiligung deutscher Firmen am SDI-Forschungsprogramm aushandeln wollte. Das Angebot hatte Washington gemacht, Verteidigungsminister Weinberger tat es in recht ultimativer Form, in Bonn waren der Kanzler und die Union dafür, es anzunehmen. Genscher, ständig in der Defensive, geriet in heikle Situationen. Anfang November 1985 mußte er in einer »persönlichen Erklärung« einen Bericht des

Spiegel dementieren, wonach es zwischen ihm und Kohl über eine Beteiligung an SDI zu einem »erbitterten Streit« gekommen sei.

Doch auch in solchen Lagen weiß Genscher sich zu helfen. Ebenso listig wie intelligent führte er ein Verfahren herbei, das den außenpolitischen Schaden, wenn schon nicht ganz beseitigen, so aber doch sehr gering halten würde. Nicht der Außenminister fuhr nach Washington, auch nicht der Verteidigungsminister, als es ans Verhandeln und, Ende März 1986, ans Unterzeichnen ging, sondern, kurios genug, Bundeswirtschaftsminister Martin Bangemann. Aus seinem eigenen Hause schickte Genscher demonstrativ Wirtschaftsexperten mit.

Die Botschaft war klar: Mit diesem Rahmenabkommen zu SDI hat der Bundesaußenminister nichts am Hut. Im Lauf der Zeit bestätigte sich auch noch eine Voraussage Genschers, die er Mitte Dezember 1985 über den Umfang der Beteiligung deutscher Firmen gemacht hatte: »Es werden minimale Beteiligungen sein, die in der öffentlichen Diskussion bei weitem überschätzt werden, sowohl was die Breite der Beteiligung angeht wie was die finanziellen Auswirkungen dieser Beteiligung angeht.«

Auf die Frage, ob es richtig sei, daß noch nie ein Wort der Zustimmung für SDI aus seinem Munde zu hören gewesen sei, antwortete Genscher Ende Januar 1987 folgendermaßen: »Es gibt Leute, die bei der erstmaligen Nennung des Begriffs SDI sofort zustimmten, obwohl sie dieses Programm oder System − ganz wie Sie wollen − noch nicht einmal in groben Einzelheiten kannten. Diese Leute müssen jetzt ihre Zustimmung immer wieder neu wiederholen, weil von Zeit zu Zeit unter SDI jeweils etwas anderes verstanden wird. Zuerst glaubte man bei SDI an einen umfassenden Schutz vor fremden Raketen, dann wieder nur an einen teilweisen Schutz − doch wie man es auch sehen mag, habe ich immer wieder auf die Notwendigkeit hingewiesen: Es darf keine Situation entstehen, in der unsere Sicherheitsinteressen nicht deckungsgleich mit den entsprechenden Interessen der Amerikaner sind.« Mit so unklaren Worten so präzise Auskünfte geben − niemand kann das so gut wie Genscher. Die Diskussion um SDI wurde zum Lehrstück dafür, wie Genscher sich in einer schwierigen Situation aus der Affäre zieht, ohne daß er oder seine Politik Schaden dabei nehmen.

Seerecht

Einmal ist Genscher auch richtig gescheitert. Am Ende des für ihn in jeder Hinsicht schwierigen Jahres 1984 unterlag er im Bundeskabinett bei der Abstimmung über eine neue internationale Seerechtskonvention. Der Außenminister stand mit seinem Wunsch, die Bundesrepublik möge diesem Übereinkommen beitreten, im Bonner Regierungslager allein auf weiter Flur. Selbst der Parteifreund und neue Bundeswirtschaftsminister Martin Bangemann mochte ihm hier nicht folgen. In den Ohren deutscher Landbewohner klang das Thema einigermaßen abstrakt, das Interesse der Öffentlichkeit hielt sich in Grenzen. Zur Entscheidung stand eine umfassende Neuregelung des internationalen Seerechts, wie es die UN-Seerechtskonferenz im Dezember 1982 beschlossen hatte. Vieles war die Bundesregierung bereit hinzunehmen, so die Neufestlegungen zu Meereszonen, zu Schiffahrtsfreiheit, Meeresumweltschutz und Meeresforschung. Alles aber hakelte sich fest an den Vorschriften über die Ausbeutung des Tiefseebodens und über die friedliche Streitbeilegung – nicht nur in Bonn, sondern in allen großen Industrienationen.

Doch was der Bundesrepublik – angesichts vieler anderer Sorgen – so entfernt schien, war und ist von erheblicher politischer Brisanz. Es ging um die Freiheit der Meere, die lange die Freiheit weniger seefahrender Nationen gewesen war und dies nun nicht mehr sein sollte. Andere Länder, vor allem solche, die nach dem Zweiten Weltkrieg in der Dritten Welt entstanden waren, wollten ihren Anteil. Und das um so mehr, als es jetzt auch unter Wasser einiges zu verteilen gab, die Schätze nämlich, die im Tiefseeboden liegen. Die metallhaltigen Manganknollen zum Beispiel setzten seit Ende der sechziger Jahre ganze Heerscharen von Diplomaten in aller Welt in Bewegung.

Die großen Industriestaaten sahen sich der Forderung der ärmeren Länder ausgesetzt, den Tiefseebergbau durch eine internationale Behörde regeln zu lassen, die dann möglicherweise auch Konzessionen verteilen würde. »Dirigismus«, riefen die Gegner in der Bundesrepublik, die neue Regierung müsse »mehr marktwirtschaftlich« ausgerichtet sein. Doch wenn es Anlaß zu Bedenken gab – auch der Bonner Außenminister fand nicht alles zum allerbesten geregelt –, so wirkte doch der ins Spiel gebrachte Gegensatz Dirigismus–Marktwirtschaft eher hausbacken. In jedem Fall verkürzte er die politische Problematik erheblich. Wie in vielen anderen Bereichen der Weltwirtschaft stand der Ausgleich zwischen Arm und Reich zur Debatte, es ging um die Nutzungsrechte an dem, was lange Zeit, als es die »Dritte Welt« noch nicht gegeben hatte, die »res communis omnium« genannt worden war.

Genscher hat gewußt, daß er mit seinem Petitum für einen Beitritt der Bundesrepublik zu dem neuen Übereinkommen in der Bundesregierung unterliegen würde. Er ist trotzdem und gegen die Mehrheit bei seiner Position geblieben, dies allerdings auch in der Überzeugung, daß die Entwicklung die Bundesrepublik wie andere Industriestaaten zur Unterzeichnung der Konvention führen werde. Und Genscher hat auch die Hoffnung noch nicht aufgegeben, daß der Internationale Seerechtsgerichtshof, wie ursprünglich vorgesehen, dann nach Hamburg kommt.

KSZE

In der KSZE haben die großen Themen Frieden und Sicherheit ihr gesamteuropäisches Forum gefunden. Dabei sind auch die USA und Kanada. Diese Konferenz folgt einem Muster, das grundverschieden ist von dem des kalten Krieges. Nicht Konfrontation und Abschottung, verbunden mit der Hoffnung, daß der Ostblock an seinen inneren Schwierigkeiten zerbricht, ist die Philosophie, sondern Zusammenarbeit, um Vertrauen zu bilden und auf evolutionäre Weise Veränderungen zu erreichen.

Für die Außenpolitik Hans-Dietrich Genschers hat die KSZE einen hohen Stellenwert. Einmal war die Unterzeichnung ihrer Schlußakte in Helsinki 1975 das erste große Ereignis, an dem Genscher als neuer Außenminister beteiligt war. Zum anderen und vor allem erwies sich die KSZE als ein institutioneller Rahmen, der das völlige Auseinanderdriften von Ost und West aufhalten konnte. Was von vielen als Palaver gescholten wurde, wurde ein Mittel, die totale Sprachlosigkeit zu verhindern. Im September 1983 konnte die Folgekonferenz von Madrid abgeschlossen und damit weitere regelmäßige Folgetreffen vereinbart werden.

Die KSZE ist heute nichts Statisches mehr, sondern sie ist zu einem Prozeß geworden. Sie eröffnet den Teilnehmern die Möglichkeit zur Gestaltung europäischer Politik. Als im Januar 1984 in Stockholm die »Konferenz über Vertrauens- und Sicherheitsbildende Maßnahmen und Abrüstung in Europa« (KVAE) eröffnet wurde, kam es zwischen dem sowjetischen und dem deutschen Außenminister zu folgendem Dialog: »Sie wollen ein Guckloch in unseren Zaun bohren«, sagte Gromyko. »Nein«, antwortete Genscher, »das will ich nicht. Ich will den ganzen Zaun weghaben.«

Insbesondere der deutschen Politik gibt das Forum der KSZE Handlungsmöglichkeiten. »Die Spaltung Europas gibt meinem Volk und seinem legitimen Verlangen nach einem Zustand des Friedens in Europa, in dem es in freier Selbstbestimmung seine Einheit wiedererlangt, einen Handlungsrahmen für vertrauensvolle und friedliche Zusammenarbeit mit allen seinen Nachbarn«, sagte Genscher 1986 in Wien. Man könnte es auch anders formulieren: Ohne Zustimmung und Unterstützung ihrer Nachbarn erlangen die Deutschen ihre Einheit nicht wieder.

Zusammenarbeit sucht gerade der deutsche Außenminister in allen drei Bereichen (»Körben«) der KSZE-Schlußakte von Helsinki: Vertrauensbildung und Abrüstung, Wirtschaft, menschliche Kontakte und Menschenrechte, Genscher mahnt die »Erfüllungsdefizite« immer wieder an. Nur keinen Stillstand − das scheint Genscher immer wieder sagen zu wollen. Und er sagt es vor allem für die Zusammenarbeit in Technologie und Umweltschutz. »Wir wollen keine technologische Spaltung Europas.« Im Gegensatz zu manch anderem im Westen, besonders in den USA, glaubt Genscher mitnichten, daß Kooperation bei Technologie und Kommunikation den Westen schwächen werde. Vielmehr gehört er zu denen, die sich vom Austausch gerade in diesen für die Zukunft so wichtigen Bereichen eine Öffnung der kommunistischen Systeme versprechen.

Nicht zuletzt deshalb verlangt der Bonner Außenminister auch mit großer Hartnäckigkeit ein Abspecken der COCOM-Liste, die den Export westlicher Waren dann einschränkt, wenn diese militärisch-strategischen Zwecken dienen können. Nichts hält Genscher für verderblicher für die Zusammenarbeit in Europa als ein »konfrontatives Denken in den Kategorien eines Handelskrieges«.

Zu seinen liebsten Kindern gehört das KSZE-Kulturforum, das im Herbst 1985 in Budapest stattfand. »Eine Veranstaltung ohne Präzedenz« nannte er das Forum, an dem nicht nur Regierungsmitglieder teilnahmen, sondern auch Künstler und Personen des kulturellen Lebens. »Eine kühne Idee«, lobte sich Genscher selbst. Es stört ihn auch nur begrenzt, daß dieses Kulturforum ohne Schlußdokument auseinanderging. Das bedauerte er. Aber die Mängel und auch die »prinzipiellen Unterschiede« konnten in seinen Augen das Positive nicht zudecken, daß nämlich überhaupt in diesem Rahmen miteinander gesprochen wurde und auf diese Weise die »kulturelle Identität Europas« ihren Ausdruck gefunden hatte.

Wenn Genscher, wie im Februar 1987 in Davos, die Schlußakte von Helsinki als »Kursbestimmung« für eine europäische Friedensordnung begreift, »in der die Völker auch unter unterschiedlichen gesellschaftlichen und staatlichen Ordnungen sich in friedlichem Wettbewerb und ohne Angst voreinander entwickeln können«, wenn er in Wien meint, der »alte Kontinent« habe mit der Schlußakte von Helsinki eine »neue Zukunftsperspektive« erhalten, dann steckt dahinter ein ganz bestimmtes Bild von Europa, ein Bild, in dem sich Europa nicht auf seine westlichen Teile beschränkt.

In Wien, bei dem 3. Folgetreffen der KSZE, sagte es der Außenminister am 7. November 1986 so: »Die Geschichte lehrt, daß das Bewußtsein der Identität Europas immer stärker war als die schlimmsten Kriege und die schrecklichsten Irrwege. Es ist auch heute stärker als die ideologischen Grenzen. An den Gegensätzen, die in den unterschiedlichen Systemen begründet sind, gibt es nichts zu bagatellisieren. Aber seine Identität bezieht Europa nicht aus diesen Gegensätzen, sondern aus der gemeinsamen Geschichte, aus der gemeinsamen Kultur, zu der alle Völker Großes beigetragen haben, und aus der gemeinsamen Verantwortung für die Zukunft unseres Kontinents.«

Die KSZE, so Genscher, »soll Europa erlauben, seine Einheit wiederzufinden, die über die Wechselfälle der Geschichte hinweg seine Bestimmung ist«.

Reisediplomatie

Genscher, der Umtriebige, Ruhelose, Ubiquitäre – dieses Image verbindet sich fast immer mit der Reisetätigkeit dieses Politikers. Es ist nicht zu übersehen, daß Bewegung, besonders solche von Ort zu Ort, zu seinen ganz persönlichen Bedürfnissen gehört. Schon 1970, kaum war er Innenminister geworden, entstand das Stereotyp von dem Mann, der, hin und her eilend, viele Menschen und viele Themen zu erhaschen sucht, am liebsten immer alles gleichzeitig. Ein Mann, der Räume überwindet und die Zeit anhält. Genscher hat eine Menge dazu getan, daß sich dieses Bild verbreitet.

Die Trips Genschers sind indes nicht nur Ausdruck eines möglicherweise zwanghaften Bewegungstriebs. Abgesehen davon, daß Auslandsbesuche sozusagen Teil seines Arbeitsvertrages sind, nutzt Genscher sie vor allem als Mittel der Kommunikation. Damit sind nicht so sehr Gespräche mit anderen Außenministern gemeint, »die erzählen sich doch meistens immer dasselbe«, weiß ein Diplomat. Kommunikation durch Reisen heißt vielmehr zuerst: Setzen von Signalen. Genscher auf Reisen, das ist wie ein Satellit der, wo immer er gerade steht, unablässig Botschaften aussendet, to whom it may concern, besonders natürlich in der Bundesrepublik.

Ob er nun bei einem Israelbesuch in Jerusalem Palästinenser empfängt, in Prag mit tschechoslowakischen Dissidenten spricht, mit US-Außenminister Shultz Dampfer auf dem East River fährt oder mit dem rumänischen Staats- und Parteichef Ceauşescu im Beisein von Journalisten einen wilden Streit über die Aufgaben der Presse entfesselt — ständig gibt Genscher Zeichen, und, so perfekt läuft die Maschinerie, so gut wie immer kommen sie an, und zwar da, wo Genscher sie ankommen lassen möchte.

Manchmal ist der Ablauf der Bilder so gedrängt, daß ihr Symbolgehalt kaum noch zu übermitteln ist. An einem Dienstag im Januar 1988 besucht der Bonner Außenminister in knapp acht Stunden nacheinander eine Grabstätte deutscher Soldaten 60 Kilometer westlich der polnischen Hauptstadt, dann in Warschau das Grab des von polnischen Sicherheitskräften ermordeten Priesters Popieluszko, verleiht einem Polen das Große Verdienstkreuz, empfängt in der Residenz des Bonner Botschafters Vertreter deutscher Freundeskreise, in denen sich Deutschstämmige in Polen zusammengeschlossen haben, spricht mit dem Friedensnobelpreisträger und Solidarność-Führer Lech Wałesa. Und alles dieses geschieht zum erstenmal durch einen Minister der deutschen Bundesregierung. Viele Jahre hatte Genscher warten müssen, bis er in Polen die Zeichen setzen konnte, die er setzen wollte.

Nicht selten geht Genscher bei Reisen bis an die Grenze seiner körperlichen Kräfte, so im Herbst 1986, als er nach einer Woche in New York morgens um sechs Uhr in München im strömenden Regen allein aus dem Flugzeug steigt, um in den bayerischen Wahlkampf zu eilen. Kurz darauf erleidet er während einer Rede im Bundestag einen Schwächeanfall. Aber Genscher kann sich durchaus auch Zeit nehmen. Bei einem Besuch in Senegal im Oktober 1987 eröffnete er sein Ministerbüro stundenweise am Swimmingpool des Novotels von Dakar. Da gefällt es ihm bei einem Empfang des senegalesischen Außenministers so gut, daß er gegen seine ursprünglichen Absichten und gegen die Hoffnungen seiner Mitarbeiter bis spät in die Nacht sitzen bleibt.

Daß etwas ganz und gar anders läuft als geplant, erwartet bei diesem Minister eigentlich keiner mehr. Einmal indes geschah es in den vergangenen Jahren doch. Am 14. April 1986 berieten die EG-Außenminister in Den Haag über die nach mehreren Terroranschlägen zunehmende Konfrontation zwischen den USA und Libyen. Die EG-Minister verhielten sich sehr reserviert gegenüber dem amerikanischen Wunsch nach Sanktionen, eine Kriegsgefahr mochte Genscher nicht erkennen. Am Abend startete er in Richtung Washington, während des Fluges, kurz vor der Landung, erfuhr er, daß eben amerikanische Flugzeuge Tripolis und

Bengasi bombardiert hatten. Der deutsche Außenminister war düpiert, für ein paar Stunden stand Genscher, was ihm wirklich selten passiert, im dunkeln. Am nächsten Tag hatte er in Washington zwar schnell wieder Boden unter den Füßen, einiger Ingrimm blieb jedoch zurück.

Ausländische Politiker

Diplomatie arbeitet in und mit einem Geflecht von Beziehungen, an dessen Anfang die Interessen von Staaten stehen. Uns so gewiß es ist, daß Staaten zu kalten Monstern werden, wenn vitale Interessen berührt sind, so richtig ist es doch auch, daß in dem Geflecht der Beziehungen persönliche Verbindungen ihren Platz haben und ihre Rolle spielen. Persönliche Verbindungen sind ein Stück Vertrauensbildung. Für die Akteure ist es wichtig, sich zu kennen, sich gerade bei unterschiedlichen Interessen auf das Wort des Mit- und Gegenspielers verlassen zu können. Die lange Amtszeit des Bonner Außenministers erweist sich hier als Kapital für die deutsche Außenpolitik.

Genscher versteht es, sich Freunde zu machen, durch Schmeicheleien zum Beispiel. Da wird etwa im Dezember 1987 vor dem Brüsseler EG-Gebäude Außenminister Uffe Ellemann-Jensen aus Kopenhagen vom dänischen Fernsehen interviewt. Genscher, schon halb in seinem Dienstwagen, sieht das, geht zurück, stellt sich neben Ellemann-Jensen vor das Objektiv der Kamera und teilt ungefragt mit, der dänische Außenminister habe als Ratspräsident der EG in Brüssel ganz ausgezeichnete Arbeit geleistet. Der Däne wird das dem Deutschen sicher nicht vergessen, schließlich sind auch Politiker nur Menschen. Um seinem italienischen Kollegen und Freund Giulio Andreotti eine Freude zu machen, fliegt Genscher auch schon einmal einen Tag nach Rimini und nimmt dort an einer von jungen italienischen Katholiken veranstalteten Podiumsdiskussion teil. So etwas verbindet, das verpflichtet.

Gern lädt Genscher ausländische Gäste, die nach Bonn kommen, zu einem Abendessen in sein Privathaus nach Wachtberg-Pesch ein, um noch vor Beginn der offiziellen Gespräche die rechte Atmosphäre zu schaffen und ein bißchen auch schon den Zug auf das richtige Gleis zu bugsieren. Im Januar 1988 etwa war Eduard Schewardnadse aus der Sowjetunion mit Frau Gast bei den Genschers, vor Gesprächen, die für die deutsch-sowjetischen Beziehungen viel bedeutet haben.

Hohe Wertschätzung hat Genscher für den französischen Staatspräsidenten François Mitterrand. Ihn nennt er schon einmal »einen Titanen unter dem, was in Europa da ist«. Die Politik des französischen Staatspräsidenten hat Genscher in zwei kritischen Situationen entscheidend geholfen. Im Januar 1983 trat der Sozialist Mitterrand kurz vor der Bundestagswahl zum Ärger und Verdruß der deutschen Sozialdemokraten für die Nachrüstung ein. Im Mai 1987 dann schwenkte Mitterrand gegen innerfranzösische Widerstände auf die doppelte Null-Lösung ein, womit er vielen in den Unionsparteien die letzte Hoffnung nahm, die doppelte Null-Lösung mit Hilfe Frankreichs verhindern zu können.

Als Mitterrand bei seinem Staatsbesuch in der Bundesrepublik im Oktober 1984 eindringlich für seine Strategie der Kriegsverhütung und -verhinderung eintrat, als der französische Staatspräsident zu sehr deutlich erkennen ließ, daß er die deutschen Sorgen wegen der französischen Kurzstreckenraketen versteht und sehr ernst nimmt, da lud Genscher eilends Journalisten zu sich ins Auswärtige Amt, um den »Schulterschluß« mit Paris zu proklamieren und festzuschreiben. Mitterrand ist in den Augen Genschers ein Politiker, der tiefes Verständnis für die deutsche Lage und die deutschen Probleme hat. In Mitterrands europäischen Konzeptionen entdeckt Genscher seine eigenen wieder.

Genscher hat zu Mitterrand ein persönliches Verhältnis gefunden, was schwer genug ist bei diesem verschlossenen Einzelgänger. Geholfen haben mag dabei ein Mann, der Mitterrand seit Jahren sehr nahesteht und mit dem es Genscher nach vielen Zeugnissen »mit am besten kann«: der französische Außenminister Roland Dumas. Als Dumas 1986 am Ende der sozialistischen Regierung den Quai d'Orsay verlassen mußte, hat Genscher das bedauert, als Dumas im Frühjahr 1988 nach dem Wahlsieg Mitterrands in sein Amt zurückkehrte, hat sich kaum einer so gefreut wie der deutsche Außenminister. Damit jedermann merkt, was er denkt, lud Genscher also gleich zu einer gemeinsamen Pressekonferenz mit dem französischen Außenminister in Bonn.

Selbstverständlich für einen Bonner Außenminister ist es, daß er ein gutes Verhältnis zu den Außenministern der beiden Großmächte sucht, insonderheit zu dem in Washington. Wenn das Verhältnis zwischen den für das Äußere zuständigen Ministern in Bonn und Washington ernsthaft gestört ist, kann das unangenehme Folgen haben, zuerst, so darf man vermuten, für den Schwächeren von beiden, also den deutschen. Mit Henry Kissinger und Alexander Haig unterhielt Genscher immer gute Kontakte, bei George Shultz gestaltete sich das zunächst schwieriger. Seit 1986 kamen sich Shultz und Genscher näher, nicht zuletzt deshalb, weil sich die amerikanische Einschätzung der Lage und Entwicklung im Ostblock der Genschers merklich angenähert hatte.

Eine gewisse Faszination ging immer von den Gesprächen aus, zu denen sich Genscher mit Andrej Gromyko aus Moskau traf. Das war regelmäßig ein Gespräch unter Profis, bei dem keiner dem anderen auch nur im geringsten nachstehen mochte. Es ist bemerkenswert, was Gromyko, sicher der ausgebuffteste Außenminister der letzten Jahrzehnte, über Genscher in seinen Memoiren sagt: »Wenn man in ein Treffen mit ihm ging, mußte man sich vorher seiner gesamten Reserven an Argumenten, Erläuterungen und Antworten auf Genschers vermutliche Fragen vergewissern. Man mußte vorher wissen, daß er festverankerte Positionen der BRD-Führung mit maximaler Beschönigung vertritt. Er liebte es, effektvoll auf ruhiger See zu schwimmen und langsam die Ruder zu bewegen.«

Gibt es auch Kollegen, mit denen Genscher nicht kann oder nicht mag? Es gab und gibt sie gewiß. Gelegentlich läßt Genscher, und sei es durch Minenspiel, erkennen, was er von einem Gesprächspartner hält. Doch lauthals verkünden kann er das als Bundesminister des Auswärtigen nicht. Nur einmal hat er Näheres wissen lassen. Einem chilenischen Außenminister, der, im Zusammenhang mit einer in Chile inhaftierten Deutschen, Zusagen gemacht hatte, diese dann aber nicht einhielt, ließ Genscher mitteilen, daß er sich mit ihm nicht mehr treffen werde. Der Außenminister ging, aus welchen Gründen auch immer. Die Deutsche kam frei, auch dank Genschers Hartnäckigkeit.

Die Perspektive

Hat Genscher ein Konzept, eine Konzeption? Hat er, der das Wort Zukunft so oft im Munde führt, der Europa, das Nordatlantische Bündnis, das West-Ost-Verhältnis »zukunftsfähig machen«, »zukunftsfähig gestalten« will, eine Perspektive, die über den Tag hinausreicht? Nicht wenige und nicht nur seine Gegner bezweifeln es. Sie halten an dem Klischee vom »Taktiker« fest, der nur aufgreift, was ihm gerade zufällt, und es zu seinem eigenen Vorteil verwertet.

So zählebig dieses Klischee auch ist, es ist im Ernst nicht aufrechtzuerhalten. Gewiß, als Politiker arbeitet Genscher in den Tag hinein, laviert und finassiert. Blickt man aber über die lange Zeit seiner Tätigkeit als Außenminister, so stellt man bald fest, daß Genscher sehr wohl eine Konzeption hat, an der er ebenso beweglich wie zielstrebig festhält.

Genscher erweist sich als ein deutscher Politiker in Europa. Je europäischer deutsche Politik sei, sagt Genscher, um so mehr entspreche sie den nationalen Interessen der Deutschen. Seine Außenpolitik ist die der

Öffnung. Europa reicht für Genscher »vom Atlantik bis zum Ural«. »Europa ist unser Schicksal«, sagt er als ein Deutscher, dessen Land in Europa geteilt ist.

Deshalb sieht Genscher die Bundesrepublik als treibende Kraft im West-Ost-Verhältnis, er mißt den Deutschen die besondere Verantwortung für einen Brückenschlag zwischen West und Ost zu. »Es hat schlechtere Ziele deutscher Politik in diesem Jahrhundert gegeben als das Bemühen um gute Nachbarschaft mit allen Europäern«, sagte er im März 1988 in Athen. »Wir wollen darauf vertrauen dürfen, daß die Gemeinschaft der westlichen Demokratien dabei an unserer Seite steht.«

Es liegt in der Logik dieser Konzeption, daß Genscher weit mehr als andere regierende Politiker im Westen und in Bonn aufzunehmen sucht, was unter Gorbatschow in der Sowjetunion geschieht. In einer grundlegenden Rede, die er am 1. Februar 1987 in Davos hielt, forderte er vom Westen, Gorbatschow »beim Wort zu nehmen«, das »neue Denken« in Moskau also zu testen. »Wenn es heute eine Chance geben sollte, daß nach vierzig Jahren Konfrontation im West-Ost-Verhältnis ein Wendepunkt erreicht werden könnte, dann wäre es ein Fehler von historischem Ausmaß, wenn der Westen diese Chance vorübergehen ließe, nur weil er sich nicht aus einem Denken lösen kann, das beim Blick auf die Sowjetunion immer nur einzig und allein den schlimmsten Fall anzunehmen vermag.«

Mitarbeiter

Genscher, so heißt es, sei ein Einzelkämpfer, und zweifellos treten bei ihm die Merkmale dieses Typs besonders deutlich hervor.

Gute Mitarbeiter zu finden und in aller Regel auch zu halten ist allerdings offenkundig ein Talent Genschers. Bei den Personen in seiner Umgebung stellt man über die Jahre immer wieder die gleichen Eigenschaften fest. Hohe Intelligenz und technokratische Fähigkeiten verstehen sich von selbst. Dazu kommt immer ein politisches Gespür, auch für die Innenpolitik, und, was noch mehr auffällt, die Gabe zur Kommunikation. Natürlich wird auch Anpassungsfähigkeit verlangt, ohne die hielte es bei Genscher niemand lange aus. Sie degeneriert aber nie zur Servilität. Ein gebrochenes Rückgrat oder auch nur ausweichende Blicke bemerkt man in Genschers Umgebung nicht.

Im Ministerium selbst hat der Berufsdiplomat Jürgen Sudhoff große Bedeutung gewonnen. Seit 1987 ist er der Staatssekretär des Auswärtigen

Amtes und somit Amtschef. Die Karriere Sudhoffs, der von 1977 bis 1981 Sprecher des Auswärtigen Amtes war, ist nicht untypisch für einen engen Mitarbeiter Genschers. Unvergeßlich bleibt Journalisten, wie sie im Oktober 1982, gleich nach der Wende, in New York nahe bei Genschers Hotel auf Jürgen Sudhoff trafen. Überraschend war das schon, denn Sudhoff war zu der Zeit Botschafter in Mexiko. Was also er in New York mache, wollten die Journalisten wissen. Der Minister wolle wichtige Dinge mit ihm besprechen, sagte Sudhoff, über die Beziehungen zu Lateinamerika und Mexiko besonders. Das nun allerdings gehörte mit Sicherheit zu dem, was Genscher in jenen Wendetagen überhaupt nicht interessierte. Die Wahrheit war ganz einfach. Genscher, in der politischen Existenz bedroht, holte sich, und sei es aus Mexiko, die Leute zusammen, denen er vertraute. Sudhoff verließ seine schöne Botschafterresidenz und ging als stellvertretender Regierungssprecher zurück nach Bonn. 1982 gehörte Sudhoff zum letzten Aufgebot Genschers, heute rangiert er an der Spitze des ersten.

Für die tagtägliche Arbeit sind dem Außenminister vor allem zwei Mitarbeiter unentbehrlich: der Leiter des Ministerbüros, Michael Jansen, und der Leiter des Pressereferats, Jürgen Chrobog. Beide arbeiten zu. Dem Minister die richtigen Akten und Berichte zum richtigen Zeitpunkt zuzuschieben bedarf einiger Kunstfertigkeit. Beide haben aber durchaus auch Einfluß. Mehr als einmal die Woche müssen sie abwiegeln, Jansen etwa, wenn Genscher der Sinn nach einem neuen Koalitionskrach steht, Chrobog, wenn der Minister seine Person und Politik in der Presse nicht richtig gewürdigt sieht.

Natürlich kann man in der Presseabteilung des Auswärtigen Amtes mehr erfahren als nur das Beste über den Minister. Unter Jürgen Chrobog arbeitet sie ebenso effektiv wie unbürokratisch. Sie ist mit Sicherheit eine der besten in Bonn. Wer als Journalist vor einem komplizierten Problem der internationalen Politik steht, dem wird prompt geholfen.

Wenn Mitarbeiter ausscheiden, sucht Genscher häufig den Kontakt zu halten, jedenfalls dann, wenn er glaubt, davon in der Arbeit profitieren zu können. Ein Gesprächspartner ist ihm zum Beispiel Günther van Well, ehemals Staatssekretär, zuletzt Botschafter in Washington, jetzt im Ruhestand. Van Well hatte nach 1974 dem Innenpolitiker Genscher geholfen, sich in die Außenpolitik einzuarbeiten. »Von dem habe ich viel gelernt«, erkennt Genscher ohne Scheu an.

Einen seiner Diplomaten wird der Außenminister sicher nicht vergessen. Das ist Gerold von Braunmühl, zuletzt Leiter der Politischen Abteilung. Hochintellektuell, gänzlich unprätentiös, erschien von Braunmühl Beobachtern manchmal wie das Gehirn des Auswärtigen

Amtes. Wie eng das Verhältnis Genschers zu ihm war, wurde erst offenbar, als von Braunmühl 1986 von Terroristen in Bonn ermordet wurde. »Er bedeutete unheimlich viel für mich«, sagt Genscher und beläßt es dabei.

Den richtigen Mann an den richtigen Platz zu setzen, dafür hat Genscher ganz offenbar ein Gefühl. Erstaunlich bleibt, daß die Zusammenarbeit über lange Zeiträume gut und wenigstens nach außen auch reibungslos funktioniert. Denn Genscher ist beileibe kein bequemer Vorgesetzter. So freundlich er in die Fernsehkamera blickt, so ungemütlich, drastisch, ja rüde kann er gegenüber engen Mitarbeitern sein. Inzwischen jedoch, so konstatieren alte Getreue Genschers, ist er ruhiger und abgeklärter geworden. »Er brüllt eigentlich kaum noch«, sagt einer. »Früher arbeitete er mit Zuckerbrot und Peitsche«, sagt ein anderer, »heute mit Salz und Balsam«, was, versteht man das richtig, eine Entwicklung zum Besseren bedeutet.

Journalisten

Es gibt keinen Außenminister dieser Welt, der so auf Öffentlichkeit angewiesen wäre wie Genscher. Es gibt demzufolge auch keinen anderen, der sich so um Öffentlichkeit bemüht. Genschers Verhältnis zu den Medien und zu den Bonner Journalisten ist für viele Gegenstand des Amüsements, für manche auch des Ärgers. Dieses Verhältnis hat seinen Ursprung keineswegs nur in dem immerwährenden Bedürfnis Genschers zur Selbstdarstellung, es ist auch Funktion seiner Rolle. Ein Minister, der als Repräsentant einer kleinen Partei in diesem Ausmaß eine eigenständige Politik betreibt, die auch von dem Konflikt mit dem Partner lebt, der braucht nicht nur Mehrheiten im Parlament, sondern auch Unterstützung in der Öffentlichkeit. Pressepolitik ist für Genscher mehr als für manche andere in Bonn unmittelbarer Bestandteil seiner gesamten Politik, die Medien sind für ihn eines der Gewichte, mit denen er jongliert.

Öffentlichkeit bedeutet für Politiker heute zuerst Fernsehen. Ein Außenminister hat da einen Platzvorteil. Vor den röhrenden Triebwerken einer Luftwaffen-Boeing interviewt zu werden ergibt allemal ein schönes Bild. Neben der philippinischen Präsidentin Aquino zu sitzen, nach dem Sturz des Diktators Marcos, bringt per se Sympathien, ebenso die sichtbar gemachte Distanz zu anderen, ungeliebten Politikern, dem Rumänen Ceauşescu etwa. Genscher hat die bildliche Selbstdarstellung, in Körpersprache und Minenspiel, zu beachtlicher Kunst entwickelt.

Vom schönen Bild allein indes kann kein Politiker leben. Genscher verläßt sich auch nicht darauf. Weil das Erklären seiner Politik für ihn Notwendigkeit und Bedürfnis ist, sind ihm Journalisten angenehme und nützliche Gesprächspartner. Ob im Bismarck-Zimmer des Auswärtigen Amtes oder im AA-Gästehaus auf dem Bonner Venusberg, ob am Schwimmbecken des Novotels in Dakar oder spätabends im Garten der Botschafterresidenz in Damaskus – immer ist Genscher nicht nur ansprechbar, meist will er angesprochen werden. Wenn die Journalisten das nicht merken oder, was auch vorkommt, keine Lust mehr verspüren, dann helfen die Pressereferenten nach.

Daß es den Journalisten auch auf Auslandsreisen an nichts mangelt, jedenfalls nicht an der technischen Möglichkeit zur Übermittlung der Berichte, ist eine ständige Sorge des Pressereferats. Als im Herbst 1987 in Angola gar nichts mehr ging, auch nicht das Telefon im Hotelzimmer des Ministers, flog die Ministermaschine so rechtzeitig in Luanda ab, daß der ARD-Fernsehkorrespondent noch Zeit hatte, im technisch besser ausgerüsteten Dakar (wo Genscher an einer Botschafterkonferenz teilnahm) Film und Text für den »Bericht aus Bonn« fertigzustellen. Korrespondenten anderer Medien konnten, die Westküste Afrikas entlangfliegend, ihre Berichte per Funktelefon an die Heimatredaktionen durchgeben.

Natürlich versucht der Praktiker Genscher wie viele andere Politiker, Journalisten für seine Zwecke zu instrumentalisieren. Als er mit der SPD regierte, unterhielt Genscher immer enge Kontakte zu Medien und Journalisten, die, zu Recht oder zu Unrecht, als Sympathisanten der damaligen Opposition galten. Nach der Wende, in der Koalition mit CDU und CSU, wiederholte sich der Vorgang, jetzt mit umgekehrten Vorzeichen. Die Balance auch in der veröffentlichten Meinung herzustellen ist ein ständiges Bestreben Genschers. Er weiß genau, wem er was sagt.

Es gibt allerdings auch Fälle, in denen sich Genscher verweigert. Wenn er zu einem bestimmten Thema zu einem bestimmten Zeitpunkt nichts sagen will, dann kann ihn kein Mensch und keine Frage dazu bringen, seine Absichten zu ändern. Sehr einsilbig wird er in Interviews, wenn er den Eindruck gewinnt, daß es diesmal der Journalist ist, der ihn, den Minister, instrumentalisieren will. In Ecken, die er nicht liebt, läßt Genscher sich nicht drücken. Fragen, die grobschlächtig mit Unterstellungen beginnen, mag er gar nicht. Da wird er unwirsch, das Interview ist dem Ende nahe, auch wenn ihm leibhaftige Chefredakteure gegenübersitzen.

Der Umgang mit Journalisten ist für Genscher immer auch ein Test. Womit und wie überzeugt er am ehesten, was klingt glaubhaft und was nicht – im Gespräch mit Journalisten kann er es noch am besten feststellen.

XV. Kapitel

Schauplätze: Brüssel und New York

WALTER HAHN

Sand im Getriebe der EG

Es stand nicht gut um die Europäische Gemeinschaft, als Genscher im Mai 1974 das Auswärtige Amt übernahm. Erst ein Jahr lag die Erweiterung der Alt-EG zu sechst um drei neue Mitglieder zurück. Trotz großer Anstrengungen in langwierigen Beitrittsverhandlungen war die Aufnahme des Vereinigten Königreichs, Irlands und Dänemarks nicht zur Zufriedenheit aller geglückt.

Auch sonst stockte der Ausbau der EG. Im Februar zum Beispiel hatte sich der Ministerrat in Brüssel außerstande gesehen, termingerecht die nächste Stufe auf dem Weg zur Wirtschafts- und Währungsunion zu erreichen.

Keine Frage: Der Schwung im Unternehmen Europa war im Begriff, zum Stillstand zu kommen, als sich der Wechsel in der Chefetage des Bonner Auswärtigen Amtes vollzog.

Doch nicht nur im inneren Integrationsgetriebe der Gemeinschaft knirschte es hörbar und entmutigend. Auch das Umfeld, die internationale Lage, hatte sich gegen Ende des Jahres 1973 dramatisch verschlechtert. Vor allem durch den Nahostkrieg und die erste Erdölkrise.

Die an billiges Rohöl aus den Scheichtümern gewöhnten Europäer waren gegen alle Warnungen taub geblieben, daß die Ölscheichs die Abhängigkeit der Industrieländer ausnutzen und sie unter Druck setzen könnten. Sie besaßen kein geeignetes Energieversorgungskonzept für solche Fälle. Als der Ölschock dann tatsächlich kam, mußte die Gemeinschaft Lehrgeld zahlen. Mit Benzinrationierungen und »autofreien Sonntagen« für ihre Bürger.

Die Neun mußten gleichzeitig eingestehen, wie wenig sie außenpolitisch zum gemeinsamen Reagieren auf Krisenentwicklungen eingestellt waren. Der Modellfall für die politische Schwäche des »Handelsriesen« Europäische Wirtschaftsgemeinschaft, der Nahostkonflikt, komplettierte das ärgerliche Bild des Mangels an Festigkeit und Entscheidungsfähigkeit, das sie nach innen wie nach außen darbot.

Auch die Bonner Verhältnisse bildeten in der ersten Jahreshälfte 1974 alles andere als eine feste Grundlage, auf der eine entschlossene deutsche Europa-Politik hätte ansetzen können. Brandts Rücktritt, Scheels Wahl zum Bundespräsidenten, Schmidts Einzug ins Kanzleramt und Genschers Wechsel aus dem Innenministerium ins Auswärtige Amt, all dies innerhalb weniger Tage im Mai, das mußte zwangsläufig in eine längerdauernde Phase der Neuorientierung führen. Auch und gerade in der Europa- und NATO-Politik.

Europäische Lehr- und Wanderjahre

Analytiker hatten damals plausible Argumente zur Hand, warum sie in dem Bonner Rollentausch Hans-Dietrich Genscher nicht für die beste Besetzung hielten. Sein Tätigkeitsfeld war die Innenpolitik gewesen. Außenpolitisches Engagement hatte er bis dahin nie zur Schau gestellt. Er besaß weder diplomatische Erfahrung noch irgendwelche Meriten. Ein völlig unbeschriebenes Blatt war der neue Mann in der Europa-Politik, die doch, trotz aller EG-Malaisen — oder gerade ihretwegen —, für jeden, der in Bonn die Leitung des Auswärtigen Amtes übernahm, ein zunehmend wichtiger Posten wurde. Besaß Genscher überhaupt ein bündiges Europa-Konzept?

Schon ein Blick auf seinen Lebenslauf zeigt, daß Hans-Dietrich Genscher nicht zu jenen Leuten gehört haben kann, die nach dem Zweiten Weltkrieg an westeuropäischen Grenzen symbolisch die trennenden Pfähle umstürzten, um damit die Schaffung eines geeinten Europa zu fordern und zu beflügeln. Sein Verhältnis zur beginnenden West-Integration hatte zwangsläufig ein passives bleiben müssen, solange er in der Sowjetischen Besatzungszone und späteren DDR an den Universitäten in Halle und Leipzig studierte.

Für den jungen Liberalen, Mitglied der LDP der DDR, lag damals die Frage nach der nationalen Einheit viel näher und prägte sein politisches

Denken stärker als die Anfänge des westeuropäischen Zusammenschlusses. Was aber nicht heißt, Europa habe in seinen Vorstellungen überhaupt keinen Platz gehabt. Es hatte nur unter den Gegebenheiten der späten vierziger und frühen fünfziger Jahre in der DDR andere Konturen. Fragen nach Europa und der Rolle, die den Deutschen darin zufallen könnte, begannen ihn damals zu beschäftigen. In Gesprächen mit Studienfreunden zum Beispiel bei dem Thema, wie ein vereintes Europa aussehen könnte. Interessanterweise stand bei den jungen Leuten an der ostdeutschen Alma Mater in Halle der Wunschtraum von einem europäischen Staatenbund im Mittelpunkt, die Idee von einem europäischen Aufbruch also, der nicht haltmacht an den Grenzen der beiden Machtblöcke in Ost und West. Die »blocküberschreitende« Europa-Idee muß den jungen Genscher damals bereits fasziniert und motiviert haben. Zum erstenmal, so könnte man beschreiben, was da passierte, gab es eine Art »Genscher-Initiative«, benutzte er das später meistgebrauchte Werkzeug, in Abstimmung mit anderen politischen Handlungswillen auszudrücken. Studiosus Genscher ergriff die Initiative zu einem Brief, den er und ein paar Kommilitonen dann tatsächlich an Winston Churchill schickten. Sie wollten von dem britischen Staatsmann wissen, wie er sich die Einigung Europas vorstelle. Von einer Antwort ist nichts bekannt.

Alles in allem deuten die wenigen Ansatzpunkte aus den Jahren vor der aktiven Politikertätigkeit Genschers nicht auf ein durchdachtes und ausgeformtes Verhältnis zu den Europaproblemen der Nachkriegszeit hin. Es war wohl mehr vom Gefühl bestimmt als von ins Detail gehender politischer Überlegung. Hätte man den späteren Außenminister damals danach gefragt, würde er das Ziel der europäischen Einigung wahrscheinlich ohne langes Nachdenken als selbstverständliche Notwendigkeit bezeichnet haben, so lebenswichtig wie Essen und Trinken. Liest man seine späteren Reden und Aufsätze nach, findet sich dieser Kerngedanke über die Jahre hin letztlich unverändert immer wieder. Er drückt eine Grundüberzeugung aus. Dahinter gefällige Leerformeln und Lippenbekenntnisse zu vermuten wäre eine krasse Mißdeutung. Genscher war und ist ein in der Wolle gefärbter Anhänger eines eigenständigen Europas.

Zwei wesentliche Gesichtspunkte darf man in seinem Denken freilich nicht außer acht lassen. Erstens: Seine Europa-Politik ist im Ursprung deutsche Politik. Durch Einbindung in internationale Zusammenarbeit, Zusammenschlüsse und Bündnisse gewinnt die Bundesrepublik Handlungsspielraum und zugleich an internationalem Gewicht. Zweitens: Diese Perspektive reicht schon vom Ansatz her über die Europäische Gemeinschaft hinaus. Die EG ist für Genscher nicht letztes Ziel, sondern politischer Prozeß, Bühne des Handelns in Zusammenarbeit mit den Partnern, eine – nicht die einzige – Form, in der europäische Identität (eines seiner Lieblingsworte) sich darstellt und gemeinsame Interessen gewahrt werden. Der innere Ausbau der Gemeinschaft, die Entwicklung zum Binnenmarkt und darüber hinaus zur politischen Union, steht aus Genschers Sicht nicht im Widerspruch zu seinem viel breiter angelegten Europabild. Er sieht darin, im Gegenteil, einen wichtigen Beitrag zu dessen Vollendung.

Brüsseler Allerlei: Pfirsiche und Sauerkirschen

Man schrieb den 4. Juni 1974, als der neue Bonner Außenamtschef zum erstenmal am EG-Ministerrat teilnahm.

Als er im Europazentrum auf dem Luxemburger Kirchberg eintraf, blieb dem *newcomer* aus Bonn keine Schonfrist, in der er sich an die vor ihm liegenden Aufgaben langsam hätte herantasten können. Die Deutschen nämlich führten in der Ratsrunde den Vorsitz, der alle sechs Monate, in alphabetischer Reihenfolge, von einem Mitgliedsstaat an den anderen übergeben wird. Genscher mußte also sogleich auf dem Präsidentenstuhl Platz nehmen und die Verhandlungen leiten.

Keiner seiner Kollegen, die damals am Ratstisch die Premiere des Außenministers Genscher miterlebten (und insgeheim wahrscheinlich auf die ersten Pannen des außenpolitischen *greenhorn* warteten), mag damit gerechnet haben, daß er sie in dieser Funktion allesamt lange überdauern würde, wie es dann geschah. Ihm selbst wiederum schwante sicherlich nichts von der außergewöhnlichen Langlebigkeit, die EG-Problemen eigen ist.

Der politische Hauptstreitpunkt, mit dem er es als Ratspräsident gleich zu tun bekam, sollte ihm jedenfalls, wenn auch mehrfach hin und her gewendet, noch auf dem Brüsseler Gipfeltreffen im Februar 1988 wiederbegegnen. Es war der sogenannte »Britenrabatt« für zuviel Geld, das dem Vereinigten Königreich, zum Tort aller Premiers von Wilson bis Thatcher, als Beitrag zum EG-Budget abgefordert wird. Auch lernte er bei seinem EG-Start auf dem Luxemburger Kirchberg die bemerkenswerte Themenmischung kennen, mit der die Außenminister im sogenannten »Allgemeinen Rat« konfrontiert sind.

Die Beratungen der anderen Ressort-Chefs begrenzen sich normalerweise auf die jeweiligen Fachgebiete. So geht es im Agrarministerrat zum Beispiel um Erzeugerpreise, Marktorganisationen und Überschußberge.

Wie aber die Probleme der Landwirtschaft, des Außenhandels, des Wettbewerbs intra und extra EG sich zu Knoten verflechten, die von allgemeiner politischer Bedeutung sind und damit plötzlich auf dem Beratungstisch der Außenminister landen, erfuhr Bonns neuer Chefdiplomat gleich an einem ziemlich typischen Beispiel. Auf der Tagesordnung der ersten Konferenz unter seinem Vorsitz stand unter anderem die Frage, ob Pfirsiche geschält, geschnitten oder als ganze Frucht eingeführt werden dürfen!

Brüssel müßte Genscher eigentlich kennen wie seine Westentasche. Es ist derjenige Ort auf der Welt außerhalb der Bundesrepublik Deutschland, den er am häufigsten ansteuert. Keineswegs, weil ihn sein unbezähmbarer amtlicher Reisedrang gerade dorthin treibt. Ebensowenig sind bilaterale deutsch-belgische Streitfälle der Anlaß; solche gebe es kaum noch, seit die Frage der grenzüberschreitenden Wanderwege zur beidseitigen Zufriedenheit gelöst sei, urteilte ein deutscher Diplomat scherzhaft, aber zutreffend schon lange vor Genschers Amtsantritt. Der Pendelverkehr zwischen den beiden Hauptstädten ist vielmehr ein Muß für den Bonner Außenminister, weil EG und NATO dort ihren Sitz haben. Es sind Routinereisen. Konzentriert und beschränkt auf Arbeitssitzungen.

Was Genscher von der belgischen Hauptstadt kennt, läßt sich an den Fingern einer Hand aufzählen. Das Ratsgebäude der Europäischen Gemeinschaft, Charlemagne genannt, in dessen oberstem 14. Stockwerk sich die Minister zu den EG-Ratstagungen zusammenfinden, mit Ausblick auf den benachbarten gleich hohen gläsernen Bürokratensilo der EG-Kommission, das Berlaymont. Ein paar Kilometer entfernt, in einem anderen Stadtteil Brüssels, liegt die politische Zentrale der NATO, mit dem Generalsekretariat, dem Internationalen Stab sowie den Ständigen Vertretungen der Mitgliedstaaten bei der Nordatlantischen Allianz. Hier tritt der NATO-Rat zusammen, wenn er auf Ministerebene berät.

Ob Genscher zu EG- oder NATO-Konferenzen anreist: Schafft er es nicht, noch am selben Abend nach Bonn zurückzukehren oder die Reise anderswohin fortzusetzen, schlägt er sein Quartier im Hilton auf. Das paßt zu seinem schmucklos-nüchternen Arbeitsstil. Ein Hotel muß sich reibungslos einfügen in den Arbeits- und Kommunikationsprozeß der Konferenzen. Es kommt nicht darauf an, ob es in einer schönen Umgebung liegt oder eine stilvolle Atmosphäre aufweist. Entscheidend ist, daß Telefonzentrale und Telexraum rund um die Uhr dienstbereit sind.

Jedenfalls ist mit den Hauptquartieren von EG und NATO und seinem Stammhotel schon alles aufgezählt, was für Hans-Dietrich Genscher die Stadt Brüssel ausmacht. Vielleicht sind ihm noch das eine oder andere Restaurant, in das er sich mit Kollegen gelegentlich zu Arbeitsessen zurückzieht, oder die Schauplätze offizieller Ereignisse bekannt. Die Sehenswürdigkeiten der Stadt, die reizvollen Plätze, ihre Museen, das Breughel-Haus, das Alt-Brüsseler Marollenviertel und die prallvollen Märkte für Trödelkram, Antiquitäten, Federvieh und Blumen – kurz: das Brüssel der Bürger – entgeht aus Mangel an Zeit und Muße dem vielbeschäftigten, rastlosen Außenminister und seinen engsten Mitarbeitern, die auch bei den Brüsseler Tagungen stets in seinem Gefolge sind und jederzeit abrufbereit sein müssen.

Um bei dem aus seiner ersten Ratstagung erwähnten Beispiel zu bleiben: Zeitraubende Beschäftigung mit dem Bearbeitungszustand der Handelsware Pfirsich zählt in Genschers Augen gewiß nicht zu den vorrangigen Pflichten eines Außenministers. Zur Chefsache macht er strittige Probleme dieses Zuschnitts und Charakters erst, wenn sie den Fortschritt bei Themen aufhalten, auf die es ihm ankommt.

So wurden eines Tages Sauerkirschen plötzlich zum Politikum. Das war Ende der siebziger Jahre. Die Gemeinschaft und Jugoslawien waren dabei, ein Kooperationsabkommen auszuhandeln. Die Brüsseler EG-Kommission brauchte dafür vom Ministerrat ein Verhandlungsmandat, um zu wissen, wie weit sie ermächtigt war, Wünschen und Forderungen der anderen Seite nachzugeben. Angesichts eines Überschusses der EG im Handel mit ihnen von drei Milliarden Dollar verlangten die Jugoslawen dringend eine Verbesserung ihrer Ausfuhrmöglichkeiten in die Gemeinschaftsländer. Die EG-Kommission wollte ihnen entgegenkommen. Sie machte dem Ministerrat den Vorschlag, die Einfuhrkontingente für bestimmte Waren aus dem Balkanland zu erhöhen.

Doch auf Beamtenebene konnten sich die Mitgliedsländer der EG über den Umfang einzelner Zugeständnisse nicht einigen. Wie sich herausstellte, machten vor allem die Bonner Fachleute Schwierigkeiten. Sie wollten, mit Rücksicht auf deutsche Obst-Bauern im Südwesten der Bundesrepublik, keine größeren Mengen Sauerkirschen aus Jugoslawien hereinlassen. Was der Außenminister zunächst nicht erfuhr.

Schließlich erhielt er aus Brüssel einen Hinweis, daß die eigenen Leute seine Absichten durchkreuzten und die politisch bedeutsame Regelung der Beziehungen zum Tito-Staat ausgerechnet wegen deutscher Sauerkirschen ins Stocken kam. Schon am Tage darauf war der Bonner Vorbehalt vom Tisch. Genscher hatte dafür gesorgt.

Eine Episode am Rande, geeignet zu illustrieren, wie scheinbare Nebensachen die Entscheidungen im Rat der Außenminister beeinflussen.

Bonner Querelen

Der Rat der Europäischen Gemeinschaft besteht laut EG-Vertrag aus Vertretern der Mitgliedsstaaten. Jede Regierung entsendet eines ihrer Mitglieder. Es ist also nicht die Rede davon, daß den Außenministern eine besondere Rolle zufällt. Sie hat sich aber in der Praxis entwickelt. Natürlich werden die Sachfragen einzelner Bereiche von den Fachministern behandelt. Genscher hütete sich wohlweislich stets vor konkreter Einmischung, wie zum Beispiel in das Preisgerangel der Landwirtschaftsminister, ob nun sein Parteifreund Ertl oder dessen CSU-Nachfolger Kiechle die Bonner Interessen vertrat. Für Grundsatzentscheidungen der Gemeinschaft, ressortübergreifende also, politische wie institutionelle, sind jedoch die Außenminister als »Allgemeiner Rat« zuständig. Sie üben eine Art Steuerungsfunktion in der Gemeinschaftspolitik aus.

Doch bevor es zu gemeinschaftlichen Entscheidungen kommen kann, müssen die nationalen Regierungen ihren Standpunkt bestimmen, den sie im Ministerrat vertreten. In Bonn bereitet eine Arbeitsgruppe die Kabinettsentscheidungen vor, der sogenannte »Ausschuß der Europa-Staatssekretäre«. Spiegelbildlich zur Konstellation im Brüsseler Rat der Minister hat das Auswärtige Amt hier die Federführung.

Seit Genscher Außenminister ist, tragen die parlamentarischen Staatssekretäre in seinem Amt den Titel eines Staatsministers. Doch zeigte sich bald, daß selbst hervorragende Staatsminister als Vorsitzende im Koordinierungsausschuß, wo sie mit den Staatssekretären der Ressorts Wirtschaft, Landwirtschaft, Finanzen und, von Fall zu Fall, auch mit anderen meistens einmal wöchentlich zusammenkommen, keine Garantie für eine gut abgestimmte Europapolitik der Bundesregierung sind.

Das Durchgriffsvermögen des Auswärtigen Amtes wurde auf diesem Gebiet von Anfang an durch eine Reihe von Tatbeständen beeinflußt, die, gelinde gesagt, nicht unbedingt in dieselbe Richtung wirkten. Genschers großer Vorteil im Vergleich zu Außenministern einiger anderer Mitgliedsstaaten liegt darin, daß er, sowohl vor der Wende in der Regierung Schmidt wie danach in der Regierung Kohl, als Koalitionspartner Statur und Gewicht hatte. Auf ihn trifft nicht zu, was böse Zungen in Brüssel einmal zwei französischen Außenministern nachsagten: Der eine sei schwierig gewesen, weil er auch wegen nebensächlicher Entscheidungen erst mit seinem Staatspräsidenten telefonierte – sein Nachfolger aber habe sich nicht getraut, im Élysée-Palast anzurufen, und das sei noch schlimmer. Genschers Stellung im Bonner Kabinett war ungleich stärker und ist es auch nach dem Verzicht auf das Amt des Parteivorsitzenden geblieben. Er bedarf, von Ausnahmefällen in schwierigen Situationen abgesehen, keiner Anrufe im Kanzleramt. Das hat ihm, zusätzlich begünstigt durch seine lange Amtszeit, eine herausragende Position auch in Brüssel gesichert.

Doch da waren auf der anderen Seite unverkennbare Orientierungsschwierigkeiten bei der Suche nach dem Bonner Kurs in der Europa-Politik.

Helmut Schmidt stiftete in der ersten Zeit seiner Kanzlerschaft einige Unruhe mit abschätzigen Bemerkungen über »die in Brüssel«, womit die EG-Bürokratie gemeint war. Gleichzeitig wurde die »Zahlmeisterrolle« der Deutschen in der Gemeinschaft immer häufiger betont und mit mehr oder minder deutlichen Forderungen in Zusammenhang gebracht. Genscher hat sich daran nicht beteiligt. Aber es ist ihm auch nicht gelungen, dem Abgleiten in eine zunehmende, wenn auch diffuse Mißstimmung gegenüber der EG in der deutschen Öffentlichkeit wirksame Riegel vorzuschieben.

Vor allem aber gab es Mitte der siebziger Jahre beim Amtsantritt der Regierung Schmidt/Genscher in Bonn eine Konstellation schon längst nicht mehr, die früher einmal das Festlegen der Europa-Politik erleichtert hatte: die Übereinstimmung zwischen Außen- und Finanzministerium.

Ende der sechziger Jahre hatten die dauernden Zwistigkeiten zwischen den beiden Bonner Ministerien begonnen, die entscheidenden Einfluß auf die Politik in Brüssel haben. Daran hat auch der Schwenk vom sozial-liberalen zum christlich-liberalen Regierungsbündnis nichts geändert. Denn im Grunde findet das politische Tauziehen im Detail auf der Ebene der Ministerialbürokraten statt. Die Ressort-Chefs selbst, ob Genscher es nun mit den Sozialdemokraten Apel und Matthöfer zu tun hatte oder mit dem Christdemokraten Stoltenberg, vermeiden verständlicherweise den offenen Schlagabtausch, sooft sie können. Um so verbissener wird das Entscheidungsgerangel im Ausschuß der Europa-Staatssekretäre und zwischen den Experten in den Ministerien geführt.

Ende 1975, anderthalb Jahre nach der Inthronisierung des Schmidt/ Genscher-Kabinetts, hielt die Bundesregierung ein *Brainstorming* über ihren Europakurs ab. Das Ergebnis schlug sich in einem Orientierungspapier nieder, nach dem Schauplatz seines Entstehens das »Memorandum von Gymnich« genannt. Es enthielt einerseits die grundsätzliche Bekräftigung, das langfristige Ziel der Europa-Politik der Bundesregierung bleibe die Schaffung einer europäischen Föderation, die eine europäische Wirtschafts- und Währungsunion einschließe. Aber angesichts der allgemeinen Lage – sie wurde umschrieben mit wirtschaftlicher Instabilität, strukturellen Disparitäten und der Notwendigkeit sparsamer Haushaltsführung – seien mittelfristig für die weitere Integrationspolitik allenfalls begrenzte Aktionen zu empfehlen. Und – das war der Dreh- und Angelpunkt –:»Dabei müssen, ohne zusätzlichen Mitteleinsatz, die bestehenden wirtschaftlichen und finanziellen Grenzen eingehalten werden.« Das Gymnich-Papier von 1975 stellte einen wenig überzeugenden Kompromiß dar. Auf der einen Seite der fiskalpolitische Denkansatz des Finanzministeriums. Er richtete sich nachdrücklich gegen verstärkte Zahlungen aus der Bonner Kasse, also gegen vermehrten Ressourcentransfer zur Überbrückung der wirtschaftlichen Disparitäten. Desgleichen wurde die Übertragung wesentlicher wirtschaftspolitischer Kompetenzen auf zentrale europäische Instanzen strikt abgelehnt.

Auf der anderen Seite hatten Genscher und sein Staatsminister Wischnewski in den Kabinettsberatungen die Aufnahme politischer Grundlinien durchgesetzt, die auf einen Ausbau der Gemeinschaft hinzielten. Allerdings war ihnen, sicherlich nicht zufällig, eines gemeinsam – sie verursachten keine Kosten.

Auf jeden Fall waren in beiden Koalitionen, denen Genscher als Außenminister angehörte, interministerielle Konflikte in der Europa-Politik an der Tagesordnung. Vor allem der eine: Wann immer der Außenminister kostenträchtigen EG-Entscheidungen aus langfristigen politischen Erwägungen zustimmen wollte, mußte er damit rechnen, im Finanzministerium auf hinhaltenden Widerstand zu stoßen, selbst wenn vorhersehbar war (wie zum Beispiel bei der Anhebung der Mehrwertsteuer-Obergrenze für den EG-Beitrag der Mitgliedstaaten), daß man schließlich würde nachgeben müssen. Statt sich an die Spitze des Zuges zu setzen, trotteten die Bonner dann oft hinterher, längst nicht mehr der Primus der Europa-Klasse.

Vorliebe für »EPZ«

Ohne Frage hat Hans-Dietrich Genscher in den ersten Jahren seiner Außenministerzeit die sichtbarsten Spuren in jenem Teil der Europa-Politik hinterlassen, der von den Römischen Verträgen nicht erfaßt wird. Ihn reizte das Kapitel »Europäische Politische Zusammenarbeit« (EPZ) mehr als das frustrierende Geschäft, das Kleingedruckte im Regelwerk der Verträge im heimischen wie im europäischen Widerstreit immer von neuem zu buchstabieren.

Initiativen, die von Genscher ausgingen, richteten sich zwischen 1974 und 1980 ganz überwiegend nach außen, betrafen die EG und ihre Rolle in der Weltpolitik sehr viel mehr als den inneren Ausbau.

In Bad Reichenhall hatte Genscher, noch keinen Monat im Amt, Mitte Juni 1974 seine erste Begegnung mit Henry Kissinger. Hinter dem US-Außenminister lag eine schwierige mehrwöchige Nahostmission zur Truppenentflechtung an der syrisch-israelischen Front. Gleichzeitig hatte die amerikanische Presse Kissinger selbst immer häufiger mit dem Watergate-Skandal in Verbindung gebracht. Der US-Außenminister befand sich also in einer innenpolitisch recht problematischen Lage, als er seinem neuen Bonner Kollegen erstmals begegnete. Auf die Behandlung eigenwilliger europäischer Vorstellungen war er kaum eingestimmt, noch dazu, wenn sie der Washingtoner Nahostpolitik hinderlich sein konnten.

Die Absichten, die Genscher in seiner Doppelrolle als Bonner Außenminister und als amtierender Präsident des EG-Ministerrats ihm in Bad Reichenhall nahezubringen versuchte, müssen bei Kissinger diesen Eindruck erweckt haben. Die Europäer wollten aus ihrer Interessenlage heraus jegliche Konfrontation mit den Araberstaaten vermeiden und einen Beitrag zur Befriedung der Region leisten. Sie hatten sich bei einem EPZ-Treffen in Bonn wenige Tage vor dem Treffen Genscher/Kissinger auf den Plan geeinigt, den Arabern einen Dialog anzubieten, in dessen Rahmen sich eine umfassende wirtschaftliche und technologische Zusammenarbeit entwickeln sollte. Genschers Vorhaben, die Amerikaner davon zu überzeugen, daß ein europäisch-arabischer Dialog eine gute Sache sein würde, stieß bei Kissinger auf wenig Verständnis. Schließlich räumte er aber ein, schaden könne er auch nicht.

Es war die erste europäische Angelegenheit, die Genscher mit einem Mitglied der US-Administration im Zusammenhang mit transatlantischen Spannungen oder Mißverständnissen durchzufechten hatte. Hier, wie bei vielfältigen anderen Interessenkollisionen zwischen den Bündnispartnern auf beiden Seiten des Atlantiks, verfolgte Genscher insgesamt eine Politik möglichst weitreichender Eigenständigkeit und Unabhängigkeit der EG von Washington.

Das ASEAN-Abkommen

In einer Welt, in der die lange Zeit alles beherrschende Bipolarität der Supermächte USA und Sowjetunion sich lockert, neue Kräfte- und Spannungsfelder entstehen, spielen regionale Gruppierungen eine immer wichtigere Rolle. Den darin zusammengeschlossenen mittleren und kleinen Staaten muß die Möglichkeit eröffnet werden, »ihre Identität zu bewahren«, wie Genscher das nennt. Das ist die Philosophie, die dem Konzept der regionalen Zusammenarbeit zugrunde liegt. In die EG-Politik eingeführt und erstmals auch konkret durchgesetzt hat sie der Bonner Außenminister im Hinblick auf die Assoziation der Südostasiatischen Nationen, kurz ASEAN.

Die fünf Länder Indonesien, Malaysia, Philippinen, Singapur und Thailand hatten sich 1967 zu einem engeren Zusammenwirken entschlossen. Bald suchten sie, die Beziehungen zur EG zu verbessern. 1977 reagierte der Bonner Außenminister. Er begann, zunächst bilateral, die Kontakte zu ASEAN zu verstärken. Natürlich standen dahinter auch deutsche wirtschafts- und handelspolitische Erwartungen. Damals stiegen die deutschen Ausfuhren in die ASEAN-Länder jährlich um 20 Prozent, die Einfuhren aus der Region sogar um 26 Prozent. Später flachte die Kurve ab. Doch war der Handel ohnehin nicht die einzige Triebfeder für Genschers Entschluß, auch in Brüssel auf die Vertiefung der Zusammenarbeit mit ASEAN zu drängen.

Ein noch wichtigeres Ziel erblickte er ganz offenkundig darin, der nichtkommunistischen Regionalorganisation in Südostasien Rückendeckung zu geben gegenüber dem Expansionsdrang Moskaus und Hanois. Außerdem hatten die ASEAN-Staaten Interesse am Ausbau der Beziehungen zur EG, um nicht im Bemühen um Stabilität in der Region allein auf die Hilfe der Vereinigten Staaten und Japans angewiesen zu sein, mit der Folge entsprechender Abhängigkeit. Aber ihr 1971 proklamiertes Vorhaben, Südostasien zu einer Zone der Freiheit, Neutralität und des Friedens zu entwickeln, war in den meisten EG-Hauptstädten zunächst auf wenig Resonanz gestoßen.

Um dem ASEAN-Wunsch nach regelmäßigen Ministerkonferenzen zu erfüllen, wie sie mit den Japanern, Amerikanern und Neuseeländern bereits bestanden, bedurfte es intensiver Bemühungen Genschers bei den EG-Partnern. Er hatte schließlich Erfolg damit. Die erste Außenministerkonferenz EG-ASEAN kam im November 1978 in Brüssel zustande. Im März 1980 wurde in der malaysischen Hauptstadt Kuala Lumpur nach anderthalbjährigen Verhandlungen das Rahmenabkommen zwischen EG und ASEAN unterzeichnet, das die Grundlage für handelspolitische, wirtschaftliche und entwicklungspolitische Zusammenarbeit bildet. Aber genaugenommen ist es mehr. Das ASEAN-Modell wurde ein Vorbild für interregionale Zusammenarbeit mit stabilisierender Wirkung, ein Hauptanliegen in Genschers europäischer Außenpolitik. Auf der gleichen Linie liegt das Abkommen mit den Ländern Zentralamerikas. Desgleichen orientiert sich daran das Bemühen um einen Vertrag über

Zusammenarbeit mit dem Golf-Kooperationsrat, dem mit Ausnahme Irans und des Irak die Staaten am Persisch-Arabischen Golf angehören. Die »stabilisierenden Kräfte in der Region« zu stärken ist ein Prinzip, das der deutschen Außenpolitik unter Genschers Leitung zugrunde liegt und das er ebenso unbeirrt in die Europäische Politische Zusammenarbeit eingebracht hat.

Grenzen einer koordinierten Außenpolitik

Am 17. April 1986 waren in Den Haag die Außenminister der zwölf EG-Staaten zu einer eilig vorgezogenen EPZ-Konferenz zusammengetreten. Denn schon seit Tagen kreuzte im Seegebiet vor der libyschen Küste eine Flugzeugträger-Kampfgruppe der 6. US-Flotte. Für die Amerikaner stand fest, daß Libyens Staatschef Gaddafi hinter den Anschlägen auf ein TWA-Flugzeug und eine Diskothek in West-Berlin steckte. Immer konkreter wurden die Hinweise auf einen bevorstehenden amerikanischen Vergeltungsangriff.

Insbesondere die EG- und NATO-Staaten am Mittelmeer fürchteten eine Eskalation und drängten auf eine sofortige EPZ-Konferenz. Auf ihr sollte über die Beilegung der Krise und die Bekämpfung des internationalen Terrorismus gesprochen werden. In erster Linie ging es den Europäern freilich darum, die Amerikaner von Militäraktionen abzubringen. Genscher, ohnehin unterwegs nach Washington, übernahm die Mission, der US-Regierung den EG-Standpunkt taufrisch darzulegen.

Als Vorsitzender der EPZ-Konferenz in Den Haag hatte der niederländische Außenminister Van den Broek eine Entschließung vorbereitet. Mit ihr sollte den Amerikanern der Verzicht auf militärische Operationen erleichtert und ein Weg zur diplomatisch-politischen Lösung der Krise aufgezeigt werden. Das Entgegenkommen gegenüber Washington bestand in der Tatsache, daß Libyen, anders als in früheren ähnlichen Stellungnahmen der Gemeinschaft, zum erstenmal namentlich als Staat genannt wurde, an den sich die Aufforderung richtete, die Unterstützung des internationalen Terrorismus einzustellen. Auch ein Katalog von Maßnahmen gegen Libyen war neu. Er enthielt die Begrenzung der Zahl und der Bewegungsfreiheit libyschen Botschaftspersonals sowie die Androhung der Schließung der sogenannten »Volksbüros« in den EG-Staaten und des Abbruchs der Beziehungen.

Als Politik zur Lösung der Mittelmeerkrise regte die Gemeinschaft in der Haager Erklärung an, den Dialog mit den Arabern zu suchen, sie

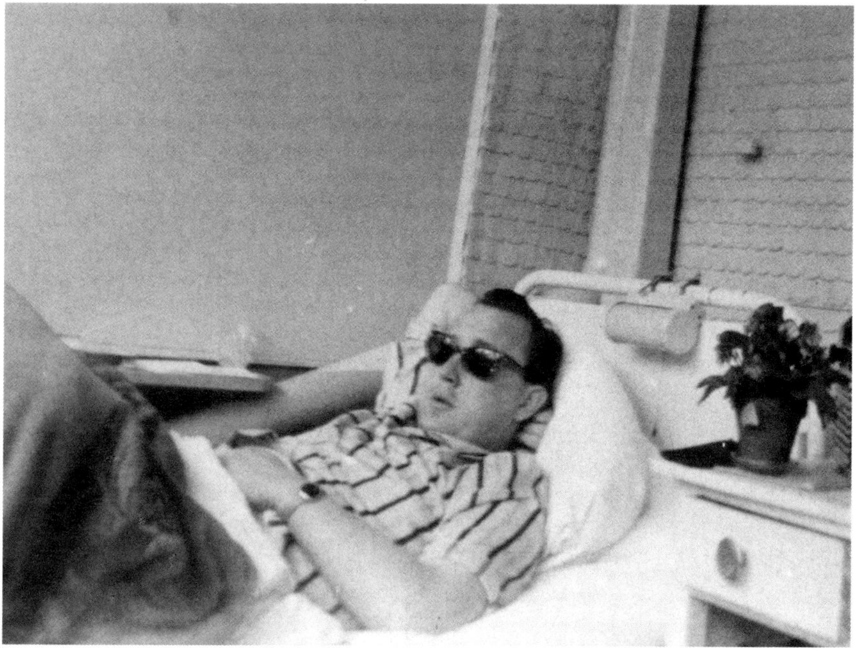

Oben: Im Lungensanatorium Schönberg, 1957
Unten: Der FDP-Fraktionsgeschäftsführer im Gespräch mit Karl-Hermann Flach, Bonn 1960

Der Bundesinnenminister mit dem ÖTV-Chef Heinz Klunker vor Beginn der
Tarifverhandlungen für den öffentlichen Dienst, 12. 2. 1974

Oben: Mit dem nordrhein-westfälischen Innenminister Willy Weyer (FDP), 15. 4. 1970

Unten: Vorlage des Verfassungsschutzberichts 1969/1970 am 11. 1. 1972 (links Staatssekretär Wolfgang Rutschke vom Bundesinnenministerium)

Oben: Barbara und Hans-Dietrich Genscher mit Franz Josef Strauß bei der Premiere der Bayreuther Festspiele 1972

Unten: Die Bundesminister für Inneres und Finanzen, Hans-Dietrich Genscher und Alex Möller (SPD), 17. 12. 1969

Oben: »Streit um etwaigen Koalitionsbruch hält an«, schrieb dpa zu diesem Foto vom 1. 9. 1982: »Bundeskanzler Helmut Schmidt und sein Vize, Bundesaußenminister Hans-Dietrich Genscher, beim Pressestimmen-Studium vor der Kabinettssitzung«

Unten: Bundeskanzler Helmut Kohl im Gespräch mit Außenminister Genscher vor Sitzungsbeginn des Bundeskabinetts, 21. 9. 1983

Oben: Mit dem Solidarność-Vorsitzenden Lech Wałesa in Warschau, 12. 1. 1988
Unten: Privataudienz bei Papst Johannes Paul II. im Vatikan, 7. 12. 1987

Oben: Mit US-Präsident Ronald Reagan im Oval Office des Weißen Hauses, 21. 1. 1988
Unten: Gespräch mit Deng Xiaoping in der Großen Halle des Volkes in Peking, 29. 10. 1985

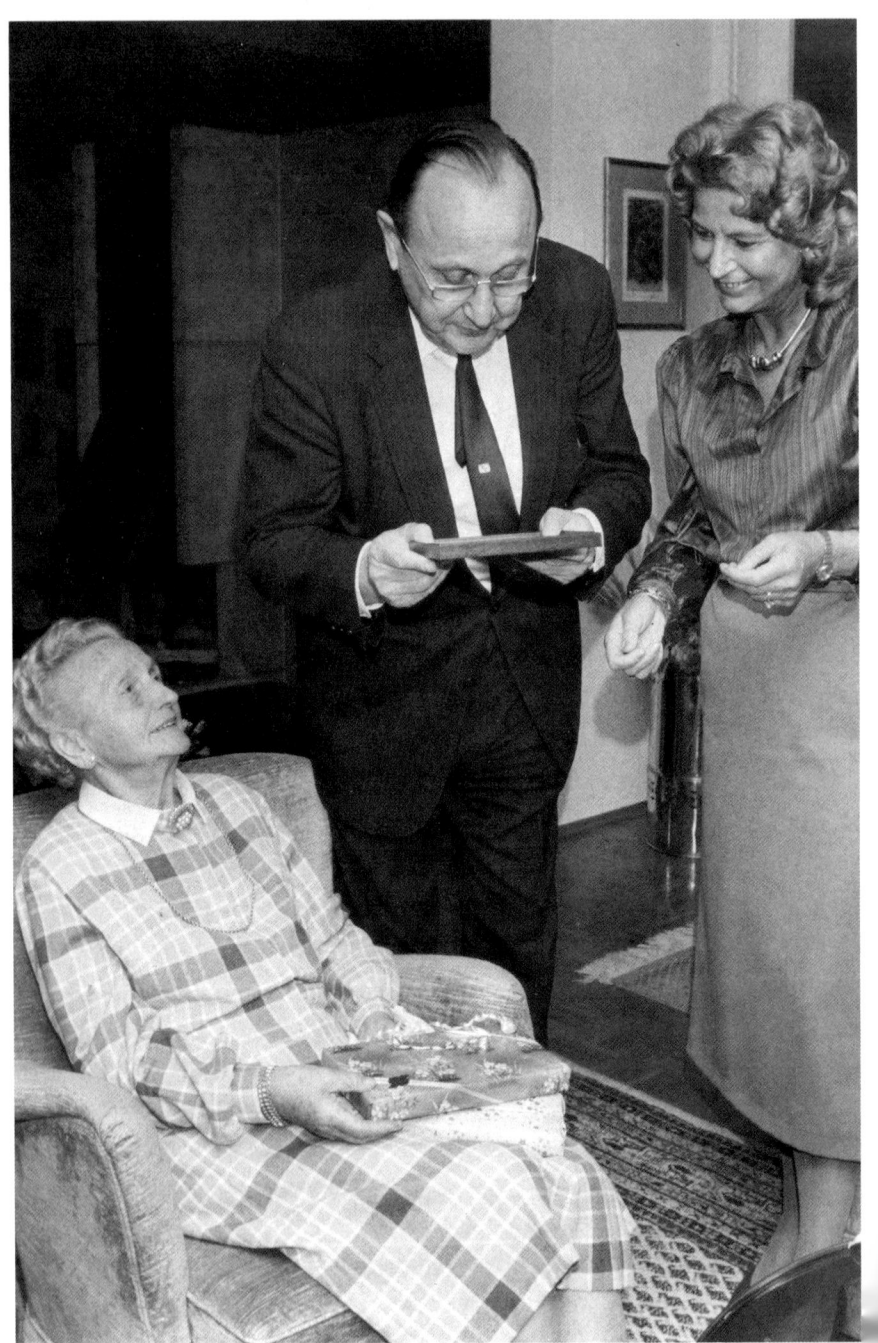

Hilde, Barbara und Hans-Dietrich Genscher, 4. 6. 1986

nicht mit einer Militärmachtpolitik gegen Libyen zur Solidarisierung mit Gaddafi zu zwingen und statt dessen Zusammenarbeit auch und gerade bei der gemeinsamen Bekämpfung des Terrorismus anzubieten. Sozusagen sollte der europäisch-arabische Dialog eine Bewährungsprobe bestehen. Die Bemühungen der EG blieben erfolglos. Wenige Stunden nach der Annahme der Entschließung in Den Haag wurde deutlich, daß Washington sich nicht bremsen lassen wollte. Bundesaußenminister Genscher, von Amsterdam aus unmittelbar nach Ende der EG-Konferenz nach Washington abgeflogen, wo er die Politik der EG erläutern und die Vorteile einer diplomatischen Lösung gegenüber der Militäraktion hervorheben sollte, muß den Weg der F-111-Jagdbomber gekreuzt haben, die sich von britischen Basen aus auf dem Flug zum nächtlichen Angriff gegen Ziele in Tripolis und Bengasi befanden. Genscher kam zu spät. Der europäische Versuch, zur Mäßigung anzuhalten und mit diplomatischen Mitteln zum Erfolg zu gelangen, blieb ohne Wirkung. Die koordinierte Außenpolitik der Handelsgroßmacht EG erwies sich mal wieder als zu schwach.

Allerdings hatte auch die politische Zusammenarbeit in der Europäischen Gemeinschaft nicht so funktioniert, wie sie sollte. Denn soviel war klar: Die Genehmigung für den Einsatz der F 111 von Flugplätzen in England hatten die Amerikaner in London einholen müssen. Das aber konnte nur zu einem Zeitpunkt geschehen sein, bevor der britische Außenminister in Den Haag der Entschließung zustimmte, die alle beteiligten Staaten zur Zurückhaltung aufforderte. Hier wie in anderen vergleichbaren Fällen stellte sich die Frage, was eine außenpolitische Abstimmung in der EG wert ist, die derartige Ungereimtheiten zuläßt. Europäische Offerten zur Zusammenarbeit mit gemäßigten Araberstaaten, etwa im Golf-Kooperationsrat und der Arabischen Liga, wie sie Genscher immer wieder aufs EG-Papier schreibt, werden kein großes Gewicht haben, wenn sie von einer Gemeinschaft kommen, die offenbar im eigenen Lager uneins und im westlichen Bündnis in entscheidenden kritischen Situationen ohne wirklichen Einfluß ist.

Die Genscher/Colombo-Initiative

Die Frage klang naiv: »Ist es nicht endlich Zeit für einen Vertrag über die Europäische Union?« So als ob sie nicht schon hundertmal gestellt, aber nie befriedigend beantwortet worden wäre. Nur: Naivität mochten die

Teilnehmer am traditionellen Dreikönigstreffen der Freien Demokraten am 6. Januar 1981 dem Fragesteller wohl kaum zutrauen, denn es war kein Geringerer als ihr Parteivorsitzender Hans-Dietrich Genscher. In der Tat machte seine Rede klar, daß es sich um eine wohlüberlegte Initiative des Außenministers handelte. Denn Genscher lieferte die Antwort auf die rhetorische Frage gleich mit: »Europa braucht einen neuen politischen Impuls. Es braucht einen sichtbaren Schritt in Richtung auf die Europäische Union. Um die schon vorhandene Verflechtung innerhalb der Europäischen Gemeinschaft und unter den Mitgliedstaaten stärker in Richtung auf diese Union auszurichten. Um den inneren Zusammenhalt der Gemeinschaft zu stärken, damit sie in die Lage versetzt wird, auch psychologisch die 1981/82 anstehenden schwierigen internen Probleme zu lösen. Um die Grundlagen für ein gemeinsames außenpolitisches Handeln zu festigen und damit das Gewicht der Gemeinschaft als Partner der USA und mit den USA zusammen in der internationalen Politik zu verstärken.

Ziele einer Europäischen Union müssen sein: die Entwicklung einer gemeinsamen europäischen Außenpolitik, der Ausbau der Gemeinschaftspolitik entsprechend den Verträgen von Paris und Rom, die Abstimmung im Bereich der Sicherheitspolitik, die engere Zusammenarbeit im kulturellen Bereich und die Harmonisierung der Gesetzgebung.«

Das Europasignal vom FDP-Dreikönigstreffen 1981 hat wahrscheinlich viele überrascht, Dauerbeobachter der EG-Szene eingeschlossen. Schließlich hatte der FDP-Vorsitzende die Ämter des Bundesaußenministers und Vizekanzlers schon fast sieben Jahre inne. Einen vergleichbar umfassenden und konkreten Anstoß zum inneren Ausbau der EG hatte er in dieser Zeit nie zu geben versucht. So drängte sich die Frage auf, warum Genscher zum Jahresbeginn 1981 plötzlich zu einem großen Wurf mit dem Ziel der Europäischen Union ansetzte.

Er wurde im Laufe der folgenden Wochen und Monate nicht müde, seinen Vorstoß bei jeder Gelegenheit immer wieder zu begründen und zu erläutern. Im Deutschen Bundestag, in öffentlichen Reden und Ansprachen, in zahlreichen Interviews für in- und ausländische Rundfunkanstalten und Zeitungen.

»Die politische Zielsetzung der Europäischen Gemeinschaften, wie sie bereits im Schuman-Plan und der Europäischen Verteidigungsgemeinschaft angelegt waren (deutsch-französische Aussöhnung, Schaffung eines europäischen Bundesstaates durch wirtschaftliche Sachzwänge), ist in den letzten Jahren angesichts zunehmender wirtschaftlicher und finanzieller Schwierigkeiten (und wachsender nationaler Egoismen) immer weiter in den Hintergrund getreten. Die politische Einigung ist der wirtschaftlichen nicht hinreichend gefolgt.

Die von mir vorgeschlagene politische Initiative soll daher über die notwendigen pragmatischen Schritte im Wirtschaftsbereich hinaus dem gemeinschaftlichen Handeln wieder ein übergeordnetes und kohärentes politisches Leitbild geben, um den inneren Zusammenhalt der Gemeinschaft zu festigen und eine politische Zielvorstellung zu schaffen.«

Um seinen Unions-Reden Taten folgen zu lassen, suchte Genscher Verbündete. Denn zunächst war es ja nicht mehr als ein Plan auf dem Papier, und davon gab es schon genug, die in den Schubladen der Gemeinschaft verstaubten.

Der Verbündete, den Genscher fand, war der italienische Außenminister Emilio Colombo. Beide hatten die Zukunftsaussichten der EG des öfteren diskutiert und festgestellt, daß sie ganz ähnliche konzeptionelle Ideen hatten. So griff Colombo drei Wochen nach dem »Signal von Stuttgart« das Thema in einer grundsätzlichen Rede ebenfalls auf und unterstützte die Genscher-Vorschläge, denen er noch ein sozialpolitisches Kapitel anfügte. Endgültig wurde daraus ein deutsch-italienischer Vorstoß in Richtung Europäische Union, als Anfang November 1981 beide Regierungen den übrigen Mitgliedstaaten und dem Europäischen Parlament den Entwurf einer »Europäischen Akte« zuleiteten. Die gewieften Taktiker Genscher und Colombo wußten natürlich, daß sie nur etwas in Bewegung setzen würden, wenn ihre gemeinsame Initiative nicht in irgendwelchen Schubladen, sondern auf den Beratungstischen landete.

In den Hauptstädten herrschte zunächst einmal einige Verwirrung. Es gab Rätselraten, was die Deutschen und die Italiener damit eigentlich erreichen wollten. Lautstarken Widerspruch löste der Bundesaußenminister im Europa-Parlament bei britischen Labour-Abgeordneten aus. Er hatte sich zur Novembersitzung 1981 sozusagen selbst nach Straßburg eingeladen mit der Absicht, im Plenum die deutsch-italienische Initiative zu erläutern. Sechs britische Sozialisten erhoben dagegen schriftlichen Protest. Da hieß es: »Die Deutschen haben zur Zeit nicht den Vorsitz im Rat inne. Herr Genscher ist nicht wichtiger als irgendein anderer Außenminister. Er ist ein Euro-Fanatiker, entschlossen, die zehn Mitgliedstaaten in einen europäischen Bundesstaat umzumodeln. Das Parlament sollte diesem Mann nicht das Wort erteilen.«

Genscher und Colombo sprachen, versteht sich, trotzdem zu den Europa-Abgeordneten über ihre Vorschläge. Die meisten Fraktionen reagierten zustimmend. Aber es gab auch Vorbehalte.

Einer kam von Altiero Spinelli, der als Gefangener Mussolinis auf der

Verbannungsinsel Ventotene mit Freunden zusammen schon Anfang der vierziger Jahre ein »Manifest für ein freies und vereintes Europa« verfaßt hatte. Nach dem Kriege war er als Gründer und Generalsekretär der Europäischen Föderalistischen Bewegung für dieses Ziel eingetreten, und 1981 war er als Mitglied des Europa-Parlaments Berichterstatter in dessen Institutionellem Ausschuß und, in dieser Eigenschaft, der Spiritus rector bei der Formulierung eines »Vertrags zur Gründung der Europäischen Union«, kurz: einer europäischen Verfassung.

Spinelli sah selbstverständlich, daß der Genscher/Colombo-Plan die Verfassungsinitiative des Parlaments nur scheinbar aufgriff und ergänzte, sie in Wirklichkeit jedoch eher schmälerte. Aus seiner Enttäuschung machte er in der Aussprache am 18. November denn auch keinen Hehl. Was die beiden Außenminister jetzt aus der Tasche gezaubert hatten, war für ihn, einen der wenigen noch politisch aktiven »Europäer der ersten Stunde«, kein Schritt zur Verwirklichung der Europäischen Union. Er nannte den Vorschlag statt dessen eine »phantasielose neue Variante der üblichen Zusammenarbeit zwischen den Regierungen der Mitgliedstaaten«.

Der Verfassungsentwurf wurde 1984 vom Europa-Parlament tatsächlich verabschiedet. Sozusagen zur Wiedervorlage, wenn die Zeit dafür reif ist.

Für Genscher hingegen stand fest, als er seinen Vorstoß zur Europäischen Union einleitete, daß die Zeit 1981 für eine große Verfassungslösung noch immer nicht reif war. Er und Colombo setzten statt dessen einen pragmatischen Prozeß in Gang. Er führte über einige Zwischenstationen zu einem begrenzten Ziel: zur »Einheitlichen Europäischen Akte«. Über den Europäischen Rat in Stuttgart 1983 unter deutschem Vorsitz, der mit einer feierlichen Erklärung zur Europäischen Union abschloß; es folgte der Mailänder EG-Gipfel 1985, der eine Regierungskonferenz einsetzte mit dem Auftrag, »konkrete Fortschritte auf dem Weg zur Europäischen Union herbeizuführen«. Die »Einheitliche Europäische Akte« wurde schließlich nach langwierigen und komplizierten Verhandlungen im Februar 1986 von den 12 Mitgliedstaaten der Gemeinschaft unterzeichnet und trat nach der Ratifizierung durch die nationalen Parlamente am 1. Juli 1987 in Kraft.

In den anderthalb Jahrzehnten vom Amtsantritt des Außenministers Hans-Dietrich Genscher bis zur »Einheitlichen Akte« hat sich die Europäische Gemeinschaft in gewaltigem Umfang verändert. Äußerlich durch die zweite Erweiterung um Griechenland, Spanien und Portugal. Aber das war mehr als nur die geographische Ausdehnung von sechs auf zwölf Mitgliedsländer. Es hatte auch beträchtliche Auswirkungen nach innen:

eine Schwerpunktverlagerung nach Süden, die Verstärkung des Sozial- und Wirtschaftsgefälles. Darüber hinaus komplizierte das Hinzutreten neuer Mitglieder die Entscheidungsverfahren der Gemeinschaft noch weiter. Zugleich dehnte sie ihre Tätigkeitsfelder in diesen Jahren auf immer neue Sachgebiete aus. In der EPZ sprechen, anders als zu Zeiten der Sechsergemeinschaft, die Außenminister über praktisch alle politisch relevanten Themen. Andererseits verringerte sich die Integrationsdichte: Die von Kritikern wie Spinelli mißbilligte Hinwendung zu intergouvernementaler Zusammenarbeit nahm eher zu als ab.

Die »Einheitliche Akte« hat den Veränderungen Rechnung getragen und die EG-Verträge den neuen Gegebenheiten punktuell angepaßt. Die Initiative dazu in dem Augenblick ergriffen zu haben, als dies unausweichlich wurde, ist Genschers Verdienst.

Inwieweit es mit zu seinen Lasten geht, daß die Vertragsreform an vielen Stellen nur Kompromisse auf kleinstem gemeinsamem Nenner hervorbrachte, ist schwer zu beantworten.

Manche »Genscher-Initiative«, wie zum Beispiel das mit den Franzosen zusammen aus der Taufe gehobene EUREKA-Projekt, spricht dafür, daß er mehr denn je auf EG-überschreitende Entwicklungen setzt. Andere wiederum, so Anfang 1988 sein Vorpreschen zur Schaffung einer Europäischen Zentralbank, zunächst in offenem Widerspruch zu Finanzministerium und Kanzleramt, deuten den Willen zur beschleunigten Integration im EG-Rahmen an. Wie so oft bei Genscher — er hält sich mehrere Optionen offen. Auch in der Europa-Politik.

HANS-JÜRGEN HÖFER

Diplomatisches Übersoll in New York — Seine wichtigste Woche

In der Straßenschlucht vor dem UNO-Plaza-Hotel quäken die Handfunkgeräte. Die Polizeieskorte schiebt die dunklen Visiere der Schutzhelme vor das Gesicht und zündet die schweren 1200er Harley-Davidsons. Die silberglänzende Sechs-Meter-Limousine mit den undurchsichtigen Scheiben und der TV-Bumerang-Antenne auf dem Heck schiebt sich genau vor die Drehtür. Das Secret-Service-Begleitkommando hängt teils in den offenen Türen des großen Caravan-Wagens, teils sichern die Männer in den einheitlich kurzen Regenmänteln die drei Meter zwischen Drehtür und Ministerlimousine.

Drei Minuten nach 13 Uhr wird Hans-Dietrich Genscher durch die Drehtür nach draußen gewirbelt und läßt sich in den Fond fallen. In diesem Moment heulen die markerschütternden New Yorker Polizeisirenen los, die nächste Kreuzung ist schon freigehalten, die Staus auf den Längsavenues von Manhattan verlängern sich wieder um ein paar hundert Meter. Der deutsche Außenminister hat seinen sowjetischen Amtskollegen Eduard Schewardnadse zum Mittagessen eingeladen. Auf der Fahrt zur deutschen Residenz in der 65. Straße Ost, für die schon vor vielen Wochen 15 Minuten veranschlagt wurden, könnte Genscher sich das Gewimmel mitten im Herzen von Manhattan zum *lunchbreak* ansehen, wenn sich die Bürokäfige leeren und die Schnellimbisse füllen. Er kann und will nicht. Als er in den Fond fiel, hatte er schon die Mappe »Sowjetunion/Schewardnadse« in der Hand.

Die Frage, ob er New York faszinierend findet und ob diese unglaubliche Stadt nicht auch seinen Kreislauf auf höhere Touren bringt, scheint Genscher nicht zu verstehen. New York, das er regelmäßig in der letzten Septemberwoche zum Auftakt der UNO-Generalversammlung anfliegt, ist für ihn ausschließlich ein äußerst vorteilhafter Arbeitsplatz, an dem er mehr erledigen kann, als in der gleichen Zeitspanne zu Hause möglich wäre. »Meistens brauche ich nicht mal das Hotel zu verlassen«, freut er sich.

Seit 1974, als er das Innenressort abgab und Außenminister wurde, reist er zur Eröffnung der UNO-Vollversammlung. Jedesmal wieder beginnt für ihn dann die aufregendste und für seine Mitarbeiter die aufreibendste Arbeitswoche des Jahres, im Auswärtigen Amt kurz als »UNO-Woche« bekannt und gefürchtet.

In 12 000 Meter Höhe, zwischen Irland und Neufundland, liegt die 17 Jahre alte Boeing 707 der Luftwaffe wie ein Brett in der dünnen Luft. Pressesprecher Jürgen Chrobog kommt, mit beiden Armen winkend, in den hinteren Teil der Kabine. Die Journalisten haben auf das Signal zum *briefing* gewartet und winden sich durch den engen Gang nach vorn, dort, wo Ministerialdirigenten und noch höher besoldete Ränge in First-Class-Umgebung mit Sonderservice sich die Ministernähe durch intensives Aktenstudium verdienen.

Der Bundesaußenminister sitzt im »Flugdreß« auf einer der beiden Schlafcouches im Mittelabteil. Der Flugdreß ist nicht etwa eine Uniform für Minister auf Reisen, sondern eine bekannt ehrwürdige Cordhose mit einem nicht viel jüngeren Pullover. Aber zu Hausschlappen, wie sie der Kanzler gerne unterwegs trägt, hat es Genscher nicht gebracht. Als oberster Dienstherr aller Diplomaten achtet er schon auf ein Minimum an Kleiderordnung.

Auf den beiden Couches, auf dem Boden, in der Hocke und kopfrekkend im Durchgang rücken drei Nachrichtenagenturen, vier Zeitungen, zwei Magazine und mindestens drei Fernseh- und Rundfunksender dem Minister buchstäblich »auf die Pelle«. Diejenigen, die hauptsächlich über Außenpolitik berichten und oft mit Genscher reisen, werden in der schreibenden Zunft »Diplomatische Korrespondenten« genannt. Sich selbst bezeichnen sie als »Inhaber von Wandergewerbescheinen«. Das Wort Gewerbe ist spätestens dann gerechtfertigt, wenn das Streitkräfteamt im Namen der Luftwaffe saftige Rechnungen für den Mitflug schickt.

Alle kennen den ungefähren Ablauf der kommenden sechs Tage. Was für Frager und Minister von größerem Interesse ist, gehört zum Bereich der Hintergründe für die New Yorker Treffen, vor allem dort, wo es die großen Linien der Bonner Außenpolitik berührt. In den letzten Jahren haben sich die Stichworte kaum verändert. Treffen Genscher/George Shultz bedeutet Vorrangthemen wie Abrüstung und Sicherheitspolitik. Treffen Genscher/Schewardnadse heißt Ostpolitik und Verhältnis zur Bundesrepublik. Für alle interessanter ist es, wenn der Minister das New Yorker Kapitel abschließt und zu Bonner Geschichten übergeht. Da darf er dann nicht mehr zitiert werden. Auch nicht zum Schluß, wenn die berühmte und nur rein rhetorisch gemeinte Genscher-Frage kommt: »Kennen Sie eigentlich den schon . . .«

Der Zeitunterschied macht es möglich. 14 Uhr Abflug in Bonn, 16 Uhr Ankunft in New York. Da strömen die Sonntagsausflügler zurück in die Stadt und verstopfen den Van-Wyck-Expressway hoffnungslos. Auch die Polizeisirenen helfen nicht mehr viel, um den deutschen Außenminister schneller durch die blockierten fünf Richtungsfahrbahnen zu schleusen. Dem ist das ziemlich egal. Er hört sich inzwischen den Lagebericht des Botschafters an, der korrekt »Ständiger Vertreter« heißt. Was da draußen auf dem *freeway* los ist, kennt er schon von früher. Ungern ärgert er sich über Dinge, die selbst er nicht ändern kann.

Das deutsche Hauptquartier im UNO-Plaza-Hotel am Ende der 43. Straße kurz vor der 1. Avenue liegt schräg gegenüber vom UNO-Glaskasten. Innerhalb von Minuten verwandelt sich die 28. Etage in eine Art Auswärtiges Amt auf Rädern. Vor der Ministersuite am Ende des Korridors reiht sich Doppelzimmer an Doppelzimmer mit dem Leitungsstab, dem Protokoll, dem Sekretariat, den Fernschreibern, dem Coderaum, den Fotokopierern und Faxgeräten, der Gepäckaufsicht und den Wachzimmern für die deutschen und amerikanischen Sicherheitsbeamten. Auf diesem mit dickem, grünmeliertem Bodenteppich abgepolsterten Flur, der manchmal einen Durchgangsverkehr wie auf dem

Broadway ertragen muß, drängte sich bis zu einem Umbau im letzten Jahr auch noch die britische Delegation, was die beiden Außenminister hochschätzten, ihren Mitarbeitern aber zusätzliche Reibungen bescherte. Jeder von Genschers UNO-Tagen beginnt mit einem politischen Frühstück. Soweit wurde die amerikanische Frühaufstehersitte bereits übernommen. Ausnahme ist der Donnerstag. Das ist der Tag der Rede vor dem Plenum der Generalversammlung, und den reserviert sich Genscher für innere Vorbereitung. Selbst nach 14 Dienstjahren treibt den Außenminister dabei noch eine Menge Sendungsbewußtsein um. Da will er vorher keinen Fremden sehen und keine Verabredungen mehr absolvieren. Davon gibt es sowieso schon zu viele.

Aus dem Fahrplan der UNO-Woche:

Mittwoch

06.00 – Noch im Schlafanzug beantwortet Genscher *live* Fragen aus Berlin für ein Rundfunk-Mittagsmagazin.

08.00 – Frühstück bei US-Außenminister George Shultz, nur ein paar Hoteletagen höher.

09.00 – Fototermin mit einer deutschen Gruppe – muß um eine halbe Stunde verschoben werden.

10.00 – Die Troika besucht den japanischen Außenminister. Die Troika ist eine EG-Erfindung und besteht aus dem amtierenden Ratsvorsitzenden, seinem Vorgänger und seinem Nachfolger (in diesem Fall Genscher).

11.00 – Bilaterales Gespräch mit Japans Außenminister.

12.00 – Höflichkeits-Präsenz im Plenum. Schewardnadse redet.

13.00 – Mittagessen mit DDR-Außenminister Oskar Fischer in der Ost-Berliner Mission.

15.15 – Konferenz mit der Rio-Gruppe. Thema für die acht lateinamerikanischen Staaten sind die Friedenspläne für Zentralamerika.

16.00 – Eine Stunde ist offen. Auf nachgeschobene Gesprächstermine hoffen zu diesem Zeitpunkt noch sechs Außenminister aus der Dritten Welt.

17.00 – Außenminister von Kuwait kommt ins UNO-Plaza-Hotel.

18.00 – Gespräch mit UNO-Generalsekretär Perez de Cuellar.

19.00 – Senator Charles Mathias von der amerikanischen Förderer-

und Expertengruppe »American Council on Germany« hat zu einem Empfang geladen. Für Genscher absolute Pflicht.

20.15 – Die Außenminister der sieben führenden Industrienationen (Weltwirtschaftsgipfel) treffen sich.

23.00 – Genscher sitzt wieder in seiner Suite mit der Mappe »Rede« auf dem Schoß und dem Grünstift in der rechten Hand.

24.00 – Ein Blick in den Presseraum. Bei einer Flasche Exportbier zieht Genscher Bilanz.

00.45 – Zurück in seiner Suite meldet sich – wie vereinbart – der Deutschlandfunk aus Köln mit dem ersten Interview des neuen Tages.

Dieser Mittwoch ist die Norm und keine Ausnahme. »Für mich ist die UNO-Woche eine ungeheuer wichtige Zeitersparnis«, sagt Genscher zu dieser geballten Hetzjagd. Außer vielleicht einigen Gipfelkonferenzen könne er sich kaum eine wichtigere Kontaktwoche vorstellen als dieses New Yorker Sechs-Tage-Rennen Ende September. Genscher blättert in seinem Terminkalender wie in einem behüteten Sparbuch. So viele Einzelgespräche wären in Bonn gar nicht zu arrangieren, und wenn, dann würde das Wochen kosten, rechnet er tief befriedigt vor. Die komprimierte New Yorker Kontaktpflege liegt Genscher. Von Anfang an überwacht er persönlich die Verhandlungen über den fälligen Gesprächstermin mit dem seit 1985 amtierenden sowjetischen Außenminister Eduard Schewardnadse. Für ihn wurde auch schon mal mit anderen Terminen jongliert. Als nach langem Warten der Mann aus dem Politbüro schließlich im Januar 1988 zum erstenmal nach Bonn kam, wurde er bei Genschers privat bewirtet. Für die beiden Minister war es ja keine Premiere, sondern eine Station in ihrer schon längeren Bekanntschaft. Das Atmosphärische zwischen den beiden mußte auch nicht mehr erwärmt werden. Das war schon lange in New York geschehen.

Der deutsche Außenminister liebt verläßliche und berechenbare Abläufe. Da kennt er keine Nachsicht, und da kann schneidende Schärfe aufblitzen, wenn etwa die Uhrzeiten im UNO-Kalender nicht stimmen. Der Besucherreigen wird ja auch von Jahr zu Jahr hektischer. Das vergrößert zwar den »Sparbucheffekt«, stößt aber nach Ansicht von Mitarbeitern an Grenzen. Es gibt in der westlichen Welt keinen Außenminister, der länger als Genscher im Amt ist, haben seine Diplomaten ausgerechnet. 14 Jahre Seniorität machen ihn zu einem vielgefragten Gesprächspartner in der UN-Woche. Da ist dann auch ein gutes Teil Schicksalsergebenheit in die sozusagen eingebaute Amtspflicht dabei, wenn er zuläßt, daß sich vor seiner Tür Kollegen aus aller Welt die Klinke in die Hand geben.

Wie viele Kollegen es nun genau sind, ist kaum nachzurechnen. Jedenfalls übersteigt die Zahl immer ein halbes Hundert, und viele davon sieht er mehrfach. Es gibt allein elf mehr oder weniger feststehende Verabredungen in Gruppen. Zu diesen multilateralen Funktionen gehören die Essen der EG-Außenminister und der anderen regionalen Kooperationen wie EG-ASEAN. Dazu kommen noch fünf Muß-Empfänge mit UNO-Funktionären, der Presse und amerikanischen Politikern. 16 Außenminister wurden beim letztenmal einzeln von Genscher empfangen. Sechs weitere standen auf Wartelisten. 19 Außenminister mußten auf spätere Gelegenheiten in Bonn oder anderswo vertröstet werden.

Die Frage, ob die Inflation der Begegnungen noch seriös ist, also unter ernstzunehmende Politik fällt, wird von Mitarbeitern immer wieder diskutiert. Diplomaten in westlichen Nachbarländern belächeln manchmal den hektischen Aktionismus und verspotten die Fließbandabfertigung. Aber der Außenminister will sich nicht rarer machen. Keine bessere Gelegenheit gibt es seiner Ansicht nach, um deutsche Interessen der Außenpolitik so ökonomisch und nachdrücklich zu vertreten. Genscher wuchert mit dem UNO-Kapital. Er setzt den in New York jährlich wachsenden Grad der Bekanntschaft und manchmal auch des Vertrauens bei überraschenden Gelegenheiten ein. Als Präsident Raúl Alfonsín von Argentinien mit seinem Außenminister beriet, ob er persönlich eine meuternde Einheit der Streitkräfte zum Niederlegen der Waffen überreden sollte, klingelte das Telefon. Am anderen Ende erkundigte sich Genscher nach dem Stand der Dinge und riet zu Zivilcourage. Die Geschichte – die übrigens erfolgreich ausging – ist in Argentinien unvergessen.

Vier Fixpunkte bestimmen in der UNO-Woche den Fahrplan Genschers und darüber hinaus auch wichtige Abläufe der deutschen Außenpolitik: das Essen mit Schewardnadse, das Frühstück mit George Shultz und die beiden *lunches* mit dem polnischen Außenminister Stefan Olszowski und DDR-Außenminister Oskar Fischer. Noch bei der Madrider KSZE-Konferenz von 1983 als Sensation betrachtet, sind die Begegnungen mit Fischer zu einer Institution geworden, die auch Genschers Ost-Berliner Gesprächspartner mit sichtlich gewachsener Gelassenheit absolviert. Allerdings gewinnt Genscher tiefere sachliche Einblicke in die Strukturen des Warschauer Paktes bei seinen Treffen mit den Außenministern der ČSSR und Bulgariens, die er länger, enger und besser kennt als Fischer. Oft genug entwickelt sich dabei der Treffpunkt New York zu einer Umschlagstelle für Bemerkungen, die möglichst schnell in Moskau gehört werden sollen.

Vor kühnen Metaphern hat dieser Minister keine Angst. »Die müssen jetzt endlich mal zu Stuhle kommen, denn es ist noch nicht in dem Topf, wo's kocht«, beschrieb Genscher nach dem Shultz-Frühstück die Bemühungen der Supermächte, ein nächstes Gipfeltreffen zu vereinbaren. Der deutsche Außenminister begleitet diese Bemühungen auch in New York mit endlos wiederholten Ermahnungen, jetzt den Schwung in der Abrüstungsdynamik zu nutzen und neue Ufer anzustreben. Wie ein Surfer reitet er die Welle, bis sie bricht. Seine Plenumsrede hat nun schon sechs erfolglose Entwürfe hinter sich, und der siebente wird gerade geschrieben. Für Genscher ist diese Ansprache immer von einer historischen Dimension. Er sieht dabei den Erdball und will jedem etwas bieten. Die Vision versetzt ihn in seltene Nervosität, beinahe schon in Lampenfieber. Aber das sind ja, wie man sagt, die besten Artisten, die darunter leiden. Er strahlt wieder, wenn danach ein paar Delegierte gratulieren.

Als Mensch, so formulierte es ein Legationsrat, ist der Minister eigentlich gar nicht in New York. Unvergessen ist im Genscher-Stab die denkwürdige UNO-Woche 1985, als der Minister sich überreden ließ, an einem überraschend frei gewordenen Abend doch mal ein Broadway-Musical zu besuchen. Seine Geduld reichte nur bis zur Pause. Kurz nach 22 Uhr saß er wieder in seiner Suite am Telefon. Dort steht übrigens ein Konzertflügel. Den wollte Genscher gerne aus dem Wege haben, denn schon bei der sowjetischen Delegation, die nie unter einer Besetzung von mindestens 12 Mann anrückt, wird der Platz knapp. Gerne, sagte die Hotelleitung und offerierte einen Kostenvoranschlag einschließlich Fensterausbau und Kraneinsatz von angeblich rund 10 000 Dollar. Deshalb steht der Flügel heute noch da.

Langsam senkt sich die Nacht über den 28. Stock. In den immer offenen Wachzimmern liegt die Hälfte der Secret-Service-Nachtschicht voll bekleidet auf den Betten. Nur die Schulterhalfter mit den kurzläufigen Colts hängen über den Stuhllehnen. Vor den Zimmern der Außenminister kleinerer Staaten in anderen Etagen sitzt nur jeweils ein einzelner Leibwächter. Immer hat er den genormten Aktenkoffer einer bekannten amerikanischen Reisegepäck-Firma bei sich, der aufgeklappt unter seinem Stuhl liegt. Sichtbar ist das Magazin *Sports Illustrated*, darunter liegt eine Maschinenpistole mit einklappbarem Schaft. Morgen packt die AA-Mannschaft. Nachmittags braust die Kolonne zum Flughafen. Es hat sich gelohnt, auch wenn viele noch ihre verlorenen Nerven suchen. Einer witzelt und lacht zufrieden. Er denkt an einen Termin in Franken am nächsten Vormittag und fängt in der Maschine mit dem Redeentwurf an: »Wie mir gestern in New York der amerikanische Außenminister versicherte . . .«

Zeitzeugen

Paul Frank

Außenminister in »unserer Zeit«

Charles Gravier Graf von Vergennes, der Außenminister Ludwigs XVI., beklagte schon vor über zweihundert Jahren den verlotterten Zustand der internationalen Beziehungen mit den Worten: »Die absolute Mißachtung der Grundsätze der Gerechtigkeit und des Anstandes, die das Verhalten und die Unternehmungen einiger Staaten unserer Zeit kennzeichnen, muß ein vordringliches Thema ernster Überlegungen und sogar vorbeugender Maßnahmen für die Staaten sein, die sich von gesünderen Grundsätzen leiten lassen und nicht Gerechtes und Ungerechtes auf die gleiche Stufe stellen.«

Was hätte der ehrenwerte Außenminister des *Ancien régime* wohl zu bemerken, wenn er heute in unserer aufgeklärten, modernen Zeit außenpolitische Verantwortung zu tragen hätte? Er würde nämlich feststellen müssen, daß die Gerechtigkeit und der Anstand heute ebenso mißachtet werden wie zu seiner (vorrevolutionären) Zeit. Er würde sich neuen Tatsachen der internationalen Politik gegenübersehen, welche dem Vertreter des 18. Jahrhunderts wie das Chaos erscheinen müßten.

Heute nimmt die Weltbevölkerung in demselben Rhythmus zu wie die Perfektion der atomaren, biologischen und chemischen Massenvernichtungsmittel; das Ungleichgewicht zwischen den armen, in ihrer traditionellen Gesellschaftsstruktur weitgehend zerstörten Völkern der Dritten Welt einerseits und den reichen Industrieländern andererseits stellt eine latente Bedrohung für die gesamte Welt dar; die beiden Weltmächte stoßen innen und außen an ihre machtpolitischen Grenzen und kommen ihrer Verantwortung als ordnungschaffende Mächte im Sinne von Gerechtigkeit und Anstand nicht nach; Ost und West laufen Gefahr, sich wirtschaftlich zu Tode zu rüsten, weil Abrüstungsmaßnahmen offenbar nur Platz schaffen für modernere, noch schrecklichere Waffen; Einmischungen in die inneren Angelegenheiten souveräner Staaten sind an der Tagesordnung; Terrorgruppen, die von völkerrechtlich anerkannten Regierungen unterstützt werden, fordern die Zivilisation heraus; wie kaum eine andere vor ihr proklamiert die westliche Politik die Achtung vor den Menschenrechten und muß zusehen − oder sieht zu −, wie sie weltweit mit Füßen getreten werden.

Wie kann ein Außenminister unter derartigen Bedingungen und in einer solchermaßen beschaffenen Welt erfolgreich agieren? Hans-Dietrich Genscher, seit vierzehn Jahren Außenminister der Bundesrepublik Deutschland, kann es. Sein Erfolgsrezept heißt: Erfahrung, präzises Sachwissen und Kontinuität. Einer unruhigen und verunsicherten internationalen Politik setzt er eine unbeirrbare und stetige außenpolitische Linie entgegen, die sich direkt aus der spezifischen Lage Deutschlands als eines geteilten Landes ableitet. Genscher weiß, daß ein solches Land ohne starken Rückhalt im Bündnis, ohne die wirtschaftliche Kraft der Europäischen Gemeinschaft und ohne die Bereitschaft zur Zusammenarbeit mit der Sowjetunion nicht erfolgreich sein kann. Er weiß auch, daß die deutsche Politik im Hinblick auf diese drei Interessenbereiche entwicklungsfähig und dynamisch bleiben muß.

Diese Erkenntnisse ohne Rücksicht auf wechselnde Akteure und schwankende Stimmungen der öffentlichen Meinung durchzuhalten ist das Verdienst Genschers. Er hat der Erfahrung und dem Realismus Vorrang eingeräumt vor dem bequemen Populismus, der heutzutage grassiert und der Tod jeder weitsichtigen Außenpolitik ist. Das ist der Grund, warum Genscher seit einiger Zeit die Gunst der Bürger gewonnen hat.

Bereits heute kann Genscher feststellen, daß seine Außenpolitik auch dort Parteigänger findet, wo er am meisten angefeindet worden ist. Der Besuch von Franz Josef Strauß bei Michail Gorbatschow stellt sich in Wirklichkeit als eine Bestätigung der Politik Genschers dar. Der Außenminister beweist Format, indem er diesen persönlichen Triumph nicht öffentlich genießt. Vielmehr läßt er die Wirkung der Reise der Sache zugute kommen. Damit kommt er nahe an den Zustand heran, den jeder Diplomat im Grunde wünschen muß: eine von allen politischen Kräften getragene Außenpolitik im Dienste des einen Landes.

Die Bundesrepublik Deutschland ist für die »letzten« Optionen in der Weltpolitik zu schwach; diese sind den beiden Weltmächten vorbehalten. Sie starren sich in der Unbeweglichkeit von Porzellanhunden an. Beide Weltmächte haben das Optimum ihrer Machtausdehnung überschritten. Sie werden viel Intelligenz und Phantasie brauchen, damit sie den Anpassungsprozeß an die neuen Daten der internationalen Politik ohne allzu große Erschütterungen meistern.

Da kann ihnen eine Politik, wie sie Hans-Dietrich Genscher seit vierzehn Jahren betreibt, eine Hilfe sein. Auch »Große« brauchen manchmal einen »Kleinen«. Das gilt vor allem für den Abbau von Spannungen in den zahlreichen Regionalkonflikten, die nach dem undankbaren Geschäft des Vermittlers rufen.

Hans-Dietrich Genscher hat die Disposition der Bundesrepublik für solche Dienste im Interesse des Friedens unversehrt erhalten. Er folgt in seinem Realismus und dem Willen zum Frieden den Spuren Gustav Stresemanns und wird, wenn nicht alles täuscht, eines Tages den historischen Rang mit ihm teilen.

Im Vergleich zur damaligen Zeit werden einige beklagen, daß es heute keine »stille« Diplomatie mehr gibt. Doch die modernen Verkehrs- und Kommunikationsmöglichkeiten im globalen Maßstab geben dem Außenminister unserer Zeit eine einzigartige Stellung in der Regierung.

Der Minister verfügt dank seiner Mobilität jederzeit über einen Eindruck aus erster Hand und monopolartige Personalkenntnisse in der ganzen Welt. Lange Amtszeit und Mobilität machen ihn nebst großer Erfahrung zu einem international gesuchten Gesprächspartner. Das »Amt« befindet sich immer gerade dort, wo der Minister sich aufhält. Die modernen Nachrichtenmittel verleihen dem Außenminister eine Art Ubiquität. Und Genscher scheint sie ohne Ermüdungserscheinungen zu genießen.

Das Fernsehen mit seinen spezifischen Usancen ist ein weiterer Faktor der mobilen Außenpolitik. Es gibt dem Außenminister Möglichkeiten, für seine Politik zu werben, und zugleich wird seine Arbeit durch das Fernsehen erschwert. Denn wie kann ein Außenminister den zunehmenden Appetit der Öffentlichkeit nach immer mehr Informationen stillen, ohne die gebotene Diskretion gegenüber seinen Gesprächspartnern zu verletzen?

Genscher löst das Dilemma, indem er das allgemein Bekannte so präzise formuliert, daß der Hörer glaubt, etwas Neues zu erfahren. Seine Antworten auf Journalistenfragen lassen keinen Raum für Zusatzfragen, die meistens doch nur auf das Hintergründige gerichtet sind. Sie sind es, die gewöhnlich Schwierigkeiten bereiten.

Das Auswärtige Amt spürt die harte Hand des Ministers. Er verlangt von seinen Mitarbeitern so viel, wie er selber zu leisten in der Lage ist. Der eine oder andere Diplomat mag sich wohl beklagen, daß Genscher den instrumentalen Charakter des Amtes zu sehr betont, während sich die Vorstellung vom Auswärtigen Amt als einem selbständigen Hüter des diplomatischen Sachverstandes verflüchtigt hat (eine Vorstellung, die in anderen europäischen Ländern zum Teil noch lebendig ist). Vorbei die Zeit, als Bundeskanzler Willy Brandt im Kabinett halb im Spaß, halb im Ernst sagen konnte, ihm mache in der Koalition (SPD-FDP) nicht nur ein Partner zu schaffen, sondern deren zwei; der zweite Koalitionspartner sei das Auswärtige Amt! So etwas ist mit dem Außenminister Hans-Dietrich Genscher undenkbar. Trotzdem scheint er manchmal selber zu spüren, daß er dem Amt gegenüber große Distanz hält und ihm viel zumutet, etwa dann, wenn seine Neujahrswünsche für die Amtsangehörigen mit der Bitte um Nachsicht für seine hohen Leistungsanforderungen verbunden sind. Ich muß zugeben, daß die Idee von der Rolle des Auswärtigen Amtes als Hort des Fachwissens nicht verallgemeinert werden kann. Es kommt wie überall auf die Personen an. Ich erinnere mich an eine Delegationsreise mit dem Außenminister vor mehr als zehn Jahren. Ich war vom Auswärtigen Amt bereits in das Bundespräsidialamt übergewechselt. Im Flugzeug nach Rom auf dem Wege zur Trauerfeier für den verstorbenen Papst fragte mich Genscher plötzlich nach meiner Meinung zum Nahostkonflikt. Ich antwortete, daß es in jener Region so lange keine Ruhe geben werde, wie die Sowjetunion nicht in den Friedensprozeß einbezogen und eingebunden sei. Ein Kollege aus dem Auswärtigen Amt im Range eines Staatssekretärs, der mit von der Partie war, fiel mir heftig ins Wort und meinte:»Gerade eben hat der Westen die Russen aus Ägypten hinausgeworfen, da wollen Sie sie wieder zurückholen!«

Genscher warf mir einen verstohlenen, vielsagenden Blick zu, der bedeuten konnte: Da haben Sie Ihre Hüter des diplomatischen Sachverstandes! Aber er sagte kein Wort.

LOTHAR LAHN

Das Phänomen

In den fast dreizehn Jahren, in denen ich als Leiter der Politischen Abteilung und der Kulturabteilung sowie als Botschafter in Madrid und in Rom mit Bundesminister Hans-Dietrich Genscher in engem Kontakt gestanden habe, haben sich zahlreiche und vielfältige dienstliche und menschliche Bindungen ergeben.

Wie viele Erinnerungen an gemeinsame Erlebnisse und Reisen, an politische Gespräche im In- und Ausland, an Unterredungen mit Staats- und Regierungschefs im Nahen Osten, in Afrika, in China, in Indonesien oder auch in den Ländern Lateinamerikas verbinden mich mit Genscher!

In der Politik beeindruckte mich, daß sich Genscher weittragende Entscheidungen durchaus nicht leichtmacht, daß er sie wohl überlegt und sie aus diesem Grunde entweder überhaupt nicht oder nur ungern revidiert. Eine Erörterung etwa in einer Hausbesprechung dient dann mehr der Bestätigung seiner Ansicht als einer nochmaligen Überprüfung.

Natürlich wird auch nicht abgestimmt, denn hier wie in anderen Regierungsstellen werden die Stimmen nicht gezählt, sondern gewogen – und die Stimme des Ministers gibt den Ausschlag.

Nicht immer teilte ich in allen politischen oder organisatorischen Fragen die Meinung des Ministers. In einer der wenigen Direktorenbesprechungen, an denen der Minister teilnahm, ging es im Spätherbst 1977 um unser Abstimmungsverhalten in den Vereinten Nationen. Es stand ein von einer Reihe afrikanischer Staaten eingebrachter Entwurf einer Resolution zur Debatte, in der diejenigen westlichen Länder verurteilt werden sollten, die mit der Republik Südafrika nicht nur normale Handelsbeziehungen unterhielten, sondern sich darüber hinaus auf gewissen sensiblen Wirtschaftsgebieten zur Zusammenarbeit bereit gefunden hatten – darunter auch die Bundesrepublik Deutschland.

Obwohl dem Resolutionsentwurf durch mühsame Kleinarbeit hinter den Kulissen in New York schon einige »scharfe Zähne gezogen« worden waren, hielt ich ihn doch für so gravierend, daß ich in der Besprechung für eine Gegenstimme eintrat – an der Seite der Vereinigten Staaten. Dagegen aber standen die Überlegungen, es sich mit den afrikanischen Ländern, darunter besonders den sogenannten Frontstaaten, möglichst nicht zu verderben und bei ihnen Einfluß und Gesprächsbereitschaft zu erhalten. Die Vertreter dieser Meinung tendierten zur Stimmenthaltung, im übrigen mit der Mehrzahl unserer Partner in der Europäischen Gemeinschaft.

Nach längerem Hin und Her, wobei noch einmal alle Argumente wiederholt wurden, entschied der Minister: »Stimmenthaltung«, und er sagte zu mir in versöhnlichem Ton, über den Tisch gebeugt: »Ich hoffe, Herr Lahn, Sie können mit dieser Entscheidung leben«, worauf ich zur Antwort gab: »Ach, Herr Minister, wir sind im Auswärtigen Dienst ja alle Lebenskünstler.«

Genscher ist ein Phänomen, nicht nur in bezug auf seine Allgegenwart, sondern auch auf seine umfangreichen, verblüffenden Detailkenntnisse, etwa in der Deutschland- und Berlin-Politik, in den Fragen der Europäischen Gemeinschaft, den Problemen der Dritten Welt oder aktuellen Konfliktherden.

Demgegenüber fällt sein offenkundiges Desinteresse im Kultur- oder Kunstbereich kaum ins Gewicht. Es wird auch nicht gemildert durch die jährlichen Besuche der Bayreuther oder Salzburger Festspiele. Denn es geht Genscher hier eigentlich nicht um den Kunstgenuß, sondern um das Dabeisein und vielleicht auch um die Gastgeberrolle für einen ausländischen Kollegen.

Das Streben, möglichst viele öffentliche Auftritte zu geben und vom

Fernsehen wahrgenommen zu werden, hat Genschers Erfindergeist nicht ruhen lassen. Wegen seiner knappen Zeit und der immer noch zunehmenden Verpflichtungen und unter dem Joch eines übervollen Terminkalenders leidend, hatte der Minister schon das Arbeitsmorgenfrühstück erfunden – und er stellte diesem auch noch das Arbeitsbegräbnis, das *working funeral*, an die Seite.

Bei einem offiziellen Besuch in Syrien im Februar 1977 erreichte uns in Damaskus die Nachricht von dem tragischen Unfalltod der jordanischen Königin Alya, die nach einer Besichtigungsreise von Hospitälern mit dem Hubschrauber abgestürzt war. Minister Genscher hatte seine Gespräche mit Präsident Assad und Außenminister Khaddam soweit beendet, daß er sich ohne Zögern entschloß, nach Amman zur Beisetzung zu fliegen. Nach Anmeldung durch unseren dortigen Botschafter am Hofe waren wir zwei Stunden später mit kleinster Delegation, bei der die Bildpresse nicht fehlen durfte, auf dem Fluge nach Jordanien.

Unvergeßlich bleiben die Gebete und Gesänge in der Moschee, an deren Pforte wir zu warten hatten, der Trauerzug zum Grab über steiniges Gelände, umdrängt von Soldaten und Kriegern der Haschemiten und Palästinenser, zu deren Volksstamm Königin Alya gehört hatte. Unsere deutsche Delegation war natürlich die einzige aus der westlichen Welt – und Genscher überragte nicht nur den kleinen tapferen König Hussein, sondern auch das gesamte Trauergefolge.

Aber der Tag war noch nicht zu Ende: Vor dem Rückflug nach Damaskus führten wir noch lange politische Gespräche mit Staatsminister Hassan Ibrahim und dem Kronprinzen Hassan, dem Bruder des Königs, der uns in die Entwicklungsvorhaben des Landes einweihte. Auch die Nahostlage und das Palästinenser-Problem wurden erörtert – das erste *working funeral* war absolviert.

Schon bei unserem Rückflug wurde mir bewußt, daß dem Bundesminister dieser improvisierte Stil einer internationalen Zusammenkunft gefallen hatte. Die allseitige Überraschung dieses höchst ungewöhnlichen deutsch-jordanischen Treffens sowie die singuläre Präsenz hatten diesem Auftritt etwas Einmaliges gegeben. Von da an verstand es Genscher, an möglichst vielen späteren Beisetzungsfeierlichkeiten im Ausland teilzunehmen und sie immer zu »guten Sachgesprächen« am Rande zu nutzen.

Das größte und umfangreichste Arbeitsbegräbnis dürfte Minister Genscher im November 1984 in New Delhi zelebriert haben. Nach der Einäscherung der ermordeten Ministerpräsidentin Indira Gandhi wurde Genscher wieder aktiv. Das *Offenburger Tageblatt* berichtete, daß protokollarische und politische Hürden bei allen erwünschten Begegnungen mühelos genommen wurden und daß der Scheiterhaufen für Indira

Gandhi gewissermaßen zum »Katalysator« für deutsch-deutsche Kontaktvertiefung geworden sei, da Genscher ein einstündiges Gespräch mit dem Volkskammerpräsidenten Sindermann führen konnte. Die Reihe der übrigen Gesprächspartner zeugte von einer »außergewöhnlichen Breite« der Kontakte, wie es in dem Informationserlaß des Auswärtigen Amtes hieß – von »Tiefe« war nicht die Rede.

Man hat zu Recht beklagt, daß im Laufe der letzten Jahrzehnte der Primat der Außenpolitik gefallen, daß diese zum Zwecke der Innenpolitik betrieben und daß »inzwischen in allen Parteien der Bundesrepublik die Außenpolitik ziemlich heruntergekommen« sei (so Gillessen in »Mißbrauchte Außenpolitik«, *FAZ* vom 19. 8. 1987).

Genscher hat sich dieser auch in anderen Demokratien zu beobachtenden Entwicklung nicht zu entziehen vermocht, ist ihr aber auch nicht genug entgegengetreten, ja hat sie mit Rücksicht auf die zahlenmäßige Schwäche seiner Partei eher noch gefördert. Da es ihm in erster Linie auf den innenpolitischen Effekt ankommt, muß ihm sein eigenes Image in der unmittelbaren Medienlandschaft wichtiger sein als das konkrete Ergebnis. Dieses wiederum wird nur dann gesucht, wenn die innenpolitische Akzeptanz gesichert ist.

Genscher ist im Grunde kein Minister des *teamwork*, er braucht keine Botschafter-Konferenzen mehr, die zu einer Rarität geworden sind, er besucht die tägliche Morgenbesprechung der Abteilungsleiter nur höchst selten und hat so dieses ehemals für die deutsche Außenpolitik richtunggebende Instrument, um das uns andere Ministerien beneideten, verkümmern lassen.

Auch die Abteilungsleiter empfängt er höchst selten zu einer Aussprache, zur Vertiefung eines Problems oder zur Klärung eines Sachverhalts. Die Chance einer längeren Unterredung mit dem Minister ergibt sich vielleicht während einer Dienstreise, auf einem Flug über den Atlantik, wenn er dann nicht doch den Kreis seiner »Hof-Journalisten« als Zuhörer und Diskussionspartner vorzieht.

Aber Genscher hat eine Schar von getreuen *Sherpas* um sich versammelt und in seinem Leitungsstab etabliert, ohne die er das enorme Arbeitspensum gar nicht bewältigen könnte. Hier wird weniger Rat gesucht als Gehorsam gefordert. Die seit Jahren erprobten Regieanweisungen werden befolgt, ohne sie im Hinblick auf außenpolitische Usancen und völkerrechtliche Regeln im Einzelfall in Frage zu stellen. So kann es vorkommen, daß zum Beispiel ein Botschafter ins Auswärtige Amt zur Entgegennahme einer Demarche bestellt wird und, bevor er in seine Residenz zurückgekehrt ist, das Auswärtige Amt die Tatsache und den Inhalt des Gesprächs der deutschen Öffentlichkeit mitteilt.

Es sind ja überhaupt weniger die Fragen der Substanz – obwohl es auch solche gibt – als vielmehr des Stils, in denen sich die Bundesregierung von anderen Ländern in der Welt nachteilig unterscheidet. Es mag trostreich sein zu wissen, daß heute wegen eines diplomatischen *Fauxpas* kein Krieg mehr vom Zaune gebrochen werden kann, denn sonst befänden wir uns schon wieder in einem »Dreißigjährigen Krieg« – aber außenpolitischer Schaden ist oft nicht wiedergutzumachen, auch nicht durch umtriebige Besuchsdiplomatie.

Genscher mag wohl im Innersten den Widerspruch zwischen den innen- und parteipolitischen Zwängen einerseits und den außenpolitischen Erfordernissen auf der anderen Seite empfinden: In seinem Konferenzzimmer hängt ein Lenbachbild von Otto von Bismarck, der sicherlich kein vorbildlicher Demokrat im heutigen Sinne war und der auch heute nicht Außenminister geworden wäre. Er sagte einmal vor dem Reichstag auf den Vorwurf, daß er sich zu wenig um die Meinung des Hohen Hauses gekümmert hätte, es treffe zu, er habe die Außenpolitik Preußens und des Deutschen Reiches immer zum Wohle des Volkes, nicht aber immer nach dem Willen des Volkes geführt.

Daß es aber auch verantwortliche demokratische Außenpolitiker gegeben hat, die beileibe nicht immer ängstlich darauf achteten, ja nur im Einklang mit der öffentlichen Meinung und ihrer Partei zu stehen, sondern die sich zum Ziel gesetzt hatten, die Außenpolitik selber zu bestimmen und andere von der Richtigkeit ihres Weges zu überzeugen, weiß die deutsche Geschichte der zwanziger Jahre zu berichten:

Im Büro blickt Genscher auf ein lebensgroßes Stresemann-Porträt. In seiner Festansprache am 10. Mai 1978 in Mainz aus Anlaß des hundertsten Geburtstages von Gustav Stresemann sagte der Bundesminister:

»So mancher beruft sich heute auf Stresemann und wäre vielleicht erschrocken, wenn er sich der Rigorosität bewußt wäre, mit der Stresemann seinen Weg ging. Wenn alle, die Fortschritte in Europa predigen, auch Stresemanns Mut zur Unpopularität, seine Entscheidungskraft und seine Führungsstärke besäßen, wenn sie den Europäer Stresemann nicht nur im Munde führten, sondern auch sein Kämpferherz hätten, dann könnten wir wohl ein Stück weiter sein.

Gustav Stresemann sah die Aufgabe des Politikers nicht darin, einen demoskopisch ermittelten Willen zu vollstrecken. In der Eröffnungssitzung der Haager Konferenz rief er aus, die Staatsmänner müßten Führer ihres Volkes sein und mit ihrem Handeln nicht warten, bis neunzig Prozent der Nation hinter ihnen stünden. Das ist der Geist, den wir in Europa heute wieder brauchen.«

Und Minister Genscher hat wiederum recht.

Was mich mit ihm endlich noch verbindet, ist unser Domizil in der Gemeinde Wachtberg-Pech und unsere bleibende Liebe zur alten Heimat – bei ihm zu Sachsen, bei mir zu Schlesien.

GÜNTHER VAN WELL

Kein Sprachrohr

Ende 1987 ging meine 37jährige Dienstzeit im Auswärtigen Amt, die letzten sechseinhalb Jahre als Botschafter in den USA – zuerst bei den Vereinten Nationen in New York, dann in Washington –, zu Ende. Genscher schrieb mir: »In den vielen Jahren unserer Zusammenarbeit waren Sie mir immer ein erfahrener und verläßlicher Ratgeber. Sie haben mir in den ersten Jahren meiner Amtszeit in vielem sehr geholfen. Dies wird mir immer unvergeßlich bleiben.«

Als Hans-Dietrich Genscher im Mai 1974 die Leitung des AA übernahm, gab es für ihn keine Einarbeitungs- und Schonzeit. Die Presse spekulierte noch, ob er ohne ausreichende Sprachkenntnisse diesen Posten nach dem erfahrenen Walter Scheel würde ausfüllen können. Da mußte er – nur ein paar Tage im Amt – bereits den Vorsitz im Ministerrat der EG und der Europäischen Politischen Zusammenarbeit einnehmen.

Als Leiter der Politischen Abteilung des AA war ich damals Vorsitzender des Politischen Komitees der EG-Staaten, d. h. des Arbeitsgremiums der Außenministerien zur Konsultation und Empfehlung gemeinsamer Positionen; auch war ich im AA zuständig für die atlantischen Beziehungen und die Ostpolitik. Obwohl Genscher mich vorher nicht gekannt hatte, entwickelte sich sehr schnell ein enges Vertrauensverhältnis. Meine Kollegen und ich bewunderten die schnelle Auffassungsgabe und die Entschlußfreude, das politische Fingerspitzengefühl und die Urteilskraft Genschers.

Die erste Sitzung des Ministerrats der Europäischen Politischen Zusammenarbeit Anfang Juni 1974 im »Weltsaal« des AA leitete Genscher mit solcher Präzision und Zügigkeit, daß am Schluß alle Ministerkollegen spontan Beifall zollten. Unmittelbar anschließend flog Genscher, und ich begleitete ihn, nach Bad Reichenhall, wo er zum erstenmal als Außenminister mit Kissinger konferierte. Im Jet-Star der Luftwaffe stellte mir Genscher auf dem Hinflug ganz präzise Fragen zu den Punkten, die er mit Kissinger klären wollte: europäisch-amerikanisches

Konsultationsverfahren, euro-arabischer Dialog, westliche Forderungen zur KSZE (vertrauensbildende Maßnahmen, humanitäre Fragen, Prinzip der friedlichen Grenzänderung etc.). Das Gespräch mit Kissinger brachte nicht nur Klärungen dieser Fragen, sondern hatte ein weiterreichendes Ergebnis, das beiden offensichtlich sehr am Herzen lag: die Einleitung eines persönlichen Vertrauensverhältnisses. Beide wollten zusammenwirken, um die hohe Priorität der deutsch-amerikanischen Partnerschaft, die gegenseitige Abstimmung und Unterstützung zu garantieren. Von diesem Zeitpunkt an, also gleich am Beginn seiner inzwischen 14jährigen Amtszeit als Außenminister, ließ Genscher keinen Zweifel an der zentralen Rolle, die er dem Bündnis mit den USA einräumt. Ich bestärkte ihn stets in dieser vitalen Interessenbestimmung. In der sozialliberalen Koalition war Genscher oft das ausschlaggebende westpolititsche Korrektiv gegenüber zu starken Ostorientierungen in der SPD, mit denen ja auch Helmut Schmidt nicht selten seine Not hatte. Schon kurz nach der Bundestagswahl 1980 eröffnete mir Genscher in einem der häufigen nachdenklichen Gespräche unter vier Augen, er sähe die Gefahr heraufziehen, daß Helmut Schmidts Unterstützung in der SPD-Fraktion abbröckele.

Genschers Haltung zur Ostpolitik war stark durch sein persönliches Engagement für Berlin und für innerdeutsche Verbesserungen bestimmt. In der Koalition mit der SPD sah er seinen spezifischen Beitrag in der steten Wahrung und Pflege der Westkomponente unserer Politik und in der Durchsetzung eines festen, realistischen und berechenbaren Kurses gegenüber dem Osten.

An einem Novemberabend des Jahres 1976 bat mich Genscher, ihn zu einem Gespräch beim Bundeskanzler zu begleiten. Nach der Bundestagswahl am 3. Oktober waren außenpolitische Fragen abzuklären. Schmidt hatte ein Exemplar des *Europa-Archivs* vor sich liegen. Es war die Folge 20 von Ende Oktober mit meinem Artikel »Die Teilnahme Berlins am internationalen Geschehen: ein dringender Punkt auf der Ost-West-Tagesordnung«. Der Artikel hatte in der Presse erhebliches Aufsehen erregt, da er aus der Feder eines »Insiders« erstmals offen und sachlich fundiert die sowjetische Politik der einseitigen Interpretationspraxis des Viermächteabkommens über Berlin in einem für die Bindungen zwischen der Bundesrepublik und Berlin (West) zentral wichtigen Bereich, nämlich dem der Außenvertretung der Stadt durch den Bund, kritisierte. Gleichzeitig wurde dadurch die für die Zukunft der Ostpolitik entscheidende Frage aufgeworfen, wie weit der Sowjetunion als Vertrags- und Kooperationspartner zu trauen sei. Genscher spielte sicher auch auf diesen Artikel an, als er in seiner Rede zu meiner Verabschiedung als

Staatssekretär am 1. Juni 1981 sagte: »Es hat gelegentlich Vermutungen darüber gegeben, ob öffentliche Aussagen des Herrn Staatssekretärs van Well in Form von Artikeln, Interviews und in anderer Weise, in denen er in seiner unvergleichlich höflichen, aber klaren Art Pflöcke eingeschlagen hat, meiner Meinung entsprechen. Und die kundigen Kommentatoren haben immer gesagt, es sei ganz sicher so, manche haben gesagt, da schiebt er ihn vor, andere haben gesagt, er macht das für ihn. Wie immer sie es ausdeuteten, eines steht fest: Diejenigen, die vermuteten, das, was Herr van Well von sich gegeben hat, wenn er Pflöcke eingeschlagen hat, das entsprach immer meiner Auffassung.« Schmidt stellte mir an jenem Abend Fragen zu meinem Artikel, über den er offensichtlich – wohl auch wegen verärgerter Stimmen aus der SPD – nicht glücklich war. Er akzeptierte aber die Tatsache seiner vollen Deckung durch Genscher. Die Ostpolitik und insbesondere die Berlin-Politik waren Bereiche, in denen Genscher notfalls bereit war, die Koalition mit der SPD ernsthaft auf die Probe zu stellen. Er war dagegen, um tagespolitischer Scheinerfolge willen langfristig wirksame Grundsatzpositionen in Frage zu stellen.

Im Juni 1981 war ich als UNO-Botschafter nach New York gegangen. Von dort wechselte ich im Juli 1984 nach Washington. Auf diesen Posten habe ich sozusagen hautnah die schwierigen Zeiten des Auseinanderdriftens der westeuropäischen und amerikanischen Politik im West-Ost-Verhältnis, in den Vereinten Nationen und gegenüber Problemen in der Dritten Welt erlebt. Bei häufigen Gelegenheiten war ich Zeuge, wie Genscher seine langjährigen persönlichen Kenntnisse und Erfahrungen, sein hohes Ansehen und Vertrauenskapital im westlichen Kollegenkreis einsetzte, um den Kurs der amerikanischen Politik zu beeinflussen. Ich weiß von anschließenden Reaktionen, daß diese vielen, in vertrauensvoller Offenheit geführten Gespräche Genschers nicht unwesentlich zur Formung der seit 1985 geführten, aktiven amerikanischen Politik gegenüber der Sowjetunion und Osteuropa beigetragen haben. Es hat mich deshalb nicht überrascht, in der *New York Times* vom 28. März 1988 einen Artikel von William Safire zu finden, der unter der Überschrift »The Genscher Line« die Enttäuschung des rechten Flügels der Republikaner widerspiegelt, daß die amerikanische Politik Genschers Vorstellungen soviel Gewicht beigelegt hat: »*Unfortunately, the 'Genscher Line' has taken hold in the Reagan Administration; all the hard-liners have been routed.*«

XVI. Kapitel

Immer der Erste

WALTER TACKE

Der Sonnyboy der Nation

Von dem griechischen Philosophen Epiktet stammt die Aussage, daß im Leben weniger die Fakten als vielmehr die Meinungen über sie wichtig seien. Diesen auch heute noch gültigen Ausspruch kann man sicherlich auch auf Hans-Dietrich Genscher aus der Sicht der Demoskopie anwenden.

Obwohl ihn kaum einer der Befragten je persönlich kennengelernt hat, geschweige so lange mit ihm zusammen war, um sich ein gesichertes Urteil über seine Person oder über sein Wesen bilden zu können, ist Genschers Öffentlichkeitsbild mit dem eines Strahlemannes vergleichbar.

Spätestens mit seiner Ernennung zum Außenminister im Oktober 1974 stieg sein von der Demoskopie angestrahlter Stern auf. Und seitdem ist Genscher nicht nur einer der dienstältesten Außenminister der Welt überhaupt, sondern auch der bundesdeutsche Politiker, der sich in der Gunst der Bundesbürger am längsten sonnen konnte.

Ende 1973, als das EMNID-Institut nach den zur Zeit besten Politikern fragte, stand der Bundesinnenminister Hans-Dietrich Genscher meinungsmäßig noch ganz im Schatten des damaligen Dreigestirns Willy Brandt (Bundeskanzler), Walter Scheel (Bundespräsident) und Franz Josef Strauß (CSU-Vorsitzender).

Diese Reihenfolge sollte sich bald ändern. Zwar antworteten im Oktober 1974 auf die Frage: »Welcher FDP-Politiker ist Ihnen am sympathischsten?« ganz eindeutig 28 Prozent, daß dies Wirtschaftsminister

Friderichs sei; aber mit 24 Prozent hatte sich Genscher bereits an die zweite Stelle geschoben, gefolgt von Josef Ertl (12 Prozent).

Schon bei dieser Befragung fiel auf, daß Hans-Dietrich Genscher als einziger FDP-Politiker allen Parteianhängern, also auch denen der CDU/CSU und der SPD, gleichermaßen sympathisch war. Und 1981 setzte sich dann Hans-Dietrich Genscher an die Spitze der gesamten deutschen Politikerphalanx.

Tabelle 1: *Meinungen über bekannte Politiker*
(Aktueller Politischer Dienst, EMNID-Bielefeld 3/81)
(10 = gute Meinung, 1 = keine gute Meinung)

	Durchschnitt:
Hans-Dietrich Genscher	8,0
Ernst Albrecht	7,7
Helmut Schmidt	7,2
Gerhard Stoltenberg	6,9
Helmut Kohl	6,9
Walther Leisler Kiep	6,8
Rainer Barzel	6,3
Otto Graf Lambsdorff	6,3
Kurt Biedenkopf	5,7
Alfred Dregger	5,5
Hans Matthöfer	5,5
Hans Apel	5,4
Willy Brandt	5,0
Friedrich Zimmermann	4,5
Franz Josef Strauß	4,4
Edmund Stoiber	4,3
Egon Bahr	4,2
Herbert Wehner	3,8

Es stellt sich nun berechtigterweise die Frage, worin die Gründe liegen könnten, daß eine so große Mehrheit der Bundesbürger dem Vorsitzenden einer kleinen Partei und gleichzeitigen Außenminister einer Regierungskoalition einen so großen Vertrauensvorschub einräumte.

Eine Teilantwort zu dieser Frage liegt sicherlich in Eigenschaften begründet, die Genscher entweder hat oder von denen angenommen wird, er verfüge darüber. Eine dieser Politikereigenschaften, die man Genscher in hohem Maße zutraut, ist Glaubwürdigkeit. Ohne allen

späteren Überlegungen vorgreifen zu wollen, das »Genscher-Phänomen«
aufzuklären, seine Glaubwürdigkeit scheint dabei eine wichtige Rolle zu
spielen.

Auch der von ihm verantwortete Koalitionswechsel in 1982 hat so gut
wie keinen Makel bei ihm hinterlassen, zumindest keinen durchschla-
genden.

Der langjährige Chef

Bei einem so »charismatischen« Chef, wie ihn die breite Bevölkerung in
Hans-Dietrich Genscher sieht, müßte die von ihm lange geführte FDP
einen Bombeneindruck bei der Bevölkerung gehabt haben. Auffallender-
weise trifft dies nicht zu.

Gerade unter Genscher hat die FDP ihre schlimmste Zeit durchmachen
müssen. Ende 1982 stand sie mitglieder-, sympathisanten- und wählerbe-
zogen vor der Auflösung. Ganze zwei Prozent der Bundesbürger hielten
sie nach dem »Machtwechsel« in Bonn noch für sympathisch. Erst als
Genscher 1985 ging und Bangemann als neuer FDP-Vorsitzender kam,
wuchs die FDP wählermäßig zu ihrer heutigen Stärke von über zehn
Prozent an. Zur Profilierung der von ihm geführten FDP konnte Genscher so gut wie nichts beitragen. Sogar die GRÜNEN, seit wenigen
Jahren erst im politischen Geschäft, zeigen aus der Sicht der Wähler
wesentlich mehr Profil als die von Anfang an dabeigewesene FDP.

Eigentlich deuten diese Feststellungen darauf hin, daß weder die FDP
ihren Vorsitzenden hochgepäppelt hat noch er seiner Partei viel hat
nutzen können. Eher sieht es so aus, daß sich Genscher von Genscher
nährt. Und das scheint seine Meinungsstandhaftigkeit in der Öffentlichkeit auszumachen.

So gut wie unabhängig von ihrem langjährigen Vorsitzenden hat sich
die Sympathie der FDP über die Jahre entwickelt. Zunächst gab es einen
sympathiemäßigen Aufschwung der FDP, nachdem Genscher das Ruder
übernommen hatte. Im Januar 1976 erreichte die FDP einen Sympathie-
Pegel von 13 Prozent. Weitere Steigerungen gab es nicht. Von diesem
Zeitpunkt an pendelte sich das Sympathieniveau dieser Partei auf sieben
bis acht Prozent ein. Im Spätherbst 1980 gab es noch einmal einen
kräftigen Pendelausschlag nach oben. Im Oktober schwärmten plötzlich
13 Prozent für die FDP. Doch von da an ging es bergab. Die Aufkündi-
gung der Koalition mit der SPD warf die FDP sympathiemäßig fast auf
Null zurück. Von der Umfallerpartei war die Rede. Erst die Bundestags-

wahl von 1983 half ihr wieder auf die Beine. Es kam der FDP zugute, daß zu Anfang der 80er Jahre die Bundesbürger immer widerwilliger gegenüber absoluten Mehrheiten wurden. Der sich immer stärker zu Worte meldende »rationale Wähler« machte sich die »Leihstimme« zu eigen. Davon profitierte die FDP bei der Bundestagswahl 1983.

Kaum hatte die neue CDU-CSU-FDP-Koalition überzeugend gewonnen, als die FDP-Sympathie wieder erwartungsgemäß in dem Sinne nachließ: »Der Mohr hat seine Schuldigkeit getan, der Mohr kann gehen.«

Auch die Bundestagswahl im Januar 1987 hob die FDP nicht wieder auf das Podest hoher imagemäßiger Zustimmung wie 1983. Erst die konsequenten Koalitionsverhandlungen der FDP im Februar/März 1987 ließen Koalitionswähler aufhorchen und bei ihnen die Absicht wachsen, die FDP für ihr Verhalten mit wachsender Sympathie zu belohnen. Bei dieser Einstellung ist es dann bis Anfang 1988 geblieben. Alles dies hatte mit Genscher wenig zu tun. Die FDP wurde insbesondere von vielen CDU-Wählern als »Schmollecke« aufgesucht. Und je mehr bisherige CDU-Wähler schmollten, um so gedeihlicher wuchs die FDP, und wahrscheinlich umgekehrt wird es zukünftig genauso sein.

Vordergründig, so scheint es, hat die Figur Genscher das Schicksal der FDP in den Jahren 1976 bis zu seinem Abtritt als Parteivorsitzender in 1985 wenig beeinflußt. Um so beeindruckender ist seine zunehmend dominierende Position, wenn es nach der Meinung der Bundesbürger darum ging, welchen Politiker man gern in der Zukunft eine wichtige Rolle spielen sehen möchte.

Ein Politiker mit Zukunft?

In Zusammenarbeit mit dem *Spiegel* hat das EMNID-Institut im Vorfeld der Bundestagswahlen von 1987 in regelmäßigen Abständen die Bundesbürger danach befragt, welchem Politiker man gern in den kommenden Jahren eine wichtige Rolle im politischen Leben der Bundesrepublik Deutschland zugestehe. Die erste Umfrage bei 2000 repräsentativ ausgewählten Wahlberechtigten fand im Januar 1986 statt. Auf Anhieb stand Hans-Dietrich Genscher an dritter Stelle. Bei einem Bekanntheitsgrad von 100 Prozent sprachen ihm 54 Prozent der Befragten eine wichtige Rolle im politischen Leben der Bundesrepublik Deutschland für die Zukunft zu. Nur Stoltenberg (63 Prozent) und Rau (58 Prozent) boten ihm Paroli.

Wie sich diese »Erwartungskurve« bis Ende 1987 entwickelte, soll die nachfolgende Tabellle zeigen:

Tabelle 2: *Politischer Hoffnungsträger Genscher*

Zeitpunkt	Rangstelle Genscher	Bekanntheitsgrad	Prozentuale Zustimmung
Januar 86	3	100 %	54 %
Februar 86	3	99 %	58 %
März 86	4	100 %	56 %
April 86	3	100 %	54 %
Mai 86	2	100 %	59 %
Juni 86	2	100 %	59 %
Juli 86	2	100 %	60 %
August 86	2	100 %	58 %
September 86	3	100 %	58 %
Oktober 86	2	100 %	63 %
November 86	1	100 %	66 %
Dezember 86	2	100 %	64 %
Januar 87	1	100 %	68 %
April 87	1	100 %	74 %
Juni 87	1	100 %	73 %
August 87	1	100 %	70 %
Oktober 87	1	100 %	70 %
Dezember 87	1	100 %	71 %
Februar 88	1	100 %	77 %
April 88	1	100 %	75 %
Juni 88	1	100 %	73 %

In einer Stimmungsdemokratie will es schon etwas heißen, seit vielen Monaten als der entwicklungsfähigste Politiker der Bundesrepublik Deutschland angesehen zu werden.

Wenn 73 Prozent der wahlberechtigten Bevölkerung etwas Gleichlautendes aussagen, dann schließt diese homogene Gruppe nicht nur Koalitionswähler ein, die es zur Zeit auf nur etwa 51 bis 52 Prozent bringen, sondern große prozentuale Anteile von Oppositionswählern müssen sich ebenfalls unter denen befinden, die in Genscher einen Politiker der Zukunft sehen.

Aber dieser Platz an der Sonne muß ständig heiß erkämpft werden. Dies hat insbesondere der Politiker erfahren müssen, der Hans-Dietrich Genscher lange den Platz 1 auf der Erfolgsliste der Politiker streitig gemacht hat, nämlich Gerhard Stoltenberg. Er startete Anfang 1986 auf Platz 1 mit 63 Prozent Bevölkerungsrückhalt in dieselbe politische Runde wie Genscher und endete auf Platz 10 und mit nur 51 Prozent »Meinungsvorschub« – nur zwei Jahre später.

Aus diesem gegenläufigen Beispiel erkennt man, daß des Volkes Gunst nicht ewig währt. Hans-Dietrich Genscher kann gegenwärtig auf jeden Fall für sich in Anspruch nehmen, daß er von einer Welle des Wohlwollens getragen wird, die von Husum bis Passau reicht.

Frei assoziiert

Aus der Psychologie stammt der Assoziationstest. Er arbeitet mit verbal gebotenen Reizwörtern, auf die ein Befragter spontan entsprechend antworten soll. Im Januar 1988 wurde an 1011 Bundesbürger im obigen Sinne folgende Frage gestellt: »Was fällt Ihnen ein, wenn Sie den Namen Hans-Dietrich Genscher hören?«

Das auf diese Weise ermittelte Meinungsbild von Hans-Dietrich Genscher ist nicht sehr schillernd und schon gar nicht vielfältig, aber eindeutig und deutlich.

1. Fast die sogenannte qualifizierte Mehrheit von 63 Prozent der erwachsenen Bundesbürger sieht in ihm richtigerweise den »Außenminister der Bundesrepublik Deutschland«, also einen Repräsentanten der deutschen Politik nach außen. Insbesondere die jüngeren Befragten im Alter von 14 bis 19 Jahren assoziieren Genscher in diesem Sinne. Und 5 Prozent wissen sogar und äußern dies spontan, daß er der dienstälteste Außenminister ist.

2. An seine Stellung als Vizekanzler, also die Stellvertretung des Bundeskanzlers, erinnern sich nur 1 Prozent aller Befragten. Nicht einmal die Wähler der FDP assoziieren Genscher in diesem Zusammenhang. Bei einer solchen Erinnerungslage kann man davon ausgehen, daß aus diesem Tätigkeitsfeld von Genscher kaum Impulse seiner nachgewiesenen Beliebtheit gekommen sind.

3. Sehr intensiv wird Genscher als FDP-Politiker gesehen. Jeder dritte

erwachsene Bundesbürger, bei 14- bis 19jährigen ist es sogar jeder zweite, entwickelt diese spontane Vorstellung.

4. Eine eher qualifizierende Assoziation fällt 12 Prozent der Bundesbürger ein. Sie nennen Genscher schlichtweg einen fähigen, guten und qualifizierten Politiker. Insbesondere 18 Prozent der FDP-Wähler und -Sympathisanten stufen ihn so ein. Wenig qualifiziert gesehen wird er von den GRÜNEN, die ihn wohl nicht mögen. Was auch aus grüner Sicht verständlich erscheint.

5. Es klangen überall Gefühlswerte an, wenn Befragte über Genscher aussagen sollten. Auch die Assoziationsfrage hat Gefühlswerte aufkommen lassen. So wird Genscher von 10 Prozent aller Befragten als sympathisch, diplomatisch, vertrauenswürdig und dennoch standhaft angesehen. Eigenartigerweise verwehrten ihm die Höhergebildeten diese gefühlsmäßigen Komponenten. Dies könnte weniger auf Genscher bezogen gesehen werden. Möglicherweise erzieht höhere Bildung eher zu Distanz und Gefühlsenthaltung.

Ausgerechnet die FDP-Wähler jedoch dienen ihrem früheren Vorsitzenden prozentual gesehen in dieser Hinsicht die meisten Minuspunkte an. 7 Prozent von ihnen (3 Prozent des Bevölkerungsquerschnittes) sehen in Genscher den gewandten und cleveren Taktiker. Muß ein Außenminister nicht etwa so sein? Oder werden hier sogar innerparteiliche Töne laut?

6. Es wundert nicht, daß ein Außenminister viel reist. Daß solche Notwendigkeiten dann als Reiselust ausgelegt werden, ist sicherlich eine gegenüber Politikern häufig angewandte überkritische Haltung. Aber auch hier gilt das Gesetz von der Macht der Meinung.

7. Und dann ist da noch sein Aussehen. Spezifisch war davon in allen zitierten Umfragen noch nicht die Rede. Aber die Assoziationsfrage deutet von einem ihrer Ergebnisse her an, daß die äußere Erscheinungsform Genschers in den Medien mehr oder weniger charismatisch zu sein scheint. Wenn 7 Prozent, d. h. 2,8 Millionen, erwachsene Bundesbürger spontan sein Aussehen als ein mit seinem Namen verknüpfendes Merkmal ansehen, dann ist dies − verglichen mit anderen empirisch erhobenen personenbezogenen Ergebnissen − erstaunlich.

MICHAEL HARTMANN

Der Wuppertaler MdB

Oktoberfest in München. Eine Gruppe von Wuppertalern sitzt im Käfer-Zelt beim Wies'n-Bier. Plötzlich kommt Hans-Dietrich Genscher, vermutlich auf dem direkten Weg von den USA nach Gott weiß wohin, in Begleitung eines Schwungs bayerischer Liberaler ins Zelt gerauscht. Ein Blick auf den Tisch, die Besucher aus der Wahlheimat erkennen — das ist eins. Und ohne Rücksicht auf die liberalen Bayern in der Umgebung skandiert er sofort: »Männer wie wir, Wicküler Bier!« Jubel bei den Wuppertalern in Bayern, als »ihr« Abgeordneter sie in weiß-blauen Gefilden mit dem Schlachtruf der heimischen Brauerei begrüßt.

»Ihr« Abgeordneter — das ist Hans-Dietrich Genscher eigentlich nie gewesen, wenn man es genau nimmt. Denn FDP-Kandidat Genscher hat zwar in seinem Wahlkreis 69 (Wuppertal-West) durchgängig ein zweistelliges Ergebnis auch an Erststimmen erreicht, direkt gewählt aber wurde natürlich immer ein Gegenkandidat von den großen Parteien. Das hat jedoch den routinierten Wahlkämpfer Genscher nie daran gehindert, sich erstens als Wuppertaler Abgeordneter zu geben und zu fühlen und zweitens auch in Zeiten um Erststimmen zu werben, wo der sozial- oder christdemokratische Koalitionspartner in Bonn diese selbst gut hätte gebrauchen können. Aber da kannte Hans-Dietrich Genscher nichts, zumindest solange er noch Parteivorsitzender war: Er wollte das bundesweit beste Direktergebnis eines FDP-Kandidaten erzielen. Und durchweg gelang das auch.

In der liberalen Hochburg Wuppertal, wo die Menschen ein bißchen kleinkarierter, ein bißchen kritischer, aber vielleicht auch ein bißchen treuer sind als woanders im Land, da hatte der liberale Kandidat Genscher zwar einen traditionellen Sympathie-Vorsprung, doch Rekordergebnisse machen sich nicht von selbst. Da mußte selbst ein Mann wie Genscher einen Schlag zulegen.

Und das hat er auch getan, seit er als Kandidat für Elberfeld, Sonnborn und Vohwinkel für den Bundestag angetreten ist. Der Profi Genscher hat es geschickt verstanden, seine bundespolitische Aufgabe in Bonn mit Interessen seines Wahlkreises zusammenzubinden. Publizistisch hatte er dabei immer Erfolg. In der Sache gab es mehr Niederlagen als Siege. So zum Beispiel, als der Bundesinnenminister Hans-Dietrich Genscher sich schlagzeilenträchtig für den Erhalt der Bundesbahndirektion in Wuppertal einsetzte. Die Schlagzeilen und die Erinnerung an einen für Wuppertal kämpfenden Abgeordneten blieben – die Bundesbahndirektion kam nach Köln.

Geschickt hat der Außenminister erkannt, daß er als liberaler Kandidat die Menschen in Wuppertal nicht nur über Massenveranstaltungen für sich gewinnen kann. Massenveranstaltungen hat er zwar auch immer in Wuppertal gehalten, meist sogar die Schlußkundgebung des Bundestagswahlkampfes mit allem, was die Liberalen außer Genscher noch an Prominenz aufbieten können. Der Schlüssel des Genscher-Erfolges an der Wupper aber liegt darin, daß er über Jahrzehnte entschlossen und zuverlässig persönliche Kontakte gepflegt hat.

Und welcher Wuppertaler, egal, welcher politischen Färbung, wird nicht gern davon sprechen, daß der Außenminister bei ihm zu Besuch war? So kam dem Kandidaten, der aus Sachsen, Bonn, Wachtberg-Pech, aber ganz bestimmt nicht aus Wuppertal kommt, der FDP-Wahlkampf mit Nachbarschaftsveranstaltungen in privaten Haushalten mehr als gelegen. Hier konnte er das Gespräch mit den Menschen finden, ihnen das Gefühl vermitteln, vom Außenminister ganz persönlich und womöglich noch vertraulich über wichtige Dinge des Staates informiert worden zu sein.»Genscher hat mir gestern abend noch selbst gesagt . . .« Das wirkt bei den Kollegen – von der Werkbank bis zum Vorstandstisch.

Aber der Kandidat hat in Wuppertal nicht etwa nur geredet. Er hat – und erst das macht den echten Profi in der Politik aus – auch gut zugehört. Insbesondere zum Thema der Wirtschaft, die in Bonn nie zu seinen Hauptaufgaben gehört hat, machte er sich in der alten Industriestadt an der Wupper schlau. Dazu gehören auch seine alljährlichen Besuche beim Neujahrsempfang der Industrie- und Handelskammer. Hier ist das Erscheinen Genschers häufig mit einem Aha-Effekt verbunden. Mancher Teilnehmer hatte zum Beispiel auf der Fahrt zur Handelskammer im Jahre 1988 noch im Autoradio gehört, Genscher habe gerade seine schwierigen Gespräche in Rumänien abgeschlossen. Und da stand er schon im Eingang! Solches vollzieht der Minister bestimmt nicht nur wegen der Show. Er demonstriert damit nur wirkungsvoll, wie wichtig ihm die persönlichen Kontakte zu den Menschen im Tal der Wupper sind. Persönliche Gespräche mit Unternehmern oder Journalisten suchte Genscher regelmäßig, und zwar ganz unabhängig davon, ob sie seiner politischen Auffassung nahestanden oder nicht.

Allerdings: Wer steht Genscher in Wuppertal eigentlich nicht nahe? Gemäßigte politische Kräfte, ob vom linken oder rechten Flügel, halten den Minister für einen gesprächsfähigen Mann – und auch für einen wählbaren.

Daß dieser Bonus echt ist, hat der Außenminister in seiner bösesten politischen Zeit erfahren können, als man ihm die Wende in Bonn ganz persönlich ankreidete. In dieser Zeit der Anfeindungen war der FDP-Kreisverband Wuppertal für den gebeutelten Genscher ein deutlicher Rückhalt. Und nicht nur der Kreisverband seiner Partei, auch politisch ungebundene Bürger der Stadt standen zu Genscher, der zwar seine Rekordwahlergebnisse nie mehr wiederholen konnte, aber an persönlichem Ansehen nichts verlor.

Auch der Duft der großen weiten Welt, den Außenminister Genscher in die engen Täler des Bergischen Landes trägt, ist für ihn politisches Kapital, das er für den Kandidaten Genscher einzusetzen versteht. So nahm der dienstälteste Wuppertaler Bundestagsabgeordnete einmal anläßlich eines Staatsbesuches seinen tschechoslowakischen Kollegen Chňoupek mit in die Wahlheimat Wuppertal. Der Besuch blieb nicht ohne Folgen: Es entstand die erste Städtepartnerschaft einer Stadt der Bundesrepublik mit einer Gemeinde in der Tschechoslowakei. Die ostslowakische Metropole Košice (Kaschau) und die Hauptstadt des Bergischen Landes, Wuppertal, stehen mit dem Segen des Auswärtigen Amtes seitdem in enger Verbindung. Diese Partnerschaft wiederum nutzt der Außenminister Genscher auf der großen politischen Bühne zur Pflege seines Rufes als Entspannungspolitiker, den er erfolgreich in die christlich-liberale Koalition hinübergerettet hat. Daß der Kandidat Genscher natürlich bei fast allen Ereignissen im Zusammenhang mit der Partnerschaft als ihr geistiger Vater gepriesen wird, versteht sich von selbst.

Das Ereignis ist vorbei, die Schlagzeilen bleiben ...

Besuchsdiplomatie gehört zur hohen Kunst des Chefs der deutschen Diplomaten – auch in seinem Wahlkreis. Wann immer der Terminkalender eines interessanten Staatsgastes es zuläßt, schleppt ihn der Außenminister nach Wuppertal. Besonders für Gäste aus dem Ostblock bietet sich die Geburtsstadt von Friedrich Engels als Wallfahrtsort an. Denn an der Wupper gibt es nicht nur ein Engels-Haus in Form eines Museums, sondern auch eine Engels-Forschung, die weltweit vorzeigbar ist. Und so zeigt Genscher sie vor. Ob dem chinesischen Außenminister oder anderen hochkarätigen Besuchern. Und wenn Genscher den Gästen dann beim Mittagessen in launigen Worten die Segnungen einer freien Marktwirtschaft in der Heimatstadt von Friedrich Engels vorstellt, dann könnte man glauben, der Minister sei an der Wupper geboren und Engels von ihm erfunden, um den Gästen etwas zu bieten.

Im Wettbewerb um den bekanntesten Politiker in Wuppertal dürfte der Außenminister im toten Rennen mit dem NRW-Ministerpräsidenten Johannes Rau stehen. Rau ist im Gegensatz zu Genscher zwar ein waschechter Wuppertaler, aber dafür ist der Außenminister fraglos häufiger im Fernsehen. Und wann immer er da erscheint, erklärt jeder Wuppertaler gern seinen auswärtigen Gästen oder den Tischnachbarn im Urlaub: »Der Genscher, der hat bei uns seinen Wahlkreis. Den kenne ich auch persönlich.« So helfen die Fernsehauftritte dem Minister ohne besonderes Zutun im Bezug zu Wuppertal zu einem echten »Einer-von-uns-Gefühl«. Und das hat er verdient.

Denn Kontaktpflege betreibt der Kandidat nicht nur dann, wenn er Kandidat ist, sondern auch nach der Wahl. Da gibt es Besuche in großem und kleinem Kreis und häufige Referate auf den Kreisparteitagen der Liberalen, die sich somit alle unmittelbar am Rande des Zentrums der Macht wiederfinden. Selbst für Liberale ein erhebendes Gefühl!

Natürlich läßt Genscher bei diesen öffentlichen Auftritten in Wuppertal stets erkennen, daß er den örtlichen Parteivorsitzenden neidlos als seinen »Chef« anerkennt. Das hat zu allem noch den Vorteil, daß er sich den Namen nicht unbedingt merken muß. Zum »Duft-der-weiten-Welt-Gefühl« gehört natürlich auch, daß Wuppertaler mit hinausgenommen werden, wenn der Außenminister reist, oder gebeten werden, wenn er in Bonn Staatsgäste empfängt. Da sitzt der Vorstandschef einer großen Versicherung mit Hauptverwaltung in Wuppertal in der Godesberger Redoute, wenn Herr Genscher Herrn Schewardnadse zum Essen geladen hat. Da sitzt der Lokalchef der örtlichen Zeitung mit im Flugzeug, wenn Genscher den Kanzler nach Washington begleitet. Und dort läßt der Minister natürlich keine Gelegenheit aus, im Angesicht der Presse PR für die Wahlheimat zu machen.

Das zahlt sich aus, auch wenn der heimliche Chef der Liberalen ohne diese Bemühungen genauso die letzten Jahrzehnte im Deutschen Bundestag gesessen hätte. Basispflege hat Genscher schon als imagefördernd erkannt, als andere den Wahlkreis nur im Wahlkampf besuchten. Für den geselligen Plauderer Genscher ist der Kontakt an der Wuppertaler Basis gefühlsmäßig mehr als Imagepolitur. Ein bißchen Nestwärme braucht auch – oder gerade – ein Mann wie er, der in der ganzen Welt zu Hause ist.

Diese Nestwärme bietet ihm die Stadt an der Wupper. Manchmal sogar mehr als die Freunde in der eigenen Partei. Darum kann man die Besuche des viel reisenden Ministers in der Stadt Wuppertal salopp so umschreiben: »Hineinschlüpfen und sich wohl fühlen.«

UDO BERGDOLL

Der heimliche Parteichef

Ende März 1988, Baden-Württemberg hat gerade gewählt. Erstmals, und das auch noch im Stammland der Liberalen, ist die FDP nach einer Serie guten Abschneidens in den Ländern eingebrochen, mit einem verhältnismäßig miserablen Ergebnis, mit kümmerlichen 5,9 Prozent. Lothar Späth, der CDU-Ministerpräsident, hat seine absolute Mehrheit gehalten, hat Walter Döring, den Spitzenkandidaten der FDP, elegant zu Bett gebracht. Wem wird die Niederlage zugerechnet? Allein dem unerfahrenen Döring, der sich als etwas zu vorlauter Opportunist hat vorführen lassen? Auch dem amtierenden Parteivorsitzenden Martin Bangemann? Und warum nicht auch dem »eigentlichen« oder »heimlichen« Parteivorsitzenden Hans-Dietrich Genscher? Im »Presseclub«, der sonntäglichen Fernsehdiskussion, spricht Carola Stern von der »Niederlage für Kohl, Bangemann und Geißler«, weil die Koalition ja insgesamt hat Stimmen einbüßen müssen. Unter solch negativem Vorzeichen findet auch bei den anderen Journalisten Genscher keine Erwähnung. Ein unverdächtiger Zeuge wie Klaus-Peter Klingenschmitt von der *TAZ* bringt ihn schließlich ins Gespräch, allerdings unter positivem Vorzeichen: »Genscher reißt nicht in allen Bundesländern etwas raus.« Der heimliche Parteivorsitzende wird also nicht mehr für den Zustand seiner Partei, läßt dieser zu wünschen übrig, verantwortlich gemacht.

Auch im Präsidium und im Vorstand der FDP spielt Genscher, als es in den Spitzengremien um die verpatzte Gelegenheit in Baden-Württemberg geht, die letzte absolute Mehrheit der CDU zu brechen, seine Sonderrolle. In väterlicher Gerechtigkeit läßt er es nicht zu, daß Döring allein verantwortlich gemacht wird. Eigentlich habe man ja nur 2,9 Prozent, spottet er gnadenlos über den »Schmusekurs« des Bonner Thomas-Dehler-Hauses, »weil drei Prozent erst durch das Vermummungsverbot gewonnen wurden«. Es werde drei Prozent bringen, hatten die Befürworter der Kurskorrektur in der Rechtspolitik argumentiert, wenn die FDP in Baden-Württemberg nicht mehr verdächtigt werden könnte, Sympathie für Vermummte aufzubringen. Für die große Mehrheit im Vorstand ist mit Genschers sarkastischen Worten das Urteil über den Anpassungskurs eines Teils der engeren Führung gesprochen.

Wer hineinhorcht ins Innenleben der Liberalen, hört immer wieder Beurteilungen, die vom schlichten »Er tut der Partei gut« bis zum enthusiastischen »Die Partei liegt ihm zu Füßen« reichen. Der Mann von der Basis – nach dem Rücktritt vom Parteivorsitz verfügt Genscher über kein Parteiamt mehr – ist wohl auf dem Gipfel seines Einflusses angekommen. Der Kreisverband Wuppertal hat ihn gerade in geheimer Abstimmung, ohne Gegenstimme, ohne Enthaltung (wie peinlich), also einstimmig zum Delegierten für den Parteitag gewählt. Auch die Zahlen der Demoskopen spiegeln den ungewöhnlichen Höhenflug wider: Ende März 1988 erreicht Hans-Dietrich Genscher beim Polit-Barometer, auf einer Skala von minus fünf bis plus fünf die Spitzenposition mit 1,3, bei FDP-Anhängern mit 3,7. Aufschluß geben solche Werte nur im Vergleich. Helmut Kohl bringt es auf 0,1, bei CDU-Anhängern auf 2,8. Bangemann krebst bei minus 0,4, bei FDP-Anhängern bei 0,1. In den Monaten zuvor war der Kurs der Aktie Genscher an der Börse der Beliebtheitswerte sogar noch etwas höher, zeitweilig bis auf 1,7, geklettert. Im März aber ist die Außenpolitik auch mit anderen Namen in Verbindung gebracht worden. Kohl hatte sich die Feder des Erfolgs beim Ringen um einen EG-Kompromiß an den Hut gesteckt. Bundespräsident Richard von Weizsäcker ist es gelungen, nach der Strauß-Reise im südlichen Afrika verlorene Sympathien zurückzugewinnen. Ausnahmsweise also einmal – im Falle Weizsäckers sogar angenehme – Konkurrenz. Das Barometer der Popularität reagierte sofort. Solche wenn auch minimale Ausschläge lassen ahnen, wie hart der Aufstieg Genschers aus dem Keller des Ansehens 1982 bei der Wende und 1984 nach den gescheiterten Amnestie-Plänen der Koalition über das Dach hinaus bis auf den Blitzableiter erarbeitet ist. Ohne die Herrschaft über die Themen, nicht nur in der Außenpolitik, ohne diese Lufthoheit im Kampf der Politiker um das Interesse der Öffentlichkeit wäre ein solcher Höhenflug kaum möglich.

Der Erfolg des »eigentlichen« begann mit der richtigen Auswahl des »ordentlichen« Bundesvorsitzenden. Im Frühjahr 1985 bot sich bei den Liberalen niemand an, der die Genscher-Nachfolge hätte antreten können oder wollen. Otto Graf Lambsdorff war Gefangener seines Prozesses, Wolfgang Mischnick verspürte keine Neigung, und die Landesvorsitzenden aus der Generation der Vierziger fühlten sich noch nicht soweit. Durch das Desaster der FDP bei der Europawahl war aber gerade der liberale Spitzenkandidat Martin Bangemann »freigesetzt« worden. Hatte er die Wende nicht ohne jedes Zögern mitgemacht? Und doch war er in keiner Weise streitbehaftet. Das aber konnten nicht alle Gründe für Genscher gewesen sein, ausgerechnet einen Mann als Nachfolger vorzuschlagen, den er selbst einmal aus dem Sessel des Generalsekretärs der Partei in Bonn gehebelt hatte. Sollte der so Unberechenbare in »Europa« plötzlich Disziplin gelernt, dem Schwadronieren abgeschworen haben? Genscher hatte bei der Wende erfahren, daß Bangemann frei war von dem Bedürfnis nach Rache, er hatte bei ihm vorbehaltlose Unterstützung gefunden. Außerdem kannte er Bangemann lange genug, konnte sich ausrechnen, daß der Nachfolger ihm Raum lassen würde. Ein kalkuliertes Wagnis.

Erste Geige spielen, ohne Planstelle im Orchester, das mußte nach Meinung so mancher in der FDP, in der Koalition insgesamt, schiefgehen. Graf Lambsdorff glaubte damals, Genscher habe seinen entscheidenden Fehler begangen, als er die Macht in der Partei aus den Händen gab. Die Amerikaner wurden von interessierter Seite vertraulich informiert, der Außenminister befinde sich auf dem absteigenden Ast, die Außenpolitik werde bald im Kanzleramt gemacht. Viele nahmen es als Floskel, als der scheidende Vorsitzende in seiner Abschiedsrede am 24. Februar 1985 beim Parteitag in Saarbrücken feststellte: »Mein heutiger Rücktritt vom Vorsitz der Freien Demokratischen Partei bedeutet weder Resignation noch Distanz. Rücktritt heißt zurücktreten von der Spitze in die Mannschaft.« Versprochen hatte Genscher auch: »Und wenn es um die Unabhängigkeit und Selbständigkeit, um die liberale Identität unserer Partei geht, werden die mich in der ersten Reihe kämpfend finden.« So redet eigentlich jeder, der sich einen ehrlichen Abgang verschaffen will. Es war aber ernst gemeint.

Gelobt hatte der scheidende Vorsitzende auch, mit Bangemann »an einem Strang zu ziehen und in dieselbe Richtung«. An einem Strang haben die beiden schon gezogen, nicht aber immer in dieselbe Richtung. 1986, im Jahr der Bundestagswahl, legte Bangemann Wert darauf, der Erfinder der Zwei-Lager-Theorie zu sein. Wenn die FDP nur artig mit der Union harmoniere, wies der neue Vorsitzende die Richtung, könnten die Liberalen die Freude des Regierens zusammen mit CDU und CSU für ziemlich lange Zeit genießen. SPD und GRÜNE hatten aus dieser Sicht der Welt im Lager der Opposition zu schmachten. Genscher ging sofort auf Gegenkurs. Er wollte sich und seine Partei nicht in eine babylonische Gefangenschaft der Union schleppen lassen und gab auf einem Kongreß der »Julis«, der Jugendorganisation der Partei, bekannt, ihm liege nichts an der liberalen Ecke im Lager der Konservativen. Koalitionstümelei, auch wenn sie taktisch gemeint war, setzte er den Anspruch sachlicher Profilierung, auch Konflikbereitschaft genannt, entgegen. Es war das einzige Mal, daß er seinem Nachfolger energisch und öffentlich widersprach.

Auch im Tauziehen um die deutsche Beteiligung am SDI-Traum des amerikanischen Präsidenten zogen die beiden nicht in dieselbe Richtung. Bangemann wurde mehr auf der Seite Lambsdorffs geortet, der sich fette Aufträge für die deutsche Industrie versprach. Daß sich die SDI-Pläne schließlich als Flop entpuppten, rechtfertigt auch im nachhinein Genschers Relativierung der Bonner Unterstützung bis zur Bedeutungslosigkeit. Der einstige Innenminister der ersten sozialliberalen Koalition zog auch in die Gegenrichtung, als Bangemann trotz eines erwachenden Klimas für mehr innere Liberalität im Vorfeld der Bundestagswahl dann nach dem Urnengang der Union in Fragen der Rechtspolitik zu weit entgegenkam.

Anfangs hatten sich die Liberalen nur allzugern vom Optimismus des neuen Parteivorsitzenden anstecken lassen.»Das Tal der Tränen, die Anfechtungen der Mutlosigkeit, die bittere Zeit des Selbstzweifels liegen hinter uns« war die Botschaft der Antrittsrede Bangemanns in Saarbrükken. Genscher hatte mit Akribie Machtpolitik betrieben, die Partei am »kurzen Zügel« geführt, sie strapaziert und ihr sogar den Nachfolger aufgedrückt. Den Führungsstil Bangemanns, des Unbelasteten und Unverbrauchten, nahm man nur allzugern als liebenswürdiges Kontrastprogramm. Der Nachfolger mit der Neigung zum Laisser-faire ließ die Partei zu lange an der langen Leine. Auf der Bühne der Selbstdarstellung, ein ungewohntes Bild nach all den Genscher-Jahren, fand plötzlich jeder Platz, der sich berufen fühlte.

Weniger aber ist, was sich schnell herumspricht, dem ordentlichen Vorsitzenden die Fähigkeit gegeben, vor- und nachzuempfinden, was die Partei in den Gremien, aber auch was die »Basis« bewegt, und es dann in griffiger Formel auf den Punkt zu bringen. Es herrscht schon kurz nach dem Wechsel nicht gerade Überfluß an Orientierung und Perspektive. Aber in der milden Sonne der Wahlerfolge in den Ländern erschien Martin Bangemann auch 1987 noch in einem günstigen Licht. Der Fehler, der Union eine Kronzeugenregelung zuzusagen, die liberales Selbstverständnis tangierte, wurde verziehen. Es gab ja noch eine Instanz hinter dem ordentlichen Vorsitzenden, an die man sich wenden konnte. Überhaupt: War Bangemann auf Reisen, dann war er weg. Anders Genscher. Auch in seiner neuen Position konnte er es nicht lassen, noch in vielen tausend Flugkilometern Entfernung Witterung aus Bonn aufzunehmen. Es sprach sich herum, der frühere Vorsitzende sei ansprechbar, unabhängig davon, wo er sich gerade befinde.

Auf das bald zunehmende Gemunkel über ein Führungsvakuum reagierte Genscher schließlich in einem *Spiegel*-Interview mit dem Bekenntnis, er wolle »nie wieder« Parteivorsitzender werden. Man glaubte ihm aufs Wort. Beim Parteitag 1986 in Mainz, der »Kronzeuge« wurde wieder abgerüstet, war dank Genschers Regie im Hintergrund nicht einmal ein Hauch von Personaldebatte zu spüren.

Beim Nachdenken über die Befindlichkeit der Liberalen, der Wirtschaftsliberalen und derer, die sich eher auf den Freisinn berufen, ist Genscher die Erkenntnis gewachsen, daß die Wirtschaftspolitik das Markenzeichen der FDP, die Rechtspolitik die Seele und die Außenpolitik das Herzblut sei. Es trifft sich gut für ihn, nicht nur in der eigenen Partei, sondern weit darüber hinaus als der unangefochtene Hüter der Kontinuität für die auswärtigen Angelegenheiten zu gelten. Wem es etwas bedeutet, gut dazustehen, dem kann im übrigen geschlossene Unterstützung nicht schaden. Mit den nach der Wende verbliebenen Sozialliberalen hat Genscher seinen Frieden gemacht, als er einen Friedrich Zimmermann, als entschlossener Gegenreformator angetreten, im Streit um das Ausländerrecht elegant ins Leere laufen ließ. Da äußerten auch Gerhart Baum und Burkhard Hirsch Respekt. Spätestens seit 1986 fühlen sich beide von Genscher aus der Ausgrenzung zurückgeholt.

Vom täglichen Kleinkram in Parteiangelegenheiten entlastet, fand der in den Augen von Freund und Feind Wiederaufgestiegene für seine Partei beinahe mehr Zeit als vorher. Genscher konnte weiterhin an Präsidiumssitzungen teilnehmen, war als Vizekanzler und Außenminister aber automatisch entschuldigt, wenn er fehlte. Zuvor hatte er nicht über den Montag, den Tag der routinemäßigen Sitzungen des Präsidiums, frei verfügen können. Geht es in den Führungsgremien um die Strategie oder um die Außenpolitik, fehlt er selten. Zu Fragen der aktuellen Gesetzgebung oder Personalpolitik äußert er sich in der Regel nicht. Der heimliche Parteivorsitzende achtet darauf, seinem Nachfolger nicht ins Gehege zu kommen.

Die Technik, Einfluß auszuüben, bleibt nach dem Rückzug vom Parteivorsitz unverändert. Auch in dieser Phase seines Politikerlebens pflegt Genscher Freund und Feind, Gegner würde er wohl sagen. Zu den letzteren gehören keinesfalls Sozialdemokraten wie Klaus von Dohnanyi, Hans-Jürgen Wischnewski, Johannes Rau, gar nicht erst zu reden von Oskar Lafontaine. Die »Julis«, denen er regelmäßig die Ehre gibt, auf ihren Kongressen zu reden, würden sich für ihn wohl schlagen. Frühstücke sind nach wie vor ein Mittel, die Fähigkeit zu trainieren, an der Graswurzel zu horchen. Teilnehmer solcher Gespräche sind darauf vorbereitet, daß es dabei um Details geht, auch bis auf die zweite Stelle hinter dem Komma. Während der Barschel/Pfeiffer-Affäre war wohl kaum jemand in der FDP so gut über den jeweiligen aktuellen Stand der inneren Katastrophe unterrichtet wie der Außenminister. Auch der ersten sozialliberalen Koalition nach der Wende in Hamburg gilt das scharfe Augenmerk des politischen Ziehvaters.

Zum 60. Geburtstag seines Vorgängers flachste Bangemann, er habe sich mit Genscher geeinigt: »Bis zum Jahr 2000 werden wir den Vorsitz der FDP alternierend innehaben.« Die Idee, die Präsidentschaft der EG in Brüssel oder zumindest einen Kommissionsposten mit dem letztlich ungeliebten Job in Bonn zu vertauschen, hatte da noch nicht von seinen Träumen Besitz ergriffen. Wäre es nach Genscher gegangen, hätte Bangemann wohl auch länger ausgeharrt als bis zum Herbst 1988. Mit einem Otto Graf Lambsdorff an der Spitze der Partei, das konnte sich der erste Mann der Liberalen ausrechnen, würde seine Rolle sich ändern müssen. Auch Lambsdorff ist ein Machtmensch, kennt die Kniffe, sich und seine Partei ins Gespräch zu bringen. Es zieht ihn, aus mancherlei Gründen, nicht in ein Kabinett Kohl. Aber er interessiert sich auch für Außenpolitik und würde die bisher kaum erprobte Neigung sicherlich nicht unterdrücken. Anfang 1988, beim Dreikönigstreffen in Stuttgart, faßt Genscher in Worte, was als mehrheitliche Strömung zusammenfließt: Noch ein paar Jahre Bangemann – wäre das nicht weniger gefährlich als ein neuer Machtkampf des Grafen mit einem Kandidaten, oder auch einer Kandidatin, aus der Generation der Vierziger? Genschers »Martin, bleib, was du bist, wie du bist und wo du bist« trifft den vielzitierten Nagel auf den Kopf. Es ist ausgesprochen, was vielen gerne eingefallen wäre, und vor Bangemann, in Gedanken bereits auf gepackten Koffern, nimmt eine goldene Brücke Konturen an. Aber Reisende lassen sich nicht halten: Und nach der verlorenen Landtagswahl in Schleswig-Holstein, sicherlich eher ein Urteil als eine Wahl, bei der die FDP für die CDU mitbüßen mußte, werden die Liberalen wieder nervös, erkennen ihre Blößen. Erst verdeckt, dann offen wird Bangemann angekreidet, daß sich das Profil der Partei verwischt. Lambsdorff redet schon wie der neue Vorsitzende, kündigt an, er werde sich mit Genscher vertragen. Bangemann ist gezwungen, sich vor der Zeit zu erklären. Er bewirbt sich für Brüssel ohne Netz, ohne Aussicht, im ersten Anlauf 1989 Präsident der Kommission zu werden.

Wieder ist es Genscher, auf den die Seinen schauen. Er rät von einem Sonderparteitag ab, damit jeder Eindruck von Hektik vermieden werde, und er münzt routiniert die Verlegenheit der Liberalen, sich zwischen Otto Graf Lambsdorff und der Staatsministerin Irmgard Adam-Schwätzer entscheiden zu müssen, in einen »Glücksumstand« um, über zwei exzellente Kandidaten verfügen zu können. Favorit und Außenseiterin? Mit keinem Wort gibt er zunächst zu erkennen, mit wem die Partei seiner Meinung nach besser fahren würde. Man glaubt zu wissen, daß Genscher einen Generationswechsel an der Spitze befürwortet, daß er sich die Frage stellt, ob der Kandidat mit dem fertigen Image oder die zu Beginn des sommerlichen Wahlkampfes noch weithin unbekannte Kandidatin besser neue Wähler ansprechen könnte. Aber da ist auch noch die Frage, ob der Schub durch die Wahl einer Frau zur Parteivorsitzenden bis zur Bundestagswahl 1990 ausreichen würde. Und wie steht es mit Erfahrung und Charisma der allerdings im Laufe der Kampagne an Statur und Boden gewinnenden Irmgard Adam-Schwätzer? Auf vereinzelte *Dacapo*-Rufe, zunächst aus den Medien, dann aus der Partei selbst, hat er überhaupt nicht reagiert, nicht einmal mit der Erklärung, er wolle immer noch »nie wieder« Parteivorsitzender werden. Hätte er so etwas gesagt, wäre jedes Wort unter der Lupe gedreht und gedeutet, wären die Rufe nur lauter geworden. Er will aber wohl wirklich nicht mehr.

Im Frühjahr 1988 lassen verbale Attacken des Koalitionspartners auf den Spitzenmann der FDP den Schluß zu, daß dieser im Generalverdacht steht, die zweite Auflockerung, die Wende zurück zur SPD, nunmehr zu forcieren. Zu belegen ist das nicht. Ging und geht es Genscher nur um Drohpotential, oder bereitet er sich tatsächlich auf die Rolle rückwärts nach der Bundestagswahl 1990 vor?

Zählt man nicht, daß Genscher gelegentlich Gustav Heinemann zitiert und in der Abrüstungspolitik sehr nahe an Begriffen der Sozialdemokraten festmachte, dann war die erste Auflockerungsübung, die einem breiteren Publikum auffiel, die Ermutigung für die Liberalen in Hamburg, es wieder mit der SPD zu versuchen. Der kleine Stein, behutsam zu Wasser gebracht, zog weite Kreise. Fremdgehen in Hamburg, in einem Stadtstaat mit hoffnungslos schwacher CDU, das konnte zunächst als Ausnahme von der Regel erklärt werden. Nach mehreren Anläufen kam die für die Optionsfähigkeit der FDP strategisch wichtige Koalition schließlich zustande. Aus Bonner Sicht ist sie verurteilt, trotz aller lokalen Schwierigkeiten, nicht zu scheitern. In den letzten Tagen des Wahlkampfs in Baden-Württemberg hat Hans-Dietrich Genscher zwischen seinen öffentlichen Auftritten für kaum etwas anderes Zeit gehabt als für Telefonate mit Hamburg. Der Bruch konnte wieder einmal vermieden werden.

Im Kapitel Auflockerung darf auch das Verhältnis zu Oskar Lafontaine nicht fehlen. Seit 1970 trifft Genscher sich zur Eröffnung der Internationalen Saarmesse mit dem jeweiligen Saarbrücker Oberbürgermeister und dem jeweiligen saarländischen Ministerpräsidenten. Oskar Lafontaine, stellvertretender SPD-Vorsitzender und möglicher Kanzlerkandidat der Sozialdemokraten für 1990, war also immer dabei. Es bereitete Genscher sichtlich Vergnügen, im Frühjahr 1988 am Vorabend des jährlichen Treffens auf die Vorgeschichte hinzuweisen und doch sicher sein zu können, daß dies vor dem Hintergrund fortschreitender Zerrüttung in der Koalition nicht ausreichen wird, die politische Spekulation zu entmutigen. Schon im September 1987 hatten sich Genscher und Lafontaine so heimlich auf einem UNO-Empfang in New York abgesondert, daß Journalisten nichts anderes übrigblieb, als es zu bemerken. Eigentlich habe man sich damals mehr darüber gefreut, welche Schlüsse zu Hause aus dem *Tête-à-tête* gezogen würden, als ernsthaft über Politik geredet, gestand Genscher später. In der FDP blieb hängen, daß es wohl ein Irrtum gewesen sein mußte, Oskar Lafontaine, den möglichen Bundeskanzler einer sozialliberalen Koalition, zeitweilig wie eine *Persona non grata* zu sehen.

Lafontaines Hinweis nach dem spektakulär unspektakulären Frühstück mit Genscher unmittelbar vor Eröffnung der Saarmesse, es sei nur über die Qualität der Brötchen gesprochen worden, mußte wie ein weiterer Beleg wirken, daß die beiden sich verstehen. Es war wohl auch die reine Wahrheit, was der Außenminister von seinem Gedankenaustausch mit dem Ministerpräsidenten berichtete, daß nämlich über Strukturprobleme geredet worden sei, nicht aber über Koalition oder Wende. Wer sonst in der Republik kann so schön konspirativ frühstücken?

Selbstverständlich saßen da nicht zwei weltfremde Verschwörer zusammen, sondern sogenannte Realpolitiker mit Augenmaß, die an einem Haus bauen, für das es, bis dahin jedenfalls, kein Fundament gab. Optionen öffnen heißt das im Bonner Sprachgebrauch. Spätestens seit Genschers Lob nach dem Frühstück für Lafontaine durfte auch darüber nachgedacht werden, für wie lange es noch gelten kann, daß sich in der Wirtschaftspolitik Sozialdemokraten und Liberale durch Welten getrennt fühlen. Hat nicht der Spitzenmann der FDP gesagt, auch wer sich nicht mit allen Vorstellungen Lafontaines identifizieren könne, müsse anerkennen, daß dieser mit seinen Vorschlägen zur Überwindung der Arbeitslosigkeit einen neuen Impuls gegeben und daß er zugleich den Zusammenhang zwischen Produktivitätszuwachs, Lohn, Arbeitszeit und Arbeitsplätzen aufgezeigt habe?

Nach dem New Yorker *Tête-à-tête*, nach ersten Schlagzeilen über Rückkehrtendenzen hatte CDU-Generalsekretär Heiner Geißler sich mit der Doktrin versucht, die Koalition im Bund müsse quasi gesetzmäßig ihre farbliche Ergänzung in den Ländern erfahren. Genscher, von der *Wirtschaftswoche* dazu befragt, reagierte typisch: »Ich glaube, daß Heiner Geißler zu Recht den baden-württembergischen Ministerpräsidenten gewarnt hat vor Gedankenspielereien mit der Großen Koalition, weil er weiß, daß mit einer solchen Großen Koalition in Baden-Württemberg 1966 der Ausstieg der CDU aus der Bundespolitik begann.«

Es sieht leicht aus, aber man muß es verstehen, viel zu sagen und nichts. Genscher gab in diesem Interview auch zu Protokoll, die Sozialdemokraten seien zurück auf dem Weg »sagen wir zur linken Mitte«. Solch unverbindliche Artigkeiten dürfen aber nicht mißverstanden werden. »Staatspolitisch ist das zu begrüßen«, relativierte er, »parteipolitisch oder koalitionspolitisch wäre es töricht, irgendwelche Spekulationen zu knüpfen. Wir Liberalen sind entschlossen, den Wählerauftrag vom 25. Januar 1987 zu erfüllen.« Nicht weniger und nicht mehr, darf man sich wohl dazudenken.

Bleibt die Frage, wo der Taktiker Genscher, mangels Masse um ihn herum gelegentlich auch Programmatiker, an seine Grenzen stößt. Eine ist die Loyalität zum ordentlichen Parteivorsitzenden. Deutlich wurde sie beim Sonderparteitag im Dezember 1987. Diese Veranstaltung war einberufen worden, weil die Liberalen sich ein Jahr zuvor in Kiel festgelegt hatten, nur ein Parteitag könne ihre Ablehnung einer Verschärfung des Vermummungsverbots wieder aufheben. Eine Mehrheit im Präsidium wollte auf den Unionskurs einschwenken, weil man glaubte, so neue Wählergruppen erschließen zu können. Drei Tage hing der Termin in der Luft. Beinahe wäre der Parteiführung beim Rückzug von bis dahin einigermaßen standhaft gehaltenen Positionen die Weltpolitik in die Quere gekommen. Für den 12. Dezember hatte sich der amerikanische Außenminister George Shultz in Brüssel angesagt, um seine NATO-Kollegen über das Gipfeltreffen Reagan/Gorbatschow in Washington zu informieren. Der Bonner Außenminister konnte diesen Termin nicht absagen. Die Parteiführung aber wollte ohne ihn keine Abstimmung wagen. Sein Fehlen, so das Kalkül, hätte die vermuteten Mehrheitsverhältnisse, sowieso knapp, kippen können. Es könnten »falsche Schlüsse« daraus gezogen werden, hatte Jürgen Möllemann freimütig bekannt. Wie die Dinge lagen, wären es die richtigen gewesen. Genscher war gegen die Anpassung. In Kiel hatte er auf Vorhalte, der Innenminister verfüge über Zahlen, daß 80 Prozent der Wähler eine nochmalige Verschärfung des Vermummungsverbots befürworteten, nur geantwortet: »Wenn uns der Rest wählt, stehen wir noch besser da als heute.« Genscher sah die Gefahr, daß sich die Liberalen verbiegen, ihre Identität antasten lassen. Aber er trat Bangemann, weil es sich seiner Meinung nach um eine zweitrangige, nicht um eine Frage der Strategie handelte, nicht wie im Falle der Lagertheorie öffentlich entgegen. Er sah seine Aufgabe darin zu verhindern, daß die engere Führung, wenn man so will, sein Hauptgeschäftsführer, eine Abstimmungsniederlage erleidet. Ohne seine Intervention unmittelbar vor der Abstimmung, ohne sein Versprechen, die Zustimmung zu Zimmermanns Vermummungsverbot sei zugleich die »Brandmauer« gegen weitere Zumutungen, hätte sich die Parteiführung kaum durchgesetzt. Die Mehrheit war dürftig genug.

An die Grenze seines Einflusses ist der heimliche Vorsitzende der Liberalen auch nach der gewonnenen Bundestagswahl gestoßen, nicht etwa in den Koalitionsverhandlungen bei Helmut Kohl oder Franz Josef Strauß, sondern in der Bundestagsfraktion der FDP. Bangemann und Lambsdorff hatten Hans A. Engelhard als Justizminister loswerden wollen. Wäre es nach dem Außenminister gegangen, dem es gelungen war, in der Schlußphase des Wahlkampfes die Außenpolitik zum Hauptthema zu machen, säße Gerhart Baum heute als Staatsminister im Auswärtigen Amt. In der entscheidenden Vorstandssitzung stellte der Außenminister fest, Engelhard finde keine Zustimmung mehr. Aber der Coup ging schief. Bangemann hatte den bayerischen Landesvorsitzenden Manfred Brunner gefragt, ob er Engelhard ablösen wolle. Das hatte Detlef Kleinert herausgefordert, seinen Einfluß zu demonstrieren. Der Arbeitskreisvorsitzende schwor die Mehrheit der Fraktion erneut auf den Mann ein, der ihm viel Spielraum ließ: auf Engelhard. Um aber die Rückkehr eines Justizministers zu verhindern, den der Hamburger Ingo von Münch gerade erst als »lebendes Dementi der Liberalen« charakterisiert hatte, kandidierte Baum. Er hatte gegen Engelhard keine Chance. Und als in der Fraktion über die Staatsminister im Auswärtigen Amt abgestimmt wurde, fiel er noch einmal durch: gegen den außenpolitischen Sprecher Helmut Schäfer. Genschers Ansehen bekam nicht einmal einen Kratzer ab. Die Eigenständigkeit der Bundestagsfraktion der Liberalen, ihr personelles und sachliches Beharrungsvermögen, ihre Unlust am Innovativen, geht nicht auf sein Konto.

Zur Meisterschaft hat Hans-Dietrich Genscher es nach der Niederlegung des Parteivorsitzes in der Kunst gebracht, die Medien mit seinen Themen zu beschäftigen. Die letzte Bundestagswahl trug schon Züge eines Plebiszits, ob er Außenminister bleiben solle. Das war aber nur möglich, weil besonders gute Freunde in der Koalition seine Rückkehr ins Auswärtige Amt bezweifelt hatten. Selbst dem Umstand, daß sich Helmut Kohl 1988 mit Rupert Scholz einen Verteidigungsminister ins Kabinett holte, der dem Außenminister Paroli bieten und der Sicherheitspolitik wieder einen CDU-Stempel aufprägen soll, weiß Genscher einen für sich positiven Aspekt abzugewinnen. Dank der Warnungen des neuen Rivalen vor zu großem Vertrauen in die sowjetische Abrüstungspolitik bleibt sein zentrales Thema, die positive Einschätzung Gorbatschows und die Abrüstung von Feindbildern, weiter im Gespräch.

In Genschers Werkstatt ist überdies der Begriff der »Neidsteuer« für das Projekt einer Ergänzungsabgabe geprägt worden. Schließlich hat der Außenminister die Diskussion um die »Eliten«, auch um die Europäische Technologiegemeinschaft (in diesem Falle eine Idee Mitterrands aufgreifend), angezettelt. Und als die »doppelte Null-Lösung« kein Thema mehr war, machte er sich für die Europäische Notenbank stark. Eine kleine Partei, so sieht er es, muß den großen eben immer um eine Nasenlänge voraus sein, will sie nicht Gefahr laufen, eines Tages übersehen zu werden. Da macht es nichts, wenn selbst die eigenen Leute einmal zögern. Zieht die Union nach, hat man sich einmal mehr als Meinungsführer empfohlen. Geht die Rechnung nicht auf, wachsen Gemeinsamkeiten mit anderen, auch kein schlechtes Ergebnis. Kohl hat nachgezogen.

Gegen Messerstiche von Neidern in seiner Koalition fühlt Hans-Dietrich Genscher sich, auch wenn er höllisch aufpaßt, mittlerweile ziemlich immun. Bisher jedenfalls scheinen alle, die ihm auflauerten, das Messer an der Klinge gefaßt zu haben, mit den unausbleiblichen Folgen. Ob er sich auch einmal neben sich stellt, sich zuschaut, ob er staunt über ein solch einmaliges Phänomen? Könnte schon sein. Schließlich hat der leidenschaftliche Egomane bereits zu seinem 50. Geburtstag verraten, er gehöre zu den Leuten, »die sich freuen, wenn sie schon zu Lebzeiten etwas Gutes über sich hören«.

GERHARD LANGE

Zweimal nachdenken, bevor man nichts sagt!

Wenn in der Stimme und im Sprechen nach Hegel »die Seele eine ihr völlig ent-sprechen-de äußere Realität erhält«, so gilt das in besonderem Maße für Genscher. Er ist beim Reden er selbst, *ohne* angelernte oder gar wesensfremde Redetechniken, was man nicht von jedem politischen Redner behaupten kann.

Während der in der großen Rede sehr viel eindrucksvollere Schmidt immer *auch* »Staatsschauspieler« ist (unnachahmlich sein Zurückstreichen der seitlich herabfallenden Haarsträhne mit gestreckter Hand, vergleichbar dem Togawurf römischer Senatoren), ist Genscher eher schlicht er selbst, beinahe ohne Sinn für formale Wirkung und ohne Wirkungsabsicht. Das gilt auch körpersprachlich: Während manche andere Politiker *auftreten*, kommt Genscher einfach daher.

Der Vergleich mit Schmidt ist lohnend.

Schmidt verschafft sich zumindest vor großen Reden einen Eindruck vom Saal, gibt Direktiven an seine Ghostwriter wie »Spätestens auf der zweiten Seite einen Scherz!«, »Präsident Carter und Tante Olga in der Wohnküche müssen mich verstehen!«, »Keinen deutschen Aufsatz!«

Alles Dinge, die von rhetorischer Wirkungsabsicht zeugen. Genscher kommt es auf derlei weniger an. Für ihn ist die Form recht sekundär. Die Schmidtsche Frage an seine Adlaten nach der Rede: »Wie war's?« kann man bei Genscher getrost als selten bezeichnen. Ihm geht es nicht um eine rhetorisch formale Analyse und Kritik.

Das ist das Problem, aber das ist auch der Vorteil: Das ist das Problem, weil die Präsentation einer politischen Rede nun eben doch eine hohe Kunst ist, die ein Schmidt oder – im angelsächsischen Raum – ein Reagan glänzend beherrscht, Genscher – zumindest in den ersten Jahren seines politischen Wirkens – weniger!

In der politischen Rede vor Massen wirkt Genscher bemüht. Das Einswerden mit ebendiesem Publikum in ebendiesem Saal fehlt, ist gar nicht beabsichtigt. Es geht Genscher mehr um die Inhalte. Die »große Rhetorik« liegt ihm nicht. Er fiebert sicher nicht wie ein Demagoge dem Auftritt, dem *spell binding*, entgegen. Zum Demagogen fehlt ihm alles. Eine Menge rhetorisch aufwiegeln, sich ihrer bemächtigen, sie bezaubern, sie locken, sie verführen – alles nicht sein Stil! Nicht im Ansatz! Und wenn er es versucht, gerät er stimmlich in ungute Höhen, wirkt seine Sprechweise leicht gequält, erscheint seine ohnehin helle, verhältnismäßig leise Stimme angestrengt.

Das, wie gesagt, ist das Problem. Aber das ist eben auch der Vorteil. In der Art und Weise, wie er »ohne Kunst« sich selber vorträgt, liegt ja gerade in einer Demokratie eine hohe Identifikationsmöglichkeit für jedermann. Schmidt spricht immer adressatenbezogen, mauserte sich rhetorisch von Schmidt-Schnauze zu Schmidt-Staatsmann. Genscher dagegen ist es fast gleichgültig, wo er redet, zu wem er redet, wann er redet. Er redet überall. Hauptsache, die Sache stimmt.

Das ist der Vorzug seiner Rhetorik: Genscher redet, ohne formal gestylt zu wirken. Das kommt gut an, erklärt zum Teil vielleicht sogar seine Beliebtheit. Der Glanz des großen rhetorischen Wurfs, der gewaltigen Wirkung, des massenpackenden Redens eines Volksredners und seines kraftvollen Zaubers mögen fehlen. Doch liegt in der unprätentiösen, sachorientierten, manipulationslosen Art des Redens seine Glaubwürdigkeit mitbegründet, insbesondere vor einem kritischen Publikum. Auch die Tatsache, daß Genscher bei Frauen rhetorisch besser ankommt als bei Männern, wie es entsprechende Untersuchungen unter Studierenden an der Universität zu Köln belegen, mag hierin begründet sein.

Im übrigen sei deutlich klargestellt, daß es hier weniger um die Rede*texte* geht, die zum gut Teil von Ghostwritern formuliert sind. Das ist nicht der eigentliche Genscher. Das Eigentliche heutiger Politiker kommt ja nur noch teilweise in dem zum Ausdruck, was als Text vorliegt. Vielmehr zeigt es sich in den Phasen, in denen sie *frei* sprechen, und in der Art, *wie* sie frei sprechen. »Das Verständliche an der Sprache«, sagt Nietzsche, sind »Ton, Stärke, Modulation, Tempo, mit dem eine Reihe von Worten gesprochen wird – kurz, die Musik hinter den Worten, die Leidenschaft hinter der Musik, die Person hinter der Leidenschaft: alles also, was nicht geschrieben werden kann«.

Genschers Rhetorik ist dreifach geprägt: *dialektal* durch die Mundart seiner Heimat (Sächsisch), *soziolektal* durch seine berufliche Herkunft und Welt (Jurist und Diplomat) und *idiolektal* durch seine sehr starke, überaus wenig auf eine Schablone (schon gar nicht auf die eines der heute so häufigen farblosen politischen Funktionäre) ziehbare Individualität.

I. Zum hallensischen Dialekt:

»Dieser heillose Sachse«, wie Bölling in den letzten Tagen der sozial-liberalen Koalition einmal klagte, kann und will auch in der Sprechweise die Heimat nicht verleugnen. Der Sachse neigt dazu, Probleme möglichst weich darzustellen – die Dinge zu verkleinern (»Ei verbibsch!«), mit einem für einen stattlichen Mann ziemlich hohen Stimmklang zu sprechen. Ganz und gar fehlt der schneidende preußische Klang, die Stimme des Offiziers, der einen Einsatz befiehlt. Der Sachse ist eher der Ausgleichende, auch ausgleichend Sprechende (»Geener hat kanz recht!«). Verbunden ist dies mit einer beinahe naiven Freude am Leben, die sich in typisch sächsischer Formulierungskindlichkeit ausdrückt: »Die Bartei ist butzmunder!«

Die ziemlich kehlige, breite, arg im Hals steckende Sprechweise dürfte ebenso auf das Konto Dialekt gehen wie die liebenswerte Fähigkeit, sich selbst auf die Schippe zu nehmen. Genscher geht dabei unter Anspielung auf die Salzpatrizier seiner Heimatstadt scharf an die Grenze, reiht sich selbstironisch ein in die Gruppe der »Hallenser, Halloren, Halunken«.

In jüngster Zeit finden sich nicht selten kleine ironische Selbststreichelungen. In seiner Dankesrede auf der Feier zum sechzigsten Geburtstag sagte er etwa: »Meine Damen und Herren, allen den freundlichen Rednern vor mir, die ein so glänzendes Bild von mir gezeichnet haben, bin ich sehr verbunden. Denn sie haben genau das Bild entworfen, das ich schon lange selbst von mir habe.« (Großer Beifall.)

II. Vom Soziolektalen setzt sich diese behutsame, auf Ausgleich bedachte Redekunst fort: Genscher ist auch in seiner Rhetorik immer Jurist und Diplomat.

Wenn man (nach Nietzsche) aus drei Anekdoten den Charakter eines

Menschen deutlich machen kann, so läßt sich auch aus der Lieblingsanekdote eines Menschen Wesentliches von ihm erkennen. Genscher zitiert gern und oft Arnold Duckwitz, einen der großen Bremer Bürgermeister des 19. Jahrhunderts, der in den »Denkwürdigkeiten aus meinem öffentlichen Leben« schreibt: »Ein kleiner Staat wie Bremen . . . darf nie als ein Hindernis des Wohlergehens der Gesamtheit der Nation erscheinen, vielmehr soll er seine Stellung in solcher Weise nehmen, daß seine Selbständigkeit als ein Glück für das Ganze, seine Existenz als eine Notwendigkeit angesehen wird. Darin liegt die sicherste Bürgschaft seines Bestehens.« Genscher dazu in einer Rede am 15. 1. 1983: »Ich werde dieses Wort nicht mehr vergessen, so weise und so großartig ist es.«

Dieses Zitat ist einer der Schlüssel zu Genschers Person, seiner Auffassung von liberaler Politik, ein Dreh- und Kernpunkt seines Wesens und auch seiner Rhetorik. Die oben aufgezeigte abwägende Art des Sprechens korrespondiert eben ganz mit seiner großen Vermittlungsfähigkeit in aller Welt, entspricht seiner Taktik, Zusammenstößen weise aus dem Wege zu gehen. So war es bezeichnend, daß er bei seiner Rede zur deutschen Südafrikapolitik (im Anschluß an Straußens Reise dorthin!) den Namen dieses seines Kontrahenten überhaupt nicht erwähnte. »Die Hunde bellen, die Karawane zieht weiter«, sagen die Araber . . .

Für Genscher entscheidend ist die Sache: Erstens, die deutsche Südafrikapolitik bleibt unverändert; zweitens, da die Apartheidspolitik nicht reformierbar ist, gehört sie letztlich abgeschafft.

Diese Standpunkte vermittelt Genscher. Das wird Strauß klargemacht.

Genscher gießt in seinen Reden kein Öl ins Feuer. Er ist, wie gesagt, kein feuriger Rhetor und wird nie ausfallend. Aber gerade das ist *seine* Art und Kunst des Wirkens, vorsichtig und behutsam Akzente zu setzen. Sicher kann er sich erregen. Dann klingt's beinahe wie Bellen. Und es klingt nicht gut. Man möchte ihm dann Nietzsches Aperçu zurufen: »Ich bin heiser. Du hattest recht.« Aber wenn nach Churchill ein Diplomat ein Mann ist, der zweimal nachdenkt, bevor er nichts sagt, so ist Genschers Rhetorik in der Regel sehr diplomatisch. Es wäre ein Mißverständnis, wollte man annehmen, daß Genscher nicht um die konstitutive Bedeutung des Streitens wüßte, aber wie er in seinem Grußwort zum Ersten Internationalen Rhetorik-Wettbewerb am 5. 12. 1987 an der Wissenschaftlichen Hochschule für Unternehmensführung in Koblenz äußert, geht es ihm um das disziplinierte Streiten mit Gründen:

»Die Kunst der freien Rede gehört zu den Wesenselementen der Demokratie. Hier wird die Kraft der Argumente getestet, das disziplinierte Streiten geübt und die Toleranz vor der anderen Meinung gefördert. Keine freiheitliche Gesellschaft, keine politische Kultur kann ohne öffentliche Rede und Gegenrede, ohne akzeptierte und eingeübte Regeln rhetorischer Kommunikation bestehen. Die Rhetorik, eine der ältesten Disziplinen, vermittelt demokratische Tugenden, die gerade in unserer Zeit neu gefordert sind.« Genscher argumentiert lieber mit Respekt vor der anderen Meinung, als aggressiv auf den Gegner loszugehen.

Gern deutet er auch nur an. Techniken, in denen Genscher ganz Diplomat und eben geschickter Verhandler ist! Wenn Zwischenrufe erschollen, lebten ein Schmidt, ein Adenauer auf. Dann waren sie in ihrem Element. Genscher fühlt sich in einer solchen Gefechtsatmosphäre nicht wohl. Er kann und will nicht aggressiv werden; allerdings kann er ironisch parieren und abschwächen.

Beispiel: Jemand rief ihm in einer wohlgesetzten Rede dazwischen: »A...!« Genschers Replik: »Nett, daß Sie sich uns vorstellen!« Dies steht in Übereinstimmung mit seiner beachtenswerten Kunst, zu causieren und Anekdotisches zu erzählen, wobei es bekanntlich darum geht, pointensicher Feinheiten zu vermitteln.

III. Wenn schon die hallensische Heimat sowie Ausbildung und Beruf Genschers Rhetorik geprägt haben, so ist es doch am stärksten die sehr individuelle Eigenart seines Sprechens, sein Idiolekt:

1. Sprechen schließt grundsätzlich Körpersprache mit ein, bei Genscher besonders die Mimik. Man muß, wie es kürzlich im Bundestag hieß, bei ihm »zwischen den Ohren hören«.

»Der mit den Ohren!« hat schon Wehner richtig erkannt.

Genscher ist insoweit *kein* Diplomat, als er kein starres, undurchdringliches Pokerface aufsetzt. Im Gegenteil: Was für ein Mienenspiel! Diese in Falten gelegte Stirn! Diese verschmitzte Augenpartie! Diese hochgezogenen Augenbrauen! Diese sprechenden Ohren! Dieser sensibel vieles andeutende Mund! Wenn Genscher in seinen Worten wenig preisgibt, so offenbart er viel mit seiner Mimik. Wie kaum ein anderer Politiker legt er mimisch seine Gefühle offen, zeigt Sympathie oder Antipathie.

2. Genschers Rhetorik wirkt wie maßgeschneidert für Journalisten und vor allem für die Medien. Genscher liefert *fernseh*gerechte Reden.

Fernsehen – das ist Kammerton. Der Redner spricht zwar zu Millionen. Aber er hat sie nicht als Masse vor sich, sondern als lauter einzelne und kleine Gruppen in ihren Zimmern. Gerade in einer Fernsehgesellschaft kommt die Rhetorik der undemagogischen, leisen, verbindlichen Töne hervorragend an.

Genscher ist zwar kein großer Redner, doch kann er am Bildschirm er selbst bleiben, in vertrauter, beinahe privater Atmosphäre. Besonders deutlich wird diese spezifische Qualität seiner Rhetorik dann, wenn er Anekdoten und Scherze erzählt. Da ist Genscher auch in seinem Element. Das ist eine seiner rhetorischen Stärken und volkstümlich. Die wesentlichen Sendungen mit den höchsten Einschaltquoten erlauben nur eine *kurze* Einblendung. Also besteht die besondere Kunst des Redners darin, den Redakteuren *lohnende kurze* Abschnitte zu bieten! Genau das macht Genscher.

Im »Echo des Tages« kam von der Dreikönigsrede in Stuttgart der pointensichere, kesse Spruch an die Adresse des Provinzriesen im baden-württembergischen Staatsministeriums: »Platz machen! Zusammenrükken! Freunde, wir kommen!« und die wirkungsvolle, hörenswerte Anapher: »Bleib, wie du bist! Bleib, was du bist! Bleib, wo du bist!«

So was wird von Journalisten gerne eingeblendet, ebenso wie die folgende sorgsam gesetzte Formulierung: »Wer sich einmal die Opfer chemischer Kriegsführung in dritten Ländern angesehen hat, meine Damen und Herren, der spricht nicht mehr von Waffe. Das sind Menschenvernichtungsmittel, die selbst vernichtet werden müssen, damit sie nicht mehr Menschen vernichten können.« Darin steckt eine bemerkenswerte rhetorische Figur: M − V, V − M, M − V (*M*enschenvernichtungsmittel, *v*ernichtet werden *m*üssen, *M*enschen *v*ernichten).

Auch die folgende von Genscher gern gebrachte Satzfolge mit dem geschickten Begriff »Neidsteuer« ist kunstvoll rhetorisch strukturiert: »Wir Liberalen sind liberal. Wir kennen keine Neidsteuer. Deshalb lehnen wir die Neidsteuer ab.« Genschers Sinn für Pointen kommt den journalistischen Sachzwängen, dem Diktat der Kürze, entgegen.

Darüber hinaus: Seine Bonmots sind nie zynisch, Genschers Rhetorik ist immer auch Leistung desjenigen, der »am Rand des Abgrunds arbeitet« (wie Thomas Mann diese Kunst beschrieb), und niemals Kraftmeierei. Sein Lebensmotto »Nie aufgeben« prägt prinzipiell auch seine Reden.

3. Als persönliches Charakteristikum seiner Rhetorik könnte man das Fehlen eines sehr strengen systematischen Aufbaus nennen. Gemeint sind hier nicht ganz große Reden, die im Zusammenwirken mit Adlaten sorgfältig strukturiert wurden. Zur Diskussion steht eher die strenge Härte, mit der ein Schmidt seine Reden, z. B. die eindrucksvolle von 1977 in London, regelrecht heraushaut, bis sie dastehen wie Skulpturen.

Bei Genscher fehlt im allgemeinen eine strenge und eisern durchgehaltene Systematik. Genschers Art, reihend zu reden, scheint gekennzeichnet durch die nonchalante Meinung, pedantische Ordnung brauche nur derjenige, der mit der Welt im uneinen lebe.

Insoweit lebt Genscher rhetorisch mit der Welt im einen, zwängt niemandem anderen und sich selber nicht ein formales System auf, unterwirft sich insoweit nicht einem Aufbaukorsett, sondern redet so, »wie es ihm Spaß macht«. Selbst im Tonfall spürt man Abwehr gegen die Pflichtübung, ein vorbereitetes Redemanuskript abzulesen, was manchmal zum Eindruck führt, er leiere es nur herunter.

Auch hier wieder ein Blick auf Genschers rhetorischen Widerpart Schmidt, der im Tonfall regelrecht meißelt, streng systematisch seine Reden aufbaut und noch in der Untergangsrede anläßlich des konstruktiven Mißtrauensvotums äußerst diszipliniert nach 13 Punkten strukturierte!

Genschers Reden entstehen eher aus dem Augenblick, fügen sich aus Einzelstücken zusammen. Es passiert selten, daß Genscher systematisch vorträgt: I., II. usw. Er paßt sich vielmehr der Mediensituation an, hält zudem exzellenten Kontakt zu Journalisten. Die Medienleute fragen gewissermaßen vorher an: »An welcher Stelle kommt es?« Es – das sind die Rosinen aus der langen Rede, und das sind bei Genscher die entscheidenden Passagen, in sich abgeschlossen und wirksam.

Zu allen aktuellen Themen hat Genscher feste Standardtexte und -formulierungen.

Man kann sicher sein, daß er, wenn er spricht, zwar immer so seine 6 bis 8 herkömmlichen »Platten« bringt, aber dann doch auch ebenso regelmäßig Neues einschiebt.

Gesteigert wirksam durch die treffsichere Witterung für den richtigen Zeitpunkt!

Im Bundestag sind Genschers Reden häufig spontan, vielleicht weil er sehr viel länger Parlamentarier als Minister des Auswärtigen war. Genscher dürfte deshalb auch den Bundestag eher als seine Hauptbühne ansehen. Er liebt es, dort *persönliche* Akzente zu setzen, mehr als anderswo. Es sind gewissermaßen rhetorische Rosinen im »Redebrei«, die dann zu hören sind. Wichtig für die Beurteilung seiner Rhetorik auch: Zunächst einmal ist Genscher operativ wirkender Außenminister, und zwar in einer Koalitionsregierung, wobei er nicht einmal in der kleineren Partei die erste Rolle spielt. Naturgemäß gibt es unendlich viel Streit. Genscher ist also gezwungen, dauernd zu aktuellen Anlässen und Vorgängen – notwendigerweise unsystematisch – Stellung zu beziehen.

Wichtigstes Forum neben dem Bundestag ist sicher die UNO-Generalversammlung, in der Genscher es sich nicht nehmen läßt, jedes Jahr wieder eine Rede zu halten. Da gilt es, im Rundumschlag alles zu erledigen, was es an Problemen in der Welt gibt. Diese Reden werden lange vorbereitet, sind bis ins Detail hinein ausgefeilt.

Am stärksten wirkt Genscher in den Reden, in denen es ihm darum geht, Zukunftsakzente zu setzen, etwa wenn er sich bemüht, für eine europäische Raumfahrtautonomie zu werben; Raumfahrttechnologie – seine Rede 1987 auf dem Kongreß »Der Weltraum als Markt« in der Universität zu Köln mag dafür stehen – hat für ihn einen hohen Stellenwert, bedeutet ihm eine neue Dimension der Außenpolitik.

Dasselbe gilt für seine große Rede vom 1. 2. 1987 in Davos, als er an den Westen appellierte, Gorbatschow »beim Wort zu nehmen«. Wohlgemerkt zu einem Zeitpunkt, als man im Westen den Veränderungen im Osten noch sehr skeptisch gegenüberstand!

Diese Rede ist zugleich Musterbeispiel für Genschers sprachliche Sensibilität. Unvergleichlich das vorsichtige Anpeilen vor dem Hintergrund der Überlegung, wir können noch nicht übersehen, was hinter der Perestroika-Politik steckt, aber zumindest sollten wir die Ehrlichkeit der Absichten als Hypothese unterstellen! Eine Rede, die eben mehr ist als eine Rede, weil sie etwas bewegen sollte und auch bewegt hat: »Wir hören, was ihr sagt. Nun gebt uns Grund für unseren Glauben mit Hilfe von Taten!« Und nicht: »Das stimmt ja alles nicht.« Auch dies: ein Beispiel für Genschers spezifische Rhetorik der behutsamen Lenkung, einer Redekunst à la longue haleine!

Ein Grundzug der Rhetorik Genschers, den er mit vielen gemeinsam hat, wird deutlich: Optimismus und Freude am Entwerfen. Dies entspricht naturgemäß auch wieder seiner Stellung als Außenminister, der mehr als ein eher »verwaltender« Innenminister vorausdenken muß, von dem Anstöße für die Gestaltung der Zukunft erwartet werden.

Am Rande sei etwa erwähnt, was gerade in der Rhetorik eines Außenministers natürlich immer *auch* eine entscheidende Rolle spielt: die Frage der Übersetzung in andere Sprachen, insbesondere ins Englische. Zugegeben, das ist nicht Genschers Aufgabe, sondern die seiner Zuarbeiter! Aber wie er überhaupt seine Fremdsprachenkenntnisse im Lauf der fast anderthalb Jahrzehnte seines Wirkens als Außenminister erheblich verbesserte, wird er wohl auch nachgedacht haben über die richtige Übersetzung der Formel »Beim Wort nehmen«: »Prendre au mot«? »Take him by his word«? Zumindest das englisch linear Übersetzte ist sicher schwächer als im Deutschen! Deshalb wurde dann »Put him to the test« gewählt.

Ein Beispiel dafür, wie im Umfeld dieser Reden von einem ganzen Stab an den Formulierungen gefeilt und überlegt wird, damit weder im Osten noch im Westen ein falscher Eindruck entsteht!

4. Eine besondere Qualität der Rhetorik Genschers kann darin gesehen werden, daß es ihm gelungen ist, in diesem überaus neurotisch unterteuften Geflecht außenpolitischer Beziehungen nie in sprachliche Fettnäpfchen getreten zu sein. Allenfalls kommt es gelegentlich zu nicht ganz geheuren Formulierungen: »Die Weiterwohnlichkeit der Erde gilt es zu sichern.«

5. Genscher trennt in seinen Reden strikt Ernstes und Heiteres. Er hat zwar sehr viel Sinn für Witziges. »Mein lieber Scholli!« zur schlimmen Affäre Scholl oder angesichts Bangemanns Absichten, Bundesbankpräsident zu werden: »So sicher ist die Deutsche Mark nun auch wieder nicht!«

In seinen Reden mit ernstem Hintergrund und Inhalt fehlen Heiteres oder gar Scherzhaftes aber ganz. Dies ist bei Helmut Schmidt anders, der von seinen Ghostwritern verlangte, auf der zweiten Seite spätestens müsse was Witziges kommen. »Sonst schlafen mir die Leute ein!« Wenn Genscher im Bundestag oder vor einem Frauenverband spricht, da erzählt er keine Scherze.

Wo er sie bringt und instinktsicher bringt, ist bei den passenden Gelegenheiten. Da ist es überraschend, wie sehr er bereit ist, sich selbst auf die Schippe zu nehmen, sich aber auch selbst zu produzieren. (Einer seiner Lieblingswitze: Im Untersuchungsausschuß habe er auf die Frage, ob er der größte Außenminister unserer Zeit sei, mit »Ja« geantwortet. »Was sollte ich machen, ich stand unter Eid.«)

Karriere macht man mit den Bonmots, die man unterläßt. Zwar lachen die Hörer über die spitze, böse Formulierung, aber wählt man den, der sie bringt? Genscher hat bekanntlich »nicht das Pech, in der Opposition zu sein«, wie es Goethe einmal von sich selbst bemerkte! Da sitzt man dann nicht auf dem Platz der Zyniker.

Kein Zweifel: Ein großer oder gar gewaltiger Redner ist Genscher nicht. Aber bei allen Vergleichen mit der volkstümlichen Redekunst eines Schmidt und Strauß, die Hörer anlockt: Man erinnere sich doch etwa an Genschers Rede auf dem Kieler Parteitag im September 1987. Wie befreit wußte er die Zuhörer mitzureißen, mit ganz einfacher Sprache und ganz einfachen Beispielen: »Ein mieser Türkenwitz kann zum Stich im Herzen eines türkischen Kindes werden — diese Wunde wird nie mehr heilen.«

Und natürlich mit seinen typischen Andeutungen: »Wir treffen ihn überall, den Genossen Sachzwang, den Kollegen Sachzwang und den Herrn Sachzwang. Manchmal – wenn auch höchst selten – treffen wir sogar den Parteifreund Sachzwang.« Nichts wurde expressis verbis verlautet, doch jeder merkte, auf wen es zielte: auf Lambsdorff.

Wieder der Vergleich mit Schmidt: Während dieser häufig eine Sache durch ein Hendiadyoin rhetorisch kunstvoll noch deutlicher herausarbeitet, begnügt sich Genscher eher mit dem einen Wort, das für die Sache genügt! Und während Schmidt auch seinen Genossen schonungslos die Leviten las, so daß sie ihn allmählich in gewisser Hinsicht haßten, beherrscht Genscher die Kunst, nur anzudeuten, durchaus Unangenehmes zu sagen, ohne aber unangenehm zu werden. – Schmidt blieb immer auch in der Art seines Redens der Herr Oberleutnant Macher, der verprellen konnte, der seine Lehre gleichsam verordnete. Demgegenüber versucht Genscher, auch wenn er von etwas völlig überzeugt ist, es nicht mit der rhetorischen Brechstange durchzusetzen, sondern hält sich eher zurück, falls die zu deutliche Thematisierung Schaden bringen könnte.

Insoweit ist Genscher auch rhetorisch langfristig durchsetzungsfähiger als Schmidt, da elastischer und behutsamer, eben diplomatischer.

Da überrascht es nicht, wie leise Genscher spricht. Aber das Mikrophon wirkt ausgleichend. Hier sei erwähnt, daß gerade die überaus leise gesprochenen Reden, etwa die beiden in der Bonner Beethovenhalle gehaltenen Ansprachen anläßlich der Ermordung eines seiner engsten Mitarbeiter, sehr stark Menschliches anzurühren vermögen. So entspricht seine Art zu reden seinem Wesen wie dem Redeanlaß.

Und aufs Ganze gesehen ist Genscher im Lauf seiner Entwicklung rhetorisch stärker geworden. Erinnert sei an die ersten Versuche und auch an die nicht ganz unberechtigten Witze, die etwa über seine mangelnden Englischkenntnisse in Reden gemacht wurden! Weil er zu dünnhäutig und nicht der Typ Boxer ist, der einfach einsteckt, hatte er dann in den Jahren der größten Anfeindungen, der Wendezeit, noch bisweilen unsicher und verkrampft gewirkt. Heute ist das doch ganz, ganz anders. Erfolg und Routine haben dazu beigetragen. In kleinem Kreise ist Genscher überaus witzig und pfiffig, ebenso wie er sprachlich brilliert, wenn er sich frei im Interview äußert. Und diese gibt er ja in großer Menge; schon im Morgenmagazin, wenn andere noch schlafen. Er ist dann gut aufgelegt, und seine Formulierungen sind druck- und funkfertig.

Da ist Pep drin, Schlagfertigkeit, ohne verletzend zu wirken.

Er wirkt allerdings eher langweilig, wenn er ein vorbereitetes Redemanuskript verliest.

Gibt es rhetorische Vorbilder für Genscher? *Politisch* war es am ehesten Thomas Dehler. Aber rhetorisch? Thomas Dehler war als Redner eher das Gegenteil von Genscher: ein Feuerkopf, ein begabter Rhetor, der es verstand, pathetisch zu fesseln und mitreißend zu reden. Dies trifft auf Genscher in diesem Maße nicht zu. Seine Stärke ist die bedachtsame Formulierung, die sehr, sehr sorgfältige Abwägung der Worte.

Insoweit scheint Genscher kein Vorbild zu haben, sondern offenbart eher eine unverwechselbare und sehr starke individuelle Prägung. Daß er in vielen brenzligen Situationen zum »Meister des Nichtssagens« wird, die Kunst beherrscht, mit bedeutungsschwerem Gesicht und vielen Worten wenig zu sagen, mag manchen Interviewer und Hörer ärgern, taktisch ist dieses »Hohldonnern« auf einem *hot chair* manchmal eher klug. Wenn man die lange, arbeitsreiche Amtszeit Genschers betrachtet, ist nicht zu übersehen, daß er auch durch die immer wieder verbesserte Art seines Redens allmählich der beliebteste Bonner Politiker geworden ist. Wie sympathisch etwa in der Sendung »Menschen '87«!

Andererseits häufen sich in letzter Zeit die Anekdoten, Karikaturen und sogar besorgten Artikel über seine Omnipräsenz, derentwegen er schon einmal vor langer Zeit die Goldene Kartoffel erhielt, weil er sich den kardinalen Zwängen von Raum und Zeit zu entziehen wisse. Voraussetzung und Grund dafür ist, daß er, um es nochmals zu zitieren, »nicht das Pech hat, in der Opposition zu sein«. Das fordert schon den ganzen Mann. Genscher verlangt sich einiges ab, auch durch die Vielzahl der Reden.

Man ist versucht, nochmals Goethe zu bemühen: »So kamst Du durch. So ging es allenfalls. Machs einer nach und breche nicht den Hals!« In diesem Zusammenhang ließe sich erwähnen, daß er im politischen Alltag eigentlich nur beim Reden nicht an mehreren Stellen zugleich sein kann.

Nur beim *Reden* kann er nicht gleichzeitig noch andernorts präsent sein oder wie so häufig, wenn er irgendwo auftaucht, gleich zum Telefon greifen, um auch noch woanders sich einzuschalten. Nur wenn er redet, ist Genscher gänzlich Genscher.

XVII. Kapitel

Einflüsse

FILMER/SCHWAN

Besuch

Ein kalter Novembertag. In jovialer, aufgeräumter Nachdenklichkeit erleben wir ihn in seinem Haus. Die Nachbarn kennen ihn und seine Gewohnheiten. Sie haben sich mit den Polizisten vor dem Haus abgefunden. Mit dem Wachhaus und den Scheinwerfern. Mit der Popularität des deutschen Außenministers, der Elefanten sammelt. Und Karikaturen. »Es war nicht umsonst« könnte ein Leitmotiv seines unsteten Lebens sein. Was war nicht umsonst? Genscher lächelt hintergründig. Um eine realistische Entspannungspolitik hat er sich bemüht. Seine Sätze formen sich leicht. Seine Sprache singt, schleift sich ein. »Es zeigt sich, daß die FDP, obwohl sie unter den drei klassischen Gruppierungen die kleinste Partei in der Bundesrepublik ist, immer die schwierigsten Entscheidungen zu treffen hat und daß sie damit auch die größte Last und die stärksten Probleme hat. 1969 hatten wir ähnliche Probleme wie 1981, 1982 ... Jeder in unserer Partei weiß: Entweder erfüllt die Partei ihre Aufgabe zur Durchsetzung der eigenen Politik und im Parteiensystem – oder sie verliert ihre Existenzberechtigung.« Wenn sich die Sätze aneinanderreihen, könnte man meinen, Genschers Dreikönigstreffen habe begonnen. Jeder Politiker hat seine Platten. Wenn er nicht unterbrochen wird, leiert er unaufhörlich. Gott sei Dank klingelt das Telefon. Redenschreiber entwerfen. Der Meister korrigiert. Und jeder im Auswärtigen Amt singt das Hohelied auf den Chef. »Er braucht zunächst mal einen Entwurf, um sich anregen zu lassen und zu sagen: So will ich das, nicht so«, hat uns einer seiner Leute gesagt. »Später bringt er eigene Dinge rein!« Gedanken schießen durch den Kopf. Wer ist dieser Genscher, wie ist er?

»Ich bin immer wieder erstaunt, wie blitzschnell er in einem Redeentwurf Faulstellen aufspürt, wo etwas nicht richtig durchdacht oder falsch formuliert wurde. Oft blättert er in Windeseile die Entwürfe durch, hakt ein, fragt nach – wie ist das eigentlich . . . Ich meine, für mich hat der Genscher einen unfaßbaren Instinkt. Kein Politiker kann alle Fragen, über die er entscheidet, bis in den letzten Winkel durchdenken. Wie sollte er auch! Aber er ist verloren, wenn er nicht den richtigen Instinkt hat!«

Genscher eilt mit wippendem Schritt ins Zimmer. »Entschuldigung . . .« Er läßt sich im Sessel nieder, schlägt die Beine übereinander. Ein neugieriges, wissendes Lächeln breitet sich auf seinem Gesicht aus. Da sitzt einer, der sich für gescheiter hält als jene, mit denen er es zu tun hat. Von Mitarbeitern wissen wir, daß er möglichst alles selber entscheiden möchte, kaum delegiert. »Jeden Dreck macht der selber«, sagte einer, der ihn seit zehn Jahren aus der Nähe beobachtet hat. »Pannen gibt es selten. Aber er erkauft diesen Zustand damit, daß er von Termin zu Termin, von Ort zu Ort hetzt. Er will nichts anbrennen lassen.«

Rückblick? Wenn es um die eigene Person geht, tastet er die Gedanken ab, die Worte verlangsamen sich. Er horcht in sich hinein. Sätze und Wörter werden karg. Genscher versucht, einiges vom Image abzuschütteln, das ihm anhaftet: einer, der schlecht zu fassen sei, ein Pudding an der Wand, ein Rohr im Ried. Ohne Zweifel verfügt er über eine schnelle Auffassungsgabe. Wird ihm im kleinen Kreis ein Problem vorgetragen, treffen seine Fragen meistens ins Schwarze. Präzis erkennt er – haben wir gehört –, um was es geht. Genscher gucke in die Sätze. Jeder Satz müsse so sein, daß man ihn isolieren könnte.

Seine hohe Gestalt, sein selbstbewußtes, von Überheblichkeit freies Wesen vermitteln nichts Einschüchterndes. Da ist das Gefühl des Soliden, Verläßlichen, das er verbreitet. Ein kompetenter Angestellter der Nation. Ohne Charisma.

Manchmal schwindet das eigentlich Behagliche, wenn er dienstlich aus der Haut fährt, Mitarbeiter anbrüllt, daß sie frösteln. Doch meistens läßt seine gewinnende, einnehmende Freundlichkeit – besonders bei Konversationen und Auftritten – die glänzende Begabung dieses Politikers erkennen.

Der Werbehimmel des Wahren, Guten und Schönen prägt seinen Alltag, der so alltäglich ist wie sein abgetragener Mantel. Oft gewinnt der Beobachter den Eindruck, Genscher handele »bedarfsspezifisch«: Politik als *Lifestyle*! Machterotik zementiert seinen Unterbau, bestimmt seine Erlebniskultur. Anderes scheint es kaum zu geben. Ihr ordnet er alles unter. Er gehört zu den perfekten politischen Jongleuren, die ihre Pointensucht mäßigen können. Sein Leben hat er in Balance gehalten: zwischen mürbemachender Jovialität und genormter Herzlichkeit. Nichts scheint ihn – wenigstens auf dem Bildschirm – aus der Fassung zu bringen. Sein Mienenspiel mit Dackelblick läßt die Wohnküche ahnen. Und da möchte er hinein! Was seine Krankheit ihn lehrte, hat er in die Politik gerettet: Es hat keinen Sinn, ungeduldig zu werden. Ungeduld schafft weitere Schmerzen, nährt vor allem Illusionen. Er weiß, daß nichts ohne Kompromiß geht. Und daß Problemlösungen Zeit benötigen: von der Steuerung der Gentechnologie bis zum Ausgleich des Nord-Süd-Gefälles.

Wer mit ihm über Eigentum spricht, einer heiligen Kuh des Liberalismus, erzeugt Resonanz. Da merkt der Beobachter Herkunft und Forderung des Liberalen. Je älter »Dieter« wurde, um so deutlicher ist seine Wachstumslinie vom Eigentums-Liberalen zum Vernunft-Liberalen zu erkennen. Was ihn in die Partei gebracht hat, läßt sich am ehesten durch »pragmatische Gangart« erklären. Vernunft – ein Schlüsselbegriff des Liberalismus – faszinierte ihn. Politische Herrschaft zu entmystifizieren hat ihn in der DDR gereizt. Er wollte den einzelnen befähigt sehen, eigene Interessen zu erkennen und dafür einzustehen.

Sein Selbstwertgefühl hat sich vitalistisch entwickelt, im Aktionismus. Wohl fühlt er sich, »wenn er sich in Funktion erlebt«. Er gehört zu jenen, die sich gegen »widrige Umstände und gegen eine mächtige, gesunde Konkurrenz« durchbeißen mußten. Sich immer wieder beweisen zu müssen ist ein weiterer Schlüssel zum Antriebsmotor dieses Mannes. Er zählt zu denen, die reagieren, selten agieren. Das zeigt sein Leben. Seine Selbstdisziplin ist größer als die ihm von außen auferlegte Disziplin. Zwar nimmt er Einfluß, doch selten fordernd, drohend, entwerfend. Eher behutsam, selten risikofreudig, meistens im »sanften Schonklima« vorgehend. Ohne laute Geräusche.

Er muß sich sputen, bevor der Tod ihm Genüsse verwehrt. Auch dieser Gedanke prägt Phasen seines Lebens. Unruhe und Furcht halten sein Gemüt in ständiger Erregung. »Etwas« treibt ihn an, ständig den Ort zu wechseln. Sein Wille, wichtig zu werden, erzeugt ungestillte Ruhelosigkeit. Er kümmert sich um sich selbst. Und verhätschelt seine Mutter – und später auch seine Tochter – mit ausdauernder Zärtlichkeit und rührendem Mitgefühl.

Hinweise

Oft ist er in der schützenden Dunkelheit des Krankenzimmers in sich gegangen. Er suchte Halt, Zuversicht. Seine Befindlichkeit, seine Krankheitsverläufe, sein Streben nach Gesundheit, seine Todesfurcht haben ihn geformt. Für Genscher ist – ganz ohne Zweifel – sein Krankheitserlebnis zu einem schöpferischen Prozeß geworden. Sein Leiden hat ihm Wahrheiten nahegebracht, Lektionen erteilt, hat ihm das Gefühl vermittelt, keine Zeit verlieren zu dürfen. Er ist nicht bitter-sarkastisch geworden, hat nicht trostlos resigniert.

Lebensschicksale vieler von dieser tückischen Krankheit Gezeichneten zeigen, daß die Lungentuberkulose das Lebens- und Schaffenstempo irgendwie zu beschleunigen scheint, »bisweilen bis zu einer Art hektischer, fiebrig gesteigerter Arbeitswut, gleichsam als sei den Kranken irgendwie bewußt, daß es gelte, die vom Geschick gewährte Spanne auszunutzen«.

Wer Genschers besessene Arbeits- und Reisewut zu analysieren versucht, findet hier einen Schlüssel. Er hat nicht nur dem Leben Jahre, sondern auch den Jahren Leben zugefügt, hat Einsichten gewonnen, Erfahrungen gemacht, Lebensklugheit und Selbsterkenntnis erreicht.

Gefühle umfangen und durchwirken alle Schichten des Erlebens und des Geistes. Für ihn gilt es besonders. Er ist geprägt von den langen Phasen der Krankheit, jener Existenz zwischen noch nicht und bald. Er ist »tatträchtig« geworden. Dieser Mann erfuhr eine Seinssteigerung.

»Um ihn herum war ein unablässiges Summen und Schwirren von Stimmen zu hören«, gestand ein Klassenkamerad. Genscher zählte nicht zu den langweiligen Leuten. Er besaß Einbildungskraft, war pfiffig, aufgeräumt, ein Ideenfilter, der selten das größte Risiko einging. In seinem Verhalten war keine Ruppigkeit zu entdecken. Etwas aufzufangen und weiterzugeben – oder für sich zu behalten, bis es wertvoll wurde – war seine Lust. Das beglückte den Jungen. Er verfeinerte es spielerisch zur Perfektion. Bis es für ihn nützlich wurde: alltagsrelevant für Politiker.

Der Prozeß politischer Bewußtseinsbildung begann für ihn im Schlamassel des Abwehr- und Sperrfeuers als Flakhelfer. Einsichten wuchsen, auch wenn im großen und ganzen zu bedenken ist, daß junge Leute damals anders eingestellt waren als heute. Und auch Eltern andere Erziehungsvorstellungen besaßen als heute. Es war üblich, einseitig und autoritär erzogen zu werden. Durch geringe Kritikfähigkeit war man kaum imstande, sich politisch zu orientieren. »Du sollst« brachte jedem die Sicherheit des Verhaltens. »Man war diszipliniert durch Uniform, parteiliche Ausrichtung und hierarchische Eindeutigkeit.« Erst durch die Erfahrungen an der »Heimatfront« wurde das Bewußtsein vieler Luftwaffenhelfer langsam verändert. Luftangriffe und Gespräche mit Gleichaltrigen korrigierten Vorstellungen vom Krieg. »Ich bin selbständig geworden, habe früh Verantwortungsbewußtsein in harter Lebensschule gewonnen«, sagt Genscher. Viele frühere Luftwaffenhelfer empfinden diese Zeit keineswegs als nur negativ. Im Gegenteil. Durch ihren Einsatz lernten sie zeitig »Grenzsituationen des Lebens« kennen. »Man lernte, mit anderen Menschen auszukommen, mußte sich zusammenraufen!« Und darin wurde er ein Künstler, der zu »organisieren« verstand. Immer sprungbereit, stets auf der Hut. »Ein Meister des schnorchelnden Unterseebootfahrens«, sagte ein ehemaliger Kamerad.

Gerade in dieser Zeit entstand in Genscher so »etwas wie eine pazifistische Gesinnung«. Durch das, was sie erlebten, wuchs der Widerstand gegen Krieg und alles, was damit zusammenhängt. Aus dem »Muttersöhnchen« wurde in der Batterie ein junger Erwachsener, »der lernte, Ellenbogen zu gebrauchen«. Und viele begriffen, daß es darauf ankommt, sich im richtigen Moment zurückzuhalten. »Abzutauchen!«

Er gehört nicht mehr zur Generation heroischer Schwätzer, die Deutschlands »Größe« wollen; er kommt aus der Generation der Geschädigten, der Zweifler, der »Abtrünnigen«, aus der Zeit trüber Notbeleuchtung, aufgeplatzter Koffer, zu kurz geratener Klamotten und der im Schlamm aufgeweichten Schuhe. Diese Beklemmung blieb ein Leben lang erhalten. Und aus seiner Vergangenheit ist Dieter Genscher nie vertrieben worden.

Die Mutter

»Privatistisch« nannte der Soziologe Schelsky das Sozialverhalten der »skeptischen Generation«, der »Flakhelfer-Generation«, zu der Genscher zählt, weil sie im Privaten, in der Befriedigung persönlicher Interessen, ihr Glück sucht.

Die persönliche und private Welt, meinte Schelsky, gilt als existentielle Insel. Von ihr aus geht der einzelne seiner Arbeit nach, nimmt am öffentlichen Leben teil. Dahinter steht die Erfahrung grenzverletzender »Sozialisierung« des einzelnen in der nationalsozialistischen Staatsjugend, die Mißachtung der bürgerlichen Privatsphäre während des Dritten Reiches. Schelsky wollte herausgefunden haben, daß die persönliche und private Welt der »Skeptischen« um die Familie zentriert ist. Die Familiensolidarität half zu überleben. Ein Grund für die familienkonforme Einstellung dieser Generation. Die Familie sei nicht, wie für die früheren und späteren Jugendgenerationen, Schauplatz von Generationenkonflikten und politischen Debatten, kein Ort, an dem gesellschaftliche Konflikte und Spannungen ausgetragen werden, sondern ein Ort »personal verpflichtender Solidarität«, die einen gegen die »Durchschlagskraft gesellschaftlicher Ereignisse und Entwicklungen schützt«. Das Leitbild der Ehe- und Familienauffassung der »skeptischen Generation« heißt »Partnerschaft im Lebenskampf«.

Diese Analyse Schelskys, zitiert von Heinz Bude in seinem Buch »Karrieren«, trifft zum Teil auch auf den Familienmenschen Genscher zu. Er sah sich, wie viele seiner Generation, vor die Aufgabe gestellt, »die persönliche und private Welt des Alltags, vom Materiellen angefangen, selbst stabilisieren und sichern zu müssen«. »Sie konnten nicht auf Vorleistungen ihrer Eltern zurückgreifen. Im Gegenteil, die Alten bedurften ihrer Hilfe.«

Genscher lebte bis auf eine achtmonatige Unterbrechung in den fünfziger Jahren und bis auf die Zeit, die er in Krankenhäusern und Sanatorien verbrachte, immer mit seiner Mutter zusammen. Erst 1986 begab sich die Fünfundachtzigjährige ins Altersheim, weil sie pflegebedürftig wurde. Heute vergeht kaum ein Bonner Tag des Ministers, ohne daß er seine Mutter besucht. Sie war immer die »Nummer eins in seinem Leben«. Sie übte nachhaltigen Einfluß auf ihren Sohn aus.

Dieter Genscher besaß als kleiner Junge in Halle ein Haustier. Es war ein blauer Wellensittich, den er sehr liebte. Rührend kümmerte er sich um das Tier, er fütterte es und säuberte pflichtbewußt den Käfig. Kurz nach dem Tod seines Vaters starb der Vogel. Während Dieter in der Schule war, rannte seine verzweifelte Mutter in ein zoologisches Geschäft um die Ecke. Der Sohn sollte den Verlust des Tieres nicht merken. Mutter Genscher verlangte einen gelben Wellensittich, den es nicht gab. Sie mußte sich mit einem grün getönten Tier begnügen, das sie in den Käfig setzte. Als der Sohn nach Hause kam, sagte er: »Komisch, Mutter, der Vogel sieht heute so anders aus.« – »Ach«, sagte sie, »ich habe ihn mal gründlich gewaschen.« Dieter glaubte seiner Mutter, vertraute ihr blindlings. Damals wie heute.

Hilde Genscher lebte nur für ihren Sohn. Und er für seine Mutter! Ein Phänomen. Der beherrschte, rational agierende Pragmatiker ist entgegen allen Annahmen zu »ganz starken emotionalen Bindungen« fähig. Sowohl zu seiner Mutter als auch zu seiner Tochter. »Das grenzt schon an Verrücktheit«, meinte ein Freund. Seiner Mutter erfüllt er jeden

Wunsch, hört sich geduldig ihre politischen, oft kleinbürgerlichen Über-zeugungen an. Ihre deutschnationale Haltung zeigte sich vor allem in ihrer gefühlsmäßigen Ablehnung gegen »alles Rote«. Wie ihr Sohn hängt sie »unheimlich« an ihrer Heimat.

Genscher nahm seine Mutter – ob als Innen- oder Außenminister – mit in die Welt. »Er wollte seiner Mutter bieten, was sie vorher nie gehabt hat.« Auch aus Dankbarkeit »schleifte« er sie mit nach New York, zu den Bayreuther Festspielen, zum Wiener Opernball. Ihr Sohn war »etwas geworden«. Das sollte sie auch genießen können. Genscher stand zu ihr und wollte es auch zeigen. Daß andere ihn belächelten, macht ihm nichts aus. Wer sich über seine innige Mutter-Beziehung lustig machte, wurde links liegengelassen.

Wer Hilde Genscher kennt, kennt auch den Sohn. Beide verfügen über starke Willens- und Durchsetzungskraft, beide sind dem Leben zuge-wandt und offen für Neues, wollen »nichts versäumen«. Sich vital zu zeigen ist wichtig. »Geht es mal nicht gut«, soll niemand etwas merken. Nach außen gaben sich beide robust, zeigten sich kerngesund und unermüdlich. Auch dann noch, wenn man dem Umfallen nahe war. Wer bei Genschers anrief, hatte bis Mitte der achtziger Jahre meist Mutter Genscher am Telefon. »Sie war einfach immer als erste am Apparat!« Für Genscher blieb seine Mutter »zeitlebens ein beherrschender Faktor«. Natürlich machte er nie wesentliche Dinge von ihr abhängig. Aber in seinem Leben, in seiner Familie, in Seele und Gemüt dominierte sie. Meistens befand er sich in einer ständigen »rücksichtnehmenden Ver-ständnisposition«. Das blieb so bis ins reife Mannes- und Ministeralter. Seine beiden Ehefrauen und seine Tochter akzeptierten die Dominanz der Mutter. Kompromißlos verteidigte er ihren Platz, der nicht immer widerspruchslos hingenommen wurde. Auch potentielle Lebenspartne-rinnen, die Genscher früher kennenlernte, wissen davon ein Lied zu singen.

Genscher war über die Maßen großzügig. Er ließ ihre oft in den Vordergrund drängende Art zu. »Ihre Rolle« überzog sie manchmal. Daß sie ihn nachts bei Freunden sprechen wollte, störte Dieter nicht. Seine Liebe und sein Dankbarkeitsgefühl ihr gegenüber erlaubten fast alles.

Die intensive Beziehung der beiden überwand Mißhelligkeiten, die zuweilen durch Dritte hervorgerufen wurden. Die Mutter blieb seine Bezugsperson, von der er sich nicht lösen wollte. Für sie hätte er alles unternommen. Freunde sprechen von einer »Symbiose, einer Seelenver-wandtschaft«, die es in dieser Form selten gibt. Seine ungewöhnliche Mutterbindung zeigte sich auch in der ständigen Kommunikation.

Unzählige Telefonate aus Büro oder Auto festigten täglich den engen Kontakt. Mit ihr sprach er auch über seine Radio- und Fernsehauftritte. Sie war für ihn die *Vox populi*.

Hilde Genscher zeichnet sich – selbst im hohen Alter – durch ausdauernde Zähigkeit und geistige Lebendigkeit aus. Sie lebt von, für und mit dem Sohn. Es ist keine gewöhnliche Mutterfixierung, die sich vermutlich in schweren Krankheitsjahren gebildet hat. Sie rettete ihm nach dem Blutsturz in Bremen praktisch das Leben; ermöglichte ihm Bildung und Ausbildung; verzichtete auf manches im Leben zugunsten ihres Kindes; opferte ihre besten Jahre und konzentrierte sich auf ihn. Das eigenwillige, keineswegs befremdende Verhältnis machte Dieter Genscher nicht zum »Muttersöhnchen«. Eher wuchs daraus eine Vertreterrolle, ein Ersatz für den früh verstorbenen Vater. Der Sohn lernte frühzeitig, sich mit der Mutter abzustimmen – aber auch mitzubestimmen. »Er ist mit Kuddel und Lappen seine Mutter«, sagt man in Süddeutschland. Augen, Ohren, Gesten, Motorik, Temperament und Anlagen sind mit denen der Mutter identisch.

Für Genschers Mitarbeiter war »Omi Genscher« ein markanter Begriff. Sie besaß Vorrang vor allem anderen. Ging es ihr schlecht, galt ihr die gespannte, sofort einsetzende Aufmerksamkeit des Sohnes. Wenn Mitarbeiter mit ihren Vorschlägen beim Minister auf Ablehnung stießen, half manchmal nur der »Einsatz von Omi Genscher«. Dabei ging es »nie um hohe Politik«. Aber bei organisatorischen Fragen wie Reiseplanung usw. konnten seine Getreuen immer etwas mehr über Omi erreichen.

Wer Genscher heiratete, mußte auch seine Mutter in Kauf nehmen. Das war für die Ehefrau nicht immer leicht. Bis ins hohe Alter kümmerte sich »Omi« auch um die Erziehung der Tochter. Nie hörte sie auf, Mutter zu sein, ermahnte ihren Sohn ständig, nicht zu viel und zu fett zu essen. Alkohol wurde wortreich als »schädlich« betrachtet. Die alte Dame beherrschte »Raum und Zeit«. Ohne sie lief kaum etwas. »Sie war bei allem dabei«, seufzte ein alter Freund und blinzelte verständnisvoll. »Frau Minister«, so nannten sie Eingeweihte, prägte die häusliche Atmosphäre. Stets suchte sie die Nähe des Sohnes. Das führte manchmal zu Spannungen. Beispielsweise verließ sie selten einen Kreis von Gästen ihres Sohnes vor 23 Uhr. Eifersüchtig konnte sie früher sein, sobald sich ihrem Filius ein weibliches Wesen näherte. Die Mutter kritisierte ihren Sohn zuweilen heftig. Ihre Kritik besaß Gewicht, denn ihre Meinung galt ihm viel. Er vertraute ihrem Urteil.

Die Tochter

Im Jahr des Berliner Mauerbaus wurde Genschers einziges Kind, Tochter Martina, geboren. Sie stammt aus der Ehe des Hallensers mit der Pfälzerin Luise Schweitzer. 1966 wurden sie geschieden. Martina betont ihre Eigenständigkeit. 1987 verließ sie das Elternhaus und zog in eine eigene Wohnung. Sie ist darauf bedacht, daß ihr beruflicher Weg nicht vom Ansehen des Vaters abgeleitet wird. Ihr Leben verläuft unabhängig von den Lebensgewohnheiten der Eltern, vom Lebensstil des Vaters. In ihrem Beruf möchte sie nicht »als Tochter des Ministers« vorwärtskommen. Als engagierte Frau in einem medizinischen Beruf bemüht sie sich, durch Können, durch Profession anerkannt zu werden, um den Patienten optimal zu helfen. Daß sie zufällig die Tochter des Bundesaußenministers ist, verheimlicht sie am liebsten. Was sie ist, möchte sie durch sich selbst sein.

Genscher liebt seine Tochter abgöttisch. Mit allen Mitteln förderte er ihr Steckenpferd, das Reiten mit eigenem Pferd. Jahrelang »kutschierte« er sie eigenhändig zu Reitturnieren. Er lernte große und kleine Reiterasse kennen und fand Gefallen am Reitsport. Martina gilt als gute Springreiterin.

Genschers Verhältnis zu seiner Tochter ist mit seinen Beziehungen zur Mutter vergleichbar. Vielleicht ein Komplementär-Verhältnis! Er umhegte, betreute, verhätschelte sie lange Zeit. Freunde registrierten auch in dieser Beziehung sein »unstillbares, unheimliches Verantwortungsgefühl und -bewußtsein«. Er gab ihr alles, was er zu bieten hatte. Seine ungewöhnlich starke Fixierung auf die Tochter erschien Freunden manchmal als übertrieben. »Der süße Fratz« bekam alles. Weil Genscher andauernd unterwegs war, versuchte er, sein Bestes zu geben, wenn er da war. Immer getrieben von einem schlechten Vatergewissen. Seit einiger Zeit hört er ihr aufmerksamer zu, ausdauernder als früher. Ihr Urteil nahm an Gewicht zu. Oft ist er heute »wie Wachs in ihren Händen«. Von Freunden wird Martina als »warmherzige, natürliche, intelligente, selbstbewußte und eigenständige Frau« beschrieben.

Wenn Martina ihren Vater anruft, ruht das politische Geschäft. Sie hat heute absoluten Vorrang. Wer immer sich im Ministerzimmer aufhält: Martinas Telefonat wird »durchgestellt«. Wo immer sich der Vater in der Welt aufhält: Er ist für sie telefonisch erreichbar und zu sprechen. Auch wenn er beim Galadiner des japanischen Kaisers sitzen sollte.

Die Ehefrau

Seit Dezember 1987 ist Barbara Genscher Schirmherrin der »Deutschen Herzstiftung«. Sie sammelt Spendengelder für eine bessere personelle und technische Ausstattung von Herzkliniken und für die Herzforschung. Die »Deutsche Herzstiftung« setzt sich ein für sachkundige Vorbeugung und betreibt Aufklärung über gesünderen Lebensstil.

Die hilfsbereite, praktisch veranlagte, nie arrogante Frau des Bundesaußenministers zögerte lange, bis sie sich entschloß, für die »Deutsche Herzstiftung« zu arbeiten. Der Full-time-Job an der Seite ihres Mannes füllte sie aus. Neben den zahlreichen repräsentativen Aufgaben als Ehefrau des Bundesaußenministers kümmert sie sich seit Jahren um die Frauen der in Bonn akkreditierten Diplomaten. Als Ehrenpräsidentin des Frauen- und Familiendienstes des Auswärtigen Amtes beschäftigt sich Barbara Genscher intensiv mit sozialen und pädagogischen Problemen. Sie gilt für die Angehörigen des Amtes als eine mutige Fürsprecherin.

Barbara Genscher geborene Schmidt, eine Schlesierin aus Liegnitz, ist seit Oktober 1969 mit dem Minister verheiratet. Sie lernten sich in Bonn kennen. Bis Mitte der sechziger Jahre war sie Sektretärin im Deutschen Bundestag, genauer in der FDP-Fraktion.

Barbara Genscher kennt die politische Welt in Bonn genau. Sie weiß, wer welche Rolle spielen möchte, hält sich im Hintergrund. Sie gilt als bescheiden, aber nicht einflußlos. Freunde glauben, daß sie »der einzige Mensch ist, auf den Genscher hört«. Sie übe für ihn eine Schutzfunktion aus. In manchen Situationen muß sie als Blitzableiter herhalten, auch als Klagemauer. Für Genscher ist sie ein ruhender Pol geworden. Oft holt sie ihn auf den Boden der Tatsachen, sorgt dafür, daß »er auf dem Teppich bleibt und nicht abhebt«. Bei Auslandsreisen wirkt sie beruhigend auf ihn und seine Mitarbeiter, »nimmt Hektik von ihm weg«. Genscher kann auch ruppig sein.

Die Frau des Bundesaußenministers hält sich in politischen Fragen klug zurück. Wer glaubt, sie sei uninteressiert, irrt. Geschickt geht sie auf Stärken und Schwächen ihres Mannes ein, anerkennt seine Dominanz. Dennoch spielt sie hinter den Kulissen eine wichtige ausgleichende und ausbalancierende Rolle. Sie hält die Waage, bildet das Gegengewicht zu unkontrolliertem Überschwang.

Barbara Genscher gehört zu den wenigen Politikerfrauen in Bonn, die gut tanzen, unverkrampft feiern und »auch mal kräftig auf die Pauke hauen« können. Beide eint auch der Sinn für Gastlichkeit und familiäre Gemütlichkeit.

Helfer

»Für mich war er einer der engsten Mitarbeiter, mit dem mich Vertrauen und ein gegenseitiges Verstehen verband, das oft keiner Worte bedurfte.« Gemeint ist Genschers langjähriger Weggefährte im Amt, Dr. Gerold von Braunmühl, der am 10. Oktober 1986 von Terroristen in Bonn erschossen wurde. »Er war ganz gewiß kein bequemer Mitarbeiter. Er hätte es abgelehnt, sich anzupassen. Gerade deshalb hat er mir so viel bedeutet.« In seiner Ansprache bei der Trauerfeier für Gerold von Braunmühl sagte Genscher: »Er war ein durch und durch nationaler Mann . . . Er sprach mit großer Klarheit – die feine Ironie war ihm eigen –, und ihm war das befreiende Lachen gegeben. Er, der für seine Sache zu kämpfen wußte, war ein Mann der guten Argumente. Er, der oft verschlossen und wohl auch unnahbar wirkte, war in Wahrheit ein Mann großer Herzlichkeit und Wärme . . . Er liebte seine Familie, sie war der ruhende Pol für ihn. Sie unterstützte und trug ihn.« Gerold von Braunmühl galt lange Zeit als einer der einflußreichsten Mitarbeiter im Auswärtigen Amt. Er besaß gewisse Ähnlichkeiten mit Genscher. Als sein Bürochef und – zuletzt – Leiter der Politischen Abteilung formulierte er maßgeblich an der operativen Bonner Außenpolitik mit. Genscher hörte auf ihn, allerdings nie ausschließlich.

Einfluß auf Genscher zu nehmen ist schwer. Sicherlich hatten langjährige Weggefährten im Innenministerium und in der FDP wie Herbert Schmülling, Günter Verheugen und Josef M. Gerwald in parteipolitischen Tagesfragen mitzureden. Auch im Auswärtigen Amt waren die Botschafter und Staatssekretäre Günther van Well, Berndt von Staden, Jürgen Rufus, Hans-Werner Lautenschlager und Andreas Meyer-Landruth von Gewicht. Ebenso der heutige Staatssekretär Jürgen Sudhoff, der zu Genschers Freundeskreis zählt. Wie groß aber ihr wirklicher Einfluß war oder ist, läßt sich nur schwer umreißen. Der Hallenser verläßt sich am liebsten auf sich selbst.

Alle Pressesprecher des Auswärtigen Amtes waren und sind für Genscher wichtig. Auch der amtierende Jürgen Chrobog. Der 1940 bei Berlin geborene und in Niedersachsen aufgewachsene Jurist trat 1972 in das Auswärtige Amt ein. Nach Stationen in New York, Bonn, Singapur und Brüssel holte ihn Genscher 1983 in sein Pressereferat. Bereits in den siebziger Jahren »diente« Chrobog im Ministerbüro. Der ehemalige Anwalt gilt als hochqualifizierter Genscher-Helfer, der bei der Bonner Presse einen außerordentlich guten Ruf genießt.

Von Gerold von Braunmühl einst entdeckt, wurde Dr. Michael Jansen ins Ministerbüro geholt. Er leitet heute das Büro des Ministers. Wie

Chrobog gehört er der 27. Crew des Auswärtigen Dienstes an. Sein Vater war auch Diplomat, zuletzt Bonner Vatikan-Botschafter in Rom. Jansen, 1941 in Athen geboren, studierte Jura und ging 1972 in den Auswärtigen Dienst. Er arbeitete an der deutschen Botschaft in Madrid, Brüssel und Caracas. Über ein Jahr lang schrieb er Reden für Bundespräsident Carstens. Das CDU-Mitglied Jansen gehört seit zehn Jahren zum engsten Mitarbeiterstab des Ministers. Er gilt als einer der wichtigsten Ratgeber in außenpolitischen Fragen, sitzt als Bürochef an der Nahtstelle zwischen Ministerium und Minister. Vermutlich gibt es keinen Vorgang, der nicht über seinen Schreibtisch läuft. Jansen ist der Koordinator. »Ausbügeln« gehört zu seiner täglichen Arbeit. Wie selbstverständlich trägt er die Verantwortung – auch für eventuelle Pannen. Er nimmt die Mitarbeiter des Amtes in Schutz, versucht durch sein ausgleichendes Wesen zu vermitteln. »Wenn wir den nicht hätten« ist ein oft zu hörender Seufzer auf der Ministeretage. Jansen besitzt ausgewiesene fachliche Kompetenz und Verantwortungsbewußtsein gegenüber der »Familie Amt«. Er gehört zu den entscheidungsfreudigen Diplomaten, fähig zur Teamarbeit. Seine Zuverlässigkeit wird immer wieder unterstrichen. Er soll auch die Fähigkeit besitzen, gute Leute in das vierköpfige Team des Ministerbüros zu holen.

Mit Gisela Reitzer, einst Chefsekretärin von Innenminister Ernst Benda und Genschers vertraute Mitarbeiterin aus Innenministerzeiten, mit Renate Heiderich und der »Reisemarschällin« Ilona Schmidt kann sich Hans-Dietrich Genscher auf einen Mitarbeiterstab verlassen, der effizienter kaum noch arbeiten kann. Ein so perfektes Ministerbüro, in enger Zusammenarbeit mit dem Pressereferat, gibt es in Bonn sonst nirgendwo. Von seinen Mitarbeitern verlangt er viel. So viel wie von sich selber.

Der Unentbehrliche

Im Innen- und Außenministerium war er Genschers »Horchposten und Schnupperagentur«. Gemeint ist Dr. Klaus Kinkel, Staatssekretär im Bonner Justizministerium, seit 1970 mit Genscher eng verbunden und seit Jahren der einflußreichste politische Kopf im Leben des Ministers.

Klaus Kinkel ist nicht nur für Genscher unersetzlich. In der Bonner Koalition hat er eine »wichtige Scharnierfunktion« zwischen Unionsparteien, Kanzleramt und der FDP. In Fragen der Innen- und Rechtspolitik gilt Kinkel als aufmerksamer, umsichtiger Vermittler in der Bonner

Koalition. »Er ist ein geschickter Verhandlungspartner, der Probleme schnell erkennt und Lösungen anbietet«, urteilt ein Bonner Insider. Wer sicher sein will, daß eine wichtige Sache in angemessener Form an das Ohr Genschers kommt, muß mit Kinkel sprechen. Der gebürtige Schwabe, knapp zehn Jahre jünger als Genscher, besitzt eine robuste Natur und ein Standvermögen von seltener Qualität. 1970 wurde Kinkel persönlicher Referent des Bundesinnenministers Genscher und bald Büroleiter. 1974 wechselte er mit ihm ins Auswärtige Amt und wurde Leiter des Leitungsstabes. 1977 übernahm er den Planungsstab im Auswärtigen Amt. 1979 ging er auf Empfehlung Genschers als BND-Chef nach Pullach. Als die FDP unter Hans Engelhard nach der Wende 1982 das Justizministerium übernahm, holte Genscher den parteilosen Kinkel als Staatssekretär zurück nach Bonn. Der »Genscher-Mann« hat bis heute seine Distanz zum Außenminister gewahrt. Das besondere Vertrauensverhältnis beruht auf der mit großer Härte und Eindeutigkeit vorgetragenen Kritik und dem besonderen analytischen Vermögen des Schwaben. Seine Ratschläge werden selten übergangen. Setzte sich Genscher einmal über die Bitten seines treuen Weggefährten hinweg, ging manches schief. Erwähnt sei nur der Versuch einer Amnestie für Steuersünder. Genscher holt die Meinungen von vielen ein, sucht Rat bei Freunden innerhalb und außerhalb der Partei. Klaus Kinkel hat über Jahre Genscher beraten: mit größter Zurückhaltung nach außen und erheblicher Wirkung nach innen. So wird es auch bleiben.

Lutz Mahlerwein

Annäherungen

Leibhaftig hatte ich ihn zuletzt im bayerischen Landtagswahlkampf im Herbst 1982 gesehen, vor einer tobenden, pfeifenden Menge: Hans-Dietrich Genscher, bleich, verängstigt, kraftlos. Die Wende war vollzogen, das Wort vom Verrat ging um. Und dieses Bild hat sich mir eingeprägt: ein Politiker, ohne Worte lange Zeit und schwitzend, dessen unsteter Blick sich an den wenigen Freunden und Anhängern im Saal festzuklammern suchte, von der aufgebrachten Menge hin und her gebeutelt zwischen Verachtung und Verdammnis.

Knapp vier Jahre später erhielt ich den Auftrag, für den NDR ein Portrait von Hans-Dietrich Genscher anzufertigen, 45 Minuten lang, zur Hauptsendezeit im ersten Programm, innerhalb einer Reihe, in der sich schon Kollegen anderer Rundfunkanstalten um eine bildhafte Darstellung bundesdeutscher Politgrößen bemüht hatten.

Ich begegnete Genscher zum erstenmal wieder auf dem Flug in die spanische Universitätsstadt Salamanca. Dort sollte der Außenminister wegen seiner schätzbaren Verdienste um Europa den Ehrendoktorhut bekommen: ein Politiker voller Selbstvertrauen, Jovialität und Zuversicht. Längst trieb er sich wieder auf den Höhen demoskopisch erkundeter Popularität umher, auf deren Gipfel er sich nur mit seinem Konkurrenten Gerhard Stoltenberg balgen mußte.

Während des Fluges ließ mich Genscher in seine Ministerkabine bitten. Entspannt, fast locker trat er mir entgegen. Er kannte mich nicht . . . Er zeigte sich von der Idee eines Fernsehportraits sehr angetan und gab ohne Umschweife sein Einverständnis. Nur eine Einschränkung: Seine Familie müsse außen vor bleiben. Sein Privatleben interessiere mich ohnehin nicht, versicherte ich, vielleicht etwas ungalant, von seinem Entgegenkommen überrascht.

Ein möglichst genaues Bild des Politikers Genscher sollte es werden, authentisch, wenig gestellt, ungeschminkt, der Wahrheit nahekommend. Meine Vorstellungen: Ich wollte ihn mehrere Monate mit der Kamera verfolgen und dabei so dicht wie möglich an ihn herankommen. Genscher nickte, lächelte, nickte, scheinbar einverstanden. Mich überfiel die Illusion, eine schwierige Aufgabe meistern zu können.

Die Illusion brach sich das erstemal an den Toren und Pforten der Universität und Kathedrale von Salamanca. Der Minister werde sich viel Zeit lassen, kein Termindruck, nicht die übliche Hetze wie bei anderen Auslandsbesuchen, so Genschers Pressesprecher.

Doch die Vorfreude auf die kommende akademische Auszeichnung beflügelte den Schritt des Ministers beim Rundgang durch die altehrwürdigen Gemäuer. Ihn kümmerte es nicht, daß ein Fernsehteam mit Kamera und Tonausrüstung nicht so leichtfüßig folgen kann wie die Kollegen mit Block und Bleistift. Und niemand konnte im voraus sagen, durch welche Tür er in den nächsten Saal entschwinden und wo der Bildungsgang überhaupt enden werde.

Die Hoffnungen auf originelle Bilder in sorgfältig vorbereiteten Einstellungen schwanden. Zum Beispiel Genscher bei der Anprobe von Doktorhut und Talar. Man sagte uns, die strenge Etikette der Universität verbiete Filmaufnahmen. Genscher schien das recht zu sein. So blieben uns nur die Verleihungszeremonie und Genschers Preisrede auf Europa.

Dann doch noch Termindruck. Auf dem Rückflug konnte sich Genscher einen kurzen Abstecher beim spanischen Ministerpräsidenten nicht verkneifen. Ein Freundschaftsbesuch, so hieß es. Freundschaft unter

Politikern – wie gern würde man so etwas einmal drehen. Aber die beiden Herren wollten ihre innigen Bande nicht vor der Öffentlichkeit zeigen. Dreherlaubnis dann erst anschließend auf der Pressekonferenz in der deutschen Botschaft bei kühlen Getränken und appetitlichen Häppchen. Das übliche Bild.»Wer hat noch eine Frage?« Ich hatte keine. Auf dem Rückflug resümierte ich mit Genschers Pressesprecher die ersten Erfahrungen. Ich versuchte klarzumachen, daß für ein Portrait des Ministers, sollte es nicht nur eine Aneinanderreihung von Tagesaktualitäten sein, schon mal ein ungewöhnlicher Blickwinkel gestattet sein müsse. Ich verschwieg auch nicht, daß so etwas Zeit kostete und sicherlich den Minister auch zusätzliche Mühe. Das Amt zeigte wieder Verständnis und versprach Besserung.

Die Mischung aus Bereitwilligkeit und der Unfähigkeit, sich von den realen oder vermeintlichen Zwängen des Amtes zu befreien, prägten in den folgenden Monaten die Dreharbeiten. Guter Wille war zweifellos vorhanden. Die Atmosphäre während der Arbeit war nie feindselig-abweisend. Genschers Mitarbeiter begegneten uns aufmerksam und, wie ich meine, ohne Skepsis. Dabei hatte ich nie einen Hehl daraus gemacht, kein Parteigänger ihres Chefs zu sein. Auch Genscher verstand es, unterwegs heitere Stimmung zu verbreiten. Kollegen, die ihn lange und genau kennen, bestätigen, daß er fast alle Journalisten, gleich, welcher Couleur, für sich einnehmen kann. Doch konnten mich seine zweifellos schlagfertige Intelligenz wie seine dröhnende Biederkeit nicht darüber hinwegtäuschen, daß er uns Fernsehleuten gegenüber zutiefst mißtrauisch war.

Das Gefühl, daß unsere Kamera ihm eins auswischen wollte, verließ ihn während der Dreharbeiten nur selten. Das hing wohl auch damit zusammen, daß mein Team und ich nicht sonderlich vertraut waren mit einigen Bonner Gepflogenheiten, vor allem mit jenen drei Kategorien, nach denen Informationen verteilt werden:

1. Nur für den persönlichen Gebrauch bestimmt,
2. für die Öffentlichkeit bestimmt, aber ohne Quellenangabe und
3. für die Öffentlichkeit bestimmt.

Diese ungeschriebenen Regularien werden eingehalten, ohne daß jemand aus dem illustren Kreis noch dagegen anmaulen würde. Ich halte diese Art, sich von Politikern mit ein paar Leckerbissen zum Schweigen bringen zu lassen, für verführerisch und unjournalistisch.

Es war uns gegenüber fast schon ein Vertrauensbeweis, als wir uns auf dem Rückflug vom Weltwirtschaftsgipfel in Tokio zu einem Plauderstündchen im Kreis seiner getreuen Journalisten gesellen durften. Genscher referierte die Ergebnisse des Treffens und kehrte die Verhandlungserfolge der bundesdeutschen Delegation hervor. Über die Reaktorkatastrophe von Tschernobyl kam Genscher dabei auf seine Zeit als Innenminister zurück, als er zum erstenmal die ganze Wucht der Verantwortung bei der Kontrolle atomarer Sicherheit gespürt hatte. Er sprach offen von seinen Ängsten und Befürchtungen. Ein sympathisches Eingeständnis. All dies war nicht zur Geheimhaltung aufgerufen. Dennoch: Wir durften zwar die Kamera einschalten, nicht aber das Mikrofon. Damals spürte ich die Lust in mir aufsteigen, das Filmprojekt hinzuschmeißen. Ich habe Genscher später nach den Ursachen dieser Kameraphobie gefragt. Immerhin, weil ja auch gerade keine Kamera lief, gab er dieses irrationale Mißtrauen zu. Er könne mit seinem Verstand nicht dagegensteuern. Aber er schlug vor, die erwähnte Episode in dem Interview, das wir für das Ende der Dreharbeiten verabredet hatten, noch einmal zu erzählen. Den Hinweis, daß dies die spontane Erzählweise nicht ersetzen könne, überging er. Für Cineastisches hat er seine Sinne während der gesamten Aufnahmen nicht sonderlich geschärft. Es schien ihm immer wichtiger zu sein, seine Außenpolitik auszubreiten, in den oft gehörten Parolen von der Berechenbarkeit und Kontinuität ... Genscher ist sich sehr wohl darüber im klaren, daß jedes Wort, das in die Kamera gesagt wird, ein Dementi nur noch schwer zuläßt. Deswegen benutzt er nur die unantastbaren offiziellen Formulierungen, die er auch in höchster Bedrängnis abrufen kann.

Genscher hat es in den wichtigen Situationen verstanden, alles das, was über seine routinierte Führung der Amtsgeschäfte hinausging, vor unserer Kamera zu verbergen, subjektive Gefühle wie die Freude über Erfolge oder die Verbitterung über Mißerfolge eingeschlossen. Ronald Reagans Racheakt gegenüber dem libyschen Staatschef Gaddafi im April 1986 hat ihn, so sein Pressesprecher später, wie ein Keulenschlag getroffen. Genscher hatte von dem Vergeltungsschlag im Flugzeug auf dem Weg nach Washington erfahren, wo er dem amerikanischen Präsidenten eine Resolution der Europäischen Gemeinschaft vortragen wollte. Reagan jedoch zeigte seinen Bündnispartnern in Europa, wie gering er ihre Meinung schätzt. Seinen Zorn über den Vergeltungsschlag verbarg Genscher geschickt vor allen mitreisenden Journalisten. Im Flugzeug wie auch im gemeinsamen Quartier, dem Watergate-Hotel, war er für uns nicht mehr zu sprechen. Am nächsten Tag jedoch spulte er sein Besucherprogramm in gewohnter Routine ab: acht Besuchstermine, unter anderem beim Präsidenten. Wir durften jedesmal, zusammen mit anderen Teams, die Kamera hinhalten, wenn er über die Flure schritt und hinter den Türen verschwand, mit jener gefaßten Miene, die alle Politiker aufsetzen, wenn sie sich für besonders bedeutend halten.

Natürlich hat Genscher sein Unbehagen gegenüber unserer Kamera, die immer auf die ungewöhnlichen Bilder aus war, mit der Zeit besser in den Griff bekommen – nach mehreren Berührungspunkten auf Auslandsreisen, im Wahlkampf, während des Parteitages, in seinem Bonner Büro. Am Ende durften wir ihn dann auch noch während seines Urlaubs auf einer griechischen Insel filmen. Der Minister in kurzen Hosen mit seiner Frau beim Einkaufsbummel.

Aber auch dort, in der Abgeschiedenheit, bin ich der Wahrheit, wie sie für ein Portrait aufschlußreich gewesen wäre, nicht viel nähergekommen. Ich habe Genscher auf Franz Josef Strauß angesprochen, der seine Außenpolitik gerade heftigst attackierte – er bezeichnete diese Angriffe als überflüssig, aber werbewirksam für sich und die FDP. Ich habe ihn auch nach Helmut Kohl gefragt, mit dem er wegen SDI und Bitburg über Kreuz lag. Er aber bekundete uneingeschränkte Loyalität, und ich habe ihn noch einmal an die Abkehr von den Sozialdemokraten erinnert, die ihm viele verbitterte Genossen noch immer als Verrat vorwerfen. Aber auch hier kamen wieder nur die sattsam bekannten Antworten, angereichert mit dem wehmütigen Hinweis, daß er mit Helmut Schmidt doch ganz erfolgreich zusammengearbeitet habe.

Weiter hat sich mir der Politiker Genscher nicht geöffnet. Das größte Zugeständnis, das ich ihm abhandeln konnte, war, daß ich in den Interviews nach eigenem Gutdünken schneiden durfte. Durfte? Ich halte diese journalistische Freiheit für selbstverständlich. In Bonn, so wurde mir zugetragen, ist dies längst nicht mehr üblich.

Genscher hat sich während der Dreharbeiten immer so verhalten, wie er sein Amt wahrzunehmen müssen glaubt. Stets blieb er der traditionellen Rolle des Staatsmannes treu. Das setzte dem Versuch eines Portraits die Grenzen. Mehr Entgegenkommen zu erhoffen war Illusion. Offenbarungen konnten demzufolge auch nicht erwartet werden. Der Umgang mit ihm war ohne Anspannung und freundlich. In einem solchen Klima reift keine Polemik. Anständig, fair, ich beschloß, mich mit diesen Krücken in dem enggesteckten Rahmen zu bewegen.

Heute, mit einigem Abstand, frage ich mich, ob dies die richtige Vorgehensweise von Journalisten sein kann, und all das, was seither als ihre Skandale enthüllt wurde, aber auch ihre kleineren Fehltritte und die elende Kompromißbereitschaft, die sie an der Macht hält, lassen mich zweifeln, daß Spitzenpolitiker a priori Schonung verdienen.

Zeitzeugen

Norbert Blüm

Es muß mehr sein!

Ein Schlitzohr nennen sie ihn, und recht haben sie. Aber erwischt ist er mit diesem Titel nicht. Vielleicht ist das die besondere sublime Form von Schlitzohr, daß es in Wirklichkeit gar keines ist. Hans-Dietrich Genscher ist ein Taktiker der Meisterklasse. Aber das ist nicht der Kern dessen, was ihn ausmacht. Er war schon ganz unten und ist jetzt wieder ganz oben. Er ist abgetreten und ist dennoch da. Das sind zwei Kabinettstückchen mit politischem Seltenheitswert, und beide können nicht allein durch Schlitzohrigkeit erklärt werden. Denn wenn die Kübel der öffentlichen Verachtung ausgeschüttet werden und selbst die eigenen Parteifreunde auf Distanz gehen, dann hilft die größte Cleverneß im Überlebenskampf nichts, da muß noch mehr sein.

Außengesteuert jedenfalls überlebt man die Turbulenzen nicht. Der Ruhepunkt muß woanders zu finden sein. Die Mystiker nannten diese Rückzugsgelegenheit das Herzenskämmerlein. Doch der Weg zu ihm ist in der Politik durch vielerlei Ablenkung versperrt. Denn wer will nicht doch geliebt werden? Der Beifall ist der Politiker liebstes Kind und überhaupt die Voraussetzung des Erfolges. Schließlich ist die Demokratie ein Kampf um Zustimmung. Ist sie wirklich nicht mehr? Ohne Rückzugsmöglichkeit auf das eigene Selbst verkommt Politik zum Marketing der Gefälligkeiten. Also braucht der Politiker ein Herzenskämmerlein, das die klugen Leute der Soziologie mit dem Funktionalbegriff Innensteuerung beschrieben haben. Irgend so etwas muß Genscher gehabt haben, um durch das Gewitter der Wende zu kommen.

Vom Vorsitz abgetreten und dennoch Angelpunkt bleiben ist der zweite Teil seiner Raffinesse, die nicht zu den Alltäglichkeiten der Politiker gehört. Zwar werden die meisten Amtswechsel mit den Beschwörungen versehen, daß die Erfahrungen des Vorgängers unverzichtbar und sein Rat teuer sei, und während der so Verabschiedete das alles dementiert, glaubt er es meistens doch. Zumindest tröstet er sich damit. Denn wäre auch nur ein Teil der Abschiedswünsche ernst gemeint, müßte ihm der bleibende Platz einer grauen Eminenz reserviert sein. Aber schon nach wenigen Wochen haben sich die alten Verehrer um den neuen König versammelt. So ist das – im allgemeinen.

Beim Wechsel von Genscher zu Bangemann war es nicht so. Und das ist sicherlich nicht nur das Verdienst von Hans-Dietrich Genscher, sondern auch von Martin Bangemann, der offenbar mit so wenig Eitelkeit ausgestattet ist, daß es ihm erträglich erscheint, den Vorgänger neben sich zu haben. Aber auch Genscher unterstelle ich ein wohlkalkuliertes Maß von Takt, das es ihm erlaubte, abzutreten und dennoch dazubleiben.

Es muß eine von außen nicht erkennbare Grenze zwischen beiden geben, sonst hätten sie dieses komplizierte Miteinander nicht innerlich organisieren können. Denn Hans-Dietrich Genscher blieb Angelpunkt, und die Partei verdankt Martin Bangemann viel.

Ich bin nicht der Detektiv der Lebensgeschichte Hans-Dietrich Genschers. Aber ich vermute, daß ihm die Härte, die die Voraussetzung der Innensteuerung ist, nicht erst in der Politik zugewachsen ist. Wir müssen auch nicht wissen, wo es geschehen ist. Vielleicht war es eine schwere Krankheit, die er zu überwinden hatte, die ihm Überleben nur als Kampf gegen Selbstmitleid ermöglichte. Wir wissen es nicht, wir wollen es nicht wissen. Aber das Geheimnis von Hans-Dietrich Genscher kann nicht nur Marketing sein, es muß mehr sein.

KLAUS-DIETER REINHOLD

Sein Humor

Hans-Dietrich Genscher ist ein Mann, der Witz, geistreiche Bemerkungen oder Reden, überhaupt Humor in jeder Erscheinungsform liebt und kräftig davon Gebrauch macht.

Es ist wohl in der ganzen Welt – bei seinen Freunden ebenso wie bei seinen politischen Gegnern – bekannt, daß er ein großes Repertoire an immer neuen, aktuellen Witzen hat und oft und gern einsetzt. Wenn einige Herren in Konferenzpausen zusammenstehen und Genscher kommt hinzu, kann man sicher sein, daß kurze Zeit danach lautes Lachen ertönt – Genscher hat bestimmt einen aktuellen politischen Witz losgelassen. Da er es versteht, seine Gags mit spitzbübischem Lächeln, einem gewissen schauspielerischen Talent und großer Lebhaftigkeit vorzutragen, erntet er, auch durch die Qualität seiner Witze, in der Regel großes Gelächter. Unverkennbar ist dabei, daß er selbst kräftig mitlacht, denn sein prustendes Lachen ist unüberhörbar.

Dabei ist er nicht nur der Erzähler guter Witze, sondern er hat stets auch ein offenes Ohr für Witze anderer. Er hört mit Vergnügen zu, und sein hervorragendes Gedächtnis speichert die Pointe ganz nebenbei und sicher.

Es wäre jedoch völlig verfehlt anzunehmen, daß sein Humor sich mit diesem Bereich erschöpft. Der im Fernsehen bei Reden oder Interviews so bedächtig und überaus sorgfältig formulierende Politiker ist unter Freunden oder einfach in Gesellschaft ein ausgesprochen lebhafter und vor Freude an Humor geradezu sprühender Gesprächspartner. Das Wesentlichste hierbei ist wohl seine Schlagfertigkeit. Es ist völlig undenkbar, daß Genscher, wenn er zum Beispiel mit Humor angegriffen wird, nicht blitzschnell noch einen draufsetzt und den Spieß umdreht, so daß er letztlich die Lacher auf seiner Seite hat.

Genscher hat das, was man im besten Sinne des Wortes »Mutterwitz« nennt. Diese in Sachsen und näherer Umgebung besonders ausgeprägte Eigenschaft hat er wohl auch tatsächlich von seiner Mutter geerbt, die ebensogern lacht und mit Schlagfertigkeit andere zum Lachen bringt.

Seine Freude an Witz und Schlagfertigkeit bewirkte schon immer, also schon damals als Student in Halle oder Leipzig oder als Referendar in Bremen, daß er in einem Kreis von Freunden oder zufällig Anwesenden stets der lebhafte und durchaus nicht leise Mittelpunkt war. Man hört ihm einfach gern zu. Es kommt immer etwas Besonderes − meistens gemischt mit humorigen Nebenbemerkungen und echter Freude am Spaß.

Überhaupt, es muß einmal festgehalten werden: Viele, die ihn nur vom Fernsehen kennen, halten ihn für einen immer nur furchtbar ernsten, vorsichtig abwägenden und bedächtigen Menschen. Ich habe Leute gehört, die glaubten, er sei völlig humorlos. Das genaue Gegenteil ist der Fall. Wenn Kameras oder Mikrophone in der Nähe sind, ist er gewiß aufs höchste diszipliniert und zurückhaltend, ruhig, beherrscht. Im Umgang mit anderen ohne Kameras und Mikrophone ist er hingegen ausgesprochen lebhaft, dynamisch, mitreißend aktiv und eben voller Humor.

Das gilt auch für seine Reden. Sind sie politisch, formuliert er mit großem Ernst und Bedächtigkeit, sind sie unpolitisch, z. B. bei inoffiziellen Feiern oder gesellschaftlichen Anlässen, formuliert er, oft genug aus dem Stegreif, einen Gag nach dem anderen − geistreiche Anspielungen, humorige, aber nie bösartige Attacken auf Gegner oder auch politische Freunde, witzige Kommentare zu politischen oder unpolitischen Ereignissen.

Einmal z. B. sagte mir Genscher bei einer FDP-Festveranstaltung, bei der ein sehr beliebter und geschätzter bayerischer Humorist eine Rede hielt und viel Lachen erntete, das sei zwar gut, aber er wette, daß bei seiner Festrede, die er als damaliger Parteivorsitzender noch halten mußte, bei jedem Satz gelacht werde. Ich meinte, er solle nicht übertreiben, denn eine humorige Rede zu halten sei an sich schon eine nicht leichte Aufgabe. Fünf Minuten später stand Genscher auf der Rednertribüne. Ich mußte schnell einsehen, daß ich meine Wette verloren hatte, denn es gelang ihm tatsächlich, praktisch mit jedem Satz, durch humorige Angriffe auf einzelne Gruppen, durch Antworten auf Zwischenrufe, durch »Sich-selbst-auf-den-Arm-Nehmen« usw. einen Lacherfolg und Beifallssturm nach dem anderen zu erzielen.

Überhaupt, das »Sich-selbst-auf-den-Arm-Nehmen«: Ob beim Starkbieranstich auf dem Nockherberg in München oder bei einer Fastnachtsveranstaltung im Rheinischen, Genscher hört es mit größtem Vergnügen, wenn der Redner ihn kräftig »durch den Kakao« zieht.

Einmal erzählte er mir, daß er wegen starker Schmerzen in einem Ohr einen Arzt aufsuchen mußte. Da der Arzt meinte, die Heilung der Entzündung werde einige Zeit dauern, habe er erklärt: Zeit dafür habe ich nicht. Sie müssen das bis morgen oder übermorgen wieder hinkriegen, dafür dürfen Sie mit den Ohren auch machen, was Sie wollen, nur abschneiden, das dürfen Sie nicht. Ich brauche die Ohren nämlich noch − als mein Markenzeichen.

Sosehr auch seine Ohren diese Rolle spielen, wer Genscher näher kennt, weiß, daß sein eigentliches Markenzeichen − abgesehen von seiner Ernsthaftigkeit bei ernsten Themen − seine Freude am Lachen und am »Lachenmachen« ist und seine außergewöhnliche Fähigkeit, diese hervorragende Lebenseinstellung zu verbreiten.

Nicht umsonst ist er Träger des »Ordens wider den tierischen Ernst«, des bayerischen »Karl-Valentin-Ordens« und vieler ähnlicher hochangesehener Auszeichnungen aus fast allen deutschen Landen.

XVIII. Kapitel

Einblicke

Thomas Kielinger

Hans-Dietrich Genscher und die Union

Das Thema könnte suggerieren, hier gehe es um die Vorschau eines Titelkampfes. In der Tat wird Politik in unserer Demokratie mehr und mehr unter personalisierten Aspekten gesehen und interpretiert. Die Folge sind publizistische Partisanenkämpfe und Plädoyers, die viel persönliche Leidenschaft freisetzen, aber zur Erhellung der Sache und der Interessenlage des Gemeinwohls wenig beitragen.

Hans-Dietrich Genscher ist nach vierzehn Jahren an der Spitze des Außenministeriums in den Zustand einer Art politischer Seligsprechung aufgestiegen. So hat die größte Partei des Landes, die Christlich-Demokratische und die Christlich-Soziale Union, vorab schon einmal die größte Mühe, das Thema Genscher zu behandeln, ohne Genscher dabei zum Thema zu machen – so paradox ist die Lage. Das Politbarometer reagiert sehr verärgert auf Leute, die dem Außenminister am Zeug flicken wollen: Auf der Beliebtheitsskala rutscht der Angefeindete sogleich einige Positionen nach oben.

Genscher kennt dieses sein wichtigstes Kapital: die Personengebundenheit des Themas deutsche Außenpolitik an ihn, den Platzhalter. Wenn Franz Josef Strauß – wie in der Schlußphase des Wahlkampfes 1987 geschehen – die Frage der Entspannung an ihm, Genscher, aufzuhängen beliebt, dann ist die Schlacht für die FDP schon allemal halb gewonnen. Aber selbst dann, wenn die Union außerhalb eines Wahlkampfes von der Sache sprechen möchte, wenn sie etwa – am

396

15./16. Mai 1988 auf einer außen- und sicherheitspolitischen Tagung in Feldafing – von der Frage bewegt wird, wann das Außenministerium wieder verfügbar werden mag für den stärksten Koalitionspartner, und wenn daran einige Gedanken zu veränderten Akzentsetzungen in der Außen- und Sicherheitspolitik geknüpft werden, selbst dann holt Hans-Dietrich Genscher wieder seine wichtigste Waffe hervor: die Anbindung des Amtes an ihn, den langjährigen Inhaber.

Die Zeitungen mit den Berichten über die Feldafinger Tagung lagen noch druckfrisch am 17. Mai auf den Tischen der Republik, als um 7.15 Uhr über den Deutschlandfunk Hans-Dietrich Genscher sich zur Wehr setzte: »Der Wähler hat einen klaren Auftrag erteilt. Und das war auch sehr deutlich, daß der Wähler einen Auftrag erteilt hat, wer das Außenministerium wahrnehmen soll in dieser Bundesregierung und welche Außenpolitik gewünscht ist. Anders kann das Wahlergebnis vom Januar letzten Jahres gar nicht gelesen werden. Und ich denke, daß die Regierungsparteien gut beraten sind, wenn sie diesen Wählerwillen beachten.« Das Zitat dürfte Verfassungskommentatoren einiges Kopfzerbrechen bereiten, denn es ist dem Grundgesetz nicht zu entnehmen, daß der Wählerwille ein Plebiszit für die Besetzung eines einzelnen Ressorts darstellt. Daß Genscher es dennoch so vortragen kann, verrät, wie weit die politische Debatte in der Bundesrepublik tabuisiert wird auf Feldern, die vor der jeweiligen Wahl bereits, koalitionsarithmetisch aufgespalten, verteilt werden. So darf denn der Außenminister, Vizekanzler und heimliche FDP-Vorsitzende zu Recht behaupten, die *Vox populi* habe für ihn als Außenminister gesprochen.

Man muß an diese Dinge erinnern, um sich bei Behandlung der Beziehungen zwischen der Union und Hans-Dietrich Genscher nicht sogleich in vordergründigem Aufrechnen politischer Sünden zu verlieren. Das Problem der CDU/CSU mit dem FDP-Außenminister hat viel mit dem deutschen Wahlrecht zu tun und dem daraus sich immer stärker herauskristallisierenden Zwang zu Koalitionsregierungen. Nur in der deutschen modernen Demokratie ist es dem Souverän gestattet, seinen Willen in einen solchen des Herzens und des Kopfes zu spalten. Viele Wähler rücken ihre Zustimmung in doppelter Ausfertigung heraus: in einer emotionellen (Erststimme) und einer intellektuellen (Zweitstimme).

Seitdem aber immer mehr Wähler die Spielvorteile des Zwei-Stimmen-Systems entdeckt haben, verstärkt sich die Ambivalenz unserer politischen Kultur. Der größte Nutznießer dieser Lage ist auf Bundesebene die FDP, die jeweils mit dem »Ja-aber«-Potential unter (früher) SPD-Wählern und (heute) CDU/CSU-Wählern zu numerischen Stärken herangewachsen ist, die sie nie erreichen würde, wäre mit der Stimmabgabe der

Zwang zu parteieindeutigem politischen Bekenntnis verbunden, handelte es sich um ein echtes *one man, one vote* wie etwa im Direktwahlland Großbritannien und nicht, wie bei uns, um *one man, two votes*. Die Deutschen sind eben immer etwas gründlicher als andere. In Hans-Dietrich Genscher gerinnt das Zwei-Stimmen-Prinzip zu historischer Gestalt. Er verkörpert die Ambivalenz, die sich Kontinuität nennt, und sieht bei den Wechselfällen der Politik seine Unersetzlichkeit nur immer weiter bestätigt. Er gleicht dem Wetterhahn, der die Kirche unter sich kreisen läßt.

Diese Ambivalenz ist eine politische Hypothek, mit der es keinen berechenbaren Umgang gibt, auch wenn der Außenminister das Wort von der »Berechenbarkeit der deutschen Außenpolitik« gerne im Mund führt. Denn gerade die Scharnierfunktion, die die Politikwissenschaft der FDP attestiert, diese Funktion als Dreh- und Angelpunkt des Zustandekommens von Regierungsmehrheiten, legt es dem wichtigsten FDP-Repräsentanten, legt es Hans-Dietrich Genscher nahe, in wechselnden Umfeldern die Akzente zu verschieben. Zum Zeitpunkt eines Wechsels kann Genscher für sich reklamieren, die Kontinuität der deutschen Außenpolitik (und die FDP) gleichsam in Sicherheit zu bringen. So 1982. Ist der Wechsel einmal vollzogen, entfaltet die »Kontinuität« Züge, die dem stärksten Koalitionspartner leicht die Sprache verschlagen. So heute der CDU/CSU. In Zeiten der SPD-geführten Regierung gab der Minister sich als Garant der Westbindung aus, unter Kanzler Kohl als Garant der ostpolitischen Kontinuität. So weit, so gut. 1982 legte er die Betonung auf Sicherheit, 1988 gilt »Abrüsten von Feindbildern« – so weit, so problematisch für die Union. Ist der heuristisch wohlklingende Begriff der »Kontinuität« erst einmal koalitionspolitisch abgesichert, tritt die strategische Interpretation nationaler Interessenpolitik auch schon in den Hintergrund gegenüber dem innenpolitischen Balancieren der Außenpolitik, dem geschickten Eingehen auf populistische Strömungen.

Die Union kämpft angesichts dieser wechselnden Markierungen durch den Außenminister mit den Anzeichen ihrer eigenen Strategie-Schwäche. Allzulange hat es sich als tunlich erwiesen, Aussprachen zu vertagen, statt bestimmte Inhalte dem rauhen Wind eines Koalitionsstreits auszusetzen. Die Rücksicht der größten Koalitionspartei gegenüber dem Partner, mit dessen Hilfe man überhaupt an die Macht gekommen ist und an ihr weiter teilhaben kann, schreckt vor der Auseinandersetzung in der Substanz ab. Darunter leidet letztlich die Debatte in den eigenen Reihen. Ein Beispiel: Im Strategiejahr 1987 – »Doppelte Null-Lösung« – rangen die Christdemokraten noch mit einer einheitlichen Position, als der FDP-Außenminister bereits das Endergebnis verkündete ... Hans-Dietrich

Genscher zieht aus solchen Vorfällen seine beständige Genugtuung. Historisch läßt er die Union in der Erinnerung an ihre Kämpfe schmoren: anfängliche Ablehnung der Ostverträge, der KSZE-Schlußakte. In der aktuellen Lage überflügelt er sie durch taktische Schnelligkeit. Diesen Zustand ihrer Schwäche hat die Union inzwischen erkannt. Seit 22 Jahren bekleidet die CDU/CSU nicht mehr das Ministerium, welches einst zu ihrer Stärke gehörte: das des Äußeren. Schmerzlich vermißt wird noch immer der überragende Sachverstand eines Alois Mertes. Volker Rühe, stellvertretender Fraktionsvorsitzender der Union im Deutschen Bundestag, hat daher seit einiger Zeit eine Gruppe von Kollegen darauf vorbereitet, mit ihm zusammen neue Kompetenz im außenpolitischen Feld zu erarbeiten. Erste Frucht dieser Profilierungskampagne ist das Anfang Mai vorgestellte Buch »Herausforderung Außenpolitik − Die neue Generation der CDU/CSU meldet sich zu Wort« mit Beiträgen Rühes und der übrigen (gar nicht mehr so jungen) Nachwuchs-Außenpolitiker. Rühe selber, der eine Zeitlang als möglicher Wörner-Nachfolger gehandelt worden war, zeigt nun in diesem neu nach vorn gebrachten Thema Außenpolitik frische Artikulations- und Formulierungsfreude, die selbst vor offener Kritik an Genscher nicht zurückschreckt.

»Die Außenpolitik wird nicht in erster Linie mit dem Flugzeug, sondern mit dem Kopf gemacht«, monierte der Sicherheitsexperte seiner Partei in einem Zeitungsinterview vom 24. April 1988 in Anspielung auf Genschers Stil ubiquitärer Selbstprojizierung. »Wenn wir dem Gewicht der Bundesrepublik gerecht werden wollen, brauchen wir langfristige Konzepte statt kurzatmiger Taktik und verschwommener Formulierungen.«

Das Beispiel Rühe ist aufschlußreich für die gesamte Bewegung, die das dialektische Beziehungsgeflecht zwischen Genscher und der Union bei der Außen-, Deutschland- und Sicherheitspolitik ergriffen hat. Lange zählte man gerade diesen CDU-Abgeordneten aus Hamburg-Harburg zu den Exponenten jenes »Genscheristen«-Flügels in der Union, der mit Hilfe des Genscherschen Kontinuitätsbegriffs die Christdemokraten angeblich von ihren ostpolitischen Traumata hatte befreien sollen, hin auf einen Kurs der Fortsetzung sozialliberaler Ausgleichspolitik. Höhepunkt dieser Polarisierung zwischen den »Genscheristen« und den »Stahlhelmern« war das Jahr 1985. Hans-Dietrich Genscher durfte sich sonnen auf dem Hochsitz seiner Macht: Er brauchte nur abzuwarten, wie die »Stahlhelmer« und die »Genscheristen« ihren Streit um die Gretchenfrage, die Ostverträge, beilegen würden. Nie stand sein Kontinuitätsanspruch in einer wichtigen außenpolitischen Frage auf gesünderen Füßen. Rühe trat, mit dem Hinweis auf die »Bindewirkung« der durch die ostpolitischen Vertragstexte beschriebenen Wirklichkeit, an seine Seite, was ihm scharfe Kritik eintrug.

Die Lage hat sich inzwischen gewandelt. Immer weniger benötigt wird Hans-Dietrich Genschers Rolle als Lordsiegelbewahrer der ostpolitischen Orthodoxie – zu stark hat sich die Partei Helmut Kohls selber auf die Kanzler-Linie des zügigen Ausbaus der Ost-Beziehungen eingestellt. Rühe wirkt wie rehabilitiert.

Noch bezeichnender ist der Wandel in der Sicherheitspolitik. Die alten Gruppierungen von »Genscheristen« und »Stahlhelmern« – wenn es sie je gab – sind hier endgültig zerbrochen. Ein Alfred Dregger etwa, noch vor drei Jahren die Verkörperung des Anti-Genscher, des »Stahlhelmer« schlechthin, ist in einer Anwandlung sicherheitspolitischer Ernüchterung über die Führungsmacht USA zu einem scharfen Washington-Mahner geworden, der mit ähnlichen Worten der Abneigung wie Genscher (oder Egon Bahr) heute die Modernisierung atomarer Kurzstreckenwaffen konditioniert, wenn nicht ablehnt. Volker Rühe spielte diesmal einen undankbaren Part, den des Verlierers: Sein Versuch, bei der Abrüstung der Mittelstreckenraketen den Zug bei der »einfachen« Null-Lösung zum Halten zu bringen, um Zeit für eine Atempause, eine strategische Besinnung, zu finden, mußte angesichts der Nicht-Einbindung Hans-Dietrich Genschers in die Fortsetzung des noch Anfang 1987 bestehenden Konsenses scheitern.

Aus den Erfahrungen dieses Jahres rühren bei Rühe und anderen die neu erwachte analytische Angriffslust. Plötzlich greift die Erkenntnis um sich, daß die außenpolitische Debatte in der Bundesrepublik aus der unfreiwilligen Tabuisierung durch den Personalaspekt Genscher – sprich: durch die Koalitionsrücksicht – befreit und wieder auf den Punkt gebracht werden muß. Die Union erlebt zudem, wie der Flächenbrand des Populismus, etwa in der emotional so aufgeladenen atomaren Frage, in die eigenen Reihen einzudringen beginnt – siehe die Resolution der Jugendorganisation der Partei, der Jungen Union, die inzwischen eine »dritte« Null-Lösung bei den atomaren Abschreckungswaffen verlangt. Genscher selber verwendet den Begriff der Abschreckung heute nur noch als Idee, die es zu überwinden gelte: »Heute brauchen wir eine neue, höhere Qualität der Sicherheit« (30. 4. 1988). Während der Bundeskanzler – so in seiner Rede vor dem Außenpolitischen Kongreß der CDU am 14. 4. 1988 in Bonn – vor der »Denuklearisierung Westeuropas« warnt und das Recht auf »laufende Modernisierung unserer Streitkräfte« reklamiert, unter Hinweis, »daß die Sowjetunion und der Warschauer Pakt die Modernisierung ihrer Waffensysteme ohne Einschränkungen fortführen«, setzt Hans-Dietrich Genscher auf die Rhetorik

»kooperativer Sicherheitspolitik« und mahnt (ohne operativen Ansatz) die Fähigkeit an, »neue Entwicklungen in der Sowjetunion richtig einzuschätzen« und im Falle Moskaus »nicht immer nur die denkbar schlechteste Alternative« anzunehmen, »*the worst case scenario*«.

Überhaupt fällt an der Sicherheitsdebatte auf, daß der Außenminister sich aus der Dialektik von Sicherheit und Zusammenarbeit, wie sie der Harmel-Bericht 1967 festlegte, den Teil der »Zusammenarbeit« als Themenpräferenz herausnimmt und jene, die sich auftragsgemäß mit der »Sicherheit« herumplagen müssen, rhetorisch gleichsam in die Ecke stellt. So eingespielt ist diese ungleiche Rollenverteilung inzwischen im Bewußtsein der deutschen Öffentlichkeit, daß die Tageszeitung *Die Welt* unlängst in einem Leitartikel geradezu definieren konnte, es sei Sache der Union, »den nüchternen Blick für die Realitäten« und für die »fortdauernde Verteidigungsbereitschaft« zu bewahren; sie müsse »eine realistische Politik begründen und die Bevölkerung dafür gewinnen« – »sozusagen als Widerlager zum Prinzip Hoffnung im Außenamt«. Auf diese Arbeitsteilung will sich die Union aber weniger denn je einlassen, denn sie kann sich schon jetzt ausrechnen, daß ihr Aufgabenbereich (»Realismus«) tabuisiert wird – wenn nicht sogar geächtet – unter dem Anprall »des Prinzips Hoffnung« im Außenamt. Im übrigen ist es der Interessenpolitik eines Landes wohl nicht dienlich, wenn ein Dokument, das allgemein als so grundlegend angesehen wird wie der Harmel-Bericht, zum Spielball von Arbeitsteilungen wird, die im Grunde den politischen Konsens des Landes nur weiter spalten.

Strebt die Union eine andere Außenpolitik an? Die dürfte bei der vertraglichen Einbettung dieser Republik nach Westen und Osten gar nicht so leicht zu finden, zu definieren sein. Entsprechend dreht sich der Streit um Genscher auch mehr um die Nuancen der Rhetorik, um das Belegen von Begriffsfeldern, also um Beeinflussung von Bewußtsein. Hier liegt Genschers besondere Meisterschaft, etwa wenn er einen zentralen Terminus wie »Macht« oder »Machtpolitik« immer wieder ablehnend kommentiert. »Der Versuchung von Machtpolitik muß unsere Kampfansage gelten«, sagte er am 30. 4. 1988 in Berchtesgaden, und »das weltweite Eintreten gegen Todesstrafe und Folter, gegen Verfolgung und Menschenrechtsverletzungen« sei für das liberale Credo »so konstitutiv wie der Verzicht auf Machtpolitik und Hegemonialstreben«. Auch hier wird der durchaus diskussionswürdige Begriff Machtpolitik durch Verkettung mit einem allgemein abgelehnten Konzept wie »Hegemonialstreben« in gleichsam schuldhafte Assoziation gesteckt.

Konkret kann dieses Vorführen geistiger Feindbilder auch Handlungsspielräume der Außenpolitik blockieren. Die immer wieder auftretende

Frage nach einer möglichen deutschen Beteiligung an internationalen Friedenskonvois (Beispiel: Golf) wies der Außenminister in dem genannten Deutschlandfunk-Interview vom 17. Mai barsch von sich:»Unsere Rolle kann nicht sein, daß wir uns als Weltgendarm gerieren (oder) als militärische Ordnungsmacht auftreten.« Solche Antworten lassen für eine sachgerechte Diskussion der zugrundeliegenden Fragen wenig Raum und befördern jene deutsche Unart, die bei internationalen Krisen sofort als sich distanzierende Mäkelei gegenüber allen westlichen Bündnispartnern auftritt, die andere als diplomatische Mittel zur Eindämmung des jeweiligen Konflikts einsetzen.

Die Instrumentalisierung der Außenpolitik für den Zweck innenpolitischer Erregung, bei gleichzeitiger Verweigerung machtpolitischer Denkkategorien, hat von wissenschaftlicher Seite Hans-Peter Schwarz in seinem Büchlein »Die gezähmten Deutschen – Von der Machtbesessenheit zur Machtvergessenheit« brillant analysiert. Schwarz warnt vor der Neigung der deutschen Außenpolitik, »die unangenehme Tatsache fremder Machtpolitik unerörtert zu lassen«, und liefert gleichzeitig ein ätzendes Porträt der vorherrschenden außenpolitischen Attitüde bei uns: »Sie verhält sich nach außen, wie man im Innern miteinander umgeht – sachlich und umtriebig, gescheit oft, nicht selten aber nur schlaumeierisch, des guten Willens voll, wenn es nicht besonders weh tut, an das Gute glaubend und dieses, wo es zu fehlen scheint, in nimmermüder Geschwätzigkeit herbeiredend.«

Böse Zungen behaupten, hier leuchte ein verstecktes Profil von Genscher selber auf. Die Frage verblaßt hinter der Richtigkeit der Schwarzschen Analyse. Auch die Union hat mit sich auszumachen, wieviel von diesem Stil bereits in den eigenen Reihen hoffähig geworden ist, wieweit hier inzwischen eine zeittypische politische Prägung vorliegt, deren Einfluß sich immer mehr bemerkbar macht.

In dem Maße freilich, in dem sich die internationale Lage zu entspannen beginnt (INF-Vertrag, Rückzug der Sowjets aus Afghanistan, mögliches Ende des Golf-Krieges, Dialog über konventionelle Abrüstung in Europa) – in dem gleichen Maße wächst für die Christdemokraten das Problem Genscher ins schier Unlösbare. Wie will man die Ersetzbarkeit dieses Politikers nach vierzehn Jahren im Amt noch vermitteln, wo soviel außenpolitische Hoffnung blüht? Wird sein Verbleiben im Amt nicht geradezu zu einem Imperativ? Daß das Außenministerium als Behörde zu einer Beförderungsanstalt für Minister-Freunde zu werden droht – ein fast natürlicher Vorgang nach so vielen Jahren in einer Parteihand –, ist für die breite Öffentlichkeit sowenig aufregend wie die Diskrepanzen der Rüstung in Europa. Man schnalzt lieber genießerisch mit der Zunge, wenn man den Außenminister im Frühstücksflirt mit Oskar Lafontaine erlebt. So hat die Union neben dem Verwischen ihres strategischen Profils auch noch den Spott zu ertragen, daß die FDP jederzeit ein neues »Zweckbündnis« eingehen könnte. Der Wetterhahn, der die Kirche unter sich kreisen läßt . . .

Auch die andere große Volkspartei, die SPD, muß sich fragen, warum nach Art eines ungeschriebenen Verfassungszusatzes die FDP das Außenministerium gleichsam ad infinitum als Preis für den politischen Partnertausch beanspruchen darf. Solange sie Opposition ist, mag dieser Gedanke weniger beunruhigen, winkt doch mit der FDP immer wieder die Hoffnung auf die Macht. In der Regierungsverantwortung sieht es anders aus: Da muß der jeweils größere Partner um seine strategische Befähigung besorgt sein. Es ist unübersehbar, daß unter Helmut Kohl Genscher mit mehr Spielraum ausgestattet wirkt als seinerzeit unter Helmut Schmidt. Bald wird nicht mehr auszumachen sein, wo die Hauptursache dafür liegt: in der außenpolitischen Unterprofilierung Helmut Kohls oder einfach in der steigenden Routine und All-Präsenz des Außenministers. Jedenfalls wundert es nicht, daß sich das Verhältnis zwischen Kohl und Genscher zuletzt deutlich abgekühlt hat.

Im Grunde suchen die Christdemokraten nach der Quadratur des Kreises: die Ehe mit Genscher und der FDP für unauflöslich zu erklären, die Ehe zwischen Genscher und der deutschen Außenpolitik dagegen als auflöslich. Hier ist, selbst bei einem für die jetzige Koalition günstigen Wahlausgang 1990, eine der Sollbruchstellen dieses Bündnisses vorprogrammiert. Denn nach 24 Jahren Entfernung von der Schaltstelle der deutschen Außenpolitik muß sich die Union fragen, welcher Preis für die Erhaltung der Kanzlerschaft noch vertretbar wäre, ohne daß der eigene außenpolitische Nachwuchs aus schierer Nicht-Erprobung endgültig abstirbt.

Zeitzeugen

ROLAND DUMAS

Solide Freundschaft

Ich lernte Hans-Dietrich Genscher Ende 1983 in La Celle-Saint-Cloud kennen, als ich als Minister für Europäische Angelegenheiten in die Regierung berufen wurde. Während der sechs Monate, die zwischen dieser Begegnung und dem Treffen in Fontainebleau, das Europa aus der Sackgasse führen sollte, lagen, hat sich zwischen Herrn Genscher und mir eine Beziehung entwickelt, die mit der Zeit, von Tag zu Tag offener, direkter und intensiver werden sollte.

Gewiß, mir oblag nur ein Teil der diplomatischen Aufgaben Frankreichs, während Hans-Dietrich Genscher die Gesamtheit dieser Aufgaben für die Bundesrepublik Deutschland betreute. Jedoch zu Beginn des Jahres 1984 waren die Europäischen Angelegenheiten mehr als heute im Zentrum des Interesses. Ich hatte sehr bald verstanden, daß es für mich nur eine Möglichkeit gab, meinen Auftrag erfolgreich abzuschließen, und die lag in einer Stärkung der gemeinsamen Positionen der Bundesrepublik und Frankreichs.

Eine lange Unterredung mit dem Bundesaußenminister erlaubte mir voranzukommen. Ich verstand, daß es mir mit seiner Hilfe möglich sein würde, die deutschen Behörden und an erster Stelle Kanzler Kohl von der Notwendigkeit, »uns zur Hand zu gehen«, zu überzeugen. Dies geschah dann auch.

Meine Zufriedenheit war vollkommen, als wenige Tage vor dem Treffen in Fontainebleau Kanzler Kohl in Begleitung seines Vizekanzlers zum Abendessen in den Élysée-Palast kam. Der Kanzler nahm mich beiseite und sagte: »Wir werden Ihnen helfen. Ich will François Mitterrand helfen. Ich will, daß Fontainebleau ein Erfolg wird.«

Bei diesen Sätzen verstand ich, daß wir die Partie gewinnen würden und daß ich dies in großem Maße Hans-Dietrich Genscher zu verdanken hatte, der unsere Vorschläge akzeptiert hatte.

Während des ganzen Europäischen Rates in Fontainebleau hatten wir häufigen Kontakt. Während der Sitzungen, außerhalb der Sitzungen, während der Mittagessen trafen wir wiederholt zusammen, um Positionen abzustimmen, das deutsch-französische Tandem zu stärken, Kompromisse vorzuschlagen und den Rest der Gemeinschaft zu den »Gipfeln« zu führen.

Gegen Ende des Jahres 1984 wurde ich zum Außenminister ernannt und hatte von da an die vollständige Verantwortung für die französische Diplomatie. Ich erinnere mich, daß mein erster Anruf Hans-Dietrich Genscher galt, der mir seine Freude, mich in dieser Position wiederzutreffen, bekundete.

Seitdem gewöhnten wir uns an, uns direkt, per Telefon, entweder auf deutsch oder auf englisch zu unterhalten, und sei es auch nur für wenige Minuten, um ein wichtiges Zusammentreffen in Bonn oder in Paris auszumachen oder um unsere Ansichten hinsichtlich eines schwierigen Problems auszutauschen. Auf diese Weise vertiefte sich unsere Beziehung und lief auf das hinaus, was ich heute als eine aufrichtige Freundschaft bezeichne.

Die Arbeit wurde dadurch erleichtert. Hans-Dietrich strahlt eine natürliche Gutmütigkeit aus, die seine große Statur noch verstärkt. Dieser Eindruck wird ab und zu von einem schallenden Gelächter unterstrichen. Doch hinter diesem jovialen Äußeren verstecken sich in Wirklichkeit tiefe und aufrichtige Gefühle, die erst mit der Zeit zum Vorschein kommen.

Abgesehen von seiner diplomatischen Praxis, den langen Jahren seiner Amtszeit und seiner großen Vertrautheit im Umgang mit Aktenvorgängen und Menschen, kenne ich außerdem an ihm eine ungewöhnliche menschliche Wahrhaftigkeit.

Wir teilen nicht dieselben Ideologien: Er ist ein Liberaler, ich bin Sozialist. Es ist seltsam, aber wir hatten noch nie ideologische Diskussionen oder gar Auseinandersetzungen zu diesem Thema. Die Interessen unserer beiden Länder sind oft entgegengesetzt. Wir haben nie daran gedacht, diese Tatsache zu leugnen, aber wir haben dennoch niemals die Notwendigkeit verspürt, sie zur Schau zu stellen, es sei denn, um die zu überwindenden Schwierigkeiten zu ermessen. Ob wohl die Aktenvorgänge, die wir zu bearbeiten hatten, dafür verantwortlich sind? Die Komplexität der Problemstellungen, die Notwendigkeit technischer Kenntnisse, das unvermeidliche Einkreisen von komplizierten Fragen, die Suche nach praktischen Lösungen dieser Probleme zwangen uns beide dazu, ideologische Reflexe für einen Moment beiseite zu lassen. Uns beide lenkte der gleiche Wille, nämlich dort erfolgreich zu sein, wo andere gescheitert waren: bei der Überwindung schwieriger Wegstrecken und der Umschiffung von Klippen.

Ich möchte aber nicht den Erfolg unserer gemeinsamen Unternehmungen auf dem Konto von Pragmatismus und Realpolitik verbuchen. Gewiß wollten wir durch symbolische Gesten den Wunsch nach einem Gleichschritt festmachen. So haben wir unsere Flugzeuge gleichzeitig in

Stockholm landen lassen, um gemeinsam den Konferenzsaal, in dem die Vertreter ganz Europas versammelt waren, zu betreten. Wir wollten, wie eine Art Duo, zur selben Zeit im selben Saal eine Pressekonferenz abhalten, die dann auch die Journalisten der internationalen Presse in Erstaunen versetzte.

Aus diesem Grunde hatte ich Hans-Dietrich Genscher eingeladen, zur feierlichen Amtseinführung des Diplomatenaustauschs zwischen unseren Ministerien nach Paris zu kommen. Wir wollten auf unsere Art den Élysée-Vertrag wiederaufleben lassen, der dies zwar vorsah, aber dennoch nie völlige Gültigkeit erhalten hatte und nie in Kraft getreten war.

Ich könnte die Beispiele dieser Art beliebig fortsetzen.

Er ist Anwalt gewesen. Ich ebenfalls. Diese gleiche Ausbildung hat uns gewiß auch dahin geführt, die Akten unter denselben Gesichtspunkten zu beleuchten, sie in gleicher Weise zu untersuchen und von Anfang an zu spüren, welche Lösung sich anbieten könnte.

Wir lernten uns im Laufe der Jahre immer besser kennen. Als ich im März 1986 von meinem Amt zurücktreten mußte, bekundete Hans-Dietrich Genscher als erster seine Verbundenheit.

Die Diskretion gebot mir Schweigen. Er war es, der es gebrochen hat, und darüber war ich sehr gerührt. Seit dieser Zeit ist unsere offizielle Beziehung durch ein persönliches Verhältnis ersetzt worden. So treffe ich ihn mehrmals im Jahr anläßlich von künstlerischen Veranstaltungen in Deutschland oder wenn er nach Frankreich kommt.

Zwischen uns herrscht ein Klima des Vertrauens, das es uns ermöglicht, alle Themen ohne Zögern und ohne Vorbehalt anzusprechen. Ich bin sicher, daß wir beide wissen, wie jeder das aufnimmt, was der andere ihm sagt, welchen Gewinn es für jeden bedeutet.

Es ist selten, neue Freundschaften zu schmieden. Das öffentliche Leben, die moderne Welt und der Rhythmus unserer Aktivitäten eignen sich kaum dazu. Es war jedoch der Fall mit Hans-Dietrich Genscher.

UFFE ELLEMANN-JENSEN

Erfahrungen

Meine erste Begegnung mit Außenminister Genscher fand im September 1982 statt, zwei Tage nach meiner Ernennung zum dänischen Außenminister. Das Verhältnis zwischen der Bundesrepublik Deutschland und Dänemark war zu jener Zeit wegen der immer noch nicht geklärten Frage der Kabeljaufangzonen um Grönland gespannt. Das Problem bestand seit einiger Zeit und hatte sich als so kompliziert und schwierig erwiesen, daß man den direkten Kontakt auf Außenministerebene als einzigen Weg aus der Sackgasse betrachtete.

Gestehen muß ich, daß ich dem Treffen mit Genscher mit einiger Ehrfurcht entgegensah. Mit meiner zweitägigen Erfahrung als Außenminister sollte ich in einer schwierigen Frage mit dem fast legendär gewordenen Genscher, der seit 1974 im Amt war, zusammentreffen und verhandeln.

Mit Höflichkeit und Wohlwollen ging aber Genscher – als es soweit war – an die Sache heran. Er nahm mich beiseite und erklärte mir unmißverständlich und detailliert, welche Möglichkeiten und Grenzen er bei der Klärung dieser strittigen Frage sähe. In dieser Atmosphäre von Offenheit fanden wir damals sehr schnell eine für beide Seiten annehmbare Lösung.

Daß Genscher diese Begegnung auch dazu nutzte, den neuen dänischen Außenminister kennenzulernen und mit ihm ein persönliches Gespräch zu führen, ergänzt nur das Bild eines professionellen Politikers.

Und so empfand ich von Anfang an hohe Achtung vor dem Politiker Genscher. Die folgende Zeit ließ diesen Respekt nicht abnehmen, im Gegenteil.

Genscher ist ein Vollblutpolitiker, bei dem sich Intellekt und Einfühlungsvermögen mit ungewöhnlicher Redegewandtheit und Überzeugungskraft verbinden. Persönliche Kontakte und das direkte Gespräch sind seine bevorzugten Instrumente. Während seiner langen Amtszeit hat er wie fast kein anderer Außenminister Staatsmänner und Politiker aus der ganzen Welt zu seinen persönlichen Bekannten gemacht. Und er ist dauernd unterwegs. Ungeachtet der Zeitverschiebungen und Flugstrapazen wohnt er langwierigen und erschöpfenden Verhandlungen stundenlang bei.

Man behauptet oft, Genscher sei ein meisterhafter Taktiker. Das ist er in der Tat. Er ist einer der besten, die mir je begegnet sind. Bei dieser Beurteilung wird aber manchmal unfreundlich unterstellt, er sei bloß ein Taktiker, er habe keine langfristigen Ziele oder Pläne, er kenne die Richtung nicht, in die er gehen wolle, er wisse nur, daß er sich von momentanen Schwierigkeiten befreien möchte.

Ich kann solchen Behauptungen nur widersprechen.

Während seiner vierzehnjährigen Tätigkeit als Außenminister bewies Genscher eine bemerkenswerte Beharrlichkeit in jenen Problembereichen, die für ihn die wesentlichen sind: die Stärkung europäischer

Zusammenarbeit, insbesondere im Rahmen der Europäischen Gemeinschaft; die Frage der Abrüstung und die Ostpolitik mit dem Ziel, die künstlich errichteten Grenzen in Europa zu überwinden. Ein Außenminister, der seit so langer Zeit diese Ziele kontinuierlich verfolgt, kann nicht nur Taktiker genannt werden. Dem würden im übrigen auch die Jungliberalen widersprechen. Ich erinnere mich, mit wieviel Wärme und Enthusiasmus Genscher empfangen wurde, als ich ihn vor einigen Jahren auf einen Kongreß der Jungliberalen nach Osnabrück begleitete, wo wir beide eine Rede hielten. Seine auf Europa bezogenen Zukunftsvisionen begeisterten die jungen Zuhörer, und sie spendeten ihm Riesenapplaus.

Die vielen Stunden, die ich mit Genscher verbracht habe, kann ich nicht mehr zählen. Wir trafen uns oft zu bilateralen Begegnungen und noch öfter zu Veranstaltungen im Rahmen der NATO oder der Europäischen Gemeinschaft. In den beiden letzteren Fällen ist es immer interessant, Genscher zu beobachten. Das heißt, wenn man es kann. Es kann nämlich sein, daß er nicht da ist.

Er hat einen außergewöhnlichen Spürsinn für jene Augenblicke in einer Versammlung, in denen es langweilig zu werden droht und nichts geschieht. Meistens wird man seinen Stuhl dann leer finden. Bahnt sich aber die Findung einer Lösung an, wird er mit Sicherheit wieder an seinem Platz sein. In der Zwischenzeit ebnet er durch diskrete Einflußnahme auf andere Teilnehmer, häufig in Gesprächen auf den Fluren, für gerade diese Entwicklung den Weg.

Befindet er sich an seinem Platz im Sitzungsraum – wahrheitsgemäß muß ich sagen, daß er die meiste Zeit dort sitzt –, ist es interessant, ihm zuzusehen. Es gibt keine einzige Sekunde, in der er nichts tut. Mit dem Filzstift in der Hand korrigiert er Reden, macht am Rand Zusätze an den nicht mehr enden wollenden Telexstreifen, die ihm an seinen Platz im Saal gebracht werden. Es scheint, als könne er mehrere Sachen auf einmal erledigen und noch dazu in der Lage sein, sofort zu reagieren, wenn dies im Laufe der Verhandlungen notwendig wird.

Nachdem ich versucht habe, ein impressionistisches Bild von Genscher als Politiker zu malen – zusammengesetzt aus wenigen Eindrücken und Erfahrungen –, lassen Sie mich versuchen, auch ein impressionistisches Bild von Genscher als Mensch zu geben.

Ich weiß nicht genau, welche Beispiele ich nehmen soll, nicht zuletzt weil die Wahlmöglichkeiten so reichhaltig sind. Vielleicht würde es manchen Leser interessieren, etwas über ihn im Zusammenhang mit seiner Partei zu erfahren? Meine eigene Partei und die FDP sind Schwesterparteien in der Gruppe der liberalen Parteien in Europa, weshalb wir natürlich auch auf dieser Ebene miteinander zu tun haben.

Wahrscheinlich bekommt der Leser ein gerechteres Bild vom Menschen Genscher, wenn ich etwas über ihn als Gründer einer echt europäischen Institution erzähle. Ich denke hier an die Gymnicher Tagungen der Außenminister der Europäischen Gemeinschaft. Alle sechs Monate lädt der amtierende Ratsvorsitzende die Minister mit ihren Ehefrauen zu einem Treffen am Wochenende ein. Aktuelle politische Fragen werden dann ohne feste Tagesordnung und in einem informellen Rahmen erörtert. Auch manche nichtpolitischen Themen kommen zur Sprache.

Diese Begegnungen der Außenminister haben mittlerweile den Charakter eines europäischen Clubtreffens angenommen.

Die Frühjahrstagung 1988 fand in Konstanz statt. Den ganzen Samstag besprachen die eingeladenen Außenminister Fragen der europäischen Zusammenarbeit, diskutierten die Sicherheitspolitik, erörterten Möglichkeiten für eine Erweiterung der Europäischen Gemeinschaft. Es waren freie, ungezwungene Diskussionen, die in dieser Form im Rahmen einer offiziellen Begegnung mit Dolmetschern, Protokollanten usw. undenkbar wären.

Schwer denkbar für eine offizielle Begegnung wäre auch das exquisite Diner oder die faszinierende Weinprobe, zu der Genscher anschließend einlud. Und es wäre für eine offizielle Tagung ebenso ungewöhnlich, Außenminister und deren Ehefrauen beim gemeinsamen Singen von Volksliedern und Balladen zuzuhören. Ein Akkordeonspieler hatte Genscher ebenso für den Abend besorgt. Der Vollständigkeit halber muß ich erwähnen, daß Genscher, obwohl er immer wieder jegliche Begabung auf diesem Gebiet leugnet, aus voller Brust mit seinen Gästen sang.

Ich würde meinen, daß dieses kleine Bild vom Alltagsleben innerhalb der europäischen Zusammenarbeit heutzutage mehr als alles andere beweist, wieviel seit dem Zweiten Weltkrieg in der europäischen Zusammenarbeit geschehen ist und wieviel Genscher − als Mensch und Politiker − zu diesem Prozeß beigetragen hat.

Da ich gerade von Musik gesprochen habe, lassen Sie mich hinzufügen, daß unsere gemeinsame Vorliebe für die Oper uns auch zusammengebracht hat. Es ist wohl kaum ein Zufall, daß die bilateralen dänisch-deutschen Konsultationen im Sommer 1988 in Bayreuth stattfinden sollten − wo möglicherweise die Wagner-Festspiele uns dann und wann ein bißchen von der Arbeit würden ablenken können.

Genschers Humor und sein unverwüstliches Talent, Witze zu erzählen, kennen diejenigen, die mit ihm jahrelang zusammengearbeitet haben, sehr gut – in der Öffentlichkeit ist es vielleicht weniger bekannt. Ich weiß nicht, ob Seiner Exzellenz, dem Herrn Bundesminister des Äußeren, es gefallen würde, all die von ihm erzählten Witze und Geschichten gedruckt zu sehen. Eine Anekdote sei erwähnt:

Beim Besuch eines Kirchenoberhauptes in einem osteuropäischen Land möchte Genscher wissen: »Können wir in diesem Raum offen miteinander sprechen?«

Das Kirchenoberhaupt antwortet: »Natürlich können wir das . . .«, versäumt aber nicht, gleichzeitig den Kopf – im Sinne von »Nein« – zu schütteln.

Genschers herzliches Lachen, das die Erzählung solcher Geschichten meistens begleitet, ist uns Kollegen sehr vertraut.

Im nachhinein: Ich fragte Genscher einmal, was er tun würde, wenn er von der Politik Abschied nehmen müsse.

Mit einem gewissen romantischen Eskapismus kokettierend, dem viele Politiker verfallen sind, antwortete er, er wäre gern als Anwalt in einer kleinen Provinzstadt tätig und wollte dann in seiner Freizeit spannende, kühne Kriminalgeschichten schreiben.

Wahrscheinlich bleiben diese Geschichten ungeschrieben, da Genscher Politiker ist und zweifelsohne auch Politiker bleiben wird. Deshalb werden wir auch nie die Fiktionen, die sein reicher und humorvoller Intellekt hätte hervorbringen können, erleben. Und wir werden einen originellen Beitrag zum Verständnis der vielen realen Absurditäten unserer zerbrechlichen Welt immer vermissen. Genscher wird uns aber als Politiker erhalten bleiben, und das ist sicherlich für diese Welt die bessere Wahl.

Zusammenfassend kann ich nur sagen, daß ich die Zusammenarbeit mit Hans-Dietrich außerordentlich schätze.

Ich glaube, daß ich viele seiner grundlegenden politischen Ansichten und auch einige seiner privaten Interessen teile – obwohl ich natürlich ein ganz anderer Mensch bin . . . Doch hier geht es um einen Beitrag zur Biographie Hans-Dietrich Genschers, nicht um meine Autobiographie. Jedenfalls besitze ich – leider – nicht Genschers unerschütterlichen Optimismus; in der Verfolgung politischer Ziele bin ich jedoch nicht weniger hartnäckig. So verschieden wir auch sein mögen: mit ihm und anderen Außenministerkollegen verbindet mich die gemeinsame Aufgabe, ein besseres Europa zu schaffen. Das ist eine Aufgabe, die jeder Anstrengung wert ist.

PETRA K. KELLY/GERT BASTIAN

Ein anderes Bild

Hans-Dietrich Genscher, das ist nicht nur ein Name, das ist ein Markenzeichen von internationaler Bedeutung. Denn keiner vor ihm hat die Außenpolitik der Bundesrepublik Deutschland und das politische Geschehen im Lande so lange Zeit hindurch gleich nachhaltig geprägt wie er. Nicht immer zu unserer Freude freilich. Denn vor allem sein Eintreten für die Stationierung neuer amerikanischer Mittelstreckensysteme bei uns und unseren westlichen Nachbarn und sein entscheidender Beitrag zur Ablösung der sozialliberalen Regierungskoalition (wie wenig »sozial« sie damals auch gewesen sein mag) durch ein konservativ-liberales Regierungsbündnis haben unseren entschiedenen Widerspruch herausgefordert. Aber diese sachlichen Gegensätze haben nicht verhindert, daß wir nach unserem Einzug in den Bundestag im März 1983 beim persönlichen Kennenlernen recht bald einen ganz anderen Genscher entdeckten, als wir erwartet hatten.

Nach dem aus der Medienwirkung und -beschreibung entstandenen Bild hatten wir uns einen in erster Linie ebenso listenreichen wie verschlagenen, recht skrupellos dem Parteivorteil nachstrebenden Politiker vorgestellt. Jetzt trafen wir zu unserer Überraschung auf einen Menschen, der Warmherzigkeit, Humor und sympathische Selbstironie ausstrahlte und damit Vertrauen einflößte. Ein Vertrauen, das unbeschadet unserer sehr unterschiedlichen Positionen vor allem in der Europapolitik, bei Rüstungsexportfragen, in NATO-Fragen und bei innenpolitischen Problemen nie enttäuscht wurde und sich besonders im gemeinsamen Eintreten für Menschenrechte und gegen ihre Unterdrückung mehr und mehr festigte.

Wir waren und sind dafür dankbar und wünschen Hans-Dietrich Genscher von Herzen noch viele Jahre politischen Wirkens! Mögen wir dabei auch manchmal aneinandergeraten – wichtiger ist uns, daß wir in ihm einen Menschen kennen- und schätzengelernt haben, dessen Persönlichkeit uns imponiert und den wir ganz einfach gern haben. Als verläßlichen Helfer, aufgeschlossenen Dialogpartner und engagierten Politiker, kurz gesagt als ebenjenes Markenzeichen, zu dem ihn Klugheit, Weitblick und Unermüdlichkeit für alle Welt gemacht haben.

ALFRED MECHTERSHEIMER

Was mich ärgert

Auch ich habe nicht herausgefunden, was Hans-Dietrich Genschers
außenpolitische Visionen sind, was ihn treibt. Selbstverständlich bekennt
er sich zu all dem, was an hehren Zielen im Grundgesetz oder in der UN-
Charta steht und was an idealistischen Formeln konsensfähig ist. Aber es
gibt keinen »Genscher-Plan«; sein Name verbindet sich nicht mit Gestal-
tungs- oder Veränderungswillen, eher schon mit einem politischen Top-
manager des Status quo, der eine gewaltige Popularität im In- und
Ausland erreichte.

Popularität bei der Verwaltung des außenpolitischen Status quo des
westdeutschen Teilstaates mit erheblich eingeschränkter Souveränität ist
keineswegs selbstverständlich, in einem Staat, der schon im »Frieden« die
größten Militärkonzentrationen der Welt aufweist und wo alles darauf
vorbereitet ist, daß im »Verteidigungsfall« Freund und Gegner das Land
unbewohnbar machen. Hofft die westdeutsche Bevölkerung, Hans-Dietrich Genscher werde diesen Zustand ändern, oder hat sie sich mit dieser
Anomalität ganz gut arrangiert und schätzt Genscher deshalb, weil er
daran nichts Wesentliches zu ändern verspricht?

Um möglichst nahe an das heranzukommen, was Genschers außenpo-
litische Philosophie sein mag, möchte ich seine Äußerungen an vier
Leitlinien diskutieren, die für mich eine friedliche Außenpolitik der
Bundesrepublik Deutschland kennzeichnen:

1. Überwindung der Nachkriegsordnung in Europa,
2. gesamteuropäische Friedensordnung ohne Militärbündnisse und frem-
   de Truppen,
3. Souveränisierung und Entmilitarisierung der beiden deutschen Staaten,
4. Solidarität mit der Dritten Welt.

1. Überwindung der Nachkriegsordnung in Europa

Hans-Dietrich Genscher will den Status quo in Europa nicht aufkündigen, weil für ihn die Mitgliedschaft in der Europäischen Gemeinschaft
und im Nordatlantischen Bündnis eine »Grundentscheidung für Freiheit,
für Menschenrechte, für Selbstbestimmung« ist, die auch über die Jahr-
tausendwende hinaus Bestand haben soll. Es sei Auftrag der jetzigen

Generation, dafür zu sorgen, daß der »Geist der Allianz und ihre Substanz für kommende Generationen bewahrt« werde. Deshalb müsse sich, so der Außenminister, Europa (!) noch stärker als bisher »auf die eigenen Beine stellen«, denn nur ein starkes Europa könne auf Dauer ein verläßlicher und gleichberechtigter Partner Amerikas sein. Der Atlantiker Genscher möchte die WEU aufwerten, die deutsch-französische Militärkooperation ausbauen und ganz allgemein den europäischen Pfeiler stärken, damit »das Atlantische Bündnis in seiner Kraft und Vitalität ins dritte Jahrtausend gerettet wird«.

Diese US- und NATO-Orientierung entspricht voll dem Konsens der konservativen westdeutschen politischen Klasse, wonach die NATO Inbegriff der Wohlstand schaffenden Westintegration ist. Daß die NATO auch Bestandteil der von Hitler-Deutschland verursachten und von den Siegermächten festgeschriebenen deutschen und europäischen Teilung ist, die ihrerseits wiederum eine Voraussetzung der Rüstungskonzentration und Spannungen in Mitteleuropa ist, wird verdrängt. Wenn Genscher der NATO durch Modifikation ihrer Struktur eine Zukunft schaffen will, zementiert er die europäische Teilung, was ihn nicht hindert, auch die Überwindung der Folgen seiner Politik zum Programm zu machen.

2. Gesamteuropäische Friedensordnung ohne Militärbündnisse und fremde Truppen

Hans-Dietrich Genscher fordert konkrete Fortschritte auf dem Weg zu einer gesamteuropäischen Friedensordnung, in der »alle Völker über ideologische und politische Grenzen hinweg ohne Furcht voreinander leben können«. Und er möchte das »in West und Ost wachsende Gefühl der gemeinsamen europäischen Identität« stärken.

Dies sind allgemein akzeptierte Ziele; doch stehen sie im Widerspruch zur Politik der Bundesregierung, die auch der Außenminister trägt. Es fördert gewiß nicht die gemeinsame europäische Identität, wenn 1987 erstmals seit Jahrzehnten französische Truppen und Bundeswehr-Verbände unweit der Grenze zur ČSSR gemeinsame Manöver durchführen. Weshalb plädiert Genscher für deutsch-französische Brigaden, wenn Gesamteuropa das Ziel ist? Weshalb Ausweitung der NATO durch Spanien und Aktivierung und Ausdehnung der Westeuropäischen Union? Muß erst die angestrebte deutsch-französische Nuklearwaffenkooperation Reaktionen im Warschauer Pakt auslösen, um die Unvereinbarkeiten der politischen Zielvorstellungen des Außenministers deutlich zu machen? Freilich besteht kein Zweifel, wie Genscher selbst diese verbale Inkompatibilität auflösen wird: im Zweifel für die Stärkung der NATO und nicht für eine gesamteuropäische Identität. Genscher plädiert zwar unentwegt für eine gesamteuropäische Politik, praktiziert sie aber nur in dem Maße, wie sie sich mit den US-Bindungen der Bundesrepublik vereinbaren läßt.

3. Souveränisierung und Entmilitarisierung der beiden deutschen Staaten

Mitte April 1988 hat der Sprecher des sowjetischen Außenministeriums, Gerassimow, gesagt, die Sowjetunion sei zu einem Abzug ihrer Truppen aus der DDR bereit, falls die US-Truppen gleichzeitig die Bundesrepublik verließen. Diese und andere Signale aus Moskau sind, soweit bekannt, vom westdeutschen Außenminister nicht beantwortet worden. Dies kann nicht überraschen, denn ein Abzug der US-Truppen aus Westdeutschland vereinbart sich schlecht mit der politischen Philosophie des Hans-Dietrich Genscher, für den die Präsenz der Truppen der westlichen Supermacht auch im fünften Jahrzehnt nach dem Ende des Zweiten Weltkrieges kein Problem zu sein scheint. Deshalb sieht er offenkundig auch keinen Anlaß, den Spielraum für eine Neudefinition des militärischen Status der beiden deutschen Staaten auszuloten.

Der US-Botschafter in Bonn, Richard Burt, soll Genscher einmal gefragt haben, ob er deshalb so sehr für die Abrüstung sei, weil er aus der DDR stamme. Es ist nicht zu leugnen, daß es eine nationale Sentimentalität des Hans-Dietrich Genscher gibt, die sicher auch dazu beigetragen hat, daß er als erster Bundesminister 1974 einen Ferienaufenthalt in der DDR machte. Wäre er aber tatsächlich ein national bestimmter Politiker, dann müßte er Vorstellungen von einer blockungebundenen Position der beiden deutschen Staaten mehr abgewinnen können, als dies offenkundig der Fall ist. Es gibt eine Parallele zwischen Genschers Position in der deutschen Frage und seiner Europapolitik. Er will jeweils die Westintegration und gleichzeitig die Annäherung an den östlichen Teil. Das aber würde im einen Fall eine Ausdehnung Westeuropas auf Gesamteuropa und im anderen Fall eine Ausdehnung der militärisch westintegrierten Bundesrepublik auf die DDR bedeuten. Weshalb sagt Genscher nicht, was offenkundig ist: Freiheit in Europa ist auch außerhalb des westlichen Militärbündnisses zu gewährleisten.

4. Solidarität mit der Dritten Welt

Schon frühzeitig hat Hans-Dietrich Genscher in zahlreichen Reden auf die
»globale Interdependenz zwischen Industrie- und Entwicklungsländern«
hingewiesen. Heute verwendet er Formeln wie »das neue Bewußtsein
globaler Verantwortung« und weist auf die jedermann bekannten Gefahren
aus der enormen Auslandsverschuldung vieler Entwicklungsländer hin.
Weder bei der uneigennützigen Unterstützung der Dritten Welt noch in
konkreten Einzelfällen, wie etwa bei Hilfe für die von den USA bedrängten
Länder wie Nicaragua oder bei der Politik gegenüber Südafrika und auch
nicht beim Rüstungsexport in die Dritte Welt, ist die Bonner Politik von der
vom Außenminister stets betonten besonderen Verantwortung erkennbar
bestimmt. Die Kluft zwischen Genschers Anspruch und Genschers Politik
ist auch in der Nord-Süd-Frage groß; sie wäre noch größer, würde er die
Vereinten Nationen so arrogant behandeln, wie dies die US-Regierung tut.

Fazit: Gute Politik im falschen Rahmen

In der Bundesregierung ist der Außenminister für Abrüstung und
Rüstungskontrolle, der Verteidigungsminister für die Rüstung zuständig.
Das macht es Hans-Dietrich Genscher möglich, über Abrüstung zu reden
und zur Aufrüstung zu schweigen.

Bei der Diskussion der sogenannten doppelten Null-Lösung hat Genscher frühzeitig die Zustimmung der Bundesregierung gefordert. Dieses
Engagement, das ihn als Abrüstungsminister auswies und ihm Zustimmung
bis in die Reihen der Friedensbewegung und GRÜNEN einbrachte, konnte
eigentlich nicht seiner politischen Überzeugung entspringen, denn die
Beseitigung der Pershing-I A-Raketen stellt objektiv eine entscheidende
Lockerung der nuklearen Anbindung der USA an Westeuropa dar. Er hat
lediglich frühzeitig und wählerwirksam wahrgenommen, was die US-
Regierung Bonn abverlangen würde. Ohne Genscher wäre das Doppel-
Null-Abkommen nicht gescheitert, es hätte sich allenfalls geringfügig
verzögert.

Hans-Dietrich Genscher vertritt häufig, wie z. B. beim Spannungsver-
hältnis »Westeuropa−Gesamteuropa«, sich gegenseitig ausschließende
Positionen. Genscher bleibt auch dann glaubwürdig, wenn er sich sowohl
für A als auch für B ausspricht, selbst dann, wenn sich A und B ausschließen.
Weil er aber fast nie gegen, sondern stets für eine Position spricht, findet sich
jeder wieder, und keiner kritisiert. Darin liegt wohl ein Geheimnis des
»Genscherismus«.

Seine reale Politik ist der Grund, weshalb Genscher innerhalb der Koalition nicht ernsthaft kritisiert, sondern lediglich wegen seines entspannungsfreundlichen Verbalismus beneidet wird. Freilich ist die friedensfördernde Wirkung dieses verbalen *fallout* groß. Wenn Genscher immer wieder auffordert, die Veränderungen unter Gorbatschow positiv einzuschätzen, eine »Modernisierung des Denkens im Umgang mit der Sowjetunion« verlangt und ähnlich wie Bundespräsident Richard von Weizsäcker den Abbau von Feindbildern fordert, dann hat dies zwar heute noch keinen Einfluß auf die konkrete Rüstungspolitik der Bundesregierung – sie schützt sie sogar vor Kritik –, aber langfristig wird dadurch die gesellschaftliche Basis der Politik des alten Denkens unterminiert.

Ich halte es nicht für ausgeschlossen, daß Hans-Dietrich Genscher auch eine Politik des neuen Denkens bravourös inszenieren würde, aber dafür ist die Zeit noch nicht gekommen. Ein Ende der Herrschaft von Industrie- und US-Interessen in der bundesrepublikanischen Außenpolitik ist noch nicht in Sicht. Das Land hat einen guten Wirtschafts-Außenminister!

GERHARD PFEIFFER

Der Dienstherr

Hans-Dietrich Genscher übernahm das Auswärtige Amt am 17. Mai 1974. Als Innenminister hatte er zuvor ein großes Ressort erfolgreich geleitet, ihm seinen Stempel aufgedrückt und gleichzeitig Erfahrung im Umgang mit der Ministerialbürokratie gesammelt. Sie sollte ihn befähigen, das ungleich kompliziertere Auswärtige Amt mit seinen 6000 Bediensteten und 200 Auslandsposten zu führen und voll für die Friedens- und Entspannungspolitik der Bundesregierung einzusetzen. Er wertete das Auswärtige Amt in einer Zeit auf, in der in zunehmendem Maße die Regierungschefs und ihre Minister – und beileibe nicht nur diese – das Geschäft des Regierens durch direkten Kontakt besorgten. Die intensive internationale Konferenzdiplomatie beschleunigte diesen Prozeß der Entfernung von den traditionellen, eingespielten Wegen der diplomatischen Arbeit. Der diplomatische Dienst fühlte sich in die Rolle des Beobachters, des lästigen Mahners abgedrängt, allenfalls noch für logistische Aufgaben benötigt.

In dieser Situation übernahm Minister Genscher das neue Amt. Er sorgte dafür, daß der Kommunikationsfluß zwischen Zentrale und Auslandsvertretungen dem letzten Stand der technischen Entwicklung entsprach. Damit stoppte Genscher für den deutschen Auswärtigen Dienst den Entfremdungsprozeß mit der Zentrale, den andere Außenämter nicht müde werden zu beklagen. Tatsächlich war der deutsche Auswärtige Dienst in den hundert Jahren seiner Geschichte noch niemals so umfassend informiert wie heute. Auf das Zuwenig an Unterrichtung folgte ein breiter Informationsstrom. Er verlangte von den Empfängern einen neuen Arbeitsstil, wenn die Fülle des Gebotenen sinnvoll bewältigt und für die operative Arbeit genutzt werden sollte.

Dem Minister selbst bereitet diese Informationsfülle keine Schwierigkeiten. Wer ihn jemals erlebt hat, wie er einen Berg von Telegrammen und ein Paket von Tageszeitungen erledigt und zwischendurch noch Telefongespräche führt und Weisungen gibt, ist von der Konzentrationsfähigkeit dieses Mannes und seiner Belastbarkeit beeindruckt. Es wird immer wieder gesagt, dieses Tempo hält er nicht durch. Alljährlich gibt es die Nachrichten über ein plötzliches Unwohlsein und ärztlich verordnete Ruhe. Aber schon nach wenigen Tagen ist alles vorüber, und er geht wie vorher ins Geschirr. Dabei weiß der Minister ebenso wie seine Umgebung, daß er die Bärennatur eigentlich nicht hat, die sein Lebens- und Arbeitsstil erfordern.

Die Arbeitswoche Genschers hat 70 Stunden. Seine beiden Dienstwagen legen im Jahr 100 000 km zurück. Die Karikatur ist treffend, die den Minister über den Wolken im Flugzeug zeigt, der sich in einer entgegenkommenden Maschine selbst begegnet. Und sie gefällt auch Genscher, der Karikaturen mag. Sie gehören zu seiner Vorstellung von guter Imagepflege. Sein Arbeitstag ist gedrängt voll, seine Arbeitsleistung enorm und nur bei der ihm eigenen Disziplin möglich. Das hat Auswirkungen auf seine Umgebung und das Ministerium. Von allen erwartet der Minister zuverlässige und pünktliche Arbeit. So wie er veranlagt ist, scheint seine Gnadensonne keineswegs angenehm wärmend auf einen ausgewählten Kreis enger Mitarbeiter. Er schont weder sich selbst noch seine Umgebung. Anerkennung und Dank werden in den letzten Jahren etwas häufiger ausgesprochen. Aber der Eindruck besteht fort, daß der Minister mit diesem Pfunde besonders sorgsam umgeht. Um so schwerer wiegen dann öffentlich ausgesprochene Worte des Dankes. Als Gerold von Braunmühl am 10. Oktober 1986 von Terroristen heimtückisch ermordet worden war, sagte Genscher auf der Trauerfeier: »Ich persönlich habe ihm viel zu danken. Auf ihn konnte man bauen – auf den Menschen und auf den hervorragenden Sachkenner. Er war ganz gewiß kein bequemer Mitarbeiter. Er hätte es abgelehnt, sich anzupassen. Gerade deshalb hat er mir soviel bedeutet.«

Dieser Dank enthält auch eine Aussage über die Kriterien, die der

Minister bei Personalentscheidungen anlegt. In den 14 Jahren seiner Amtsführung hat er das Haus nach seinen personellen Vorstellungen besetzen können. Kein Minister, dem Personalentscheidungen nicht kritisch vorgehalten werden. Aber in Genschers Fall erscheint die Feststellung geboten, daß Fachkenntnis, Leistungsfähigkeit und Zuverlässigkeit die entscheidenden Kriterien für ihn waren. Sie haben die Schlagkraft des Apparats gesteigert und das Zusammenhörigkeitsgefühl der Mitarbeiter gestärkt. Tatsächlich erwies sich der Minister mit dieser Personalpolitik selbst den besten Dienst. Aber sein kämpferischer Einsatz für ein eigenes Gesetz für den Auswärtigen Dienst zeigt auch, wie sehr er sich mit diesem Amt verbunden fühlt. Dahin paßt auch sein Empfinden für die Bedeutung der Traditionspflege im Auswärtigen Dienst.

Es ist schon so, daß beide sich gegenseitig schätzen: der Minister das Amt, das trotz seiner Größe sensibel und zuverlässig ist, und der Apparat seinen Minister, der ihm durch seine Persönlichkeit neues Gewicht und Durchsetzungsfähigkeit gegeben hat.

Genscher erschließt sich seiner Umwelt schwer. Als Politiker ist er darauf bedacht, alles zu registrieren, was um ihn herum geschieht, und in sein politisches Verhalten einzubeziehen. Das hat ihn dem Verdacht ausgesetzt, ein Taktiker zu sein. Das würde heute niemand mehr sagen, wissend, daß richtig eingesetzte Taktik für den Erfolg wichtig ist. Der Außenminister und erste Diplomat der Bundesrepublik Deutschland ist auf die Zuverlässigkeit unserer auswärtigen Beziehungen in einer Welt bedacht, in der sich Bewertungen und Einschätzungen rasch ändern. Der Außenpolitiker Genscher hat ein sicheres Gefühl für die Grenzen unseres Handlungsspielraums, die sich aus unserer Geschichte und den Erfahrungen unserer Nachbarn mit uns ergeben. Er hat den Mut, in Kenntnis dieser Grenzen die deutsche Stimme zu erheben, wenn Terror, Gewalt und Unduldsamkeit an zu vielen Plätzen der Welt die Oberhand zu gewinnen drohen. Es ist sein Verdienst, daß die deutsche Stimme auch gehört wird. Er weiß, wie gefährlich es in unserer Lage immer noch ist, wenn wir überziehen. Ihm geschieht das nicht.

Der Mensch Genscher faßt nur langsam Vertrauen. Er ist spröde und sensibel. Dem widerspricht nicht, daß er im Umgang mit anderen – etwa Journalisten – sehr entspannt sein kann. Er ist ein humorvoller Erzähler. Diese »anderen« finden ihn offen und herzlich. Sie können nicht verstehen, daß seine dienstliche Umgebung diesen Eindruck nicht immer hat. Ist Genscher arrogant? Er geriet mit seinen gelegentlichen Bekenntnissen zur Elitebildung in die Nähe eines solchen Verdachts. Ein Liberaler ist allerdings irgendwo immer jemand, der sich oder den die Umwelt zur Elite zählt. Er hat seine Äußerungen nicht wiederholt – ohne sie natürlich zu widerrufen –, als er die Vorbehalte in der Öffentlichkeit realisierte.

Genscher kennt sein Vaterland, und er liebt es. Er will ihm eine friedliche Zukunft sichern und weiß, daß dies nur möglich ist, wenn Zuverlässigkeit und gegenseitige Achtung im Leben eines Volkes die gleiche Rolle spielen wie im Umgang der Völker auf der Erde miteinander. Dafür setzt er sich ein, zu Hause, bei den Verbündeten, in Europa und in den Vereinten Nationen. Er vermeidet Pathos und setzt auf Glaubwürdigkeit. Die Aufgabe, vor der er steht, ist komplex, aber eine komplexe Persönlichkeit sollte ihr gerecht werden können. Mit seinem Beispiel ist er ein Glücksfall für die Nation.

GUIDO WESTERWELLE

Eindrücke

Als ich 1982 Genscher das erstemal traf, war ich zwanzig Jahre alt und er schon über ein Jahrzehnt Minister.

Der Rahmen war zunächst denkbar unpolitisch: Geburtstagskaffee bei Gerwalds im kleinen Kreise. Hans-Dietrich und Barbara Genscher hatten nach einer Radtour einen Spontan-Besuch gemacht. Der Außenminister und Vizekanzler sitzt jetzt neben mir, in Freizeitkleidung statt im gewohnten telegenen dunklen Anzug. Bei Erdbeerkuchen mit Schlagsahne (»Das wirft mich in meiner Diät um Monate zurück!«) verbreitet er gute Laune. Natürlich bleiben die Gespräche nicht lange unpolitisch. Innerhalb weniger Momente dreht sich alle Konversation um ihn. Dieser Mann dominiert nicht, er füllt den Raum aus.

Das Thema kommt auf die bevorstehende Hessen-Wahl. Die hessische FDP hat gerade vierzehn Tage vorher im Juni die bisherige Zusammenarbeit mit der SPD aufgekündigt und eine Koalitionsaussage zugunsten der CDU beschlossen. Natürlich wird offiziell jede Wechselwirkung mit der Bonner Politik bestritten. Natürlich weiß aber jeder, daß die hessische Entscheidung nicht ohne Bonner Einfluß zustande kam und daß sie umgekehrt nicht ohne Einfluß auf Bonn bleiben wird.

Hans-Dietrich Genscher verteidigt die Entscheidung mit Nachdruck. Ich erzähle von einem Info-Stand, den die Jungen Liberalen am Vormittag auf dem Bonner Münsterplatz veranstaltet haben. »Was sagen denn die Leute?« Er ist wirklich interessiert. »Sie beschimpfen uns hauptsächlich«, gebe ich – vom Vormittag immer noch leicht irritiert – meinen ehrlichen Eindruck wieder. »Das kippt in Hessen noch zu unseren Gunsten um.«

Es kippte natürlich nicht. Wir fielen im September mit 3,1 Prozent aus dem Landtag. Der Koalitionswechsel in Bonn war längst beschlossene Sache. Dennoch war seine Frage nicht nur rhetorisch. Wer so lange Minister ist, hat längst die meiste Zeit Vorzimmer-Watte im Ohr und ist an ungebrochenen Schilderungen wohl besonders interessiert. Der Koalitionswechsel führt die FDP in eine Existenzkrise. Die Bundestagswahl im März 1983 rückt immer näher. Genscher vermittelt angestrengten Optimismus. Sein Konterfei auf kleinerformatigen Hamburger Nachrichtenmagazinen als »Wackelpudding« irritiert ihn nicht und tut es doch. Der Erfolg hat viele Väter – die Niederlage hätte nur einen: ihn.

In dieser Situation muß der Vereinsamungsprozeß begonnen haben, der ihm auch nach der gewonnenen Bundestagswahl im März 1983 noch lange Zeit die Fähigkeiten nimmt, die ihn sonst auszeichneten und die mich zu Beginn unserer Bekanntschaft so faszinierten. Von der aufgeräumten, sich für alles interessierenden Persönlichkeit bleibt immer weniger übrig. Der Mann, der sonst die politische Sensibilität eines Hochleistungsseismographen besitzt, gerät zunehmend in die Gefahr, nicht mehr zuhören zu können. Bei inhaltlichen Anregungen und Kritik fragt er nicht mehr zuerst nach der Sache, sondern sucht nach versteckten Motiven und ortet sie allesamt in der Personalpolitik.

Im November 1983 werde ich zum Bundesvorsitzenden der Jungen Liberalen gewählt. Wenig später findet mein »Antrittsbesuch« beim Bundesvorsitzenden der FDP statt. Wir reden über die Beschlüsse des letzten Bundeskongresses der Jungen Liberalen, über unsere Zustimmung zum NATO-Doppelbeschluß und über die geplante Verschiebung der Wehrsolderhöhung. Eigentlich rede nur ich. Hans-Dietrich Genscher ist zwar körperlich anwesend, aber – obgleich er durch ein reges Minenspiel einen anderen Anschein erwecken will – geistig ganz woanders.

Sein »Ich habe mit dem Bundeskanzler über Ihr Anliegen gesprochen«, das er bei einem Empfang am selben Abend mir zuruft, schmeichelt zwar, kann aber den Gesamteindruck des Gesprächs nicht mehr korrigieren. Desinteresse war schon immer ein Kardinalfehler in der Politik. Irgendwie ist das nicht derselbe Genscher, den ich vom letzten Jahr kenne. Die Anfeindungen der letzten Monate zeigen offenbar Wirkung.

Dieser Eindruck soll sich noch verstärken: Anfang 1984 werden im FDP-Bundesvorstand die Personalentscheidungen für den Bundesparteitag im Juni vorbereitet. Die Sitzung findet aus Anlaß der baden-württembergischen Landtagswahl in Heilbronn statt. Nur Spannung kann sich nicht mehr einstellen. Die Vorstandsmitglieder haben schon auf der Fahrt zur Sitzung den Vorschlag des Bundesvorsitzenden für die Präsidiumspositionen in den Radionachrichten hören können. Im Frühsommer wird der Bogen endgültig überspannt. Ein Amnestiegesetz soll den Beteiligten der Spendenaffäre Straffreiheit garantieren. Die Bruchlandung ist schon mit dem ersten Gedanken an diesen Plan programmiert. Die FDP ist auch nach dem Koalitionswechsel nicht zur Kaderpartei geworden. Ein Aufstand der Partei pfeift unter kräftiger Mithilfe der Jungen Liberalen die Spitze zurück. Besonders der Bundesvorsitzende erhält bei seiner Wiederwahl auf dem Bundesparteitag in Münster mit einem katastrophalen Ergebnis die Quittung für seine Fehleinschätzung. Einige Wochen später zieht Genscher persönliche Konsequenzen: Nur noch bis Anfang 1985 will er sein Parteiamt behalten.

Ich erinnere mich sehr genau, daß ich bei unserem nächsten Treffen einen gramvollen, gekränkten und von der »Welt verkannten« Genscher erwartet habe. Das völlige Gegenteil begegnet mir. Er vermittelt den Eindruck eines Befreiten, der geradezu glücklich ist, sich einer schweren Bürde entledigt zu haben.

Seine Inthronisation von Martin Bangemann wird zur taktischen Meisterleistung, wie man sie von ihm früher gewohnt war. Er schlägt Martin Bangemann als seinen Wunschkandidaten nicht vor, sondern gibt der Partei die Gelegenheit, seinen Nachfolger selbst zu entdecken. Der beste Marionettenspieler ist bekanntlich der, dessen Fäden man nicht sieht. Erst nachdem die Partei den neuen Bundesvorsitzenden designiert hat, setzt er ihn auch als Bundeswirtschaftsminister durch. Auf dem Bundeskongreß der Jungen Liberalen im November 1985 haben wir beide zu Gast. Martin Bangemann crhält viel Beifall. Hans-Dietrich Genscher wird bejubelt. (Ich habe nie verstanden, warum man Herrn Genscher das Etikett eines schwachen Redners angeklebt hat.) Ein dreiviertel Jahr nach dem Amnestiefiasko läuft der Außenminister zur Bestform auf.

Genscher entdeckt seine Stärken wieder. Statt der erwarteten Abkapselung erleben wir eine regelrechte Kommunikationslust. Wo sich der Außenminister auch aufhält, er bleibt in Bonn präsent. Telefone gibt es fast überall. In langen Gesprächen entsteht in dieser Zeit ein Dialog, der mich geprägt hat und noch prägt. Im Garten seines Privathauses beeindrucken die Treffen ohne Tagesordnung, beeinflußt der politische und persönliche Rat.

Im Frühjahr 1986 spricht Genscher wieder auf einem Bundeskongreß der Jungen Liberalen. Seitdem hat er keinen ausgelassen. In Begleitung des dänischen Außenministers Uffe Ellemann-Jensen hält er nicht die Rede eines Außenministers, sondern die eines Parteivorsitzenden mit politischem Führungsanspruch. Er redet zur Weltpolitik und vergißt dabei nicht die spezifischen Anliegen einer Jugendorganisation. Er nimmt Forderungen und Kritik auf und setzt sie später in konkrete Politik um. Die Gründung des deutsch-amerikanischen Rates für den Jugendaustausch ist dafür nur ein Beispiel. Er nutzt die Jungen Liberalen als Reservoir unverbrauchter Ideen. Umgekehrt regt er an – manches fand so Aussprache, was nicht gesagt werden konnte. In der Biologie nennt man dieses Verhältnis Symbiose, also eine Art Idealzustand.

Seine neu- (oder wieder-?)gewonnene Faszination geht aber von einer anderen Eigenschaft aus als nur von intensiver Kooperation, taktischem Können oder rhetorischem Geschick. Diese Fähigkeiten sind allenfalls Voraussetzungen für den Machterhalt, nicht aber für persönliche Identifikation – erst recht nicht für die Mitglieder einer Jugendorganisation.

In einer Gesellschaft, in der der visionäre Politiker zur musealen Rarität unserer Parteienlandschaft geworden ist, heißt die politische Marktlücke Perspektive. Das demokratische Damoklesschwert der nächsten Wahlen zwar immer im Auge behaltend, vermittelt Genscher dennoch das langfristige Element seiner Politik. Ob bei SDI, der Kernenergie oder der Europapolitik, der Betrachter spürt den Unterschied zwischen dem Staatsmann und einem Politiker. Der eine denkt in Generationszeiträumen, der andere in Legislaturperioden.

Wahrscheinlich ist auch das der Grund für seine außergewöhnliche Beliebtheit, insbesondere bei Jüngeren. Wer ein geradezu biologisches Interesse an politischen Weichenstellungen hat, die auch nach dreißig Jahren in der Retrospektive noch dem Prinzip Verantwortung gerecht werden können, fühlt bewußt oder unbewußt Zuneigung zu einem Mann, der Zukunftsvorsorge nicht nur individuell für die eigene Nachkommenschaft, sondern kollektiv für alle definiert.

HANS KOSCHNICK

Erinnerungen

Was viele nicht wissen oder auch erfolgreich verdrängt haben, ist die Tatsache, daß der langjährige Außenminister – und Vizekanzler – der Bundesrepublik Deutschland, Hans-Dietrich Genscher, eben nicht nur eine beachtliche und in weiten Teilen erfolgreiche Karriere als Berufspolitiker, als Repräsentant der Freien Demokratischen Partei (von manchen auch als Prototyp der alten liberal-politischen Bewegung betrachtet) aufzuweisen hat, sondern zumindest vorher – wenngleich nicht allzulange – einen respektablen Beruf ausübte.

Nach Abschluß der Universitätsprüfung in Halle Anfang der fünfziger Jahre kommt Hans-Dietrich Genscher nach Bremen, um hier mit der Referendar-Zeit sein Gesellen- (oder Meister-?)Stück in der juristischen Ausbildung abzulegen. Er kommt nicht allein; mit ihm wechselt eine Gruppe von jungen Juristen von Halle nach Bremen; alle nicht nur auf »blinden Dunst« losmarschierend, sondern gründlich recherchierend (durch einen abgesandten Kundschafter auslotend, wo ein hinreichend freundliches, liberales Element, verbunden mit schnellen Übernahmechancen in die Justizausbildung zur II. Staatsprüfung, gegeben sei).

In dem großen bremischen Liberalen der Zeit zwischen 1919 und 1933, Wegbegleiter Wilhelm Kaisens seit 1928, Dr. Theodor Spitta, Senator für Justiz und Verfassung und Bürgermeister der Freien Hansestadt Bremen, fand der Kundschafter (übrigens der spätere Präsident eines Landesarbeitsamtes mit dienstlichen Zuständigkeiten auch für Bremen) einen Ansprechpartner, der bei klaren Forderungen nach notwendigen Leistungsprofilen für alle die Aufnahme in den bremischen Justizdienst möglich machte. Versüßt wurde diese Entscheidung noch durch die Tatsache, daß zu Anfang der 50er Jahre die Referendarbezüge in Bremen nicht unerheblich über die der anderen Bundesländer gehoben wurden.

So wurde es ein guter Dreiklang: faire berufliche Chance, freiheitliche Vertretung demokratischer Grundpositionen und erfreuliche materielle Unterhaltssicherung! Was konnte da ein aufrechtes liberales Herz mehr erwarten?

Hans-Dietrich Genscher jedenfalls absolvierte die Referendarzeit mit Erfolg und trat Mitte der 50er Jahre als wohlbestallter Volljurist in eine renommierte Rechtsanwaltssozietät ein. Noch heute firmiert er in dem Schilde dieser Sozietät, und wir Bremer sind froh darüber. Denn gar so gerne haben wir ihn nicht Ende der fünfziger Jahre gen Bonn ziehen sehen, als er – von altem politischen Ehrgeiz gepackt und von den mitunter kärglichen Erträgen aus der Existenz eines freien Berufes geplagt – sein Aufgabenfeld in der Vertretung freidemokratischer Interessen fand. Hier, im Gefolge der internen Auseinandersetzung, in der Aufbruchzeit der Jungtürken der FDP, der Zeit von Döring und Flach, Scheel und Weyer, fühlte er sich wohl und stand seinen Mann.

Und die Zeitgeschichte erwies sich bei seiner unzweifelhaft von Erfolg begleiteten beruflich-politischen Karriere als nicht ungünstig.

Heute – formal nicht mehr Bundesvorsitzender, aber gleichwohl mit größtem Einfluß in der FDP – verkörpert er mehr als das Profil eines Berufspolitikers. Er ist zu Hause wie in der Welt – bei aller Kritik im Detail – ausgewiesen als ein verläßlicher Repräsentant der neuen deutschen Demokratie, ein Mann mit unwahrscheinlicher Energie und Reisebegabung, aber auch ein Mann, der trotz der aus dem Amte geborenen häufigen Auslandseinsätze seine Empfindungen für innenpolitisch-seismographische Stöße nicht verloren hat und mit großer Sensibilität an nach seiner Meinung jeweils notwendige Frontbegradigungen herangeht. Er ist ein Mann von Gewicht.

Natürlich ist es für mich leichter, für sein Wirken in und für seinen Einsatz in Bremen zu danken, auch den Respekt vor seinen Leistungen in der außenpolitischen Vertretung deutscher Interessen zu bekunden, als alle seine Winkelzüge, taktischen Manöver und Absetzbewegungen in der Innenpolitik objektiv zu würdigen. Schließlich sind wir Sozialdemokraten eben nicht nur Partner, sondern auch Objekt seines Engagements gewesen. Ich traure nicht vergangenen Zeiten nach. Koalitionen sind Zweckbündnisse, nicht Liebesehen. Und rechtsanwaltschaftliche Praxis ist auch außerhalb der Politik die Vertretung der Klienten im Rahmen der eigenen Existenzsicherung. Deshalb überwiegt meine freundschaftliche Verbundenheit diesem »Wanderer zwischen den Welten« gegenüber!

Sollte Hans-Dietrich Genscher eines Tages aus eigenem Verlangen oder wegen der (Un-)Gunst der Stunde aus der Politik ausscheiden und seinen alten Beruf wiederaufnehmen wollen, dann empfehle ich ihm, nicht eine Anwaltspraxis zwischen Pech und Wahn, also in der Nähe von Bonn, aufzumachen, sondern zurückzukehren an die fast heimatlichen Fleischtöpfe Bremens. Bei uns ist er allzeit willkommen!

GIULIO ANDREOTTI

Gespür

Die Begegnungen der Außenminister im Europa der Zwölf sind mittlerweile so häufig geworden, daß ein gegenseitiges familiäres Verhältnis allgemein üblich geworden ist – insbesondere zwischen Kollegen wie Hans-Dietrich Genscher und mir, die seit Jahren für die Außenpolitik ihrer Länder verantwortlich sind.

Trotz aller Unterschiede in unserer politischen und persönlichen Situation habe ich bei Genscher stets sein Vertrauen in die Überlegung, in die Vernunft, in den Dialog als einzige Instrumente, mit denen die so schwierigen, schier unlösbar erscheinenden Probleme der internationalen Politik angegangen werden können, geschätzt. Mehr als einmal hat er mir gesagt, daß konzeptionelle Klarheit und Konsequenz die Schlüssel zum Erfolg in der Außenpolitik sind. Erst jüngst bei dem letzten Treffen der Westeuropäischen Union in Den Haag am 18. April 1988 hat uns Genscher daran erinnert: Wenn es uns in der Krise der Mittelstreckenraketen gelungen ist, unserer Argumentation für eine Reduzierung der Rüstung Gehör und Geltung zu verschaffen, so verdanken wir das unserer Fähigkeit, auch gegenüber der öffentlichen Meinung unserer Länder ein schlüssiges Konzept zu verfolgen und es mit Entschlossenheit anzuwenden.

Die Überlegung von Hans-Dietrich ist immer gelassen und reflektiert, er blickt über das Nächstliegende hinaus, er verliert nie an Überzeugungskraft durch gewisse Vorbehalte, die immerhin auch gelegentlich auftreten könnten, wenn man seiner persönlichen Erfahrung Rechnung trägt.

In diesen schwierigen Jahren, die Momente großer Spannung in den West-Ost-Beziehungen gezeigt haben, war es mir stets nützlich, den Worten meines deutschen Kollegen aufmerksam zuzuhören. Sein Beitrag zur Analyse ebenso wie zum Handeln hat es stets erleichtert, Zustimmung zu den produktivsten Lösungen zu ernten.

Die Geschichte unserer Nachkriegszeit ist reich an Freundschaftsbanden zwischen politischen Vertretern Italiens und der Bundesrepublik Deutschland – angefangen bei der für uns und für Europa so fruchtbaren Verbindung zwischen Adenauer und De Gasperi. Ich glaube, mit Hans-Dietrich Genscher auch persönlich ein herzliches und freundschaftliches Verhältnis geschaffen zu haben, was sich auf unsere tägliche Arbeit niederschlägt und dazu beiträgt, ihr beispielsweise bei multilateralen Begegnungen – wie ich mehrfach feststellen konnte – eine Orientierung zu geben. Eine Bestätigung unserer Affinität der Gefühle habe ich in den Worten der Wertschätzung und der Freundschaft finden können, die mir anläßlich der Verabschiedung des italienischen Botschafters in Bonn, Luigi Vittorio Ferraris, im September 1987 ausgesprochen wurden und die mich ob ihrer Großzügigkeit fast haben erröten lassen.

Ich glaube deshalb, daß Genscher einem persönlichen Impuls folgt, der ihn dazu treibt, aufzugreifen, was uns vereint, zu unterscheiden zwischen Essentiellem und Beiläufigem und vor allem niemals die großen Ziele der deutschen und der europäischen Politik aus den Augen zu verlieren. So können wir, die wir im täglichen Verhandeln Gefahr laufen, einen entscheidenden Punkt zu versäumen, vermeiden, in unserem politischen Handeln den Sinn für die Richtung zu verlieren. Bei den persönlichen Begegnungen mit Genscher habe ich immer das Bewußtsein um die Rolle seiner Partei verspüren können, die – wenngleich eine Minderheitspartei – zu den entscheidenden Wendungen der deutschen Politik in den vergangenen zwanzig Jahren beigetragen hat. Aus dem Umstand, daß dieser Beitrag sich oft im Bereich der Außenpolitik vollzogen hat, bezieht er Grund zu berechtigtem Stolz.

Mit Genscher haben wir uns vor allem im Blick auf das Primat der europäischen Dimension unserer Politik vereint gesehen; diese Überzeugung entspringt bei ihm wie bei mir sowohl aus dem Bewußtsein um die heutige Unzulänglichkeit der einzelnen europäischen Länder, individuell eine ihren Traditionen würdige Rolle zu spielen, als auch aus der Erinnerung an die Entartungen unserer jüngsten Geschichte.

Natürlich haben auch wir uns bisweilen in konträren Positionen gegenübergestanden, beispielsweise in Brüssel bei den aufreibenden Verhandlungen der Gemeinschaft über Geben und Haben, über Preise und Produkte. Aber ich habe es nie erlebt, daß Genscher sich zurückgezogen hätte, wenn es darum ging, das mühselige Geflecht der Vorschriften und Institutionen voranzutreiben, das allein den Erfolg der Schaffung eines einigen Europas garantieren kann. Nie habe ich gesehen, daß er mit übermäßiger Eifersucht Hoheitsrechte zu wahren gesucht hätte, die für die Staaten Europas nunmehr obsolet sind. Es ist kein Zufall, daß er mit seinen italienischen Kollegen vielleicht öfter als mit den anderen zu einer Übereinkunft gekommen ist, mit meinem Vorgänger Emilio Colombo bei der Vereinbarung der Gemeinschaft, die ihrer beider Namen trägt und im Juni 1983 in Stuttgart unterzeichnet worden ist, mit mir in den langen Verhandlungen über die Einheitliche Akte, die zum Teil hinter seinen und meinen Erwartungen zurückgeblieben ist.

Bisweilen frage ich mich, woher diese wiederholte Übereinstimmung kommt. Bei mir handelt es sich gewiß um die Treue zu dem wertvollen Erbe des wichtigsten italienischen Politikers der Nachkriegszeit, Alcide De Gasperi. Genscher seinerseits bringt aufgrund seiner Herkunft das Empfinden für ein geteiltes Europa in sich und damit auch das Gespür für die Notwendigkeit, im Westen eine gemeinsame Heimat zu schaffen und sich ihrer zu bedienen – nicht um den Graben zwischen beiden Teilen Europas zu verbreitern, sondern um ihn zu schmälern. Ich habe – z. B. bei der Begegnung »Convegno di Comunione e Liberazione«, die jedes Jahr im August in Rimini stattfindet und an der er zweimal teilgenommen hat – auch bemerkt, daß Genscher den Bedürfnissen der Jugend gegenüber sehr sensibel ist. Obwohl er Laizist ist, habe ich erkannt, wie unmittelbar er den Sinn

der manchmal vielleicht auch wirren Bestrebungen der dort versammelten jungen Katholiken nach einer von Gewalt und Intoleranz möglichst
befreiten Welt begriffen hat.

Tatsächlich besteht das Ziel des unter dem Zeichen der Taube stehenden »Meeting dell'Amicizia tra i popoli« (ein jährliches Treffen, das seit
acht Jahren Zigtausende von jungen Menschen in Rimini versammelt)
darin, eine Konfrontation von verschiedenen katholischen Elementen mit
der laizistischen Welt über aktuelle Themen, die jenseits von Grenzen
und Ideologien behandelt werden, zu fördern.

Die Treffen waren stets von Offenheit, Begeisterung und Anregungen
gekennzeichnet; und ebenso wie viele andere Teilnehmer aus allen Teilen
der Welt hat Genscher sich von diesem Erlebnis betroffen gesehen, er hat
den jungen Leuten der »Comunione e Liberazione« einen starken Einfluß auf die neue Generation und eine überraschende intellektuelle
Lebendigkeit zuerkannt. Insbesondere hat ihn ihr Verständnis von der
Politik als Instrument zur Suche neuer Sphären betroffen, in denen der
Mensch in seiner Ganzheit betrachtet werden und sich gänzlich ausdrük-
ken kann.

Natürlich bin ich Vertreter einer Kultur katholischer Prägung, möglicherweise noch mit einer pessimistischen Neigung meinerseits gegenüber den Unzulänglichkeiten der menschlichen Natur, während Genscher vielleicht eher den Optimismus der deutschen liberalen Kultur
ausdrückt. Das hat uns jedoch nicht daran gehindert, uns oft zusammen-
zufinden, um zu vermeiden, daß die internationalen Beziehungen aus
mangelndem Vertrauen in die Fähigkeit des Menschen in gewissen Phasen der Ost-West-Beziehungen eine für die Stabilität unseres Kontinents
gefährliche Rückentwicklung erleiden.

Vielleicht ist es gar nicht unbescheiden zu glauben, daß die geschilder
ten Elemente der Gemeinsamkeit die lange Karriere von Genscher und
mir und die gemeinsame Verantwortung – bei mir nun seit einigen
Jahren, bei ihm seit mehr als einem Jahrzehnt – für die Außenpolitik von
zweien der wichtigsten westlichen Länder rechtfertigen. Wir haben
unterschiedliche kulturelle und politische Prägungen erfahren, doch
unsere Überzeugungen, unsere Methoden, unsere Ziele unterscheiden
sich nicht.

Ich habe immer festgestellt, daß Genscher wachsam darauf bedacht
war, die besten Lehren des europäischen Liberalismus in einer stets
modernen und aktuellen Interpretation nicht zu verraten: die Achtung
der menschlichen Person und ihrer Rechte, die Bedeutung der internationalen Gleichgewichte, die neuen Formen der Solidarität in einer immer
interdependenteren Welt. Dieses sind auch Bestrebungen und Überzeu-

gungen der katholischen Tradition Italiens und der Menschen, die nach dem letzten Weltkrieg – jeder zu seiner Zeit – Italien auf der Suche nach einer richtigen Konnotation in der internationalen Gemeinschaft geleitet haben. Hier liegen die Gründe für meine Hochachtung und meine Freundschaft zu Hans-Dietrich Genscher, Gefühle, die wir nur selten in Worten, sondern eher im täglichen Handeln ausdrücken – ein Handeln, das ein Beitrag zur Einigkeit und zur Stabilität in Europa und in der Welt sein will.

Anhang

Zeittafel

Geboren am 21. 03. 1927 in Reideburg (Saalkreis) als einziges Kind des Syndikus Kurt Genscher und seiner Frau Hilde, geborene Kreime

01. 04. 1933	Umzug nach Halle (Saale)
26. 01. 1937	Tod des Vaters
01. 04. 1937	Wechsel von der Volksschule auf das »Reform-Real-Gymnasium« zu Halle
15. 02. 1943 bis 14. 09. 1944	Flakhelfer in Lettin, Trotha, Rattmannsdorf, Schotterey, Leipzig-Mölkau, Engelsdorf, Silberhöhe, Dautsch, Diemitz, Kanena
15. 09. 1944 bis 14. 10. 1944	Wehrertüchtigungslager in Helbra/Thüringen
11. 10. 1944 bis 03. 12. 1944	Reichsarbeitsdienst in Frauenstein/Erzgebirge
06. 01. 1945 bis 06. 05. 1945	Pionier der deutschen Wehrmacht in Wittenberg und bei Berlin
07. 05. 1945 bis 07. 07. 1945	Amerikanische und britische Kriegsgefangenschaft in Stendal und Flechtingen/Altmark

01. 12. 1945 bis 14. 04. 1946	Ergänzungskurs zum Kriegsabitur
15. 04. 1946	Reifeprüfung an der alten Penne, die inzwischen »Friedrich-Nietzsche-Schule« heißt und heute den Namen »Friedrich-Engels-Schule« trägt
Sommersemester 1946 bis Sommersemester 1948	Studium der Rechtswissenschaften an der »Martin-Luther-Universität zu Halle an der Saale«
November 1946 bis Juli 1948	Erkrankung an Tuberkulose
Wintersemester 1948/49	Wechsel zur Universität Leipzig
05. 10. 1949	Erste juristische Staatsprüfung in Leipzig
06. 10. 1949 bis 19. 08. 1952	Referendar im Oberlandesgerichtsbezirk in Halle
20. 08. 1952	Übersiedlung von Halle über Berlin-West nach Bremen
15. 09. 1952	FDP-Mitglied in Bremen, stellvertretender Landesvorsitzender der Deutschen Jungdemokraten in Bremen
01. 09. 1952 bis 25. 02. 1954	Referendar in Bremen
26. 02. 1954	Zweite juristische Staatsprüfung in Hamburg
27. 02. 1954 bis 31. 08. 1954	Anwaltsassessor in Bremen

01. 09. 1954 bis 30. 03. 1956	Rechtsanwalt in Bremen
November 1954 bis November 1955	Erkrankung an offener Lungentuberkulose
01. 04. 1956 bis 30. 03. 1959	Wissenschaftlicher Assistent der FDP-Bundestagsfraktion
Dezember 1956 bis November 1957	Erneute Erkrankung an Lungentuberkulose, Operation
01. 04. 1959 bis 01. 10. 1965	Geschäftsführer der FDP-Bundestagsfraktion
29. 12. 1958	Heirat mit Luise Schweitzer
07. 08. 1961	Geburt der Tochter Martina
01. 01. 1962 bis 30. 12. 1964	Bundesgeschäftsführer der FDP
seit 05. 10. 1965	Bundestagsabgeordneter der FDP über die NRW-Landesliste (Wahlkreis Wuppertal-West)
09. 11. 1965 bis 22. 10. 1969	Parlamentarischer Geschäftsführer der FDP-Bundestagsfraktion
15. 07. 1966	Scheidung

seit 01. 11. 1966	Mitglied des Landesvorstandes der FDP von Nordrhein- Westfalen
19. 11. 1968	FDP-Bundesparteitag in Freiburg. Mit 239 von 270 Stimmen wird Hans-Dietrich Genscher zum stellvertre- tenden FDP-Bundesvorsitzenden gewählt
seit 19. 10. 1969	Verheiratet in zweiter Ehe mit Barbara, geborene Schmidt
22. 10. 1969 bis 16. 05. 1974	Bundesminister des Innern im ersten und zweiten Kabi- nett der sozialliberalen Koalition unter Bundeskanzler Willy Brandt und Vizekanzler Walter Scheel
17. 05. 1974 bis 17. 09. 1982	Bundesminister des Auswärtigen und Vizekanzler im dritten, vierten und fünften Kabinett der sozialliberalen Koalition unter Bundeskanzler Helmut Schmidt
seit 04. 10. 1982	Bundesminister des Auswärtigen und Vizekanzler im ersten, zweiten und dritten Kabinett der christlich-libe- ralen Koalition unter Bundeskanzler Dr. Helmut Kohl
02. 10. 1974	25. Bundesparteitag der FDP in Hamburg. Hans-Diet- rich Genscher wird mit 276 von 362 Stimmen als Nach- folger von Walter Scheel zum FDP-Bundesvorsitzenden gewählt
19. 11. 1976	27. Bundesparteitag der FDP in Freiburg. Hans-Dietrich Genscher wird mit 322 von 373 Delegiertenstimmen als FDP-Parteivorsitzender bestätigt
12. 11. 1978	29. Bundesparteitag der FDP in Mainz. Die Delegierten wählen Hans-Dietrich Genscher mit 336 von 383 Stimmen erneut zum FDP-Bundesvorsitzenden
05. 10. 1980	Bundestagswahl. Unter Hans-Dietrich Genscher erzielt die FDP ein Wahlergebnis von 10,6 Prozent der Zweit- stimmen
05. 12. 1980	31. Bundesparteitag der FDP in München. Bestätigung als Bundesvorsitzender mit 333 von 369 Stimmen

| 01. 10. 1982 | Konstruktives Mißtrauensvotum gegen Bundeskanzler Helmut Schmidt. Mit Hilfe der Mehrheit der FDP-Bundestagsfraktion wird Dr. Helmut Kohl zum sechsten Kanzler der Bundesrepublik Deutschland gewählt |

| 05. 11. 1982 | 33. Bundesparteitag der FDP in Berlin. Hans-Dietrich Genscher wird mit 222 Stimmen in seinem Amt als FDP-Bundesvorsitzender bestätigt |

| 06. 03. 1983 | Bundestagswahlen. Unter Hans-Dietrich Genscher erreicht die FDP 7,8 Prozent der Zweitstimmen |

| 01. 06. 1984 | 35. Bundesparteitag der FDP in Münster. Hans-Dietrich Genscher wird mit 241 von 392 Stimmen in seinem Amt als FDP-Bundesvorsitzender bestätigt |

| 29. 02. 1985 | Auf dem 36. Bundesparteitag der FDP in Saarbrücken verzichtet Hans-Dietrich Genscher auf das Amt des FDP-Bundesvorsitzenden. Auf seinen Vorschlag hin wird Dr. Martin Bangemann zu seinem Nachfolger gewählt |

| 25. 01. 1987 | Bundestagswahl. Die FDP erringt 9,2 Prozent der Zweitstimmen |

Auswahlbibliographie

ARNULF BARING: Machtwechsel. Die Ära Brandt/Scheel, München 1982

KLAUS BÖLLING: Die letzten 30 Tage des Kanzlers Helmut Schmidt. Ein Tagebuch. Hamburg 1982

HEINZ BUDE: Deutsche Karrieren. Lebenskonstruktionen sozialer Aufsteiger aus der Flakhelfer-Generation. Frankfurt 1987

WOLFGANG DORN/WOLFGANG WIEDNER: Der Freiheit gehört die Zukunft. Wolfgang Döring. Bonn 1974

GÜNTHER W. GELLERMANN: Die Armee Wenck. Hitlers letzte Hoffnung. Koblenz 1986

HORST-ADALBERT KOCH: Flak. Bad Nauheim 1965

HANS-DIETRICH GENSCHER (Hrsg.): Der öffentliche Dienst am Scheideweg. Bonn 1972

HANS-DIETRICH GENSCHER: Internationale Umweltpolitik. Bonn 1974

HANS-DIETRICH GENSCHER: Außenpolitik im Dienste von Sicherheit und Freiheit. Bonn 1976

HANS-DIETRICH GENSCHER (Hrsg.): Liberale in der Verantwortung. München 1976

HANS-DIETRICH GENSCHER (Hrsg.): Heiterkeit und Härte. Festschrift für Walter Scheel. Stuttgart 1984

HANS-DIETRICH GENSCHER: Deutsche Außenpolitik. Bonn 1985

HANS-DIETRICH GENSCHER (Hrsg.): Nach vorn gedacht. Perspektiven
deutscher Außenpolitik. Bonn 1987

CURT GOETZ: Die Memoiren des Peterhans von Binningen. Berlin 1963

HEINZ GRUNDMANN: Liberal-Demokratische Partei Deutschlands.
Bonn 1978

HELMUT HERLES: Machtverlust oder das Ende der Ära Brandt. Stuttgart
1983

ERNST A. ITSCHERT, MARCEL REUCHER, GERD SCHUSTER, HANS STIFF:
»Feuer frei — Kinder«. Saarbrücken 1984

MANFRED OVERESCH: Chronik deutscher Zeitgeschichte. Band 1–3.
Düsseldorf 1986

MANFRED SCHELL: Die Kanzlermacher. Mainz 1986

GÜNTER VERHEUGEN: Der Ausverkauf. Macht und Zerfall der FDP.
Hamburg 1984

Autorenverzeichnis

GIULIO ANDREOTTI, italienischer Außenminister, Rom
GERT BASTIAN, ehemaliger GRÜNEN-MdB, Bonn
GERHART R. BAUM, FDP-MdB, stellvertretender FDP-Bundesvorsitzender, Bonn
UDO BERGDOLL, Büro der *Süddeutschen Zeitung*, Bonn
DR. NORBERT BLÜM, Bundesminister für Arbeit und Sozialordnung, Bonn
ROLAND DUMAS, französischer Außenminister, Paris
UFFE ELLEMANN-JENSEN, dänischer Außenminister, Kopenhagen
DR. PAUL FRANK, Staatssekretär a. D., Breitnau
GÜNTER FUGMANN, Pädagoge, Halle an der Saale
MICHAELA GEIGER, CSU-MdB, außenpolitische Sprecherin der CDU/CSU-Bundestagsfraktion, Bonn
DR. GÜNTHER W. GELLERMANN, Diplom-Politologe, Langenfeld
WALTER HAHN, WDR-Studio, Brüssel
MICHAEL HARTMANN, stellvertretender Chefredakteur der *Westdeutschen Zeitung*, Wuppertal
DR. HORST HEROLD, ehemaliger Präsident des Bundeskriminalamtes, Rosenheim
HANS-JÜRGEN HÖFER, dpa-Büro, Bonn
PROF. DR. MED. ADALBERT HUZLY, Gerlingen
HANS KEPPER, NDR-Studio, Bonn
PETRA K. KELLY, GRÜNEN-MdB, Bonn
THOMAS KIELINGER, Chefredakteur *Rheinischer Merkur/Christ und Welt*, Bonn
FRIEDRICH-WILHELM KIRCHHOFF, Ministerialrat, Bonn
DR. EBERHARD W. KNÖFLER, Dozent, Erfurt
HANS KOSCHNICK, SPD-MdB, Bonn
GÜNTHER KREMS, SDR-Studio, Bonn
DR. LOTHAR LAHN, Botschafter a. D., Bonn
PROF. DR. GERHARD LANGE, Universität Köln, Bonn
LUTZ MAHLERWEIN, NDR, Hamburg

DR. ALFRED MECHTERSHEIMER, GRÜNEN-MdB, Bonn
JOHANNES MERCK, Doktorand bei Prof. Baring, Berlin
JÜRGEN MERSCHMEIER, CDU-Sprecher, Bonn
THOMAS MEYER, *Kölner Stadt-Anzeiger,* Büro Bonn
DR. GERHARD PFEIFFER, Botschafter a. D., Bonn
KLAUS-DIETER REINHOLD, Abteilungsleiter der Münchener Rückversicherung, München
UWE RONNEBURGER, FDP-MdB, Bonn
MICHAEL RUPPERT, FDP-MdL, Wuppertal
PROF. DR. MANFRED SCHREIBER, ehemaliger Polizeipräsident von München, ehemaliger Ministerialdirektor im Bundesministerium des Innern
HERBERT STRAETEN, stellvertretender Chefredakteur und Ressortleiter Politik der *Neuen Ruhr-Zeitung,* Essen
WALTER TACKE, Leiter des EMNID-Instituts, Bielefeld
FRIEDRICH VOGEL, CDU-MdB, Staatsminister a. D., Ennepetal
GÜNTHER VAN WELL, Staatssekretär a. D., Botschafter a. D., Bonn
GUIDO WESTERWELLE, Bundesvorsitzender der Jungen Liberalen, Bonn

Reisen

1974

06. 05.	Frankreich
07. 05.	Belgien (EG)
04. 06.	Luxemburg (WEU)
11. 06.	Frankreich (Europarat Straßburg)
15. 06.	London
17. 06.–20. 06.	Kanada (NATO)
25. 06.	Luxemburg (WEU)
25. 06.–26. 06.	Belgien (NATO)
16. 07.	Paris
20. 07.	Paris
23. 07.–27. 07.	Vereinigte Staaten
16. 09.	Frankreich (EPZ)
17. 09.	Belgien (EG)
24. 09.–25. 09.	UN New York
02. 10.	Luxemburg (EG)
06. 10.–10. 10.	Japan
14. 10.–15. 10.	Luxemburg (WEU)
23. 10.	Frankreich (EPZ)
28. 10.–31. 10.	UdSSR
09. 11.	Frankreich
11. 11.–12. 11.	Belgien (EG)
18. 11.	Frankreich (EPZ)
25. 11.	Frankreich
28. 11.–29. 11.	Frankreich (Europarat Straßburg)
02. 12.–03. 12.	Belgien (EG)
04. 12.–06. 12.	Vereinigte Staaten
07. 12.	Niederlande
09. 12.–10. 12.	Frankreich (EPZ; EG)
12. 12.–13. 12.	Belgien (NATO)

1975

13. 01.	Belgien (EG)
20. 01.	Belgien (EG)
23. 01.–24. 01.	Finnland
30. 01.	Belgien (EG)
03. 02.–04. 02.	Frankreich
06. 02.–07. 02.	Österreich
11. 02.	Belgien (EG)
13. 02.	Irland (EPZ)
14. 02.–15. 02.	Schweden
20. 02.–21. 02.	Italien
03. 03.	Belgien (EG)
10. 03.	Irland (EPZ)
24. 03.–26. 03.	Tschechoslowakei
03. 04.–04. 04.	Spanien
12. 04.	Irland (EPZ)
14. 04.–18. 04.	Ägypten, Saudi-Arabien
21. 04.–25. 04.	Frankreich
05. 05.	Belgien (EG)
26. 05.	Irland (EPZ)
27. 05.–29. 05.	Frankreich
29. 05.–30. 05.	Belgien (EG)
03. 06.–04. 06.	Norwegen
13. 06.	Frankreich
15. 06.–17. 06.	Vereinigte Staaten
19. 06.–20. 06.	Türkei
24. 06.	Luxemburg (EG)
29. 06.–08. 07.	Liberia, Ghana, Sambia, Malawi
15. 07.–16. 07.	Belgien (EG; EPZ)
21. 07.–22. 07.	Belgien (EG)
30. 07.–01. 08.	Finnland (KSZE)
11. 08.	Österreich (Treffen mit UN-General-sekretär Waldheim in Salzburg)
01. 09.–04. 09.	UN New York
11. 09.–12. 09.	Italien (EPZ in Venedig)
16. 09.	Belgien (EG)

22. 09.–28. 09.	UN New York		26. 06.–28. 06.	Vereinigte Staaten
06. 10.	Luxemburg (EG)			(Konferenz von
09. 10.–10. 10.	Polen			6 Industriestaaten
18. 10.–19. 10.	Italien (EPZ in			in Puerto Rico)
	Lucca)		12. 07.–13. 07.	Belgien (EPZ)
30. 10.	Italien (EPZ)		15. 07.–16. 07.	Vereinigte Staaten
05. 11.–06. 11.	Belgien (EG)		19. 07.–20. 07.	Belgien (EG)
10. 11.–13. 11.	UdSSR		27. 08.	Jugoslawien
15. 11.–17. 11.	Frankreich		11. 09.–12. 09.	Niederlande (EPZ in
	(Konferenz von			Beesterstzwaag)
	6 Industriestaaten		20. 09.	Belgien (EG)
	in Rambouillet)		27. 09.–28. 09.	UN New York;
17. 11.–23. 11.	Brasilien, Peru,			Vereinigte Staaten
	Venezuela		06. 10.–10. 10.	UN New York
27. 11.–30. 11.	Israel		18. 10.–19. 10.	Luxemburg (EG;
01. 12.–02. 12.	Italien (EPZ)			EPZ)
04. 12.–05. 12.	Rumänien		30. 10.	Niederlande (EG)
08. 12.–09. 12.	Belgien (EG)		15. 11.–16. 11.	Belgien (EG)
11. 12.–12. 12.	Belgien (NATO)		29. 11.–30. 11.	Niederlande (EPZ)
			08. 12.–09. 12.	Belgien (NATO)

1976

1977

20. 01.	Belgien (EG)			
23. 01.	Belgien (NATO)		18. 01.	Belgien (EG)
27. 01.	Frankreich (Europa-		23. 01.–24. 01.	Großbritannien
	rat Straßburg)		27. 01.–28. 01.	Frankreich (Europa-
04. 02.–05. 02.	Portugal			rat Straßburg)
07. 02.	Großbritannien		31. 01.	Großbritannien
09. 02.–10. 02.	Belgien (EG)			(EPZ)
12. 02.–13. 02.	Frankreich (Nizza)		03. 02.–04. 02.	Frankreich
23. 02.–24. 02.	Luxemburg (EPZ)		08. 02.	Belgien (EG)
01. 03.–02. 03.	Belgien (EG)		08. 02.–11. 02.	Syrien
01. 04.–02. 04.	Luxemburg (EPZ)		10. 02.	Jordanien
05. 04.–06. 04.	Luxemburg (EG)		11. 02.–12. 02.	Ägypten
28. 04.–30. 04.	Ungarn		08. 03.	Belgien (EG)
03. 05.	Belgien (EG)		13. 03.–14. 03.	USA
06. 05.	Frankreich (Europa-		16. 03.–18. 03.	Israel
	rat Straßburg)		18. 03.	Spanien
13. 05.	Frankreich		25. 03.–26. 03.	Italien (Europ. Rat
14. 05.–15. 05.	Luxemburg (EPZ)			der Reg.-Chefs)
20. 05.–21. 05.	Norwegen (NATO)		05. 04.	Luxemburg (EG)
25. 05.	Großbritannien		18. 04.–19. 04.	Großbritannien
31. 05.–01. 06.	Belgien (EG)			(EPZ)
02. 06.	Frankreich		20. 04.–23. 04.	Indien
10. 06.	Luxemburg		23. 04.–25. 04.	Sri Lanka
15. 06.–17. 06.	Finnland		25. 04.–28. 04.	Indonesien
17. 06.–18. 06.	Dänemark		28. 04.–29. 04.	Singapur
21. 06.	Frankreich (OECD)		29. 04.	Bahrain

03. 05.	Belgien (EG)
07. 05.–08. 05.	Großbritannien (Konferenz der sieben Industrienationen)
09. 05.	Großbritannien (Vierergespräch über Berlin)
10. 05.–11. 05.	Großbritannien (NATO)
16. 05.–18. 05.	Zaire
18. 05.	Gabun
21. 05.–22. 05.	Großbritannien (Leeds Castle; EPZ)
31. 05.–01. 06.	Frankreich (Besprechung am Rande der KIWZ)
05. 06.–06. 06.	Bahamas (mit BPräs. Scheel)
06. 06.–09. 06.	Costa Rica (mit BPräs. Scheel)
09. 06.–10. 06.	Mexiko (mit BPräs. Scheel)
10. 06.	Vereinigte Staaten
11. 06.	Frankreich
13. 06.–15. 06.	UdSSR
23. 06.	Frankreich (OECD)
24. 06.	Frankreich (Gespräch mit US-AM Vance)
29. 06.–30. 06.	Großbritannien (Europ. Rat der Reg.-Chefs)
11. 07.–12. 07.	Belgien (EPZ)
13. 07.–14. 07.	Vereinigte Staaten
24. 07.	Österreich (Salzburg)
25. 07.–26. 07.	Belgien (EG)
17. 08.–19. 08.	Griechenland
20. 09.	Belgien (EG)
22. 09.–24. 09.	Schweiz (mit BPräs. Scheel)
26. 09.–30. 09.	UN New York
08. 10.	Villiers-le-Temple (EPZ)
09. 10.–12. 10.	Japan
12. 10.–16. 10.	China
20. 10.–21. 10.	Bulgarien
16. 11.–18. 11.	Tunesien
18. 11.–19. 11.	Malta
22. 11.	Belgien (EG und EPZ)

1978

06. 02.–07. 02.	Frankreich
10. 02.–12. 02.	UN New York
14. 02.	Dänemark (EPZ)
26. 02.–01. 03.	Tansania
01. 03.–02. 03.	Burundi
02. 03.–03. 03.	Ruanda
07. 03.	Belgien (EG)
04. 04.	Vereinigte Staaten
07. 04.–08. 04.	Dänemark (Europ. Rat der Reg.-Chefs)
16. 04.–21. 04.	Japan (Begl. Staatsbesuch)
23. 04.–24. 04.	Großbritannien
02. 05.	Belgien (EG)
20. 05.–21. 05.	Dänemark, Nyborg (EPZ)
29. 05.–01. 06.	USA (NATO)
12. 06.	Dänemark (EPZ)
13. 06.	Frankreich
14. 06.	Frankreich (OECD)
27. 06.	Luxemburg (EG)
28. 06.–30. 06.	Israel
04. 07.	Luxemburg (EG)
22. 07.	Österreich (UN-Gen.-Sekr. Waldheim, Salzburg)
24. 07.–25. 07.	Belgien (EG)
27. 07.	UN New York
12. 08.–13. 08.	Vatikan (Trauerfeierlichkeiten Papst Paul VI.)
31. 08.	Kenia (Trauerfeierlichkeiten Präsident Kenyatta)
19. 09.	Belgien (EG)
25. 09.–29. 09.	UN New York
13. 10.–19. 10.	Südafrikanische Republik (und Namibia)
30. 10.	Frankreich (UNESCO)
02. 11.–04. 11.	Polen
15. 11.	Straßburg (Europarat und Europ. Parlament)
20. 11.–21. 11.	Belgien (EG – ASEAN)
23. 11.	Straßburg (Europarat)

04. 12.–05. 12.	Belgien (Europ. Rat der Reg.-Chefs)		26. 09.	UN New York
06. 12.	Belgien (EG)		11. 10.–12. 10.	Rumänien
07. 12.–08. 12.	Belgien (NATO)		12. 12.–13. 12.	Belgien
13. 12.	Luxemburg (Europ. Parlament)			(NATO-Konferenz)

04. 12.–05. 12.   Belgien (Europ. Rat der Reg.-Chefs)
06. 12.   Belgien (EG)
07. 12.–08. 12.   Belgien (NATO)
13. 12.   Luxemburg (Europ. Parlament)
19. 12.–22. 12.   Belgien (EG)
29. 12.   Algerien (Trauerfeierlichkeiten Präsident Boumedienne)

1979

15. 01.   Belgien (EG)
22. 01.   Belgien (EPZ – Ministergespräche)
19. 02.–20. 02.   Österreich (Begl. Bundespräsident)
22. 02.–23. 02.   Frankreich (33. Deutsch-Franz. Konsultationen)
09. 05.–10. 05.   Spanien
10. 05.–11. 05.   Großbritannien
12. 05.–13. 05.   Frankreich (EPZ) Schloß Mercues b. Cahors
28. 05.   Griechenland (Athen; Gr. Beitritt zur EG)
29. 05.–31. 05.   Niederlande, Den Haag (NATO)
18. 06.–20. 06.   Libyen
23. 06.–24. 06.   Saudi-Arabien (in Verbindung mit Thailand)
25. 06.–26. 06.   Thailand (in Verbindung mit Saudi-Arabien)
26. 06.–29. 06.   Japan (Wirtschaftsgipfel)
04. 07.–06. 07.   Irak
08. 08.–10. 08.   USA (inoffizielle Gespräche in Washington)
16. 08.   Jugoslawien
26. 08.–28. 08.   Syrien
28. 08.   Libanon
28. 08.–31.08.   Jordanien
31. 08.–02. 09.   Ägypten

26. 09.   UN New York
11. 10.–12. 10.   Rumänien
12. 12.–13. 12.   Belgien (NATO-Konferenz)

1980

15. 01.   Belgien (EPZ-AM-Treffen in Brüssel)
19. 01.–22. 01.   USA (New York und Washington)
02. 02.   Italien
03. 02.–05. 02.   Frankreich (35. Deutsch-Franz. Gipfel)
05. 02.   Belgien (EPZ-AM-Treffen in Brüssel)
19. 02.   Italien (EPZ-AM-Treffen in Rom)
04. 03.–08. 03.   Malaysia
08. 03.   Ägypten
27. 03.–28. 03.   Großbritannien (Begl. Bundeskanzler)
09. 04.–10. 04.   Portugal (66. Sitzung des Min.-Komitees des Europarates)
17. 04.–18. 04.   Zimbabwe (Unabhängigkeitsfeierlichkeiten)
21. 04.–22. 04.   Luxemburg (EG-Ministerrat)
25. 04.   Frankreich (Arbeitsbesuch)
29. 04.–30. 04.   Irland (Begl. Bundespräsident)
27. 04.–28. 04.   Luxemburg (Europäischer Rat)
07. 05.–09. 05.   Jugoslawien (Beisetzung Titos, Begl. Bundespräsident und Bundeskanzler)
15. 05.–16. 05.   Österreich (Wien)
17. 05.–18. 05.   Italien, Neapel (EPZ)
12. 06.–13. 06.   Italien (Europäischer Rat, Begl. Bundeskanzler)
22. 06.–23. 06.   Italien (6. Weltwirtschaftsgipfel)

24. 06.–26. 06.	Türkei (NATO-Rat in Ankara)
30. 06.–01. 07.	Sowjetunion (Moskau, Begl. Bundeskanzler)
02. 07.	USA (Washington)
03. 07.	Luxemburg (9er Treffen)
14. 07.–16. 07.	Portugal (Begl. Bundespräsident)
17. 07.–19. 07.	Jugoslawien (Belgrad)
22. 07.	Belgien (Brüssel, EPZ)
26. 08.–28. 08.	USA, Washington (mit US-AM) und New York (11. Sondergeneralversammlung)
21. 09.–25. 09.	USA, New York (35. Generalversammlung)
13. 11.	Spanien (KSZE)
19. 11.–20. 11.	USA, Washington (Begl. Bundeskanzler)
06. 12.	Portugal (Beisetzung Sá Carneiro)
10. 12.	Belgien (NATO-AM-Treffen)
15. 12.	Niederlande (Den Haag)
18. 12.–20. 12.	Tschechoslowakei (Prag)

1981

06. 01.	Schweiz, UN-Konferenz über Namibia
11. 01.–13. 01.	Algerien
21. 01.–22. 01.	Italien (Nazarenerausstellung)
05. 02.–06. 02.	Frankreich (Deutsch-Französische Konsultationen)
09. 02.–10. 02.	Schweden
15. 02.–18. 02.	Pakistan
18. 02.–19. 02.	Ägypten
04. 03.–06. 03.	Indien

	(mit Bundespräsident, Staatsbesuch)
08. 03.–10. 03.	USA
13. 03.	Österreich (Vorbereitungstreffen Nord/Süd-Gipfel)
15. 03.	Frankreich (mit BK in Bläsheim/Elsaß)
16. 03.	Belgien (EG-Ministerrat)
19. 03.–20. 03.	VR Polen
23. 03.–24. 03.	Niederlande (Europäischer Rat)
02. 04.–04. 04.	UdSSR
03. 05.–05. 05.	Italien (NATO-Ministerrat)
09. 05.	Niederlande (EPZ)
11. 05.–12. 05.	Großbritannien (Deutsch-Britischer Gipfel)
11. 06.–12. 06.	Spanien
22. 06.	Luxemburg (EG-AM-Rat)
29. 06.–30. 06.	Luxemburg (Europäischer Rat)
08. 07.–11. 07.	Bulgarien
13. 07.	Belgien (EG-AM-Rat)
19. 07.–22. 07.	Kanada (Weltwirtschaftsgipfel)
30. 07.–04. 08.	Mexiko (Cancún)
04. 08.–05. 08.	Costa Rica
21. 08.–22. 08.	Griechenland
05. 09.–06. 09.	Großbritannien (EPZ)
11. 09.–12. 09.	Italien (Deutsch-Italienische Konsultationen)
19. 09.–25. 09.	UN New York
02. 10.–03. 10.	Italien
04. 10.	Katar
05. 10.–07. 10.	VR China
07. 10.	Vereinigte Arabische Emirate (Rückreise China)
08. 10.	Ägypten (Rückreise China)
10. 10.	Ägypten (Beisetzung Präsident Sadat)
12. 10.	Jugoslawien
13. 10.	Großbritannien

21. 10.–23. 10.   (EG/ASEAN-AM)
Mexiko (Nord/Süd-
Gipfel in Cancún)
29. 10.–30. 10.   Rumänien (Begleitung
Bundespräsident,
Staatsbesuch)
05. 11.–06. 11.   Türkei
06. 11.–07. 11.   Österreich (inoffiziell)
17. 11.   Belgien (EG-AM-Rat)
17. 11.–19. 11.   Frankreich (Treffen
der EG-AM in Straß-
burg)
19. 11.   Belgien (EG-AM-Rat)
26. 11.–27. 11.   Großbritannien
(Europäischer Rat)
10. 12.–11. 12.   Belgien (NATO)
14. 12.–15. 12.   Großbritannien
(EG-Sondersitzung)

1982

04. 01.–05. 01.   USA
(mit Bundeskanzler)
08. 02.–10. 02.   KSZE in Madrid
24. 02.–25. 02.   Frankreich
(mit Bundeskanzler)
07. 03.–09. 03.   USA
19. 03.   Großbritannien
(mit Bundeskanzler)
29. 03.–30. 03.   Europäischer Rat
in Brüssel
(mit Bundeskanzler)
04. 04.–07. 04.   Brasilien
(mit Bundespräsident)
16. 04.   Vatikan
19. 04.–20. 04.   Dänemark
02. 06.–04. 06.   Israel
04. 06.–06. 06.   Weltwirtschaftsgipfel
in Versailles
(mit Bundeskanzler)
28. 06.–29. 06.   Europäischer Rat
in Brüssel
(mit Bundeskanzler)
12. 07.–15. 07.   Jordanien und
Ägypten
21. 07.–22. 07.   Jugoslawien
16. 08.–17. 08.   Schweiz
(mit Bundespräsident)

04. 10.   Frankreich
(mit Bundeskanzler)
05. 10.–07. 10.   UN New York
19. 10.   Großbritannien
(mit Bundeskanzler)
25. 10.–27. 10.   Italien und Vatikan
(mit Bundespräsident)
14. 11.–15. 11.   UdSSR
(mit Bundespräsident)
19. 11.–20. 11.   Türkei
26. 11.–27. 11.   Ungarn
03. 12.–04. 12.   Europäischer Rat
in Kopenhagen
(mit Bundeskanzler)

Ferner sind *sieben* Reisen zu den Sitzungen des Ministerrates der Europäischen
Gemeinschaften, *sieben* zu Treffen der
Außenminister im Rahmen der Europäischen Politischen Zusammenarbeit
(EPZ) und *drei* zum NATO-Rat durchgeführt worden.

Teilnahme BM Genscher an *EG-Ministerratstagungen*

1982
04. 01.   Brüssel
14. 01.–15. 01.   Brüssel
23. 02.   Brüssel
27. 04.   Luxemburg
24. 05.–25. 05.   Luxemburg
21. 06.   Luxemburg

1983

21. 01.   Paris
(mit Bundeskanzler,
20. Jahrestag Élysée-
vertrag)
25. 01.–26. 01.   USA
01. 02.–02. 02.   Tschechoslowakei
04. 02.   Großbritannien,
Chequers (mit Bun-
deskanzler)
22. 03.–25. 03.   Bangkok,
EG-ASEAN-AM-
Treffen

21. 04.–22. 04.	London, deutsch-britische Konsultationen (mit Bundeskanzler)	
27. 04.–28. 04.	Rom, deutsch-italienische Konsultationen (mit Bundeskanzler)	
16. 05.–17. 05.	Paris, deutsch-französische Konsultationen (mit Bundeskanzler)	
28. 05.–30. 05.	Williamsburg/USA, Weltwirtschaftsgipfel (mit Bundeskanzler)	
31. 05.	Rumänien	
26. 06.–29. 06.	Bangkok, ASEAN-Dialogtreffen	
04. 07.–06. 07.	Sowjetunion (mit Bundeskanzler)	
10. 07.–11. 07.	USA	
13. 07.–17. 07.	Bulgarien	
08. 08.–11. 08.	Rumänien	
05. 09.–06. 09.	Jugoslawien (Staatsbesuch mit Bundespräsident)	
26. 09.–30. 09.	UN New York	
30. 09.–03. 10.	Costa Rica	
03. 10.–06. 10.	USA (Staatsbesuch mit Bundespräsident)	
15. 10.–16. 10.	Wien (Treffen mit AM Gromyko)	
27. 10.–29. 10.	Norwegen	
02. 11.–04. 11.	Finnland	
02. 12.	Madrid, deutsch-spanische Konsultationen	

Ferner sind
einundzwanzig Reisen zu den Sitzungen des Ministerrats der Europäischen Gemeinschaften,
drei zu Treffen der Außenminister im Rahmen der Europäischen Politischen Zusammenarbeit (EPZ),
fünf zum Europäischen Parlament,
eine zum OECD-Min. Rat,
zwei zum NATO-Rat,
eine zur Abrüstungskonferenz,
eine zur KSZE
durchgeführt worden.

Teilnahme BM Genscher an *EG-Ministerratstagungen*

1983

24. 01.–25. 01.	Brüssel
21. 02.–22. 02.	Brüssel
14. 03.–15. 03.	Brüssel
25. 04.–26. 04.	Luxemburg
19. 05.	Brüssel
24. 05.–25. 05.	Brüssel
06. 06.–07. 06.	Brüssel
13. 06.–14. 06.	Luxemburg
21. 06.	Luxemburg
26. 06.–28. 06.	Bangkok (EG-ASEAN)
08. 07.	Brüssel
18. 07.–19. 07.	Brüssel
30. 08.	Brüssel
20. 09.	Brüssel
10. 10.–12. 10.	Athen (Sonderrat)
28. 11.–29. 11.	Brüssel
09. 11.–12. 11.	Athen (Sonderrat)

1984

16. 01.–19. 01.	Stockholm (KVAE)
24. 01.–25. 01.	Rom
02. 02.	Den Haag
13. 02.–14. 02.	Moskau (Beisetzung Generalsekretär Andropow)
27. 02.–28. 02.	Luxemburg
06. 03.–07. 03.	Ankara
12. 04.–13. 04.	Wien
14. 04.–19. 04.	Buenos Aires
04. 05.–09. 05.	Washington
17. 05.–19. 05.	Madrid
20. 05.–22. 05.	Moskau
20. 07.–22. 07.	Teheran
03. 09.	Rom/Vatikan
23. 09.–27. 09.	UN New York
27. 09.–29. 09.	Costa Rica (AM-Treffen EG-LA)
17. 10.–18. 10.	Lissabon
02. 11.–04. 11.	New Delhi (Trauerfeierlichkeiten für Indira Gandhi)
29. 11.–30. 11.	Washington

11. 12.	Rom (Einweihung des neuen Botschaftsgebäudes beim Heiligen Stuhl)
13. 12.	Brüssel/NATO
18. 12.–20. 12.	Prag

Ferner sind

sechzehn Reisen zu Sitzungen des Ministerrats der Europäischen Gemeinschaften,

zwei zu Treffen der Außenminister im Rahmen der Europäischen Politischen Zusammenarbeit (EPZ),

vier zum Europäischen Parlament,

drei zum NATO-Rat,

vier zu WEU-Tagungen,

eine zum Wirtschaftsgipfel in London,

sechs zu Konsultationen (2 x GB, 2 x F, 1 x I und 1 x EG-ASEAN)

durchgeführt worden.

Teilnahme BM Genscher an *EG-Ministerratstagungen*

1984

23. 01.	Brüssel
20. 02.	Brüssel
12. 03.	Brüssel
27. 03.	Brüssel
09. 04.	Luxemburg
14. 05.	Brüssel
23. 07.–24. 07.	Brüssel
17. 09.	Brüssel
28. 10.–31. 10.	San José/Costa Rica
02. 10.	Luxemburg
22. 10.	Luxemburg
12. 11.	Luxemburg

1985

31. 01.–01. 02.	Belgrad
03. 02.–05. 02.	Amman
05. 02.–08. 02.	Kairo
12. 02.–14. 02.	Bukarest
14. 02.–15. 02.	Wien
03. 03.–04. 03.	Moskau
05. 03.–06. 03.	Helsinki

06. 03.	Warschau
07. 03.–08. 03.	Sofia
10. 03.–13. 03.	Montevideo
13. 03.–16. 03.	Brasília
14. 05.–16. 05.	Wien
30. 05.–31. 05.	Den Haag
21. 06.–23. 06.	Athen
23. 06.–25. 06.	Budapest
01. 07.–03. 07.	Bangkok
03. 07.–04. 07.	Begawan
04. 07.–06. 07.	Tokio
06. 07.–09. 07.	Seoul
09. 07.–11. 07.	New Delhi
30. 08.–31. 08.	Damaskus
01. 09.–02. 09.	Kuwait
02. 09.	Kairo
21. 09.–27. 09.	New York
27. 10.–31. 10.	Peking/Kanton
16. 11.–19. 11.	Maskat

Ferner sind durchgeführt worden:
Reisen zu

11 Sitzungen des Ministerrats der Europäischen Gemeinschaften

6 Treffen der Außenminister im Rahmen der Europäischen Politischen Zusammenarbeit (EPZ)

1 Sitzung des Europ. Parlaments

3 Sitzungen des NATO-Rats

3 WEU-Tagungen

4 Konsultationen (2 x F, 1 x I, 1 x GB)

5 Ministertreffen des Europarats

1 Abrüstungskonferenz in Genf

1 EUREKA-Konferenz in Paris

1 KSZE-Konferenz in Helsinki

Teilnahme BM Genscher an *EG-Ministerratssitzungen*

1985

23. 01.	Brüssel
28. 01.–29. 01.	Brüssel
19. 02.	Brüssel
17. 03.–22. 03.	Brüssel
18. 06.	Luxemburg
08. 09.–10. 09.	Luxemburg
11. 11.–12. 11.	Luxemburg
16. 12.–17. 12.	Brüssel

1986

07. 01.	Paris
27. 01.	Brüssel
28. 01.	Stockholm (KVAE-Konferenz)
04. 02.−06. 02.	Karlsbad
13. 02.−14. 02.	Marokko
14. 02.−15. 02.	Tunesien
17. 02.	Luxemburg (EG-Reformvertrag)
25. 02.	Den Haag (EPZ-Ministertreffen)
27. 02.−28. 02.	Paris (dt.-frz. Konsultationen)
09. 03.	Lissabon
10. 03.	Brüssel (EG-Ministerrat)
15. 03.	Stockholm
18. 03.−19. 03.	Wien
16. 03.−17. 03.	Salamanca und Madrid
14. 04.	Den Haag (EPZ-Ministertreffen)
14. 04.−17. 04.	Washington
17. 04.	Paris (OECD-Ministerrat und EG-AM-Treffen)
21. 04.	Luxemburg (EPZ-Ministertreffen)
27. 04.−28. 04.	Algerien
29. 04.−30. 04.	Venedig (WEU-Ministerrat)
30. 04.	Belgrad
04. 05.−06. 05.	Tokio (Weltwirtschaftsgipfel und dt.-jap. AM-Konsultat.)
07. 05.−08. 05.	Philippinen
26. 05.−27. 05.	Türkei
27. 05.	New York (UN-Sondergeneralversammlung)
28. 05.−30. 05.	Halifax (Vierer-Treffen und NATO-AM-Rat)
09. 06.−10. 06.	Genf (Abrüstungskonferenz)
26. 06.−27. 06.	Den Haag (Europäischer Rat)
30. 06.	London (EUREKA)
18. 07.	Paris
20. 07.−22. 07.	Moskau
05. 08.−06. 08.	Jugoslawien
27. 08.−28. 08.	Wien
06. 09.−07. 09.	London, Helsinki (EPZ-Ministerrat)
13. 09.−15. 09.	Ungarn
16. 09.	Brüssel (EG-Ministerrat)
22. 09.−26. 09.	New York (UN-Abrüstungsbeirat)
13. 10.	Brüssel (NATO)
20. 10.−21. 10.	Washington
03. 11.−06. 11.	Wien (KSZE-Folgetreffen)
10. 11.	London (EPZ-Ministertreffen)
13. 11.−14. 11.	Luxemburg (WEU-Ministertreffen)
18. 11.−19. 11.	Madrid (dt.-span. Konsultationen)
24. 11.−25. 11.	Brüssel (EG-Rat)
05. 12.−06. 12.	London (Europäischer Rat)
10. 12.−12. 12.	Brüssel (NATO-Ministerrat)
15. 12.−16. 12.	Sofia
16. 12.−17. 12.	Stockholm (EUREKA-Ministerkonferenz)

1987

16. 02.−17. 02.	Brüssel (EG-Ministerrat)
22. 02.	Brüssel (EG-Ministertreffen)
23. 02.	Brüssel (EPZ-Sondersitzung)
26. 02.−27. 02.	Luxemburg (dt.-luxemb. Konsultationen)
04. 04.−05. 04.	Kerssendonk/Belgien (informelles AM-Treffen)
07. 04.−09. 04.	Venezuela
09. 04.−13. 04.	Costa Rica

446

13. 04.	El Salvador		29. 10.−30. 10.	Angola
16. 04.	Brüssel (NATO)		30. 10.−01. 11.	Senegal
26. 04.	Luxemburg		16. 11.−18. 11.	Saudi-Arabien
	(EG-Ministerrat)		18. 11.−19. 11.	Irak
27. 04.−28. 04.	Luxemburg		19. 11.−20. 11.	Jordanien
	(WEU-Ministerrat)		23. 11.	Brüssel (EPZ-Mini-
04. 05.−05. 05.	Schweiz (Staatsbesuch			stertreffen)
	des Bundespräsi-		24. 11.	Brüssel
	denten)			(EG-Ministerrat)
10. 05.−11. 05.	Washington		25. 11.	Brüssel (NATO-Un-
21. 05.−22. 05.	Paris (dt.-frz. Kon-			terrichtung durch AM
	sultationen)			Shultz)
25. 05.	Brüssel (EPZ-Mini-		25. 11.−27. 11.	Tschechoslowakei
	stertreffen)		27. 11.	Paris
08. 06.−10. 06.	Venedig (Weltwirt-		04. 12.−05. 12.	Kopenhagen
	schaftsgipfel)			(Europäischer Rat)
10. 06.−12. 06.	Reykjavik		07. 12.	Rom
	(NATO-Ministerrat)		07. 12.−08. 12.	Ägypten
22. 06.−23. 06.	Luxemburg		11. 12.	Brüssel (NATO-Mi-
	(EG-Ministerrat)			nisterrat)
23. 06.−24. 06.	Griechenland		14. 12.−15. 12.	Brüssel
	(Staatsbesuch des			(EG-Ministerrat)
	Bundespräsidenten)		16. 12.−17. 12.	Rumänien
29. 06.−30. 06.	Brüssel			
	(Europäischer Rat)			
06. 07.−10. 07.	Sowjetunion		**1988**	
	(Staatsbesuch des			
	Bundespräsidenten)		10. 01.−13. 01.	Warschau
13. 07.	Kopenhagen (EPZ-		15. 01.−16. 01.	Damaskus
	Ministertreffen)		19. 01.−20. 01.	Straßburg E
16. 07.−19. 07.	Bulgarien		20. 01.−21. 01.	Washington E
19. 07.−20. 07.	New York (UN-Ab-		22. 01.	Paris
	rüstungsverhand-		23. 01.−24. 01.	Jerusalem
	lungen)		25. 01.	Brüssel E
22. 07.	London (Außenmini-		30. 01.	Brüssel E
	ster-Konsultationen)		01. 02.−02. 02.	Brüssel E
28. 07.−29. 07.	Paris		03. 02.	Paris E
28. 08.	Rimini		04. 02.	Genf
14. 09.−15. 09.	Brüssel		05. 02.	Madrid E
	(EG-Ministerrat)		09. 02.	Rom E
20. 09.−25. 09.	New York (UN-Ge-		11. 02.−12. 02.	Brüssel E
	neralversammlung)		17. 02.−19. 02.	Washington E
03. 10.−04. 10.	Nyborg/Dänemark		22. 02.	Brüssel E
	(informelles AM-		23. 02.	Brüssel E
	Treffen und EPZ)		02. 03.−03. 03.	Brüssel E
09. 10.−11. 10.	Minneapolis		09. 03.−10. 03.	Budapest
23. 10.	Albanien		22. 03.	Brüssel E
26. 10.−27. 10.	Den Haag		23. 03.	Algier E
27. 10.−29. 10.	Senegal		27. 03.−29. 03.	Athen

08. 04.	Brüssel	E
18. 04.−19. 04.	Den Haag/Velkenburg	
25. 04.	Brüssel	E
25. 04.−26. 04.	Luxemburg	E
05. 05.	Luxemburg	E
10. 05.	Brüssel	E
12. 05.	Rom	
13. 05.	Brüssel	E
19. 05.	Paris	
19. 05.	Luxemburg	E
24. 05.	Brüssel	E
26. 05.−27. 05.	Rabat	E
31. 05.−01. 06.	Stockholm	
02. 06.	Brüssel	E
05. 06.−07. 06.	New York	
08. 06.−10. 06.	Madrid	
13. 06.	Luxemburg	E
30. 06.	Brüssel	E
14. 06.	Luxemburg	E
15. 06.	Luxemburg	E
16. 06.	Straßburg	E
18. 06.−21. 06.	Toronto	
25. 06.	Luxemburg	E
01. 07.	Wien	

02. 07.−09. 07.	Seoul, Bangkok	
18. 07.	Athen	E
19. 07.	London	

E => Definition: in seiner Eigenschaft
als Ratsvorsitzender
der Europäischen Gemeinschaft während
der deutschen Präsidentschaft vom
01. 01.−30. 06. 1988

Teilnahme BM Genscher an *NATO-Ministerratstagungen*

16.−18. 05. 1982 Luxemburg
08.−10. 12. 1982 Brüssel
09.−10. 06. 1983 Paris
07.−09. 12. 1983 Brüssel
29.−31. 05. 1984 Washington
12.−14. 12. 1984 Brüssel
05.−07. 06. 1985 Lissabon
12.−13. 12. 1985 Brüssel